NomosPraxis

Ronald Richter
Rechtsanwalt und Fachanwalt für Steuerrecht

Die neue soziale Pflegeversicherung – PSG II

Pflegebegriff | Vergütungen | Potenziale

Nomos

Deutscher Anwaltverein
Arbeitsgemeinschaft Sozialrecht

Die Deutsche Nationalbibliothek verzeichnet diese Publikation in der Deutschen Nationalbibliografie; detaillierte bibliografische Daten sind im Internet über http://dnb.d-nb.de abrufbar.

ISBN 978-3-8487-2648-6

1. Auflage 2016

Vorwort

Bereits bei Einführung der sozialen Pflegeversicherung waren Stimmen laut geworden, die den eng körperbezogenen Pflegebedürftigkeitsbegriff mit seiner Beschränkung auf die Verrichtungen der Körperpflege, Ernährung, Mobilität und hauswirtschaftlichen Versorgung ändern wollten, um die soziale Teilhabe, die Kommunikation und Alltagskompetenzen insgesamt berücksichtigen zu können. Spätestens seit 2006 die erste Kommission zum Pflegebedürftigkeitsbegriff eingesetzt wurde, die im Mai 2009 ihren Umsetzungsbericht vorlegte, steht der derzeitige Pflegebedürftigkeitsbegriff stellvertretend für alle Probleme in der Pflege. In unzähligen Reden, auf jeder Verbandstagung und in politischen Gesprächen wurde der gesetzlich geregelte Pflegebedürftigkeitsbegriff geradezu zur Projektionsfläche allen Übels. Solche Dämonisierungen wirken allerdings auf die wirklichen Probleme eher verstellend als erhellend. Die Pflegebranche hat sich insgesamt eingeredet: Ist der enge Pflegebedürftigkeitsbegriff erst Geschichte, dann sind die Probleme der Pflege gelöst. An ein solches Happy End glauben allerdings nur Kinder oder unverbesserliche Romantiker.

Die Einführung des neuen Begriffs der Pflegebedürftigkeit bedeutet mehr als nur die Erweiterung der zu berücksichtigen Verrichtungen oder Bereiche und eine Neuausrichtung des Verfahrens zur Begutachtung der Versicherten. Die mit dem neuen Begriff verbundenen Ziele – die Gleichbehandlung der zuvor getrennt behandelten Gruppen der Pflegebedürftigen einerseits und der in der Alltagskompetenz Eingeschränkten andererseits sowie die gesetzliche Umsetzung der im Neuen Begutachtungsassessment angelegten konzeptionellen Veränderungen der Pflege – können nur erreicht werden, wenn die Ausgestaltung der gesetzlichen Regelungen der sozialen Pflegeversicherung insgesamt konsequent den neuen Ansätzen folgt, also eine Gesamtüberarbeitung stattfindet. Dabei kann allerdings festgestellt werden, dass durch das Pflege-Weiterentwicklungsgesetzes zum 1.7.2008[1] und das Pflege-Neuausrichtungsgesetzes (PNG) zum 1.1.2013[2] bereits große Vorarbeiten insbesondere hinsichtlich der Leistungsausweitung und -angleichung in das SGB XI übernommen wurden. Das Pflegestärkungsgesetz I[3] entwickelte diese Regelungen der Dynamisierung und der Flexibilisierung der Leistungen konsequent weiter, so dass ein einheitliches Leistungs- und Versorgungsniveau für somatisch Pflegebedürftige und in der Alltagskompetenz eingeschränkte Versicherte bereits erreicht werden konnte. Daneben wurden die Wunsch- und Wahlrechte der pflegebedürftigen Versicherten bzw. ihrer Angehörigen gestärkt. Ambulante Leistungen können nun auch stationär eingesetzt werden und stationäre Leistungen ambulant. Durch diese Flexibilisierung der Leistungsansprüche wird der Wettbewerb zwischen den verschiedenen Einrichtungstypen verstärkt und die Entwicklung weiterer Einrichtungsformen zwischen den Polen „ambulant“ und „stationär“ entfacht. Diese Tendenz kann inzwischen als Paradigmenwech-

1 BGBl. I 2008, 874; dazu: *Igl* NJW 2008, 2214.
2 BGBl. I 2012, 2246; dazu: *Reimer* SGb 2013, 193.
3 BGBl. I 2014, 2222; dazu: *Richter* NJW 2015, 1271.

sel des Gesetzgebers hin zu einer stärker ambulant organisierten Pflegeversorgung verstanden werden.

Dieses Buch soll eine erste Orientierung in Hinblick auf die neuen Regelungen bieten, um rechtssicher zu beraten, die anstehenden unternehmerischen Entscheidungen zu treffen und das leistungsrechtliche Potenzial der neuen sozialen Pflegeversicherung zu erschließen. Da das Manuskript parallel zum Referenten- und Kabinettsentwurf entstand und die Änderungen im Gesetzgebungsgang sowie die weiteren Änderungen des Palliativ- und Hospizgesetzes und des Krankenhausstrukturgesetzes ständig aufnehmen musste, war eine mehrmalige Überarbeitung notwendig. Die Einfügungen und die Textüberwachung übernahm gewohnt souverän meine Mitarbeiterin Frau *Sabrina Schmidt*. Die Durchsicht des Textes in Hinblick auf die Systematik und die Erstellung des Paragraphenregisters und des Stichwortverzeichnisses gewährleistete meine Frau *Inka Richter*. Neben den Hinweisen vieler Kolleginnen und Kollegen, Mandanten, Inhabern von Pflegeeinrichtungen und Mitgliedern von Selbsthilfegruppen bin ich diesen beiden zum besonderen Dank verpflichtet.

Ebenso freue ich mich, dass der Nomos- und der Vincentz-Verlag für dieses besondere Thema eine Zusammenarbeit und Kooperation unternommen haben. Entsprechend erscheint der Band, mit je eigener Umschlagsgestaltung, parallel zum gleichen Preis in beiden Verlagen. Ich hoffe, dass dadurch sowohl die Verantwortlichen in den Pflegeeinrichtungen als auch die anwaltlichen Beraterinnen und Berater profitieren. Die redaktionelle Bearbeitung des mitabgedruckten neuen Gesetzestextes erfolgte über die Redaktion „Das Deutsche Bundesrecht" des Nomos-Verlags. Namentlich *Marlies Dombrowski* danke ich. Wie immer freue ich mich vor allem über die Hinweise und Informationen meiner Leserinnen und Leser.

Da viele Regelungen weiter auslegungs- und ausfüllungsbedürftig sind, wird insbesondere die gerichtsfeste, konkrete Beschreibung der einzelnen Kriterien der Module erst nach einer gewissen Zeit im Anschluss an die Vorlage der Begutachtungsrichtlinie, die im Juni 2016 erwartet wird, erfolgen. Um die Bearbeitung aber jetzt aufnehmen zu können, wurden im Text die Vorarbeiten des Gesetzgebers herangezogen. Für die inhaltliche Bearbeitung des Pflegebedürftigkeitsbegriffs und des Neuen Begutachtungsassessments eignet sich besonders der im Internet über die Seite des GKV Spitzenverbandes (www.gkv-spitzenverband.de) erreichbare Band 2 der Schriftenreihe des GKV Spitzenverbandes „Modellprogramm zur Weiterentwicklung der Pflegeversicherung". *Klaus Wingenfeld* hat darin mit seinem Team das neue Begutachtungsinstrument zur Feststellung der Pflegebedürftigkeit ausgewertet und entsprechende Hinweise gegeben. Ich gehe davon aus, dass die Begutachtungsrichtlinie in weiten Teilen diesen Ausführungen folgen wird. Daher stammen bei der weiteren Beschreibung der Modulinhalte viele Zitate, teilweise auch längere Passagen, aus diesem Band.

Wir müssen in diesen Zeiten der Umstellung und des Übergangs drei in der zeitlichen Geltung verschiedene Varianten des SGB XI unterscheiden:

Es ist zum einen der bis zum 31.12.2015 geltende Rechtszustand. Dieser wird im folgenden Text mit dem Hinweis „**SGB XI a.F.**" gekennzeichnet.

Die Vorschriften des SGB XI, die bis zum 31.12.2016 gelten, werden im folgenden Text wie folgt kenntlich gemacht: „**SGB XI *2016***".

Die gesetzlichen Regelungen, die erst zum 1.1.2017 in Kraft treten, werden zur Kennzeichnung mit „**SGB XI *2017***" bezeichnet.

Und schließlich werden Regelungen, die sich nicht verändern oder ab dem 1.1.2016 gelten, mit der Gesetzesabkürzung „**SGB XI**" bezeichnet.

Zur Erleichterung der weiteren Bearbeitung haben wir in der Anlage den Text des SGB XI in der Fassung ab dem 1.1.2016 mit den zusätzlichen Änderungen ab dem 1.1.2017 abgedruckt.

Hamburg, im Dezember 2015 *Ronald Richter*

Inhaltsübersicht

Inhaltsverzeichnis

Paragraphen-Register

A. Die Zielsetzung der neuen Regelungen

Die soziale und die private Pflegeversicherung haben seit ihrer Einführung zum 1.1.1995 maßgeblich zu einer Verbesserung der Versorgung pflegebedürftiger Menschen und zur Unterstützung pflegender Angehöriger beigetragen. Die Pflegeversicherung wird allerdings allein schon deshalb als Erfolgsmodell bezeichnet, weil das Risiko der Pflegebedürftigkeit in einem eigenständigen Leistungssystem und in einer in der Tradition der deutschen Sozialpolitik stehenden Absicherungsform – als eigenständige **„Fünfte Säule" des Sozialversicherungssystems** – überführt werden konnte. Die Pflegebedürftigkeit hat in den seither vergangenen 20 Jahren als eigenständiges soziales (und nicht allein privat abzusicherndes) Risiko die erforderliche öffentliche Anerkennung gefunden. Das Pflegebedürftigkeitsrisiko konnte so vom Ruch der „Armenfürsorge" befreit werden und – zumindest vorübergehend – viele Pflegebedürftige aus der finanziellen Abhängigkeit von der Sozialhilfe befreien.[4] 1

I. Die allgemeinen Ziele der sozialen Pflegeversicherung

Bis zum Inkrafttreten des SGB XI und den daraus resultierenden Leistungen seit April 1995 in der häuslichen Pflege bzw. seit dem 1.7.1996 in der stationären Pflege war die **Hilfe zur Pflege** in der Sozialhilfe (heute geregelt in den §§ 61 ff. SGB XII) das wichtigste Instrument zur materiellen Absicherung bei Pflegebedürftigkeit. Dementsprechend ging die Zahl der Hilfeempfänger von in der Spitze rund 675.000 Personen drastisch zurück, nachdem die Pflegeversicherung eingeführt worden war. 2

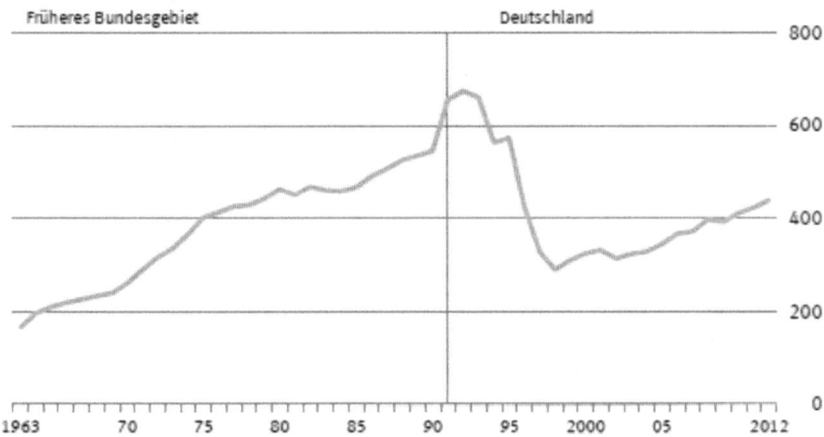

Nach dem starken Rückgang der Empfängerzahlen ist allerdings ein erneuter Anstieg zu verzeichnen. Seit 1999 wächst die Zahl der Leistungsempfänger kontinuierlich an. Im Laufe des Jahres 2012 bezogen 439.000 Personen Hilfe zur Pflege. Gegenüber 3

4 Vgl. zum Fazit: *Bäcker/Naegele/Bispinck/Hofemann/Neubauer*, Sozialpolitik und soziale Lage in Deutschland, Band 1, 2011, 93 f.

1998 ein Anstieg um 52 %.[5] Neben diesem wichtigsten sozialpolitischen Ziel, dem Abbau der pflegebedingten Sozialhilfebedürftigkeit sowie damit deckungsgleich einer Kostenentlastung der Träger der Sozialhilfe, gelten die weiteren **Ziele** der Einführung der sozialen Pflegeversicherung auch heute unvermindert fort, insbesondere

- Ermöglichung eines selbstständigen und selbstbestimmten Lebens trotz Hilfe- und Pflegebedarf (§ 2 SGB XI);
- Vorrang der häuslichen vor der stationären Pflege (§ 3 SGB XI);
- Förderung des familiären, nachbarschaftlichen oder ehrenamtlichen Pflegepotenzials (§ 4 SGB XI);
- Prävention und medizinische Rehabilitation haben Vorrang vor Pflege (§ 5 SGB XI),
- soziale Sicherung und Schutz für pflegende Angehörige in Hinblick auf die Renten- und Unfallversicherung (§ 44 SGB XI);
- Aufbau einer qualitativ hochwertigen professionellen Pflegeinfrastruktur (§§ 9, 69 ff SGB XI);
- Verbesserung der Qualität der Pflege (§§ 112 ff SGB XI);
- Kostenbegrenzung bei den ambulanten, teil- und vollstationären Pflegeleistungen (§ 70 SGB XI).

4 Und schließlich wurde eine „institutionelle Aufwertung der professionellen, weiblich geprägten Pflegearbeit“[6] erreicht und damit auch dem zuvor in Deutschland unbekannten Prozess der **Professionalisierung** und **Akademisierung des Pflegeberufs** der Weg geebnet.

5 Einigkeit besteht jedoch auch in der Frage, dass die soziale Pflegeversicherung weiter an die Erfordernisse des **demografischen Wandels**, die steigende Anzahl insbesondere von Menschen mit demenziellen Erkrankungen sowie an pflegefachliche Entwicklungen angepasst werden muss. Mit dem Zweiten Pflegestärkungsgesetz (PSG II)[7] wird vor allem an die kurzfristig wirksamen Leistungsverbesserungen und -flexibilisierungen durch das Pflege-Neuausrichtungsgesetz[8] sowie das Erste Pflegestärkungsgesetz (PSG I)[9] und auch an die erweiterten Möglichkeiten zur besseren **Vereinbarkeit von Familie, Pflege und Beruf**[10] angeknüpft. Die Neuheiten, insbesondere der neue Begriff der Pflegebedürftigkeit sowie das Neue Begutachtungsassessment und die sich daraus ergebenden rechtlichen und praktischen Probleme, werden nachstehend ausführlich erörtert.

5 Statistisches Bundesamt, Statistik der Sozialhilfe – Hilfe zur Pflege 2012, Wiesbaden 2015, 6.
6 *Auth*, WSI-Mitteilungen 2013, 412.
7 BGBl. I 2015, 2424.
8 BGBl. I 2012, 2246; dazu: *Reimer* SGb 2013, 193.
9 BGBl. I 2014, 2222; dazu: *Richter* NJW 2015, 1271.
10 Dazu *Stüben/von Schwanenflügel* NJW 2015, 577.

II. Die Probleme des derzeitigen Begriffs der Pflegebedürftigkeit

Bislang erfolgt die Einstufung Pflegebedürftiger abhängig von der – sowohl in der Fachwelt als auch bei den Betroffenen und ihren Angehörigen kritisierten – vielfach minutengenauen **Ermittlung des Zeitaufwands** für die Pflege durch Laien, meist den pflegenden Angehörigen. Pflegebedürftig war nach bisheriger Definition, wer wegen einer körperlichen, geistigen oder seelischen Krankheit oder Behinderung im Bereich der Körperpflege, der Ernährung, der Mobilität und der hauswirtschaftlichen Versorgung auf Dauer – voraussichtlich aber für mindestens sechs Monate – in erheblichem oder höherem Maße auf Hilfe Dritter angewiesen ist. Wird bei diesen Verrichtungen zeitlich ein Hilfebedarf festgestellt, der täglich im Wochendurchschnitt[11] 90 Minuten beträgt, wobei auf die Grundpflege mehr als 45 Minuten entfallen muss, so ist die Person nach bisherigem Recht pflegebedürftig. Diese Festlegungen bilden die zentralen Eckpfeiler für das Begutachtungsverfahren und unterscheiden die soziale Pflegeversicherung von vielen anderen nationalen Sicherungssystemen im internationalen Vergleich.[12] Gleichzeitig muss jedoch beachtet werden, dass das SGB XI Begrenzungen, die sich mitunter in anderen Ländern finden und als Grundsatzfragen der **Langzeitpflege** diskutiert werden,[13] nicht kennt: Für den Kreis der Anspruchsberechtigten existieren keine Altersgrenzen. Die Gewährung von Leistungen wird im Grundsatz nicht vom Institutionalisierungsrisiko abhängig gemacht (etwa der Übergang in eine stationäre Langzeitversorgung). Die Bemessung von Leistungsansprüchen erfolgt unabhängig von der finanziellen Situation der Betroffenen. Leistungsansprüche bestehen unabhängig vom familiären Umfeld (z.B. Gleichbehandlung von Alleinlebenden und Personen, die von Angehörigen versorgt werden).[14] 6

Der bisher gesetzlich geltende **Pflegebedürftigkeitsbegriff** des SGB XI war von Anfang an umstritten. Die Pflegewissenschaft lehnte den Begriff als zu eng, zu verrichtungsbezogen und zu einseitig somatisch ab. Dabei verstärkte sich die **Kritik** zunehmend mit der Entwicklung der **Pflegetheorien** durch die in den vergangenen 20 Jahren verstärkt entstandenen akademischen Pflegewissenschaften.[15] Als Probleme waren bald erkannt: Das Leistungsangebot orientiert sich primär an Bedarfslagen, die der Pflegebedürftigkeitsbegriff des SGB XI in den Mittelpunkt stellt. Indirekte Wirkungen zeitigt der bisherige Pflegebedürftigkeitsbegriff sogar bis in die methodischen Grundlagen der Pflege hinein: Die **Pflegeplanung und -dokumentation** in vielen Pflegeeinrichtungen orientiert sich derzeit stark an den Verrichtungen, die bei der Einschätzung von Pflegebedürftigkeit nach dem SGB XI berücksichtigt werden. Ein weitergehendes Verständnis von Pflege findet auf dieser Ebene und auch im Bewusstsein vieler in den 7

11 Gemeint ist: „der tägliche Aufwand im Wochendurchschnitt“, so BSG 17.6.1999 – B 3 P 10/98 R.

12 Innerhalb der EU ist die Pflegebedürftigkeit („Long-term Care“) Bestandteil der gegenseitigen Koordination der Sozialversicherungssysteme und Informationen zur sozialen Sicherheit, abrufbar in der Datenbank der Kommission MISSOC.

13 Ausführlich WHO, Key Policy Issues in Long-term Care, Genf 2003.

14 Vgl. dazu *Wingenfeld, Büscher, Schaeffer*, Recherche und Analyse von Pflegebedürftigkeitsbegriffen und Einschätzungsinstrumenten, Berlin 2011, 21 f.

15 *Moers/Schaeffer*, in: *Rennen-Allhoff/Schaeffer*, Pflegetheorien, Weinheim 2003, 33ff.; *Moers/Schaeffer*, Die Schwester/Der Pfleger 2006, 1050 und 2007, 70.

Pflegeberufen Tätigen vielfach wenig Raum.[16] Während von pflegewissenschaftlicher Seite der einzuschätzende Hilfebedarf pflegebedürftiger Menschen auf einem differenzierten Menschenbild beruht, wird auf der anderen Seite seine „Verrechtlichung" in der Sozialgesetzgebung unter anderem verknüpft mit einer **ökonomischen Feinsteuerungsaufgabe** und der Verteilung knapper Mittel. Mit anderen Worten: Der Begriff der Pflegebedürftigkeit im SGB XI war 20 Jahre so eng gefasst, weil vermeintlich für dieses Solidarsystem keine weiteren Mittel zur Finanzierung von Pflegebedürftigkeit aufgebracht werden können.[17]

8 Dabei ist heute allerdings vielfach vergessen, dass zwar das Kriterium der Hilfebedürftigkeit auf **Dauer** der Pflegebedürftigkeit immanent ist,[18] allerdings in den vorangegangenen gesetzlichen Begriffsbeschreibungen der Pflegebedürftigkeit nicht immer sechs Monate umfassen musste.[19] Vor allem aber, dass die Dominanz des Zeitbezugs bei der Bemessung des Pflegebedarfs sich erst in der letzten Phase des Gesetzgebungsverfahrens zur Einführung des SGB XI durchgesetzt hat.[20] Der **Zeitbezug** stand zunächst nicht im Gesetz, sondern wurde zunächst in den Pflegebedürftigkeitsrichtlinien geregelt.[21] Im ursprünglichen Entwurf wies der spätere § 15 SGB XI keinen Abs. 3 auf und verzichtete auf eine zeitliche Festlegung für verschiedene Pflegestufen, entscheidend war allein die **Quantität des Hilfebedarfs**,[22] alles weitere sollte die Verordnung des Bundesministerium für Arbeit und Sozialordnung aufgrund der Ermächtigung in § 16 SGB XI a.F. und die Richtlinien nach § 17 SGB XI a.F. regeln.[23] Da aber die Richtlinien der Spitzenverbände der Krankenkassen bzw. inzwischen der Pflegekassen als Verwaltungsvorschriften keine authentischen Auslegungen des Gesetzes[24] enthalten, können sie die gesetzlichen Regelungen weder einschränken noch erweitern,[25] sondern lediglich konkretisieren. Denn den Richtlinien kommt kein Rechtsnormcharakter zu, so dass aus Gründen der Transparenz und Rechtssicherheit eine Übernahme in das Gesetz selbst erfolgen musste.[26] Allerdings regelt der strenge Zeitbezug des § 15 Abs. 3 SGB XI eine scheinrationale Größe, deren Wirkung in der Praxis dadurch gemildert wurde, dass jedenfalls von Seiten der Rechtsprechung nicht beanstandet wurde, wenn Gutachter und Pflegekassen im Grenzfall einen großzügigen

16 Ausführlich zum Ganzen: *Bartholomeyczik/Hunstein/Koch/Zegelin-Abt,* Zeitrichtlinien zur Begutachtung des Pflegebedarfs, Frankfurt am Main 2001; *Schaeffer/Ewers,* Ambulant vor stationär, Bern 2002.

17 Abschlussbericht der Enquête-Kommission „Situation und Zukunft der Pflege", Landtag NRW, Düsseldorf 2005, 35; *Schneekloth/Müller,* Wirkungen der Pflegeversicherung, Baden-Baden 2000, erklären dies vor allem mit fehlenden Daten zum Ausmaß der Pflegebedürftigkeit bei Einführung der sozialen Pflegeversicherung auch in der Pflegewissenschaft.

18 BT-Drucks. 12/5262, 95.

19 LSG Baden-Württemberg, 30.9.1963 – L 5 b V 331/63; Bundesministerium für Gesundheit und soziale Sicherheit, Kommentar zum BVG, Bonn 2003, § 35 Rn. 11; ausführlich: *Richter*, RsDE 76 (2014), 33.

20 *Udsching* in: Festschrift für Krasney, 1997, 677.

21 Zu den verfassungsrechtlichen Bedenken: *Udsching*, VSSR 1996, 276.

22 BT-Drucks. 12/5262 [zu § 13 Entwurf], 14, 97 f.

23 §§ 16, 17 SGB XI in der Fassung vom 26.5.1994 (BGBl. I S. 1014), gültig von 1.1.1995 bis 24.6.1996.

24 Vergleiche dazu bereits BSG, 14.1.1958 – 11/8 RV 991/55 = BSGE 6, 252; BSG, 4.9.1958 – 11/8 RV 1091/55 = BSGE 8, 130; BSG, 4.9.1958 – 11/9 RV 50/57 = BSGE 8, 140; BSG, 22.4.1959 – 11 RV 1212/58 = BSGE 9, 295.

25 BSG, 27.5.1959 – 9 RV 1062/57 = BSGE 10, 51.

26 BT-Drucks. 13/4091, 41.

Maßstab anwendeten und den Leistungsanspruch nicht an wenigen Minuten scheitern ließen.[27]

Der eng **somatische Begriff** der Pflegebedürftigkeit führte mit der Verrichtungsbezogenheit dazu, dass Menschen mit körperlichen Beeinträchtigungen gegenüber Menschen mit kognitivem und psychischem Hilfebedarf tendenziell bevorteilt wurden; sie erreichten im Durchschnitt höhere Pflegestufen als Personen mit vorrangig kognitiven oder psychischen Beeinträchtigungen und damit häufig höhere Leistungsansprüche. Zudem ist der bisherige Pflegebedürftigkeitsbegriff **defizitorientiert**, erfasst die relevanten Aspekte von Pflegebedürftigkeit nicht umfassend und ist damit nach dem aktuellen Stand medizinisch-pflegerischer Erkenntnisse nicht ausreichend pflegefachlich fundiert. 9

III. Der Änderungsbedarf und die tatsächlichen Änderungen

Fasst man die Diskussionen um die soziale Pflegeversicherung seit ihrer Einführung zusammen, so lassen sich verschiedene Diskussionsfelder ermitteln, die in ihrer Gesamtheit die gesamte Bandbreite der pflegerischen Versorgung der Bundesbürger abdecken. Dabei zeigt sich auch, welche Wünsche und Forderungen aller Beteiligten durch die Änderungen des Zweiten Pflegestärkungsgesetzes (PSG II) aufgenommen und in gesetzliche Regelungen umgesetzt werden konnten. 10

1. Das System der Pflege

Das allgemeinste Diskussionsfeld gilt dem **Pflegesystem**, also dem Prozess der Pflege selbst. Hier geht es um den Zugang der Pflegebedürftigen in das System der sozialen Pflegeversicherung und um die angemessene Erbringung von Pflege- und Betreuungsleistungen. Inhaltlich lässt sich dieser Debattenteil so strukturieren: 11

Kontrovers diskutiert wurden die **gesetzlichen Rahmenbedingungen**, die den generellen Rahmen für die **Leistungserbringung** setzen, vor allem die unterschiedlichen Pflegeleistungen für Versicherte mit somatischen oder psychischen Defiziten. Einhellig wurde die einseitige Defizitorientierung des bisherigen Pflegebedürftigkeitsbegriffs anhand der Verrichtungen im Ablauf des täglichen Lebens kritisiert, die weder die Selbstständigkeit des Einzelnen noch die Teilhabe am sozialen Leben in der Gemeinschaft förderte. Da die Umsetzung der konkreten Begutachtungen aufgrund der Grundlagen der neuen Pflegegrade und der in der Begutachtungsrichtlinie beschriebene Ablauf immer Ausfluss der gesetzlichen Regelung ist, bestehen hohe Erwartungen an die konkrete Ausgestaltung des Neuen Begutachtungsassessments. 12

Vereint sind alle Akteure im Pflegesystem beim Wunsch nach **Entbürokratisierung** der Leistungsfeststellung und -erbringung sowie nach zuverlässiger Qualitätssicherung und -prüfung. 13

27 BSG, 7.7.2005 – B 3 P 8/04 R = BSGE 95, 57.

2. Die Finanzierung

14 Fasst man die finanziellen Themenstellungen zusammen, so ergibt sich ein unterschiedliches Bild. Einhellig unproblematisch in der Diskussion war dabei die Erhöhung der gesetzlich geregelten **Beitragssätze.** Weder bei den beitragszahlenden Arbeitnehmerinnen und Arbeitnehmern noch von Seiten der Arbeitgeberverbände gab es hinsichtlich der schrittweisen Erhöhungen nennenswerte kritische Stimmen, anders als bei der Einführung der sozialen Pflegeversicherung im Jahre 1994. Spekuliert wurde höchstens darüber, ob die jetzigen Erhöhungen ausreichen, um die zukünftigen finanziellen Herausforderungen des demographischen Wandels bewerkstelligen zu können. Ebenso im Kern unumstritten ist die **Dynamisierung** der Pflegeleistungen. Hier bleiben die gesetzlichen Regelungen allerdings hinter dem Diskussionsstand und den kritischen Stimmen zurück. Kritisiert wird insbesondere, dass die nur alle drei Jahre stattfindende Dynamisierung der weiterhin notwendigen Lohnentwicklung der Pflegekräfte nicht nachkommen wird und so die Lohnentwicklung in der Pflege hinter anderen Branchen zurückbleiben muss. Eine solche Entwicklung würde die Gewinnung von Pflegekräften weiter erschweren und den **Mangel an Pflegekräften** festschreiben.

15 Ausgesprochen kontrovers wurde das Konzept eines **Pflegevorsorgefonds** diskutiert. Außerhalb des politischen Raums waren kaum befürwortende Meinungsäußerungen zu vernehmen. Allerdings wurde diesem Thema der mittelfristigen Finanzvorsorge insgesamt wenig Beachtung geschenkt, ebenso die nur in Wahlkampfzeiten zu vernehmende Diskussion um die Ausgestaltung der sozialen Pflegeversicherung in eine **Bürgerversicherung.** Ähnlich verhalten war die Diskussion um die Frage, ob die soziale Pflegeversicherung weiterhin als sogenannte Teil- oder künftig als Vollkaskoversicherung ausgestaltet werden soll.

16 Als dringlicher wurde in der allgemeinen Diskussion eingestuft, dass es eine gute und zuverlässig zu planende **finanzielle Ausstattung der Leistungserbringer** und damit eine kurz- und mittelfristig tragfähige Finanzierung der Pflege insgesamt vorgesehen wird. Auch insoweit wurde die Diskussion um die finanzielle Lage überlagert von der Diskussion um die Bezahlung der Pflegekräfte.

3. Der Prozess der Gesetzgebung

17 Kritisch diskutiert wurde vor allem die Frage, warum die Umsetzung des jetzigen Reformvorhabens nach Vorliegen der Berichte des Beirats im Jahre 2009[28] so lange auf sich warten ließ. Dabei streben nahezu alle Beteiligten seit langem eine Überarbeitung des Pflegebedürftigkeitsbegriffs an, wollten jedoch vor einer gesetzlichen Änderung des geltenden Pflegebedürftigkeitsbegriffs und des Begutachtungsverfahrens zunächst

28 Bericht des „Beirats zur Überprüfung des Pflegebedürftigkeitsbegriffs" vom 29.1.2009. In diesem wurden konzeptionelle Überlegungen zu einem neuen Pflegebedürftigkeitsbegriff und einem neuen Begutachtungsverfahren zur Feststellung der Pflegebedürftigkeit nach dem SGB XI aufgezeigt sowie weitere Empfehlungen abgegeben. Der Umsetzungsbericht des Beirats wurde im Mai 2009 veröffentlicht.

Handlungsoptionen in Modellprojekten erarbeitet[29] und erprobt[30] sehen. Dabei war auch die Frage zu klären, wie sich die Änderung vor allem finanziell auf die Pflegeversicherung und/oder andere Sozialleistungsbereiche auswirkt.

Ähnlich kritisch wird gesehen, dass letztlich lediglich der Konsens des Expertenbeirats umgesetzt und eine echte Erprobungsphase nicht vorgeschaltet wurde. So wird es nach Auffassung der kritischen Stimmen allein dadurch zu einer Fehlsteuerung kommen müssen, weil wichtige Informationen und Vereinbarungen, wie etwa die **Personalbemessung** und wissenschaftlich nachvollziehbare **Personalbemessungssysteme**, bei der Umstellung fehlen. Ebenso kritisch wird gesehen, dass die Beteiligung der Kommunen und Bundesländer bei der Planung von Pflegeeinrichtungen, der Beratung der Bürgerinnen und Bürger und der Ko-Finanzierung über die Hilfe zur Pflege nicht in das jetzige Gesetzgebungsverfahren einbezogen wird, sondern insoweit ein weiteres Drittes Pflegestärkungsgesetz (PSG III)[31] notwendig ist [→ Rn. 39 ff.]. 18

An diesen Stellen – fehlende Aussagen zur Personalbemessung und Verschiebung der Klärung der Schnittstellen zwischen Hilfe zur Pflege und **Eingliederungshilfe** – bestehen im Prozess der Umstellung auf den neuen Pflegebedürftigkeitsbegriffs die größten Gefahren, dass die Erwartungen insofern enttäuscht werden und die Reform so teilweise scheitern könnte. 19

4. Die Pflegenden bzw. der Fachkräftemangel

Obwohl weder die Pflegestärkungsgesetze I und II als auch der neue Pflegebedürftigkeitsbegriff und das Neue Begutachtungsassessment das Personalthema der Pflegenden im Pflegesystem direkt thematisieren, zeigen sich die größten Verwerfungen in den Diskussionen bei dem Thema des **Fachkräftemangels**. Dabei geht die allgemeine Sorge um, wie angesichts des bestehenden und zunehmenden Fachkräftemangels die Pflegeleistungen in naher Zukunft qualitätsvoll erbracht werden können. In engem Zusammenhang mit dieser Diskussion steht die Stärkung des Berufsbildes der Altenpflege, insbesondere in Hinblick auf die insoweit überlagernde Diskussion durch ein 20

29 Der neue Expertenbeirat legte am 27.6.2013 den „Bericht zur konkreten Ausgestaltung des Pflegebedürftigkeitsbegriffs" vor. Dabei hat der Expertenbeirat Veränderungen am Begutachtungsinstrument und an der Bewertungssystematik vorgenommen, um die Defizite bei bestimmten Personengruppen, beispielsweise Kindern, die noch nicht sprechen können oder schwerstbehinderte Personen, zu beheben.

30 In dieser Legislaturperiode wurde zur Vorbereitung des Pflegestärkungsgesetz II am 8.4.2014 zwei Erprobungsstudien gestartet, um die praktischen Auswirkungen des neuen Pflegebedürftigkeitsbegriffes vor dessen gesetzlicher Einführung zu testen: Zum einen die „Evaluation des Neuen Begutachtungsassessments (NBA) – Erfassung von Versorgungsaufwänden in stationären Einrichtungen", wobei bundesweit in rund 40 Pflegeheimen bei 1.600 Bewohnerinnen und Bewohnern untersucht wurde, welche Leistungen sie bisher aus den Pflegestufen bekommen und welche Leistungen und welchen Pflegegrad sie nach dem NBA bekommen würden, und zum anderen die sog. „Praktikabilitätsstudie", in der das durch den 2. Expertenbeirat geänderte Bewertungsinstrument (NBA) bundesweit bei 2.000 pflegebedürftigen Menschen praktisch erprobt wurde.

31 Die Bundesregierung wird – vgl. BT-Drucks. 18/6182, 32 – hinsichtlich der erforderlichen Anpassungen im SGB XII zeitnah einen separaten Gesetzentwurf vorlegen in Form eines Artikelgesetzes, dessen Regelungen zum 1. Januar 2017 zeitgleich mit dem neuen Pflegebedürftigkeitsbegriff in Kraft treten sollen. Der Bundesrat hatte in seiner Stellungnahme zum PSG II 37 Änderungsvorschläge und Anregungen gegeben, die allerdings kaum vom Bundesgesetzgeber angenommen und umgesetzt wurden. Wie die Bundesregierung bereits in der Begründung des PSG II zu § 36 SGB XI ausgeführt hat, wird bei Einführung des neuen Pflegebedürftigkeitsbegriffs in das SGB XII der Begriff der pflegerischen Betreuungsmaßnahmen zur Klärung von Schnittstellen näher zu definieren sein.

neues **Pflegeberufegesetz**[32], mit dem die bislang getrennten dreijährigen Ausbildungen der Altenpflege, der Krankenpflege sowie der Kinderkrankenpflege zu einer einzigen dreijährigen **generalisierten Pflegeausbildung** verschmolzen werden sollen.

21 Ein weiterer großer Diskussionspunkt stellt die **Personalbemessung** und ein wissenschaftlich fundiertes **Personalbemessungssystem** dar. Den erhofften Schritt wagt der Gesetzgeber nicht und überlässt die Personalbemessung wiederum der pflegerischen Selbstverwaltung. Die Einrichtung einer wissenschaftlichen Expertenkommission (vgl. § 113 c SGB XI, [→ Rn. 386]) mit einer Berichtspflicht zum 30.6.2020 dürfte lediglich das „Feigenblatt“ für das gesetzgeberische Versagen an dieser Stelle sein. So sind die Verbände der Pflegekassen und die Verbände der Leistungserbringer vorrangig in den einzelnen Bundesländern aufgerufen, die Landes-Rahmenverträge nach § 75 SGB XI zügig neu zu verhandeln und dabei zeitgemäße **Pflegepersonalschlüssel** festzulegen. Die bisherigen stammen aus der Anfangszeit der Pflege und bilden weder den sich in den letzten 20 Jahren dramatisch veränderten versorgten Personenkreis noch die sonstige allgemeine **Arbeitsverdichtung** ab.[33] Ebenso wird eine Unterscheidung der Einsatzbereiche und Anforderungen in der Unterscheidung der Pflegefachkräfte, von den Betreuungskräften, den pflegenden Angehörigen und den ehrenamtlich Tätigen vermisst.[34]

5. Die vorgesehenen Änderungen

22 Zukünftig soll eine umfassende, ressourcenorientierte und pflegefachlich fundierte Erfassung des **Grades der Selbstständigkeit** aller Pflegebedürftigen erfolgen, unabhängig davon, ob sie vorrangig körperlich, kognitiv oder psychisch beeinträchtigt sind. Damit soll bewirkt werden, dass die pflegerische Versorgung auf dem aktuellen Stand medizinisch-pflegerischer Erkenntnisse **ressourcenorientiert** ausgerichtet werden kann. Es erfolgt so eine Gleichbehandlung körperlicher, kognitiver und psychischer Beeinträchtigungen und Fähigkeitsstörungen bei der Einstufung in einen Pflegegrad und der davon abhängigen Höhe des Leistungsanspruchs.[35]

---

32 Die bisherigen drei Ausbildungen in der Pflege (Gesundheits- und Krankenpflege, Gesundheits- und Kinderkrankenpflege und Altenpflege) sollen zu einer generalistisch ausgerichteten Pflegeausbildung zusammengeführt werden. Eckpunkte zur Vorbereitung des Entwurfs eines neuen Pflegeberufsgesetzes (Inhalte, Strukturen, Finanzierungsaspekte) hat eine Bund-Länder-Arbeitsgruppe „Weiterentwicklung der Pflegeberufe“ im März 2012 vorgelegt. Die Grundlage für die zu treffenden Finanzierungsentscheidungen bildet ein Forschungsgutachten zur Finanzierung des neuen Pflegeberufsgesetzes (Juni 2013). Die aufgrund entsprechender Modellklauseln im Kranken- und im Altenpflegegesetz durchgeführten Modellvorhaben haben gezeigt, dass eine dreijährige einheitliche Pflegeausbildung im Sinne eines neuen, zusammengeführten Pflegeberufs gerade die Kompetenzen vermitteln kann, die für zunehmend komplexer werdende Pflegesituationen und unterschiedlicher Pflegekontexte besonders wichtig sind. Hierzu zählen eine hohe Analyse- und Reflexionsfähigkeit, Flexibilität sowie hohe Motivation und Befähigung zum lebenslangen Lernen. Die für das Gesetzgebungsverfahren federführenden Ressorts planen, das Gesetzgebungsverfahren in 2015 zu beginnen (so die Antwort der Bundesregierung vom 1.9.2015, BT-Drucks. 18/5897, 3). Am 27.11.2015 wurde von den beteiligten Ministerien ein Referentenentwurf vorgelegt.

33 Dazu: *Moritz*, Staatliche Schutzpflichten gegenüber pflegebedürftigen Menschen, Baden-Baden (Dissertation) 2013; Besprechung und Zusammenfassung: *Richter*, Altenheim Heft 4/2014, 44 – Fazit der Dissertation: Weitere Untätigkeit in diesem Bereich wird durch einen Gang nach Karlsruhe bestraft!

34 Dazu ausführlich: *Hoffmeister/Hille* NJW 2015, 3753.

35 BT-Drucks. 18/5926, 60.

Die Erweiterung der für die Einstufung berücksichtigten Bereiche, die über eine bloße Zusammenführung der bisherigen Verrichtungen der **Grundpflege**, also der Körperpflege, Ernährung und Mobilität, sowie der Bereiche der **Alltagskompetenz** nach § 45 a Abs. 2 SGB XI *2016*, weit hinausgeht, bedarf auch eines erweiterten Begutachtungsverfahrens, dem **Neuen Begutachtungsassessment** (**NBA**). Dabei aber wurde die Aufgabe des MDK bzw. der unabhängigen Sachverständigen nicht einfach um die hinzutretenden Module erweitert, sondern traten weitere Ziele hinzu, die eine Feststellung der individuellen Fähigkeiten und der individuellen Bedürfnisse des Versicherten ermöglichen sollen. Diese Änderungen machten weitere Änderungen und Ergänzungen des SGB XI erforderlich. Ziel ist es, mit einer Begutachtung des Versicherten dessen Hilfebedarf möglichst individuell und konkret zu ermitteln, insbesondere: 23

- einen Präventions- und Rehabilitationsbedarf des pflegebedürftigen Menschen feststellen,
- die erweiterten, in der Begutachtung erfassten Aspekte der Pflegebedürftigkeit für die Beratung und Pflegeplanung, die verpflichtend wird, bereitzustellen und
- schließlich Erkenntnisse für die konkrete Pflege, deren Qualitätssicherung und Qualitätsberichterstattung zu gewinnen.

Dabei ist es nicht ausreichend, die leistungsrechtlichen Tatbestände allein technisch an die neue Begutachtungssystematik anzupassen. **Ziel** ist es vielmehr, die soziale Pflegeversicherung bereits jetzt auf künftige Herausforderungen vorzubereiten: Ihre Leistungen müssen passender als bisher auf die **Versorgungsbedürfnisse** der hilfebedürftigen Menschen ausgerichtet und gestaltet werden. Bereits das bisher geltende Recht sah eine Vielfalt an differenzierten Leistungen auch für Menschen mit kognitiven Defiziten vor. Die Zahl der Menschen mit demenziellen Veränderungen oder eingeschränkter Alltagskompetenz wird allerdings weiter steigen und ihre Bedarfe werden in Zukunft noch wesentlich differenzierter ausfallen. Der neue Pflegebedürftigkeitsbegriff wird einen **Paradigmenwechsel** initiieren, der eine noch stärker personenzentrierte und bedarfsgerechte Pflege ermöglicht. Die Ausgestaltung des Leistungsrechts in der Pflegeversicherung wird eine noch differenziertere Leistungs- und Angebotspalette ermöglichen, die eine **wohnortnahe Pflege** sowohl für Menschen mit körperlichen Einschränkungen, als auch für Menschen mit kognitiven Beeinträchtigungen unterstützt.[36] 24

Die leistungsrechtlichen Neuregelungen, also die verschiedenen Ansprüche der Versicherten, sind dabei nicht isoliert zu sehen, sondern stellen insbesondere zusammen mit dem Pflege-Neuausrichtungsgesetz[37] und dem Ersten Pflegestärkungsgesetz (PSG I)[38] eine **konzeptionelle Einheit** dar. Bereits mit dem Pflege-Neuausrichtungsgesetz wurden wesentliche Vorschläge des Expertenbeirates[39] im Vorgriff auf den neuen Pflegebedürftigkeitsbegriff ab dem Jahr 2013 umgesetzt. Aus heutiger Sicht wegwei- 25

36 BT Drucks. 18/5926, 61.
37 BGBl. I 2012, 2246; dazu: *Reimer* SGb 2013, 193.
38 BGBl. I 2014, 2222; dazu: *Richter* NJW 2015, 1271.
39 Bericht des Expertenbeirats zur Ausgestaltung des neuen Pflegebedürftigkeitsbegriffs vom 27.6.2013.

send war der Einstieg in die Leistungsgewährung von Versicherten mit einem Pflegebedarf unterhalb der Pflegestufe I, aber mit eingeschränkter Alltagskompetenz durch § 123 SGB XI *2016*, die Flexibilisierung der Leistungen, die zu einer stärkeren Berücksichtigung der konkreten Wünsche der Versicherten bzw. ihrer Angehörigen bei der Leistungswahl und -gewährung führte und die Ermöglichung neuer Modellvorhaben wie die Regelung des § 124 SGB XI *2016*. Das PSG I erweiterte diese Regelungen und erreichte so eine **Gleichstellung** von somatisch und gerontopsychiatrisch beeinträchtigten Versicherten. Daneben wurden die Betreuungs- und Entlastungsleistungen für alle Pflegebedürftigen geöffnet, den Bezug des Wohngruppenzuschlags erleichtert und die Wahlmöglichkeiten zwischen den verschiedenen Leistungen gestärkt. Alle diese Leistungsverbesserungen bleiben erhalten und als Regelleistungen in das Leistungsrecht integriert.

26 Die gesetzliche Neuregelung soll auch dazu dienen, den **Leistungskatalog** der Pflegeversicherung zu vereinfachen und für die Leistungsberechtigten und Rechtsanwender transparenter und leichter handhabbar zu machen. So sollen die Änderungen zudem zur Verwaltungsvereinfachung und Entlastung insbesondere der Pflegebedürftigen von Bürokratie beitragen. Einem Vorhaben, von dem man bereits jetzt sagen kann, dass es nicht gelungen ist.

IV. Der Zeitplan zur Umsetzung

27 Der Gesetzentwurf[40] eines Zweiten Pflegestärkungsgesetzes (PSG II) wurde am 7.9.2015 in den Deutschen Bundestag eingebracht und am 25.9.2015 – zeitgleich mit dem Bundesrat – in erster Lesung beraten. Nach der Stellungnahme des Bundesrates und der Gegenäußerung der Bundesregierung[41] wurde die Beschlussfassung des Gesundheitsausschusses des Deutschen Bundestages[42] am 13.11.2015 in zweiter und dritter Lesung beraten und angenommen. Der Bundesrat stimmte am 18.12.2015 unter Annahme einer Entschließung zu.[43] Die Veröffentlichung erfolgte am 28.12.2015.[44]

28 Die gesetzlichen Änderungen sind zeitlich in zwei Abschnitte geteilt. Grundsätzlich treten die neuen Regelungen zum 1.1.2016 in Kraft; Art. 8 Abs. 1 PSG II. Hiervon ausgenommen sind die Vorschriften zur Bestimmung der Pflegegrade, zum Beitrags-, Vergütungs- und Leistungsrecht sowie weitere daran anknüpfende Regelungen, wie etwa in anderen Sozialgesetzbüchern. Diese Vorschriften dienen der Einführung des neuen Pflegebedürftigkeitsbegriffs sowie des Neuen Begutachtungsassessments und treten zum 1.1.2017 in Kraft; Art. 8 Abs. 2 PSG II. Die Verabschiedung und Veröffentlichung der Vorschriften bereits zwölf Monate vor ihrem Inkrafttreten dienen als Grundlage und Bezugsregelung, um in der Praxis einen ausreichenden Vorbereitungs-

40 Entwurf der Bundesregierung: BT-Drucks. 18/5926 = BR-Drucks. 354/15.
41 BT-Drucks. 18/6182.
42 BT-Drucks. 18/6688; die Änderungsvorschläge der Opposition (DIE LINKE – BT-Drucks. 18/5110; BÜNDNIS 90/DIE GRÜNEN – BT-Drucks. 18/6066) wurde mit der Regierungsmehrheit im Gesundheitsausschuss abgelehnt.
43 PlenarPr. 940, 513 B.
44 BGBl. I 2015, 2424.

zeitraum zu schaffen.[45] So können sich Versicherte, Angehörige, vor allem aber alle anderen Beteiligten, wie Pflegekassen, der Medizinische Dienst der Krankenversicherung und die ambulanten, teilstationären und vollstationären Leistungserbringer und ihre Berater darauf einstellen.

Da der Prozess der Einführung eines neuen Pflegebedürftigkeitsbegriffs und eines 29
neuen Begutachtungsverfahrens auf Grund seiner Komplexität ein enges Zusammenwirken aller Beteiligten in allen Phasen erfordert, wurden durch § 17a Abs. 3 SGB XI *2016*[46] strukturierende Regelungen geschaffen, um den GKV-Spitzenverband darin zu unterstützen, die gesetzten Ziele zu erreichen. Diese **Vorschaltregelung** schaffte die gesetzliche Grundlage für die notwendigen Vorbereitungsmaßnahmen zur Einführung des neuen Pflegebedürftigkeitsbegriffs. So konnte mit der Erarbeitung der **Begutachtungsrichtlinie** bereits Mitte 2015 begonnen werden. Sie ist innerhalb von neun Monaten – gerechnet ab dem 25.7.2015 – dem Bundesministerium für Gesundheit zur Genehmigung vorzulegen.[47] Die Vorschrift zur vorzeitigen Erarbeitung der Richtlinien entspricht den fachlichen Empfehlungen des Expertenbeirats. Der Expertenbeirat zur konkreten Ausgestaltung des Pflegebedürftigkeitsbegriffs hatte die notwendige Vorbereitungszeit auf mindestens 18 Monateveranschlagt und in einer sog. **„Roadmap“** zusammengefasst.[48] Dabei umfasst die Vorbereitung der Begutachtungsrichtlinie folgende Einzelschritte:

- die Erarbeitung der Begutachtungs-Richtlinien,
- die Durchführung des Beteiligungsverfahrens,
- die Genehmigung durch das Bundesministerium für Gesundheit,
- die Entwicklung eines Schulungskonzeptes,
- die Schulung der Gutachterinnen und Gutachter und
- die Erstellung der Begutachtungs-Software.

Anschließend sind Versicherte, die in der Pflegeberatung Tätigen und die Einrichtung zu informieren.

V. Bearbeitungshinweise zum PSG II („Checkliste für ambulante und stationäre Einrichtungen“)

Sofort:[49] **Neubestimmung der Konzeption**, der Marktposition und des zukünftig 30
zu betreuenden Personenkreises im regionalen Umfeld. Welche Leistungsarten sollen selbst oder im Netzwerk über Kooperationen angeboten werden?

2. Quartal 2016: Einpflegen der 8 Module und ihrer Einzelkriterien in das System des **internen Qualitätsmanagements**/Qualitätshandbuch.

45 BT-Drucks. 18/5926, 151.
46 I.d.F. durch das PräventionsG, BGBl. I 2015, 1368.
47 BT-Drucks. 18/5261, 62.
48 Bericht des Expertenbeirats v. 27.6.2013, 92 f.
49 Ausführlich: *Richter*, Altenheim Heft 12/2015, 14.

3. Quartal 2016: Überarbeitung der **Pflegeplanungen** – insbesondere Einfügung der Einzelkriterien der Module 2, 3, 5 und 6 – für ausgewählte Bewohnerinnen und Bewohner bzw. Pflegekunden zur Übung und um die Problembereiche in der eigenen Einrichtung zu identifizieren. Dabei ggf. Umstellung der **Pflegedokumentation**.

Zum 30.9.2016: Vorbereitung der stichtagsbezogenen Umstellung der Zusammensetzung des Heimentgelts durch den **einrichtungsindividuellen Eigenanteil** zum 30.9.2016 oder Neuverhandlung der Entgelte.

Zum 30.11.2016: Information der Bewohnerinnen und Bewohner in Gestalt eines **Erhöhungsschreibens** im Sinne des § 9 Abs. 2 WBVG über die neue Zusammensetzung der Heimentgeltbestandteile zum 30.11.2016.

4. Quartal 2016: Prüfung der **Pflegestufen** und der Feststellung der **eingeschränkten Alltagskompetenz** aller Bewohnerinnen und Bewohner bzw. Pflegekunden, spätestens zum 31.12.2016.

VI. Erste Bewertung

31 Die Reform der sozialen Pflegeversicherung durch die Pflegestärkungsgesetze PSG I und II wird in der Praxis gleichgesetzt mit der Reform des Pflegebedürftigkeitsbegriffs sowie des Neuen Begutachtungsassessments. Alle anderen strukturellen Änderungen treten in der Wahrnehmung dahinter zurück. Daher ist vor den übertriebenen Erwartungen an die praktischen Wirkungen des neuen Pflegebedürftigkeitsbegriffs über die Einstufung in einen Pflegegrad hinaus zu warnen. Der neue Pflegebedürftigkeitsbegriff und das neu gefasste Einstufungsverfahren werden durch die **Übergangsrechte** und die Regelungen zum Schutz des Besitzstandes erst ab dem 1.1.2017 allmählich wirken. Daher wird die kurzfristige Wirkung viel geringer sein, als ursprünglich angenommen. So hat es den Anschein, dass insbesondere bei den von Pflege bedrohten Versicherten, ihren Angehörigen, aber auch den Verantwortlichen in den Pflegeeinrichtungen das Ziel und Ergebnis dieser Reform mit Erwartungen überfrachtet wird, die nicht erfüllt werden können. Daher soll an dieser Stelle im Anschluss an *Rothgang* und *Hasseler*[50] insbesondere vor drei Mythen dieser Reform gewarnt werden.

32 *Mythos I:* Jetzt erhalten Menschen mit Demenz endlich angemessene Leistungen aus der sozialen Pflegeversicherung.

Bei Einsetzung des ersten Beirats zum Pflegebedürftigkeitsbegriff[51] im Jahr 2006 waren tatsächlich eklatante **Benachteiligungen** von Menschen mit **Demenz** zu beobachten. Personen mit eingeschränkter Alltagskompetenz erhielten bis zum 30.6.2008 – heute unvorstellbar – nach § 45 b Abs. 1 Satz 1 SGB XI a.F.[52] zur Finanzierung zu-

50 *Rothgang/Hasseler* u.a. Das NBA funktioniert, Altenheim Heft 8/2015, 20.
51 Bericht des „Beirats zur Überprüfung des Pflegebedürftigkeitsbegriffs“ vom 29.1.2009.
52 Die §§ 45 a und 45 b SGB XI wurden durch das Pflege-Leistungsergänzungsgesetz vom 14.12.2001, BGBl. I 2001, 3728 eingefügt und galten in dieser Fassung bis zum 30.6.2008.

sätzlicher Betreuungsleistungen einen Betreuungsbetrag in Höhe von bis zu 460,00 € je Kalenderjahr. Voraussetzung für den Bezug dieser finanziell wohl kaum wahrnehmbaren Leistung war, dass neben der festgestellten eingeschränkten Alltagskompetenz ein Pflegebedarf mindestens der Pflegestufe I bestand. Erst durch die Leistungsausweitungen für diesen Personenkreis im Pflege-Weiterentwicklungsgesetz (2008) und im Pflege-Neuausrichtungsgesetz (2013) ist diese „**Ungleichbehandlung**“[53] zu erheblichen Teilen aufgehoben. Insofern können die Pflegestärkungsgesetze für Menschen mit Demenz nur noch begrenzte Leistungsverbesserungen bringen. Zu hohe Erwartungen sollten frühzeitig ausgeräumt werden, um die ansonsten vorprogrammierte Enttäuschung der betroffenen Personen und ihrer Angehörigen einzudämmen.[54]

Mythos II: Der neue Pflegebedürftigkeitsbegriff sorgt für ein Ende der sog. „Minu- 33
tenpflege“.

Die Frage, ob bei den neu festzulegenden Voraussetzungen für abgestufte Leistungen der Pflegeversicherung auf den Faktor **Zeit** als Bemessungsgröße verzichtet werden kann, ist mehrfach durchaus kontrovers diskutiert worden. Dem Faktor Zeit kommt bei der Feststellung von Pflegebedürftigkeit aber schon im jetzigen System eine ambivalente Bedeutung zu: Einerseits kann nicht verkannt werden, dass Pflege eine Dienstleistung ist, die nach ihrem zeitlichen Umfang vergütet wird. Dementsprechend wird auch der zusätzliche finanzielle Aufwand, den ein Pflegebedürftiger bewältigen muss, maßgebend durch den zeitlichen Umfang der erforderlichen Hilfeleistungen bestimmt. Das von der Pflegeversicherung versicherte Risiko steht deshalb mit dem Faktor Zeit in einem untrennbaren Zusammenhang. Andererseits ist der Faktor Zeit ungeeignet, um eines der wesentlichen Ziele der Reform, nämlich die **Einbeziehung von psychisch-kognitiven Störungen** in den Begriff der Pflegebedürftigkeit, sachgerecht umzusetzen. Denn der allgemeine Aufsichts- und Betreuungsbedarf etwa zur Vermeidung von Selbst- oder Fremdgefährdung besteht in der Regel schon bei leichteren Formen derartiger Störungen (etwa Demenz) nahezu rund um die Uhr. Nach bisheriger Systematik müssten deshalb derart Betroffene stets der Pflegestufe III zugeordnet werden, obgleich allein die zeitliche und örtliche Bindung der Pflegeperson eine solche Einstufung nicht rechtfertigt. Darüber hinaus ist der Faktor Zeit mit dem Stichwort „**Minutenpflege**“ zu einem die gesamte Pflegeversicherung desavouierenden Begriff gemacht worden. Zudem ist die Zeit nur auf den ersten Blick ein leicht fassbares und überprüfbares Kriterium.[55]

Dabei wird vor allem übersehen, dass zwar für die Einstufung in die Pflegestufen Mi- 34
nuten zu zählen waren und natürlich jede Minute Grundpflege zählte, um die Eingangsschwelle von mindestens 45 Minuten in § 15 Abs. 3 Nr. 1 SGB XI *2016* zu erreichen. Die „**Minutenpflege**“, die auch despektierlich „Rennpflege“ genannt wird,

53 BSG 26.11.1998 – B 3 P 13/97 R sah in der Ungleichbehandlung aufgrund der damaligen gesetzlichen Grundlage keinen Verstoß in verfassungsrechtlicher Hinsicht.

54 So *Rothgang* u.a. Versorgungsaufwände in stationären Pflegeeinrichtungen, Schriftenreihe Modellprogramm zur Weiterentwicklung der Pflegeversicherung Band 13, 2015, 124 f.

55 Bericht des „Beirats zur Überprüfung des Pflegebedürftigkeitsbegriffs“ vom 29.1.2009, 44 f.

kommt aber nicht aus den Minuten für die Einstufung und mithin auch nicht aus dem Pflegebedürftigkeitsbegriff, sondern allein aus der **Personal-Einsatzplanung** und den **Vergütungsregelungen.** Dabei wurden in der Vergangenheit zwei Probleme sichtbar:

35 In der ambulanten Pflege ist dies vor allem die sog. **Erlösorientierte Einsatzplanung.** Dabei werden Einsätze so geplant, dass ein von der Pflegeeinrichtung intern verwendeter Stunden- (oder Minuten-) Satz der Planung zugrunde gelegt wird, um einen bestimmten Leistungskomplex beim Pflegekunden erbringen zu können. Steigt nun – aufgrund steigender Personal- oder Sachkosten – der **interne Verrechnungssatz,** während der mit den Pflegekassen verhandelte Preis nicht oder nicht in diesem Maße anstieg, so wurde schlicht die Einsatzzeit, also die für die Pflege des Kunden zur Verfügung stehenden Minuten gekürzt. Dieses Phänomen führte vor allem dazu, dass alle Beteiligten in der Pflege den zunehmenden Leistungsdruck, die **Arbeitsverdichtung** und die immer weniger zur Verfügung stehende Zeit beklagten. Zwar war und ist die Herleitung der Umsatzgenerierung eines Leistungserbringers aus der Einstufung des Kunden schon immer falsch gewesen,[56] was sich vor allem bei der Diskussion der **Zeitvergütung** im ambulanten Bereich gezeigt hat.[57] Hervorzuheben ist aber, dass die neue Einstufungssystematik der Pflegegrade an diesem Leistungssystem nichts ändert. Lediglich das zur Verfügung stehende Budget des Pflegebedürftigen erhöht sich möglicherweise. Mehr Zeit erhalten die Pflegekräfte allerdings nur, wenn auch die mit den Pflegekassen und dem Träger der Sozialhilfe vereinbarten Vergütungen für einzelne Leistungen, also Leistungskomplexe oder Zeiteinheiten, steigen. Beispielhaft kann gesagt werden, dass der versicherten Pflegekunden weiterhin die sog. „kleinen Morgentoilette“ benötigt; ob aufgrund einer Pflegestufe oder eines Pflegegrades, ist nicht erheblich. Entscheidend ist die dafür kalkulierte Einsatzzeit.

36 Für die stationären Einrichtungen sind insbesondere der **Personalschlüssel** bzw. die verhandelten **Äquivalenzziffern** entscheidend. Die nicht nur subjektiv wahrgenommene Arbeitsverdichtung auch bei der stationären Pflege wäre vor allem mit einer wissenschaftlichen Feststellung und Überarbeitung der Pflegepersonalschlüssel korrigiert worden. Die derzeitigen Personalschlüssel stammen aus den Rahmenverträgen nach § 75 SGB XI auf Ebene der einzelnen Bundesländer aus dem Beginn der Pflegeversicherung. Obwohl sich der betreute Personenkreis und das Arbeitsumfeld in den letzten Jahren völlig verändert haben, sind die Personalschlüssel gleichgeblieben. Diese nun einfach auf die umgerechneten Pflegegrade zu übertragen, erscheint geradezu fahrlässig. Gleichwohl wurde die Neuregelung jedenfalls durch den Bundesgesetzgeber zunächst zurückgestellt. § 113 c SGB XI will die wissenschaftliche Begleitung zu dieser Frage bis zum 30.6.2020 vertagen.

---

56 Man beachte dazu nur den wörtlichen Hinweis „Die Zeitorientierungswerte enthalten keine Vorgaben für die personelle Besetzung von ambulanten, teil- oder vollstationären Pflegeeinrichtungen und lassen keine Rückschlüsse hierauf zu.“ in den Begutachtungs-Richtlinien 2013, 88.

57 Dazu ausführlich *Richter* GuP 2014, 1; *ders.* PflR 2014, 551.

Mythos III: Der neue Pflegebedürftigkeitsbegriff führt zu einem neuen Pflegeverständnis. 37

Wie bereits bezüglich der sog. „Minutenpflege" ausgeführt, ändert die Einführung der Pflegegrade und des Neuen Begutachtungsassessments die Leistungserbringung nicht. Selbstverständlich muss auch derzeit schon die Pflege auf dem allgemein anerkannten **Stand der medizinisch-pflegerischen Erkenntnisse** erfolgen (§ 11 Abs. 1 Satz 1 SGB XI) – unabhängig vom Verfahren zur Ermittlung der Leistungsansprüche. Nach der Umstellung des Pflegebedürftigkeitsbegriffs sind weitere Änderungen notwendig, um ein möglicherweise erweitertes Pflegeverständnis auf der Grundlage des Neuen Begutachtungsassessments in den Pflegealltag einzubeziehen. Für die weiteren Regelungen, insbesondere die Neufassung der Maßstäbe und Grundsätze nach § 113 SGB XI und Neuverhandlung der **Rahmenverträge nach § 75 SGB XI,** sind aber auch die Pflegekassen auf der jeweiligen Bundeslandebene einzubeziehen und vor allem in der Pflicht. Hier wäre es von Vorteil, wenn der Bundesgesetzgeber ein waches Auge auf die Vertragsverhandlungen wirft, um ggf. nachzusteuern.

Bei einer solchen kritischen ersten Bewertung muss aber hervorgehoben werden, dass der neue Pflegebedürftigkeitsbegriff und das Neue Begutachtungsassessment ein wichtiger Schritt zur Fortentwicklung der sozialen Pflegeversicherung werden. Die soziale Pflegeversicherung wird mit den Änderungen tatsächlich weitgehend neu geschrieben oder wie es jetzt neudeutsch heißt, zur **„Pflegeversicherung 2.0"**. Ebenso wichtig aber ist auch die Erkenntnis, dass weitere Umsetzungsschritte folgen müssen, um den Erfolg dann auch zu sichern. 38

VII. Ausblick: Was bringt ein Drittes Pflegestärkungsgesetz (PSG III)?

Die Änderungen durch die Pflegestärkungsgesetze PSG I und PSG II berührten, wohl um einer Zustimmungsbefugnis des Bundesrates zu entgehen, nicht die Regelungen zur Hilfe zur Pflege der §§ 61 ff SGB XII. Daher ist ein weiteres zustimmungspflichtiges Gesetzespaket notwendig, das bis zum Inkrafttreten des neuen Pflegebedürftigkeitsbegriffs am 1.1.2017 die notwendige Anpassung auf die Regelungen des SGB XII vornimmt. Darüber hinaus werden aber folgende Wünsche und Vorschläge der Bundesländer erneut diskutiert:[58] 39

- Einführung eines neuen § 7 d SGB XI-Entwurf – **Modellkommune Pflege:** 40

Zulassung von 60 „Modellkommunen Pflege" (Landkreise und kreisfreie Städte), um einen Vergleich mit anderen Modellen zur Stärkung von Beratung und Vernetzung (Pflegestützpunkte) herstellen zu können. Konkret sollen die bestehenden Beratungsansprüche und -pflichten nach dem SGB XI (insbesondere §§ 7 a, 37 Abs. 3, 45 SGB XI) von der „Modellkommune Pflege" mit Beratungsansprüchen und -pflichten hinsichtlich weiterer Sozialleistungen, die in (Finanzierungs-)Verantwortung der Kommune geleistet werden (insbesondere den §§ 11, 59, 71 Abs. 2 Nr. 4 SGB XII) in

58 Ausführlich *Rasch* RdL 2015, 170.

ein Gesamtkonzept eingebunden und in eigener Verantwortung oder in Kooperation mit anderen erbracht werden.[59]

41 ■ Einführung eines neuen § 10 a SGB XI-Entwurf – **Berichterstattung** der Träger der Pflegeversicherung und der privaten Versicherungsunternehmen

Jährlich, erstmalig im Jahr 2018, sollen die Pflegekassen über Vorgänge insbesondere im **Leistungserbringerrecht** berichten, im Einzelnen über

1. die Einhaltung der Fristen nach 18 Abs. 3,
2. die Anzahl der Leistungsgewährungen im Rahmen von trägerübergreifenden Budgets nach § 35 a,
3. die Anzahl abgeschlossener Gesamtversorgungsverträge nach § 72 Abs. 2 Satz 1,
4. die Anzahl gekündigter Versorgungsverträge nach § 74,
5. die Anzahl abgeschlossener Verträge jeweils nach § 77 Abs. 1 und 2,
6. die Anzahl in Auftrag gegebener Wirtschaftlichkeitsprüfungen nach § 79,
7. die Anzahl abgeschlossener Vereinbarungen nach §§ 85, 89, in denen Aufwendungen nach § 82 b berücksichtigt sind,
8. die Anzahl von Zahlungen an Pflegeeinrichtungen nach § 87 a Abs. 4 sowie
9. die Anzahl gekürzter Pflegevergütungen nach § 115 Abs. 3.

Dieser Vorschlag würde Daten erschließen, die bisher nicht veröffentlicht wurden, und so zu einer stärkeren Transparenz der Unterschiede in den einzelnen Bundesländern in Bezug auf die Umsetzung von neu geschaffenen Instrumenten (bestes Beispiel ist die unterschiedliche Handhabung von **Gesamtversorgungsverträgen** in den Bundesländern) führen. Die Bundesregierung lehnt den Vorschlag wegen des angeblich hohen Verwaltungsaufwandes ab.[60]

42 ■ Änderung des § 35 a SGB XI – **Trägerübergreifendes Budget**

Nach diesem Änderungsvorschlag soll die Pflegesachleistung i.S.d. § 36 SGB XI echter Bestandteil des trägerübergreifenden Budgets werden und nicht bloß als Gutscheinlösung ein Schattendasein fristen. Die Bundesregierung hält die Erwägungen zur Einführung der Gutscheinlösung noch immer für gegeben.[61] Immerhin prüfen will die Bundesregierung den Vorschlag, die Träger der sozialen Pflegeversicherung zu einem **Rehabilitationsträger** i.S.d. SGB IX für Leistungen zur medizinischen Rehabilitation und zur Teilhabe am Leben in der Gemeinschaft (§ 5 Nr. 1 und 4 SGB IX) aufzuwerten.[62] So würde auch dem Ziel der Pflegeversicherung „Rehabilitation vor Pflege“ (§ 5 SGB XI) mehr Gewicht beigemessen werden.

59 BT-Drucks. 18/6182, 5.
60 BT-Drucks. 18/6182, 6, 27.
61 BT-Drucks. 18/6182, 7, 28.
62 BT-Drucks. 18/6182, 20 f.

B. Der (neue) Pflegebedürftigkeitsbegriff

Der zentrale Begriff des Pflegerechts ist die legal, also im Gesetz selbst definierte **Pflegebedürftigkeit**, die weiterhin in den §§ 14 und 15 SGB XI geregelt wird. Damit bleibt auch künftig die gewohnte Struktur erhalten. § 14 SGB XI definiert den Begriff der Pflegebedürftigkeit, während § 15 SGB XI die Schwere und damit den **Grad** der Pflegebedürftigkeit sowie das Begutachtungsverfahren regelt. Ergänzt werden beide Vorschriften durch zwei gesetzliche Anlagen zu § 15 SGB XI *2017*, die die Berechnung der Pflegegrade regeln und sicherstellen sollen. Mit der Neuregelung der §§ 14 und 15 SGB XI ab dem 1.1.2017 werden die in den letzten Jahren getrennten Feststellungen zur Pflegebedürftigkeit in Hinblick auf die gewöhnlichen und regelmäßig wiederkehrenden **Verrichtungen** im Ablauf des täglichen Lebens nach § 14 Abs. 4 SGB XI *2016* und die erheblich **eingeschränkte Alltagskompetenz** nach § 45 a Abs. 2 SGB XI *2016* erstmalig zusammengefasst und damit einheitliche Anspruchsvoraussetzung für die im SGB XI geregelten Leistungen. Pflegebedürftige sind danach Personen, die gesundheitlich bedingte Beeinträchtigungen der Selbstständigkeit oder der Fähigkeiten aufweisen und deshalb der Hilfe durch andere bedürfen. Weitere Voraussetzungen sind die Zuerkennung eines Pflegegrades mit dem neuen Begutachtungsinstrument, unabhängig davon, ob der Schwerpunkt ihrer Beeinträchtigungen im körperlichen, kognitiven oder psychischen Bereich liegt, und eine Dauer der Beeinträchtigung von mindestens 6 Monaten. 43

Die Feststellung von Pflegebedürftigkeit in einem der neuen **Pflegegrade** soll dazu führen, dass alle Antragsteller eine pflegefachlich fundierte, differenzierte und der Schwere ihrer jeweiligen Beeinträchtigungen und Fähigkeitsstörungen entsprechende Eingruppierung erhalten. Viele Pflegebedürftige, insbesondere solche mit vorrangig kognitiven oder psychischen Beeinträchtigungen, erzielen dadurch – jedenfalls im häuslichen und teilstationären Versorgungsbereich – auch höhere Leistungsansprüche [→ Rn. 210]. Damit steht vielen Pflegebedürftigen ein **Mehr an Leistungen** zur Verfügung. Dies kann eine weitere Verbesserung der pflegerischen Versorgung und entlastet Pflegebedürftige und ihre Familien ermöglichen.[63] Zugleich wurde der neue Pflegebedürftigkeitsbegriff soweit konkretisiert und hinsichtlich der wesentlichen Aspekte von Pflegebedürftigkeit abschließend gefasst, dass der Gesetzgeber keine unkontrollierte Ausweitung des Personenkreises der Anspruchsberechtigten befürchtet, die die Solidargemeinschaft über das vernünftige Maß einer Teilabsicherung des Risikos der Pflegebedürftigkeit belasten könnte. Eine Vollabsicherung des Risikos einer Pflegebedürftigkeit ist auch mit dem neuen Pflegebedürftigkeitsbegriff nicht beabsichtigt.[64] 44

63 BT-Drucks. 18/5926, 108.
64 Vgl. BT-Drucks. 18/5926, 109.

I. Die wesentlichen Neuerungen des Pflegebedürftigkeitsbegriffs im Überblick

45
- Wie bisher sind vier Voraussetzungen zu prüfen: 1. Das Vorhandensein von Beeinträchtigungen der Selbstständigkeit oder Fähigkeitsstörungen; 2. die Beeinträchtigungen können nicht selbstständig kompensiert werden; 3. diese bestehen auf Dauer und 4. in der in § 15 SGB XI beschriebenen Schwere.
- Die Aufgabe der „Verrichtungsbezogenheit", also des Bedarfs an gewöhnlichen und regelmäßig wiederkehrenden Verrichtungen im Ablauf des täglichen Lebens (§ 14 Abs. 4 SGB XI *2016*), und Hinwendung zu einer Feststellung der Beeinträchtigungen der Selbstständigkeit oder Fähigkeitsstörungen i.S.d. § 14 Abs. 2 SGB XI *2017* [→ Rn. 51ff].
- Maßgeblich für die Zuordnung eines Pflegegrads sind die pflegefachlich begründeten Kriterien folgender sechs Bereiche: Mobilität, kognitive und kommunikative Fähigkeiten, Verhaltensweisen und psychische Problemlagen, Selbstversorgung, Bewältigung von und selbstständiger Umgang mit krankheits- und therapiebedingten Anforderungen und Belastungen und die Gestaltung des Alltagslebens und sozialer Kontakte.
- Die Leistungen der ärztlich verordneten Behandlungspflege bleiben in vollstationären Einrichtungen Bestandteil des Pflegeversicherungsbudgets.
- Der Bedarf an Hauswirtschaftlicher Versorgung spielt bei der Zuweisung zu einem Pflegegrad künftig keine Rolle mehr. Kann die Haushaltsführung nicht mehr ohne fremde Hilfe bewältigt werden, soll diese Beeinträchtigung der Selbstständigkeit bei den Einzelkriterien der in § 14 Abs. 2 SGB XI *2017* geregelten Bereiche berücksichtigt werden.
- Eine Vollabsicherung des Pflegerisikos ist auch mit dem neuen Begriff der Pflegebedürftigkeit nicht beabsichtigt.

II. Die Definition der „Pflegebedürftigkeit"

46 **Pflegebedürftige** sind nach § 14 Abs. 1 SGB XI *2017* Personen, **die Beeinträchtigungen der Selbstständigkeit oder Fähigkeitsstörungen** nach näherer Bestimmung des § 14 Abs. 2 SGB XI *2017* aufweisen und deshalb der Hilfe durch andere bedürfen. Der Hilfebedarf muss auf den Beeinträchtigungen der Selbstständigkeit oder den Fähigkeitsstörungen beruhen, andere Ursachen für einen Hilfebedarf – etwa die bisher festzustellende **Krankheit** i.S.d. § 14 Abs. 2 SGB XI *2016* – bleiben außer Betracht. Die Beeinträchtigungen der Selbstständigkeit und Fähigkeitsstörungen werden personenbezogen und unabhängig vom jeweiligen (Wohn-)Umfeld ermittelt.[65]

47 Es muss sich um Personen handeln, die körperliche oder psychische Schädigungen, Beeinträchtigungen körperlicher oder kognitiver oder psychischer Funktionen sowie gesundheitlich bedingte Belastungen oder Anforderungen **nicht selbstständig kompensieren** oder bewältigen können. Die Beeinträchtigungen der Selbstständigkeit oder

65 BT-Drucks. 18/5926, 109.

die Fähigkeitsstörungen und der Hilfebedarf durch andere müssen auf **Dauer**, voraussichtlich für mindestens sechs Monate, und zumindest in der in § 15 SGB XI beschriebenen **Schwere** bestehen.

Damit wurden der Begriff der **Pflegebedürftigkeit** und damit auch seine Legaldefinition gegenüber der bisherigen Begriffsdefinition des § 14 Abs. 1 SGB XI *2016* deutlich erweitert. Er bezieht zukünftig unter anderem solche Personen mit ein, deren erheblich eingeschränkte Alltagskompetenz bisher nach § 45 a Abs. 2 SGB XI *2016* gesondert festgestellt wurde. 48

Wie bisher, soll eine Pflegebedürftigkeit nur dann solidarisch abgesichert werden, wenn die Problemlagen längerfristig und nicht nur gelegentlich bestehen. Das Kriterium der Beeinträchtigungen oder die Fähigkeitsstörungen auf **Dauer** ist der Pflegebedürftigkeit immanent.[66] Zeitliche Untergrenze sind Beeinträchtigungen der Selbstständigkeit oder Fähigkeitsstörungen mit daraus resultierendem Hilfebedarf, die voraussichtlich für mindestens sechs Monate vorliegen. Die Entscheidung über das Vorliegen einer voraussichtlich längerfristigen Pflegebedürftigkeit kann bereits vor Ablauf von sechs Monaten getroffen werden, wenn die Dauerhaftigkeit vorhersehbar ist. Dauerhaftigkeit ist auch dann gegeben, wenn die verbleibende Lebensspanne möglicherweise weniger als sechs Monate beträgt.[67] 49

Hinweis zur Prozesstaktik: Maßgeblich für die Darlegung im Widerspruchs- bzw. sozialgerichtlichen Verfahren ist stets die vorausschauende Sicht zum **Zeitpunkt der Antragstellung**, auch wenn der tatsächliche Geschehensablauf diese Prognose nicht bestätigt.[68]

Daher sind medizinische und pflegerische Aussagen (etwa Entlassungsberichte, Pflegetagebücher u.ä.) zur Dauer des Pflegebedarfs zum frühestmöglichen Zeitpunkt zu erheben.

Der Bundesgesetzgeber hegt den Wunsch, dass der neue Begriff der Pflegebedürftigkeit auch die pflegerische Versorgung modernisiert. Er soll pflegefachlich auf dem aktuellen Stand sein, berücksichtigt alle relevanten Aspekte von Pflegebedürftigkeit umfassend (beispielsweisez.B. neben kognitiven und psychischen Beeinträchtigungen auch erstmals die Bewältigung von und den Umgang mit krankheits- und therapiebedingten Belastungen und Anforderungen) und ist an den (verbliebenen) **Ressourcen und Fähigkeiten** des Pflegebedürftigen, nicht vorrangig an seinen Defiziten orientiert. Damit soll der neue Begriff der Pflegebedürftigkeit handlungsleitend für moderne und pflegefachlich fundierte Leistungen und eine entsprechende Leistungserbringung wirken. Der Begriff ist für andere Sozialleistungssysteme rechtlich ohne ausdrückliche Verweisung nicht verbindlich und nur hinsichtlich seiner fachlichen Grundlegung als Beitrag zur einem fachlich geprägten, umfassenden Verständnis von Pflegebedürftig- 50

66 BT-Drucks. 12/5262, 95.
67 BT-Drucks. 18/5926, 109.
68 BSG 17.3.2005 – B 3 P 2/04 R.

keit anzusehen.[69] Die ursprünglich diskutierte Idee, den Pflegebedürftigkeitsbegriff für alle Sozialrechtsbereiche im SGB I verbindlich zu regeln, ist damit aufgegeben worden. Damit bestehen aber die strukturellen Wechselwirkungen auf andere Sozialleistungsbereiche, insbesondere die Abgrenzung innerhalb der Sozialhilfe zwischen Eingliederungshilfe (§§ 53 ff. SGB XII) und der Hilfe zur Pflege (§§ 61 ff. SGB XII) fort. Der Beirat[70] hatte aufgrund der engen Verzahnung und durch die vielen Berührungspunkte der Leistungen nach dem SGB IX, XI und XII ein **Gesamtkonzept** angemahnt. Die rechtliche Brisanz besteht in Folgendem: Die im Fürsorgerecht verankerten Leistungen der Eingliederungshilfe als Teilhabeleistungen nach dem SGB IX sind grundsätzlich gegenüber anderen Sozialversicherungsleistungen nachrangig. Im Leistungsgeschehen aber sind die Teilhabeleistungen hingegen umfassender ausgestaltet. Aufgaben und Ziele der Teilhabe (§ 10 SGB I, § 4 SGB IX) überlagern so die in § 2 Abs. 1 SGB XI umschriebene Zielsetzung der Pflege, besonders auch unter dem neuen, nun stark erweiterten Pflegebedürftigkeitsbegriff. Ob das zu erwartende Dritte Pflegestärkungsgesetz (PSG III) [→ Rn. 39] diese Schnittstellen bei der notwendigen Anpassung der Regelung zur Hilfe zur Pflege der §§ 61 ff. SGB XII löst, bleibt abzuwarten.

III. Die Beeinträchtigungen und Fähigkeitsstörungen

51 Maßgeblich für das Vorliegen von Pflegebedürftigkeit sind Beeinträchtigungen der Selbstständigkeit oder Fähigkeitsstörungen, die in sechs Module gegliedert sind. Die in § 14 Abs. 2 SGB XI *2017* aufgezählten sechs Module, in denen der Grad der individuellen Beeinträchtigungen und Fähigkeitsstörungen ermittelt wird, umfassen jeweils eine Gruppe artverwandter Aktivitäten, Fähigkeiten oder einen Lebensbereich. Sie stellen einen **abschließenden Katalog** der zu berücksichtigenden Aktivitäten und Fähigkeiten, bei denen Beeinträchtigungen und Fähigkeitsstörungen für die Feststellung von Pflegebedürftigkeit maßgebend sein sollen, dar. Der abschließende Charakter ist erforderlich, weil die Zuordnung zu unterschiedlichen Leistungsgruppen (Pflegegrade, → Rn. 182 ff) aus einer Gesamtschau aller zu berücksichtigenden Bereiche abgeleitet wird.[71] Dabei findet zum Leidwesen der Praxis nicht einfach eine Ableitung aus den Feststellungen statt. Stattdessen werden die Kriterien zunächst in Punkte und dann in gewichtete Punkte umgerechnet. Wie noch zu zeigen sein wird, ist unter allen denkbaren Modellen das Komplizierteste gesetzlich geregelt worden.

1. Modul 1 – Mobilität

52 Der Bereich „**Mobilität**" deckt weitgehend die vom bisherigen Begutachtungsinstrument erfassten Verrichtungen der Mobilität (§ 14 Abs. 4 Nr. 3 SGB XI *2016*) ab, allerdings verstärkt aus pflegefachlicher Sicht, nämlich die Fähigkeit zur Fortbewegung sowie zur Lageveränderung des Körpers. Damit wird eine Funktion und eine personale Ressource von zentraler Bedeutung pflegegradrelevant: Beeinträchtigungen der

69 BT-Drucks. 18/5926, 109.
70 Bericht des Beirats zur Überprüfung des Pflegebedürftigkeitsbegriffs, Januar 2009, 60.
71 BT-Drucks. 18/5926, 110.

Fähigkeit, sich fortzubewegen, wirken sich in nahezu allen Lebensbereichen aus und sind in vielen Fällen ausschlaggebend für den Verlust von Selbstständigkeit bei der Durchführung anderer Aktivitäten oder als Ressource zur Kompensation und Bewältigung anderer gesundheitlicher Beeinträchtigungen. Dies ist einer der Gründe, weshalb die Mobilität in einem eigenständigen Modul bewertet werden soll und nicht zusammen mit den anderen Aktivitäten der bisherigen Grundpflege nach § 14 Abs. 4 SGB XI *2016* (Körperpflege und Ernährung) im Modul 4 – Selbstversorgung aufgeführt wird. Im Bereich der Mobilität werden nach § 14 Abs. 2 Nr. 1 SGB XI *2017* folgende Beeinträchtigungen der Selbstständigkeit oder Fähigkeitsstörungen gezählt:

- Positionswechsel im Bett,
- Halten einer stabilen Sitzposition,
- Umsetzen,
- Fortbewegen innerhalb des Wohnbereiches und
- Treppensteigen.

Wie bei allen weiteren Modulen des § 14 Abs. 2 SGB XI *2017* wird auch im Modul 1 – Mobilität darauf verzichtet, sämtliche Handlungen zu berücksichtigen, die man als **Teilaspekte** der pflegerischen Mobilität bezeichnen könnte. Vielmehr sind diejenigen Handlungen ausgewählt worden, denen für die Selbstständigkeit im Bereich der häuslichen Mobilität exemplarisch eine entscheidende Bedeutung zukommt. 53

Praxishinweis: Für die Umgliederung des bisherigen Mobilitäts-Kriteriums des § 14 Abs. 4 Nr. 3 SGB XI *2016* „Aufstehen und Zubettgehen" in die nach § 14 Abs. 2 Nr. 1 SGB XI 2017 geltenden neuen Mobilitätskriterien gilt folgendes: 54

Das bisher zusammengefasste Kriterium „**Aufstehen und Zubettgehen**" wird in die Handlungen „**Positionswechsel im Bett**", dem Sitzen auf der Bettkante („**Halten einer stabilen Sitzposition**") und dem Aufstehen aus sitzender Position („**Umsetzen**") aufgeteilt und beurteilt, in welchem Teilbereich die Selbstständigkeit eingeschränkt ist.

Auch die verschiedenen **Formen des Transfers** werden nicht gesondert bewertet. Zwar besteht in jeder individuellen Pflegeplanung der Bedarf differenzierte Informationen beispielsweise zum Transfer Bett–Stuhl, Stuhl–Rollstuhl oder Rollstuhl–Toilettenbecken zu erfassen, weil sie darüber Auskunft geben bzw. abschätzbar machen, in welchen Situationen welche Hilfestellung für den Bewohner oder Kunden erforderlich ist. Für eine allgemeine Beurteilung der Mobilität zum Zweck der Bemessung von Leistungsansprüchen wurde diese Differenzierung jedoch nicht als erforderlich angesehen. 55

Gleichwohl wird bei der **Pflegeplanung** der Mobilität eine besondere Aufmerksamkeit zuteil, nicht zuletzt auch im Hinblick auf aktivierende und mobilitätsfördernde Maßnahmen im Rahmen der täglichen Pflege. Eine fachgerechte Pflege ist auf Informationen und Einschätzungen angewiesen, die weit umfangreicher und differenzier- 56 ter sind als die vom Modul 1 – Mobilität gelieferten Ergebnisse. Die Begutachtungsergebnisse geben somit nur einen **ersten Anhaltspunkt** für den Grad der Mobilitätsbeeinträchtigungen, aus dem sich für die Pflegeeinrichtung ableiten lässt, ob und inwieweit ein weitergehendes Assessment erforderlich ist. Unter Berücksichtigung der Qualität des pflegerischen Assessments und des Informationsprofils der **Pflegedokumentation**, wie sie in der heutigen Praxis der vollstationären und ambulanten Pflege üblich ist, fällt die Beurteilung der inhaltlichen Reichweite des Moduls 1 – Mobilität allerdings anders aus. Insbesondere in Einrichtungen, deren Pflegeplanung und Pflege-Assessment auf einer **AEDL-Systematik**[72] [→ Rn. 176f] beruhen, finden sich nicht selten deutlich allgemeinere Formen der Beurteilung als im neuen Begutachtungsinstrument. Für solche Einrichtungen wird das Modul 1 – Mobilität trotz der Begrenzung auf zentrale Merkmale durchaus eine Bereicherung bei der Erstellung der Pflegeplanung sein.[73]

2. Modul 2 – Kognitive und kommunikative Fähigkeiten

57 Die Bereiche Modul 2 – **Kognitive und kommunikative Fähigkeiten** und Modul 3 – **Verhaltensweisen und psychische Problemlagen** erfassen grundsätzlich diejenigen Aktivitäten und Fähigkeiten, die bisher (größtenteils) im Rahmen der Feststellung einer erheblich **eingeschränkten Alltagskompetenz** nach § 45 a Abs. 2 SGB XI *2016* erfasst wurden, allerdings in pflegefachlich geänderter und umfassenderer Art und Weise. Es handelt sich bei den Feststellungen nicht um eine „Aktivität" oder einen „Lebensbereich", sondern um basale geistige Funktionen, deren Beeinträchtigung in aller Regel weitreichende Selbstständigkeitseinbußen zur Folge haben. Betroffen sind dann nicht nur einzelne Aktivitäten des selbstständigen Lebens. Kognitive Einbußen können einen umfangreichen Unterstützungsbedarf nach sich ziehen, der die Begleitung in der gesamten Lebensführung umfasst. Im Rahmen des Begutachtungs-Assessments sind die Feststellungen insbesondere für die Berücksichtigung des Bedarfs an psychosozialer Unterstützung von Bedeutung („Allgemeine Beaufsichtigung und Betreuung"). Darüber hinaus finden die Feststellungen der Kriterien aus dem Modul 2 – Kognitive und kommunikative Fähigkeiten im Zusammenhang mit der Einschätzung von Risiken (**Prävention**) und **Rehabilitationsfähigkeit** Verwendung. Im Bereich der kognitiven und kommunikativen Fähigkeiten werden nach § 14 Abs. 2 Nr. 2 SGB XI *2017* folgende Beeinträchtigungen der Selbstständigkeit oder Fähigkeitsstörungen gezählt:

- Erkennen von Personen aus dem näheren Umfeld,
- örtliche Orientierung,
- zeitliche Orientierung,
- Erinnern an wesentliche Ereignisse oder Beobachtungen,
- Steuern von mehrschrittigen Alltagshandlungen,

---

72 Aktivitäten und existentielle Erfahrungen des Lebens – AEDL; Pflegekonzept nach *Krohwinkel*, 1984 und 1993: Mobilität = „sich bewegen (können)".

73 Dazu: *Wingenfeld/Büscher/Gansweid*, Das neue Begutachtungsinstrument zur Feststellung von Pflegebedürftigkeit 2011, 64.

- Treffen von Entscheidungen im Alltagsleben,
- Verstehen von Sachverhalten und Informationen,
- Erkennen von Risiken und Gefahren,
- Mitteilen von elementaren Bedürfnissen,
- Verstehen von Aufforderungen,
- Beteiligen an einem Gespräch.

Das Modul 2 – Kognitive und kommunikative Fähigkeiten ist erkennbar in **zwei Teile** untergliedert. Die Beschreibung der einzelnen Modulkriterien und deren nähere inhaltliche Ausgestaltung wird die Begutachtungsrichtlinie nach § 17 SGB XI vornehmen. Da diese erst nach ihrer Genehmigung durch das Bundesministerium für Gesundheit im Juni 2016 vorliegen wird, sollen nachstehend die aus dem Modellprogramm zur Weiterentwicklung der Pflegeversicherung ermittelten Angaben und Hinweise als eine erste Orientierung dienen.[74] 58

Praxishinweis: Der erste Teil der Kriterien enthält folgende Fragestellungen: 59

- Mit „**Erkennen von Personen aus dem näheren Umfeld**" sind Menschen gemeint, zu denen im Alltag regelmäßig ein direkter Kontakt besteht. Dazu gehören Familienmitglieder, Nachbarn, ggf. aber auch die Pflegekräfte eines ambulanten Dienstes oder einer stationären Pflegeeinrichtung.
- „**Örtliche Orientierung**" bedeutet die Fähigkeit, sich in der räumlichen Umgebung zurechtzufinden, andere Orte gezielt aufzusuchen und zu wissen, wo man sich befindet.
- „**Zeitliche Orientierung**" bedeutet die Fähigkeit, zeitliche Strukturen zu erkennen. Dazu gehören Uhrzeit, Tagesabschnitte, Jahreszeiten und die zeitliche Abfolge des eigenen Lebens.
- „**Erinnern an wesentliche Ereignisse oder Beobachtungen**" stellt eine Leistung des Gedächtnisses dar, also die Fähigkeit, Ereignisse oder Beobachtungen zu erinnern. Von Belang sind dabei sowohl kurz zurückliegende Ereignisse oder Beobachtungen (gleicher Tag), als auch solche aus ferner Vergangenheit (beispielsweise wichtige biografische Daten).
- „**Steuern von mehrschrittigen Alltagshandlungen**" beschreibt die Fähigkeit, mehrschrittige Alltagshandlungen in der richtigen Reihenfolge auszuführen. Gemeint sind Handlungen, die täglich oder nahezu täglich im Lebensalltag vorkommen und die eine Abfolge von Teilhandlungen umfassen.
- „**Treffen von Entscheidungen im Alltagsleben**" bezieht ebenfalls nur alltägliche Entscheidungen mit ein. Dazu gehören beispielsweise die dem Wetter angepasste Auswahl von Kleidung, die Entscheidung über die Durchführung von

74 *Wingenfeld/Büscher/Gansweid*, Das neue Begutachtungsinstrument zur Feststellung von Pflegebedürftigkeit 2011, 64 f.

Aktivitäten wie Einkaufen, Familienangehörige oder Freunde anrufen, einer Freizeitbeschäftigung nachgehen und Ähnliches.

- „**Verstehen von Sachverhalten und Informationen**“ bedeutet Situationen, Ereignisse oder schriftliche/mündliche Informationen aufzunehmen und richtig zu deuten.
- Mit „**Erkennen von Risiken und Gefahren**“ sind Risiken und Gefahren in der häuslichen wie auch in der außerhäuslichen Umgebung angesprochen. Dazu gehören beispielsweise Strom- und Feuerquellen, Barrieren und Hindernisse auf dem Fußboden bzw. auf Fußwegen, eine problematische Beschaffenheit des Bodens (z.B. erhöhtes Sturzrisiko durch Glätte) oder Gefahrenzonen in der außerhäuslichen Umgebung (verkehrsreiche Straßen, Baustellen etc.).

60 Der zweite Teil des Moduls 2 – Kognitive und kommunikative Fähigkeiten enthält drei Aspekte der interpersonellen Kommunikation:

- Zum „**Mitteilen von elementaren Bedürfnissen**“ gehört beispielsweise die Fähigkeit, Hunger, Durst, Schmerz, Frieren, Erschöpfung äußern zu können, bei Sprachstörungen ggf. durch Laute, Mimik und/oder Gestik bzw. unter Nutzung von Hilfsmitteln auf Bedürfnisse aufmerksam zu machen, Zustimmung oder Ablehnung auszudrücken.
- Zum „**Verstehen von Aufforderungen**“ gehört die Fähigkeit, Aufforderungen und Bitten zu alltäglichen Grundbedürfnissen wie beispielsweise Essen, Trinken, Kleiden, Beschäftigen erkennbar zu verstehen. Neben kognitiven Beeinträchtigungen sind hier auch Hörstörungen zu berücksichtigen.
- „**Beteiligen an einem Gespräch**“ meint die Fähigkeit, in einem Gespräch Gesprächsinhalte aufzunehmen und sinngerecht zu antworten und zur Weiterführung des Gesprächs Inhalte einzubringen. Auch hierbei sind die Auswirkungen von Hör- und Sprachstörungen zu berücksichtigen.

61 In der heutigen Versorgungspraxis werden die vorgenannten Kriterien bisher nur von sehr wenigen Einrichtungen in der Pflegeplanung mit diesem Differenzierungsgrad erfasst. Für die Erstellung einer individuellen **Pflegeplanung** dürften über die Kriterien des Moduls 2 – Kognitive und kommunikative Fähigkeiten nur noch wenige ergänzende Einschätzungen erforderlich sein. Von Bedeutung ist allerdings, dass mit dem neuen Begutachtungsverfahren keine individuellen **biografischen Informationen** erfasst werden. Solche Informationen sind unverzichtbar, wenn dem professionellen Grundsatz einer **biografieorientierten Pflege** kognitiv beeinträchtigter Personen gefolgt und eine nachhaltige Verankerung psychosozialer pflegerischer Interventionen im Versorgungsalltag erreicht werden sollen. Aktivierung und Förderung der verbliebenen kognitiven Ressourcen kommen ohne solche Informationen nicht aus.

3. Modul 3 – Verhaltensweisen und psychische Problemlagen

Problematische Verhaltensweisen oder **herausforderndes Verhalten**[75] spielen in einigen Bereichen der Altenpflege eine zunehmend wichtige Rolle. Hintergrund ist in erster Linie die wachsende Zahl demenziell Erkrankter. Auch im Blick auf die Bemessung von Leistungsansprüchen verdienen Verhaltensweisen, aus ähnlichen Gründen wie kognitive Fähigkeiten, besondere Beachtung. Bedingt durch kognitive Einbußen oder psychische Probleme kann eine Person ihr Verhalten nicht mehr bzw. nur noch begrenzt autonom steuern und an Umgebungsbedingungen oder Umweltanforderungen „anpassen".[76] Im Bereich der Verhaltensweisen und psychischen Problemlagen werden nach § 14 Abs. 2 Nr. 3 SGB XI *2017* folgende Beeinträchtigungen der Selbstständigkeit oder Fähigkeitsstörungen gezählt: 62

- Motorisch geprägte Verhaltensauffälligkeiten,
- nächtliche Unruhe,
- selbstschädigendes und autoaggressives Verhalten,
- Beschädigung von Gegenständen,
- physisch aggressives Verhalten gegenüber anderen Personen,
- verbale Aggression,
- andere pflegerelevante vokale Auffälligkeiten,
- Abwehr pflegerischer oder anderer unterstützender Maßnahmen,
- Wahnvorstellungen,
- Sinnestäuschungen,
- Ängste,
- Antriebslosigkeit bei depressive Stimmungslage,
- sozial inadäquate Verhaltensweisen,
- sonstige pflegerelevante inadäquate Handlungen.

Auch die einzelnen Kriterien des Moduls 3 – Verhaltensweisen und psychische Problemlagen – wird die im Sommer 2016 erwartete Begutachtungsrichtlinie konkreter fassen und definieren. Der nachfolgende Praxishinweis dient daher der Erläuterung und einem ersten Verständnis. 63

75 Zum Begriff und adäquatem Pflegeverständnis: *Bartholomeyczik* u.a., Rahmenempfehlungen zum Umgang mit herausforderndem Verhalten bei Menschen mit Demenz in der stationären Altenpflege, 2006.

76 Eine „verstehende Diagnostik" findet sich etwa im bedürfnisorientierten NDB-Verhaltensmodell; vgl. *Algase* u.a., Need-driven dementia-compromised behavior (NDB), American Journal of Alzheimer's Disease 12/1996, 10. Die beobachteten Verhaltensauffälligkeiten sind demnach Ausdruck unerfüllter Bedürfnisse bzw. psychischer oder körperlicher Problemlagen, die vom Pflegebedürftigen als belastend empfunden werden, die aber aufgrund fehlender individueller Ressourcen nicht selbstständig bewältigt werden können. Das Modell plädiert für einen Perspektivenwechsel, wonach Verhaltensauffälligkeiten primär nicht als irrationales, destruktives oder störendes Krankheitssymptom aufgefasst werden sollten, sondern als bedeutungsvoller Ausdruck unbewältigter Problemlagen, gewissermaßen als verschlüsselte Botschaft kognitiv beeinträchtigter Personen und damit Anlass und Auslöser für einen Unterstützungsbedarf.

Praxishinweis:[77]

- Zu den „**motorisch geprägten Verhaltensauffälligkeiten**“ gehören beispielsweise das (scheinbar) ziellose Umhergehen in der Wohnung oder Einrichtung sowie der Versuch desorientierter Personen, ohne Begleitung die Wohnung/ Einrichtung zu verlassen, ebenso allgemeine Rastlosigkeit in Form von ständigem Aufstehen und Hinsetzen oder Hin- und Herrutschen auf dem Sitzplatz oder im Bett;
- Zur „**nächtlichen Unruhe**“ können von einem nächtlichen Umherirren oder nächtliche Unruhephasen bis hin zur Umkehr des Tag-Nacht-Rhythmus (Wach-Sein in der Nacht, Schlafen während des Tages) gezählt werden;
- „**Selbstschädigendes und autoaggressives Verhalten**“ äußern sich etwa in Selbstverletzungen durch Gegenstände, sich absichtlich auf den Boden fallen lassen, essen oder trinken ungenießbarer Substanzen, sich selbst schlagen und sich selbst mit den Fingernägeln oder Zähnen verletzen;
- „**Beschädigung von Gegenständen**“ meint aggressive, auf Gegenstände gerichtete Handlungen: Gegenstände wegstoßen oder wegschieben, gegen Gegenstände schlagen, das Zerstören von Dingen (z.B. Zerreißen) sowie das Treten nach Gegenständen;
- „**Physisch aggressives Verhalten gegenüber anderen Personen**“ beschreibt nach Personen schlagen oder treten, andere mit Zähnen oder Fingernägeln verletzen, andere stoßen oder wegdrängen, Verletzung anderer durch Gegenstände;
- Die „**verbale Aggression**“ äußert sich in verbalen Beschimpfung oder Bedrohung anderer Personen;
- „**Andere pflegerelevante vokale Auffälligkeiten**“ meint lautes Rufen, Schreien, Klagen ohne nachvollziehbaren Grund, vor sich hin schimpfen/fluchen, seltsame Laute von sich geben, ständiges Wiederholen von Sätzen/Fragen;
- Die „**Abwehr pflegerischer oder anderer unterstützender Maßnahmen**“ wird deutlich in der Ablehnung von Unterstützung (z.B. bei der Körperpflege), Verweigerung der Nahrungsaufnahme, Medikamenteneinnahme oder anderer notwendiger Verrichtungen, Manipulation an Vorrichtungen wie beispielsweise Katheter, Infusion, Sonden-ernährung;
- „**Wahnvorstellungen**“ und „**Sinnestäuschungen**“ beschreiben visuelle, akustische oder andere Halluzinationen; Vorstellung, mit Verstorbenen oder imaginären Personen (etwa Gestalten aus biblischen Geschichten oder Märchen) in Kontakt zu stehen; Vorstellung, verfolgt/bedroht/bestohlen zu werden;

77 *Wingenfeld/Büscher/Gansweid*, Das neue Begutachtungsinstrument zur Feststellung von Pflegebedürftigkeit 2011, 71-73.

- Als „**Ängste**“ gelten die Äußerung von starken Ängsten oder Sorgen, Erleben von Angstattacken, erhöhte Ängstlichkeit bei der Durchführung von Pflegemaßnahmen oder im Kontakt mit anderen Personen;
- Eine „**Antriebslosigkeit bei depressiver Stimmungslage**“ könnte sich dahingehend äußern, dass der Pflegebedürftige kaum Interesse an der Umgebung aufzubringen scheint, kaum Eigeninitiative für Aktivitäten oder Kommunikation aufbringt und Aufforderungen, um etwas zu tun, benötigt, er traurig wirkt und/oder apathisch, er am liebsten das Bett nicht verlassen möchte;
- „**Sozial inadäquate Verhaltensweisen**“ liegen etwa vor bei distanzloses Verhalten, auffälliges Einfordern von Aufmerksamkeit, sich zu unpassenden Gelegenheiten auskleiden, unangemessenes Greifen nach Personen, unangemessene körperliche oder verbale sexuelle Annäherungsversuche;
- „**Sonstige pflegerelevante inadäquate Handlungen**“ äußern sich beispielsweise am ständigen Nesteln an der Kleidung, ständiges Wiederholen der gleichen Handlung (Manierismen), planlose Aktivitäten, Verstecken oder Horten von Gegenständen, Kotschmieren.

Eine systematische Einschätzung der Ausprägung von Verhaltensweisen und psychischen Problemlagen in den genannten Dimensionen wurde durch ambulante und stationäre Pflegeeinrichtungen bisher in der Breite, von speziellen Wohn- und Lebensbereichen abgesehen, nur äußerst selten vorgenommen. Problematisch dürfte sein, dass bislang auch kaum für den Versorgungsalltag geeignete Assessment-Instrumente zur Verfügung stehen. Das Modul 3 – Verhaltensweisen und psychische Problemlagen wird zukünftig insofern eine wichtige Erweiterung des Assessments im Rahmen des Prozesses zur Erstellung einer individuellen **Pflegeplanung** darstellen. Ähnlich wie im Fall des Moduls 2 – Kognitive und kommunikative Fähigkeiten gilt allerdings auch hier, dass bedarfs- und bedürfnisgerechte pflegerische Maßnahmen ergänzende Informationen und Einschätzungen voraussetzen. **Biografische Informationen** sind hier ebenso von Bedeutung wie die Einschätzung von Umgebungsfaktoren. 64

4. Modul 4 – Selbstversorgung

Der Bereich „Selbstversorgung“ deckt weitgehend die vom bisherigen Begutachtungsinstrument erfassten **Verrichtungen** der Körperpflege und Ernährung (§ 14 Abs. 4 Nr. 1 und Nr. 2 SGB XI *2016*) ab. Der Begriff „Selbstversorgung“ wurde aus dem englischen „self care“ abgeleitet. Der Begriff wird in internationalen Klassifikationssystemen[78] für körperbezogene Funktionen („bodyfunctions“) außerhalb der Mobilität verwendet. Zur Selbstversorgung gehören dementsprechend die Bereiche Körperpflege, An- und Auskleiden, Ernährung sowie Ausscheiden. In den meisten Fällen sind diese Inhalte deckungsgleich mit Handlungen, die mit „**Aktivitäten des täglichen Lebens**“ Formulierungen angesprochen werden. Der Begriff hat daher den Vorteil, in heutigen Pflegeplanungen häufig vorgenommen fehlerhaften Gleichsetzungen der All- 65

78 Beispielsweise: International Classification of Functioning, Disability and Health (ICF), WHO 2002.

tagsverrichtungen und der **AEDL**[79] von vornherein auszuschließen. Im Bereich der Selbstversorgung werden nach § 14 Abs. 2 Nr. 4 SGB XI *2017* folgende Beeinträchtigungen der Selbstständigkeit oder Fähigkeitsstörungen gezählt:

66 Der Bereich **Körperpflege** besteht aus folgenden Kriterien:

- Waschen des vorderen Oberkörpers,
- Körperpflege im Bereich des Kopfes (Kämmen, Zahnpflege/Prothesenreinigung, Rasieren),
- Waschen des Intimbereichs,
- Duschen oder Baden einschließlich Waschen der Haare.

67 Der Bereich **An- und Auskleiden** ist aufgeteilt auf:

- An- und Auskleiden des Oberkörpers,
- An- und Auskleiden des Unterkörpers.

68 Der Bereich **Ernährung** wird abgebildet mit den Kriterien:

- mundgerechtes Zubereiten der Nahrung und Eingießen von Getränken,
- Essen,
- Trinken,
- Besonderheiten bei Sonden- und bei parenteraler Ernährung.

Neben der motorischen Fähigkeit, Speisen und Getränke zum Mund zu führen, ist an dieser Stelle auch zu beurteilen, ob nach **individuellen Bedürfnissen** situationsgerecht und ausreichend Nahrung aufgenommen wird.

69 Der Bereich **Ausscheiden** wird erfasst anhand der Kriterien:

- Benutzen einer Toilette oder eines Toilettenstuhls,
- Bewältigen der Folgen einer Harninkontinenz und Umgang mit Dauerkatheter oder Urostoma,
- Bewältigen der Folgen einer Stuhlinkontinenz und Umgang mit Stoma.

70 Ergänzend werden das Ausmaß der **Inkontinenz** und eine ggf. vorliegende künstliche Harnableitung bzw. ein Colo-/Ileostoma erfasst. Für diesen Bereich ist also nicht nur die Fähigkeit der selbstständigen Toilettenbenutzung relevant, sondern auch der Umgang mit den Folgen einer Inkontinenz oder mit besonderen Versorgungsformen wie suprapubischem oder transurethralem Dauerkatheter oder künstlichem Harnleiter- oder Darmausgang.

71 Da es im neuen Begutachtungsinstrument keine Bedeutung hat, wie viel **Zeit** für Pflegeleistungen aufgewendet wird, ist eine vollständige Erfassung aller möglicherweise vorkommenden Pflegehandlungen entbehrlich. Die Abbildung anhand weniger **exemplarischer Aktivitäten** lässt Rückschlüsse auf Fähigkeiten bzw. Beeinträchtigungen auch bei anderen Aktivitäten zu.

---

79 S. hierzu Fußnote 67.

Praxishinweis: Exemplarisch lässt sich an der Auswahl der in den Modulen geregelten Kriterien der einschränkende Charakter der neuen Feststellung der Pflegebedürftigkeit in Pflegegraden hinsichtlich der somatischen (körperlichen) Defizite nachvollziehen: 72

Während das „**Waschen des vorderen Oberkörpers**" wohl auch im fortgeschrittenen Stadium der körperlichen Einschränkungen praktisch möglich sein dürfte, werden die regelmäßig auch am Beginn des Pflegebedarfs feststellbaren Kriterien „***Waschen der Füße***" oder „***Waschen des hinteren Oberkörpers (Rücken)***" ausdrücklich nicht abgefragt. So wird (subtil) vermindert, dass Bewertungspunkte im Bereich der Selbstversorgung in einem (nach Sicht des Gesetzgebers zu) frühen Stadium des Hilfebedarfs erzielt werden können.

Die mit Modul 4 – Selbstversorgung berücksichtigten Aktivitäten stellen in der Praxis derzeit den umfangreichsten Teil einer individuellen **Pflegeplanung** dar. Benötigt werden wohl weitergehende Einschätzungen des Hautzustands (Körperpflege), des Mund-/Zahn- und Ernährungsstatus, der Besonderheiten bei kombinierter Nahrungsaufnahme (oral und Sonde), eventueller Störungen im Bereich von Ausscheidungen und einige weitere Punkte mehr. Zwar erfolgen hierzu auch im Rahmen der Befunderhebung gutachterliche Feststellungen, doch sind diese größtenteils kein Ersatz für das pflegerische Assessment im Rahmen der Erstellung oder Evaluation der Pflegeplanung. Auch biografische Informationen sind in diesem Zusammenhang zur Sicherstellung einer bedürfnisgerechten Pflege wichtig; sie können mit dem Begutachtungsinstrument nicht erfasst werden. Allerdings liefern die Einschätzungsergebnisse einige (grobe) Hinweise auf Ansatzpunkte für die ressourcenfördernde „aktivierende" Pflege. Weitere wichtige Hinweise könnten sich aus den Feststellungen des MDK-Gutachters zur Abklärung des **Rehabilitationsbedarfs** ergeben. Hier wären Ansatzpunkte für die Ressourcenförderung anhand der Begutachtungsergebnisse direkt ablesbar, wenn sie denn fachgerecht erhoben wurden, wie § 18 a SGB XI er bereits fordert. 73

5. Modul 5 – Bewältigung von und selbstständiger Umgang mit krankheits- oder therapiebedingten Anforderungen und Belastungen:

Der Bereich „Umgang mit krankheits-/therapiebedingten Anforderungen und Belastungen" erfasst im Rahmen der Begutachtung durch den bisherigen Pflegebedürftigkeitsbegriff nicht berücksichtigte Aktivitäten und Fähigkeiten. Sie sind dem Themenkreis der **selbstständigen Krankheitsbewältigung** zuzuordnen, und zwar insbesondere der „krankheitsbezogene Arbeit", die direkt auf die Kontrolle von Erkrankungen und Symptomen sowie auf die Durchführung therapeutischer Interventionen bezogen ist. 74

Hierbei geht es ausdrücklich nicht darum, den Bedarf an Maßnahmen der **häuslichen Krankenpflege** bzw. **Behandlungspflege** nach dem § 37 SGB V einzuschätzen.[80] Insoweit gilt § 13 Abs. 2 SGB XI *2017* uneingeschränkt fort. Die Leistungen der häuslichen Krankenpflege nach § 37 SGB V bleiben weiterhin von den Regelungen im 75

80 BT-Drucks. 18/5926, 110.

SGB XI unberührt. Dabei wird die Trennungsanordnung des Gesetzgebers hinsichtlich der Leistungen des SGB V und des SGB XI sogar erweitert. Obwohl der **Verrichtungsbezug** der Feststellung des Pflegebedarfs und mithin § 15 Abs. 3 Satz 2 SGB XI *2016* wegfällt, wurde die Regelung zum Schutz der Ansprüche der Versicherten auf häusliche Krankenpflege nach § 37 SGB V in den § 13 Abs. 2 Satz 2 SGB XI 2017 übernommen: Daher bleiben auch krankheitsspezifische Pflegemaßnahmen, soweit diese im Rahmen der häuslichen Krankenpflege nach § 37 SGB V zu leisten sind, uneingeschränkt durch Regelungen im SGB XI. Die Leistungen nach § 37 SGB V werden auch weiterhin in der häuslichen Versorgung von der gesetzlichen Krankenversicherung erbracht; in der vollstationären Versorgung – sollte nicht ein Fall des § 37 Abs. 2 Satz 3 SGB V, also ein besonders hoher Bedarf an medizinischer Behandlungspflege die auf Dauer, voraussichtlich für mindestens sechs Monate, vorliegen – im Rahmen des § 43 SGB XI von der Pflegeversicherung.

76 An dieser Stelle muss nochmals deutlich gemacht werden, um jedem Missverständnis vorzubeugen: Wenngleich die in Modul 5 aufgeführten Aktivitäten auf den ersten Blick wie eine Aufzählung von Maßnahmen der **Behandlungspflege** erscheinen, geht es ausdrücklich **nicht** um die Einschätzung des Bedarfs an **ärztlich verordneten Pflegeleistungen** nach dem SGB V. Ein Großteil der hier aufgeführten Maßnahmen und Handlungen kann von erkrankten Personen eigenständig durchgeführt werden, sofern sie über die dazu nötigen Ressourcen verfügen, d. h. über körperliche und kognitive Fähigkeiten, spezifische Fertigkeiten, Motivation, Kenntnisse. Dies gilt auch für Maßnahmen, die nur selten von den Erkrankten selbst durchgeführt werden, wie beispielsweise das Absaugen von Sekret oder die regelmäßige Einmalkatheterisierung. Mit dem Bereich ist daher häufig ein Hilfebedarf bei der Anleitung und Motivation oder Schulung verknüpft.[81] Im Bereich des Umgangs mit krankheits-/therapiebedingten Anforderungen und Belastungen werden nach § 14 Abs. 2 Nr. 5 SGB XI *2017* folgende Beeinträchtigungen der Selbstständigkeit oder Fähigkeitsstörungen gezählt:

77 Das Modul 5 beinhaltet verschiedenste krankheitsbezogene Aktivitäten und Maßnahmen. Im Gegensatz zu den anderen Modulen können hier allerdings immer nur einige (meist wenige) und niemals alle Kriterien zutreffen. Aus diesem Grund musste eine Methode der Einschätzung konstruiert werden, die sich von den bislang vorgestellten Modulen deutlich abhebt. Daher werden innerhalb des Moduls vier Bereiche unterschieden.

78 Zum ersten Bereich gehören die Beeinträchtigungen der Selbstständigkeit oder Fähigkeitsstörungen in Bezug auf:

- Medikation,
- Injektionen,
- Versorgung intravenöser Zugänge,
- Absaugen oder Sauerstoffgabe,

81 Vgl. BT-Drucks. 18/5926, 110.

- Einreibungen sowie Kälte- und Wärmeanwendungen,
- Messung und Deutung von Körperzuständen,
- körpernahe Hilfsmittel.

Der zweite Bereich umfasst die Beeinträchtigungen der Selbstständigkeit oder Fähigkeitsstörungen in Bezug auf: 79

- Verbandswechsel und Wundversorgung,
- Wundversorgung bei Stoma,
- regelmäßige Einmalkatheterisierung und Nutzung von Abführmethoden,
- Therapiemaßnahmen in häuslicher Umgebung.

Zum dritten Bereich gehören die Beeinträchtigungen der Selbstständigkeit oder Fähigkeitsstörungen in Bezug auf: 80

- zeit- und technikintensive Maßnahmen in häuslicher Umgebung,
- Arztbesuche,
- Besuche anderer medizinischer oder therapeutischer Einrichtungen.

Der vierte Bereich umfasst schließlich die Beeinträchtigungen der Selbstständigkeit oder Fähigkeitsstörungen in Bezug auf: 81

- das Einhalten einer Diät oder anderer krankheits- oder therapiebedingter Verhaltensvorschriften.

Der vierte Bereich fällt ein wenig aus dem Rahmen und umfasst nur die Frage nach der Selbstständigkeit bei der Einhaltung einer Diät oder anderer Verhaltensvorschriften. Vorschriften zur Ernährung dürften einer der am häufigsten vorkommenden Fälle dieser Art sein. Sollte es sich um eine andere Verhaltensvorschrift handeln, so ist diese im Begutachtungsbogen im Klartext anzugeben.

Die Bündelung der Kriterien bzw. die **Unterteilung** dieser Bereiche orientiert sich größtenteils am **zeitlichen Aufwand**, den sie mit sich bringen. Die ersten sieben Kriterien umfassen Handlungen, die für gewöhnlich innerhalb einiger weniger Minuten vollführt werden können und in der Regel mehrmals täglich durchgeführt werden müssen. Die Kriterien des zweiten Bereichs beinhalten ebenfalls Maßnahmen, die in dieser Hinsicht Gemeinsamkeiten aufweisen, aber doch einen höheren Zeitaufwand mit sich bringen. Sie können zwar auch täglich vorkommen, in der Regel jedoch nicht mit der Häufigkeit der Aktivitäten des ersten Bereichs. Die Kriterien des dritten Bereichs (und das zusätzliche das Kriterium für die **Begutachtung von Kindern** [→ Rn. 204 ff]) erstrecken sich auf vergleichsweise aufwendige Handlungen, meist verbunden mit der Notwendigkeit, die Wohnung zu verlassen. Teilweise ergeben sich erhebliche Belastungen durch häufige und/oder ausgedehnte **Arzt- und Therapiebesuche**. Diese Belastung entsteht in besonderer Weise auch für die Angehörigen durch eine notwendige Begleitung bei diesen Besuchen. Eine Differenzierung der Besuche von medizinischen Einrichtungen ist angezeigt, weil sich beispielsweise Besuche bei Physiotherapeuten in ihrem zeitlichen Aufwand deutlich unterscheiden vom Besuch 82 spezialisierter Einrichtungen (Dialyse oder bestimmte onkologische Behandlungen), für die teilweise noch zusätzlich erhebliche Wegstrecken zurückgelegt werden müssen.

83 Die im Rahmen von Modul 5 erfassten Informationen bieten bereits eine gute Grundlage für die Erstellung einer **Pflegeplanung**, da hier sowohl die entsprechende Aktivität als auch ihre Häufigkeit erfasst ist. Bei dem Hilfebedarf, der hier entsteht, handelt es sich vielfach um edukative und beratende Interventionen, die die genannten Anpassungsprozesse einer Person an das Leben mit der **Krankheit** und ihren Konsequenzen befördern und unterstützen sollen. Sie sind vor allem auf die Stärkung der **Selbstmanagementkompetenzen** einer Person ausgerichtet. Der Charakter dieser Interventionen unterscheidet sich von den häufig kompensatorischen Interventionen, die in der heutigen Pflegepraxis durchgeführt werden. Dementsprechend erlangt das Kriterium der Dauerhaftigkeit einer Beeinträchtigung bzw. Intervention hier besonderes Gewicht. Die dargelegten Beeinträchtigungen benötigen vielfach Interventionen, die per definitionem einen vorübergehenden Charakter haben. Für die Erstellung einer Pflegeplanung ist es daher wichtig, in diesem Modul nicht nur für die kompensatorische Unterstützung zur Durchführung einer Aktivität Sorge zu tragen, sondern auch die Notwendigkeit beratender und edukativer Interventionen einzuschätzen.[82]

84 **Hinweis zum Umgang mit Modul 5** – Bewältigung von und selbstständiger Umgang mit krankheits- oder therapiebedingten Anforderungen und Belastungen:

- Für die Feststellung eines Kriteriums innerhalb des Moduls 5 ist **keine ärztliche Verordnung notwendig**.
- Die Feststellung eines Kriteriums innerhalb des Modul 5 **schließt eine ärztliche Verordnung gem. § 37 Abs. 2 SGB V nicht aus**, wie § 13 Abs. 2 SGB XI *2017* ausdrücklich anordnet.
- Die familiäre oder sonstige ehrenamtliche **Pflegeperson** kommt für Leistungen der Behandlungspflege nur in Betracht, wenn die Voraussetzungen des § 37 Abs. 3 SGB V (insbesondere ein Zusammenleben im gleichen Haushalt)[83] erfüllt sind. Die schon berüchtigte Argumentation der DAK (vgl. die Abbildung) ist auch nach neuem Recht rechtswidrig.

85 Ein Beispiel aus der „**Ablehnungswelle der DAK**“ im laufenden Jahr 2015 von ärztlichen Verordnungen der häuslichen Krankenpflege, wenn der Versicherte Leistungen der sozialen Pflegeversicherung in Form der Geldleistung nach § 37 SGB XI bezog

82 *Wingenfeld/Büscher/Gansweid*, Das neue Begutachtungsinstrument zur Feststellung von Pflegebedürftigkeit 2011, 92 f.

83 BSG 30.3.2000 – B 3 KR 23/99 R = BSGE 86, 101 gilt noch immer und gleichfalls das dort vorgestellte Prüfungsschema: 1. Lebt der pflegende Angehörige im Haushalt; 2. Kann dieser in dem erforderlichen Umfang die Pflege erbringen; 3. besteht beim Angehörigen eine aktive Pflegebereitschaft (im Intimbereich – „jeder Eingriff in den Körper“: Pflege im Genitalbereich, Setzen von Injektionen – ist keine Begründung für Verweigerung der Übernahme der häuslichen Krankenpflege erforderlich; ansonsten (z.B. Medigabe) ist eine nachvollziehbare Begründung notwendig – aber: eine Überforderung oder anderweitige Pflege reicht als Begründung aus); und schließlich die passive Pflegebereitschaft beim Versicherten.

oder ein Angehöriger als Pflegeperson im Einstufungsgutachten des MDK aufgeführt worden war. Nach der Befürchtung vieler Beobachter der Pflegeszene könnte dies lediglich der „Pretest“ einzelner Krankenkassen für das Genehmigungs-/Ablehnungsverhalten der Verordnungen häuslicher Krankenpflege nach Einführung des neuen Pflegebedürftigkeitsbegriffs und des Moduls 5 gewesen sein.[84]

Gesetzliche Krankenversicherung
Postanschrift DAK-Gesundheit Postzentrum
22789 Hamburg
Telekontakt Telefon: 06271 947520
24 Stunden an 365 Tagen
Telefax: 06271 94752-7090
E-Mail: service[redacted]@dak.de
Internet www.dak.de
persönlicher Kontakt Bahnhofstr. 1
69412 Eberbach
Mo 13:00 - 16:00 Uhr
Di 09:00 - 13:00 Uhr
Do 09:00 - 13:00 und 14:00 - 16:00 Uhr

DAK-Gesundheit Postzentrum, 22789 Hamburg

unser Zeichen [redacted]
Datum [redacted]

Versicherte(r): [redacted]
Anschrift: Schulstr. 22, [redacted]

Kostenübernahme für häusliche Krankenpflege

Sehr geehrter Herr W[redacted]

die DAK-Gesundheit übernimmt für o.g. Versicherten die Kosten der Häuslichen Krankenpflege durch einen ambulanten Vertragspflegedienst wie folgt:

Leistung	Häufigkeit		von	bis
Arzneien verabreichen und überwachen	3 x tgl.	7 x wtl.	01.07.15	31.07.15
Arzneien verabreichen und überwachen: morgens und mittags	2 x tgl.	7 x wtl.	01.08.15	31.12.15
Blutzucker messen	3 x tgl.	7 x wtl.	01.07.15	31.07.15
Blutzucker messen, morgens und mittags	2 x tgl.	7 x wtl.	01.08.15	31.12.15
Injektion, s.c.: Liprolog/Lantus	3 x tgl.	7 x wtl.	01.07.15	31.07.15
Injektion, s.c. morgens und mittags	2 x tgl.	7 x wtl.	01.08.15	31.12.15

Die Kosten für folgende Leistungen werden nicht übernommen:

abgelehnte Leistung	Begründung
Leistungen ab 01.08.2015	Unser/e Versicherte/r bezieht Leistungen der Pflegeversicherung. Es sind Pflegepersonen/Angehörige vorhanden, die die erforderlichen Leistungen abends erbringen können. Nach Stellungnahme des Medizinischen Dienstes der Krankenversicherung kann die abendliche Insulingabe auch nach 17 Uhr gegeben werden, da es zu den Mahlzeiten verabreicht wird und das ist nicht zwingend 17 Uhr erforderlich.

6. Modul 6 – Gestaltung des Alltagslebens und sozialer Kontakte

Das Modul „Gestaltung des Alltagslebens und sozialer Kontakte“ bildet Bereiche des 86
Alltagslebens ab, die von der Pflegeversicherung bisher weitgehend ausgeklammert waren. Die weiteren Aktivitäten und Fähigkeiten fielen bisher unter eine über die **konkrete Anleitung** und **Beaufsichtigung** bei Verrichtungen hinausgehende Betreuung

84 Zum Ganzen: *Richter* Häusliche Pflege Heft 12/2015, 20.

und allgemeine Beaufsichtigung, die ausdrücklich nicht zu den maßgeblichen Hilfeleistungen des bisherigen Pflegebedürftigkeitsbegriffs gehörte.[85]

87 Zur Gestaltung des Alltagslebens gehören die psychisch-kognitiven Fähigkeiten, nach individuellen Gewohnheiten den Tagesablauf bewusst zu gestalten oder einen Tag-Nacht-Rhythmus einzuhalten, die tägliche Routine und andere Aktivitäten zur Beschäftigung zu planen, aber auch über den Tag hinaus in die Zukunft zu planen. Ergänzend dazu wird in diesem Modul die Gestaltung **sozialer Kontakte** berücksichtigt. Sie umfasst den direkten Kontakt im Gespräch mit Angehörigen, Pflegepersonen oder Besuchern und die Kontaktpflege außerhalb des direkten Umfelds. Dies beinhaltet die Organisation von Besuchen oder Telefon-, Brief- oder Mail-Kontakte mit Freunden und Bekannten. Im Bereich der Gestaltung des Alltagslebens und sozialer Kontakte werden nach § 14 Abs. 2 Nr. 6 SGB XI *2017* folgende Beeinträchtigungen der Selbstständigkeit oder Fähigkeitsstörungen gezählt:

- Gestaltung des Tagesablaufs und Anpassung an Veränderungen,
- Ruhen und Schlafen,
- sich beschäftigen,
- Vornehmen in die Zukunft gerichteter Planungen,
- Interaktion mit Personen im direkten Kontakt,
- Kontaktpflege zu Personen außerhalb des direkten Umfeldes.

88 Bisher werden von diesen Kriterien – wenn überhaupt – der Bedarf an allgemeiner Beaufsichtigung und Betreuung in der **Pflegedokumentation** geplant. Insbesondere in den Bereichen Tagesgestaltung, Beschäftigung und Kontaktpflege sind künftig erheblich mehr und differenziertere Informationen über die individuellen Bedürfnisse und Gewohnheiten erforderlich, um eine bedarfs- und bedürfnisgerechte Pflege planen zu können.

IV. Die Formen der Hilfeleistungen

89 Die bisherigen Formen der **Hilfeleistung** (Unterstützung, unmittelbare Erledigung für den Pflegebedürftigen im Sinne einer Kompensation oder Anleitung und Beaufsichtigung, § 14 Abs. 3 SGB XI *2016*) bleiben erhalten, sind aber kein Bestandteil des Pflegebedürftigkeitsbegriffs mehr, sondern werden durch das Leistungsrecht der Pflegeversicherung definiert. Dabei entfällt mit dem bisherigen Pflegebedürftigkeitsbegriff auch die Beschränkung auf Kompensation von oder Anleitung und Beaufsichtigung bei den Verrichtungen des täglichen Lebens.[86] Insgesamt werden mit den neu einbezogenen bzw. erweiterten Aspekten von Pflegebedürftigkeit gerade in den Modulen 2 – „Kognitive und kommunikative Fähigkeiten", 3 – „Verhaltensweisen und psychische Problemlagen", 5 – „Bewältigung von und selbstständiger Umgang mit krankheits- oder therapiebedingten Anforderungen und Belastungen" und 6 – „Gestaltung

85 BT-Drucks. 18/5926, 110.
86 BT-Drucks. 18/5926, 110.

des Alltagslebens und sozialer Kontakte" zu dem Aktivitäten und Fähigkeiten zukünftig stärker betont, die auch eine stärkere Akzentuierung der Hilfe und **Ressourcenstärkung** durch Anleitung, Motivation und Schulung nach sich ziehen. Eine Anleitung im Sinne der aktivierenden Pflege bleibt Bestandteil der Leistungserbringung.

V. Die Haushaltsführung und die außerhäuslichen Aktivitäten

Die bisher in § 14 Abs. 4 Nr. 4 SGB XI *2016* geregelte **hauswirtschaftliche Versorgung** 90
spielt künftig für die Feststellung der Pflegebedürftigkeit und die Eingruppierung in einen Pflegegrad keine Rolle mehr. Dies bedeutet aber nicht, dass die Führung des Haushaltes keine Aufgabe der sozialen Pflegeversicherung ist. Beeinträchtigungen der Selbstständigkeit oder der Fähigkeiten, die dazu führen, dass die **Haushaltsführung** nicht mehr ohne Hilfe bewältigt werden kann, werden nach § 14 Abs. 3 SGB XI *2017* bei den Kriterien der sechs Module nach § 14 Abs. 2 SGB XI *2017* berücksichtigt. In der pflegefachlichen Entwicklung des neuen Begriffs der Pflegebedürftigkeit wurden neben den in § 14 Abs. 2 SGB XI *2017* aufgezählten sechs Bereichen, in denen der Grad der individuellen Beeinträchtigungen und Fähigkeitsstörungen ermittelt wird, und die damit den abschließenden Katalog der zu berücksichtigenden Aktivitäten und Fähigkeiten, bei denen Beeinträchtigungen und Fähigkeitsstörungen für die Feststellung von Pflegebedürftigkeit maßgebend sein sollen, darstellen, zwei weitere Bereiche als Module sieben und acht entwickelt, die Aspekte der Hilfebedürftigkeit pflegebedürftiger Menschen beinhalten: Außerhäusliche Aktivitäten und Haushaltsführung.

Mit § 14 Abs. 3 SGB XI *2017* wird daneben klargestellt, dass die **Beeinträchtigungen** 91
der Selbstständigkeit und die **Fähigkeitsstörungen**, die dazu führen, dass die Haushaltsführung nicht mehr ohne Hilfe bewältigt werden kann, bereits im Rahmen der Bereiche nach § 14 Abs. 2 SGB XI *2017* und entsprechend bei den Erhebungen der Module 1 bis 6 im jeweils betroffenen Bereich erfasst werden. Damit bleiben die entsprechenden Beeinträchtigungen der Selbstständigkeit und Fähigkeitsstörungen für die Beurteilung des Grades der Pflegebedürftigkeit relevant, werden aber über andere Kriterien als bisher erhoben.[87]

Beispiel: Kognitive Beeinträchtigungen, die in den Bereich „kognitive und kommunikative Fähigkeiten" nach § 14 Abs. 2 Nr. 2 SGB XI *2017* erfasst werden, führen zwangsläufig dazu, dass zugleich auch die Fähigkeit zur eigenständigen Haushaltsführung beeinträchtigt ist.

Damit die gleichen Beeinträchtigungen und Fähigkeitsstörungen **nicht doppelt erfasst** 92
und gewertet werden, werden die Beeinträchtigungen bei der Haushaltsführung gesondert – außerhalb des Pflegebedürftigkeitsbegriffs – erhoben (§ 18 Abs. 5 a SGB XI *2017*). Die in diesen beiden Bereichen ermittelten Hilfebedarfe sind gleichwohl von großer Bedeutung für die Bewältigung der Pflegesituation, die Verbesserung der häuslichen Versorgung und damit die Stärkung der Selbstständigkeit der Pflegebedürftigen. Sie dienen einerseits als Grundlage für eine differenzierte Hilfe- und **Pflegeplanung**, andererseits bieten sie Anhaltspunkte für den Leistungsumfang der Hilfen bei

87 BT-Drucks. 18/5926, 110.

der Haushaltsführung. Hilfen bei der Haushaltsführung werden daher auch weiterhin als Leistung der sozialen Pflegeversicherung gewährt.

93 So wird letztlich zwischen der „**Hilfebedürftigkeit**" und der „**Pflegebedürftigkeit**" unterschieden. Pflegebedürftig sind diejenigen Versicherten, die in den Modulen 1 bis 6 Beeinträchtigungen oder Defizite der Selbstständigkeit aufweisen und zumindest einen Pflegegrad 1 erreichen. Als „hilfebedürftig" gelten hingegen Versicherte, die vorrangig im Bereich der Haushaltsführung (Modul 8) und bei den außerhäuslichen Aktivitäten (Modul 7) eine Beeinträchtigung ihrer Selbstständigkeit aufweisen. Die Module 7 und 8 bleiben bei der Ermittlung der Pflegebedürftigkeit und der Eingruppierung in einen der Pflegegrad außer Betracht.

94 Im Rahmen der Begutachtung hat also der MDK oder die von der Pflegekasse beauftragten Gutachter neben den in § 14 Abs. 2 SGB XI *2017* geregelten Bereichen des **Pflegebedürftigkeitsbegriffes** auch die Beeinträchtigung der Selbstständigkeit und Fähigkeitsstörungen in den Bereichen **außerhäusliche Aktivitäten** und **Haushaltsführung** festzustellen, um mit diesen Informationen eine umfassende Beratung und das Erstellen eines individuellen **Versorgungsplanes** nach § 7 a SGB XI [→ Rn. 329] oder für das **Versorgungsmanagement** nach § 11 Abs. 4 SGB V zu ermöglichen. Daher sind Informationen über Beeinträchtigungen der Selbstständigkeit und Fähigkeitsstörungen in den Bereichen außerhäusliche Aktivitäten und Haushaltsführung regelhaft im Rahmen der Begutachtung zu erheben.[88] Diese sollen in der konkreten individuellen **Pflegeplanung**, aber auch in der Beratung und Versorgungsplanung wie beim Versorgungsmanagement herangezogen werden können.

1. Modul 7 – Außerhäusliche Aktivitäten

95 Modul 7 – Außerhäusliche Aktivitäten umfasst zwei wichtige Bereiche. Der erste beinhaltet mehrere Aspekte der außerhäuslichen Mobilität, der zweite einen Ausschnitt der Aktivitäten, die in der **ICF**[89] in den Kapiteln „bedeutende Lebensbereiche" und „Gemeinschafts-, soziales und staatsbürgerliches Leben" enthalten sind. Sämtliche der berücksichtigten Aktivitäten haben eine soziale Komponente bzw. einen Bezug zu sozialen Aktivitäten (anders als etwa ein Spaziergang durch den Wald). Dabei geht es hier um die Möglichkeit der tatsächlichen **Teilnahme** bzw. Durchführung der Aktivität. Dabei ist nach § 18 Abs. 5 a Satz 3 Nr. 1 SGB XI *2017* im Einzelnen auf die folgenden Aktivitäten und Fähigkeiten abzustellen:

96 Der erste Bereich, die **Fortbewegung** im außerhäuslichen Bereich, beinhaltet folgende Kriterien:

- Verlassen des Bereichs der Wohnung oder der Einrichtung,
- Fortbewegen außerhalb der Wohnung oder der Einrichtung,
- Nutzung öffentlicher Verkehrsmittel im Nahverkehr,
- Mitfahren in einem Kraftfahrzeug.

---

88 BT-Drucks. 18/5926, 117.

89 International Classification of Functioning, Disability and Health (ICF), WHO 2002.

Der zweite zentrale Bereich, die außerhäuslichen Aktivitäten im engeren Sinne, besteht aus: 97

- Teilnahme an kulturellen, religiösen oder sportlichen Veranstaltungen,
- Besuch von Schule, Kindergarten, Arbeitsplatz, einer Werkstatt für behinderte Menschen oder Besuch einer Einrichtung der Tages- oder Nachtpflege oder eines Tagesbetreuungsangebotes,
- Teilnahme an sonstigen Aktivitäten mit anderen Menschen.

Auch die Kriterien des Moduls 7 – Außerhäusliche Aktivitäten werden die Begutachtungsrichtlinie konkreter fassen und definieren. Der nachfolgende Praxishinweis dient daher der Erläuterung und einem ersten Verständnis. 98

Praxishinweis:[90]

- Das Kriterium „**Teilnahme an Veranstaltungen**“ umfasst Aktivitäten, bei denen in der Regel eine größere Anzahl an Personen versammelt ist. Dazu gehören der Besuch eines Theaters oder von Konzerten, von Gottesdiensten oder anderen religiösen Veranstaltungen sowie von Sportveranstaltungen. Für die Teilnahme an Veranstaltungen ist es erforderlich, sich längere Zeit selbstständig oder in Begleitung in einer größeren Ansammlung von Menschen aufhalten zu können.
- Beim Kriterium „**Besuche**“ geht es vor allem um Lebensbereiche, die durch Bildung, Arbeit und Beschäftigung gekennzeichnet sind. Für einige dieser Aktivitäten ist es charakteristisch, dass spezielles Personal die Durchführung von Aktivitäten unterstützt und ggf. steuert.
- Das Kriterium „**Teilnahme an sonstigen Aktivitäten mit anderen Menschen**“ schließlich bezieht sich auf soziale Aktivitäten außerhalb des engeren Familienkreises. Dazu gehören Besuche bei Freunden und Bekannten, verschiedenste Formen der Freizeitgestaltung sowie die Beteiligung an verbandlichen oder vereinseigenen Aktivitäten, zu denen auch Selbsthilfeinitiativen gezählt werden. Zu berücksichtigen sind hier die altersspezifisch unterschiedlichen Formen sozialer Aktivitäten mit anderen Menschen. Bei Kindern geht es daher auch um Begegnungen und Spiel mit anderen Kindern.

Die Einschätzung der außerhäuslichen Aktivitäten ergibt ein relativ deutliches Bild der vorhandenen Möglichkeiten und der individuellen Situation eines Menschen in diesem Bereich. Für die **Pflegeplanung** ist es darüber hinaus wichtig, etwas über das Wissen um entsprechende Möglichkeiten, die Motivation zur Beteiligung an außerhäuslichen Aktivitäten, das Vertrauen in die eigenen Fähigkeiten und die Nutzung entsprechender Hilfsmittel zu erfahren. Wissen bezieht sich dabei darauf, ob der hilfebedürftige Mensch weiß, dass sich entsprechende Möglichkeiten bieten. Die Moti- 99

90 *Wingenfeld/Büscher/Gansweid*, Das neue Begutachtungsinstrument zur Feststellung von Pflegebedürftigkeit 2011, 97.

vation ist von diesem Wissen in hohem Maße abhängig, darüber hinaus aber auch von anderen Faktoren beeinflusst. Hinsichtlich des Vertrauens in die eigenen Fähigkeiten sowie die Nutzung von Hilfsmitteln ist zu fragen, ob und in welcher Weise hier bereits Unterstützung erfolgt ist und sich daraus ggf. ein weiterer Unterstützungsbedarf ergibt. Hinsichtlich der möglichen Hilfen in diesem Bereich dürfte es sich in vielen Fällen um Hilfen handeln, die der **persönlichen Assistenz** zuzuordnen sind.

2. Modul 8 – Haushaltsführung

100 Das Modul 8 – Haushaltsführung umfasst zum einen die **typischen Hausarbeiten**, die bisher in § 14 Abs. 4 Nr. 4 SGB XI *2016* berücksichtigt werden, zum anderen aber auch die Regelung der für die alltägliche Lebensführung notwendigen geschäftlichen Belange. Es ist in diesem Zusammenhang erneut unerheblich, ob Einbußen der Selbstständigkeit aufgrund von körperlichen oder von kognitiven Beeinträchtigungen bestehen. Einschränkungen in der Haushaltsführung sind häufig die ersten Zeichen einer sich abzeichnenden Abhängigkeit von personeller Hilfe. Im Unterschied zu den anderen Modulen sind zur Kompensation (Übernahme der Aktivitäten) keine pflegerischen Hilfen oder Betreuungsleistungen erforderlich, sondern hauswirtschaftliche Tätigkeiten und ggf. soziale Unterstützung. Nach § 18 Abs. 5 a Satz 3 Nr. 2 SGB XI *2017* ist im Einzelnen auf die folgenden Aktivitäten und Fähigkeiten abzustellen:

- Einkaufen für den täglichen Bedarf,
- Zubereitung einfacher Mahlzeiten,
- einfache Aufräum- und Reinigungsarbeiten,
- aufwendige Aufräum- und Reinigungsarbeiten einschließlich Wäschepflege,
- Nutzung von Dienstleistungen,
- Umgang mit finanziellen und Behördenangelegenheiten.

101 Es wurden diejenigen Aktivitäten erfasst, die besonders wichtig sind, um im eigenen Haushalt verbleiben zu können. Das Kochen von kompletten **Mahlzeiten** wird bewusst nicht gewertet, da die diesbezüglichen Fähigkeiten und Gewohnheiten in der Bevölkerung sehr unterschiedlich verteilt sind. Mit dem Erwärmen von vorgekochten Mahlzeiten oder Fertiggerichten ist jedoch eine weitgehend selbstständige (wenn vielleicht auch nicht eben sehr befriedigende) Ernährung möglich. Für die alltägliche Lebensführung ist es aber ebenso erforderlich, finanzielle und geschäftliche Belange regeln zu können. So kann eine **selbstbestimmte Haushaltsführung** lange erhalten bleiben, wenn die Fähigkeit besteht, pflegerische oder haushaltsnahe Dienstleistungen wie Pflegedienst, Haushaltshilfen, Essen auf Rädern, Wäscherei, Handwerker, Friseur, Fußpflege zu organisieren und zu steuern. Zur Regelung des Alltagslebens gehört auch die Fähigkeit, übliche Bankgeschäfte zu erledigen (Girokonto, Miete zahlen) oder zu entscheiden, ob z.B. genügend Bargeld im Hause ist, eine Rechnung bezahlt werden muss, und ggf. die dazu notwendigen Schritte einzuleiten oder durchzuführen. Im Umgang mit staatlichen und kommunalen Behörden sowie Sozialversiche-

rungsträgern ist zu entscheiden, ob ein Antrag gestellt oder ein Behördenbrief beantwortet werden muss und ggf. die notwendigen Schritte einzuleiten oder durchzuführen sind.

Praxishinweis: Einbußen in diesem Bereich der Haushaltsführung treten in der Regel sehr früh auf und können als **Alarmzeichen** für sich abzeichnende Pflegebedürftigkeit genutzt werden, um frühzeitig präventive Maßnahmen einzuleiten. 102

VI. Weitere Einbeziehung der Behandlungspflege im Bereich der stationären Pflege

Mit der Einführung des neuen Pflegebedürftigkeitsbegriffs sind **keine Leistungsverschiebungen** zwischen der sozialen Pflegeversicherung und der gesetzlichen Krankenversicherung verbunden. Versicherte, die stationäre Pflegeleistungen in Anspruch nehmen, haben daher auch weiterhin keinen Anspruch auf Behandlungspflege im Sinne des § 37 SGB V, da auch nach dem 1.1.2017 die Leistungen der medizinischen Behandlungspflege zum Leistungsbereich der Pflegekassen zählen, § 43 Abs. 2 Satz 1 SGB XI. Der Anspruch auf häusliche Krankenpflege gegenüber der gesetzlichen Krankenversicherung in Einrichtungen ist insoweit zu beschränken, als nach den gesetzlichen Bestimmungen Anspruch auf die Erbringung medizinischer Behandlungspflege durch die Einrichtung besteht.[91] 103

Allerdings ergeben sich aus den neuen Begrifflichkeiten im SGB XI notwendige Änderungen im SGB V. Der Anspruch auf häusliche Krankenpflege in der gesetzlichen Krankenversicherung umfasste **verrichtungsbezogene krankheitsspezifische Pflegemaßnahmen** auch in den Fällen, in denen dieser Hilfebedarf bei der Feststellung der Pflegebedürftigkeit nach den §§ 14 und 15 SGB XI zu berücksichtigen war. Da der Begriff der Verrichtungen in Zukunft im SGB XI nicht mehr verwandt wird, ist eine Anpassung erforderlich, um die bisherige Leistungszuständigkeit der gesetzlichen Krankenversicherung unter Verwendung der neuen Begrifflichkeiten zutreffend abzubilden. Hierzu ist zu berücksichtigen, dass die Beeinträchtigungen, die zu einem Hilfebedarf bei den bisher in § 14 Abs. 4 SGB XI *2016* genannten Verrichtungen führen, innerhalb der sechs Bereiche des neuen § 14 Abs. 2 SGB XI *2017* weitestgehend in den Modulen 1 (Mobilität) und 4 (Körperpflege, Ernährung) enthalten sind [→ Rn. 214 ff]. Daher wurde in § 13 Abs. 2 Satz 2 SGB XI *2017* der Begriff der **krankheitsspezifischen Pflegemaßnahme** geregelt, die ebenfalls unberührt bleibt, soweit diese im Rahmen der häuslichen Krankenpflege nach § 37 SGB V zu leisten ist. 104

91 BSG 25.2.2015 – B 3 KR 10/14 R = PflR 2015, 471 m. Anm. *Richter*.

C. Das Neue Begutachtungsassessment (NBA)

I. Die wesentlichen Neuerungen des Begutachtungsassessment (NBA) im Überblick

Durch den neuen Begriff der Pflegebedürftigkeit und das auf dieser Basis entwickelte neue Begutachtungsinstrument wird Pflegebedürftigkeit anders als bisher ermittelt. Geändert haben sich sowohl:[92] 105

- die **Sichtweise** (Blick auf den Grad der vorhandenen Selbstständigkeit bei der Durchführung von Aktivitäten oder der Gestaltung der in § 14 Abs. 2 SGB XI *2017* genannten sechs Bereiche statt defizitorientiert auf den Hilfebedarf der in § 14 Abs. 4 Nr. 1–3 SGB XI *2016* geregelten Verrichtungen),
- der **Differenzierungsgrad** (differenzierte Erfassung der Beeinträchtigungen der Selbstständigkeit statt pflegewissenschaftlich nicht sachgerechter Einschätzung des Zeitaufwands für Laienpflege bei eng definierten Verrichtungen als Bemessungsgröße für die Einordnung in eine Pflegestufe),
- die **pflegefachliche Fundierung** (das neue Begutachtungsinstrument bezieht den internationalen Stand der pflegerischen Erkenntnisse ein),
- der **Umfang der erfassten Aspekte** von Pflegebedürftigkeit (Erweiterung um auf Aktivitäten und Fähigkeiten im Bereich der kognitiven und kommunikativen Fähigkeiten, Verhaltensweisen und psychischen Problemlagen, des Umgangs mit krankheits- und therapiebedingten Anforderungen und Belastungen und der Gestaltung des Alltagslebens und sozialer Kontakte statt Bezug auf eng definierte Verrichtungen) als auch
- die **Einstiegsschwelle** (Pflegebedürftigkeit besteht zukünftig grundsätzlich bereits ab Pflegegrad 1, für den vielfach geringere Beeinträchtigungen ausreichen als für die Schwelle der erheblichen Pflegebedürftigkeit der bisherigen Pflegestufe I).

Der neue Pflegebedürftigkeitsbegriff und das neue Begutachtungsinstrument stehen in einem **untrennbaren fachlichen Zusammenhang.** Das neue Begutachtungsinstrument greift die Elemente des neuen Pflegebedürftigkeitsbegriffs aus § 14 Abs. 2 SGB XI *2017* auf und konkretisiert diese nach § 15 Abs. 2 SGB XI *2017* für die Zwecke der Begutachtung im Rahmen der Pflegeversicherung. Der neue Begriff der Pflegebedürftigkeit wurde zusammen mit dem dazu gehörenden **Neuen Begutachtungsassessment (NBA)** über einen Zeitraum von acht Jahren durch mehrere wissenschaftliche Studien erarbeitet und durch zwei Expertenbeiräte begleitet. Für die Diskussion und die praktische Umsetzung der gesetzlichen Änderungen durch den Pflegebedürftigkeitsbegriff und die Einführung des Neuen Begutachtungsassessment liegen eine Vielzahl von Vorarbeiten durch das Bundesministerium für Gesundheit, von diesem eingesetzte Expertenbeiräte und Berichte über Modellprojekte vor. So kann auf eine gesicherte Datenbasis zurückgegriffen werden. Hervorzuheben ist der Bericht des Beirats zur Überprüfung des Pflegebedürftigkeitsbegriffs vom 26.1.2009 sowie der Umsetzungsbericht des Beirats vom 20.5.2009. Der Bericht des erneuten Expertenbeirats zur 106

92 Dazu BT-Drucks. 18/5926, 111.

konkreten Ausgestaltung des Pflegebedürftigkeitsbegriffs vom 27.6.2013 sowie die vom Bundesgesundheitsminister am 8.4.2014 erteilten Aufträge zur Erprobung in zwei Studien, nämlich der Evaluation des Neuen Begutachtungsassessments und die Erfassung von Versorgungsaufwänden in stationären Einrichtungen[93] sowie die sogenannte Praktikabilitätsstudie[94].

107 § 15 Abs. 2 SGB XI *2017* enthält die gesetzlichen Regelungen für die Umsetzung des Neuen Begutachtungsassessments im Rahmen der Pflegeversicherung. Es handelt sich dabei um ein **lernendes System**, nicht um ein starres, einmal und auf Dauer festgelegtes Instrument.[95] In jedem Modul nach § 14 Abs. 2 SGB XI *2017* sind für die in den Bereichen genannten Kriterien die in Anlage 1 zu § 15 SGB XI *2017* dargestellten Kategorien vorgesehen. Die Kategorien stellen die in ihnen zum Ausdruck kommenden verschiedenen **Schweregrade der Beeinträchtigungen** der Selbstständigkeit oder der Fähigkeiten dar. Den Kategorien werden in Bezug auf die einzelnen Kriterien pflegefachlich fundierte Einzelpunkte zugeordnet, die aus Anlage 1 zu § 15 SGB XI *2017* ersichtlich sind. In jedem Modul werden die jeweils erreichbaren Summen aus Einzelpunkten nach den in der Anlage 2 zu § 15 SGB XI *2017* festgelegten Punktbereichen gegliedert und gewichtet.

108 Um pflegefachlich begründete Konkretisierungen und Anpassungen innerhalb der gesetzlichen Festlegungen zu erlauben und eine einheitliche Rechtsanwendung zu fördern, wird der Spitzenverband Bund der Pflegekassen weiterhin in § 17 Abs. 1 SGB XI **ermächtigt**, pflegefachlich begründete Konkretisierungen der Beschreibung der Aktivitäten und Fähigkeiten, der Zuordnung zu der Schwere der Ausprägung, Häufigkeit oder Dauer entsprechenden Kategorien oder Kombinationen von Kategorien, pflegefachlich begründete Veränderungen der Einzelpunktwerte innerhalb der Bereiche ohne Veränderungen der Modul- oder Gesamtpunktwerte, Ausfüll- und Verfahrensanleitungen sowie die Entwicklung und Weiterentwicklung von Formularen (auch elektronisch) durchzuführen. Die pflegefachliche Konkretisierung dient unter anderem auch der Schulung der Gutachter und der Erstellung der entsprechenden technischen Umsetzung der Begutachtungs-Software. Für die erstmalige Erstellung der Begutachtungs-Richtlinien ist in § 17 a SGB XI *2016* eine verbindliche Fristvorgabe gesetzt. Die bisherigen **Härtefall-Regelungen** und damit die Notwendigkeit für die Erstellung entsprechender Richtlinien entfallen. An ihre Stelle treten in § 15 Abs. 4 SGB XI *2017* die neuen Bestimmungen zu Pflegebedürftigen mit besonderen Bedarfskonstellationen, die einen spezifischen, außergewöhnlich hohen Hilfebedarf mit besonderen Anforderungen an die pflegerische Versorgung aufweisen.[96]

93 „Evaluation des Neuen Begutachtungsassessments (NBA) – Erfassung von Versorgungsaufwänden in stationären Einrichtungen", wobei bundesweit in rund 40 Pflegeheimen bei 1.600 Bewohnerinnen und Bewohnern untersucht wurde, welche Leistungen sie bisher aus den Pflegestufen bekommen und welche Leistungen und welchen Pflegegrad sie nach dem NBA bekommen würden.

94 „Praktikabilitätsstudie", in der das Neue Begutachtungsassessment (NBA) bundesweit bei 2.000 pflegebedürftigen Menschen praktisch erprobt wurde.

95 BT-Drucks. 18/5926, 112.

96 BT-Drucks. 18/5926, 116.

II. Regelung der Module in Anlage 1 zu § 15 SGB XI 2017

Die in §§ 14 Abs. 2, 15 Abs. 2 SGB XI *2017* aufgelisteten sechs Bereiche, in denen der Schweregrad der individuellen Beeinträchtigungen der Selbstständigkeit oder der Fähigkeiten ermittelt wird, umfassen jeweils eine Gruppe artverwandter Kriterien oder einen Lebensbereich. Sie stellen einen **abschließenden Katalog** der zu berücksichtigenden Kriterien dar, anhand derer Beeinträchtigungen der Selbstständigkeit oder der Fähigkeiten festgestellt werden sollen. Der abschließende Charakter ist erforderlich, weil die Zuordnung zu unterschiedlichen Leistungsgruppen (Pflegegraden) aus einer Gesamtschau aller zu berücksichtigenden Bereiche und Kriterien abgeleitet wird. Die **modulare Struktur** des Neuen Begutachtungsassessment erlaubt über die Zusammenfassung von gleichartigen Kriterien oder der Kriterien eines Lebensbereichs eine zusammenfassende Betrachtung einzelner Lebensbereiche des Pflegebedürftigen. Zudem werden die Module im Verhältnis zueinander gewichtet. Zentrales **Ziel** ist, dass körperliche, kognitive und psychische Beeinträchtigungen anhand eines übergreifenden Maßstabs, der Schwere der Beeinträchtigungen der Selbstständigkeit und der Fähigkeiten in ein Verhältnis gestellt werden, das die verschiedenen Arten von Beeinträchtigungen angemessen berücksichtigt und eine im Vergleich angemessene Einstufung sicherstellt. Damit sollen vorrangig körperlich beeinträchtigte Pflegebedürftige und vorrangig kognitiv oder psychisch beeinträchtigte Pflegebedürftige in der Pflegeversicherung vergleichbar berücksichtigt und Zugang zu Leistungen haben. Die Differenzierung nach der Schwere der Beeinträchtigungen der Selbstständigkeit oder der Fähigkeiten ist ein durchgehendes Leitmotiv des Instruments. So werden sowohl die Einzelpunkte, Summe der Punkte und gewichtete Punkte jeweils nach der Schwere differenziert und begrifflich einzelnen Kategorien zugeordnet. Die genauen Bezeichnungen der Kategorien sowie die Einzelpunkte, Summe der Punkte und gewichtete Punkt in jedem Modul sind in den Anlagen 1 und 2 zu § 15 SGB XI *2017* festgelegt.[97] 109

1. Modul 1 – Einzelpunkte im Bereich der Mobilität

Zur Einschätzung im Modul 1 wird die **vierstufige Standardskala** verwendet (Merkmalsausprägungen: „selbstständig"; „überwiegend selbstständig"; „überwiegend unselbstständig"; „unselbstständig"). Der Gutachter hat also für jedes der fünf Merkmale den **Grad der Selbstständigkeit** der betreffenden Person anzugeben. Die Einschätzung richtet sich in diesem Fall ausschließlich auf die körperliche Fähigkeit, sich fortzubewegen. In dieser Hinsicht besteht ein Unterschied gegenüber mehreren anderen Modulen, bei denen es für die Einschätzung ohne Bedeutung ist, ob die Beeinträchtigung der Selbstständigkeit durch körperliche oder durch kognitive/psychische Faktoren ausgelöst wird. Dies gilt auch für die außerhäusliche Mobilität in Modul 7, in dem beispielsweise zu berücksichtigen ist, ob im außerhäuslichen Bereich eine Begleitung durch andere Personen aus Sicherheitsgründen erforderlich ist.[98] Äußere, 110

97 BT-Drucks. 18/5926, 112.

98 *Wingenfeld/Büscher/Gansweid,* Das neue Begutachtungsinstrument zur Feststellung von Pflegebedürftigkeit 2011, 97.

von der Person des Antragstellers losgelöste Faktoren werden bei der Einschätzung nicht berücksichtigt.

111 **Praxishinweis:** Das Kriterium „**Fortbewegen innerhalb des Wohnbereichs**" spricht die Fähigkeit an, sich über kurze Strecken fortbewegen zu können, sich also im Alltagsleben von einem Zimmer in ein anderes zu bewegen, unabhängig von der Größe einer Wohnung oder des Wohnbereichs in einer stationären Pflegeeinrichtung, ggf. unter Nutzung von Hilfsmitteln (z.B. Stock, Rollator, Rollstuhl, andere Gegenstände). Die individuelle Wohnsituation findet keine Berücksichtigung. Andere Fähigkeiten, etwa zur räumlichen Orientierung, werden an anderer Stelle geprüft (hier in Modul 2 [2.2]).

112 **Praxishinweis:** Dies gilt ebenso für das „**Treppensteigen**". Es ist für die Feststellung des Kriteriums unerheblich, ob in der Wohnung oder einer stationären Einrichtung eine Treppe vorhanden ist oder nicht. Entscheidend bleibt allein die Frage, inwieweit jemand (noch) fähig wäre, eine Treppe zwischen zwei Wohnetagen zu bewältigen.

113 Gleiches gilt für die Verwendung von **Hilfsmitteln,** denen im Bereich der Mobilität ein besonders hoher Stellenwert zukommt. Eine Person gilt auch dann als selbstständig, wenn sie zwar körperlich beeinträchtigt ist, die betreffende Handlung jedoch unter Nutzung eines Hilfsmittels ohne Unterstützung durch andere Personen ausführen kann, sich also beispielsweise selbstständig mit dem Rollstuhl oder mit Gehhilfen fortbewegen kann.

Ziffer	Kriterien	Selbstständig	überwiegend selbstständig	überwiegend unselbstständig	unselbstständig
1.1	Positionswechsel im Bett	0	1	2	3
1.2	Halten einer stabilen Sitzposition	0	1	2	3
1.3	Umsetzen	0	1	2	3
1.4	Fortbewegen innerhalb des Wohnbereiches	0	1	2	3
1.5	Treppensteigen	0	1	2	3

114 Das Modul umfasst fünf Kriterien, deren Ausprägungen in den folgenden Kategorien mit den nachstehenden Punkten gewertet werden:

selbstständig:	0 Punkte
überwiegend selbstständig:	1 Punkt
überwiegend unselbstständig:	2 Punkte
Unselbstständig:	3 Punkte

Das Begutachtungsinstrument beinhaltet in der Konkretisierung durch die Anlage 1 zu § 15 SGB XI *2017* an mehreren Stellen abgewandelte Formen dieser **Skala.** Durchgängig gilt bei diesen Skalen, dass der **Grad der Beeinträchtigung** mit dem jeweiligen Punktwert steigt. „0" bedeutet also stets, dass keine Beeinträchtigungen bzw. sonstige Probleme bestehen.[99] 115

0 = selbstständig

Die Person kann die Aktivität in der Regel selbstständig durchführen. Möglicherweise ist die Durchführung erschwert oder verlangsamt oder nur unter Nutzung von Hilfsmitteln möglich. Entscheidend ist jedoch, dass die Person (noch) **keine personelle Hilfe** benötigt. Vorübergehende oder nur vereinzelt auftretende Beeinträchtigungen sind nicht zu berücksichtigen. 116

1 = überwiegend selbstständig

Die Person kann den größten Teil der Aktivität selbstständig durchführen. Dementsprechend entsteht nur **geringer/mäßiger Aufwand für die Pflegeperson**, und zwar in Form von motivierenden Aufforderungen, Impulsgebung, Richten/Zurechtlegen von Gegenständen oder punktueller Übernahme von Teilhandlungen der Aktivität. Überwiegend selbstständig ist eine Person also dann, wenn lediglich folgende Hilfestellungen erforderlich sind: 117

- „Unmittelbares Zurechtlegen/Richten von Gegenständen" meint die Vorbereitung einer Aktivität durch Bereitstellung sächlicher Hilfen, damit die Person die Aktivität dann selbstständig durchführen kann. Dabei wird vorausgesetzt, dass die Umgebung des Antragstellers so eingerichtet wird, dass die Person so weit wie möglich selbstständig an alle notwendigen Utensilien herankommt und diese nicht jedes Mal angereicht werden müssen. Wenn dies aber nicht ausreicht (z.B. die Seife nicht von der Ablage am Waschbecken genommen werden kann, sondern direkt in die Hand gegeben werden muss), führt diese Beeinträchtigung zur Bewertung überwiegend selbstständig.
- „Impulsgebung/Aufforderung" bedeutet, dass die Pflegeperson (ggf. auch mehrfach) einen Anstoß geben muss, damit der Betroffene die jeweilige Tätigkeit allein durchführt.
- Auch wenn nur „einzelne Handreichungen" erforderlich sind, ist die Person als überwiegend selbstständig zu beurteilen (punktueller Hilfebedarf, der lediglich an einzelnen Stellen des Handlungsablaufs auftritt).
- „Einzelne Hinweise" zur Abfolge der Einzelschritte meint, dass zwischenzeitlich immer wieder ein Anstoß gegeben werden muss, dann aber Teilverrichtungen selbst ausgeführt werden können.

99 Zu folgenden: *Wingenfeld/Büscher/Gansweid,* Das neue Begutachtungsinstrument zur Feststellung von Pflegebedürftigkeit 2011, 225–227.

- „Unterstützung bei der Entscheidungsfindung" bedeutet, dass z.B. verschiedene Optionen zur Auswahl angeboten werden, die Person danach aber selbstständig handelt.
- „Partielle Beaufsichtigung und Kontrolle" meint die Überprüfung, ob die Abfolge einer Handlung eingehalten wird (ggf. unter Ein- oder Hinleitung zu weiteren Teilschritten oder Aufforderung zur Vervollständigung) sowie die Kontrolle der korrekten und sicheren Durchführung. Hierzu gehört auch die Überprüfung, ob Absprachen eingehalten werden. Auch wenn eine Person eine Aktivität ausführen kann, aber aus nachvollziehbaren Sicherheitsgründen die Anwesenheit einer anderen Person benötigt, trifft die Bewertung „überwiegend selbstständig" zu.

2 = überwiegend unselbstständig

118 Die Person kann die Aktivität nur zu einem geringen Anteil selbstständig durchführen. Es sind aber **Ressourcen vorhanden**, sodass sie sich beteiligen kann. Dies setzt ggf. ständige Anleitung oder aufwendige Motivation auch während der Aktivität voraus. Teilschritte der Handlung müssen übernommen werden. Zurechtlegen und Richten von Gegenständen, Impulsgebung, wiederholte Aufforderungen oder punktuelle Unterstützungen reichen nicht aus. Alle genannten Hilfeformen können auch hier von Bedeutung sein, reichen allerdings allein nicht aus. Weitergehende Unterstützung umfasst vor allem:

- „Motivation" im Sinne der motivierenden Begleitung einer Aktivität (notwendig vor allem bei psychischen Erkrankungen mit Antriebsminderung).
- „Anleitung" bedeutet, dass die Pflegeperson den Handlungsablauf nicht nur anstoßen, sondern die Handlung demonstrieren und/oder lenkend begleiten muss. Dies kann insbesondere dann erforderlich sein, wenn der Betroffene trotz vorhandener motorischer Fähigkeiten eine konkrete Aktivität nicht in einem sinnvollen Ablauf durchführen kann.
- „Ständige Beaufsichtigung und Kontrolle" unterscheidet sich von der „partiellen Beaufsichtigung und Kontrolle" nur durch das Ausmaß der erforderlichen Hilfe. Es ist ständige und unmittelbare Eingreifbereitschaft erforderlich.
- „Übernahme" eines erheblichen Teils der Handlungsschritte durch die Pflegeperson.

3 = unselbstständig

119 Die Person kann die Aktivität in der Regel nicht selbstständig durchführen bzw. steuern, auch nicht in Teilen. Es sind **kaum oder keine Ressourcen** vorhanden. Motivation, Anleitung und ständige Beaufsichtigung reichen auf keinen Fall aus. Die Pflegeperson muss alle oder nahezu alle Teilhandlungen anstelle der betroffenen Person durchführen.

120 **Praxishinweis:** Die vorstehenden Hinweise zu Art und Ausmaß erforderlicher Hilfen und der Zusammenhang mit dem **Grad der Selbstständigkeit** sind als Orientierungshilfen zu verstehen. Entscheidend für die Einstufung ist die Frage, ob:

- die gesamte (oder nahezu gesamte) Aktivität,
- der größte Teil einer Aktivität,
- der geringere Teil einer Aktivität oder
- kein nennenswerter Anteil der Aktivität

selbstständig ausgeführt werden kann. Nur wenn die Beurteilung dieser Frage mit Unsicherheit verbunden ist, sollte die Einschätzung in einem zweiten Schritt anhand der erforderlichen Formen der Unterstützung erfolgen.

Bleiben wir bei unserem Beispiel des **Fortbewegens innerhalb des Wohnbereichs** [1.4]: 121

Selbstständig: Die Person kann sich ohne Hilfe durch andere Personen fortbewegen.

Überwiegend selbstständig: Die Person kann die Aktivität überwiegend selbstständig durchführen. Hilfe ist erforderlich i.S.v. Bereitstellen von Hilfsmitteln (Rollator, Gehstock, Rollstuhl), Beobachtung aus Sicherheitsgründen oder gelegentlichem Stützen/ Unterhaken.

Überwiegend unselbstständig: Gehen in der Wohnung ist nur mit Stützung oder Festhalten der Person möglich.

Unselbstständig: Die Person muss getragen oder im Rollstuhl geschoben werden.

Praxishinweis: Die Feststellung des Pflegebedarfs an Hand des Neuen Begutachtungsassessments erfolgt aufgrund der vierstufigen Skala („Selbstständig ...Unselbstständig) und nicht durch Messung des Zeitbedarfs der Pflegeperson zur Durchführung der Pflege. 122

Am Beispiel **Fortbewegens innerhalb des Wohnbereichs** [1.4]:

Bisher festgestellt als Verrichtung „**Gehen**" (§ 14 Abs. 4 Nr. 3 SGB XI *2016*) bzw. in der Pflegepraxis als „**Transfer**": Zu prüfen war stets wie viele Verrichtungen des „Transfer" pro Tag für Toilettengänge, Gänge ins Badezimmer bzw. die Küche/ Speisesaal usw. notwendig waren, um daraus den zeitlichen Bedarf pro Tag abzuleiten.

Neu kommt es allein auf den **Grad der Selbstständigkeit** an, also die Frage, ob die Tätigkeit des **Fortbewegens innerhalb des Wohnbereichs** selbstständig oder nicht durchgeführt werden kann.

Ein Zeitbezug ist nicht mehr vorhanden, so dass die Frage der zeitlichen Bindung der Pflegekraft künftig (für die Feststellung des Pflegegrades) nicht mehr relevant ist.

Dieser Paradigmenwechsel ist auch an den Formularen des MDK zur Einstufung bzw. Bestimmung des Pflegegrades ablesbar:[100] 123

100 Bisheriges Formular (Zeitbezug): Begutachtungsrichtlinie 2013, 104; künftiges Formular (Grad der Selbstständigkeit): Modul 1 Anlage 1 zu § 15 SGB XI *2017*.

4.1 Körperpflege

Hilfebedarf bei(m)	Nein	Form der Hilfe					Häufigkeit pro		Zeitaufwand pro Tag (Min.)
Waschen							Tag	Woche	
Ganzkörperwäsche (GK)		U	TÜ	VÜ	B	A			
Waschen Oberkörper (OK)		U	TÜ	VÜ	B	A			
Waschen Unterkörper (UK)		U	TÜ	VÜ	B	A			
Waschen Hände/Gesicht (HG)		U	TÜ	VÜ	B	A			

Modul 4: Einzelpunkte im Bereich der Selbstversorgung

Ziffer	Kriterien	selbständig	überwiegend selbständig	überwiegend unselbständig	unselbständig
4.1	Waschen des vorderen Oberkörpers	0	1	2	3
4.2	Körperpflege im Bereich des Kopfes (Kämmen, Zahnpflege/ Prothesenreinigung, Rasieren)	0	1	2	3
4.3	Waschen des Intimbereichs	0	1	2	3
4.4	Duschen und Baden einschließlich Waschen der Haare	0	1	2	3

2. Modul 2 – Einzelpunkte im Bereich der kognitiven und kommunikativen Fähigkeiten

124 Im Modul 2 wird eine an die **Standardskala** angelehnte, ebenfalls vierstufige Skala verwendet. Sie zielt allerdings nicht auf die Erfassung des Grades der Selbstständigkeit, sondern des Ausmaßes, in dem die jeweilige Fähigkeit vorhanden ist. Somit lauten die **Merkmalsausprägungen**: vorhanden/unbeeinträchtigt, größtenteils vorhanden, in geringem Maße vorhanden und nicht vorhanden.

125 **Praxishinweis:** Als Beispiel soll das Kriterium „**örtliche Orientierung**“ [2.2] dienen:

Bei „**vorhandener**“ **örtlicher Orientierung** kann die Frage, in welcher Stadt, auf welchem Stockwerk und ggf. in welcher Einrichtung sich die Person befindet, korrekt beantwortet werden. Außerdem werden regelmäßig genutzte Räumlichkeiten (beispielsweise eigenes Wohnzimmer, Küche etc.) stets erkannt. Ein Verirren in den Räumlichkeiten der eigenen Wohnung (oder des Wohnbereichs in einer Einrichtung) kommt nicht vor, und die Person findet sich auch in der näheren außerhäuslichen Umgebung zurecht. Sie weiß beispielsweise, wie sie zu benachbarten Geschäften, zu einer Bushaltestelle oder zu einer anderen nahe gelegenen Örtlichkeit gelangt.

Bei „**größtenteils vorhandener**" Fähigkeit bestehen Schwierigkeiten, sich in der außerhäuslichen Umgebung zu orientieren. In den eigenen Wohnräumen existieren solche Schwierigkeiten hingegen nicht.

Eine „**in geringem Maße vorhandene**" Fähigkeit bedeutet, dass die Person auch in einer gewohnten Wohnumgebung Schwierigkeiten hat, sich zurechtzufinden. Regelmäßig genutzte Räumlichkeiten und Wege in der Wohnumgebung werden nicht immer erkannt.

Bei „**nicht vorhandener**" Fähigkeit ist die Person selbst in der eigenen Wohnumgebung regelmäßig auf Unterstützung angewiesen.

126

Ziffer	Kriterien	Fähigkeit vorhanden/unbeeinträchtigt	Fähigkeit größtenteils Vorhanden	Fähigkeit in geringem Maße vorhanden	Fähigkeit nicht vorhanden
2.1	Erkennen von Personen aus dem näheren Umfeld	0	1	2	3
2.2	Örtliche Orientierung	0	1	2	3
2.3	Zeitliche Orientierung	0	1	2	3
2.4	Erinnern an wesentliche Ereignisse oder Beobachtungen	0	1	2	3
2.5	Steuern von mehrschrittigen Alltagshandlungen	0	1	2	3
2.6	Treffen von Entscheidungen im Alltag	0	1	2	3
2.7	Verstehen von Sachverhalten und Informationen	0	1	2	3
2.8	Erkennen von Risiken und Gefahren	0	1	2	3
2.9	Mitteilen von elementaren Bedürfnissen	0	1	2	3
2.10	Verstehen von Aufforderungen	0	1	2	3
2.11	Beteiligen an einem Gespräch	0	1	2	3

Das Modul umfasst elf Kriterien, deren Ausprägungen in den folgenden Kategorien mit den nachstehenden Punkten gewertet werden: 127

Die Fähigkeit ist

vorhanden/unbeeinträchtigt: 0 Punkte
größtenteils vorhanden: 1 Punkt
in geringem Maße vorhanden: 2 Punkte
nicht vorhanden: 3 Punkte

3. Modul 3 – Einzelpunkte im Bereich der Verhaltensweisen und psychische Problemlagen

128 Die Kriterien der Verhaltensweisen im Modul 3 werden zur Unterscheidung **nicht** an Hand von Graden der Selbstständigkeit eingeschätzt, was unüblich und messmethodisch auch wenig empfehlenswert – da eine subjektive Einschätzung vorliegen würde – ist, sondern nach einer vierstufigen Skala zur Erfassung der **Auftretenshäufigkeit** mit folgenden Merkmalsausprägungen: nie, selten, häufig oder täglich.

Ziffer	Kriterien	nie oder sehr selten	selten	häufig	täglich
3.1	Motorisch geprägte Verhaltensauffälligkeiten	0	1	3	5
3.2	Nächtliche Unruhe	0	1	3	5
3.3	Selbstschädigendes und autoaggressives Verhalten	0	1	3	5
3.4	Beschädigen von Gegenständen	0	1	3	5
3.5	Physisch aggressives Verhalten gegenüber anderen Personen	0	1	3	5
3.6	Verbale Aggression	0	1	3	5
3.7	Andere pflegerelevante vokale Auffälligkeiten	0	1	3	5
3.8	Abwehr pflegerischer und anderer unterstützender Maßnahmen	0	1	3	5
3.9	Wahnvorstellungen	0	1	3	5
3.10	Ängste	0	1	3	5
3.11	Antriebslosigkeit bei depressiver Stimmungslage	0	1	3	5
3.12	Sozial inadäquate Verhaltensweisen	0	1	3	5
3.13	Sonstige pflegerelevante inadäquate Handlungen	0	1	3	5

129 Mit diesem Modul wird die Häufigkeit des Auftretens von bestimmten Verhaltensweisen bzw. von psychischen Problemlagen erfasst und in den folgenden Kategorien mit den nachstehenden Punkten gewertet:

nie oder sehr selten: 0 Punkte
selten (ein- bis dreimal innerhalb von zwei Wochen): 1 Punkt
häufig (zweimal bis mehrmals wöchentlich, aber nicht täglich): 3 Punkte
täglich: 5 Punkte

Anders als ursprünglich geplant,[101] werden einzelne, besonders entscheidende oder zeitintensive Kriterien nicht gesondert gewichtet, also die **Merkmalsausprägungen** bei einigen Verhaltensweisen nicht mit höheren Punktwerten versehen. Dies galt namentlich für die Merkmale „**Nächtliche Unruhe**" und „**Selbstschädigendes und autoaggressives Verhalten**". Dabei war pflegewissenschaftlich erwartet worden, dass diese Verhaltensweisen auch praktisch schon für sich genommen einen erheblichen Unterstützungsaufwand erforderlich machen. So wäre beispielsweise das mehrmals wöchentliche Auftreten von selbstverletzendem Verhalten anders zu bewerten als vokale Auffälligkeiten, die mit der gleichen Häufigkeit auftreten. Der Gesetzgeber hat in der Festsetzung des Modul 3 in Anlage 1 zu § 15 SGB XI *2017* auf eine automatische, also unabhängig vom Vorliegen weiterer **Verhaltensauffälligkeiten**, Zuordnung der höchsten Stufe der Gesamtbewertung von Verhaltensauffälligkeiten verzichtet und folgt so den Ergebnissen im Pretest.[102] Die Ergebnisse des Pretests zeigen zum einen, dass selbstschädigendes Verhalten bei älteren Pflegebedürftigen nur sehr selten auftritt und beide Verhaltensweisen fast immer in Kombination mit anderen Verhaltensauffälligkeiten anzutreffen sind. Dadurch werden die betreffenden Personen auch ohne eine besondere Gewichtung dieser Merkmale in Modul 3 adäquat bewertet. 130

Die gesetzlich geregelte Skala interpretiert **problematische Verhaltensweisen** als Ausdruck einer Beeinträchtigung der **Selbststeuerungskompetenz.**[103] Ihre Ausprägungen stellen dementsprechend eine Aussage dazu dar, in welchem Maße eine Beeinträchtigung der Selbststeuerungskompetenz auf der Verhaltensebene vorliegt. Grundsätzlich erfolgt auch in Modul 3 zunächst eine Addition der Punktwerte aller 13 Kriterien. Die Unterscheidung der fünf Schweregrade muss allerdings aus inhaltlichen Gründen anders als im Falle des Moduls 1 – Mobilität oder Moduls 2 – kognitiven/kommunikativen Fähigkeiten festgelegt werden. So berechtigt unter inhaltlichen Gesichtspunkten allein der Umstand, dass eine Person beispielsweise täglich motorisch geprägte Verhaltensauffälligkeiten und verbal-aggressives Verhalten aufweist, zur Feststellung „schwerste[r] Beeinträchtigung der Selbststeuerungskompetenz", wenngleich bei der Einschätzung möglicherweise nur 10 von theoretisch möglichen 75 [13 Kriterien x jeweils 5] Punkten erreicht werden. 131

Eine systematische Einschätzung der Ausprägung von Verhaltensweisen und psychischen Problemlagen in den genannten Dimensionen wird derzeit in der **Pflegeplanung** durch ambulante und stationäre Pflegeeinrichtungen nur äußerst selten vorgenommen. Problematisch ist, dass bislang auch kaum für den Versorgungsalltag geeignete Assessment-Instrumente zur Verfügung stehen. Das Modul 3 kann insofern eine wichtige Erweiterung des Assessments im Rahmen des individuellen Pflegeprozesses 132

101 *Wingenfeld/Büscher/Gansweid,* Das neue Begutachtungsinstrument zur Feststellung von Pflegebedürftigkeit 2011, 73.

102 *Wingenfeld/Büscher/Gansweid,* Das neue Begutachtungsinstrument zur Feststellung von Pflegebedürftigkeit 2011, 74 – 77.

103 „Selbststeuerungskompetenz" wird in der Beschreibung zur Überprüfung des Neuen Begutachtungsassessments verstanden als die Fähigkeit, das eigene Verhalten adäquat an äußere oder innere Anforderungen, äußere oder innere Belastungen oder Risiken anzupassen. Mit dem Verweis auf „innere" Anforderungen und Belastungen werden auch die Steuerung der Bedürfnisbefriedigung und der Umgang mit Gefühlsregungen einbezogen (vgl. ausführlich *Hurrelmann*, Gesundheitssoziologie, 2000, 87 und 107).

darstellen, wird aber vor allem im häuslichen Bereich zu **Umsetzungsproblemen bei der Feststellung des Bedarfs** führen. Es ist kaum vorstellbar, dass der vom MDK zu Prüfende auf diese Fragen verwertbare (wahrheitsgemäße) Antworten gibt bzw. geben kann. Auch die ehrenamtlichen, meist familiären Pflegepersonen bedürfen umfangreicher und einfühlsamer Aufklärungen auch zum pflegerelevanten Hintergrund der geprüften Kriterien, bevor die Angaben validierbar und verwertbar werden. Ähnlich wie im Fall des Moduls 2 – kognitiven Fähigkeiten gilt allerdings auch hier, dass bedarfs- und bedürfnisgerechte pflegerische Maßnahmen ergänzende Informationen und Einschätzungen voraussetzen. **Biografische Informationen** sind hier ebenso von Bedeutung wie die **Einschätzung von Umgebungsfaktoren.**

133 **Praxishinweis:** Die neu zu erstellenden Begutachtungsrichtlinien werden Ausführungen dazu enthalten müssen, an welchen Maßstäben und wie der MDK-Prüfer den Wahrheitsgehalt etwa zu Fragen des Kriteriums **„Physisch aggressives Verhalten gegenüber anderen Personen“** [3.5] beurteilt und welche Informationsquellen dafür genutzt werden sollen.

Der Gesetzgeber hat das Problem erkannt und durch § 17 Abs. 1 a Satz 1 SGB XI veranlasst, dass der Spitzenverband Bund der Pflegekassen bis zum 31.7.2018 Richtlinien zur einheitlichen Durchführung der Pflegeberatung erlässt. Die **Pflegeberatungs-Richtlinien** sind nach § 7 a SGB XI für die Pflegeberater und Pflegeberaterinnen der Pflegekassen, die Beratungsstellen nach § 7 b Abs. 1 Satz 1 Nr. 2 SGB XI sowie der Pflegestützpunkte nach § 7 c SGB XI unmittelbar verbindlich [→ Rn. 333].

Desweiteren wird der praktische Nutzen des neuen Pflegegrades 1 deutlich, der nach § 28 a Abs. 1 Nr. 1 SGB XI *2017* vor allem **Beratungsleistungen** für (bisher) nicht professionell gepflegte Versicherte vorsieht [→ Rn. 211].

4. Modul 4 – Einzelpunkte im Bereich der Selbstversorgung

134 Das Modul Selbstversorgung umfasst mit Ausnahme der hauswirtschaftlichen Tätigkeiten sämtliche **Verrichtungsbereiche**, anhand derer bei der bisherigen Begutachtung nach den §§ 14, 15 SGB XI *2016* Pflegebedürftigkeit eingeschätzt wurde. Zur Einschätzung wird größtenteils die vierstufige Standardskala verwendet mit den Merkmalsausprägungen: „selbstständig“; „überwiegend selbstständig“; „überwiegend unselbstständig“ oder „unselbstständig“. Die Bewertungssystematik im Falle des Moduls Selbstversorgung ist ein wenig komplizierter als in den anderen Bereichen, da hier eine Gewichtung der Kriterien vorgenommen wird. Die Definition der Gewichtungen wurde vorrangig aus inhaltlichen Überlegungen abgeleitet. So ist es evident, dass die **Nahrungsaufnahme** bei der Versorgung Pflegebedürftiger im Vergleich zu den anderen Hilfen den größten Unterstützungsumfang mit sich bringt.

Ziffer	Kriterien	selbstständig	überwiegend selbstständig	überwiegend unselbstständig	unselbstständig
4.1	Waschen des vorderen Oberkörpers	0	1	2	3
4.2	Körperpflege im Bereich des Kopfes (Kämmen, Zahnpflege/Prothesenreinigung, Rasieren)	0	1	2	3
4.3	Waschen des Intimbereichs	0	1	2	3
4.4	Duschen und Baden einschließlich Waschen der Haare	0	1	2	3
4.5	An- und Auskleiden des Oberkörpers	0	1	2	3
4.6	An- und Auskleiden des Unterkörpers	0	1	2	3
4.7	Mundgerechtes Zubereiten der Nahrung und Eingießen von Getränken	0	1	2	3
4.8	Essen	0	3	6	9
4.9	Trinken	0	2	4	6
4.10	Benutzen einer Toilette oder eines Toilettenstuhls	0	2	4	6
4.11	Bewältigen der Folgen einer Harninkontinenz und Umgang mit Dauerkatheter und Urostoma	0	1	2	3
4.12	Bewältigen der Folgen einer Stuhlinkontinenz und Umfang mit Stoma	0	1	2	3

Das Modul umfasst zwölf Kriterien: 135

Die Ausprägungen der Kriterien 4.1 bis 4.7, 4.11 und 4.12 werden in den folgenden Kategorien mit den nachstehenden Punkten gewertet:

selbstständig: 0 Punkte
überwiegend selbstständig: 1 Punkt
überwiegend unselbstständig: 2 Punkte
unselbstständig: 3 Punkte

Die Ausprägungen des Kriteriums 4.8 werden wegen seiner besonderen Bedeutung für die pflegerische Versorgung in den folgenden Kategorien mit den nachstehenden Punkten („Faktor 3“) gewertet: 136

selbstständig:	0 Punkte
überwiegend selbstständig:	3 Punkt
überwiegend unselbstständig:	6 Punkte
unselbstständig:	9 Punkte[104]

137 Die Ausprägungen der Kriterien 4.9 und 4.10 werden wegen ihrer besonderen Bedeutung für die pflegerische Versorgung in den folgenden Kategorien mit den nachstehenden Punkten („Faktor 2") stärker gewertet:

selbstständig:	0 Punkte
überwiegend selbstständig:	2 Punkt
überwiegend unselbstständig:	4 Punkte
unselbstständig:	6 Punkte[105]

138 Die Einzelpunkte für die Kriterien 4.11 und 4.12 gehen in die Berechnung nur ein, wenn bei der Begutachtung beim Versicherten darüber hinaus die Feststellung „überwiegend inkontinent" oder „vollständig inkontinent" getroffen wird oder eine künstliche Ableitung von Stuhl oder Harn erfolgt.[106]

139 Die Ausprägungen des Kriteriums 4.13 werden mit folgenden Kategorien gewertet:

Ziffer	Kriterien	entfällt	teilweise	vollständig
4.13	Ernährung parenteral oder über Sonde	0	1	2

140 Das Kriterium ist mit „**entfällt**" (0 Punkte) zu bewerten, wenn eine regelmäßige und tägliche **parenterale Ernährung** oder **Sondenernährung** auf Dauer, voraussichtlich für mindestens sechs Monate, nicht erforderlich ist. Kann die parenterale Ernährung oder Sondenernährung ohne Hilfe durch andere selbstständig durchgeführt werden, werden ebenfalls keine Punkte vergeben.

141 Das Kriterium ist mit „**teilweise**" (6 Punkte) zu bewerten, wenn eine parenterale Ernährung oder Sondenernährung zur Vermeidung von Mangelernährung mit Hilfe täglich und zusätzlich zur oralen Aufnahme von Nahrung oder Flüssigkeit erfolgt.

142 Das Kriterium ist mit „**vollständig**" (3 Punkte) zu bewerten, wenn die Aufnahme von Nahrung oder Flüssigkeit **ausschließlich oder nahezu ausschließlich** parenteral oder über eine Sonde erfolgt. Bei einer vollständigen parenteralen Ernährung oder Sondenernährung werden weniger Punkte vergeben als bei einer teilweisen parenteralen Ernährung oder Sondenernährung, da der oft hohe Aufwand zur Unterstützung bei der **oralen Nahrungsaufnahme** im Fall ausschließlich parenteraler oder Sondenernährung

104 Die abweichende Darstellung in der Gesetzesbegründung BT-Drucks. 18/5926, 50 ist erkennbar einem Übernahmefehler wegen einer einfachen Kopierung eines Textbausteins geschuldet. Die erhöhten Punktwerte sind der Tabelle des Gesetzgebers entnommen.

105 Die abweichende Darstellung in der Gesetzesbegründung BT-Drucks. 18/5926, 50 ist erkennbar einem Übernahmefehler wegen einer einfachen Kopierung eines Textbausteins geschuldet. Die erhöhten Punktwerte sind der Tabelle des Gesetzgebers entnommen.

106 BT-Drucks. 18/6688, 105 (Vorabfassung).

weitgehend entfällt. Dadurch wird die tatsächliche Versorgungssituation von Pflegebedürftigen, die neben oder anstelle einer oralen Nahrungsaufnahme eine Ernährung über eine Sonde oder zum Beispiel einen **Portkatheter** benötigen, besser abgebildet und zugleich vermieden, dass durch hohe Einzelpunkte Anreize für den Einsatz von parenteraler oder Sondenernährung gesetzt werden.[107]

Die mit dem Modul berücksichtigten Aktivitäten stellen in der Praxis derzeit den umfangreichsten Teil einer individuellen **Pflegeplanung** dar. Die Ergebnisse des neuen Begutachtungsinstruments bieten in dieser Hinsicht eine erste Einschätzung, sind aber sicherlich ergänzungsbedürftig. Wie umfangreich solche Ergänzungen ausfallen, lässt sich allerdings nicht pauschal beantworten. Dies hängt vor allem davon ab, inwieweit die Pflegeplanung dem Grundsatz folgt, sich auf fachlich wesentliche Aspekte zu konzentrieren und bürokratischen Ballast zu vermeiden.[108] 143

Benötigt werden etwa weitergehende Einschätzungen des Hautzustands (Körperpflege), des Mund-/Zahn- und Ernährungsstatus, der Besonderheiten bei kombinierter Nahrungsaufnahme (oral und Sonde), eventueller Störungen im Bereich von Ausscheidungen. Zwar erfolgen hierzu auch im Rahmen der Befunderhebung gutachterliche Feststellungen, doch sind diese größtenteils kein Ersatz für das pflegerische Assessment im Rahmen des Pflegeprozesses. Auch biografische Informationen sind in diesem Zusammenhang wichtig, auch zur Sicherstellung einer bedürfnisgerechten Pflege. Sie können mit dem Begutachtungsinstrument allein nicht erfasst werden. Allerdings liefern die Einschätzungsergebnisse einige (grobe) Hinweise auf Ansatzpunkte für die **ressourcenfördernde „aktivierende" Pflege**. Insbesondere die Merkmalsausprägungen „überwiegend selbstständig" und „überwiegend unselbstständig" sollten zu einer genaueren Prüfung dieses Aspekts veranlassen. Den Regeln zur Verwendung des Instruments entsprechend ist auch bei der Einschätzung „überwiegend unselbstständig" davon auszugehen, dass bei der betreffenden Person noch Ressourcen vorhanden sind. Weitere wichtige Hinweise ergeben sich aus den Feststellungen des Gutachters zur Abklärung des Rehabilitationsbedarfs. Hier wären Ansatzpunkte für die Ressourcenförderung anhand der Begutachtungsergebnisse direkt ablesbar. 144

5. Modul 5 – Einzelpunkte im Bereich der Bewältigung von und selbstständiger Umgang mit krankheits- oder therapiebedingten Anforderungen

Die Merkmalsausprägungen in diesem Modul unterscheiden sich zumeist erheblich von den Ausprägungen in anderen Modulen. Für die ersten drei Bereiche ist zunächst anzugeben, ob die Aktivität oder Maßnahme überhaupt vorkommt. Ist das nicht der Fall, wird dies über die Angabe „Entfällt" vermerkt, wonach keine weiteren Feststellungen zu dem betreffenden Kriterium erforderlich sind. Anderenfalls ist einzuschätzen, ob sie selbstständig durchgeführt werden kann. Abweichend von den anderen Modulen ist dabei nicht vorgesehen, verschiedene Grade der Selbstständigkeit zu do- 145

107 BT-Drucks. 18/6688, 148 (Vorabfassung).

108 *Wingenfeld/Büscher/Gansweid*, Das neue Begutachtungsinstrument zur Feststellung von Pflegebedürftigkeit 2011, 83 nennen beispielsweise: die Dokumentation überflüssiger Informationen, Absicherung jeder einzelnen geplanten Pflegemaßnahme mit einem Pflegeziel oder Durchführung von Beurteilungen, die für die Maßnahmenplanung oder Evaluation des Pflegeprozesses irrelevant sind.

kumentieren. Da in diesem Modul in aller Regel nur wenige Kriterien eine Rolle spielen, ist die Bewertungssystematik darauf ausgerichtet, die Häufigkeit des Vorkommens einer Aktivität und damit den **Zeitbezug** mit einzubeziehen. Kann daher eine Aktivität oder Maßnahme nicht selbstständig durchgeführt werden, so ist die Häufigkeit der erforderlichen Hilfe durch andere Personen einzutragen (Anzahl pro Tag, Woche oder Monat).[109]

146 **Praxishinweis:** Nochmals zur Klarstellung: Es kommt darauf an, ob der Versicherte die Anforderungen selbstständig erledigen kann und **nicht**, ob ein behandelnder Arzt die Verrichtung etwa der „Medigabe" [5.1] verordnet hat!

147

Ziffer	Kriterien in Bezug auf	entfällt oder selbstständig	Häufigkeit der Hilfe (Anzahl) Täglich	wöchentlich	monatlich
5.1	Medikation	0			
5.2	Injektionen (subcutan oder intramuskulär)	0			
5.3	Versorgung intravenöser Zugänge (Port)	0			
5.4	Absaugen und Sauerstoffgabe	0			
5.5	Einreibung oder Kälte- und Wärmeanwendungen	0			
5.6	Messung und Deutung von Körperzuständen	0			
5.7	Körpernahe Hilfsmittel	0			
Summe aller Häufigkeiten der Kriterien 5.1 bis 5.7					
		entfällt oder seltener als einmal täglich	ein- bis dreimal täglich	vier- bis achtmal täglich	mehr als achtmal täglich
Einzelpunkte		0	1	2	3

148 Für jedes der Kriterien 5.1 bis 5.7 wird zunächst die **Häufigkeit** ermittelt, mit der die betreffenden Maßnahmen durchgeführt werden (Maßnahmen/Kriterien pro Monat). Berücksichtigt werden nur die Maßnahmen, die vom Versicherten nicht selbstständig durchgeführt werden können. Die Zahl der Maßnahmen wird summiert (z.B.: dreimal Medikamentengabe und einmal Blutzuckermessen pro Tag entspricht vier Maßnahmen pro Tag oder 120 Maßnahmen monatlich). Diese Häufigkeit wird umgerechnet in einen Durchschnittswert (z.B. pro Tag, pro Woche, pro Monat). Danach gelten in den folgenden Kategorien die nachstehenden Punkte:

109 *Wingenfeld/Büscher/Gansweid,* Das neue Begutachtungsinstrument zur Feststellung von Pflegebedürftigkeit 2011, 87–88.

für die Kriterien 5.1 bis 5.7:

Durchschnittliche Häufigkeit der Maßnahmen: 149

seltener als einmal täglich: 0 Punkte
ein- bis dreimal täglich: 1 Punkt
vier- bis achtmal täglich: 2 Punkte
mehr als achtmal täglich: 3 Punkte

Praxishinweis: Es wird sich in der Praxis der stationären Pflege die Frage stellen, ob die Einrichtungen – von ärztlichen Verordnungen/Anordnungen abgesehen – für die Erbringung von Kriterien (beispielsweise die Medikation [5.1] oder das Anziehen der Kompressionsstrümpfe [5.7]) zuständig sein können, die der MDK bei der Feststellung des Pflegegrades nicht berücksichtigt hat, da der Bewohner mit „entfällt/selbstständig" bewertet wurde.[110] 150

Einzelpunkte für die Kriterien der Ziffern 5.8 bis 5.11 151

Ziffer	Kriterien	entfällt oder selbstständig	Häufigkeit der Hilfe (Anzahl)		
			Täglich	wöchentlich	monatlich
	in Bezug auf				
5.8	Verbandswechsel und Wundversorgung	0			
5.9	Versorgung Stoma	0			
5.10	Regelmäßige Einmalkatheterisierung und Nutzung von Abführmethoden	0			
5.11	Therapiemaßnahmen in häuslicher Umgebung	0			
Summe aller Häufigkeiten der Kriterien 5.8 bis 5.11					
		entfällt oder seltener als einmal wöchentlich	ein- bis mehrmals wöchentlich	ein- bis zweimal täglich	mindestens dreimal täglich
Einzelpunkte		0	1	2	3

für die Kriterien 5.8 bis 5.11:

Durchschnittliche Häufigkeit der Maßnahmen: 152

seltener als einmal pro Woche: 0 Punkte
einmal oder mehrmals wöchentlich: 1 Punkt
ein- bis zweimal täglich: 2 Punkte
mindestens dreimal täglich: 3 Punkte

110 Für das Haftungsrecht hat der BGH 28.4.2005 – III ZR 399/04 = BGHZ 163, 53 eine ähnliche Fragestellung verneint.

Einzelpunkte für die Kriterien der Ziffern 5.12 bis 5.K

Ziffer	Kriterien in Bezug auf	entfällt oder selbstständig	Täglich	wöchentliche Häufigkeit multipliziert mit	monatliche Häufigkeit multipliziert mit
5.12	Zeit- und technikintensive Maßnahmen in häuslicher Umgebung	0	60	8,6	2
5.13	Arztbesuche	0		4,3	1
5.14	Besuch anderer medizinischer oder therapeutischer Einrichtungen (bis zu drei Stunden)	0		4,3	1
5.15	Zeitlich ausgedehnte Besuche anderer medizinischer oder therapeutischer Einrichtungen (länger als drei Stunden)	0		8,6	2
5.K	Besuche von Einrichtungen zur Frühförderung bei Kindern	0		4,3	1

für die Kriterien 5.12 bis 5.15 und 5.K:

153 Betrachtet wird hier ein **Zeitraum** von einem Monat. Eine Maßnahme innerhalb dieses Zeitraums wird mit einem Punkt gewertet. Findet eine Maßnahme regelmäßig wöchentlich statt, wird sie entsprechend mit 4,3 Punkten gewertet. Handelt es sich um besonders zeitaufwändige Besuche bei Ärzten oder Einrichtungen oder um zeit- und technikintensive Maßnahmen in häuslicher Umgebung, werden sie doppelt gewertet (8,6 bzw. 2).

154 **Praxishinweis:** Eine wichtige Erweiterung des Feststellungskriteriums: Bisher wurden – aufgrund der wörtlichen Fassung des § 15 Abs. 3 Satz 1 SGB XI *2016* – nur Verrichtungen gezählt, die mindestens **wöchentlich** anfielen. Die Zeiten für nur 14-tägig notwendige Arzt- oder Therapiebesuche wurden so bisher nicht gezählt.

155 Die Werte der Kriterien 5.12 bis 5.15 – bei Kindern bis 5.K – werden addiert.

Summe			Einzelpunkte
0	bis unter	4,3	0
4,5	bis unter	8,6	1
8,6	bis unter	12,9	2
12,9	bis unter	60	3
	60		6

Einzelpunkte für das Kriterium der Ziffern 5.16 156

Ziffer	Kriterien	entfällt oder selbstständig	überwiegend selbstständig	überwiegend unselbststän-dig	unselbststän-dig
5.16	Einhalten einer Diät und anderer krankheits- oder therapiebedingter Verhaltensvor-schriften	0	1	2	3

Die Merkmalsausprägungen des vierten Bereichs sind wiederum angelehnt an die aus anderen Modulen vertraute Skala zur Selbstständigkeit. Analog der Gesamtlogik des Moduls wird auch hier ergänzend erfasst, ob eine Diät oder andere Verhaltensvorschriften tatsächlich vorliegen oder nicht. Dementsprechend ist eine der folgenden Möglichkeiten festzustellen: 157

- Entfällt/nicht erforderlich
- Selbstständig
- Überwiegend selbstständig (bei gelegentlicher Erinnerung/Anleitung)
- Überwiegend unselbstständig (benötigt meistens Anleitung)
- Unselbstständig (benötigt immer Anleitung)

Die Besonderheit des Moduls 5 besteht vor allem darin, dass der Punktwert das Resultat aus zwei unabhängigen Größen ist dem: 158

- dem Ausmaß der krankheits- und therapiebedingten Anforderungen und Belastungen und
- dem Grad der Selbstständigkeit.

Beide zusammengenommen bestimmen das Ausmaß der Abhängigkeit von Personenhilfe und damit die Einbußen der Selbstständigkeit. Insofern liegt dem Einschätzungsergebnis in diesem Modul zwangsläufig **ein etwas anderes Verständnis** von Selbstständigkeit zugrunde. So gilt die Selbstständigkeit einer Person mit starken kognitiven Einbußen im Umgang mit einer Erkrankung auch dann als wenig beeinträchtigt, wenn die Abhängigkeit von personeller Hilfe nur deshalb so gering ist, weil sich die spezifischen krankheitsbedingten Anforderungen auf die tägliche Einnahme eines Medikaments beschränken. In anderen Fällen kann eine Person zwar bei alltäglichen Aktivitäten wesentlich selbstständiger, wegen komplexer krankheitsbedingter Anforderungen jedoch zugleich in weit höherem Maße von der Hilfe anderer Personen abhängig sein. Aufgrund dieser Zusammenhänge ist auch **keine lineare Beziehung** zu den Ergebnissen der Einschätzungen in den anderen Modulen zu vermuten.[111] 159

Die im Rahmen des Moduls 5 erfassten Informationen bieten bereits eine gute Grundlage für die Erstellung einer **Pflegeplanung**, da hier sowohl die entsprechende 160

111 *Wingenfeld/Büscher/Gansweid,* Das neue Begutachtungsinstrument zur Feststellung von Pflegebedürftigkeit 2011, 91 f.

Aktivität als auch ihre Häufigkeit erfasst ist. Die Bedeutung der Kriterien für den Bedarf an pflegerischer Hilfe kann nicht unterschätzt werden, doch gehen pflegewissenschaftliche Ansätze deutlich über die Feststellungen in Modul 5 hinaus. So benennt *Orem*[112] beispielsweise als krankheitsbedingte **Selbstpflegeerfordernisse:**

- das Bemühen um angemessene medizinische Unterstützung;
- die Auswirkungen und Resultate bestehender Krankheiten einschließlich ihrer Einflüsse auf die Entwicklung wahrzunehmen und ihnen entgegenzuwirken;
- die effektive Durchführung medizinisch verordneter Maßnahmen, auch im Hinblick auf die Prävention spezifischer Krankheitserscheinungen;
- Veränderung des Selbstkonzepts und Selbstbildes im Sinne einer Akzeptanz der eigenen Person und des Angewiesenseins auf fremde Hilfe;
- die Anpassung der Lebensführung an ein Leben mit den Auswirkungen von Krankheit und therapeutischen Maßnahmen.

161 Für die Erstellung einer **Pflegeplanung** ist es daher wichtig, in diesem Modul nicht nur für die kompensatorische Unterstützung zur Durchführung einer Aktivität Sorge zu tragen, sondern auch die Notwendigkeit beratender und edukativer Interventionen einzuschätzen.

6. Modul 6 – Einzelpunkte im Bereich der Gestaltung des Alltagslebens und sozialer Kontakte

162 Zur Einschätzung wird die vierstufige Standardskala verwendet (Merkmalsausprägungen: „selbstständig"; „überwiegend selbstständig"; „überwiegend unselbstständig"; „unselbstständig"). Die pflegefachliche Einschätzung richtet sich in diesem Fall überwiegend auf die **psychisch-kognitiven Fähigkeiten des Planens und Gestaltens.** Es werden aber auch körperliche Beeinträchtigungen berücksichtigt, die die Selbstständigkeit bei der Umsetzung der geplanten Aktivitäten einschränken und damit personelle Hilfe erforderlich machen (z.B. Wählen einer Telefonnummer oder Bereitlegen von Materialien). Es erfolgt eine einfache Summierung der Punktwerte aller Kriterien.

163 **Praxishinweis:** Trotz der besonderen Belastung durch eine Störung der Nachtruhe wurde das Kriterium **„Ruhen und Schlafen"** [6.2] nicht höher gewertet, da häufige **„nächtliche Unruhe"** [3.2] zusätzlich in Modul 3 Berücksichtigung findet.

112 Vgl. ausführlich: *Orem*, Strukturkonzepte der Pflegepraxis, 1997.

Ziffer	Kriterien	selbstständig	überwiegend selbstständig	überwiegend unselbstständig	unselbstständig
6.1	Gestaltung des Tagesablaufs und Anpassung an Veränderungen	0	1	2	3
6.2	Ruhen und Schlafen	0	1	2	3
6.3	Sich beschäftigen	0	1	2	3
6.4	Vornehmen von in die Zukunft gerichteten Planungen	0	1	2	3
6.5	Interaktion mit Personen im direkten Kontakt	0	1	2	3
6.6	Kontaktpflege zu Personen außerhalb des direkten Umfelds	0	1	2	3

164

Das Modul umfasst sechs Kriterien, deren Ausprägungen in den folgenden Kategorien mit den nachstehenden Punkten gewertet werden: 165

selbstständig: 0 Punkte
überwiegend selbstständig: 1 Punkt
überwiegend unselbstständig: 2 Punkte
unselbstständig: 3 Punkte

Die für dieses Modul erforderlichen Leistungen haben den Charakter von **allgemeiner** 166 **Beaufsichtigung** und **Betreuung.** Insbesondere in den Bereichen Tagesgestaltung, Beschäftigung und Kontaktpflege sind erheblich mehr und differenziertere Informationen über die individuellen Bedürfnisse und Gewohnheiten erforderlich, um eine bedarfs- und bedürfnisgerechte Pflege planen zu können.

III. Der Änderungsbedarf der Pflegedokumentation

Auch in Fragen zur effizienten Ausgestaltung der **Pflegedokumentation** soll der Per- 167 spektivwechsel des neuen Pflegebedürftigkeitsbegriffs Wirkung entfalten. Gegenwärtige Formen der Dokumentation werden in der fachlichen Diskussion vielfach kritisiert, weil sie – ähnlich wie das heutige Begutachtungsverfahren – zu sehr auf den Nachweis einzelner **Verrichtungen** abzielen und zu wenig personenbezogen und auf die Ergebnisse pflegerischen Handelns eingehen.[113]

113 BT-Drucks. 18/5926, 2.

168 Die nähere Beschreibung der Pflegedokumentation nehmen die **Maßstäbe und Grundsätze**[114] für die ambulante, für die teilstationäre und für die stationäre Pflege vor. In diesen Vereinbarungen sind nach § 113 Abs. 1 Satz 2 und 3 SGB XI insbesondere auch Anforderungen an eine praxistaugliche, den **Pflegeprozess** unterstützende und die **Pflegequalität** fördernde Pflegedokumentation zu regeln. Die Anforderungen dürfen über ein für die Pflegeeinrichtungen vertretbares und wirtschaftliches Maß nicht hinausgehen und sollen den Aufwand für Pflegedokumentation in ein angemessenes Verhältnis zu den Aufgaben der pflegerischen Versorgung setzen.

169 **Praxishinweis:** Die **Maßstäbe und Grundsätze** für die stationäre Pflege sind bis zum 30.6.2017, die Maßstäbe und Grundsätze für die ambulante Pflege bis zum 30.6.2018 neu zu fassen (§ 113 Abs. 1 Satz 3 SGB XI).

170 Unbestritten ist die Dokumentation von Pflegeleistungen ein selbstverständlicher und unentbehrlicher Bestandteil der Erbringung der Pflegeleistungen. Sie dient dazu, eine professionelle und nach dem allgemein anerkannten Stand medizinisch-pflegerischer Erkenntnisse auf den Pflegebedürftigen bezogene individuelle Pflege durchzuführen und nachzuweisen. Pflegekräfte sollen dabei aber nicht durch **überflüssige Bürokratie** gebunden werden, sondern in erster Linie für die Pflege und Betreuung der pflege- und hilfebedürftigen Menschen zur Verfügung stehen. Daher wird den Vertragsparteien die Aufgabe übertragen, dass die pflegerischen Tätigkeiten zur Sicherstellung der Versorgung und der zeitliche Aufwand für die Pflegedokumentation in ein angemessenes Verhältnis gestellt werden. Sie soll die Einführung neuer **Dokumentationssysteme** in Pflegeeinrichtungen fördern.[115]

171 Mittelpunkt der pflegefachlichen Kontroverse um eine bürokratische, die wirkliche Pflege unterdrückende Pflegedokumentation ist die Einschätzung von pflegesensitiven Risiken und Phänomenen sowie die (bisher) zu umfangreiche Dokumentation. Die geradezu angstbesetzte und offensichtlich fremdbestimmte Diskussion hierzu ist geprägt durch viele Spannungsfelder, aus denen heraus jeweils Anforderungen an die Pflegedokumentation gestellt werden. Dies sind **haftungsrechtliche Hinweise**, Instrumente und Verfahren der **externen Qualitätssicherung**, insbesondere häufig sich widersprechenden Anforderungen von Seiten des MDK und der Heimaufsicht, fehlendes fachliches Wissen und Missverständnisse in der Übermittlung der Funktion und praktischen Anwendung von pflegewissenschaftlichen Instrumentarien sowie Vorgaben des **internen Qualitätsmanagements**.[116] Dabei sind viele Probleme der Pflegedokumentation durchaus hausgemacht. Bereits die Struktur der gängigen, händisch zu führenden oder in die EDV integrierte Dokumentationssysteme und die durch die strukturellen Vorgaben „erzwungenen“ Abbildungsversuche der Pflegewirklichkeit

114 Maßstäbe und Grundsätze für die Qualität und Qualitätssicherung sowie für die Entwicklung eines einrichtungsinternen Qualitätsmanagements nach § 113 SGB XI in der ambulanten Pflege vom 27.5.2011; … in der teilstationären Pflege (Tagespflege) vom 10.12.2012; … in der stationären Pflege vom 27.5.2011.

115 BT-Drucks. 18/6688, 135.

116 Abschlussbericht Projekt „Praktische Anwendung des Strukturmodells – Effizienzsteigerung der Pflegedokumentation in der ambulanten und stationären Langzeitpflege“, 2014, 11.

führen zu Dokumentationsproblemen und Unübersichtlichkeiten für die Anwendung in der Praxis. Einerseits lassen sich in manchen Systemen die einzelnen Handlungsschritte des Pflegeprozesses nur fragmentarisch darstellen und nachvollziehen, andererseits neigen einige Systeme zur völligen Überfrachtung mit Formularen, die zu **Doppeldokumentationen** geradezu auffordern. Das so wichtige wechselseitige Zusammenwirken der unterschiedlichen Schritte einer Pflegedokumentation erschließt sich den Anwendern in der Praxis so nur wenig bis gar nicht.[117]

Die **Maßstäbe und Grundsätze** regeln in Ziff. 3.1.3 (stationär) sowie 3.2.1.2 (ambulant) das derzeit geltende Dokumentationssystem. Dieses beinhaltet zu den folgenden fünf Bereichen Aussagen; innerhalb dieser Bereiche werden alle für die Erbringung der vereinbarten Leistungen notwendigen Informationen im Rahmen des **Pflegeprozesses** erfasst und bereitgestellt. Diese Bereiche sind: 172

- Stammdaten,
- Pflegeanamnese/Informationssammlung inkl. Erfassung von pflegerelevanten Biografiedaten,
- Pflegeplanung,
- Pflegebericht,
- Leistungsnachweis.

Diese fünf Bereiche sind von der Definition und ihrer Aufgabe innerhalb der **Pflegedokumentation** klar voneinander getrennt. So hat etwa der **Pflegebericht** das Ziel, aktuell auftretende Probleme, deren Verlaufsbeschreibung sowie die Beschreibung des Befindens des Pflegebedürftigen zu erfassen. Der Pflegebericht weist – sofern keine Besonderheiten zu verzeichnen sind – keine täglichen Eintragungen auf. Die Dokumentation der erbrachten Pflege erfolgt auf dem Leistungs- bzw. Durchführungsnachweis. Gleichwohl haben in den letzten Jahren viele Pflegeeinrichtungen, nicht zuletzt aus dem Motiv heraus, bei den Qualitäts- und Transparenzprüfungen „auf der sicheren Seite" zu sein, die Dokumentation ausgeweitet. So gilt in vielen Pflegeeinrichtungen die Anweisung, auch im Pflegebericht täglich Eintragungen vorzunehmen.[118] 173

Praxishinweis: Die häufig anzutreffenden Eintragungen in der Pflegedokumentation *„Pflege nach Plan"*, *„nichts Besonderes"* oder ähnliches sind rechtlich stets entbehrlich. 174

Insbesondere soll die vom Pflegebevollmächtigten der Bundesregierung *Karl-Josef Laumann* seit Ende 2014 im Rahmen eines Projektes unterstützte flächendeckende Einführung einer vereinfachten Pflegedokumentation (**Strukturmodell**) in ambulanten und stationären Pflegeeinrichtungen ermöglicht werden. Bei dem neuen (sog. ***Beikirch***-) **Modell** der Pflegedokumentation geht es um ein grundlegend verändertes Ver- 175

117 So bereits: *Bruckner*, u.a., Grundsatzstellungnahme Pflegeprozess und Dokumentation des MDS, 2005, 8.
118 Selbstverständlichkeiten sind weder leistungs- noch haftungsrechtlich dokumentationspflichtig: u.a. BGH 24.1.1984 – VI ZR 203/82 = NJW 1984, 1403; 18.3.1986 – VI ZR 215/84 = NJW 1986, 2365; 2.6.1987 – VI ZR 174/86 = NJW 1988, 762.

ständnis bei der inhaltlichen Ausrichtung der Pflegedokumentation, aus der sich viele Veränderungen für deren Art und Umfang ergeben. Mit dem Strukturmodell erhält die Pflegepraxis erstmals bundesweit eine verlässliche, das heißt mit den Kosten- und Einrichtungsträgern sowie den Prüfinstanzen konsentierte und hinsichtlich wichtiger Rechtsfragen[119] geprüfte Richtschnur zur angemessenen und sachgerechten Gestaltung der Pflegedokumentation. Auf dieser Grundlage kann **überflüssiger Dokumentationsaufwand** erheblich reduziert werden, ohne fachliche Standards zu vernachlässigen, die Qualität der pflegerischen Versorgung zu gefährden oder **haftungsrechtliche Risiken** aufzuwerfen.[120]

176 Die gravierendste Änderung der Pflegedokumentation durch das **Strukturmodell** gegenüber der Dokumentation mittels **AEDL** ist der Aufbau einer **strukturierten Informationssammlung** (**SIS**), die im Rahmen des Erstgespräches eingesetzt wird. Den individuellen Wünschen und Vorstellungen der Pflegebedürftigen zu einem selbstbestimmten Leben (auch bei gesundheitlichen Einschränkungen) sowie ihre Wahrnehmungen zur individuellen Situation und den persönlichen Vorstellungen von Hilfe und Pflege soll bewusst Raum gegeben und aktiv aufgegriffen werden. Diese narrativ erzählten Informationen sollen schriftlich und ungefiltert festgehalten werden.

177 Die Dokumentationen aufgrund der Aktivtäten und existenziellen Erfahrungen des Lebens (**AEDL**) brachte der Pflege insgesamt anfangs unabweisbar einen Schub hinsichtlich der Qualität und der Orientierung weg von rein medizinischen hinzu mehr pflegerischen Belangen. Allerdings hatten sich die **13 Aktivitäten** als zu starr und letztlich ungeeignet zur individuellen Erfassung gezeigt. So wurde letztlich der Versuch, durch Bildung von Clustern die Aktivitäten griffiger zu formulieren, aufgegeben.

Die 13 Aktivitäten sind folgende:

1. Kommunizieren können
2. Sich bewegen können
3. Vitale Funktionen des Körpers aufrechterhalten können
4. Sich pflegen können
5. Essen und trinken können
6. Ausscheiden können
7. Sich kleiden können
8. Ruhen und schlafen können
9. Sich beschäftigen können
10. Sich als Mann/Frau fühlen können
11. Für Sicherheit in der Umgebung sorgen können

119 Vgl. *Bachem*, u.a., Notwendiger Umfang der Pflegedokumentation aus haftungsrechtlicher Sicht, SGb 2014, 130.
120 BT-Drucks. 18/6688, 135.

12. Soziale Bereiche des Lebens sichern können
13. Mit existenziellen Erfahrungen des Lebens umgehen können

Mit der **entbürokratisierten Pflegedokumentation** sollte insbesondere auch die Einbeziehung des pflegebedürftigen Kunden in den Pflegeprozess neu austariert werden. Der Kunde oder Bewohner soll partnerschaftlich in den gesamten Prozess der Pflege einbezogen werden. Zum anderen soll die **strukturierte Informationssammlung** die neuen sechs Module abbilden und so die **13 AEDL** ersetzen. Die Schrittfolge besteht nur noch aus vier Phasen und nicht mehr aus sechs. Zur Entbürokratisierung, insbesondere im stationären Bereich sollte **Einzelnachweis** für die Grundpflege entfallen und in den Pflegeberichten nur dann Eintragungen vorgenommen werden, wenn es Abweichungen von der Planung oder der Routine gibt. 178

Praxishinweis: Die grundpflegerischen Einzelleistungen müssen im ambulanten Bereich weiter erfasst werden, um die Abrechnung sicherzustellen. Für die strukturierte Informationssammlung (SIS) wurden in Anlehnung zu den sechs neuen Modulen folgende pflegerelevante Kontextkategorien gebildet: 179

1. Kognition und Kommunikation
2. Mobilität und Bewegung
3. Krankheitsbezogene Anforderungen und Belastungen
4. Selbstversorgung
5. Leben in sozialen Beziehungen
6. Für die ambulante Pflege kommt die „Haushaltsführung“ hinzu

Den Ablauf der Pflegedokumentation zeigt das Schaubild aus dem stationären Bereich: Die Strukturierte Informationssammlung (**SIS**) ist die Zusammenfassung von Analyse, Biographie und Pflegeplanung. Diese wird fortlaufend angefasst. Zeitgleich bei Aufnahme des Kunden und Bewohners erfolgt ein **initiales Assessment**, also ein kurzer Check, ob das betreffende Risiko vorliegt. Nur dann, wenn ein Risiko sich dabei bestätigt oder weitere Erhebungen notwendig erscheinen, wird eine tiefvergehende Untersuchung (Assessment) durchgeführt.[121] 180

121 *Beikirch* u.a., Abschlussbericht „Praktische Anwendung des Strukturmodells – Effizienzsteigerung der Pflegedokumentation in der ambulanten und stationären Langzeitpflege“ 2014, 74.

Strukturmodell Pflegedokumentation – Stationäre Pflege

Empfehlung der Ombudsfrau zur Entbürokratisierung der Pflege auf der Grundlage von Expertenberatungen

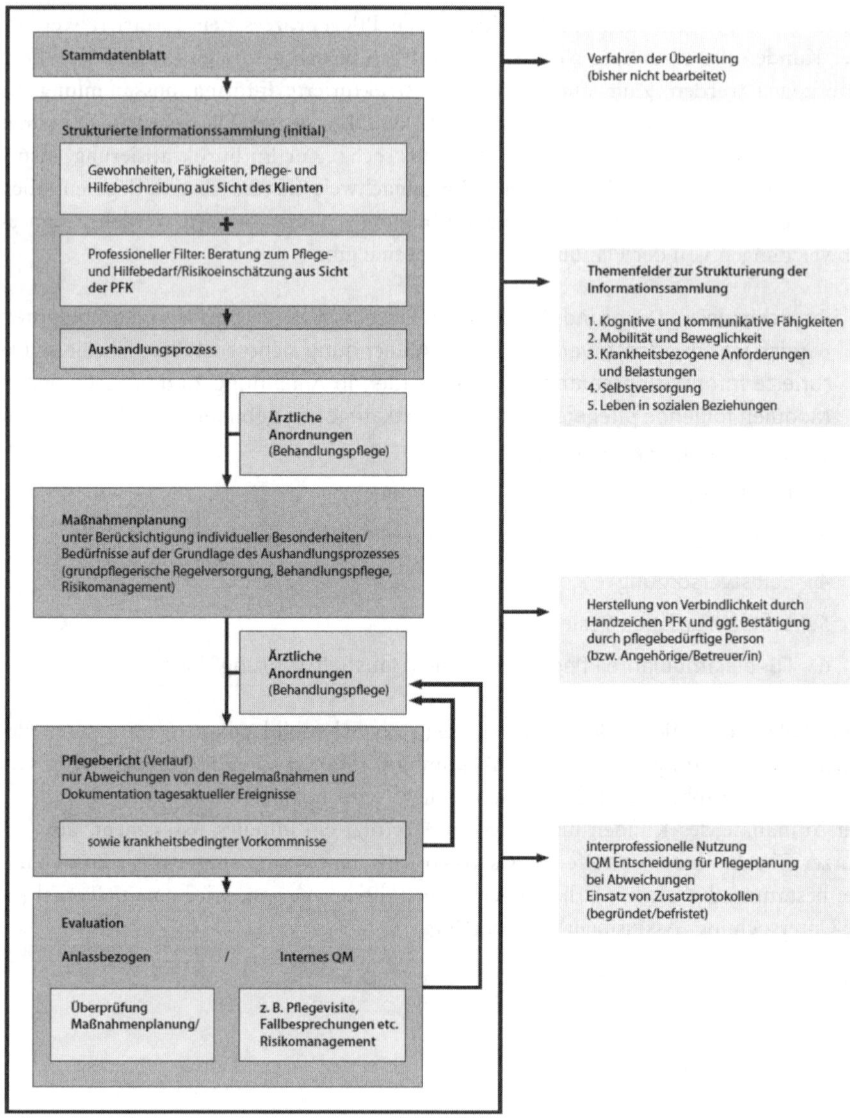

181 Dabei sollen die Wünsche und Bedürfnisse des Pflegekunden durch aktive Ansprache ermittelt, aber dann ohne Übersetzung in die pflegerische Fachsprache erfasst werden. Verzichtet wird auf die Formulierung von Pflegezielen aus pflegefachlicher Sicht, da sich die **Ziele aus den konkreten Wüschen** der pflegebedürftigen Kunden ableiten sollen. Die Maßnahmenplanung ist als chronologische Ablauf für die Früh-, Spät-

und Nachtschicht aus dem pflegerischen, den hauswirtschaftlichen und den betreuenden Maßnahmen zusammenzustellen und schließlich wird das Erfasste anlassbezogen oder im Rahmen von Fallbesprechungen oder Pflegevisiten nach einem routiniertem Schema evaluiert.

D. Die Pflegegrade

I. Die wesentlichen Neuerungen der Pflegegrade im Überblick

- Die bisher (einschließlich der in der Praxis (und nicht im Gesetz) verwendeten Pflegestufe 0, dem Härtefall und der zwei Stufen eingeschränkter Alltagskompetenz) 13 verschiedenen Alternativen zur „Eingruppierung“ Pflegebedürftiger und/ oder erheblich in der Alltagskompetenz Eingeschränkter wird die Feststellung des Pflegebedarfs auf die Pflegegrade 2 bis 5 mit Leistungen sowie dem Pflegegrad 1 vor allem mit Beratungsansprüchen **konzentriert.** 182
- Die Eingruppierung in einen Pflegegrad erfolgt nicht durch Addition der Einzelpunkte der Kriterien der 6 Module, sondern durch **Gewichtung der Einzelergebnisse.**

II. Die Gewichtung der Einzelfeststellung in den Modulen

Die Berechnung des für die Zuordnung zu einem Pflegegrad relevanten Gesamtpunktwerts erfolgt mit Hilfe einer mehrschrittigen Berechnungsfolge auf Basis der in Anlage 2 zu § 15 SGB XI *2017* geregelten Bewertungssystematik. Wesentlich ist dabei die **Umrechnung** der Punktbereiche der Einzelpunktwerte der Kriterien der sechs relevanten Module in gewichtete Punktwerte. Die Beeinträchtigungen der Selbstständigkeit und Fähigkeitsstörungen werden in den Modulen für jede Aktivität und Fähigkeit der Kriterien des § 14 Abs. 2 SGB XI *2017* erhoben und nach dem Grad ihrer Ausprägung festgestellt. In den Modulen 1, 2, 4 und 6 ist für jede Beeinträchtigung der Selbstständigkeit und Fähigkeitsstörung eine Skalierung von vier Schweregraden vorgesehen. Die Entscheidung für diese Viererskala war das Ergebnis allgemeiner methodischer Überlegungen und einer Analyse der Skalen, die in anderen international verwendeten Instrumenten zur Feststellung von Pflegebedürftigkeit Anwendung finden. Die **Skalen** messen in den Modulen 1, 4 und 6 den **Grad der Selbstständigkeit** einer Person (bei einer Aktivität/im Lebensbereich), im Modul 2 wird die **Intensität einer funktionalen Beeinträchtigung** (kognitive/kommunikative Fähigkeiten) und im Modul 3 die Häufigkeit des Auftretens (**Verhaltensweisen**) gemessen. Im Modul 5 wird aus pflegefachlichen Gründen eine Kombination der Kategorien Vorkommen, Häufigkeit des Auftretens und Selbstständigkeit bei der Durchführung der Aktivitäten verwendet. 183

Maßgeblich für die Zuordnung der Pflegegrade ist die Prüfung auf Basis der (neuen) **Begutachtungs-Richtlinien,** § 17 Abs. 1 SGB XI. Die Einschätzung erfolgt personenbezogen und unabhängig vom individuellen (Wohn-)Umfeld. 184

> **Praxishinweis:** Wie bisher auch gelten die gleichen Feststellungen zur Ermittlung des Pflegegrades **unabhängig** von einer ambulanten, teil- oder (voll-) stationären Versorgungsform. 185

186 Für jedes Kriterium in einem Modul ist im **Neuen Begutachtungsinstrument** ein Einzelpunkt vorgesehen. Die Einzelpunkte eines Moduls werden nach dem Schweregrad der Beeinträchtigung der Selbstständigkeit oder Fähigkeitsstörung einem von fünf Punktbereichen zugeordnet; jedem Punktbereich wiederum ein gewichteter Punktwert (Bewertungssystematik). Aus den gewichteten Punktwerten wird der **Gesamtpunktwert** auf einer Skala von 0 bis 100 Punkten errechnet.[122]

187 Diese Berechnungsfolge und die **Bewertungssystematik** einschließlich der **Gewichtung** der Module bewirkt, dass der Gesamtpunktwert und damit Grad der Pflegebedürftigkeit (Pflegegrad) sich nicht unmittelbar durch Summierung aller Einzelpunktwerte ergibt. Die Gewichtung der Module erfolgt auf der Basis von empirischen Erkenntnissen und sozialpolitischen Überlegungen der Vorstudien seit Vorlage des Berichts der Expertenkommission zum Pflegebedürftigkeitsbegriff. Die Gewichtung bewirkt, dass der Pflege- und Betreuungsaufwand von Personen mit körperlichen Defiziten einerseits und kognitiven oder psychischen Defiziten andererseits sachgerecht und angemessen bei der Bildung des Gesamtpunktwerts berücksichtigt wird. So wird auch der Tatsache Rechnung getragen, dass die Module 4 – Selbstversorgung und 1 – Mobilität in etwa die bisher relevanten Verrichtungen der **Grundpflege** des § 14 Abs. 4 Nr. 1–3 SGB XI *2016* abdecken. Sie haben nach pflegefachlicher und pflegepraktischer Einschätzung für die Ausprägung von Pflegebedürftigkeit und die Leistungserbringung weiterhin zentrale Bedeutung und erhalten daher insgesamt eine **Gewicht von 50 %** (Selbstversorgung 40 % und Mobilität 10 %). Den Modulen 2 und 3 – Kognition und Verhalten einerseits und 6 – Gestaltung des Alltagslebens und soziale Kontakte andererseits erhalten zusammen einen Anteil von 30 %. Die Gewichtung des Moduls 5 – Selbstständigkeit im Umgang mit krankheits- und therapiebedingten Anforderungen wird aus pflegefachlichen Gründen mit 20 % angesetzt.

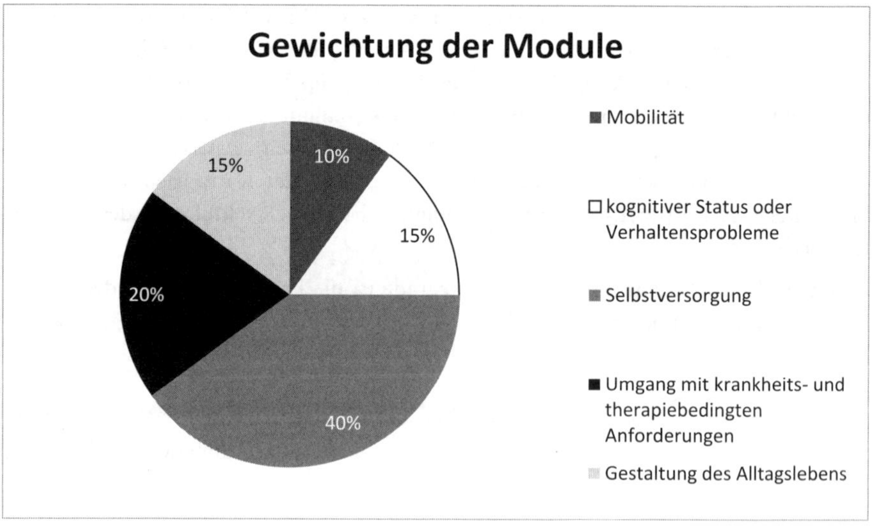

122 BT-Drucks. 18/5926, 112 f.

Eine Besonderheit besteht bei der **Teilsummenbildung** für die Module 2 – Kognitive und kommunikative Fähigkeiten und 3 – Verhaltensweisen und psychische Problemlagen: Hier gehen nicht die Teilsummenwerte für die einzelnen Module, sondern nur der jeweils **höchste Wert** in die Bewertung ein. Ein Grund hierfür ist, dass beide Module einen psychosozialen Unterstützungsbedarf nach sich ziehen, der sich nicht einzelnen Handlungen zuordnen lässt. Ist zum Beispiel eine Pflegeperson in der Wohnung des Pflegebedürftigen tagsüber anwesend und liegen Beeinträchtigungen und Fähigkeitsstörungen aus den Modulen 2 und 3 vor, resultiert die grundsätzliche Notwendigkeit zur Anwesenheit der Pflegeperson nicht entweder aus Modul 2 oder 3, sondern kann auch aus beiden resultieren, ohne dass ein Modul vorrangig den Anlass hierfür gibt. Zudem sollen kognitive und psychische Problemlagen **nicht mehrfach gewertet** werden. Daher kommt hier nur der jeweils höchste Wert aus einem der beiden Module 2 oder 3 zum Tragen. Da es aber vorkommen kann, dass nur Probleme in Modul 2 oder nur in Modul 3 vorliegen, und die Trennung pflegefachlichen Differenzierungen entspricht, werden die Bereiche auf zwei Module verteilt.[123] 188

Praxishinweis: Auf der Hand liegt damit aber auch eine augenscheinliche Ungleichbehandlung eines Versicherten mit Feststellungen in beiden Modulen 2 und 3 gegenüber Versicherten, die lediglich – etwa aufgrund krankheitsbedingter Aggressionen – Feststellungen in einem Modul haben. Die Rechtsprechung wird entscheiden, ob hierin ein Verstoß gegen den **Gleichheitsgrundsatz** des Art. 3 GG besteht. 189

Der Pflegegrad hängt von der Schwere der Pflegebedürftigkeit (§ 1 Abs. 4 SGB XI) und daher nach dem neuen Verständnis von Pflegebedürftigkeit von der Schwere der **Beeinträchtigungen der Selbstständigkeit** ab. Zukünftig gibt es weniger,[124] aber konzentriertere Abstufungen der Pflegebedürftigkeit als bisher. Die neuen Pflegegrade sind wegen den vielfältigen Veränderungen beim Pflegebedürftigkeitsbegriff und beim Neuen Begutachtungsinstrument mit den bis Ende 2016 geltenden Pflegestufen nur sehr eingeschränkt vergleichbar. 190

Praxishinweis: Der erste Eindruck täuscht gleichwohl nicht, dass Versicherte, die „lediglich" einen **somatischen** (körperbezogenen) **Hilfebedarf** haben, künftig schwerer in einen Pflegegrad und insbesondere in einen höheren Pflegegrad eingestuft werden, da auch nur die Module 1 – Mobilität und 4 – Selbstversorgung angesprochen werden.[125] 191

---

123 BT-Drucks. 18/5926, 113.

124 Die verwirrende und im Vergleich zur derzeitigen Praxis und Gesetzeslage sogar falsche Erläuterung des Gesetzgebers in seinen Presseinformationen und beispielsweise BT-Drucks. 18/5926, 113 beruht auf der sehr plakativen Betrachtung, bisher gäbe es drei Pflegestufen und künftig fünf Pflegegrade. Dabei werden insbesondere die Kombinationen von Pflegestufen und eingeschränkter Alltagskompetenz über § 123 SGB XI *2016* übersehen, der seit dem 1.1.2013 den somatischen und den psycho-sozialen Hilfebedarf verkoppelte.

125 Die Schwellenwerte für die Pflegegrade 1 und 2 sind gegenüber den Empfehlungen des Expertenbeirats von 2013 geringfügig abgesenkt worden, um die Ergebnisse der beiden Erprobungsstudien vom April 2015 zu berücksichtigen, die eine etwas ungünstigere Verteilung der Pflegebedürftigen auf die Pflegegrade ergeben

192 Daher wird bei der Umstellung nicht einfach die Zahl der Pflegestufen erhöht, sondern die Pflegegrade stellen ein neues, eigenes und differenzierteres System der Einstufung dar. Gleich geblieben ist, dass diejenigen, die schwerer von Pflegebedürftigkeit betroffen sind, höhere Leistungen erhalten als diejenigen, die weniger schwer betroffen sind.

III. Gewichtung durch Anlage 2 zu § 15 SGB XI 2017

193

Module	Gewichtungs	0 Keine	1 Geringe	2 Erhebliche	3 Schwere	4 Schwerste	
1 Mobilität	10 %	0–1	2–3	4–5	6–9	10–15	Summe der Punkte im Modul 1
		0	2,5	5	7,5	10	**Gewichtete Punkte im Modul 1**
2 Kognitive und kommunikative Fähigkeiten	15 %	0–1	2–5	6–10	11–16	17–33	Summe der Punkte im Modul 2
3 Verhaltensweisen und psychische Problemlagen		0	1–2	3–4	5–6	7–65	Summe der Punkte im Modul 3
Höchster Wert aus Modul 2 oder Modul 3		0	3,75	7,5	11,25	15	**Gewichtete Punkte für die Module 2 und 3**
4 Selbstversorgung	40 %	0–2	3–7	8–18	19–36	37–54	Summe der Punkte im Modul 4
		0	10	20	30	40	**Gewichtete Punkte im Modul 4**
5 Bewältigung von selbstständiger Umgang mit krankheits- und therapiebedingter Anforderungen	20 %	0	1	2–3	4–5	6–15	Summe der Punkte im Modul 5
		0	5	10	15	20	**Gewichtete Punkte im Modul 5**

hat als die erste Erprobung in den Jahren 2008/2009. Der Schwellenwert zur Erreichung des Pflegegrades 1 ist das Ergebnis pflegewissenschaftlicher Erkenntnisse und stellt rechnerisch den Mittelwert der von den Beiräten 2009 und 2013 diskutierten Eingangswerte dar. Für die Veränderungen gegenüber den Empfehlungen des Expertenbeirats von 2013 ist dabei auch die Überlegung von Bedeutung, Personen mit einsetzender Pflegebedürftigkeit frühzeitig die Inanspruchnahme der präventiv ausgerichteten Leistungen des Pflegegrades 1 zu ermöglichen, BT-Drucks. 18/5926, 113.

Module	Gewichtungs	0 Keine	1 Geringe	2 Erhebliche	3 Schwere	4 Schwerste	
6 Gestaltung des Alltagslebens und soziale Kontakte	15 %	0	1–3	4–6	7–11	12–18	Summe der Punkte im Modul 6
		0	3,75	7,5	11,25	15	**Gewichtete Punkte im Modul 6**
7 Außerhäusliche Aktivitäten		Die Berechnung einer Modulbewertung ist entbehrlich, da die Darstellung der qualitativen Ausprägungen bei den einzelnen Kriterien ausreichend ist, um Anhaltspunkte für eine Versorgungs- und Pflegeplanung ableiten zu können.					
8 Haushaltsführung							

IV. Die fünf Pflegegrade

Zur Ermittlung des Pflegegrads sind nach § 15 Abs. 3 SGB XI *2017* die bei der Begutachtung festgestellten Einzelpunkte jedes Kriteriums in jedem Modul zu addieren und dem in der Anlage 2 zu § 15 SGB XI *2017* festgelegten Punktbereich sowie den sich daraus ergebenden gewichteten Punkten zuzuordnen. Den Modulen 2 und 3 ist ein gemeinsamer gewichteter Punkt zuzuordnen, der aus den höchsten gewichteten Punkten entweder des Moduls 2 oder des Moduls 3 besteht. Aus den **gewichteten Punkten** aller Module sind durch Addition die **Gesamtpunkte** zu bilden. Auf der Basis der erreichten Gesamtpunkte sind pflegebedürftige Personen in einen der nachfolgenden Pflegegrade einzuordnen: 194

1. ab 12,5 bis unter 27 Gesamtpunkten in den Pflegegrad 1: **geringe Beeinträchtigungen** der Selbstständigkeit oder der Fähigkeiten,
2. ab 27 bis unter 47,5 Gesamtpunkten in den Pflegegrad 2: **erhebliche Beeinträchtigungen** der Selbstständigkeit oder der Fähigkeiten,
3. ab 47,5 bis unter 70 Gesamtpunkten in den Pflegegrad 3: **schwere Beeinträchtigungen** der Selbstständigkeit oder der Fähigkeiten,
4. ab 70 bis unter 90 Gesamtpunkten in den Pflegegrad 4: **schwerste Beeinträchtigungen** der Selbstständigkeit oder der Fähigkeiten,
5. ab 90 bis 100 Gesamtpunkten in den Pflegegrad 5: **schwerste Beeinträchtigungen** der Selbstständigkeit oder der Fähigkeiten mit besonderen Anforderungen an die pflegerische Versorgung.

Das **Einstufungslineal** dient der leichteren Bestimmung der Gesamtpunkte: 195

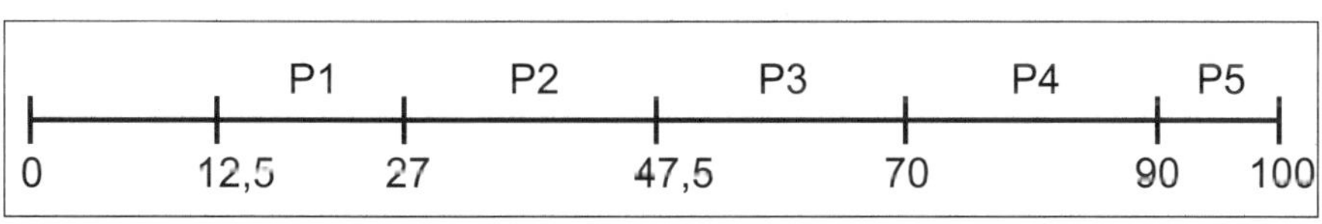

196 **Praxishinweis:** Ein Versicherter mit dem höchsten körperlichen Pflegebedarf wird bisher in Pflegestufe III eingestuft. Künftig ereicht dieser Versicherte die Maximalpunkte in den Modulen 1 – Mobilität und 4 – Selbstversorgung, also maximal 50 Gesamtpunkte (oder: Prozent) und mithin knapp den Sprung in den Pflegegrad 3.

Nachstehend ein tabellarischer Überblick darüber, welche **Voraussetzungen für welche Pflegegrade** erfüllt sein müssen. Die Zeitangaben beruhen auf den bisher ermittelten Richtwerten, die sich aufgrund einer ersten Auswertung des neuen Beurteilungsverfahrens des Bundesministeriums für Gesundheit ergeben haben.[126]

Pflegegrad	Grundpflege	Psychosoziale Hilfe	Nächtliche Hilfe	Anwesenheit am Tag
1	27–60 Min.	Gelegentlich	Nein	Nein
2	30–127 Min.	bis 1 Mal	bis 1 Mal	Nein
2 mit eingeschränkter Alltagskompetenz	8–58 Min.	2 bis 12 Mal	Nein	stundenweise
3	131–278 Min.	2 bis 6 Mal	bis 2 Mal	2 bis 6 Mal
3 mit eingeschränkter Alltagskompetenz	8–74 Min.	6 Mal bis andauernd	bis 2 Mal	6 bis 12 Stunden
4	183 bis 300 Min.	2 bis 6 Mal	2 bis 3 Mal	6 bis 12 Stunden
4 mit eingeschränkter Alltagskompetenz	128 bis 250 Min.	7 bis mehr als 12 Mal	1 bis 6 Mal	Andauernd
5 mit eingeschränkter Alltagskompetenz	245 bis 279 Min.	mehr als 12 Mal	3 Mal	Andauernd

V. Die Härtefallregelung – besondere Bedarfskonstellation

197 Ergänzend zum neuen System der Pflegegrade wird der Spitzenverband Bund der Pflegekassen in § 15 Abs. 4 SGB XI *2017* ermächtigt, in den Begutachtungs- Richtlinien nach § 17 Abs. 1 SGB XI **besondere Bedarfskonstellationen** für Pflegebedürftige mit schwersten Beeinträchtigungen und einem außergewöhnlich hohem bzw. intensivem Hilfebedarf mit besonderen Anforderungen an die pflegerische Versorgung auszuweisen. In den Begutachtungs-Richtlinien werden dazu begründete Kriterien festge-

126 Abschlussbericht „Analysen für die Entwicklung von Empfehlungen zur leistungsrechtlichen Ausgestaltung des neuen Pflegebedürftigkeitsbegriffs", des Instituts für Pflegewissenschaft an der Universität Bielefeld (IPW) und des MDK Westfalen-Lippe, 2013.

legt, nach denen diese Pflegebedürftigen auch unabhängig vom Erreichen des **Schwellenwerts** von 90 Punkten in den Pflegegrad 5 eingestuft werden.

Bei einigen Pflegebedürftigen ist es möglich, dass der Pflegegrad 5 nicht automatisch erreicht wird, obwohl er nach der Schwere der Beeinträchtigung angemessen wäre. Dies liegt daran, dass die jeweiligen gesundheitlichen Probleme sich einer **pflegefachlichen Systematisierung** im neuen Begutachtungsinstrument entziehen; eine regelhafte Einbeziehung wäre nur auf Kosten größerer Verschiebungen in der Bewertung anderer, deutlich häufigerer Fallkonstellationen möglich. Daher wird für wenige, besonders gelagerte Fallkonstellationen die Einstufung in Pflegegrad 5 auch ohne Erreichen des regulären Schwellenwerts ermöglicht. Es handelt sich hierbei nicht um eine Einzelfallregelung oder die Ermächtigung zu einer Einzelfallentscheidung, auch wenn nur sehr wenige Pflegebedürftige von der Regelung betroffen sind, sondern um eine **regelhafte Ergänzung** der Einstufung anhand von Schwellenwerten für seltene Fallkonstellationen. 198

Praxishinweis: Gemeint ist vor allem eine **Gebrauchsunfähigkeit beider Arme und beider Beine**. Diese umfasst nicht zwingend die Bewegungsunfähigkeit der Arme und Beine, sondern den vollständigen Verlust der Greif-, Steh- und Gehfunktionen. Sie ist nicht nur bei Lähmungen aller Extremitäten erfüllt, sondern kann auch bei hochgradigen Kontrakturen, rheumatischen Versteifungen, hochgradigem Tremor und Rigor bei *Morbus Parkinson* oder Athetose bei *Chorea Huntington* (Veitstanz) gegeben sein.[127] 199

Erforderlich ist, dass sich das Kriterium im Rahmen der Befunderhebung bei der Begutachtung sicher identifizieren lässt. Im Rahmen der begleitenden fachlichen und wissenschaftlichen Evaluation (§ 18 c SGB XI) soll auch erhoben werden, ob darüber hinaus weitere besondere Bedarfskonstellationen zu prüfen und in die Begutachtungs-Richtlinien nach § 17 Abs. 1 SGB XI aufzunehmen sind. 200

VI. Ein Beispiel zur Umrechnung

Praxishinweis: Die neuen Eingruppierungsanweisungen für die Pflegegrade gelten erst für Anträge, die ab 1.1.2017 gestellt werden [→ Rn. 299 f]. Alle bereits eingestuften Versicherten werden zum Stichtag automatisch umgestellt; für diese besteht absoluter Bestandsschutz. 201

Gleichwohl ist es wichtig, sich mit den neuen Vorschriften vertraut zu machen. Dazu eignet sich die **exemplarische Umrechnung** von bisher Eingestuften, um die Weichenstellungen einzelner Regelungen zu verstehen.

Ambulante und stationäre Einrichtungen werden so auch ihre **Pflegedokumentationen** um die bisher nicht so (Module 2 – Kognitive und kommunikative Fähigkeiten [→ Rn. 57 ff, 119 ff] und 3 – Verhaltensweisen und psychische Problemlagen [→ Rn. 62 ff, 128 ff]) oder die nicht erhobenen (Modul 5 – Umgang mit krank-

127 BT-Drucks. 18/5926, 114.

heits-/therapiebedingten Anforderungen und Belastungen [→ Rn. 74 ff, 145 ff] und 6 – Gestaltung des Alltagslebens und sozialer Kontakte [→ Rn. 86 ff, 162 ff]) Angaben ergänzen.

202 **Beispiel 1:** Mü hat – nach den bisherigen Feststellungen – einen Pflegebedarf der Verrichtungen des § 14 Abs. 4 SGB XI *2016* bei der

- **Körperpflege:**

Duschen	VÜ (= Vollübernahme)	1 x tägl.	20 Min.
Darm-/Blasenentleerung	TÜ (= Teilübernahme)	7 x tägl.	35 Min.
Waschen der Hände	A (= Anleitung)	10 x tägl.	10 Min.

- **Ernährung**

Mundgerechtes Zubereiten/ Einschenken Getränke	VÜ (= Vollübernahme)	3 x tägl.	15 Min.

- **Mobilität**

Aufstehen/Zubettgehen	TÜ (= Teilübernahme)	4 x tägl.	20 Min.
An- und Auskleiden	VÜ (= Vollübernahme)	6 x tägl.	30 Min.

- **Hauswirtschaftliche Versorgung** 60 Min.

Damit erreicht Mü in der Grundpflege einen täglichen Bedarf von 130 Minuten und zusätzlich in der Hauswirtschaftlichen Versorgung 60 Minuten, also insgesamt 190 Minuten. Nach § 15 Abs. 1 Nr. 2, Abs. 3 Nr. 2 SGB XI *2016* wurde Mü daher die **Pflegestufe 2** zuerkannt. Der im Haushalt lebende A gibt Mü dreimal täglich die benötigten Medikamente und übernimmt das An- und Ausziehen der Kompressionsstrümpfe.

1. Zum Stichtag 1.1.2017 wird Mü nach § 140 Abs. 2 Satz 3 Nr. 1 b SGB XI *2017* [→ Rn. 303] **automatisch** in den **Pflegegrad 3** übergeleitet.
2. Doch welcher Pflegegrad würde bei einer Neueinstufung ab dem 1.1.2017 erreicht werden?

Mü hat einen festgestellten Pflegebedarf in der Grundpflege, die in den Modulen 1 – Mobilität und 4 – Selbstversorgung abgebildet werden, so dass zunächst die Zuordnung der Verrichtungen zu den Kriterien der Module vorgenommen werden muss. Der Bedarf an hauswirtschaftlicher Versorgung hat künftig für die Bestimmung des Pflegegrades keine Bedeutung.

Modul 1 – Mobilität

Modul 1: Einzelpunkte im Bereich der Mobilität

Ziffer	Kriterien	selbständig	überwiegend selbständig	überwiegend unselbständig	unselbständig
1.1	Positionswechsel im Bett	0	1	2	3
1.2	Halten einer stabilen Sitzposition	0	1	2	3
1.3	Umsetzen	0	1	2	3
1.4	Fortbewegen innerhalb des Wohnbereichs	0	1	2	3
1.5	Treppensteigen	0	1	2	3

Die bisher festgestellte Verrichtung „**Aufstehen/Zubettgehen**“ dürfte dem „**Umsetzen**“ [1.3] entsprechen. Zu entscheiden ist der Grad der Selbstständigkeit, also im Fall der Mü

„überwiegend unselbstständig“ oder „unselbstständig“. Fällt die Entscheidung auf „überwiegend unselbstständig“ so können 2 Einzelpunkte notiert werden; bei „unselbstständig“ sind es 3 Einzelpunkte.

Diese sind in einem zweiten Schritt zu gewichten:

Module	Gewichtung	0 Keine	1 Geringe	2 Erhebliche	3 Schwere	4 Schwerste	
1 Mobilität	10 %	0 – 1	2 – 3	4 – 5	6 – 9	10 – 15	Summe der Punkte im Modul 1
		0	2,5	5	7,5	10	Gewichtete Punkte im Modul 1

Aus den im ersten Schritt bestimmten **Einzelpunkten** 2 oder 3 – bei der exemplarischen Umrechnung kann für einen ersten Überblick ein großzügiger Umrechnungsmaßstab gewählt werden, da es regelmäßig eine erhebliche Spannbreite sowohl bei den Einzelpunkten als auch bei den gewichteten Punkten gibt – werden nach der Gewichtungstabelle (Anlage 2 zu § 15 SGB XI *2017*) **2,5 gewichtete Punkte** für das Modul 1.

Modul 4 – Selbstversorgung

Modul 4: Einzelpunkte im Bereich der Selbstversorgung

Ziffer	Kriterien	selbständig	überwiegend selbständig	überwiegend unselbständig	unselbstandig
4.1	Waschen des vorderen Oberkörpers	0	1	2	3
4.2	Körperpflege im Bereich des Kopfes (Kämmen, Zahnpflege/ Prothesenreinigung, Rasieren)	0	1	2	3
4.3	Waschen des Intimbereichs	0	1	2	3
4.4	Duschen und Baden einschließlich Waschen der Haare	0	1	2	3
4.5	An- und Auskleiden des Oberkörpers	0	1	2	3
4.6	An- und Auskleiden des Unterkörpers	0	1	2	3
4.7	Mundgerechtes Zubereiten der Nahrung und Eingießen von Getränken	0	1	2	3
4.8	Essen	0	3	6	9
4.9	Trinken	0	2	4	6
4.10	Benutzen einer Toilette oder eines Toilettenstuhls	0	2	4	6

Die i.S.d. § 14 Abs. 4 SGB XI *2016* festgestellten Verrichtungen lassen sich den neuen Kriterien wie folgt zuordnen:

„Duschen“ entspricht dem **„Duschen ...** [4.4]“; die Vollübernahme dürfte für einen Grad der Selbstständigkeit von „unselbstständig“ sprechen, also 3 Einzelpunkte bedeuten.

„Darm-/Blasenentleerung“ entspricht **„Benutzen einer Toilette** ... [4.10]“; die Teilübernahme dürfte für einen Grad der Selbstständigkeit von „überwiegend unselbstständig“ und da für dieses Kriterium den Faktor 2 enthält, also für 4 Einzelpunkte sprechen.

„Waschen der Hände“ ist aufgrund des exemplarischen Charakters der Kriterien nicht mehr vergeben, daher keine Einzelpunkte für diese Verrichtung.

„Mundgerechtes Zubereiten/Einschenken Getränke“ bleibt als Kriterium [4.7]; die Vollübernahme dürfte für einen Grad der Selbstständigkeit von „unselbstständig“ sprechen, also 3 Einzelpunkte bedeuten.

„An- und Auskleiden“ wird nun in „... **Oberkörper** [4.5]“ und „...**Unterkörper** [4.6]“ unterteilt und so sogar zweimal Einzelpunkte vergeben; die Vollübernahme dürfte für einen Grad der Selbstständigkeit von „unselbstständig“ sprechen, also 2 x 3 = 6 Einzelpunkte bedeuten.

Aus dem ersten Schritt ergeben sich daher 16 Einzelpunkte. Diese sind im zweiten Schritt zu gewichten:

4 Selbstversorgung	40%	0 – 2	3 – 7	8 – 18	19 – 36	37 – 60	Summe der Punkte im Modul 4
		0	10	20	30	40	Gewichtete Punkte im Modul 4

Nach der Gewichtungstabelle (Anlage 2 zu § 15 SGB XI *2017*) werden aus 16 Einzelpunkten **20 gewichtete Punkte** für Modul 4.

Aus den Modulen 1 und 4 erreicht Mü insgesamt also **22,5 gewichtete Punkte**.

Nach § 15 Abs. 3 SGB XI *2017* wäre Mü daher bei einer Neueinstufung nach dem 1.1.2017 dem **Pflegegrad 1** (12,5 bis unter 27 gewichtete Gesamtpunkte) zuzuordnen. Erhielte in diesem Eingangs-Pflegegrad lediglich die Leistungen nach § 28 a SGB XI *2017* [→ Rn. 211]. Dieses Ergebnis überrascht oder verstört nur auf den ersten Blick. Für die Eingruppierung in einen Pflegegrad sind mit der Umrechnung der bisherigen Verrichtungen der Grundpflege erst 2 Module, nämlich Modul 1 – Mobilität und Modul 2 – Selbstversorgung, angesprochen und damit 50 % der möglichen gewichteten Punkte festgestellt worden. Aufgabe aller Beteiligten ist es, zukünftig auch die weiteren Module und deren Kriterien zu prüfen und festzustellen.

Modul 5 – Umgang mit krankheits-/therapiebedingten Anforderungen und Belastungen

Nach dem Sachverhalt des Beispiels benötigt Mü dreimal täglich Hilfe bei der Medikation und dem An- und Ausziehen der Kompressionsstrümpfe (also zweimal täglich). Insgesamt benötigt Mü mithin 5 x täglich Hilfe.

Modul 5: Einzelpunkte im Bereich der Bewältigung von und selbständiger Umgang mit krankheits- oder therapiebedingten Anforderungen

Ziffer	Kriterien in Bezug auf	entfällt oder selbständig	Häufigkeit der Hilfe (Anzahl) täglich	wöchentlich	monatlich
5.1	Medikation	0	**3 x**		
5.2	Injektionen (subcutan oder intramuskulär)	0			
5.3	Versorgung intravenöser Zugänge (Port)	0			
5.4	Absaugen und Sauerstoffgabe	0			
5.5	Einreibungen oder Kälte- und Wärmeanwendungen	0			
5.6	Messung und Deutung von Körperzuständen	0			
5.7	Körpernahe Hilfsmittel	0	**2 x**		
Summe aller Häufigkeiten der Kriterien 5.1 bis 5.7					
		entfällt oder seltener als einmal täglich	ein- bis dreimal täglich	vier- bis achtmal täglich	mehr als achtmal täglich
	Einzelpunkte	0	1	2	3

Im weiteren Schritt der Gewichtung werden

5 Bewältigung von und selbständiger Umgang mit krankheits- und therapiebedingten Anforderungen	20%	0	1	2 – 3	4 – 5	6 – 15	Summe der Punkte im Modul 5
		0	5	10	15	20	Gewichtete Punkte im Modul 5

nach der Gewichtungstabelle (Anlage 2 zu § 15 SGB XI *2017*) aus 2 Einzelpunkten **10 gewichtete Punkte** für Modul 5.

Aus den Modulen 1, 4 und 5 erreicht Mü insgesamt also **32,5 gewichtete Punkte**.

Nach § 15 Abs. 3 SGB XI *2017* wäre Mü daher nun bei einer Neueinstufung nach dem 1.1.2017 dem **Pflegegrad 2** (27 bis unter 47,5 gewichtete Gesamtpunkte) zuzuordnen. Eine Einschränkung des Grades der Selbstständigkeit bei Kriterien der Module 2 und 3 sowie 6 ist zusätzlich festzustellen.

Beispiel 2: Mü wird durch einen ambulanten Pflegedienst betreut, der dreimal täglich die benötigten Medikamente gibt und die Kompressionsstrümpfe an- und auszieht. Der Grundpflegebedarf überschreitet 45 Minuten nicht, so dass Mü derzeit keine Leistungen der Pflegeversicherung erhält. Im Einzelnen wurde ein Bedarf festgestellt bei 203

- **Körperpflege:**

Darm-/Blasenentleerung TÜ (= Teilübernahme) 7 x tägl. 21 Min.

- **Ernährung**

  Mundgerechtes Zubereiten/ Einschenken Getränke VÜ (= Vollübernahme) 3 x tägl. 15 Min.

- **Hauswirtschaftliche Versorgung** 60 Min.

Damit erreicht Mü in der Grundpflege einen täglichen Bedarf von 36 Minuten und zusätzlich in der Hauswirtschaftlichen Versorgung zusätzlich 60 Minuten, also insgesamt 96 Minuten. Nach § 15 Abs. 1 Nr. 1, Abs. 3 Nr. 1 SGB XI *2016* fehlt es an der Voraussetzung zum Grundpflegebedarf, so dass Mü **keine Pflegestufe** erhalten hat.

1. Da bei Mü zum Stichtag 1.1.2017 weder eine Pflegestufe noch eine eingeschränkte Alltagskompetenz festgestellt wurde, wird Mü auch nicht automatisch übergeleitet.
2. Doch welcher Pflegegrad würde bei einer Neueinstufung ab dem 1.1.2017 erreicht werden?

Modul 5 – Umgang mit krankheits-/therapiebedingten Anforderungen und Belastungen

Mü benötigt dreimal täglich Hilfe bei der Medikation und dem An- und Ausziehen der Kompressionsstrümpfe (also zweimal täglich). Insgesamt benötigt Mü mithin 5 x täglich Hilfe. 5 x tägliche Hilfe bedeuten 2 Einzelpunkte; nach der Gewichtungstabelle (Anlage 2 zu § 15 SGB XI *2017*) werden aus 2 Einzelpunkten **10 gewichtete Punkte** für Modul 5.

Modul 4 – Selbstversorgung

Die i.S.d. § 14 Abs. 4 SGB XI *2016* festgestellten Verrichtungen lassen sich den neuen Kriterien wie folgt zuordnen:

„**Darm-/Blasenentleerung**" entspricht „**Benutzen einer Toilette** ... [4.10]"; die Teilübernahme dürfte für einen Grad der Selbstständigkeit von „überwiegend unselbstständig" und da für dieses Kriterium den Faktor 2 enthält, also für 4 Einzelpunkte sprechen.

„**Mundgerechtes Zubereiten/Einschenken Getränke**" bleibt als Kriterium [4.7]; die Vollübernahme dürfte für einen Grad der Selbstständigkeit von „unselbstständig" sprechen, also 3 Einzelpunkte bedeuten.

Aus dem ersten Schritt ergeben sich daher 7 Einzelpunkte. Diese sind im zweiten Schritt zu gewichten:

4 Selbstversorgung	40%	0 – 2	3 – 7	8 – 18	19 – 36	37 – 60	Summe der Punkte im Modul 4
		0	10	20	30	40	Gewichtete Punkte im Modul 4

Nach der Gewichtungstabelle (Anlage 2 zu § 15 SGB XI *2017*) werden aus 7 Einzelpunkten **10 gewichtete Punkte** für Modul 4.

Aus den Modulen 4 und 5 erreicht Mü also insgesamt **20 gewichtete Punkte**.

Nach § 15 Abs. 3 SGB XI *2017* wäre Mü daher bei einem Neuantrag nach dem 1.1.2017 dem **Pflegegrad 1** (12,5 bis unter 27 gewichtete Gesamtpunkte) zuzuordnen und erhielte Leistungen der sozialen Pflegeversicherung.

E. Die Einstufung von Kindern

Für die Feststellung der Pflegebedürftigkeit von **Kindern** ist wie bisher (§ 15 Abs. 2 SGB XI *2016*) der **Vergleich** mit altersentsprechend entwickelten Kindern maßgebend, § 15 Abs. 6 Satz 1 SGB XI *2017*. Dies ist erforderlich, da die Hilfebedürftigkeit altersentsprechend entwickelter Kinder ihrem Entwicklungsstand entspricht und keinen Leistungsanspruch gegen die soziale Pflegeversicherung begründen soll. Nur darüber hinaus gehende Beeinträchtigungen der Selbstständigkeit oder der Fähigkeiten sind für den Leistungszugang relevant.[128] 204

Die differenziertere Erfassung von Pflegebedürftigkeit wird sich auch in der Begutachtung von Kindern positiv auswirken. Gerade in den besonders wichtigen Bereichen der Module 2, 3 und 5 werden Bedarfslagen erfasst, die bei der heutigen Begutachtung für die Pflegestufen größtenteils unberücksichtigt bleiben, für den **Lebens- und Versorgungsalltag** von pflegebedürftigen Kindern und ihren Eltern aber von besonderer Bedeutung sind. Damit verbessert sich tendenziell die Einstufung pflegebedürftiger Kinder.[129] 205

Auch bei pflegebedürftigen Kindern erfolgt daher eine Einstufung anhand der Schwere der Beeinträchtigungen der Selbstständigkeit oder der Fähigkeiten in fünf Pflegegrade. Bei kleinen Kindern können zwar **besondere Bedarfskonstellationen** vorkommen, diese führen aber nicht zu einem vergleichbar hohen Mehraufwand. **Kleinkinder** bedürfen ohnehin der vollständigen Übernahme aller Verrichtungen und der ständigen Beaufsichtigung. Daher ist in den Begutachtungs-Richtlinien nach § 17 Abs. 1 SGB XI jeweils festzulegen, ob und inwieweit eine besondere Bedarfskonstellation auch für Kinder und bezogen auf welche Altersstufen gelten soll. Beispielsweise ist eine besondere Bedarfskonstellation die Gebrauchsunfähigkeit beider Arme und beider Beine; diese kann bei Kindern mit **Infantiler Cerebralparese** ab dem Alter von ca. 3 Jahren einen Mehraufwand begründen. Erforderlich ist, dass sich das Kriterium im Rahmen der Befunderhebung bei der Begutachtung sicher identifizieren lässt. Im Rahmen der begleitenden Evaluation (§ 18 c SGB XI) soll innerhalb von drei Jahren auch erhoben werden, ob darüber hinaus weitere besondere Bedarfskonstellationen zu prüfen und in die Richtlinien nach § 17 Abs. 1 SGB XI aufzunehmen sind.[130] 206

Da der Bezugspunkt für die Einstufung von Kindern der Vergleich mit einem altersty- 207
pisch entwickelten Kind ohne Beeinträchtigungen ist, ergeben sich für pflegebedürftige **Kinder im Alter von 0 bis 18 Monaten** Besonderheiten. Denn auch Kinder in der altersentsprechend entwickelten Vergleichsgruppe sind von Natur aus in allen Bereichen des Alltagslebens unselbstständig; erst mit zunehmendem Alter erlangen sie aufgrund von Entwicklungsfortschritten schrittweise eine größere Selbstständigkeit. Da das neue Begutachtungsinstrument die Selbstständigkeit im Vergleich zu altersentsprechend entwickelten Kindern als Maßstab hat, könnten Kinder von 0 bis 18 Mo-

128 BT-Drucks. 18/5926, 114.
129 BT-Drucks. 18/5926, 111.
130 BT-Drucks. 18/5926, 114.

naten ohne eine Sonderregelung regelhaft keine oder nur niedrigere Pflegegrade erreichen, was pflegefachlich und gemessen am Hilfebedarf der Eltern nicht angemessen wäre. Bei Kindern im Alter bis 18 Monate werden die Kriterien 4.1 bis 4.12 durch das Kriterium 4.K ersetzt:

4.K	
Bestehen gravierende Probleme bei einer Nahrungsaufnahme, die einen außergewöhnlichen pflegeintensiven Hilfebedarf im Bereich der Ernährung auslösen	20 Punkte

208 Zudem müssten sie aufgrund der häufigen **Entwicklungsveränderungen** in sehr kurzen Zeitabständen neu begutachtet werden, um die jeweils angemessene Einstufung zu erhalten. Für pflegebedürftige Kinder im Alter von 0 bis 18 Monaten wird daher hinsichtlich ihrer Einstufung eine Sonderregelung getroffen: Sie werden – im Sinne einer pauschalierenden Einstufung – regelhaft **um einen Pflegegrad höher** eingestuft als bei der Regelung nach § 15 Abs. 3 SGB XI und können in diesem Pflegegrad ohne weitere Begutachtung bis zum 18. Lebensmonat verbleiben, soweit zwischenzeitlich kein Höherstufungsantrag gestellt wird oder eine Wiederholungsbegutachtung aus fachlicher Sicht notwendig ist. Eine erneute Begutachtung erfolgt daher nur, wenn relevante Änderungen zu erwarten sind (zum Beispiel durch eine erfolgreiche Operation einer Lippen-/Kiefer-/Gaumenspalte). Damit wird sichergestellt, dass pflegebedürftige Kinder im Alter von 0 bis 18 Monaten einen fachlich angemessenen Pflegegrad erreichen, der die natürlichen Entwicklungsschwankungen sowohl bei den pflegebedürftigen Kindern als auch bei der Vergleichsgruppe der altersentsprechend entwickelten Kinder großzügig auffängt.[131] Pflegebedürftige Kinder im Alter bis 18 Monaten werden nach § 15 Abs. 7 SGB XI wie folgt eingestuft:

1. ab 12,5 bis unter 27 Gesamtpunkten in den Pflegegrad 2,
2. ab 27 bis unter 47,5 Gesamtpunkten in den Pflegegrad 3,
3. ab 47,5 bis unter 70 Gesamtpunkten in den Pflegegrad 4,
4. ab 70 bis 100 Gesamtpunkten in den Pflegegrad 5.

209 Nach dem 18. Lebensmonat ist eine **reguläre Einstufung** fachlich angemessen, da die Kinder dann aufgrund der gewachsenen Selbstständigkeit der Vergleichsgruppe regulär fachlich angemessene Pflegegrade erreichen und die relevanten Entwicklungsfortschritte in kleineren Abständen erfolgen.

131 BT-Drucks. 18/5926, 115.

F. Die Leistungen

I. Die wesentlichen Neuerungen im Leistungsrecht im Überblick

- Grundsätzlich werden die Leistungen der Pflegeversicherung nur für die **Pflegegrade 2 bis 5** gewährt.[132] 210
- Pflegebedürftige des **Pflegegrades 1** erhalten die in § 28 a SGB XI *2017* genannten Leistungen.
- Alle Pflegebedürftigen in häuslicher Pflege der Pflegegrade 1 bis 5 erhalten unabhängig von den bezogenen Leistungen einen **Entlastungsbetrag** von monatlich 125,00 €, § 45 b Abs. 1 Satz 1 SGB XI *2017*. Dieser Betrag wird nach § 43 Abs. 3 SGB XI *2017* auch stationär versorgten Pflegebedürftigen des Pflegegrades 1 als Zuschuss gewährt.
- Die Leistungen werden über körperbezogene Pflegemaßnahmen und Hilfen bei der Haushaltsführung hinaus auf **pflegerische Betreuungsmaßnahmen** erstreckt.
- Im vollstationären Bereich werden die Leistungsbeträge so gestaffelt, dass sie zusammen mit einem in Pflegegrad 2 bis 5 (absolut) gleich hohen **einrichtungseinheitlichen Eigenanteil** den durchschnittlich anfallenden Aufwand abdecken.

	Pflegesachleistung (§ 36 SGB XI) in EUR pro Monat	Pflegegeld (§ 37 SGB XI) in EUR pro Monat	Leistungen nach § 41 in EUR pro Monat	Leistungen nach § 45 b in EUR pro Monat	Verhinderungspflege nach § 39 SGB XI in EUR pro Jahr	Kurzzeitpflege nach § 42 SGB XI in EUR pro Jahr	Vollstationäre Pflege § 43 SGB XI in EUR pro Monat
Pflegegrad 1	–	–	–	*125*			125
Pflegegrad 2	689	316	689	125	1.612	1.612	770
Pflegegrad 3	1.298	545	1.298	125	1.612	1.612	1.262
Pflegegrad 4	1.612	728	1.612	125	1.612	1.612	1.775
Pflegegrad 5	1.995	901	1.995	125	1.612	1.612	2.005

132 BT-Drucks. 18/5926, 118.

II. Die Leistungen bei Pflegegrad 1, § 28 a SGB XI 2017

211 Nach den Erkenntnissen im Vorfeld zur gesetzlichen Neuregelung[133] haben die Personen, die dem künftigen **Pflegegrad 1** (geringe Beeinträchtigung der Selbstständigkeit, vgl. § 15 Abs. 3 Satz 1 Nr. 1 SGB XI *2017* [→ Rn. 194]) zugewiesen werden, vor allem einen Hilfe- und Unterstützungsbedarf bei **somatischen Beeinträchtigungen**. Gleichwohl sollen Leistungen zum Zweck der Erhaltung und Wiederherstellung der Selbstständigkeit und der Vermeidung schwererer Pflegebedürftigkeit sowie auf die Gewährleistung und Sicherstellung der **häuslichen Versorgung** hinterlegt werden. Vor diesem Hintergrund stehen für diesen Personenkreis nach § 28 a Abs. 1 SGB XI *2017* folgende Leistungen zur Verfügung:

- **Pflegeberatung** gem. der §§ 7 a und 7 b SGB XI,
- einen halbjährlich abzurufenden Beratung in der eigenen Häuslichkeit gem. § 37 Abs. 3 Satz 5 SGB XI *2017* („**Beratungsbesuch**"),
- zusätzliche Leistungen für Pflegebedürftige in ambulant betreuten Wohngruppen gem. § 38 a SGB XI („**Wohngruppenzuschlag**"),
- Versorgung mit **Pflegehilfsmitteln** gem. § 40 Abs. 1 bis 3 und 5 SGB XI,
- finanzielle Zuschüsse für Maßnahmen zur Verbesserung des individuellen oder gemeinsamen **Wohnumfeldes** gem. § 40 Abs. 4 SGB XI,
- zusätzliche Betreuung und Aktivierung in stationären Pflegeeinrichtungen gem. § 43 b SGB XI *2017*,
- **Pflegekurse** für Angehörige und ehrenamtliche Pflegepersonen gem. § 45 SGB XI.

212 Diese Leistungsausgrenzung der Personen mit einer festgestellten Pflegebedürftigkeit im Rahmen des Pflegegrades 1 wird damit begründet, dass Hilfsangebote mit **präventivem Charakter** im Vordergrund stehen. Den Pflegebedürftigen im Pflegegrad 1 werden die Leistungen vorrangig im Wege der **Kostenerstattung** – und nicht als Dienst- und Sachleistungen – zur Verfügung gestellt. Unterhalb von Pflegegrad 1 soll es weiterhin wegen des geringen Ausmaßes der Unselbstständigkeit keine Leistungen der Pflegeversicherung geben.[134] Dabei ist insbesondere für die Erbringer ambulanter

---

133 Umsetzungsbericht des Beirats, 2009, 48 f.; Bericht des Expertenbeirats zur konkreten Ausgestaltung des neuen Pflegebedürftigkeitsbegriffs, 2013, 41 ff.; *Wingenfeld/Gansweid* (2013), 21. Die betrachteten Personen (N = 5) hatten mäßige, rein motorische Einschränkungen aufgrund von Wirbelsäulen-, Gelenkerkrankungen oder Restlähmung nach Schlaganfall, die Probleme mit dem Gehen und Stehen haben. Bei keinem wurde eine eingeschränkte Alltagskompetenz festgestellt. Bei den betrachteten Personen sind aufgrund der motorischen Beeinträchtigungen vor allem Teilhilfen beim Waschen und Kleiden der unteren Extremitäten, beim Verlassen des Hauses und bei der hauswirtschaftlichen Versorgung erforderlich. Der Bedarf an Grundpflege liegt zwischen 27 und 60 Minuten im Tagesdurchschnitt. Die Toilettenbenutzung erfolgt bei allen selbstständig, bei zwei Personen sind Hilfen beim Leeren des Toilettenstuhls erforderlich. Psychosozialer Unterstützungsbedarf besteht nur in geringem Umfang. Nächtlicher Hilfebedarf war bei dieser Personengruppe nicht feststellbar. Es besteht keine Notwendigkeit der Präsenz außerhalb der pflegerischen Hilfen.

134 Es ist aber zu bedenken, dass in der Pflegestufe „0" durch die vorläufige Regelung des § 123 SGB XI *2016* ein Anspruch auf Geld- und Sachleistungen bestand. Allerdings wurde die überwiegende Zahl der Personen, die in Pflegestufe „0" Geld- oder Sachleistungen beziehen (vor allem Personen mit eingeschränkter Alltagskompetenz), durch die Übergangsregelung im Pflegegrad 2 eingestuft. Die unterschiedliche leistungsrechtliche Hinterlegung im Pflegegrad 1 ist aber hinsichtlich ihrer Auswirkungen auf die Hilfe zur Pflege, also der Sozialhilfe, gesondert zu prüfen.

Pflegedienstleistungen der Personenkreis der mit Leistungen des Pflegegrades 1 ausgestatteten Versicherten so relevant, dass von der Entstehung eines **„neuen Marktsegmentes"** mit dem Angebot von **„Vorpflegeleistungen"** ausgegangen werden kann. Nach den Berechnungen des Beirates zum Pflegebedürftigkeitsbegriff werden rund 433.150 Versicherte[135] einen Anspruch auf Leistungen nach Pflegegrad 1 haben, davon 233.150 Versicherte, deren Antrag auf Pflegeleistungen bisher abgelehnt wurde und ca. 200.000 Versicherte, die bisher überhaupt keinen Antrag gestellt hatten, da das rein somatische **Defizitprofil** auf den Hilfebedarf nicht zutraf. Die Gruppe der Versicherten mit einem Pflegegrad 1 dürfte im Durchschnitt jünger und mobiler sein, so dass neben der Kostenerstattung für Entlastungsleistungen nach § 45 b SGB XI *2017* insbesondere der **Wohngruppenzuschlag** nach § 38 a SGB XI und die **Beratungsbesuche** nach § 37 Abs. 3 SGB XI abgerufen werden.

Dabei ist im Zeitpunkt des Systemwechsels zum 1.1.2017 auf folgendes hinzuweisen: 213
Es wird nicht wenige geben, die in vergleichbarer Situation im heutigen System in Pflegestufe I eingestuft würden. Der Leistungsanspruch dieser Gruppe verändert sich mit der Neueinstufung, es bleiben aber relevante Beeinträchtigungen der Selbstständigkeit. Dabei ist davon auszugehen, dass die Inanspruchnahme im Pflegegrad 1 nicht bei 100% liegen wird, da ein großer Teil des Hilfebedarfs über Angehörige und andere ehrenamtliche Pflegepersonen aufgefangen wird. Dennoch gibt es auch im Pflegegrad 1 Personen, die **externe Unterstützungsangebote** in Anspruch nehmen müssen, zum Beispiel weil sie alleinlebend sind.[136] Dieser Personenkreis bleibt damit künftig ohne eine entsprechende leistungsrechtliche Hinterlegung aus den Mitteln der Pflegeversicherung. Können die gleichwohl notwendigen Hilfen nicht selbst finanziert werden, wird der Träger der Sozialhilfe eintreten müssen.

III. Die Leistungsbudgets

Soweit die Leistungsbudgets bisher pflegestufenabhängig waren, wurden sie umge- 214
stellt auf die neue **Einteilung in Pflegegrade.** Die Budgethöhen und die Spreizung der Leistungen orientieren sich im ambulanten Bereich an den bisherigen Leistungsbeträgen einschließlich der bisherigen Übergangsleistungen nach § 123 SGB XI *2016.*[137] Eine Erhöhung der Budgethöhen und damit der einzelnen Leistungen war eigentlich dem vorherigen Reformgesetzen zur Pflegeversicherung vorbehalten und im Zweiten Pflegestärkungsgesetz (PSG II) nicht vorgesehen. Im Detail ergeben sich allerdings aufgrund der **Umrechnung** der bisherigen Pflegestufen in Pflegegrade, insbesondere unter Einbezug der vorgenommenen Einstufung einer eingeschränkten Alltagskompetenz, **erhebliche Budgetsteigerungen** für einzelne Versicherte. Dies gilt natürlich nur für die nun zum 1.1.2017 überzuleitenden Pflegestufen in Pflegegrade, also die Alt-

135 Bericht des Expertenbeirats zur konkreten Ausgestaltung des neuen Pflegebedürftigkeitsbegriffs, 2013, 44. Der Bericht des „Beirats zur Überprüfung des Pflegebedürftigkeitsbegriffs" vom 29.1.2009, 59 ging noch von einer Schätzung von 333.000 bis 800.000 Versicherten für einen solchen Pflegegrad 1 aus, wovon jedoch viele Versicherte aufgrund der automatischen Umstellung auf den Pflegegrad mittels sog. Doppelsprung Leistungen nach Pflegegrad 2 erhalten werden.

136 Bericht des Expertenbeirats zur konkreten Ausgestaltung des neuen Pflegebedürftigkeitsbegriffs, 2013, 43.

137 BT-Drucks. 18/5926, 119.

eingestuften nach § 140 Abs. 2 SGB XI *2017* [→ Rn. 303f]. So wird die Pflegestufe 1 mit eingeschränkter Alltagskompetenz um zwei Stufen in den Pflegegrad 3 und die Pflegestufe 2 (ohne festgestellte eingeschränkte Alltagskompetenz) um eine Stufe ebenfalls in den Pflegegrad 3 eingestuft. Für den Pflegebedürftigen mit Pflegestufe 2 bedeutet dies eine prozentuale Steigerung des Budgets um 13,46 % (von 1.144,00 € auf 1.298,00 €). Für den Pflegebedürftigen in Pflegestufe 1 und der festgestellten eingeschränkten Alltagskompetenz aber ergibt sich eine Steigerung um 88,39 % (689,00 € auf 1.298,00 €), betrachtet man die Pflegesachleistungen des § 36 SGB XI oder die Tages- und Nachtpflege des § 41 SGB XI. Aber es gibt auch eine **signifikante Absenkung** der vollstationären Leistungen im Vergleich der Pflegestufe 1 zum Pflegegrad 2. Auch diese Absenkung des Leistungsbudgets trifft aufgrund der Übergangsregelung allerdings nur diejenigen, die ab dem 1.1.2017 die vollstationäre Pflege erstmalig wählen. Die Leistungen im Einzelnen:

1. Ambulante (häusliche) Leistungen

a) § 36 SGB XI – ambulante Sachleistungen

215 Pflegebedürftige der Pflegegrade 2 bis 5 haben bei häuslicher Pflege nach der Neufassung des § 36 Abs. 1 SGB XI *2017* Anspruch auf **körperbezogene Pflegemaßnahmen** und **pflegerische Betreuungsmaßnahmen** sowie auf **Hilfen bei der Haushaltsführung** als Sachleistung (**häusliche Pflegehilfe**). Der Anspruch umfasst pflegerische Maßnahmen in den in § 14 Abs. 2 SGB XI *2017* genannten Bereichen Mobilität, kognitive und kommunikative Fähigkeiten, Verhaltensweisen und psychische Problemlagen, Selbstversorgung, Bewältigung von und selbstständiger Umgang mit krankheits- oder therapiebedingten Anforderungen und Belastungen sowie Gestaltung des Alltagslebens und sozialer Kontakte.

216 Das Konzept des neuen Pflegebedürftigkeitsbegriffes berücksichtigt Beeinträchtigungen der Selbstständigkeit, die Hilfen bei der Anleitung, Motivation und Schulung von Pflegebedürftigen und Pflegepersonen erfordern. Vor diesem Hintergrund wird nunmehr ausdrücklich vorgesehen, dass auch die **fachliche Anleitung** von Pflegebedürftigen und in die Pflege eingebundenen Pflegepersonen einschließlich einer vorhergehenden Problem- und Bedarfseinschätzung Bestandteil der häuslichen Pflegehilfe ist. Pflegekräfte im Rahmen der häuslichen Pflegehilfe sind in aller Regel nur zu bestimmten Tages- oder Nachtzeiten beim Pflegebedürftigen. Situationen beim Pflegebedürftigen, die ein Handeln der an der Pflege Beteiligten erfordern, treten aber häufig auch außerhalb der Anwesenheitszeiten der Pflegekräfte auf. Daher ist es Bestandteil der Leistung, durch pflegefachliche Anleitung der Pflegebedürftigen und der ehrenamtlichen Pflegepersonen diese darin zu unterstützen, auch während Zeiten der Abwesenheit der professionellen Pflegekräfte pflegerelevante Situationen gut bewältigen zu können. Diese Art der pflegefachlichen Anleitung findet laufend und situationsbezogen im Rahmen der häuslichen Pflegehilfe statt.[138]

138 BT-Drucks. 18/6688, 140 (Vorabfassung).

Praxishinweis: Bestandteil der häuslichen Pflegehilfe sind auch die **pflegefachliche Anleitung** von Pflegebedürftigen und Pflegepersonen sowie pflegerische Betreuungsmaßnahmen. 217

Pflegerische Betreuungsmaßnahmen umfassen Unterstützungsleistungen zur Bewältigung und Gestaltung des alltäglichen Lebens im häuslichen Umfeld, insbesondere 218

1. bei der Bewältigung **psychosozialer Problemlagen** oder von Gefährdungen,
2. bei der Orientierung, bei der **Tagesstrukturierung**, bei der **Kommunikation**, bei der Aufrechterhaltung sozialer Kontakte und bei bedürfnisgerechten Beschäftigungen im Alltag sowie
3. durch Maßnahmen zur **kognitiven Aktivierung**.

Pflegerische Betreuungsmaßnahmen umfassen nach der gesetzlichen Klarstellung in § 36 Abs. 2 Satz 2 SGB XI *2017* durch das Votum des Gesundheitsausschusses[139] insbesondere Maßnahmen zur **kognitiven Aktivierung** sowie Unterstützungsleistungen bei der Bewältigung auftretender **psychosozialer Problemlagen** oder von **Eigen- oder Fremdgefährdungen** und bei der Orientierung und der Tagesstrukturierung. Damit soll den individuellen Bedürfnissen stärker Rechnung getragen werden und Aktivitäten wie Musik hören, Zeitung lesen oder das Betrachten von Fotoalben, die allgemein der Kommunikation und der Aufrechterhaltung sozialer Kontakte im Alltag dienen, ermöglicht werden. Pflegerische Betreuungsmaßnahmen können auch durch **Anwesenheit einer geeigneten Pflegekraft**, die jeweils bei Bedarf situationsgerecht Unterstützung leistet, erbracht werden. Psychische Problemlagen sind oft dadurch gekennzeichnet, dass sie einen psychosozialen Unterstützungsbedarf nach sich ziehen. Die pflegerischen Betreuungsmaßnahmen werden in Bezug auf das häusliche Umfeld erbracht. Sie weisen damit einen unmittelbaren Bezug zur Gestaltung des alltäglichen Lebens im Zusammenhang mit einem Haushalt und seiner häuslichen Umgebung auf. Die Maßnahmen erfolgen dementsprechend zur Unterstützung bei der Gestaltung des alltäglichen Lebens in Bezug zum Haushalt und bei Aktivitäten mit engem räumlichem Bezug hierzu. Wie bislang können pflegerische Betreuungsmaßnahmen dabei nicht nur in Bezug auf das häusliche Umfeld des Pflegebedürftigen selbst erbracht werden, sondern beispielsweise auch im häuslichen Umfeld seiner Familie oder anderer nahestehender Menschen oder bei der gemeinsamen Inanspruchnahme häuslicher Pflegehilfe, zum Beispiel im häuslichen Umfeld eines der Beteiligten oder seiner Familie.[140] Die Leistungen dienen auch der alltäglichen **Freizeitgestaltung** mit Bezug zur Gestaltung des häuslichen Alltags. 219

Ziel der Regelung ist es, die gesetzliche Gestaltung der **Schnittstellen** zu anderen Sozialleistungssystemen, insbesondere zur Hilfe zur Pflege und Eingliederungshilfe Menschen mit Behinderungen, zu erleichtern und den Leistungsinhalt pflegerischer Be- 220

---

139 Die Ausführungen zum Begriff der pflegerischen Betreuungsmaßnahmen im Rahmen der häuslichen Pflegehilfe in § 36 Abs. 2 SGB XI waren zunächst Teil der Gesetzesbegründung (BT-Drucks. 18/5926, 120); diese werden nun in den Gesetzestext überführt. Inhaltlich sollen hiermit keine Änderungen verbunden sein, BT-Drucks. 18/6688, 140 (Vorabfassung).

140 BT-Drucks. 18/6688, 141 (Vorabfassung).

treuungsmaßnahmen für die Bürgerinnen und Bürger sowie für die betroffenen Sozialleistungsträger transparenter darzustellen. Die pflegerischen Betreuungsmaßnahmen beziehen sich daher hingegen **nicht** auf die Unterstützung des Besuchs von Kindergarten oder Schule, der Ausbildung, der Berufstätigkeit oder sonstigen Teilhabe am Arbeitsleben, der Ausübung von Ämtern oder der Mitarbeit in Institutionen oder in vergleichbaren Bereichen. Auch Leistungen, die in den Verantwortungsbereich eines anderen Sozialleistungsträgers fallen, etwa das Verabreichen von Medikamenten im Rahmen der Leistungen der **häuslichen Krankenpflege nach § 37 SGB V**, gehören (unter Berücksichtigung von gesetzlichen Vorschriften, die das Verhältnis der Leistungen der Pflegeversicherung zu anderen Sozialleistungen regeln) nicht zur pflegerischen Betreuung im Sinne dieser Vorschrift. Dies entspricht auch dem Inhalt der pflegerischen Betreuungsmaßnahmen i.S.d. bisherigen § 124 SGB XI *2016*, nach dem bereits bislang Anspruch auf Unterstützung und sonstige Hilfen im häuslichen Umfeld bestand, im Besonderen bezüglich der Unterstützung von Aktivitäten im häuslichen Umfeld, die dem Zweck der Kommunikation und der Aufrechterhaltung sozialer Kontakte dienen. Hierzu können beispielsweise auch Spaziergänge in der näheren Umgebung, die Ermöglichung des Besuchs von Verwandten und Bekannten oder die Begleitung zum Friedhof oder zum Gottesdienst beitragen.[141]

§ 36 SGB XI – **ambulante Sachleistungen** (monatliches Leistungsbudget), (in Klammern Werte bis 31.12.2016):

Pflegestufe 0/eA	= Pflegegrad 2	689,00 €	[231,00 €]
Pflegestufe I	= Pflegegrad 2	689,00 €	[468,00 €]
Pflegestufe I/eA	= Pflegegrad 3	1.298,00 €	[689,00 €]
Pflegestufe II	= Pflegegrad 3	1.298,00 €	[1.144,00 €]
Pflegestufe II/eA	= Pflegegrad 4	1.612,00 €	[1.298,00 €]
Pflegestufe III	= Pflegegrad 4	1.612,00 €	[1.612,00 €]
Pflegestufe III/eA	= Pflegegrad 5	1.995,00 €[142]	[1.995,00 €]

b) § 37 SGB XI – ambulante Geldleistungen

221 Pflegebedürftige der Pflegegrade 2 bis 5 können anstelle der häuslichen Pflegehilfe ein **Pflegegeld** beantragen, wenn die Pflege selbst sichergestellt wird.

222 In § 37 Abs. 2 Satz 2 SGB XI wird ein Fehler des Ersten Pflegestärkungsgesetz (PSG I) korrigiert, der dazu führte, dass die zeitlichen Höchstgrenzen für die Inanspruchnahme von Verhinderungs- und Kurzzeitpflege einerseits und der Dauer der hälftigen Pflegegeldfortzahlung während einer Verhinderungs- und Kurzzeitpflege andererseits auseinandergefallen waren. Dies führte in der Praxis zu Umsetzungsschwierigkeiten und Auslegungsproblemen. Daher werden nunmehr die Vorschriften zur hälftigen Fortzahlung des (**anteiligen**) **Pflegegeldes** in ihrem Wortlaut an die flexibilisierten zeitlichen Höchstgrenzen für Kurzzeit- und Verhinderungspflege angepasst, um eventuell auftretende Nachteile für die Versicherten zu vermeiden. Das (anteilige) Pflege-

141 So bereits BT-Drucks. 17/9369, 53, BT-Drucks. 18/5926, 120.
142 Härtefall nach § 36 Abs. 4 SGB XI *2016*.

geld wird während einer Kurzzeitpflege nach § 42 SGB XI für bis zu acht Wochen und während einer Verhinderungspflege nach § 39 SGB XI für bis zu sechs Wochen je Kalenderjahr in halber Höhe fortgewährt.[143] § 38 Satz 4 SGB XI übernimmt diese zeitliche Ausweitung für die Berechnung der Kombinationsleistung.[144]

§ 37 SGB XI – ambulante Geldleistungen (monatliches Leistungsbudget), (in Klammern Werte bis 31.12.2016):

Pflegestufe 0/eA	= Pflegegrad 2	316,00 €	[123,00 €]
Pflegestufe I	= Pflegegrad 2	316,00 €	[244,00 €]
Pflegestufe I/eA	= Pflegegrad 3	545,00 €	[316,00 €]
Pflegestufe II	= Pflegegrad 3	545,00 €	[458,00 €]
Pflegestufe II/eA	= Pflegegrad 4	728,00 €	[545,00 €]
Pflegestufe III	= Pflegegrad 4	728,00 €	[728,00 €]
Pflegestufe III/eA	= Pflegegrad 5	901,00 €	[728,00 €]

c) § 37 Abs. 3 SGB XI – Beratungsbesuch

Die Vertragsparteien nach § 113 SGB XI werden aufgefordert, gemäß § 113 b SGB XI 223 bis zum 1.1.2018 **Empfehlungen zur Qualitätssicherung** der Beratungsbesuche nach § 37 Abs. 3 SGB XI zu beschließen. Damit sollen die Regelungen zu den **Beratungsbesuchen** behutsam weiterentwickelt werden, um sie an die Erfordernisse anzupassen, die sich aus dem neuen Pflegebedürftigkeitsbegriff ergeben, und zugleich die Qualität der Beratung zu verbessern. Es ist allerdings nicht daran gedacht, die Zielsetzung der Beratung nach dieser Vorschrift grundlegend zu ändern oder zu erweitern. Es soll in der Hauptsache sichergestellt werden, dass die Qualität der selbst sichergestellten Pflege durch eine **individuelle Beratung** gewährleistet bleibt.[145]

Die Ausrichtung der Beratung ist mit der Einführung des neuen Pflegebedürftigkeits- 224 begriffs zudem inhaltlich zu verbreitern. Bislang war die **pflegefachliche Beratung** – entsprechend dem bisherigen Pflegebedürftigkeitsbegriff – häufig auf den Bedarf von somatisch Pflegebedürftigen ausgerichtet. Nunmehr ist vor allem eine **zielgruppenspezifische Beratungskompetenz** erforderlich, die insbesondere auch den Belangen von an **Demenz** erkrankten Menschen in vollem Umfang gerecht werden muss. Um dem neuen Pflegebedürftigkeitsbegriff Rechnung zu tragen, muss sich die pflegefachliche Beratung, anstatt sich auf die pflegefachlichen Belange im herkömmlichen Sinne zu beschränken, künftig also weiterentwickeln und insbesondere in noch stärkerem Maße an den jeweiligen individuellen Pflege- und Betreuungsbedarfen ausgerichtet werden. Die Beratung soll daher je nach dem Bedarf der Pflegebedürftigen Hinweise nicht nur zu Problemlagen im Zusammenhang mit körperlichen Einschränkungen beinhalten, sondern etwa auch zu Fragen, die die Bereiche der kognitiven und kommunikativen Fähigkeiten, der Verhaltensweisen und psychischen Problemlagen, den Bereich der Bewältigung und des selbstständigen Umgangs mit krankheits- oder therapiebedingten Anforderungen und Belastungen sowie den Bereich der Gestaltung des

143 BT-Drucks. 18/5926, 92 f.
144 BT-Drucks. 18/5926, 93.
145 BT-Drucks. 18/5926, 122 f.

Alltagslebens und sozialer Kontakte betreffen. Sie ist mithin auf die Bedarfslagen auszurichten, die mit dem neuen Pflegebedürftigkeitsbegriff umschrieben sind. Die Beratungsbesuche sollen aber auch Kenntnis über **weitergehende Beratungs- und Schulungsmöglichkeiten** vermitteln. Die Pflegebedürftigen sollen insbesondere aktiv und ausdrücklich auf die Möglichkeit der unentgeltlichen Inanspruchnahme von **Pflegekursen** nach § 45 SGB XI, auch in der eigenen Häuslichkeit, hingewiesen werden.[146]

§ 37 Abs. 3 SGB XI – Beratungsbesuch, (in Klammern Werte bis 31.12.2016):

Pflegegrad 1–3	23,00 €	[22,00 €]
Pflegegrad 4 und 5	33,00 €	[32,00 €]

d) § 38 a SGB XI – Zusätzliche Leistungen in ambulant betreuten Wohngruppen

225 **Neuen Wohnformen** kommt in der pflegerischen Versorgung zunehmend ein größeres Gewicht zu. Für viele Menschen bieten sie die Möglichkeit, ihren Wunsch nach häuslicher und individueller Pflege und Betreuung einlösen zu können. Dieser Entwicklung ist bereits zum 1.1.2015 mit der Weiterentwicklung des **Wohngruppenzuschlags** in § 38 a SGB XI[147] Rechnung getragen worden. Zugleich rückt die Frage nach den Grundlagen der Qualität und Kriterien der Qualitätssicherung und Qualitätsprüfung der pflegerischen Versorgung in den neuen Wohnformen in den Vordergrund. Durch § 113 b Abs. 4 Satz 2 Nr. 6 SGB XI werden die Vertragsparteien nach § 113 SGB XI verpflichtet, ein Konzept für eine **Qualitätssicherung in neuen Wohnformen** entwickeln zu lassen, um damit diesem Anliegen und der pflegefachlichen Notwendigkeit zu entsprechen.[148]

226 **Ziel** des Wohngruppenzuschlages ist es, gemeinschaftliche Pflegewohnformen außerhalb der stationären Pflegeeinrichtungen und außerhalb des klassischen betreuten Wohnens leistungsrechtlich besonders zu unterstützen. Besonders in den Blick zu nehmen sind hier **anbieterverantwortete ambulant betreute Wohngruppen**,[149] also Wohngruppen, die nicht von den Bewohnerinnen und Bewohnern und ihren Angehörigen selbst organisiert werden, sondern bei denen ein bestimmter Anbieter oder ein Dritter den in der Wohngruppe lebenden Pflegebedürftigen Leistungen anbietet oder gewährleistet. Auch bei diesen Wohngruppen muss sich aus einer Gesamtschau ergeben, dass es sich weiterhin um eine **ambulante Versorgungsform** handelt, die sich in Anbetracht der insgesamt von dem Anbieter oder Dritten für die Wohngruppenmitglieder angebotenen oder gewährleisteten Leistungen, einschließlich der Leistungen der teilstationären Pflege, von einer vollstationären Versorgung unterscheiden lässt. Kein Kriterium in der Gesamtschau ist die Anwendung des örtlich einschlägigen **Landes-Heimgesetzes**. Das bundesrechtlich geregelte Leistungsrecht des SGB XI und das

146 BT-Drucks. 18/5926, 123.
147 BT-Drucks. 18/2909, 43.
148 BT-Drucks. 18/5926, 102.
149 Der zunächst im Entwurf des neuen § 38 a Abs. 1 Satz 1 Nr. 4 SGB XI vorgesehene Klammerzusatz (BT-Drucks. 18/5926, 35) wurde auf Forderung des Bundesrats (18/6182, 14) gestrichen, um zu vermeiden, dass der Begriff „anbieterverantworteten ambulant betreuten Wohngruppe" im Bundesrecht und in den landesheimrechtlichen Regelungen voneinander abweichend ausgelegt wird (BT-Drucks. 18/6688, 141 (Vorabfassung).

Ordnungsrecht der Landes-Heimgesetze sind voneinander entkoppelt.[150] Maßgebliches Abgrenzungskriterium ist, dass die ambulante Leistungserbringung nicht tatsächlich weitgehend den Umfang einer stationären Versorgung erreicht und somit eine Situation vermieden wird, in der ein Anbieter der Wohngruppe oder ein Dritter für die Mitglieder der Wohngruppe eine Vollversorgung anbietet. Das zentrale Merkmal einer ambulanten Versorgung ist, dass **regelhaft Beiträge** der Bewohnerinnen und Bewohner selbst, ihres persönlichen sozialen Umfelds oder von bürgerschaftlich Tätigen zur Versorgung notwendig bleiben. Ist nicht vorgesehen, dass sich das soziale Umfeld der in der Wohngruppe lebenden Menschen in die Leistungserbringung und in den Alltag einbringen kann – etwa durch die Sicherstellung der Arztbesuche, die Gestaltung und kleine Reparaturen in der Wohnung, Entscheidungen über neue Bewohnerinnen und Bewohner, die Neuanschaffung von Geräten, den Einkauf von Lebensmitteln oder die Verwaltung der Gruppenkasse – besteht keine mit der häuslichen Pflege vergleichbare Situation.[151]

Die streitige Frage,[152] ob eine **Anrechnung** der Leistungen der Hilfe zur Pflege nach 227
den §§ 61 ff SGB XII auf die Leistungen nach § 38 a SGB XI ausgeschlossen ist, wird vom Gesetzgeber nicht beantwortet und bleibt insoweit der Entwicklung im Rahmen zukünftiger Gesetzgebungsverfahren vorbehalten.[153]

Der neu eingeführte § 38 a Abs. 1 Satz 2 SGB XI *2017* **verhindert** die weitere Ver- 228
knüpfung von Leistungen für Mitglieder von ambulant betreuten Wohngruppen mit Angeboten der **teilstationären Pflege** (§ 41 SGB XI). Primäre Zielsetzung sieht der Gesetzgeber[154] dabei, die Kombination aller möglichen Leistungstatbestände zu verhindern, wenn damit kein erkennbarer Zusatznutzen in der pflegerischen Versorgung erreicht werde. Leistungen der Tages- und Nachtpflege gemäß § 41 SGB XI können neben § 38 a SGB XI nur in Anspruch genommen werden, wenn gegenüber der zuständigen Pflegekasse durch eine **Prüfung des MDK** nachgewiesen ist, dass die Pflege in der ambulant betreuten Wohngruppe ohne teilstationäre Pflege nicht in ausreichendem Umfang sichergestellt ist. Mit dieser Änderung soll derartigen Kombinationsmöglichkeiten der Boden entzogen werden, ohne den Mitgliedern von ambulant betreuten Wohngruppen ohne Ausnahme den Zugang zu Leistungen der teilstationären Pflege zu verschließen. Der MDK soll dazu im Einzelfall prüfen, ob die Inanspruchnahme von Tages- oder Nachtpflege erforderlich ist, damit der betreffende Pflegebedürftige alle von ihm individuell benötigten körperbezogenen Pflegemaßnahmen und pflegerischen Betreuungsmaßnahmen in ausreichendem Umfang erhält. Bei der Prüfung sind sämtliche in der ambulant betreuten Wohngruppe durch die Präsenzkraft gemäß § 38 a Abs. 1 Satz 1 Nr. 3 SGB XI sowie den ambulanten Pflegedienst erbrachten Leistungen sowie etwaiger Entlastungsbedarf anderer Mitglieder der Wohngruppe (beispielsweise: Störungen des Tages- und Nachtrhythmus) zu berücksichtigen.

150 LSG Niedersachsen-Bremen 20.12.2013 – L 4 KR 354/13 B ER; dazu *Richter* GuP 2014, 77.
151 BT-Drucks. 18/2909, 41.
152 Vgl. für die Anrechnung: SG Berlin, 20.1.2015 – S 212 SO 850/14; gegen die Anrechnung: SG Halle, Beschl. v. 6.3.2014 – S 24 SO 223/13 ER.
153 BT-Drucks. 18/6688, 141 (Vorabfassung).
154 BT-Drucks. 18/5926, 125.

§ 38 a SGB XI – Zusätzliche Leistungen in ambulant betreuten Wohngruppen, (monatliches Leistungsbudget), (in Klammern Werte bis 31.12.2016):

214,00 € [205,00 €]

e) § 39 SGB XI – Häusliche Pflege bei Verhinderung der Pflegeperson

229 Der Wortlaut des § 39 SGB XI wird sprachlich klarer gefasst, um die Verständlichkeit der Vorschrift zu erhöhen; eine inhaltliche Änderung ist hiermit nicht verbunden. Die Vorschrift des bisherigen § 39 Abs. 3 SGB XI a.F., nach der der jährliche Leistungsbetrag unter Anrechnung auf den Leistungsbetrag für eine Kurzzeitpflege erhöht werden kann, wird nun § 39 Abs. 2 SGB XI. Durch eine Anpassung des Wortlauts wird zudem verdeutlicht, dass die Möglichkeit zur Nutzung von maximal der Hälfte der noch nicht in Anspruch genommenen Mittel der Kurzzeitpflege nach § 42 Abs. 2 Satz 2 SGB XI zugunsten von Leistungen der Verhinderungspflege geschaffen worden ist, um hiermit den Leistungsbetrag in allen Fällen zu erhöhen, in denen dieser zur Ermittlung der (Gesamt-)Leistungshöhe im § 39 SGB XI einschlägig ist.[155] Die entsprechende **Flexibilisierung** soll also sowohl in den Fällen der familiären Ersatzpflege als auch in den Fällen der erwerbsmäßig ausgeübten Ersatzpflege gelten.[156]

230 Der Anspruch auf Verhinderungspflege steht ab dem 1.1.2017 den Pflegebedürftigen zu, die **mindestens in Pflegegrad 2** eingestuft sind. Der Pflegegrad 2 muss aber nicht bereits während der sechsmonatigen **Vorpflegezeit** vorliegen. Die Vorpflegezeit ist somit etwa auch dann als erfüllt anzusehen, wenn der Pflegebedürftige in dieser Zeit in Pflegegrad 1 (geringe Beeinträchtigungen der Selbstständigkeit oder der Fähigkeiten, vgl. § 15 Abs. 3 Satz 4 Nr. 1 SGB XI *2017*) eingestuft war. Dies dient der Unterstützung und Förderung der häuslichen Pflege im Allgemeinen sowie der Pflegebereitschaft von Angehörigen, Freunden oder sonstigen ehrenamtlichen Pflegepersonen im Besonderen: Nach Höherstufung in Pflegegrad 2 muss nicht sechs weitere Monate gewartet werden, bevor der Anspruch auf Verhinderungspflege geltend gemacht werden kann, wenn der Pflegebedürftige bereits mit Pflegegrad 1 mindestens sechs Monate in seiner häuslichen Umgebung gepflegt wurde.[157]

§ 39 SGB XI – Häusliche Pflege bei Verhinderung der Pflegeperson (jährliches Leistungsbudget), (in Klammern Werte bis 31.12.2016):

1.612,00 € [1.612,00 €]

Wurde noch keine Kurzzeitpflege (§ 42 SGB XI) in Anspruch genommen, kann der Leistungsbetrag – unter Anrechnung auf das Kurzzeitpflegebudget – um bis zu 806,00 € (50 % der Kurzzeitpflege) [806,00 €] auf insgesamt 2.418,00 € [2.418,00 €] erhöht werden.

155 Der Bundesrat hatte angeregt, das volle Budget der Kurzzeitpflege nach § 42 SGB XI auf die Verhinderungspflege übertragen zu können und nicht nur 50% (BT-Drucks. 18/6182, 8), konnte sich allerdings nicht durchsetzen.

156 BT-Drucks. 18/5926, 93.

157 BT-Drucks. 18/6688, 142 (Vorabfassung).

f) § 40 Abs. 2 SGB XI – Zum Verbrauch bestimmte Pflegehilfsmittel

§ 40 Abs. 2 SGB XI – Zum Verbrauch bestimmte Pflegehilfsmittel, (in Klammern Werte bis 31.12.2016): 231

Monatlicher Höchstbetrag für die Erstattung der Kosten: 40,00 € [40,00 €]

g) § 40 Abs. 1, 4 SGB XI – Pflegehilfsmittel, Maßnahmen zur Verbesserung des Wohnumfeldes

Die Regelungen für **Maßnahmen zur Verbesserung des Wohnumfeldes** und die Finanzierung von **Pflegehilfsmittel** haben sich nicht verändert. Allerdings wird die Beantragung der Leistungen erleichtert. Für bestimmte **Hilfsmittel** und **Pflegehilfsmittel**, die den Zielen nach § 40 SGB XI dienen, sollen die im Gutachten zur Feststellung von Pflegebedürftigkeit ausgesprochene Empfehlungen des MDK zum Hilfsmittel- und Pflegehilfsmittelbedarf zukünftig als **Antrag** des Versicherten auf Leistungen gelten, wenn der Versicherte, sein Betreuer oder sein Bevollmächtigter zustimmt, § 18 Abs. 6 a SGB XI *2017*.[158] Die **Zustimmung** des Versicherten erfolgt gegenüber dem Gutachter im Rahmen der Begutachtung und wird im Begutachtungsformular schriftlich dokumentiert. Der Antrag gilt mit Eingang der Ergebnisse des Verfahrens zur Feststellung der Pflegebedürftigkeit sowie der Empfehlungen zur Hilfsmittel- und Pflegehilfsmittelversorgung bei der Pflegekasse als gestellt. Für Hilfsmittel, die der Zuständigkeit der Krankenkasse unterfallen, gilt § 16 Abs. 2 SGB I. Die Pflegekasse hat in ihrem Zuständigkeitsbereich über den so übermittelten Antrag unverzüglich, spätestens mit dem Bescheid über die Feststellung der Pflegebedürftigkeit zu entscheiden. Bis zum 31.12.2020[159] wird mit der gutachterlichen Empfehlung des MDK für die Hilfsmittel, die den Zielen des § 40 SGB XI dienen, die Erforderlichkeit des Hilfsmittels nach § 33 Abs. 1 SGB V und Notwendigkeit der Versorgung mit einem Pflegehilfsmittel nach § 40 SGB XI **vermutet**. Damit ist die fachliche Prüfung grundsätzlich abgeschlossen; eine weitergehende fachliche Überprüfung der Notwendigkeit ist nicht mehr geboten, es sei denn, die Kranken- oder Pflegekasse stellt die **offensichtliche Unrichtigkeit** der Empfehlung fest. Die Vermutung ersetzt nicht die Prüfung der **Wirtschaftlichkeit** durch die Krankenkasse. Voraussetzung für die Leistungsgewährung ist ferner, dass die jeweiligen weiteren leistungs- und versicherungsrechtlichen Voraussetzungen vorliegen. Die gutachterlichen Empfehlungen bei den genannten Hilfsmitteln ersetzen so die ärztliche Therapieentscheidung nach § 33 Abs. 5 a Satz 1 SGB V sowie die ärztliche Verordnung nach § 33 Abs. 5 a Satz 2 SGB V.[160] 232

Praxishinweis: Aufgrund des Verzichts auf eine ärztliche Einbindung gilt diese Regelung nur für solche Hilfsmittel und Pflegehilfsmittel, die zur Erleichterung 233

158 Diese Änderung sollte ursprünglich zum 1.1.2016 in Kraft treten. Nach Empfehlung des Gesundheitsausschuss wird zur Vorbereitung dieser Regelung Zeit bis zum 1.1.2017 gegeben, BT-Drucks. 18/6688, 133 (Vorabfassung).

159 BT Drucks. 18/6688, 139 (Vorabfassung): Für den Bereich der gesetzlichen Krankenversicherung sollen die gesetzliche Vermutung und der Verzicht auf eine ärztliche Verordnung in § 18 Abs. 6 a Satz 5 SGB XI zunächst für einen Zeitraum von drei Jahren erprobt werden.

160 BT-Drucks. 18/5926, 90 f.

der Pflege oder zur Linderung der Beschwerden des Pflegebedürftigen beitragen oder ihm eine selbstständigere Lebensführung ermöglichend. Dies sind[161]

- **Adaptionshilfen** (Strumpfanziehhilfen, Greifhilfen),
- **Badehilfen** (Badewannenbretter, Badewannenlifter, Duschhocker, fahrbare Duschstühle),
- **Gehhilfen** (Gehböcke, Rollatoren, Deltaräder),
- **Hilfsmittel gegen Dekubitus** (Antidekubitussitzkissen, Antidekubitusauflagen, Antidekubitusmatratzen, aktive und passive Systeme),
- **Inkontinenzhilfen** (Inkontinenzvorlagen, Netzhosen, Inkontinenzpants, Bettschutzeinlagen),
- Kranken- oder Behindertenfahrzeuge (Rollstühle),
- **Krankenpflegeartikel** (behindertengerechte Betten, Stehbetten, Aufrichthilfen, Rückenstützen),
- **Lagerungshilfen** (Beinlagerungshilfen, Lagerungskeile),
- **Mobilitätshilfen** (Drehscheiben, Dreh- und Übersetzhilfen, Rutschbretter, Katapultsitze, Bettleitern),
- Stehhilfen,
- Stomaartikel,
- **Toilettenhilfen** (Toilettensitzerhöhungen, feststehende Toilettenstühle oder Toilettenstühle auf Rollen),
- **Pflegehilfsmittel** zur Erleichterung der Pflege, Pflegehilfsmittel zur Körperpflege oder Hygiene (Urinflaschen, Urinschiffchen, Steckbecken, saugende Bettschutzeinlagen, Kopfwaschsysteme),
- Pflegehilfsmittel zur selbstständigeren Lebensführung oder zur Mobilität, Pflegehilfsmittel zur Linderung von Beschwerden,
- **zum Verbrauch bestimmte Pflegehilfsmittel** (Einmalhandschuhe, Desinfektionsmittel)
- sowie sonstige unmittelbar alltagsrelevante Pflegehilfsmittel.

234 Die Art, die Ausführung und die benötigte Menge der genannten Hilfsmittel und Pflegehilfsmittel sind vom Gutachter bei der Begutachtung festzulegen. Die Begutachtungs-Richtlinien nach § 17 SGB XI sowie die Hilfsmittel-Richtlinie des Gemeinsamen Bundesausschusses nach § 92 SGB V sind entsprechend anzupassen. Für alle anderen Hilfsmittel (Kommunikationshilfen, Sehhilfen, Orthesen, Prothesen aus dem Bereich des unmittelbaren Behinderungsausgleichs oder für Hilfsmittel, die direkt der Krankenbehandlung und/oder der medizinischen Versorgung zuzuordnen sind wie beispielsweise Beatmungsgeräte oder Elektrostimulationsgeräte) gilt diese Regelung

161 BT-Drucks. 18/5926, 91.

nicht. Der Gutachter kann im Gutachten nur eine unverbindliche Versorgungsempfehlung aussprechen. Die leistungsrechtliche Abgrenzung, ob es sich bei der empfohlenen Versorgung um ein Hilfsmittel nach § 33 SGB V oder um ein Pflegehilfsmittel nach § 40 SGB XI handelt, obliegt der Kranken- oder Pflegekasse. In den Fällen der anderen Hilfsmittel sind Art, Ausführung, Menge, Leistungsparameter und Anzahl der Hilfsmittel durch den **behandelnden Arzt** oder Facharzt im Auftrag der Krankenkasse unter Beachtung der Hilfsmittel-Richtlinie des Gemeinsamen Bundesausschusses festzulegen.

§ 40 Abs. 4 SGB XI – Maßnahmen zur Verbesserung des Wohnumfeldes, (in Klammern Werte bis 31.12.2016):

4.000,00 € [4.000,00 €]

Leben mehrere Pflegebedürftige in einer Wohngruppe, so ist der Gesamtzuschuss auf 16.000,00 € [16.000,00 €] begrenzt (§ 45 f SGB XI).

h) § 45 b SGB XI – Entlastungsbetrag

Der bisherige Anspruch des § 45 b SGB XI *2016* auf „Zusätzliche Betreuungs- und Entlastungsleistungen" wird nun – nach Ansicht des Gesetzgebers besser verständlich – in § 45 b SGB XI *2017* als „**Entlastungsbetrag**" bezeichnet. Der Entlastungsbetrag steht allen Pflegebedürftigen der **Pflegegrade 1 bis 5**, die in der Häuslichkeit versorgt werden, zu und soll Menschen, die als Pflegepersonen Verantwortung übernehmen und im Pflegealltag oftmals großen Belastungen ausgesetzt sind, Möglichkeiten zur Entlastung eröffnen. Außerdem sollen die Leistungen, für die der Entlastungsbetrag eingesetzt wird, darauf ausgerichtet sein, den Pflegebedürftigen Hilfestellungen zu geben, die ihre Fähigkeit zur selbstständigen und selbstbestimmten Gestaltung des Alltags fördern. Auf diese Zielsetzungen soll bei der Leistungserbringung besonderer Wert gelegt werden.[162] 235

> **Praxishinweis:** Die bisherige Unterscheidung zwischen Grundbetrag (104,00 €) und **erhöhtem Betrag** (208,00 €) wird aufgegeben; nunmehr erhalten alle Anspruchsberechtigten einen einheitlichen Entlastungsbetrag in Höhe von 125,00 €. Zum Bestandsschutz für die Versicherten, die bis zum 31.12.2016 den erhöhten Betrag erhalten, vgl. § 141 Abs. 2 SGB XI *2017* [→ Rn. 313 f]. 236

Für den erhöhten Betrag nach § 45 b Abs. 1 Satz 2 SGB XI *2016* wurde daher mit § 141 Abs. 2 SGB XI *2017* eine eigene Regelung zum Schutz des Besitzstandes geschaffen [→ Rn. 313]. Der Entlastungsbetrag nach § 45 b SGB XI ist unverändert ein **Kostenerstattungsanspruch,** der zum Ersatz von Aufwendungen im Zusammenhang mit Leistungen der Tages- oder Nachtpflege, der Kurzzeitpflege, zugelassener Pflegedienste oder nach Landesrecht anerkannter niedrigschwelliger Betreuungs- oder Entlastungsangebote nach § 45 c SGB XI *2016* bzw. Angebote zur Unterstützung im Alltag nach § 45 a SGB XI *2017* eingesetzt werden kann. Allerdings ist die Inanspruch- 237

162 BT-Drucks. 18/5926, 132.

nahme der Leistungen zugelassener ambulanter Pflegedienste nach § 45 b Abs. 1 Satz 3 Nr. 3 SGB XI *2017* für Pflegebedürftige der Pflegegrade 2 bis 5 weiterhin **beschränkt.** Leistungen im Bereich des Moduls 4 – Selbstversorgung [→ Rn. 65 ff, 134 ff] bleiben der Abrechnung nach § 36 SGB XI 2017 vorbehalten und können – wie bislang die Grundpflege, vgl. § 45 b Abs. 1 Satz 6 SGB XI *2016* – innerhalb des § 45 b SGB XI *2017* nicht abgerechnet werden.

238 Dabei bilden die mit den ambulanten Pflegediensten für die Leistungserbringung nach § 36 SGB XI **vereinbarten Vergütungssätze** nach § 89 SGB XI auch bei einer Leistungserbringung für Pflegebedürftige des Pflegegrades 1 für Leistungen innerhalb des Modul 4 – Selbstversorgung die **Obergrenze** für die von den Versicherten hierfür zu entrichtenden Vergütungen. Auch wenn die Inhalte der Leistungen und die Obergrenze der von den Versicherten hierfür zu entrichtenden Vergütungen im Rahmen des § 45 b Abs. 1 Satz 3 Nr. 3 SGB XI *2017* aus der Vergütungsvereinbarung des § 89 SGB XI für die Leistungen nach § 36 SGB XI abgeleitet werden, bleibt es dabei, dass es sich beim Entlastungsbetrag des § 45 b SGB XI *2017* um einen Kostenerstattungsanspruch handelt. Die Pflegebedürftigen müssen – auch um jederzeit einen Überblick über die bezogenen Leistungen und die Höhe des Entlastungsbetrags, der ihnen noch zur Verfügung steht, zu behalten – eine aussagefähige **Rechnung** sowie ggf. **Quittung** erhalten, die sie bei ihrer Pflegekasse oder ihrem Versicherungsunternehmen zwecks Kostenerstattung einreichen können. Aus der Rechnung muss dabei auch ersichtlich sein, ob und in welchem Umfang im Rahmen der Leistungserbringung nach § 45 b SGB XI ebenfalls Leistungen im Bereich der Selbstversorgung erbracht und abgerechnet werden. Die zivilrechtlich gegebenen Möglichkeiten zur Bevollmächtigung oder **Abtretung** bleiben unberührt, entbinden aber nicht von der umfassenden **Information** der Anspruchsberechtigten über die Leistungen, für die eine Kostenerstattung beantragt wird.[163]

239 Der **Antrag auf Kostenerstattung** muss dabei wie bisher bei der Pflegekasse oder dem Versicherungsunternehmen **nicht** bereits **vor Beginn** des Bezugs von Leistungen nach § 45 b SGB XI gestellt werden. Ausreichend ist vielmehr eine Antragstellung zusammen mit der **Einreichung der Belege** zu den entstandenen Aufwendungen, auch wenn der Anfall der Kosten, deren Erstattung beantragt wird, in der Vergangenheit liegt und vor der (erstmaligen) Beantragung zunächst einige Belege gesammelt worden sind.[164] Eine Erstattung von Aufwendungen, die im Zusammenhang mit der Inanspruchnahme von Leistungen vor dem grundsätzlichen Bestehen einer Anspruchsberechtigung – also der Feststellung der Pflegebedürftigkeit – auf den Entlastungsbetrag nach § 45 b Abs. 1 SGB XI *2017* entstanden sind, bleibt dabei wie bisher ausgeschlossen.[165]

---

163 BT-Drucks. 18/5926, 133.

164 Der Gesetzgeber reagiert damit auf die Welle der Ablehnung von Kostenerstattungen nach § 45 b SGB XI durch die Barmer GEK. Diese fordert – als einzige Pflegekasse [warum irren sich nur alle anderen?] – letztlich einen dreifachen Antrag: Erstens einen Antrag auf Einstufung in eine Pflegestufe oder die eingeschränkte Alltagskompetenz, zweitens abstrakt einen Antrag „am 1.1.2015“ auf Leistungen nach §§ 45 a, 45 b SGB XI und schließlich drittens einen Antrag auf konkrete Kostenerstattung.

165 BT-Drucks. 18/5926, 133.

Das Kostenerstattungs- oder Geldleistungsprinzip bedingt ein **zweiteilig gestuften Verfahren:**[166] In einem ersten Schritt wird entschieden, ob der Versicherte **dem Grunde nach** leistungsberechtigt ist und wie hoch der Beitrag ausfällt, den er ausschöpfen kann, falls er eines der in § 45 b Abs. 1 Satz 6 SGB XI *2016* genannten Pflege- und Betreuungsangebote wahrnimmt. Liegt eine solche grundsätzliche Bewilligungsentscheidung vor, kann der Versicherte die finanzielle Auswirkung der beabsichtig Inanspruchnahme von Leistung nach § 45 b Abs. 1 Satz 6 SGB XI *2016* sicher kalkulieren und abschätzen, ob und welchem Umfang er einen eigenen Beitrag aufzubringen haben wird. In einem zweiten Schritt wird dann festgelegt, wie hoch die **Kostenerstattung** für tatsächlich in Anspruch genommene zusätzliche Betreuungsleistungen ausfällt (§ 45 b Abs. 2 Satz 1 SGB XI *2016*). Dabei ist der Antrag nach den §§ 33 SGB XI, 19 SGB IV auf den sog. **Grundbescheid** gerichtet, also die Feststellung durch den MDK, dass entweder eine Pflegestufe im Sinne der §§ 14, 15 SGB XI zuerkannt und/oder für den Versicherten festgestellt wird, dass dieser in der Alltagskompetenz erheblich eingeschränkt ist. 240

Der **Kostenerstattungsanspruch** kann nach § 45 b Abs. 2 Satz 2 SGB XI innerhalb des Kalenderjahres und sogar im folgenden Kalenderhalbjahr in Anspruch genommen werden. Dabei ist die **Fälligkeitsanordnung** des § 41 SGB I zu beachten. Fällig werden die Betreuungs- und Entlastungsleistungen monatlich. 241

Beispiel 1: X nimmt im März Betreuungsleistungen in Höhe von 800,00 € in Anspruch und reicht die Rechnung über diesen Betrag bei ihrer Pflegekasse ein. Im März sind nur die monatlichen Leistungen des Zeitraums Januar bis März fällig. Daher erhält der Versicherte eine Erstattung von 3 x 104,00 € = 312,00 €.

Beispiel 2: X nimmt die Leistungen erst im Dezember in Höhe von 800,00 € in Anspruch. Da X vorher keine Erstattung erhalten hat, hat er in diesem Zeitpunkt ein Budget von 12 x 104,00 €, gleich 1248,00 €. Die Pflegekasse wird ihm also die 800,00 € erstatten und 448,00 € für den Verbrauch im kommenden Kalenderhabjahr vermerken.

Bei Leistungen der Tages- und Nachtpflege sowie der Kurzzeitpflege ist eine Differenzierung danach, ob es sich um Aufwendungen für Leistungen im Bereich der Selbstversorgung handelt, nicht geboten, da es sich in der teil- und vollstationären Pflege jeweils um **einheitliche Gesamtleistungen** handelt, die eine Trennung nach Leistungen im Bereich der körperbezogener Selbstversorgung und solchen im Bereich anderer pflegerischer Maßnahmen nicht zulassen. Bei diesen Leistungen ist vielmehr davon auszugehen, dass sie insgesamt zur Entlastung von pflegenden Angehörigen und vergleichbar nahestehenden Pflegepersonen sowie zur Förderung der Selbstständigkeit und Selbstbestimmtheit der Pflegebedürftigen bei der Gestaltung ihres Alltags beitragen. Gegenüber der bisherigen Rechtslage erfolgt also keine Änderung.[167] 242

Die Leistungen nach § 45 b SGB XI finden gemäß § 13 Abs. 3 a SGB XI bei den Fürsorgeleistungen des Trägers der Sozialhilfe als **Hilfe zur Pflege** nach § 13 Abs. 3 Satz 1 243

166 BSG 12.8.2010 – B 3 P 3/09 R.
167 BT-Drucks. 18/5926, 133.

SGB XI weiterhin keine Berücksichtigung,[168] werden also auf die Leistungen des Trägers der Sozialhilfe **nicht angerechnet.**

244 Der **Entlastungsbetrag** ist gemäß § 45 b Abs. 1 Satz 2 SGB XI *2017* zweckgebunden einzusetzen für qualitätsgesicherte Leistungen zur Entlastung pflegender Angehöriger und vergleichbar Nahestehender in ihrer Eigenschaft als Pflegende sowie zur Förderung der Selbstständigkeit und Selbstbestimmtheit der Pflegebedürftigen bei der Gestaltung ihres Alltags. Der Entlastungsbetrag des § 45 b SGB XI *2017* soll speziell die Belange der Pflegepersonen angesichts der Belastungen, die mit der Übernahme von Verantwortung für einen Pflegebedürftigen verbunden sind, ansprechen und einen Anreiz geben, sich tatsächlich zu entlasten.[169] Entsprechende Entlastungen des umgebenden Pflegesettings sind im Recht der Sozialhilfe im Bereich der **Hilfe zur Pflege** nicht so ausgeprägt. Die **Fürsorgeleistungen** nach §§ 61 ff. SGB XII dienen im Grundsatz dazu, die individuellen Bedarfe des Pflegebedürftigen selbst abzudecken. Der weitere Zweck des Entlastungsbetrags liegt darin, dem Pflegebedürftigen **Unterstützungsleistungen** durch qualitätsgesicherte Angebote zu eröffnen, mit deren Hilfe er seinen Alltag (wieder) möglichst eigenständig selbst bewältigen kann. Auch diese Hilfestellungen bewirken damit eine Entlastung der Pflegepersonen sowie natürlich ebenfalls eine Stärkung der Pflegebedürftigen selbst. Dies erfolgt nach Wunsch des Pflegebedürftigen bzw. der Pflegeperson auch durch eine Unterstützung, die in dieser Form nicht den üblichen Regelleistungen entspricht.

§ 45 b SGB XI – Entlastungsbetrag, (in Klammern Werte bis 31.12.2016):

Monatlicher Höchstbetrag für die Erstattung der Kosten: 125,00 € [104,00 €]

245 Der bislang in § 45 b Abs. 3 SGB XI *2016* geregelte Anspruch auf eine Kostenerstattung für Leistungen **niedrigschwelliger Betreuungs- und Entlastungsangebote** unter Anrechnung auf den Leistungsbetrag für ambulante Pflegesachleistungen – maximal in Höhe von 40 Prozent des jeweiligen Höchstleistungsbetrags nach § 36 SGB XI – wird nun in § 45 a Abs. 4 SGB XI *2017* geregelt. Da dieser Kostenerstattungsanspruch auf einer teilweisen Umwandlung des in § 36 SGB XI für ambulante Pflegesachleistungen vorgesehenen Leistungsbetrags beruht, wird für ihn die Bezeichnung **Umwandlungsanspruch** eingeführt. Dieser Anspruch steht den nach § 36 Abs. 1 SGB XI anspruchsberechtigten Pflegebedürftigen, also den Pflegebedürftigen der Pflegegrade 2 bis 5 zu.[170]

246 § 45 a Abs. 4 Satz 8 SGB XI *2017* wird eine Auslegung mancher Pflegekassen korrigiert, die nach Inkrafttreten des Ersten Pflegestärkungsgesetzes (PSG I) aufgetreten ist und hinsichtlich des Entlastungsbetrags und des Umwandlungsanspruchs vom Bestehen eines **Vorrang-Nachrang-Verhältnisses** ausgeht. Diese die Gestaltungsmöglichkeiten der Versicherten einschränkende Auslegung wurde zunächst durch die Trennung des Regelungsortes von Umwandlungsanspruch in § 45 a Abs. 4 Satz 1 SGB XI *2017*

168 So bereits: SG Berlin, 20.1.2015 – S 212 SO 850/14.
169 Vgl. dazu: Abschlussbericht des Expertenbeirats vom 27.6. 2013, 35.
170 BT-Drucks. 18/5926, 132.

und Entlastungsbetrag in § 45 b SGB XI *2017* die Grundlage. Zur Rechtsklarheit hat der Bundesrat allerdings zusätzlich auch eine ausdrückliche Klarstellung im Gesetzeswortlaut vorgeschlagen.[171]

i) § 37 SGB V – Häusliche Krankenpflege

247 Mit der Einführung des neuen Pflegebedürftigkeitsbegriffs sind **keine Leistungsverschiebungen** zwischen der sozialen Pflegeversicherung und der gesetzlichen Krankenversicherung verbunden. Die Ansprüche der Versicherten auf Leistungen nach dem SGB V bleiben dementsprechend – wie § 13 Abs. 2 SGB XI schon immer klar regelte – **unberührt.** Dies betrifft insbesondere die Leistungen der häuslichen Krankenpflege nach § 37 SGB V. Unverändert gilt dies auch für krankheitsspezifische Pflegemaßnahmen, soweit diese im Rahmen der häuslichen Krankenpflege nach § 37 SGB V zu leisten sind. Nachdem § 37 Abs. 2 Satz 1 letzter Halbsatz SGB V gestrichen wurde, ist dies gesetzlich nun in § 13 Abs. 2 Satz 2 SGB XI geregelt worden.[172]

248 **Praxishinweis:** Die Definition der **krankheitsspezifischen Pflegemaßnahmen** wird nun in § 15 Abs. 5 SGB XI *2017* vorgenommen, vorher stand diese Regelung in § 15 Abs. 3 Satz 2 und 3 SGB XI *2016*.

249 Die Regelung wird bezogen auf den neuen Pflegebedürftigkeitsbegriff unverändert fortgeschrieben.[173] Bei der Begutachtung sind – so § 15 Abs. 5 SGB XI *2017* – auch solche **Kriterien zu berücksichtigen**, die zu einem Hilfsbedarf führen, für den Leistungen des SGB V vorgesehen sind. Dies gilt auch für krankheitsspezifische Pflegemaßnahmen. Krankheitsspezifische Pflegemaßnahmen sind Maßnahmen der **Behandlungspflege**, bei denen der behandlungspflegerische Hilfebedarf aus medizinisch-pflegerischen Gründen regelmäßig und auf Dauer untrennbarer Bestandteil einer pflegerischen Maßnahme in den in § 14 Abs. 2 SGB XI *2017* genannten sechs Bereichen ist oder mit einer solchen notwendig in einem unmittelbaren zeitlichen und sachlichen Zusammenhang steht.

250 Der Gesundheitsausschuss des Deutschen Bundestages hat bei den Beratungen zum Beschluss des **Krankenhausstrukturgesetzes**[174] überraschend eine seit langem diskutierte Lücke zwischen der gesetzlichen Krankenversicherung und der sozialen Pflegeversicherung geschlossen. Folgender **Lehrbuchfall** liegt der Fragestellung zugrunde:

Die nicht pflegebedürftige – allein lebende – X stürzt unglücklich und bricht sich beide Oberarme. Nach einem dreitägigen Krankenhausaufenthalt wird X mit den fixierten Oberarmen entlassen. Die Fixierungen sollen 6 Wochen die knöcherne Heilung der Humerusfraktur sicherstellen, dabei ist Krankengymnastik vorgesehen. Wer übernimmt die Finanzierung der Grundpflege bzw. der hauswirtschaftlichen Versorgung?

171 BT-Drucks. 18/6182, 16, 30; BT-Drucks. 18/6688, 144 (Vorabfassung).
172 BT-Drucks. 18/5926, 107.
173 BT-Drucks. 18/5926, 114.
174 BT-Drucks. 18/6586, 94 (Vorabfassung).

Die Lösungsskizze, bisher:

1. Leistungen der Pflegeversicherung: Nein, da Bedarf nicht auf Dauer, voraussichtlich für mindestens 6 Monate (vgl. § 14 Abs. 1 SGB XI) besteht. [Hier nur 2, maximal 3 Monate]
2. Krankenversicherung:
   - § 37 Abs. 1 Satz 1 1. Alt. SGB V: Nein, da Krankenhausbehandlung nicht (mehr) erforderlich. [X ist medizinisch versorgt.]
   - § 37 Abs. 1 Satz 1 2. Alt. SGB V: Nein, da das ungeschriebene Tatbestandsmerkmal einer „akuten Erkrankung"[175] nicht besteht.
   - § 37 Abs. 2 SGB V: Nein, da nach dem Sachverhalt keine Behandlungspflege erforderlich ist.[176]
3. Es bleibt also die Selbsthilfe durch Familie oder Nachbarn bzw. die Beauftragung und Selbstzahlung eines Pflegedienstes.
4. [Bei Vorliegen der finanziellen Bedürftigkeit]: Hilfe zur Pflege nach § 61 Abs. 1 Satz 2 SGB XII – also der Erweiterung gegenüber den Leistungen der sozialen Pflegeversicherung – möglich.

251 Durch eine **Erweiterung der Leistungsansprüche** der häuslichen Krankenpflege in § 37 Abs. 1 a SGB XI haben Versicherte wegen schwerer Krankheit oder wegen akuter Verschlimmerung einer Krankheit, insbesondere nach einem Krankenhausaufenthalt, einen Bedarf an grundpflegerischer und hauswirtschaftlicher Versorgung, wenn sie sich im Hinblick auf die erheblichen Auswirkungen der Behandlungen zuhause nicht selbst pflegen und versorgen können. Versicherte bedürfen in dieser Konstellation der Unterstützung durch Leistungen der Grundpflege und/oder der hauswirtschaftlichen Versorgung, soweit nicht andere, insbesondere im Haushalt lebende Personen dies leisten können. Im Rahmen der häuslichen Krankenpflege scheitert die Kostenübernahme durch die Krankenkasse bisher grundsätzlich daran, dass diese **nur im Zusammenhang** mit medizinischer **Behandlungspflege** verordnet werden kann. Ähnliche Versorgungsprobleme können sich insbesondere nach einer ambulanten Operation oder nach einer ambulanten Krankenhausbehandlung zeigen. In diesen Fällen kann dies mit erheblichen Nachwirkungen, wie beispielsweise einer Chemotherapie, verbunden sein. Im Hinblick auf die bestehenden Leistungen und Leistungsvoraussetzungen der gesetzlichen Krankenversicherung und der sozialen Pflegeversicherung konnte der Versorgungsbedarf der Betroffenen bisher nicht gedeckt werden. Wenn dieser Bedarf kurzfristiger Natur ist und **nicht die Dauer** von sechs Monaten übersteigt, haben Versicherte keinen Anspruch auf Leistungen der sozialen Pflegeversicherung. Leistungen der häuslichen Krankenpflege nach § 37 SGB V werden zur Unterstützung der ärztlichen Behandlung entweder als Krankenhausvermeidungspflege nach Abs. 1 oder als Sicherungspflege nach Abs. 2 im Rahmen des ärztlichen Behandlungsplans erbracht. Im Hinblick auf die genannten Versorgungsprobleme wird mit dem neuen § 37 Abs. 1 a SGB V geregelt, dass Versicherte an geeigneten Orten i.S.v. § 37 Abs. 1 Satz 1 SGB V wegen schwerer Krankheit oder wegen akuter Ver-

175 Vgl. ausführlich: BSG, 28.1.1999 – B 3 KR 4/98 R = BSGE 83, 254.

176 Nach BSG (16.7.2014 – B 3 KR 2/13 R) fällt ein sog. Gilchristverband bei Arm- und Schulterverletzungen zur Sicherung des Ziels der ärztlichen Behandlung in die Leistungszuständigkeit der Krankenkassen bei der häuslichen Behandlungssicherungspflege, und zwar auch das zur Körperpflege und zum An- und Auskleiden erforderliche An- und Ablegen des Verbandes.

schlimmerung einer Krankheit, insbesondere nach einem Krankenhausaufenthalt, nach einer ambulanten Operation oder nach einer ambulanten Krankenhausbehandlung, soweit keine Pflegebedürftigkeit i.S.d. SGB XI vorliegt, die **erforderliche Grundpflege** und **hauswirtschaftliche Versorgung** von der zuständigen Krankenkasse erhalten.[177]

Praxishinweis: In § 37 Abs. 1 a SGB V ist für die Gewährung der Grundpflege ein gleichzeitiger Bedarf an medizinischer Behandlungspflege **ausnahmsweise nicht** erforderlich. 252

Der **Leistungsumfang** entspricht der bisherigen GKV-Systematik der Grundpflege und der hauswirtschaftlichen Versorgung. Der Anspruch bezieht sich auf diese beiden Leistungsarten, geht folglich auch nicht über sie hinaus. Der Bedarf beruht hier auf den körperlichen Beeinträchtigungen der Versicherten wegen schwerer Krankheit oder wegen akuter Verschlimmerung einer Krankheit, insbesondere nach Krankenhausbehandlung, ambulanter Operation oder ambulanter Krankenhausbehandlung. Bedarfe im Hinblick auf kognitive Beeinträchtigungen werden durch den erweiterten Leistungsanspruch grundsätzlich nicht erfasst. Insbesondere sind mit der Erweiterung keine Leistungsverschiebungen bezüglich der sozialen Pflegeversicherung oder der Eingliederungshilfe (§§ 53, 54 SGB XII) verbunden. 253

Nach § 37 Abs. 1 a Satz 2 SGB V gilt § 37 Abs. 1 Satz 4 und 5 SGB V entsprechend. Folglich besteht der Anspruch nach dem neuen § 37 Abs. 1 a SGB V wie die Krankenhausvermeidungspflege bis zu **vier Wochen** je Krankheitsfall und kann von der Krankenkasse in begründeten Ausnahmefällen nach Einschaltung des Medizinischen Dienstes verlängert werden. 254

Praxishinweis: Für die Leistungserbringung dieser Leistungen ist **keine neue vertragliche Regelung** notwendig. Der verhandelte und abgeschlossene Vertrag nach § 132 a SGB V gilt einschließlich der dort geregelten Leistungskomplexe auch für diese Fälle. 255

j) § 38 SGB V – Haushaltshilfe

Der Anspruch auf **Haushaltshilfe** in § 38 SGB V war in den vergangenen Jahren **nahezu leer gelaufen**, da ein Anspruch nur bestand, wenn im Haushalt ein Kind lebt, das bei Beginn der Haushaltshilfe das zwölfte Lebensjahr noch nicht vollendet hat oder das behindert und so auf Hilfe angewiesen ist. Mit der Änderung in § 38 Abs. 1 Satz 3 SGB V wird der Anspruch auf Haushaltshilfe ergänzt, um Versorgungsproblemen im Falle schwerer Krankheit oder wegen akuter Verschlimmerung einer Krankheit zu begegnen. Die Regelung steht damit im unmittelbaren Zusammenhang mit dem neuen § 37 Abs. 1 a SGB V [→ Rn. 251], der in demselben Versorgungskontext eine **Anspruchsergänzung** der häuslichen Krankenpflege hinsichtlich Grundpflege und hauswirtschaftlicher Versorgung vorsieht. In den insoweit relevanten Konstella- 256

177 BT-Drucks. 18/6586, 111 (Vorabfassung).

tionen entsteht für Menschen in der eigenen Häuslichkeit ohne Unterstützungspotentiale durch Personen in ihrem sozialen Umfeld nach einer stationären Krankenhausbehandlung oftmals eine **Versorgungslücke.** Hintergrund ist eine gesellschaftliche Entwicklung, in der familiäre Strukturen derartige Bedarfssituationen weit weniger als in der Vergangenheit aufzufangen vermögen. Konkret betroffen sind insbesondere Personen, die bis zum Abschluss des Genesungsprozesses häufig nicht in der Lage sind, sich zu versorgen und den Alltag zu bewältigen, entweder weil sie allein leben oder der Ehegatte oder der Lebenspartner beziehungsweise Verwandte berufstätig sind. Ein ähnliches Problem besteht auch bei Alleinerziehenden mit einer schweren Erkrankung oder akuter Verschlimmerung einer Erkrankung, die aufgrund ihrer Erkrankung oder der Verschlimmerung nicht in der Lage sind, die hauswirtschaftliche Versorgung und Betreuung ihrer Kinder sicherzustellen.[178]

257 Vor diesem Hintergrund wird der **Pflichtleistungsanspruch** nach § 38 Abs. 1 SGB V, der keine Kernleistung der Krankenbehandlung, sondern eine versicherungsfremde Leistung darstellt, für die genannten Konstellationen im Sinne der Versicherten **moderat erweitert.** Danach erhalten Versicherte auch dann Haushaltshilfe, wenn ihnen die Weiterführung des Haushalts wegen schwerer Krankheit oder wegen akuter Verschlimmerung einer Krankheit, insbesondere nach einem Krankenhausaufenthalt, nach einer ambulanten Operation oder nach einer ambulanten Krankenhausbehandlung, nicht möglich ist, längstens jedoch für die Dauer von **vier Wochen.** Ein besonderer Fall mit einer zeitlich erweiterten Leistung ist nach § 38 Abs. 1 Satz 4 SGB V gegeben, wenn im Haushalt ein Kind lebt, das bei Beginn der Haushaltshilfe das zwölfte Lebensjahr noch nicht vollendet hat oder das behindert und auf Hilfe angewiesen ist. In diesem Fall verlängert sich der erweiterte Leistungsanspruch auf Haushaltshilfe auf längstens **26 Wochen.** Es wird typisierend davon ausgegangen, dass dieser Zeitraum geeignet und erforderlich ist, um den Versorgungsbedarf in diesen Fällen wirksam abzudecken.[179]

2. Teilstationäre Leistungen und Kurzzeitpflege

a) § 41 SGB XI – Tages- und Nachtpflege

258 Die Leistungen der Tages- und Nachtpflege nach § 41 SGB XI sind für Pflegebedürftige der **Pflegegrade 2 bis 5** eröffnet. Im Übrigen erfolgt durch das Zweite Pflegestärkungsgesetz (PSG II) keine Änderung. Die teilstationäre Pflege dient der Unterstützung und Sicherstellung der häuslichen Versorgung. Gesetzessystematisch stellt sie aber eine Form der stationären Versorgung dar, bei der während des Aufenthaltes in der Einrichtung eine **umfassende Versorgung** zu gewährleisten ist. Dies spiegelte sich bereits im bisher geltenden Leistungsrecht zumindest insoweit wider, als von der Pflegeversicherung im Rahmen der Leistungsbeträge die Aufwendungen für Grundpflege und für soziale Betreuung sowie der medizinischen Behandlungspflege zu tragen waren. Vor diesem Hintergrund erfordert der neue Pflegebedürftigkeitsbegriff, der ne-

178 BT-Drucks. 18/6586, 112 (Vorabfassung).

179 BT-Drucks. 18/4095, 159: Der Bundesrat hatte sich in seiner Stellungnahme zum GKV-Versorgungsstärkungsgesetz in diesem Fall für 52 Wochen ausgesprochen.

ben den somatisch bedingten Einschränkungen nunmehr auch die kognitiv bedingten Einschränkungen der Selbstständigkeit besser als bisher berücksichtigt, für die leistungsrechtliche Beschreibung und Einordnung teilstationär zu erbringender Sachleistungen der Pflegeversicherung keine grundsätzliche Neuorientierung, sondern vor allem eine begriffliche Klarstellung.[180] Zur Wirkung des Gewährung des ambulanten neben dem teilstationären Budget für die Fortentwicklung der sozialen Pflegeversicherung vgl. [→ Rn. 286 ff],

§ 41 SGB XI – Tages- und Nachtpflege (monatliches Leistungsbudget), (in Klammern Werte bis 31.12.2016):

Pflegestufe 0/eA	= Pflegegrad 2	689,00 €	[231,00 €]
Pflegestufe I	= Pflegegrad 2	689,00 €	[468,00 €]
Pflegestufe I/eA	= Pflegegrad 3	1.298,00 €	[689,00 €]
Pflegestufe II	= Pflegegrad 3	1.298,00 €	[1.144,00 €]
Pflegestufe II/eA	= Pflegegrad 4	1.612,00 €	[1.298,00 €]
Pflegestufe III	= Pflegegrad 4	1.612,00 €	[1.612,00 €]
Pflegestufe III/eA	= Pflegegrad 5	1.612,00 €	[1.995,00 €]

b) § 42 SGB XI – Kurzzeitpflege

Anspruch auf Kurzzeitpflege in dem in § 42 SGB XI geregelten Umfang haben ab der 259
Einführung des neuen Pflegebedürftigkeitsbegriffes ausschließlich Pflegebedürftige der **Pflegegrade 2 bis 5.** Unberührt davon bleibt der Anspruch auf den **Entlastungsbetrag** nach § 45 b SGB XI, nach dem unter anderem auch für Aufwendungen, die im Zusammenhang mit der Inanspruchnahme von Leistungen der Kurzzeitpflege entstanden sind, eine Kostenerstattung erfolgen kann. Kurzzeitpflege soll dabei insbesondere auch auf **aktivierende Pflege** ausgerichtet sein.[181] Änderungen gegenüber den bisherigen Regelungen ergeben sich nicht.

> **Praxishinweis:** Nur im Rahmen des Entlastungsbetrags nach § 45 b SGB XI haben 260
> Pflegebedürftige des **Pflegegrades 1** Zugang zu Leistungen der Kurzzeitpflege nach § 42 SGB XI.

§ 42 SGB XI – Kurzzeitpflege (jährliches Leistungsbudget), (in Klammern Werte bis 31.12.2016):

1.612,00 € [1.612,00 €]

Unter Anrechnung auf das Verhinderungspflegebudget, § 39 SGB XI kann der Leis- 261
tungsbetrag auf 3.224,00 € [3.224,00 €] **verdoppelt** werden, soweit Verhinderungspflege noch nicht in Anspruch genommen wurde, § 42 Abs. 2 Satz 3 SGB XI. In diesem Fall ist darauf zu achten, dass die besondere Voraussetzung der Verhinderungspflege, nämlich die 6 monatige **Vorpflegezeit** [→ Rn. 230] erfüllt ist.

180 BT-Drucks. 18/5926, 126.
181 BT-Drucks. 18/5926, 126.

c) § 39 c SGB V – Kurzzeitpflege durch die Krankenkasse

262 Seit Einführung der sozialen Pflegeversicherung besteht ein Problem in der Finanzierung der pflegerischen Versorgung von Versicherten mit einer schweren Krankheit oder bei einer akuten Verschlimmerung einer Krankheit, insbesondere nach einem Krankenhausaufenthalt, nach einer ambulanten Operation oder nach einer ambulanten Krankenhausbehandlung, die nicht mehr krankenhausbehandlungsbedürftig und nicht (oder noch nicht) pflegebedürftig sind, da es in diesen Fällen meist an der Dauerhaftigkeit („voraussichtlich für mindestens sechs Monate“, vgl. § 14 Abs. 1 Satz 3 SGB XI *2017*) der Pflegebedürftigkeit mangelt. Der Gesundheitsausschuss des Deutschen Bundestages hat bei den Beratungen des **Krankenhausstrukturgesetzes**[182] überraschend diese Lücke durch eine Erweiterung der Leistungsansprüche der häuslichen Krankenpflege [→ Rn. 251] und der Haushaltshilfe sowie einen **neuen Anspruch auf Kurzzeitpflege** geschlossen.

263 In § 39 c SGB V wird ein neuer Anspruch der Kurzzeitpflege bei fehlender Pflegebedürftigkeit geregelt, so dass Versicherte Anspruch auf die im Einzelfall erforderliche Kurzzeitpflege entsprechend § 42 SGB XI für eine **Übergangszeit** haben, wenn Leistungen der häuslichen Krankenpflege nach dem ebenfalls neu eingeführten § 37 Abs. 1 a SGB V bei schwerer Krankheit oder anderer krankheitsbedingter Probleme, nicht ausreichen, um ein Verbleiben in der Häuslichkeit zu ermöglichen. Der neue § 39 c SGB V ist im Rahmen der gesetzlichen Krankenversicherung eine **substanzielle systematische Erweiterung.** Leistungsrechtlich soll er zum Tragen kommen, wenn andere Leistungsansprüche den speziellen Bedarf der Versicherten bei schwerer Krankheit oder wegen akuter Verschlimmerung einer Krankheit, insbesondere nach einem Krankenhausaufenthalt, nach einer ambulanten Operation oder nach einer ambulanten Krankenhausbehandlung, nicht im erforderlichen Maße abdecken.

264 **Praxishinweis:** Im Rahmen des neuen § 39 c SGB V ist stets zu prüfen, ob nicht durch andere Leistungen, etwa der Grundpflege nach dem neuen § 37 Abs. 1 a SGB V, ein Verbleiben in der Häuslichkeit ermöglicht werden kann. Der Leistungsanspruch aus § 39 c SGB V wird nur **subsidiär** gewährt.

265 Nur wenn ein **besonderer Unterstützungsbedarf** besteht, kommt die neue Leistung der Kurzzeitpflege als Leistung der gesetzlichen Krankenversicherung in Betracht. Voraussetzung ist, dass keine Pflegebedürftigkeit im Sinne der §§ 14, 15 SGB XI eingetreten bzw. festgestellt ist. Zudem geht es gerade in diesen Fällen darum, Pflegebedürftigkeit zu vermeiden. Der Leistungsanspruch ist an die Kurzzeitpflege i.S.d. § 42 SGB XI angelehnt, so dass nach § 39 c Satz 2 SGB V die Regelungen des § 42 Abs. 2 Satz 1 und 2 SGB XI entsprechend gelten. Hiernach ist der Anspruch auf **vier Wochen** im Kalenderjahr beschränkt (§ 42 Abs. 2 Satz 1 SGB XI). **Leistungsinhalte** und **Leistungshöhe** richten sich nach § 42 Abs. 2 Satz 2 SGB XI, so dass die pflegebedingten Aufwendungen und die Aufwendungen der sozialen Betreuung bis zu dem gesetzlich festgelegten Höchstbeitrag von derzeit 1612,00 € übernommen werden.

---

182 BT-Drucks. 18/6586, 94 (Vorabfassung).

Praxishinweis: Durch die Beschränkung der Verweisung in § 39 c Satz 2 SGB V auf § 42 Abs. 2 Satz 1 und 2 SGB XI finden die Regelungen des § 42 Abs. 2 Satz 3 bis 5 SGB XI (Möglichkeit der Anrechnung der Verhinderungspflege nach § 39 SGB XI mit Leistungs- und Zeitraumausweitung) **keine Anwendung**. 266

Zudem ist zu berücksichtigen, dass ein Anspruch auf medizinische **Behandlungspflege** neben dem Anspruch aus § 39 c SGB V weiterhin bereits nach § 37 Abs. 2 SGB V besteht. In der Richtlinie des Gemeinsamen Bundesausschusses zur Verordnung häuslicher Krankenpflege (HKP-Richtlinie) wird bereits in der derzeit geltenden Fassung bestimmt, dass für nicht pflegebedürftige Versicherte ein Anspruch auf Leistungen der häuslichen Krankenpflege in Kurzzeitpflegeeinrichtungen bestehen kann (§ 1 Abs. 2 Satz 4 HKP- Richtlinie). 267

Der neue Anspruch auf Kurzzeitpflege in der gesetzlichen Krankenversicherung ist aufgrund der gesetzlich festgelegten Leistungshöhe ein **Teilleistungsanspruch**. Er ist insoweit dem Kurzzeitpflegeanspruch der sozialen Pflegeversicherung nachgebildet. Zudem ist es gerade bei diesem systematisch neuen Leistungsanspruch in einer veränderten gesellschaftlichen Situation zur Deckung der genannten speziellen Bedarfe sachgerecht, auch eine finanzielle Eigenverantwortung des Einzelnen zu erhalten. Ein Teilleistungscharakter findet sich in der gesetzlichen Krankenversicherung auch in anderen Bereichen, etwa bei der künstlichen Befruchtung oder beim Zahnersatz,[183] ist dieser also nicht ganz fremd. 268

Diese Leistungen können nach § 39 c Satz 3 SGB V in den nach den §§ 71, 72 SGB XI **zugelassenen Einrichtungen der Kurzzeitpflege** bzw. **eingestreut** in vollstationären Einrichtungen oder in anderen geeigneten Einrichtungen, die nach § 132 h SGB V für diese Leistung einen **gesonderten Versorgungsvertrag** abschließen, erbracht werden. Damit werden bestehende Strukturen einer qualitätsgesicherten Leistungserbringung genutzt. Daneben besteht für geeignete Einrichtungen die Möglichkeit zum Abschluss eines Versorgungsvertrages nach § 132 h SGB V. Ziel ist, dass der neue Leistungsanspruch nach § 39 c SGB V zeitnah umgesetzt und von den Versicherten genutzt werden kann.[184] Somit können alle geeigneten Einrichtungen, auch nicht nach dem SGB XI zugelassene, für die Erbringung der neuen Leistung der Kurzzeitpflege bei fehlender Pflegebedürftigkeit in Betracht kommen.[185] 269

Praxishinweis: Nach §§ 71, 72 SGB XI bereits zugelassene Einrichtungen sind daher zur Leistungserbringung ohne weitere Prüfung geeignet. Gleichwohl ist ein **Versorgungsvertrag nach § 132 h SGB V** abzuschließen, um die **Vergütung** zu regeln. Dabei ist zu beachten, dass „ohne Pflegestufe" nicht gleich „Pflegestufe 0" bedeutet. Die Vergütung hat sich am Versorgungsaufwand zu orientieren. 270

183 BT-Drucks. 18/6586, 113 (Vorabfassung).
184 BT-Drucks. 18/6586, 120 (Vorabfassung).
185 BT-Drucks. 18/6586, 113 (Vorabfassung).

3. Vollstationäre Leistungen

a) § 43 SGB XI – vollstationäre Pflege

271 Vollstationäre Sachleistung erhalten Pflegebedürftige der **Pflegegrade 2 bis 5**. Eine geringe mit 125,00 € dotierte Kostenerstattungsleistung für Pflegebedürftige des Pflegegrades 1 ist im neuen § 43 Abs. 3 SGB XI *2017* geregelt. Im Rahmen der vollstationären Pflege ist von der Einrichtung eine **umfassende Versorgung** zu gewährleisten. Dies spiegelte sich bereits im bisher geltenden Leistungsrecht zumindest insoweit wider, als von der Pflegeversicherung im Rahmen der Leistungsbeträge die Aufwendungen für Grundpflege, für soziale Betreuung und medizinische Behandlungspflege zu tragen waren. Vor diesem Hintergrund erfordert der neue Pflegebedürftigkeitsbegriff, der neben den somatisch bedingten Einschränkungen nunmehr auch die kognitiv bedingten Einschränkungen der Selbstständigkeit besser als bisher berücksichtigt, für die leistungsrechtliche Beschreibung und Einordnung vollstationär zu erbringender Sachleistungen der Pflegeversicherung keine grundsätzliche Neuorientierung, sondern vor allem eine begriffliche Klarstellung.

272 Die vollstationären Leistungsbeträge werden in ihrer Höhe so zueinander gestaffelt, dass sie zusammen mit dem einrichtungseinheitlichen Eigenanteil [→ Rn. 342ff] nach § 84 Abs. 2 SGB XI im Durchschnitt den in der vom Spitzenverband Bund der Pflegekassen beauftragten Studie der Universität Bremen zur Erfassung von Versorgungsaufwänden in stationären Einrichtungen[186] festgestellten **Aufwandsrelationen** entsprechen.[187] Unbestritten ist, dass eine qualitativ und quantitativ belastbare **Personalausstattung** ein wesentlicher Baustein für eine gute Qualität der Pflege ist. Zudem wird mit dem neuen Pflegebedürftigkeitsbegriff und dem neuen Begutachtungsinstrument die Pflegeversicherung insgesamt auf eine neue fachliche Grundlage gestellt. Ein in die praktische Versorgung umgesetztes wissenschaftlich fundiertes Verfahren, um den Personalbedarf in den vollstationären Pflegeeinrichtungen nach einheitlichen Grundsätzen qualitativ und quantitativ in Bezug auf den **Versorgungsaufwand** der einzelnen Pflegegrade zu bestimmen, liegt bisher nicht vor.[188] Dieser Missstand soll nach § 113 c SGB XI [→ Rn. 386] bis zum 30.6.2020 behoben werden. Bei der wissenschaftlichen Ermittlung sind der neue Pflegebedürftigkeitsbegriff und die neuen Pflegegrade ebenso zu berücksichtigen wie bereits vorliegende Untersuchungen und Erkenntnisse.[189]

---

186 *Rothgang* u.a. Versorgungsaufwände in stationären Pflegeeinrichtungen, Schriftenreihe Modellprogramm zur Weiterentwicklung der Pflegeversicherung Band 13, 2015, 29, 80ff.

187 BT-Drucks. 18/5926, 127.

188 BT-Drucks. 18/5926, 103.

189 Die bekanntesten im Zusammenhang mit der Ermittlung des Personalbedarfs in Pflegeeinrichtungen diskutierten Instrumente sind:

1. Die Echtzeit- bzw. „Stoppuhr"-verfahren: PLAISIR (Planification Informatisée des Soins Infirmiers Requis), dazu *Höhmann/Ascher*, Realzeitmessung in einer stationären Altenpflegeeinrichtung des EVIM, 2004; RAI (Resident Assessment Instrument), dazu *Stolle*, Wirkungen und Effekte des RAI Home Care 2.0 in der ambulanten Pflege in Deutschlandet, (Dissertation) 2012;

2. Die Ermittlung des erforderlichen pflegerischen Personalbedarfs aufgrund von Pauschalen für indirekten Pflegebedarf addiert mit Einzelleistungen aus einem Maßnahmenkatalog: REFA (Verband für Arbeitsgestaltung, Betriebsorganisation und Unternehmensentwicklung; früher: Reichsausschuss für Arbeitszeitermittlung); PERSYS (PERsonalbemessungsSYStem – Leistungsgerechte Pflegesätze und Maßstäbe zur

§ 43 SGB XI – vollstationäre Pflege (monatliches Leistungsbudget), (in Klammern Werte bis 31.12.2016):

Pflegestufe 0/eA	= Pflegegrad 2	770,00 €	[231,00 €][190]
Pflegestufe I	= Pflegegrad 2	770,00 €	[1.064,00 €]
Pflegestufe I/eA	= Pflegegrad 3	1.262,00 €	[1.064,00 €]
Pflegestufe II	= Pflegegrad 3	1.262,00 €	[1.330,00 €]
Pflegestufe II/eA	= Pflegegrad 4	1.775,00 €	[1.330,00 €]
Pflegestufe III	= Pflegegrad 4	1.775,00 €	[1.612,00 €]
Pflegestufe III/eA	= Pflegegrad 5	2.005,00 €	[1.612,00 €]
Pflegestufe Härtefall	= Pflegegrad 5	2.005,00 €	[1.995,00 €]

Die Neufassung führt dazu, dass der bisherige § 43 Abs. 2 Satz 3 SGB XI wegfällt, 273 nach der die Pflegeversicherung mit ihren Leistungsbeträgen nicht mehr als 75 Prozent des **Gesamtheimentgelts** in vollstationärer Pflege abdecken darf. In der Praxis fand die Regelung nur selten Anwendung, weil die Heimentgelte in der Regel um mehr als ein Drittel über den Leistungsbeträgen der Pflegeversicherung liegen. Mit dem vorgesehenen **einrichtungseinheitlichen Eigenanteil** am Pflegesatz sind nach Einführung des neuen Pflegebedürftigkeitsbegriffs alle vom Pflegebedürftigen zu zahlenden Komponenten des Heimentgelts in vollstationärer Pflege in den Pflegegraden 2 bis 5 absolut gleich hoch. Eine prozentuale Begrenzung der Leistungspflicht der Pflegeversicherung würde in den (wenigen) Anwendungsfällen dazu führen, dass die höheren Pflegegrade (wegen des höheren Anteils der Leistungsbeträge am Gesamtheimentgelt) von der Regelung betroffen wären, die niedrigeren aber nicht. Damit würde das Prinzip der einrichtungseinheitlichen Eigenanteile durchbrochen. Zusätzlich würde die Anwendung der Bestandsschutzregelungen in Kürzungsfällen erschwert. Angesichts dessen und vor dem Hintergrund von Hinweisen aus der Praxis, dass die Regelung im Rahmen der Überleitung wieder etwas häufiger zum Tragen käme, wird sie deshalb gestrichen.[191]

Bisher wurde geregelt, dass Pflegebedürftige, die vollstationäre Pflege wählen, ob- 274 wohl diese nach Feststellung der Pflegekasse nicht erforderlich ist, zu den pflegebedingten Aufwendungen (lediglich) einen Zuschuss in Höhe des in § 36 Abs. 3 SGB XI für die jeweilige Pflegestufe vorgesehenen Gesamtwertes erhalten. Der dahinter stehende Gedanke ist, dass Pflegebedürftige nicht in den Genuss der – gegenüber der

Personalbemessung für die stationäre Pflege), dazu *Kieschnick*, Bürokratie in der Pflege – Inhalt und Aufwand indirekter Pflege in der stationären Altenhilfe, 2005,

3. Die Feststellung des Anteils der Tätigkeit pro Zeiteinheit durch Messungen in festgelegten Intervallen (hier: 5-Minuten-Abstände), welche Tätigkeit zum Messzeitpunkt durchgeführt wird: MMA (Methode der Multimomentaufnahme); G-DRGs (German Diagnosis Related Groups), dazu *Bartholomeyczik*, Adäquate Abbildung des Pflegeaufwands im G-DRG-System, 2008.

190 Nach § 123 Abs. 2 SGB XI *2016* waren Leistungen in vollstationären Pflegeeinrichtungen nicht vorgesehen worden. Aus Gleichbehandlungsgründen übernahmen die Pflegekassen jedoch bei Versicherten ohne Pflegestufe, aber mit festgestellter eingeschränkter Alltagskompetenz den Betrag von 231,00 € in entsprechender Anwendung des § 43 Abs. 4 SGB XI *2016* [bei nicht erforderlicher stationärer Pflege, werden nur Leistungen in Höhe der ambulanten Leistungen nach §§ 36, 123 SGB XI *2016* gewährt], auch dann, wenn eine vollstationäre Pflege erforderlich war. Vgl. Gemeinsames Rundschreiben zu den leistungsrechtlichen Vorschriften des GKV-Spitzenverbandes v. 19.12.2014, 245 (§ 43, 3).

191 BT-Drucks. 18/6688, 142 (Vorabfassung).

ambulanten Pflegesachleistung bislang höheren – Leistungsbeträge für die vollstationäre Pflege kommen sollen, da vollstationäre Pflege in ihrem Fall (noch) nicht erforderlich ist. Sie sollen aber auch nicht schlechter stehen als sie bei der Pflege in der eigenen Häuslichkeit stehen würden. Daher werden die Leistungsbeträge, die zu Hause für ambulante Pflegesachleistungen zur Verfügung stehen, als Zuschuss zu den Kosten des Heimaufenthalts gezahlt. Infolge der mit diesem Gesetz vorgenommenen **Neuordnung der Leistungsbeträge** für die ambulante und die vollstationäre Pflege kann diese Regelung nicht mehr aufrecht erhalten werden, da die Leistungsbeträge für ambulante Sachleistungen nun teilweise höher liegen als die Leistungsbeträge, die in dem gleichen Pflegegrad für die vollstationäre Pflege vorgesehen sind. Dies ist Ausfluss einerseits der wiederholt vorgenommenen **Stärkung der häuslichen Pflege** und andererseits der Einführung eines einrichtungseinheitlichen pflegebedingten Eigenanteils in der vollstationären Pflege.[192]

b) § 43 a SGB XI – Leistungen in Einrichtungen der Behindertenhilfe

275 Diese Leistungen stehen Pflegebedürftigen der Pflegegrade 2 bis 5 zu. § 43 a SGB XI nimmt eine sachlich gerechtfertigte **Differenzierung** vor, so dass aus den unterschiedlichen Budgets im Vergleich zum § 43 SGB XI keine Verletzung des Gleichheitssatzes (Art. 3 Abs. 1 GG) folgt.[193]

§ 43 a SGB XI – Leistungen in Einrichtungen der Behindertenhilfe, (monatliches Leistungsbudget), (in Klammern Werte bis 31.12.2016):

266,00 €	[266,00 €]

c) § 43 b SGB XI – Zusätzliche Betreuung und Aktivierung in stationären Einrichtungen

276 Pflegebedürftige in stationären Pflegeeinrichtungen haben nach Maßgabe von §§ 84 Abs. 8, 85 Abs. 8 SGB XI Anspruch auf **zusätzliche Betreuung und Aktivierung**, die über die nach Art und Schwere der Pflegebedürftigkeit notwendige Versorgung hinausgeht. Bislang ist die zusätzliche Betreuung und Aktivierung in stationären Pflegeeinrichtungen in **§ 87 b SGB XI *2016*** lediglich als **vergütungsrechtliche Regelung** ausgestaltet. Danach haben stationäre Pflegeeinrichtungen Anspruch auf Vereinbarung leistungsrechtlicher Zuschläge zur Pflegevergütung, wenn bestimmte Voraussetzungen erfüllt sind. Erst mit der Zahlung des Vergütungszuschlags von der Pflegekasse an die Pflegeeinrichtung erhält die anspruchsberechtigte Person einen Anspruch auf Erbringung der zusätzlichen Betreuung und Aktivierung gegenüber der Pflegeeinrichtung (vgl. § 87 b Abs. 2 Satz 4 SGB XI *2016*). Ein **Individualanspruch** aus der Pflegeversicherung besteht bisher nicht. Dies wird mit der Neuregelung geändert.[194]

277 Dabei besteht unter Geltung des neuen Pflegebedürftigkeitsbegriffs, der körperlich, kognitiv und psychisch beeinträchtigte Pflegebedürftige sowohl bei der Einstufung in einen Pflegegrad als auch beim Zugang zu den Leistungen der Pflegeversicherung

192 BT-Drucks. 18/6688, 142 (Vorabfassung). Die zunächst in § 43 Abs. 4 vorgesehene Regelung einer Kürzung der Leistungen auf 80 %, wenn nach Feststellung der Pflegekassen eine „Pflegeheimbedürftigkeit" nicht besteht, wurde letztlich nicht umgesetzt, vgl. BT-Drucks. 18/5629, 127 f.

193 Dazu BSG, 26.4.2001 – B 3 P 11/00 R.

194 BT-Drucks. 18/5926, 128.

gleich behandelt, grundsätzlich kein Anlass, das Angebot auf zusätzliche Betreuung und Aktivierung des § 87 b SGB XI *2016* neben den Leistungen des § 43 SGB XI aufrecht zu erhalten.[195] Um jedoch sicherzustellen, dass auch zukünftig die **zusätzliche Betreuung und Aktivierung** stattfindet, wird der neue § 43 b SGB XI *2017* geschaffen.

Daneben will der Gesetzgeber die in den letzten Jahren entstandene **Versorgungsstruktur** erhalten, um den anspruchsberechtigten Personen Maßnahmen der zusätzlichen Betreuung und Aktivierung anbieten zu können.[196] 278

Praxishinweis: § 43 b SGB XI *2017* ersetzt den bisherigen § 87 b SGB XI *2016* und gilt für alle stationären Einrichtungen, also neben den vollstationären Einrichtungen auch für die **teilstationären Einrichtungen**, und alle Pflegebedürftigen, die in diesen Einrichtungen versorgt werden, also auch für Pflegebedürftige des **Pflegegrades 1**. 279

Der § 43 b SGB XI *2017* schafft so leistungsrechtlich einen **Individualanspruch** des Pflegebedürftigen gegenüber der Pflegeversicherung. Der Anspruch ist inhaltlich nicht geändert gegenüber dem Inhalt des bisherigen § 87 b SGB XI *2016*. Das heißt, er zielt im Ergebnis darauf ab, zusätzliches Personal für dieses Betreuungsangebot in den Einrichtungen unter vollständiger Finanzierung durch die Pflegeversicherung bereit zu stellen. Zusätzliche Kostenbelastungen anderer Kostenträger, insbesondere der Träger der Sozialhilfe, sind trotz der Gestaltung als Individualanspruch weiterhin ausgeschlossen. Die regelhaft zu erbringenden Leistungen der Betreuung nach den §§ 41 bis 43 SGB XI (bisher soziale Betreuung) bleiben davon unberührt und werden nicht auf die zusätzlichen Betreuungskräfte verlagert. 280

Praxishinweis: Das SGB XI kennt so im teil- und vollstationären Bereich zwei Arten von Betreuung: Die **allgemeine** (vor dem 1.1.2017: soziale) **Betreuung** und die ***zusätzliche*** **Betreuung**. 281

Das Nähere zur Qualifikation und zu den Aufgaben der zusätzlichen Betreuungskräfte wird in der entsprechenden Richtlinie gemäß § 53 c SGB XI[197] geregelt. 282

d) Palliativleistungen in vollstationären Pflegeeinrichtungen

Für vollstationäre Pflegeeinrichtungen ist die Zusammenarbeit mit einem **Hospiz- und Palliativnetz** eine wichtige Voraussetzung, um ihre Aufgaben im Rahmen einer **qualifizierten Sterbebegleitung** – deren Bedeutung durch die Ergänzungen in den §§ 28 und 75 SGB XI betont wird – zu erfüllen. Die Vernetzung kann durch die betroffenenorientierte Zusammenarbeit regionaler Beratungs- und Versorgungsstellen professionsübergreifend sichergestellt werden. Sie schließt die Zusammenarbeit mit 283

195 So auch die Empfehlung des Expertenbeirats zur Umsetzung des Pflegebedürftigkeitsbegriff v. 27.6.2013, 36.

196 Die Pflegestatistik des Statistischen Bundesamts 2013 (v. 12.3.2015), 23 führt 27.864 Beschäftigte für Leistungen nach § 87 b SGB XI auf.

197 Bisher: Richtlinien nach § 87 b Abs. 3 SGB XI zur Qualifikation und zu den Aufgaben von zusätzlichen Betreuungskräften in Pflegeheimen (Betreuungskräfte-RL vom 19.8.2008).

Ärztinnen und Ärzten ein, geht aber auch darüber hinaus, indem sie etwa ambulante Hospizdienste, stationäre Hospize oder SAPV-Teams gem. § 37 b SGB V einbezieht. Professionelle Angebote, kommunales und ehrenamtliches Engagement sollen sich insgesamt ergänzen. Die für vollstationäre Pflegeeinrichtungen ab dem 1.7.2016 eingeführte **Informationspflicht** ist dabei komplementär zu der in § 39 a SGB V getroffenen Regelung, in den Rahmenvereinbarungen zu ambulanter Hospizarbeit die ambulante Hospizarbeit in stationären Pflegeeinrichtungen besonders zu berücksichtigen. Relevante Änderungen bezüglich der Zusammenarbeit mit einem Hospiz- und Palliativnetz sind den Landesverbänden der Pflegekassen im Hinblick auf deren Informationspflicht nach § 115 Abs. 1 b SGB XI innerhalb von vier Wochen zu übermitteln.[198]

284 Jeder Mensch hat das Recht auf ein **Sterben unter würdigen Bedingungen**. Sterbende Menschen benötigen eine umfassende medizinische, pflegerische, psychosoziale und spirituelle Betreuung und Begleitung, die ihrer individuellen Lebenssituation und ihrem hospizlich-palliativen Versorgungsbedarf Rechnung trägt. Ihre besonderen Bedürfnisse sind auch bei der Erbringung von Pflegeleistungen mit zu berücksichtigen. Mit der Ergänzung wird klargestellt, dass pflegerische Maßnahmen der Sterbebegleitung zu einer Pflege nach dem allgemein anerkannten Stand medizinisch pflegerischer Erkenntnisse in stationärer und ambulanter Pflege dazu gehören. Leistungen anderer Sozialleistungsträger, insbesondere Leistungen der gesetzlichen Krankenversicherung nach dem SGB V, sowie Leistungen durch Hospizdienste bleiben unberührt. Trotz der erkannten Bedeutung dieser Leistungen, konnte sich der Gesetzgeber nicht durchringen, auch **finanzielle Budgets** aus dem Etat der gesetzlichen Krankenversicherung für die vollstationäre Pflege einzuführen.

4. Dynamisierung

285 Nach § 30 SGB XI sollen die Leistungsbudgets in drei Jahresschritten, erstmals 2020, dynamisiert werden. Allerdings ist Voraussetzung einer Anhebung – wie bisher auch –, dass die Bundesregierung einen **Bericht zur Erforderlichkeit der weiteren Steigerung** abgibt. Als ein Orientierungswert soll dabei die kumulierte Preisentwicklung der vergangenen drei abgeschlossenen Jahre dienen, allerdings sicherzustellen, dass der Anstieg der Leistungsbeträge nicht höher ausfällt als die Bruttolohnentwicklung im gleichen Zeitraum. Außerdem sollen die gesamtwirtschaftlichen Rahmenbedingungen berücksichtigt werden. Für eine Anhebung durch Rechtsverordnung ist die Zustimmung des Bundesrates erforderlich. Eine **automatische Anpassung** – beispielsweise mittels Indexierung – wurde vermieden.

IV. Die Entwicklung der Leistungsbeträge – Der Paradigmenwechsel des Gesetzgebers

286 Aus dem Umstand, dass die **ambulanten Sachleistungsbudgets** des § 36 SGB XI in den Pflegestufen I und II in den letzten Jahren hinter den Budgets für vollstationäre Pflegeleistungen nach § 43 SGB XI blieben (in Pflegestufe III sind sie gleich), wurde ge-

198 BT-Drucks. 18/5170, 32.

meinhin abgeleitet, dass der in § 3 SGB XI beschriebene **Vorrang der häuslichen Pflege** nur ein gesetzgeberisches Ziel und nicht gesetzliche Realität sei.[199] Dabei ist die Bewertung, ob die Verwirklichung des gesetzlichen Grundsatzes des Vorrangs der ambulanten Pflege umgesetzt ist oder nicht, nicht nur durch einen Vergleich der Leistungsbudgets in der Eingangspflegestufe I bzw. dem Pflegegrad 2 zu erreichen. Nur in diesem Fall ist das Bild eindeutig und zeigt, dass eine Angleichung der Sachleistungsbudgets erst zum 1.1.2017 erfolgen wird, durch eine sprunghafte Erhöhung der ambulanten Sachleistung um 47 % und einer ebenso drastischen Absenkung der vollstationären Leistung um 28 %.

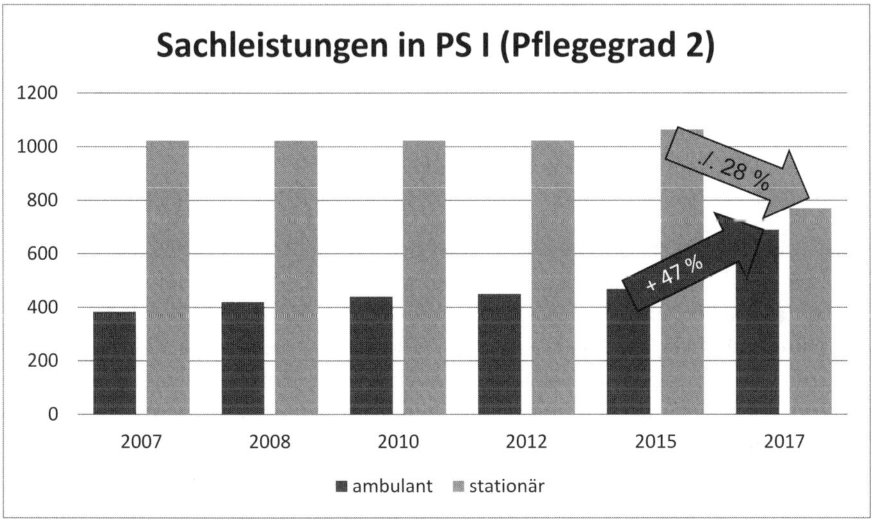

287 Dabei darf nicht vergessen werden, dass sich dieses Verhältnis zwischen ambulanter und stationärer Sachleistung – also den Budgets der §§ 36 und 43 SGB XI – bei Hinzurechnung der Übernahme der ärztlich verordneten Leistungen der häuslichen Krankenpflege nach § 37 SGB V durch die Krankenkasse des Versicherten im ambulanten Bereich zu Gunsten der ambulanten Leistungen weiter verbessert, da die **Behandlungspflege** stationär in den Budgets der Pflegeversicherung enthalten ist und mithin die Krankenkassen finanziell entlastet werden. An diesem Befund ändert auch das Zweite Pflegestärkungsgesetz (PSG II) nichts, da eine **Leistungsverschiebung** zwischen der sozialen Pflegeversicherung und der gesetzlichen Krankenversicherung nicht vorgenommen werden soll. Auch ohne die Hinzurechnung der ärztlich verordneten Behandlungspflege überholt das ambulante das stationäre Budget, wenn die Leistungsbudgets der Pflegestufe 2 bzw. des Pflegegrades 3 betrachtet werden:

199 So spricht denn auch der Koalitionsvertrag für die 18. Legislaturperiode zwischen CDU/CSU und SPD vom 17.12.2013, S. 83, davon, dass die ambulanten und die stationären Leistungen „weiter aneinander angeglichen werden“ sollen.

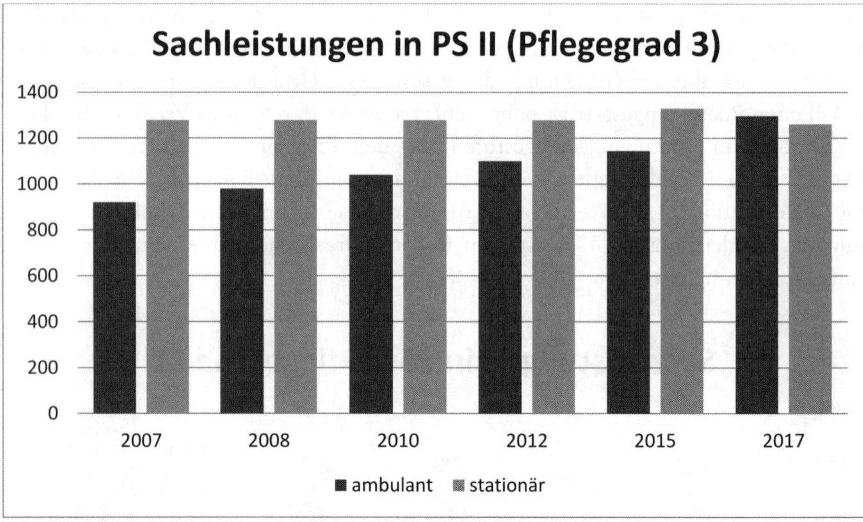

288 Dabei wurden in den diesen bildlichen Vergleich zwischen den ambulanten und stationären Sachleistungsbudgets die **Steigerungsbeträge** der Pflegestufen I und II aufgrund festgestellter eingeschränkter Alltagskompetenz durch § 123 SGB XI *2016* in den Jahren 2013 bis 2016 nicht einmal eingestellt. Insgesamt hat sich das Leistungsspektrum der ambulanten Versorgung in den letzten Jahren wesentlich verändert. Charakteristisch für die Leistungen der häuslichen Pflege ist inzwischen, dass den Versicherten und ihren Angehörigen eine Vielzahl unterschiedlicher Leistungen zur Verfügung steht, mit dem die pflegerische Versorgung **individuell** gestaltet werden kann. Die Ausübung der **Wunsch- und Wahlrechte** der Versicherten wurden dadurch gestärkt, dass bei einer Verhinderung der Pflegeperson das weitgehend freie Wahlrecht besteht, ob die stationäre Leistung der Kurzzeitpflege nach § 42 SGB XI oder die ambulante Leistung der Verhinderungspflege nach § 39 SGB XI in Anspruch genommen werden soll, da die jährlichen Leistungsbudgets (teilweise) von der einen Leistung auf die andere übertragen werden können.

289 Der Gesetzgeber erreichte so, dass sich die **jährlichen Leistungsbudgets** durch Umgliederung in eine andere Leistungsart bzw. die **Poolung** auf eine gewünschte Leistungsart vervielfachen. So sollen die Pflegebedürftigen bzw. ihre pflegenden Angehörigen entscheiden, wo die Leistung für sie konkret am sinnvollsten in der Unterstützung der familiären, nachbarschaftlichen oder sonstigen ehrenamtlichen Pflege wirken. Die Leistungen der sozialen Pflegeversicherung können so passgenauer für das jeweilige „Pflegesetting“ verwendet werden.

290 **Praxishinweis:** So kann etwas das in § 42 Abs. 2 Satz 2 SGB XI geregelte Jahresbudget der stationären Kurzzeitpflege von bis zu 1.612,00 € durch Umgliederung aus anderen Leistungsarten und Poolung dieser Ansprüche auf die Kurzzeitpflege nahezu **verdreifacht** werden.

Dazu muss sich der pflegende Angehörige entscheiden, sein jährliches Budget nicht für den ambulanten Anspruch der Verhinderungspflege nach § 39 SGB XI einzusetzen, sondern diesen Anspruch, wie § 42 Abs. 2 Satz 3 SGB XI regelt, im Bereich der Kurzzeitpflege zu verbrauchen. Wird so verfahren, so erhöht sich das jährliche Budget in der Kurzzeitpflege auf 3.224,00 €.

Hinzutritt der Anspruch auf einen Entlastungsbetrag in der neuen Höhe von 125,00 € monatlich; § 45 b Abs. 1 Satz 1 SGB XI *2017*. Nach § 45 b Abs. 1 Satz 3 SGB XI *2017* kann dieser Betrag auch für die Erstattung von Aufwendungen der Kurzzeitpflege in Anspruch genommen werden, Somit besteht ein weiterer Anspruch auf Kostenerstattung für Leistungen der Kurzzeitpflege in der Gesamthöhe von 1.500,00 € (12 x 125,00 €).

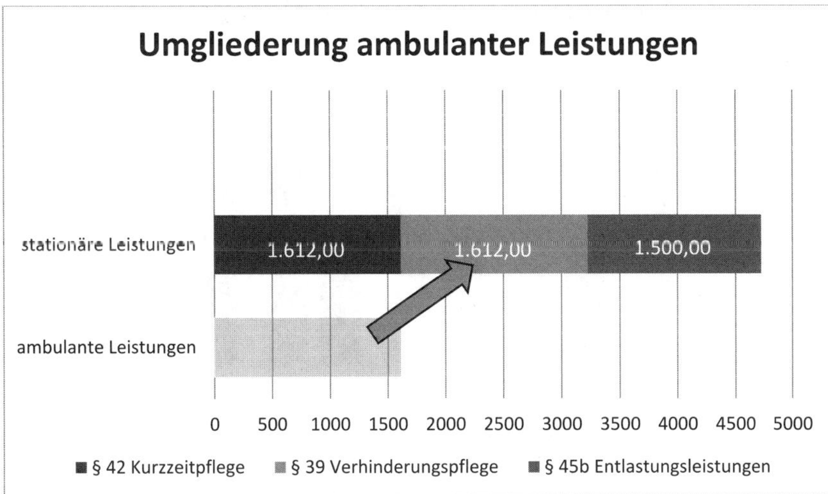

Natürlich können aber auch die stationären Leistungen für die ambulante Versorgung genutzt werden. So regelt § 39 Abs. 2 SGB XI, dass die Hälfte (806,00 €) des jährlichen Budgets der Kurzzeitpflege nach § 42 SGB XI für den ambulanten Anspruch der Verhinderungspflege nach § 39 SGB XI eingesetzt werden kann.

Wichtig ist, dass die jeweiligen Leistungsvoraussetzungen der einzelnen Leistungen separat geprüft und der Anspruch insgesamt natürlich nur einmal zur Verfügung steht, gleich bei welcher Leistungsart er letztlich eingesetzt wird.

Besonderes Gewicht wird dabei in Zukunft dem **Zusammenspiel von ambulanten und teilstationären Leistungen** zukommen. Neben der häuslichen Pflege sollen teilstationäre Leistungen der Tages- und Nachtpflege hinzutreten. Damit soll zum einen der Pflegebedürftige aktiviert und mobilisiert und andererseits die familiären oder ehrenamtlich tätigen **Pflegepersonen** verlässlich **entlastet** werden. So wurden durch das Erste Pflegestarkungsgesetz (PSG I) die Leistungsbudgets der Pflegesachleistungen nach § 36 SGB XI oder des Pflegegeldes nach § 37 SGB XI vollständig von den Leis- 291 tungen der teilstationären Tages- und Nachtpflege **entkoppelt**, § 41 Abs. 3 SGB XI. Zunächst musste sich der Pflegebedürftige bzw. die Pflegeperson entscheiden, ob Pflegesachleistungen bzw. Pflegegeld oder Leistungen der Tagespflege in Anspruch genommen werden. Ab dem 1.7.2008 wurde das Budget bei Inanspruchnahme beider Leistungsarten, also sowohl ambulanter als auch teilstationärer Leistungen auf 150 % erhöht. Durch den Wegfall der gegenseitigen Bezugnahme hat so der ambulant versorgte Pflegebedürftige seit dem 1.1.2015 monatlich je nach seinem Pflegegrad das ambulante und das teilstationäre Budget nebeneinander.

292 Die Entwicklung der im ambulanten Bereich kombinierbaren Sachleistungsbudgets zeigt dann folgendes Bild:

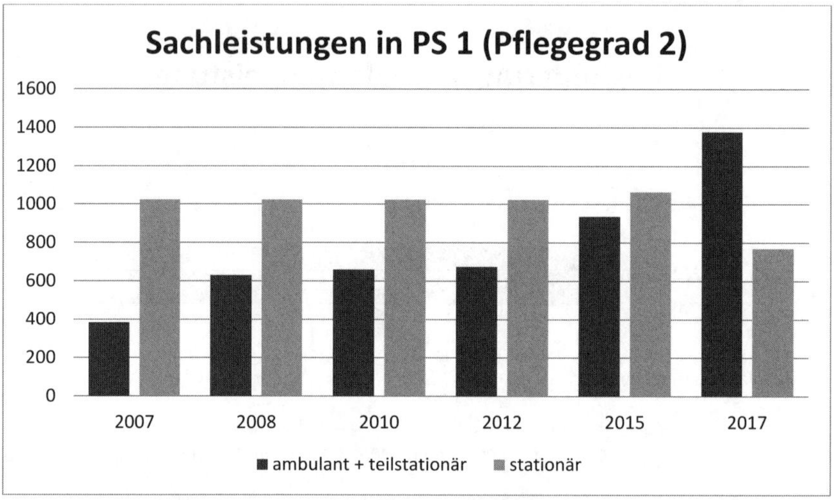

293 Im Vergleich dieser Budgets sind die Zuschläge wegen eingeschränkter Alltagskompetenz sowie die **Entlastungs- und Betreuungsleistungen** nach den §§ 45 a und 45 b SGB XI nicht enthalten. Diese würden das Ergebnis nochmals zugunsten der ambulanten Sachleistungsbudgets verändern. **Vergleicht** man die Entwicklung des kumulierten Sachleistungsanspruchs eines Versicherten beispielhaft in Pflegestufe 2 auf Leistungen der ambulanten Pflegesachleistung, der teilstationären Tages- und Nachtpflege sowie der Zuschläge für eingeschränkte Alltagskompetenz und die Entlastungs- und Betreuungsleistungen im Zeitverlauf, so ist Folgendes festzustellen: Während 2008 noch der vollstationäre Leistungsanspruch des § 43 SGB XI das 1,39-fache des kumulierten ambulanten Leistungsanspruchs betrug, so hat sich das Verhältnis mit den Jahren in das Gegenteil verkehrt. Die kumulierten ambulanten und teilstationären Leistungen sind inzwischen **im Verhältnis 2 : 1 größer** als das vollstationäre Versorgungsbudget.[200]

200 Tabelle von *Schölkopf/Hoffer*, NZS 2015, 521.

Jahr	Pflegestufe	Art des Leistungsanspruchs	Monatlicher Leistungsanspruch in Euro		Verhältnis
			Ambulant aus §§ 36, 123, 41, 45 b SGB XI a.F.	vollstationär aus § 43 SGB XI a.F.	
2007	PS II[201]	SL + TNP	921	1.279	1 : 1,39
2007	PS II + EA	SL + TNP + BL	959	1.279	1 : 1,33
2012	PS II	SL + TNP	1.650	1.279	1,29 : 1
2012	PS II + EA	SL + TNP + BL	1.750/1.850	1.279	1,37 : 1/ 1,45 : 1
2013	PS II	SL + TNP	1.650	1.279	1,29 : 1
2013	PS II + EA	SL (EA) + TNP + BL	1.975/2.075	1.279	1,54 : 1/ 1,62 : 1
2015	PS II	SL + TNP + BL	2.392	1.330	1,8 : 1
2015	PS II + EA	SL (EA) + TNP + BL	2.700/2.804	1.330	2,03 : 1/ 2,11 : 1

Besonders in der graphischen Darstellung wird deutlich, wie die Entwicklung das ambulante Sachleistungsbudget gegenüber dem stationären Budget gestärkt hat: 294

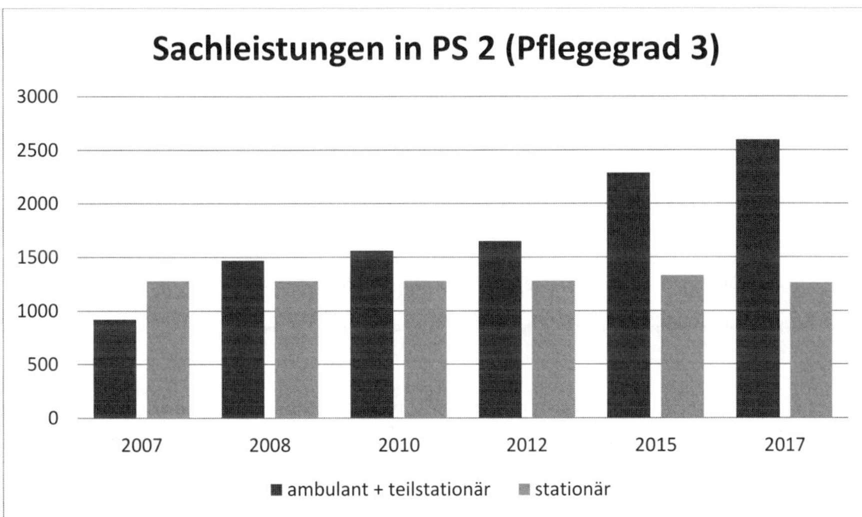

Bisher ist diese Tendenz nicht zum Nachteil der stationären Pflege bemerkbar geworden. Einer der Gründe war der zögerliche **Ausbau der Tages- und Nachtpflegeeinrich-** 295

201 Abkürzungen: PS = Pflegestufe
EA = Personen mit erheblich eingeschränkter Alltagskompetenz (§ 45 a SGB XI)
SL = Sachleistungsanspruch (§ 36 SGB XI)
SL (EA) = Erhöhter Sachleistungsanspruch für EA (§ 123 SGB XI)
BL = Anspruch auf zusätzliche Betreuungs- und Entlastungsleistungen (vor dem 1.1.2015: Zusätzliche Betreuungsleistungen) nach Paragraf 45 b SGB XI
TNP = Anspruch auf Leistungen der Tages- und Nachtpflege (§ 41 SGB XI.).

tungen, so dass bisher nur ein kleiner Teil der Versicherten beide Leistungsbudgets parallel in Anspruch nehmen. Dies wird sich aber verändern, nachdem in den letzten Jahren auch vermehrt ambulante Leistungserbringer teilstationäre Einrichtungen gegründet haben bzw. diese betreiben. Allein im Zeitraum von Januar bis Oktober 2015 gingen bundesweit 326 neue Tagespflege-Einrichtungen mit knapp 5.000 Plätzen an den Markt. Spitzenreiter dieser Entwicklung war Sachsen-Anhalt mit allein 43 neuen Tagespflegen (+ 34 % auf 170 Einrichtungen); Schlusslicht ist Hamburg mit lediglich einer neuen Einrichtung (+ 3 % auf 37).[202]

296 Die **finanzielle Ausstattung** der verschiedenen Pflegegrade im Vergleich der ambulanten und stationären Sachleistungsansprüche folgt keinem logischen Muster: Im Pflegegrad 2 und 4 ist der stationäre Sachleistungsanspruch nach § 43 SGB XI größer als der ambulante. Beim Pflegegrad 3 ist der ambulante Sachleistungsanspruch nach § 36 SGB XI höher dotiert. Im Pflegegrad 5 sind die Budgets der Versicherten gleich.

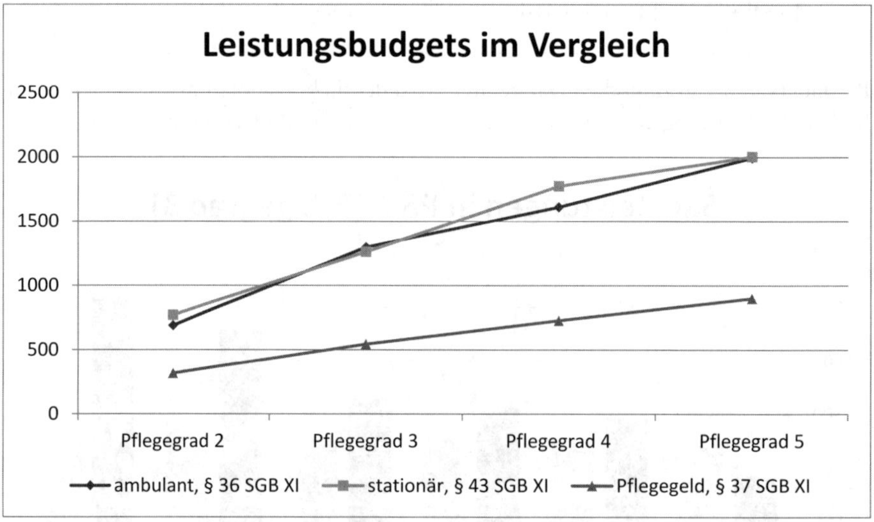

297 Für die **Verteilung der ambulanten und stationären Budgets** des Gesetzgebers auf die verschiedenen Pflegegrade gibt es auch **keine einheitliche rechnerische oder logische Erklärung.** Bei den ambulanten Budgets wurden schlicht die bisherigen Leistungsbudgets der Pflegesachleistungen sowie des Pflegegeldes um die bisherigen Zuschläge nach § 123 SGB XI *2016* erhöht. Bei den stationären Budgets stand augenscheinlich die Überlegung Pate, dass die Spreizung der Pflegesätze aufgrund des einrichtungseinheitlichen Eigenanteils [→ Rn. 342 ff] nur noch über die gesetzlichen Budgets des § 43 SGB XI möglich ist. So wurden die Äquivalenzziffern zur Berechnung des Personaleinsatzes in den verschiedenen Pflegegraden eingepreist, die mit den bisherigen Werten nichts zu tun haben.

202 Newsletter Pflegedatenbank.com, Oktober 2015.

G. Die Übergangsregelungen und der Bestandsschutz

I. Die wesentlichen Übergangsregelungen im Überblick

- Im Rahmen der Umstellung auf die fünf neuen Pflegegrade sollen Benachteiligun- 298
gen für Betroffene, die bereits Leistungen beziehen, durch **Überleitungsregelungen** möglichst ausgeschlossen werden.
- **Grundsatz:** Kein Leistungsberechtigter, der vor der Einführung des neuen Pflegebedürftigkeitsbegriffs bereits Leistungen der sozialen Pflegeversicherung bezogen hat, soll nach der Umstellung betragsmäßig niedrigere Ansprüche erhalten.
- Umfangreiche Neubegutachtungen werden durch die **automatische Umstellung** vermieden, um eine Überlastung des MDK im Zuge der Umstellung zu vermeiden.
- Dies wird durch Vorgaben für eine **pauschale Überleitung** bereits Pflegebedürftiger ohne neue Begutachtung in die neuen Pflegegrade, die Festsetzung der entsprechenden Leistungsbeträge sowie begleitende Regelungen insbesondere für den stationären Bereich erreicht.

II. Der Übergangsstichtag

Der **Übergangsstichtag** für die neuen Regelungen der sozialen Pflegeversicherung ist 299
nach § 140 Abs. 1 SGB XI *2017* i.V.m. Art. 8 Abs. 2 PSG II der **31.12.2016, 24:00 Uhr.**

Die Feststellung des Vorliegens von Pflegebedürftigkeit oder einer erheblich einge- 300
schränkten Alltagskompetenz nach § 45 a SGB XI *2016* und der weiteren für das Vorliegen einer Anspruchsberechtigung erforderlichen Voraussetzungen (etwa Vorversicherungszeiten) erfolgt jeweils auf der Grundlage des zum **Zeitpunkt der Antragstellung** geltenden Rechts. Dieser Grundsatz umfasst das **gesamte Verfahren** von Antragstellung über die Begutachtung bis zum Erlass des Leistungsbescheids und gilt auch für nachfolgende Widerspruchs- und sozialgerichtliche Verfahren. Für den Zeitpunkt der Antragstellung kommt es auf den **Eingang des Antrags bei der (zuständigen) Pflegekasse** an.[203]

> **Praxishinweis:** Ein Antrag auf eine Ein- oder Höherstufung nach altem Recht ist 301
> also (theoretisch) noch „vorab per Telefax" in der Sylvesternacht 2016 vor Mitternacht möglich. Bei Vertretungen ist die **Vollmacht** beizufügen.

III. Automatischer Übergang in einen Pflegegrad für bisherige Leistungsbezieher

Um die Leistungsansprüche der bisherigen Leistungsbezieher ab dem 1.1.2017 ein- 302
deutig zu bestimmen, wurden mit § 140 Abs. 2 SGB XI *2017* **Überleitungsregelungen** geschaffen. Die Gestaltung der Überleitungsregelungen verfolgt zwei wesentliche Zie-

203 BT-Drucks. 18/5629, 140.

le: Zum einen sollen bisherige Leistungsbezieher durch die Einführung des neuen Pflegebedürftigkeitsbegriffs **nicht schlechter als bisher** gestellt werden. Daher erfolgt die Überleitung zum Übergangsstichtag grundsätzlich in einen Pflegegrad, mit dem entweder gleich hohe oder höhere Leistungen für jeden Bezieher von Leistungen der sozialen Pflegeversicherung als bisher verbunden sind. Damit wird durch die Regelungen des § 140 SGB XI *2017* sichergestellt, dass ein Leistungsberechtigter nach dem sog. **Stufensprung** insgesamt keinen geringeren Leistungsanspruch hat als vor der Umstellung auf das neue Recht. Eine zusätzliche Absicherung des Prinzips der Vermeidung von Schlechterstellungen soll für mögliche und derzeit nicht oder noch nicht absehbare Konstellationen durch verschiedene **Besitzstandsschutzregelungen** gewährleistet werden. Ist die Vermeidung der Schlechterstellung ausnahmsweise – wie im Fall der stationären Leistungen nach § 43 SGB XI – nicht der Fall, wurden in § 141 SGB XI *2017* weitere Regelungen zum Besitzstandschutz geschaffen [→ Rn. 327]. Zum anderen sollen durch die automatische Umstellung auf die neuen Pflegegrade umfangreiche Neubegutachtungen vermieden werden, um eine Überlastung des MDK im Zuge der Umstellung zu vermeiden.[204]

303 Für die **automatische Zuordnung** zu einem **Pflegegrad** gelten nach § 140 Abs. 2 Satz 2 SGB XI *2017* die folgenden Kriterien:

1. Versicherte, bei denen eine Pflegestufe nach den §§ 14 und 15 SGB XI *2016*, aber **nicht** zusätzlich eine erheblich eingeschränkte Alltagskompetenz nach § 45 a SGB XI *2016* festgestellt wurde, werden übergeleitet
   a) von Pflegestufe I in den Pflegegrad 2,
   b) von Pflegestufe II in den Pflegegrad 3,
   c) von Pflegestufe III in den Pflegegrad 4 oder
   d) von Pflegestufe Härtefall in den Pflegegrad 5.

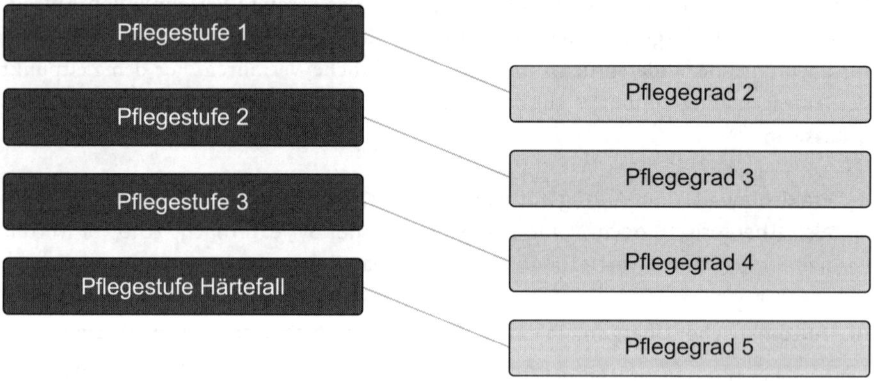

204 BT-Drucks. 18/5926, 140.

2. Versicherte, bei denen eine erheblich **eingeschränkte Alltagskompetenz** nach § 45 a SGB XI *2016* festgestellt wurde, werden übergeleitet
   a) bei nicht gleichzeitigem Vorliegen einer Pflegestufe nach den §§ 14 und 15 SGB XI *2016* in den Pflegegrad 2,
   b) bei gleichzeitigem Vorliegen der Pflegestufe I nach den §§ 14 und 15 SGB XI *2016* in den Pflegegrad 3,
   c) bei gleichzeitigem Vorliegen der Pflegestufe II nach den §§ 14 und 15 SGB XI *2016* in den Pflegegrad 4,
   d) bei gleichzeitigem Vorliegen der Pflegestufe III nach den §§ 14 und 15 SGB XI *2016*, auch soweit zusätzlich der Härtefall (nach § 36 Abs. 4 oder § 43 Abs. 3 SGB XI *2016*) festgestellt wurden, in den Pflegegrad 5.

Dieser Personenkreis, der sich aus Pflegebedürftigen mit vorrangig psychischen oder kognitiven Beeinträchtigungen, etwa aufgrund einer demenziellen Erkrankung, zusammensetzt, wird also regelhaft einen Pflegegrad höher eingestuft als Pflegebedürftige mit vorrangig körperlichen Beeinträchtigungen (sog. **doppelter Stufensprung**), um die Gleichstellung mit Personen mit vorrangig körperlichen Beeinträchtigungen auch im Rahmen der Überleitung so weit wie möglich zu verwirklichen.[205] 304

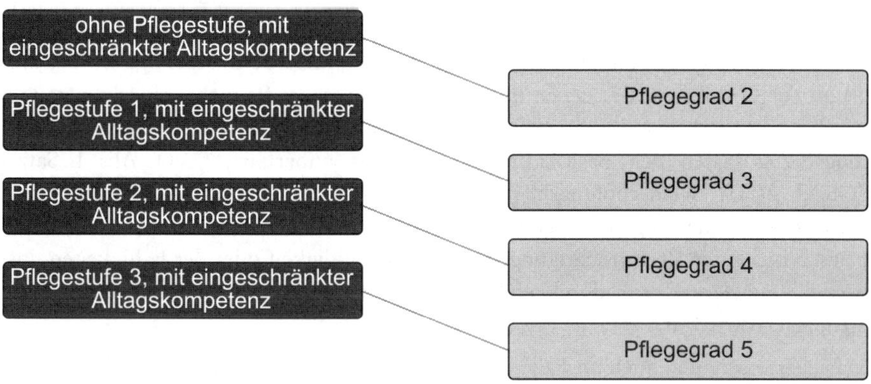

Im Ergebnis wurde mit dieser Regelung erreicht, dass kein bisheriger Leistungsbezieher schlechter gestellt wurde. Im Gegenteil: Insbesondere diejenigen Versicherten, die bis zur Umstellung Leistungen aufgrund einer erheblich eingeschränkten Alltagskompetenz i.S.d. § 45 a SGB XI *2016* bezogen haben, werden **deutlich besser gestellt** [→ Rn. 214ff]. 305

Maßgeblich für die automatische Überleitung ist das Vorliegen einer Anspruchsberechtigung auf Leistungen der Pflegeversicherung das zum **Zeitpunkt der Antragstellung** geltende Recht. Anspruchsberechtigt in diesem Sinne sind Versicherte, bei denen Pflegebedürftigkeit im Sinne der §§ 14 und 15 SGB XI *2016* oder eine erheblich eingeschränkten Alltagskompetenz nach § 45 a SGB XI *2016* festgestellt wurde und die 306

205 BT-Drucks. 18/5926, 140.

die weiteren Anspruchsvoraussetzungen erfüllen. Insbesondere müssen die Anspruchsvoraussetzungen für mindestens eine der **regelmäßig wiederkehrenden Leistungen** des § 28 Abs. 1 SGB XI vorliegen. Diese Überleitungsregelung gilt auch für Versicherte, die bereits aufgrund des Art. 45 des PflegeVG bei Einführung der sozialen Pflegeversicherung übergeleitet wurden. Sie bezieht sich auf die Pflegestufe, die die Versicherten nach der Überleitung erhalten haben, soweit nicht zwischenzeitlich eine Neueinstufung erfolgt ist.[206]

IV. Dauerhaftigkeit des übergeleiteten Pflegegrades

307 Der sich aus der Überleitung ergebende Pflegegrad besteht nach § 140 Abs. 3 SGB XI *2017* grundsätzlich bis zu einer **erneuten Begutachtung**, unabhängig davon, ob die Begutachtung aufgrund eines Höherstufungsantrags oder einer späteren Wiederholungsbegutachtung nach § 18 Abs. 2 Satz 5 SGB XI, die nach § 142 Abs. 1 SGB XI *2017* allerdings für einen Zeitraum von zwei Jahren – bis zum 1.1.2019 – ausgesetzt werden, erfolgt. Dabei werden die **Wiederholungsprüfungen** bereits ein halbes Jahr vor der Umstellung des Pflegebedürftigkeitsbegriffes ausgesetzt, nämlich **ab dem 1.7.2016,** § 18 Abs. 2 a SGB XI. Soweit sich durch die Neubegutachtung keine Anhebung des Pflegegrads oder die Feststellung, dass keine Pflegebedürftigkeit mehr vorliegt, ergibt, kann der Versicherte auf **Wunsch in dem Pflegegrad**, der sich aus der Überleitung ergeben hat, verbleiben. Damit wird auch für die Zukunft gewährleistet, dass Pflegebedürftige, die zum Umstellungsstichtag anspruchsberechtigt waren, aufgrund der Einführung des neuen Pflegebedürftigkeitsbegriffs nicht schlechter gestellt werden als nach dem bisherigen Recht.[207] **Kurzfristige Unterbrechungen** im Leistungsbezug lassen den Besitzstandschutz jeweils unberührt, § 141 Abs. 1 Satz 4 SGB XI *2017*. **Wiederholungsbegutachtungen** können nach § 142 Abs. 1 Satz 2 SGB XI *2017* allerdings durchgeführt werden, wenn eine Verbesserung der gesundheitlich bedingten Beeinträchtigungen der Selbstständigkeit oder der Fähigkeiten, insbesondere aufgrund von durchgeführten Operationen oder Rehabilitationsmaßnahmen, zu erwarten ist.

308 Versicherte behalten auch im Falle des **Kassenwechsels** nach dem Stichtag 31.12.2016 ihren im Wege der Überleitung erworbenen Besitzstandsschutz; § 140 Abs. 3 Satz 2 SGB XI *2017*. Ohne diese gesetzliche Anordnung würde ansonsten nach § 35 SGB XI das Erlöschen des Anspruchs per Gesetz eintreten mit der Folge, dass ein Neuantrag nach neuem Recht gestellt werden müsste. Gleiches gilt bei einem Wechsel zwischen privaten Krankenversicherungsunternehmen und einem **Wechsel von sozialer zu privater** sowie von privater zu sozialer **Pflegeversicherung.**[208]

206 BT-Drucks. 18/5926, 140.
207 BT-Drucks. 18/5926, 140.
208 BT-Drucks. 18/6688, 146 (Vorabfassung).

V. Wirkung des § 48 SGB X bei Höherstufungsantrag nach dem 1.1.2017

Stellt ein Versicherter, bei dem das Vorliegen einer Pflegebedürftigkeit oder einer erheblich eingeschränkten Alltagskompetenz nach § 45 a SGB XI *2016* festgestellt wurde, ab dem 1.1.2017 einen erneuten Antrag auf Feststellung von Pflegebedürftigkeit und lagen die tatsächlichen Voraussetzungen für einen höheren als durch die Überleitung erreichten Pflegegrad bereits vor dem 1.1.2017 vor, so richten sich nach § 140 Abs. 4 SGB XI *2017* die ab dem Zeitpunkt der Änderung der tatsächlichen Verhältnisse zu erbringenden Leistungen im Zeitraum vom 1.11.2016 bis 31.12.2016 nach dem ab 1.1.2017 geltenden Recht. In diesem Fall soll nach § 48 Abs. 1 Satz 2 Nr. 1 SGB X der **Zeitpunkt der wesentlichen Änderung** der Verhältnisse als maßgeblich angesehen werden. Entsprechende Leistungen wären rückwirkend ab diesem Zeitpunkt zu gewähren. Da sich in diesem Fall aufgrund des Zeitpunkts der Antragstellung die Feststellung über das Vorliegen von Pflegebedürftigkeit sowie die dazugehörigen Leistungen nach dem ab dem 1.1.2017 geltenden Recht bemessen, ist eine Regelung erforderlich, mit der festgelegt wird, wie die Leistungen im Zeitraum ab tatsächlicher Verschlechterung bis zum 31.12.2016 bemessen werden können. Da aus der Feststellung eines Pflegegrads keine empirisch begründbaren Aussagen darüber getroffen werden können, welche Pflegestufe ein Versicherter mit der gleichen gesundheitlichen Situation erhalten hätte, sollen sich in diesen Fällen die Leistungen auch dann nach dem neuen Recht bestimmen, wenn sie für den Zeitraum vor dem 1.1.2017 zu leisten sind. Die Wirkung dieser Regelung wird auf den genannten Zeitraum beschränkt, da die bisherige Begutachtungspraxis zeigt, dass Fälle, in denen tatsächliche Verschlechterung und Antragstellung zeitlich um mehr als einige Tage auseinanderfallen, nur in Einzelfällen mehr als zwei Monate zurückreichen.[209] 309

VI. Der ambulante und teilstationäre Besitzstandschutz

§ 141 Abs. 1 SGB XI *2017* regelt den erforderlichen Schutz des Besitzstandes für Leistungen der sozialen Pflegeversicherung ab dem 1.1.2017 im Bereich der **häuslichen** und **teilstationären Pflege**. Als Grundsatz gilt, dass die Versicherten für die regelmäßig wiederkehrenden Leistungen 310

- der ambulanten Pflegesachleistung (§ 36 SGB XI),
- des Pflegegeldes nach § 37 SGB XI,
- des Anspruchs der Kombinationsleistung aus Pflegesachleistung und Pflegegeld (§ 38 SGB XI),
- des Wohngruppenzuschlags des § 38 a SGB XI,
- Pflegehilfsmittel zum Verbrauch nach 40 Abs. 2 SGB XI,
- den Leistungen der Tages- und Nachtpflege (§ 41 SGB XI),
- zusätzlicher Leistungen bei Pflegezeit nach § 44 a SGB XI,

209 BT-Drucks. 18/6688, 146 f (Vorabfassung).

- zusätzliche Betreuungs- und Entlastungsleistungen nach § 45 b SGB XI *2016* soweit der Grundbetrag betroffen ist,
- die Übergangsregelung der §§ 123 und 124 SGB XI *2016*,

auf die sie am 31.12.2016 Anspruch haben, als **Besitzstandschutz in gleicher Höhe** weiterhin auch nach dem 1.1.2017 zustehen werden. Der Schutz des Besitzstands bezieht sich auf alle **monatlich** regelmäßig wiederkehrenden Leistungen. Keinen Besitzstandschutz gibt es bei **einmaligen Leistungen**, etwa Zuschüssen zu wohnumfeldverbessernden Maßnahmen nach § 40 Abs. 4 SGB XI, weil insoweit keine Änderung in der Leistungshöhe erfolgt. Auch bei der Kurzzeitpflege des § 42 SGB XI hat ein Besitzstandschutz keine Bedeutung, weil der jährliche Leistungsbetrag nicht verändert wird. Für die Geltung und die Anwendung der Besitzstandschutzregelungen nach § 141 Abs. 1 SGB XI *2017* sind nachfolgende Erwägungen und Grundsätze wesentlich:[210]

311 Voraussetzung für die Geltung des Besitzstandschutzes ist stets, dass die allgemeinen Leistungsvoraussetzungen, die unabhängig von der Feststellung eines Pflegegrades vorliegen müssen, erfüllt sind. Das bedeutet auch, dass der **Besitzstandschutz endet**, wenn **kein Pflegebedarf** mehr besteht. Allgemeine Leistungsausschlussregelungen, wie beispielsweise das **Ruhen von Leistungen** nach § 34 SGB XI, finden Anwendung. Der Besitzstand gilt sowohl in der sozialen als auch in der privaten Pflegeversicherung. Er soll auch faktisch bei der **Beihilfe** nachvollzogen werden, so wie die Beihilfe bisher immer Leistungsverbesserungen des SGB XI nachvollzogen hat. Verbindliche Vorgaben kann der Bundesgesetzgeber dem Landesbeihilferecht allerdings nicht machen, weil ihm die Gesetzgebungszuständigkeit hierfür fehlt.[211] Der Besitzstandschutz bleibt auch dann erhalten, wenn eine pflegebedürftige Person den Versicherungsträger wechselt, also beim Wechsel von Pflegekasse zu Pflegekasse, von Versicherungsunternehmen zu Versicherungsunternehmen, von sozialer zu privater Pflegeversicherung oder von privater zu sozialer Pflegeversicherung.

312 **Praxishinweis: Kurzfristige Unterbrechungen** im Leistungsbezug unmittelbar vor Inkrafttreten des neuen Rechts zum 1.1.2017 sind für die Gewährung des Besitzstandschutzes ohne Bedeutung; so können beispielsweise die Leistungen wegen eines Krankenhausaufenthaltes im Monat vor der Rechtsänderung ruhen. Kurzfristige Unterbrechungen nach Inkrafttreten des neuen Rechts lassen den Besitzstandschutz ebenfalls unberührt.

VII. Der Besitzstandschutz für den erhöhten Betrag des § 45 b SGB XI

313 Besitzstandschutz genießen nicht nur die dauerhaften Leistungsbeträge, sondern auch die des **Übergangsrechts der §§ 123 und 124 SGB XI** ***2016***. Soweit Pflegebedürftige vor dem 1.1.2017 Anspruch auf den erhöhten Betrag nach § 45 b Abs. 1 SGB XI *2016* haben, richtet sich der Besitzstandschutz nach § 141 Abs. 2 SGB XI *2017*. Der

210 BT-Drucks. 18/5926, 141.
211 BT-Drucks. 18/5926, 141.

erhöhte Kostenerstattungsbetrag von 208,00 € monatlich des § 45 b Abs. 1 Satz 2 SGB XI *2016* ist die einzige Leistung, die mit dem 1.1.2017 wegen der Einführung eines für alle Pflegebedürftigen einheitlichen Entlastungsbetrages **ersatzlos gestrichen** wird.

Mit der Einführung des neuen Pflegebedürftigkeitsbegriffs werden die Belange von Versicherten mit dauerhaft erheblich eingeschränkter Alltagskompetenz bereits im Rahmen der Einstufung in einen Pflegegrad mit einbezogen, anstatt wie bisher getrennte Sonderbestimmungen (§§ 123, 45 b SGB XI *2016*) für sie vorzusehen. Bei der Überleitung in die neuen Pflegegrade wird bei Versicherten mit dauerhaft erheblich **eingeschränkter Alltagskompetenz**, die am 31.12.2016 Anspruch auf Leistungen der Pflegeversicherung haben, zudem gemäß § 140 SGB XI *2017* ein sogenannter **doppelter Stufensprung** [→ Rn. 304] vorgesehen, um die **Gleichstellung** mit Pflegebedürftigen mit vorrangig körperlichen Beeinträchtigungen möglichst weitgehend zu verwirklichen. Hierdurch werden die Versicherten mit dauerhaft erheblich eingeschränkter Alltagskompetenz in Bezug auf ihre Anspruchsberechtigung auf Leistungen der Pflegeversicherung bereits in großem Umfang **besser gestellt** als sie bis zum 31.12.2016 standen. Infolgedessen schlägt sich der Verlust des Differenzbetrages zwischen dem bisherigen erhöhten Betrag in Höhe von 208,00 € monatlich und dem neu eingeführten einheitlichen Entlastungsbetrag in Höhe von 125,00 € monatlich – das sind 83,00 € monatlich – bei ihnen regelmäßig nicht im Wegfall von Leistungen nieder. 314

Stehen sich die Versicherten, die am 31.12.2016 Anspruch auf den erhöhten Betrag nach § 45 b SGB XI *2016* haben, nach dem für sie ab dem 1.1.2017 geltenden Recht trotz des sog. doppelten Stufensprungs nach § 140 SGB XI *2017* in Bezug auf einen der ihnen nach §§ 36, 37 oder 41 SGB XI zustehenden Ansprüche jedoch nicht **um mindestens jeweils 83,00 € monatlich besser**, so erhalten sie nach § 141 Abs. 2 SGB XI *2017* Besitzstandschutz.[212] Die Höhe des monatlichen Zuschlags ergibt sich aus der Differenz zwischen 208,00 € und dem Leistungsbetrag, der in § 45 b Abs. 1 Satz 1 SGB XI *2017* (125,00 €) festgelegt ist, so dass der Zuschlag dann bei 83,00 € monatlich liegt. Das Bestehen eines Anspruchs auf diesen Zuschlag ist den Versicherten **schriftlich mitzuteilen** und zu erläutern. Zur Vereinfachung für die Anspruchsberechtigten und die Rechtsanwender wird dieser Besitzstandschutz nicht durch Aufrechterhaltung des aus dem bisherigen § 45 b SGB XI *2016* folgenden Anspruchs gewährt, sondern durch Gewährung eines **Zuschlags auf den Entlastungsbetrag** nach § 45 b SGB XI *2017* geltenden Fassung. Dieser Zuschlag kann ebenso verwendet werden wie der in § 45 b SGB XI *2017* geregelte Entlastungsbetrag. Der monatliche Zuschlag kann insbesondere ebenso wie der Entlastungsbetrag gemäß § 45 b Abs. 2 SGB XI flexibel innerhalb des jeweiligen Kalenderjahres in Anspruch genommen und der nicht verbrauchte Betrag ebenfalls in das darauffolgende Kalenderhalbjahr übertragen werden. Der Zuschlag wird bei Bestehen eines Anspruchs auf den Entlastungsbetrag **automatisch** gewährt, er muss also nicht gesondert beantragt werden.[213] 315

212 BT-Drucks. 18/5926, 142.
213 BT-Drucks. 18/5926, 142.

316 Wird der Entlastungsbetrag des § 45 b SGB XI *2017* in der Folgezeit angehoben, **sinkt der Zuschlag entsprechend**, so dass stets eine Leistungshöhe von bis zu 208,00 € monatlich für die früheren Leistungen nach § 45 b SGB XI *2016* erreicht wird.[214]

317 **Praxishinweis:** Die Leistungsbudgets für die häusliche Pflege steigen im Sachleistungsanspruch des § 36 SGB XI [→ Rn. 220] mit einer Ausnahme durch den sog. doppelten Stufensprung um mehr als 83,00 € pro Monat. Die Übergangsregelung hat daher nur für Versicherte eine **praktische Relevanz**, die mit einer festgestellten eingeschränkten Alltagskompetenz in Pflegestufe III eingestuft sind. In dieser Konstellation steigen die Leistungsbudgets durch die Umstellung nicht.

VIII. Bestandsschutz in der stationären Pflege

318 Da die automatische Überleitung in der stationären Pflege nur in einigen Konstellationen zu erhöhten Leistungsbudgets und in der wesentlichen Fallgruppe des Übergangs von Pflegestufe I in den Pflegegrad 2 sogar zu einer **Leistungseinbuße** von 28 % führt, ist der Besitzstandsschutz von besonderer Bedeutung. Eine zusätzliche Aufgabe bildet der Wechsel in der Zusammensetzung des **Gesamtheimentgelts** durch die Neuregelung eines einrichtungseinheitlichen Eigenanteils. Da dieser letztlich die finanzielle Belastung für den Versicherten bzw. seine Angehörigen darstellt, geht der Bestandsschutz von diesem Entgeltbestandteil aus. Ist bei Pflegebedürftigen der Pflegegrade 2 bis 5 in der vollstationären Pflege der **einrichtungseinheitliche Eigenanteil** nach § 92 e SGB XI [→ Rn. 342ff] oder nach § 84 Abs. 2 Satz 3 SGB XI im Januar 2017 höher als der jeweilige **individuelle Eigenanteil** vor der Umstellung auf Pflegegrade, also im Dezember 2016, so ist zum Leistungsbetrag nach § 43 SGB XI **von Amts wegen** ein **Zuschlag in Höhe der Differenz** von der Pflegekasse an die Pflegeeinrichtung zu zahlen, § 141 Abs. 3 Satz 1 SGB XI *2017*. Verringert sich die Differenz zwischen Pflegesatz und Leistungsbetrag in der Folgezeit, ist der Zuschlag entsprechend zu kürzen. Der Zuschlag zum Ausgleich eines höheren Eigenanteils nach Einführung des neuen Pflegebedürftigkeitsbegriffes wird in einer **fiktiven Berechnung** der Eigenanteile geprüft, dabei wird jeweils von ganzen Monaten ausgegangen und nicht von der tatsächlichen Anwesenheit des Versicherten.

319 Dies gilt entsprechend für Versicherte der privaten Pflege-Pflichtversicherung. Durch die Regelung des § 141 Abs. 3 SGB XI *2017* soll sichergestellt werden, dass durch die **Überleitung der Pflegesätze** bzw. deren Neuverhandlung kein Pflegebedürftiger in der vollstationären Pflege, der schon vor dem Januar 2017 vollstationäre Leistungen erhalten hat (**Bestandsfall**), einen höheren Eigenanteil am Pflegesatz entrichten muss. Der vorgesehene Zuschlag gleicht entsprechende Unterschiede ab dem Umstellungszeitpunkt aus. Er wird dauerhaft gewährt, **ohne** dass ein gesonderter **Antrag** des Versicherten erforderlich ist. Ändert sich die Differenz zwischen dem Leistungsbetrag nach § 43 SGB XI und dem Pflegesatz in der Folgezeit, z.B. durch eine Anhebung des

214 BT-Drucks. 18/5926, 142.

Pflegesatzes, ist dieser Anstieg vom Pflegebedürftigen zu tragen. Reduziert sich die Differenz, z.B. durch eine Anhebung des Leistungsbetrags, so ist der Zuschlag entsprechend abzuschmelzen. Die Zahlungspflicht gilt für private Versicherungsunternehmen in Höhe des tariflichen Erstattungssatzes entsprechend.[215]

Beispiel: A ist in Pflegestufe I eingestuft und lebt in einer stationären Pflegeeinrichtung. 320
Für den Entgeltbestandteil „allgemeine Pflege" zahlt A im Dezember 2016 einen monatlichen Eigenanteil in Höhe von 350,00 €. (Daneben sind weiterhin die Entgeltbestandteile Unterkunft, Verpflegung, Investitionskosten zu zahlen.)

Nach Umstellung der Berechnung auf den einrichtungseinheitlichen Eigenanteil hätte A (auf den Pflegegrad kommt es ab 1.1.2017 nicht mehr an) im Januar 2017 einen Eigenanteil in Höhe von 550,00 € zu zahlen. Aufgrund des Besitzstandsschutzes zahlt A aber weiterhin 350,00 € und seine Pflegekasse die Differenz von 200,00 € zusätzlich zu den in § 43 SGB XI geregelten Leistungsbudgets.

Im Juli 2017 erhöht der Träger der Pflegeeinrichtung die Preise und den einrichtungseinheitlichen Eigenanteil um 30,00 € auf 580,00 €. A zahlt ab diesem Zeitpunkt 380,00 € (350,00 € „alter Eigenanteil" und 30,00 € Erhöhung); die Pflegekasse weiterhin die Differenz von 200,00 €.

Im September 2017 wird A in den nächsthöheren Pflegegrad 3 eingestuft. Aufgrund des neuen einrichtungseinheitlichen Eigenanteils ändert sich an der Zuzahlung des A nichts. A zahlt weiterhin 380,00 €; die Pflegekasse die Differenz von 200,00 €.

IX. Besitzstandschutz soziale Sicherung der Pflegeperson

Auch die Regelungen zur **Rentenversicherung** der familiären, nachbarschaftlichen 321
oder sonstigen ehrenamtlichen Pflegepersonen erhalten grundsätzlich Bestandsschutz. Durch § 141 Abs. 4 SGB XI *2017* wird für Pflegepersonen, die als solche schon unmittelbar vor der Überleitung der Pflegestufen in Pflegegrade rentenversichert waren, eine Weiterzahlung von Rentenversicherungsbeiträgen auf Basis des am 31.12.2016 geltenden Rechts ab dem Umstellungszeitpunkt vorgesehen, wenn diese höher sind als nach neuem Recht. Dadurch werden zeitnahe Neubegutachtungen in großer Anzahl vor allem in den Fällen, in denen mehrere Pflegepersonen den Pflegebedürftigen anteilig pflegen, vermieden. Die beitragspflichtigen Einnahmen sowohl nach altem Recht als auch nach neuem Recht knüpfen an einen bestimmten Prozentwert der (dynamischen) Bezugsgröße an. Der Besitzstandsschutz greift, wenn die aus dem jeweiligen Prozentwert der aktuellen Bezugsgröße resultierenden beitragspflichtigen Einnahmen nach § 166 Abs. 2 und 3 SGB VI in der am 31.12.2016 geltenden Fassung (**Besitzschutzbetrag**) höher sind als die entsprechenden beitragspflichtigen Einnahmen aus § 166 Abs. 2 SGB VI in der ab 1.1.2017 geltenden Fassung.[216] Dieser Besitzstandsschutz gilt allerdings nicht unbegrenzt. Seine **Beendigung** wird in § 141 Abs. 5 SGB XI *2017* geregelt, etwa bei einer Änderung des „Pflegesettings" oder des Pflegegrades.

215 BT-Drucks. 18/5926, 143.
216 BT-Drucks. 18/5926, 143.

X. Übertragung der Besitzstandschutz-Regelungen auf die private Pflege-Pflichtversicherung

322 Der neue Pflegebedürftigkeitsbegriff ist für die **private Pflege-Pflichtversicherung** und für die **ergänzende Pflegekrankenversicherung**, soweit diese an den Pflegebedürftigkeitsbegriff nach § 14 Abs. 1 SGB XI anknüpft, zu übernehmen. Um zu gewährleisten, dass der neue Pflegebedürftigkeitsbegriff auch für die private Pflege-Pflichtversicherung ab dem 1.1.2017 Anwendung findet, wird in § 143 SGB XI *2017* geregelt, dass aus diesem Anlass bei den betroffenen Versicherungsverhältnissen eine Anpassung der Allgemeinen Versicherungsbedingungen und der technischen Berechnungsgrundlagen entsprechend den bestehenden Regelungen (§ 203 VVG, § 12 b VAG) möglich ist. Gemäß § 12 b Abs. 1 VAG können die **Prämienänderungen** erst in Kraft gesetzt werden, nachdem ein unabhängiger Treuhänder der Prämienänderung zugestimmt hat. Dabei hat der unabhängige Treuhänder gemäß § 12 b Abs. 1 a VAG insbesondere darauf zu achten, dass vorhandene Mittel eines Unternehmens aus der gebildeten Rückstellung für Beitragsrückerstattungen zur Begrenzung von Prämienerhöhungen verwendet werden.[217]

217 BT-Drucks. 18/5926, 145.

H. Die Beratung

Völlig unbestritten von allen Beteiligten ist, dass der Erfolg der sozialen Pflegeversicherung ganz wesentlich von der Kenntnis der Versicherten und ihrer (pflegenden) Angehörigen über die verschiedenen Leistungen, den bestehenden **Wahlmöglichkeiten** und weitere Leistungen anderer Sozialleistungsträger abhängt. Daher sind eine gute Information und eine auf die individuelle Lebenslage eingehende Beratung unerlässlich. Mit jeder Reform der sozialen Pflegeversicherung werden die Regelungen zur Beratung neu geordnet, die **Beratungsleistungen ausgebaut** und verbessert. 323

Die wichtigsten Änderungen und Ergänzungen: Für die **Pflegeberatung** werden im Rahmen einer **Richtlinie** Mindestvorgaben zur Vereinheitlichung des Verfahrens, zur Durchführung und zu den Inhalten durch den Spitzenverband Bund der Pflegekassen unter Beteiligung der Medizinischen Dienste der Krankenversicherung mit breiter Beteiligung der Fachkreise gemeinsam und einvernehmlich erarbeitet (§ 17 Abs. 1 a SGB XI). Aufgrund des engen Sachzusammenhanges werden die bislang in § 92 c SGB XI a.F. vorgesehenen Rahmenvorgaben zur Beratung in und durch Pflegestützpunkte nahezu unverändert mit denen nun in den §§ 7ff. SGB XI stringenter gefassten Aufgaben und Verpflichtungen an die **Auskunft** (§ 7 SGB XI), die **Beratung** und Unterrichtung (§§ 7 a, 7 b und 7 c SGB XI) durch die Pflegekassen oder Pflegeberater und Pflegeberaterinnen zusammengeführt.[218] Im Überblick: 324

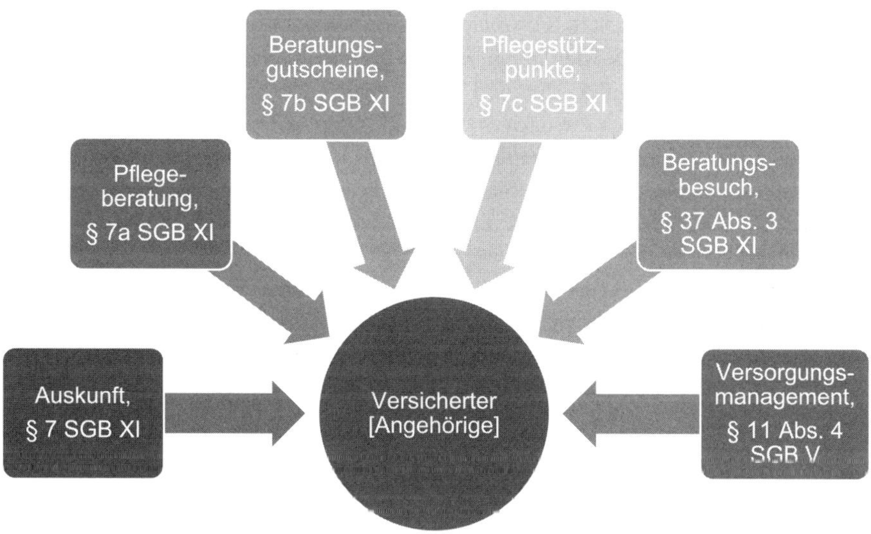

I. Die Auskunft, § 7 SGB XI

Die Verpflichtung der Pflegekassen nach § 7 SGB XI zur Information und Aufklärung der Versicherten ist eine Konkretisierung der **Auskunft** nach § 15 SGB I für den Be- 325

218 BT-Drucks. 18/5926, 64.

reich der sozialen Pflegeversicherung[219] und umfasst auch die **allgemeine Beratung** der Versicherten über ihre Rechte und Pflichten i.S.d. § 14 SGB I[220] und soll der Abgrenzung zur Pflegeberatung nach § 7 a SGB XI dienen.

326 **Praxishinweis: Auskünfte** können auch durch Mitarbeiterinnen und Mitarbeiter der Pflegekassen **ohne Qualifikation** als Pflegeberaterin bzw. Pflegeberater i.S.d. § 7 a SGB XI erteilt werden.[221] Die Pflegekassen tragen die Haftung für eine falsche oder unvollständige Auskunft.

327 Die Auskunft und Information soll in **einfacher Sprache** erfolgen, sodass diese auch für Versicherte und ihre Angehörigen verständlich ist, deren Muttersprache nicht Deutsch ist. Dies gilt insbesondere auch für die schriftlichen Informationen der Pflegekassen.

328 Zur Unterstützung der pflegebedürftigen Person bei der Ausübung ihres Wahlrechts nach § 2 Abs. 2 SGB XI sowie zur Förderung des Wettbewerbs und der Überschaubarkeit des vorhandenen Angebotes hat die zuständige Pflegekasse nach § 7 Abs. 3 SGB XI der antragstellenden Person auf Anforderung eine **Leistungs- und Preisvergleichsliste** unverzüglich und in geeigneter Form zu übermitteln. Die Leistungs- und Preisvergleichsliste wird von den Landesverbänden der Pflegekassen erstellt, **einmal im Quartal aktualisiert** und auf einer eigenen **Internetseite** veröffentlicht. Die Liste hat zumindest die jeweils geltenden Festlegungen der Vergütungsvereinbarungen nach dem 8. Kapitel (§§ 82 ff. SGB XI) sowie die Angaben zu Art, Inhalt und Umfang der Angebote sowie zu den Kosten in einer Form zu enthalten, die einen **regionalen Vergleich** von Angeboten und Kosten und der regionalen Verfügbarkeit ermöglicht. Auf der Internetseite sind auch die nach § 115 Abs. 1 a SGB XI veröffentlichten Ergebnisse der Qualitätsprüfungen und die nach § 115 Abs. 1 b SGB XI veröffentlichten Informationen zu berücksichtigen. Damit soll die Transparenz und Vergleichbarkeit des pflegerischen Angebots auf örtlicher Ebene durch nutzerfreundliche Internet-Angebote der Pflegeversicherung verbessert werden. Um deren Vollständigkeit zu gewährleisten, werden auf Landesebene Rahmenvereinbarungen über die Zusammenarbeit in der Beratung eingeführt, in denen verbindliche Regelungen zu Informationsflüssen vereinbart werden. Auf deren Grundlage können beispielsweise die Länder bzw. die Kommunen der Pflegeversicherung umfassende und regelmäßige Übersichten etwa zu zusätzlichen Betreuungs- und Entlastungsangeboten zur Verfügung stellen.[222]

II. Die Pflegeberatung, § 7 a SGB XI

329 Eine umfassende Information und Beratung der Versicherten – möglichst durch eine Person oder Stelle ihres Vertrauens – ist eine immer wichtiger werdende Voraussetzung für eine an den Bedürfnissen der pflegebedürftigen Menschen und ihrer Ange-

219 BT-Drucks. 18/5926, 83.
220 BT-Drucks. 18/6688, 131 (Vorabfassung).
221 BT-Drucks. 18/5926, 83.
222 BT-Drucks. 18/5926, 64.

hörigen orientierte Unterstützung, Pflege und Betreuung. Dabei kommt es nicht allein auf die Breite des vermittelten Wissens an; wichtig ist, dass die Betroffenen in die Lage versetzt werden, aus den verschiedensten Angeboten unterschiedlicher Träger die für sie am besten **passenden Leistungsangebote** nach ihren Bedarfen und Wünschen zusammenstellen zu können. Ratsuchenden Leistungsbeziehern sollen die Pflegekassen vor Ort schnell, unbürokratisch und unverzüglich **feste Ansprechpartner** für eine individuelle Beratung benennen.[223]

Praxishinweis: Der Anspruch an die **Qualität der Beratung** durch die Pflegekassen wird neu gefasst und das Angebot für die Versicherten bzw. die pflegenden Angehörigen entscheidend **verbessert**: 330

Die Aufgaben der Pflegekassen im Überblick:

- Vor der erstmaligen Pflegeberatung wird eine für den Versicherten **zuständige** Pflegeberaterin/zuständiger Pflegeberater namentlich benannt. Diese Person soll auch für alle folgenden Beratungen und späteren Rückfragen zuständig sein,[224] mithin einen **festen Ansprechpartner** bilden und so das Vertrauen des Versicherten gewinnen.
- Der Antragsteller ist bei der Begutachtung nach § 18 Abs. 3 Satz 8 SGB XI auf die maßgebliche **Bedeutung des Gutachtens** insbesondere für eine umfassende Beratung, das Erstellen eines individuellen Versorgungsplans nach § 7 a SGB XI, das Versorgungsmanagement nach § 11 Abs. 4 SGB V und für die Pflegeplanung hinzuweisen.
- Das Gutachten wird dem Antragsteller ohne weiteres durch die Pflegekasse **übersandt**, eines Antrags bedarf es nicht. Die Pflegeeinrichtung erhält das Gutachten über den Kunden bzw. Bewohner.
- Das Ergebnis des Gutachtens ist **transparent darzustellen** und dem Antragsteller **verständlich** zu erläutern.
- Der Pflegeberater hat den **Erfolg des Versorgungsplanes** zu beobachten.[225]
- Die weitere Ausgestaltung des Begutachtungsverfahrens wird sich aus der Pflegeberatungs-Richtlinie nach § 17 Abs. 1 a SGB XI ergeben.

Die entsprechende Hilfe und Unterstützung bei Auswahl und Inanspruchnahme von Unterstützungsangeboten im Sinne eines **Fallmanagements** werden künftig auf Basis der in den neuen **Pflegeberatungs-Richtlinien** nach § 17 Abs. 1 a SGB XI festgelegten Verfahrens-, Durchführungs- und inhaltlichen Maßstäbe und Grundsätze vorgenommen. Eine **personelle Kontinuität** in der Beratung wird die Begleitung der Betroffenen im Zeitablauf, die Beobachtung des Erfolges des Versorgungsplanes und der darin vorgesehenen Koordinierung unterschiedlichster Leistungsangebote zugunsten der 331

223 BT-Drucks. 18/5926, 84.
224 BT-Drucks. 18/6688, 122 (Vorabfassung).
225 BT-Drucks. 18/5926, 85.

Betroffenen deutlich zu Gute kommen. Auch bei Abwesenheit des Pflegeberaters bzw. der benannten Pflegeberaterin ist durch die Pflegekasse eine **Vertretung** zu gewährleisten, damit die zwei Wochen Frist für die Einräumung eines Beratungstermins nach Antragstellung auf Leistungen eingehalten wird, oder es ist eine sonstige Beratungsstelle zu benennen.[226] Die Rahmenvorgaben zur Beratung in und durch Pflegestützpunkte sollen nahezu unverändert mit den nun stringenter gefassten Aufgaben und Verpflichtungen an die Auskunft und die Beratung durch die Pflegekassen oder Pflegeberater und -beraterinnen zusammengeführt werden. Die Zwei-Wochen-Frist für die Benennung eines Beratungstermins durch die Pflegekasse gilt künftig nicht nur beim ersten Antrag auf Leistungen, sondern auch für die **Folgeanträge.** Darüber hinaus erhalten die **pflegenden Angehörigen** einen **eigenständigen Anspruch** auf Pflegeberatung, wenn die Pflegebedürftigen zustimmen. Damit erhalten die Angehörigen mehr Unterstützung für die Organisation der Pflege.[227]

332 Zur Gewinnung von Erkenntnissen über die Wirksamkeit und Entwicklung der Pflegeberatung (§§ 7 a, 7 b und 7 c SGB XI) und der Beratung in der eigenen Häuslichkeit (§ 37 Abs. 3 bis 8 SGB XI) erhält der Spitzenverband Bund der Pflegekassen eine dreijährliche **Berichtspflicht** gegenüber dem Bundesministerium für Gesundheit (§ 7 a Abs. 9).

III. Die weiteren Beratungsvorschriften, §§ 7 b und 7 c SGB XI

333 Die **Beratungsgutscheine** nach § 7 b SGB XI haben bisher in der Praxis überhaupt keine Rolle gespielt. Der Grund dafür ist allein in der dafür angebotenen Vergütung zu sehen, obwohl gerade die Konkurrenz durch unabhängige Berater das Beratungsverfahren insgesamt belebt und so die Qualität verbessert hätte. Ob die Ausweitung der **14-Tage-Regel** auch auf spätere Anträge bei der Pflegekasse, und nicht nur beim Erstantrag, die Nachfrage nach Beratungsgutscheinen belebt, bleibt abzuwarten.

Die bisher in § 92 c Abs. 1 bis 4 sowie 7 bis 9 SGB XI a.F. enthaltenen Regelungen zur Beratung in und durch **Pflegestützpunkte** werden aufgrund des engen Sachzusammenhangs mit den allgemeinen Vorschriften und Anforderungen an den Auftrag der Pflegekassen zur Aufklärung, Auskunft und Beratung nach den §§ 7 ff. SGB XI in den § 7 c SGB XI verschoben. Eine inhaltliche Änderung oder Ergänzung wurde nicht vorgenommen. Gestrichen wurden lediglich zeitlich ausgelaufene Regelungen, wie etwa die **Anschubfinanzierung.**

IV. Die weitere Entwicklung der Beratung

334 Auch die jetzigen Änderungen werden in der Beratungspraxis nur so weit zur Verbesserung beitragen, wie die konkrete Umsetzung gelingt.[228] Entscheidend wird es darauf ankommen, ob es gelingen kann, die **Vertrauensbasis** insbesondere zwischen

226 BT-Drucks. 18/5926, 84 f.
227 BT-Drucks. 18/6688, 122 (Vorabfassung).
228 Ausführlich zu möglichst frühzeitigen Informationen und Beratungen vor der konkreten Antragstellung auf Eingruppierung in einen Pflegegrad: *Krahmer* ZfSH 2015, 486.

dem Versicherten und seiner Pflegekasse sowie dem MDK zu erhalten, in manchem Fall wieder herzustellen. Vorallem der **MDK** ist mit seinen verschiedenen Aufgaben – insbesondere der Beratung der Kranken- und Pflegekassen, der erstmaligen oder wiederholten Einstufung der Versicherten in einen Pflegegrad, den gutachterlichen Stellungnahmen nach § 275 SGB V zu ärztlichen Verordnungen, den Qualitäts- und Transparenzprüfungen der Pflegeeinrichtungen – bereits überfrachtet. Die Diskussion um eine Herauslösung des MDK aus dem Beziehungsgeflecht zu den Sozialleistungsträgern und der Entwicklung hin zu einer **unabhängigen Sachverständigenorganisation**, die auch den Versicherten und den Leistungserbringern direkt gegenübertritt und sich selbst verantworten kann, wird sicherlich wieder aufgenommen werden. Dabei muss der MDK inhaltlich sicherlich keine Konkurrenz scheuen, so dass der Versuch, auch andere Gutachter zu beteiligen, energisch verfolgt werden sollte; ggf. im Rahmen der „Modellkommunen Pflege" [→ Rn. 40].

I. Die soziale Absicherung der Pflegepersonen

Die **rentenversicherungsrechtliche Absicherung** der Pflegepersonen – geregelt in § 44 SGB XI *2017* – wird grundlegend neugestaltet. Die Neugestaltung ist zwingende Folge der Einführung des neuen Pflegebedürftigkeitsbegriffs, da der ausschließliche Anknüpfungspunkt des Zeitaufwands der pflegenden Angehörigen für pflegerische Verrichtungen wegfällt. Die soziale Pflegeversicherung entrichtet derzeit für pflegende Angehörige nach Maßgabe des § 166 Abs. 2 SGB VI Beiträge zur gesetzlichen Rentenversicherung, wenn diese wenigstens 14 Stunden wöchentlich pflegen, nicht bereits eine Vollrente wegen Alters beziehen und eine Erwerbstätigkeit den Umfang von 30 Wochenstunden nicht überschreitet. 335

Praxishinweis: Die Sicherungsregelungen für Pflegepersonen wurden zur besseren Übersichtlichkeit neu sortiert: 336

- Regelungen zur **Rentenversicherung** (SGB VI), § 44 Abs. 1 SGB XI *2017*
- Regelungen zur **Unfallversicherung** (SGB VII), § 44 Abs. 2 a SGB XI *2017*
- Regelungen zur **Arbeitsförderung** (SGB III), § 44 Abs. 2 b SGB XI *2017*

Alle Personen, die nicht erwerbsmäßig eine oder mehrere pflegebedürftige Personen wenigstens **zehn Stunden wöchentlich**, verteilt auf **regelmäßig mindestens zwei Tage** in der Woche, in häuslicher Umgebung pflegen, haben grundsätzlich einen Anspruch auf die Entrichtung von **Rentenversicherungsbeiträgen** durch die Pflegeversicherung des Pflegebedürftigen, wenn für diesen mindestens Pflegegrad 2 festgestellt wurde, § 44 Abs. 1 SGB XI *2017*. Diese Voraussetzungen werden vom MDK oder einem anderen von der Pflegekasse beauftragten unabhängigen Gutachters ermittelt. Der Begriff Pflege wird für die Ermittlung der **Zehn-Stunden-Grenze** dem neuen Pflegebedürftigkeitsbegriff entsprechend so verstanden, dass er alle pflegerischen Maßnahmen in den in § 14 Abs. 2 SGB XI *2017* genannten Bereichen sowie Hilfen bei der Haushaltsführung umfasst. Umfasst sind künftig auch pflegerische Maßnahmen in Form von Betreuungsmaßnahmen. Voraussetzung ist zudem weiterhin, dass die Pflegeperson regelmäßig nicht mehr als dreißig Stunden wöchentlich erwerbstätig ist. Wegen des geringen Umfangs des Pflegebedarfs ist die rentenrechtliche Absicherung **nicht** für Pflegepersonen eröffnet, die einen Pflegebedürftigen des Pflegegrades 1 pflegen.[229] 337

In den Fällen, in denen zwei oder mehrere Pflegepersonen sich die Pflege eines Pflegebedürftigen teilen (**Mehrfachpflege**), hat der Gutachter im Hinblick auf deren Anspruch auf eine Absicherung in der gesetzlichen Rentenversicherung den Umfang der jeweiligen Pflegetätigkeit je Pflegeperson im Verhältnis zum Umfang der von allen Pflegepersonen zu leistenden Pflegetätigkeit (**Gesamtpflegeaufwand**) festzustellen. Er legt dabei nach § 44 Abs. 1 Satz 4 SGB XI *2017* die Angaben der beteiligten Pflegepersonen zugrunde. Da die Höhe des Gesamtanspruchs aller beteiligten Pflegeperso- 338

229 BT-Drucks. 18/5926, 129.

nen auf Zahlung von Rentenversicherungsbeiträgen durch die Pflegeversicherung gesetzlich festgelegt ist, bedarf es im Interesse der Verfahrensvereinfachung keiner Überprüfung der Angaben der beteiligten Pflegepersonen. Machen die beteiligten Pflegepersonen keine Angaben, findet nach § 44 Abs. 1 Satz 5 SGB XI *2017* eine **gleichmäßige Aufteilung** des Anspruchs auf alle Beteiligten statt. Können sich die Beteiligten nicht auf übereinstimmende Angaben verständigen, wird der Gutachter zunächst durch Vermittlung zu einer Einigung beitragen. Kommt es dennoch nicht zu übereinstimmenden Angaben, erfolgt eine gleichmäßige Aufteilung des Anspruchs auf die beteiligten Pflegepersonen. Es ist davon auszugehen, dass eine Einigung über die Aufteilung der Rentenversicherungsbeiträge in der Regel einvernehmlich möglich ist. Denn auch die Verwendung und Aufteilung des Pflegegeldes – und hier geht es finanziell um mehr – gelingt innerhalb der Familien ohne eine Einflussnahme durch die Pflegekassen.[230]

339 Eine weitere wesentliche Neuerung ist, dass für die Bemessung der Rentenbeiträge im höchsten Pflegegrad 5 künftig von bis zu **100 Prozent der Bezugsgröße** ausgegangen wird. Wegen des vergleichsweise geringen Umfangs des Pflegebedarfs ist die rentenrechtliche Absicherung nicht für Pflegepersonen eröffnet, die Pflegebedürftige des Pflegegrades 1 pflegen.

340 Im neuen § 44 Abs. 2 b SGB XI *2017* wird die Versicherungspflicht im Sicherungssystem der **Arbeitsförderung** geregelt. Pflegepersonen i.S.d. § 19 SGB XI sind künftig unter den Voraussetzungen des § 26 Abs. 2 b SGB III versicherungspflichtig und damit in das Leistungssystem der Arbeitsförderung einbezogen. Um die Voraussetzung nach § 26 Abs. 2 b SGB III zu erfüllen, muss die Pflegeperson unmittelbar vor der Übernahme der Pflege versicherungspflichtig beschäftigt gewesen sein oder eine als Arbeitsbeschaffungsmaßnahme geförderte Beschäftigung ausgeübt haben.

230 BT-Drucks. 18/6688, 143 (Vorabfassung): Mit dieser Änderung wurde die zunächst beabsichtigte Prüfung einer Mindestgrenze am Gesamtpflegeaufwand von 30 % ebenso gestrichen, wie die Regelung eines addierten Mindestpflegeaufwands bei Pflege mehrerer Pflegebedürftiger der Pflegegrade 2 bis 5.

J. Die Vergütungsregelungen für ambulante und stationäre Pflegeeinrichtungen

I. Die wesentlichen Neuerungen in der Vergütung für ambulante und stationäre Pflegeeinrichtungen im Überblick

Die ambulanten Pflegeeinrichtungen haben die Kriterien der **Module 2, 3 und 6** preislich umzusetzen: 341

- künftig werden die Bemessungsgrundsätze für die Vergütung in stationären Pflegeeinrichtungen **nicht** mehr in **drei Pflegeklassen** eingeteilt;
- am **Versorgungsaufwand** gemessen werden nach den zugrunde zu legenden fünf Pflegegraden **unterschiedliche Pflegesätze** vereinbart;
- in den Pflegegraden 2 bis 5 zahlen alle Bewohnerinnen und Bewohner den gleichen **einrichtungseinheitlichen Eigenanteil;**
- wie im Leistungsrecht gibt es künftig **keinen Härtefall** mehr;
- werden bis zum September 2016 keine Vergütungsregelungen in Hinblick auf die Umstellung der Zusammensetzung des Gesamtheimentgelts für Januar 2017 getroffen, dann werden die stationären Entgeltbestandteile am 30.9.2016 **automatisch** mit Wirkung vom 1.1.2017 **umgestellt.**

II. Die ambulanten Vergütungsregelungen

Die Vereinbarung von **Vergütungen in der ambulanten Pflege** haben nach der Umstellung des neuen Pflegebedürftigkeitsbegriffs die Leistungen für körperbezogene Pflegemaßnahmen, pflegerische Betreuungsmaßnahmen sowie Hilfen bei der Haushaltsführung zu umfassen. Die Leistungen für **körperbezogene Pflegemaßnahmen** entsprechen weitgehend den Kriterien der **Module 1 – Mobilität** und **4 – Selbstversorgung**, also den bisher als Verrichtungen der **Grundpflege** vereinbarten Leistungskomplexen. Zu beachten ist, dass die neuen Kriterien lediglich **exemplarische Ausschnitte** des benötigten Leistungsspektrums abbilden, um eine sachgerechte Eingruppierung in einen der Pflegegrade zu gewährleisten. Daher ist es Aufgabe der Vereinbarungspartner der **Vergütungsvereinbarung** daraus sinnvolle und praktikable Leistungspakete zu beschreiben. Dabei spricht vieles dafür, die bisher für diesen Bereich vereinbarten **Leistungskomplexsysteme** zu übernehmen. Gleiches gilt für die Hilfen bei der **Haushaltsführung**, die ebenfalls weitgehend den Beschreibungen in den bisherigen Vergütungsvereinbarungen nach § 89 SGB XI entsprechen dürften. 342

Die Kriterien der **Module 2 – Kognitive und kommunikative Fähigkeiten** und **3 – Verhaltensweisen und psychische Problemlagen** sind teilweise den Fähigkeitsstörungen des § 45 a Abs. 2 SGB XI *2016* entlehnt, wobei die im Modul 3 beschriebenen herausfordernden Verhaltensweisen regelmäßig eine Beaufsichtigungsleistung wegen der Abwehr von **Fremd- und Eigengefährdung** benötigen. Sollten dazu – ggf. in Hinblick auf § 124 SGB XI *2016* – Leistungsbeschreibungen bestehen, können diese ebenfalls auch zukünftig Verwendung finden. Ob es bei einer Neuvereinbarung zur Beschrei- 343 bung von **Leistungskomplexen** kommt oder die **Zeitvergütung** [→ Rn. 35] für eine Erbringung der Leistungen gewählt wird, haben die Vertragspartner vor Ort zu entscheiden. Die Vergütungen können nach § 89 Abs. 3 Satz 1 SGB XI auch weiterhin, je nach Art und Umfang der Pflegeleistung, nach dem dafür erforderlichen **Zeitaufwand** oder unabhängig vom Zeitaufwand nach dem Leistungsinhalt des jeweiligen Pflegeeinsatzes, nach **Komplexleistungen** oder in Ausnahmefällen auch nach Einzelleistungen bemessen werden; sonstige Leistungen wie hauswirtschaftliche Versorgung, Behördengänge oder Fahrkosten können auch mit **Pauschalen** vergütet werden.

344 Zu zukünftigen Diskussionen in Hinblick auf eine Vergütungsregelung werden die Kriterien des **Moduls 5 – Bewältigung von und selbstständiger Umgang mit krankheits- oder therapiebedingten Anforderungen und Belastungen** [→ Rn. 84] führen. Dies liegt vor allem an der Überschneidung den Verrichtungen der ärztlich verordneten häuslichen Krankenpflege nach § 37 SGB V. Diese Leistungen des SGB V bleiben auch künftig unberührt von den Leistungen der Pflegeversicherung; § 13 Abs. 2 SGB XI. Dabei gilt aber auch, dass der Leistungsanspruch auf Leistungen der medizinischen **Behandlungspflege** beschränkt ist, wenn Einrichtungen entweder gesetzlich – beispielhaft ist auf § 43 SGB XI für die vollstationäre Pflege hinzuweisen – oder vertraglich verpflichtet sind, die Leistungen der medizinischen Behandlungspflege zu übernehmen.[231] Die vertragliche Verpflichtung kann sich aus dem individuellen Einrichtungsvertrag oder dem **Pflegevertrag** nach § 120 SGB XI sowie der kollektivrechtlichen **Vergütungsvereinbarung** ergeben. Sind also abrechenbare Leistungen für die im Modul 5 beschriebenen Kriterien in der Vergütungsvereinbarung geregelt, dann könnte bei Eintritt des Pflegegrades 2 ein Anspruch auf Abrechnung der Leistungen der medizinischen Behandlungspflege gesperrt sein. Zu untersuchen ist dann wegen des **Teilkaskocharakters** der Leistungen der sozialen Pflegeversicherung, ob eine solche Vergütungsvereinbarung nicht aus der Sicht des Pflegebedürftigen ein unzulässiger **Vertrag zu Lasten Dritter** wäre.

345 **Praxishinweis:** Besondere Wachsamkeit ist bei der Abfassung der Leistungsbeschreibungen von ambulanten Vergütungsvereinbarungen hinsichtlich der Kriterien des **Moduls 5 – Bewältigung von und selbstständiger Umgang mit krankheits- oder therapiebedingten Anforderungen und Belastungen** angezeigt. Daher sollten **weder** Leistungskomplexe **noch** Zeiteinheiten mit Kriterien aus Modul 5 gebildet, in der Beschreibung „angereichert" oder vereinbart werden.

III. Die einrichtungseinheitlichen Eigenanteile

346 Der Einführung eines **einrichtungseinheitlichen Eigenanteils** liegt folgende Problematik zugrunde: Während im Bereich der ambulanten Leistungen der Versicherte regelmäßig selbst für eine **Höherstufung** in der Pflegestufe bzw. ab 1.1.2017 in eine höhere Eingruppierung eines Pflegegrades sorgt, indem ein entsprechender Antrag an die jeweilige Pflegekasse gerichtet wird, hat sich in der Praxis gezeigt, dass Bewohnerin-

231 Ausführlich BSG 25.2.2015 – B 3 KR 10/14 R = PflR 2015, 417 m. Anm. *Richter*.

nen und Bewohner bzw. insbesondere deren Angehörigen bei einem verschlechterten Zustand einen Antrag bei der Pflegekasse auf Höherstufung scheuen. Dies dürfte damit zusammenhängen, dass im ambulanten Bereich sich der Preis für die Leistungen der Pflegeeinrichtungen nach den vereinbarten Leistungskomplexen oder der Zeiteinheit richtet und der Versicherte bei einer Höherstufung so in den Genuss von **Mehrleistungen** durch die Pflegekassen kommt. Im Gegensatz dazu stieg bisher in einer stationären Pflegeeinrichtung aber der mit den Pflegekassen vereinbarte Preis für den Entgeltbestandteil **„allgemeinen Pflegeleistungen"** mit der höheren **Pflegeklasse** für den Versicherten. Da die Pflegeklasse sich grundsätzlich nach der Pflegestufe richtete (§ 84 Abs. 2 Satz 3 SGB XI *2016*), bedeutete eine höhere Pflegestufe folgerichtig einen höheren Preis. Diese Differenz zum Heimentgelt in der höheren Pflegeklasse wurde in der Regel nicht durch die höheren Leistungsbudgets nach § 43 SGB XI aufgefangen, so dass die Zuzahlung der Bewohnerinnen und Bewohner stieg. Der Gesetzgeber sah sich schließlich zur Einführung der **Antragsregelung** nach § 87 a Abs. 2 SGB XI veranlasst, weil die Erfahrungen gezeigt hatten, dass die Bewohner trotz entsprechender Hinweise durch den Träger der Pflegeeinrichtung einen Antrag auf Höherstufung ablehnen.[232] Mit einer weniger belastenden Regelung, etwa einer Beratung durch die stationäre Pflegeeinrichtung oder durch die Pflegekasse des Bewohners, war die Zielsetzung, den finanziellen Ausgleich für den regelmäßig höheren Versorgungs- und Betreuungsaufwand des Einrichtungsträgers zu sichern, nicht zu erreichen.[233]

Das **Gesamtheimentgelt** nach § 87 a Abs. 1 Satz 1 SGB XI besteht aus der **Addition der Entgeltbestandteile:** **347**

- allgemeine Pflegeleistungen (§ 84 SGB XI),
- den getrennt auszuweisenden Entgelten für Unterkunft und Verpflegung (§ 87 SGB XI) und
- den gesondert berechenbaren Investitionskosten (§ 82 Abs. 3 und 4 SGB XI).[234]

Der Aufbau des Gesamtheimentgelts aus der Addition der drei Entgeltbestandteile bleibt bestehen, doch wird der Entgeltbestandteil „allgemeine Pflegeleistungen" nicht mehr in verschiedenen Pflegeklassen vereinbart. Die **Abschaffung** der Kategorie der Pflegeklasse für die allgemeinen Pflegeleistungen in § 84 SGB XI bewirkt, dass auch dieser Entgeltbestandteil – wie bereits jetzt die weiteren Entgeltbestandteile (Unterkunft, Verpflegung und Investitionskosten) – **unabhängig vom Pflegegrad** des Bewohners für alle Bewohner einer stationären Pflegeeinrichtung gleich ist; dieser für alle Bewohner gleiche Entgeltbestandteil der allgemeinen Pflegeleistungen wird **einrichtungseinheitlicher Eigenanteil** genannt. Der sich von Pflegegrad 2 zu Pflegegrad 5 für die stationäre Pflegeeinrichtung erhöhende **Versorgungsaufwand** und mithin auch der

232 Zu weiteren Lösungsansätzen ausführlich *Richter* in: LPK-SGB XI § 87 a Rn. 11 f.
233 BT-Drucks. 14/5395, 62.
234 Damit ist der Begriff „Gesamtheimentgelt" für die Praxis irreführend: Die Entgelte für Zusatzleistungen (§ 88 SGB XI) und die sonstigen Leistungen sind nach dieser Regelung nicht Bestandteile des Gesamtheimentgeltes, obwohl die zusätzlichen Leistungen nach § 6 Abs. 3 WBVG im Einrichtungsvertrag beschrieben und die entsprechenden Entgeltbestandteile angegeben werden müssen. § 6 Abs. 3 WBVG bietet dazu eine Lösung an und nennt die Gesamtheit der Entgeltbestandteile abweichend von § 87 a Abs. 1 Satz 1 SGB XI „Gesamtentgelt".

(kalkulatorisch) von Pflegegrad zu Pflegegrad höhere Personalschlüssel wird künftig allein durch die gesetzlich geregelten (und damit in der **Staffelung der Pflegegrade** nicht mehr verhandelbaren) Leistungsbudgets des § 43 SGB XI [→ Rn. 271f] geregelt. Dies ist auch der Grund für das drastische Absenken des Leistungsbudgets im Pflegegrad 2.

348 Für die Pflegesätze im vollstationären Bereich sind in den Pflegegraden 2 bis 5 für die jeweilige stationäre Pflegeeinrichtung nach § 84 Abs. 2 Satz 3 SGB XI gleich hohe Beträge für die nicht von der Pflegeversicherung gedeckten Kosten vorzusehen (**einrichtungseinheitliche Eigenanteile**). Diese werden ausgehend von dem jeweiligen prospektiven Versorgungsaufwand abzüglich der Summe des Leistungsbetrags nach § 43 SGB XI für die Pflegegrade 2 bis 5 ermittelt. Damit wird erreicht, dass der von den Pflegebedürftigen bzw. vom zuständigen Träger der Sozialhilfe zu tragende Eigenanteil nicht mehr mit der Schwere der Pflegebedürftigkeit steigt. Dies ist im Rahmen der Reform insbesondere deshalb von Bedeutung, weil sonst Pflegebedürftige mit erheblich eingeschränkter Alltagskompetenz infolge des Erreichens höherer Pflegegrade höhere Eigenanteile als nach dem bisherigen Recht zu tragen hätten. Die vollstationären **Leistungsbeträge nach § 43 SGB XI** werden in ihrer Höhe so zueinander gestaffelt, dass sie zusammen mit dem einrichtungseinheitlichen Eigenanteil im Durchschnitt den Aufwandsrelationen entsprechen.[235] Um auch bei Änderungen der Leistungsbeträge der Pflegeversicherung – beispielsweise durch eine **Leistungsdynamisierung** – eine einheitliche Höhe der Eigenanteile zu gewährleisten, sind diese dann für die Pflegeeinrichtung neu zu ermitteln. Mit dem Übergang zu einrichtungseinheitlichen Eigenanteilen in den Pflegegraden 2 bis 5 wird für die finanzielle Planung der Pflegebedürftigen und ihrer Angehörigen Sicherheit geschaffen. Für sie ergibt sich eine Vereinfachung der Vergleichbarkeit und der individuellen Kalkulation. Die Entwicklung der einrichtungseinheitlichen Eigenanteile ist auch Gegenstand des wissenschaftlichen Monitoringprogramms nach § 18 c SGB XI.[236]

349 **Praxishinweis:** Der **einrichtungseinheitliche Eigenanteil** ist für die finanzielle Planung der Bewohnerinnen und Bewohner bzw. ihre Angehörigen sicherlich vorteilhaft. Doch wird diese **Planungssicherheit** der Bewohner für die stationären Einrichtungen teuer erkauft. Die Steigerung der Personalschlüssel nach dem Versorgungsaufwand der erhöhenden Pflegegrade wird gesetzlich auf den 1.1.2017 **eingefroren** und wohl erst bei der nächsten **Dynamisierungsrunde** finanziell wieder angepasst. Damit sind aber zwischenzeitliche **Personalkostensteigerungen** nur so aufzufangen, dass sich jeweils die Staffelung der Personalschlüssel ändert. Die Personalschlüssel werden dabei immer weiter zusammenrücken müssen, auch wenn dies dem Versorgungsaufwand nicht entspricht.

235 Vgl. dazu ausführlich *Rothgang* u.a. Versorgungsaufwände in stationären Pflegeeinrichtungen, Schriftenreihe Modellprogramm zur Weiterentwicklung der Pflegeversicherung Band 13, 2015.
236 BT-Drucks. 18/5926, 137.

Werden die Leistungsbudgets des § 43 SGB XI nicht zukünftig unterschiedlich (und keinesfalls prozentual!) erhöht, wird der einrichtungseinheitliche Eigenanteil in einen **„Einheits-Pflegepersonalschlüssel“** für alle Pflegegrade münden!

In den **Erhöhungsverfahren** der Pflegesätze nach § 85 SGB XI wurden bisher die Entgeltbestandteile der Unterkunft und Verpflegung für alle Bewohnerinnen und Bewohner einheitlich verhandelt und ein nominal oder prozentual gleicher Erhöhungsbetrag ausgewiesen. Für den Entgeltbestandteil **„allgemeine Pflege“** galt diese Feststellung nicht. Gestaffelt nach den Pflegeklassen, kalkulatorisch unterlegt mit verschiedenen **Äquivalenzziffern** für den unterschiedlichen Personaleinsatz je nach Pflegestufe des Bewohners bzw. Pflegeklasse der Einrichtung, wurden unterschiedliche Erhöhungsbeträge ausgewiesen. Dabei waren zumindest in den letzten Jahren wegen der anziehenden **Tarifsteigerungen** die Steigerungen der höheren Pflegeklassen höher als die Steigerungsraten der niedrigeren Pflegeklassen. So konnten die tariflichen oder außertariflichen Personalkostensteigerungen nach dem unterschiedlichen Versorgungsaufwand auf die Bewohnerinnen und Bewohner umgelegt werden. Die Personalkostensteigerungen wurden so einerseits refinanziert und andererseits blieben die vereinbarten **Pflegeschlüssel** unangetastet. 350

Die Personalschlüssel (und mithin die Äquivalenzziffern) für die Unterscheidung der Personalkosten am **Versorgungsaufwand** der Pflegegrade 2 bis 5 werden durch die Einführung des einrichtungseinheitlichen Eigenanteils festgeschrieben, da die gesetzlichen Budgets des § 43 SGB XI *2017* den einzigen am Versorgungsaufwand orientierten **„Teil-Entgeltbestandteil“** bilden. In den **Erhöhungsverfahren** kann zwar der einrichtungseinheitliche Eigenanteil verhandelt werden, nicht jedoch die gesetzlich festgeschriebenen Budgets. Werden also die Personalkosten aufgrund einer neuen Vergütungsvereinbarung erhöht, so können diese zukünftig nicht mehr nach dem Versorgungsaufwand unterschieden auf die verschiedenen Pflegegrade umgelegt werden, sondern werden auf alle Bewohnerinnen und Bewohner über eine Steigerung des einrichtungseinheitlichen Eigenanteils gleichmäßig verteilt, obwohl der Versorgungsaufwand unterschiedlich ist. Sobald die wissenschaftlichen Studien nach § 113 c SGB XI unterschiedliche **Personalschlüssel** für die einzelnen Pflegegrade nachweisen, hat der Gesetzgeber an dieser Stelle nachzusteuern. 351

Von der geänderten Zusammensetzung der Pflegesätze ist natürlich auch die solitäre oder eingestreute **Kurzzeitpflege** betroffen. Für die Kurzzeitpflege hat der Gesetzgeber allerdings weder eine Umrechnung oder Neuverhandlung noch einen Bestandsschutz geregelt. Obwohl die §§ 92 c bis 92 f SGB XI ausdrücklich nur von der **vollstationären Pflege** sprechen, teilt die Kurzzeitpflege das Schicksal der vollstationären Pflegesätze. Ein Bestandsschutz wurde nicht für notwendig erachtet, da es sich bei der Kurzzeitpflege nicht um eine Dauerleistung handelt, mithin nach der Umstellung der Pflegesätze ab dem 1.1.2017 schlicht die neuen – automatisch umgestellten oder verhandelten – Pflegesätze entsprechend der vollstationären Pflege abgerechnet und auf das Budget der Kurzzeitpflege nach § 42 SGB XI angerechnet werden. 351a

Praxishinweis: Ab 1.1.2017 ist in der Kurzzeitpflege der entweder durch die automatische Umstellung ermittelte oder verhandelte Pflegesatz nach dem konkreten Pflegegrad des Bewohners abzurechnen. Ein Bestandsschutz gibt es auch für diejenigen Kurzzeitpflegegäste nicht, die über den Jahreswechsel 31.12.2016/1.1.2017 versorgt werden. Kurzzeitpflegeleistungen werden also ab dem 1.1.2017 für die Versicherten teurer bzw. das jährliche Budget reicht nur für einen kürzeren Zeitraum.

Solitäre Kurzzeitpflegeeinrichtungen werden – da es keine automatische Umstellung der Pflegesätze nach den §§ 92 d und 92 e SGB XI gibt – verpflichtet, im laufenden Jahr 2016 ab dem 1.1.2017 geltende Pflegesätze zu vereinbaren.

IV. Der Übergang der vereinbarten Pflegesätze, §§ 92 c bis 92 f SGB XI

352 In den übergangsweise nach Art. 8 Abs. 4 PSG II bis 30.6.2017 geltenden §§ 92 c bis 92 f SGB XI sind für den **Übergang der vereinbarten Pflegesätze** in zugelassenen voll- und teilstationären Pflegeeinrichtungen im Grundsatz **zwei Varianten** vorgesehen.

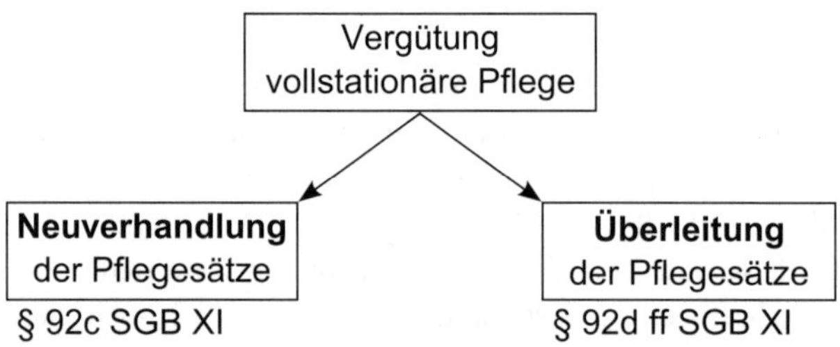

V. Die Neuverhandlung der Pflegesätze, § 92 c SGB XI

353 Die ab dem 1.1.2016 geltenden Pflegesatzvereinbarungen der voll- und teilstationären Pflegeeinrichtungen werden von Gesetzes wegen **bis zum 31.12.2016 befristet,** auch wenn die Vereinbarungen eine längere Laufzeit ausweisen. Das gilt auch für ggf. in der Zeit vom 1.1. bis 31.12.2016 **neu abgeschlossene Pflegesatzvereinbarungen,** die noch auf der Grundlage des § 84 Abs. 2 SGB XI *2016* abgeschlossen wurden. Eine Geltung über den 1.1.2017 hinaus ist für die **„Alt-"Vergütungsvereinbarungen** wegen der strukturellen Veränderung der Gesamtheimentgelte im Hinblick auf den einrichtungseinheitlichen Eigenanteil nicht möglich.

354 **Praxishinweis:** Bereits oder im Laufe des Jahres 2016 **abgeschlossene Vergütungsvereinbarungen** für voll- und teilstationäre Pflegeeinrichtungen enden **zwingend** am 31.12.2016, auch wenn in der Vereinbarung eine längere Laufzeit vereinbart wurde. Was gilt ab dem 1.1.2017?

1. Entweder werden ab sofort Pflegesätze für den Zeitraum ab 1.1.2017 **vereinbart** oder
2. werden bis zum 30.9.2016 Pflegesätze ab dem 1.1.2017 nicht abgeschlossen, erfolgt eine **automatische Umstellung**.

Ab sofort bis zum 30.9.2016 sind nach der ersten Variante des Übergangs der vollstationären Pflegevergütung **Neuverhandlungen** der Pflegesätze eröffnet, die ab dem 1.1.2017 gelten sollen. Dieses Vorgehen folgt dem bewährten, einrichtungsindividuellen **Verhandlungs- und Vereinbarungsprinzip** und ermöglicht es den Vertragsparteien, mit der Flexibilität die sich die Verhandlungspartner beidseitig einräumen, im Hinblick auf das Wirksamwerden des neuen Pflegebedürftigkeitsbegriffs am 1.1.2017 für die voll- bzw. teilstationäre Pflegeeinrichtung in **prospektiver** Weise Anpassungen und Vergütungssteigerungen vorzusehen. Bei den Neuverhandlungen sowie bei den folgenden Pflegesatzverhandlungen für den Zeitraum nach dem Inkrafttreten des neuen Pflegebedürftigkeitsbegriffs sind die von den Vereinbarungspartnern der **Landes-Rahmenverträge** nach § 75 SGB XI angepassten Vorgaben, insbesondere zur **Personalstruktur** und den **Personalrichtwerten** nach § 75 Abs. 3 SGB XI, sowie die neuen gesetzlichen Vorgaben des neuen Pflegebedürftigkeitsbegriffs und das darin enthaltene Verständnis von Pflegebedürftigkeit zu berücksichtigen, wenn eine (dringend notwendige) Anpassung auf Bundeslandebene bereits vorgenommen wurde. Bereits bei den Neuverhandlungen bis zum 31.12.2016 sind für die Pflegesätze im vollstationären Bereich in den Pflegegraden 2 bis 5 für die jeweilige Pflegeeinrichtung gleich hohe Beträge für die nicht von der Pflegeversicherung gedeckten Kosten vorzusehen (einrichtungseinheitliche Eigenanteile).[237] 355

Zur Förderung einer effektiven Vereinbarungspraxis werden hierbei vorrangig die **Pflegesatzkommissionen** nach § 86 SGB XI, soweit diese im jeweiligen Bundesland bestehen, sowie vergleichbare landesspezifische Gremien der Selbstverwaltung – regelmäßig Pflegesatz- oder **Grundsatzausschüsse** – ermutigt, ein **vereinfachtes Verfahren** für die über 13 000 voll- und teilstationären Pflegeeinrichtungen in den Ländern vorzusehen und das Nähere für einen schnellen und ausgewogenen Ablauf zu bestimmen. Dabei können die Vorgaben der §§ 92 d ff SGB XI zur alternativen Überleitung einbezogen werden. Für dieses vereinfachte Verfahren soll auch ausdrücklich ein **angemessener Zuschlag** für die voraussichtlichen Steigerungen im Hinblick auf die Personal- und Sachkosten vorgesehen werden. Kommt eine Einigung über ein vereinfachtes Verfahren in der Pflegesatzkommission nicht zustande, wäre dieses über die Verweisung auf § 85 Abs. 5 SGB XI **schiedsstellenfähig**. Eine Entscheidung der Schiedsstelle nach § 76 SGB XI dürfte in der Praxis indessen zeitlich zu spät kommen. Gleiches gilt für die alternativ berufenen, anderen landesspezifischen Gremien entsprechend. Die Pflegesatzkommissionen in den Ländern tragen nach Ansicht des Gesetzgebers in ihrer heterogenen Besetzung mit dieser zugewiesenen Aufgabe eine gro- 356

237 BT-Drucks. 18/5926, 95.

ße Verantwortung und können einen wichtigen Beitrag für einen möglichst unbürokratischen Übergang in der voll- und teilstationären Pflege leisten.[238]

VI. Die Überleitung der Pflegesätze, § 92 d SGB XI

357 Für die voll- und teilstationären Pflegeeinrichtungen, die bis 30.9.2016 keine neue Vereinbarung nach § 92 c SGB XI geschlossen haben, sieht § 92 d SGB XI als **Auffangregelung** eine alternative Überleitung der Pflegesätze vor. Das Verfahren zur **Berechnung** ist in § 92 e SGB XI geregelt. Die **Pflichten** der Beteiligten im Rahmen des alternativen Überleitungsverfahrens ergeben sich aus § 92 f SGB XI. Mit der Auffangregelung wird in einem pauschalen Verfahren die leistungsgerechte, bisher nach Pflegeklassen abgestufte Vergütungsstruktur in das neue System überführt. Zugleich wird damit die neue Ausrichtung in der vollstationären Pflege auf einrichtungseinheitliche Eigenanteile in den Pflegegraden 2 bis 5 bereits mit der Überleitung erreicht. Diese grundlegende Umverteilung entspricht den Zielsetzungen, die der Gesetzgeber mit den neuen Vergütungsregelungen des SGB XI verfolgt. Die sich als Summe aus dem Leistungsbetrag der Pflegeversicherung und dem vom Pflegebedürftigen zu zahlenden Eigenanteil ergebenden Pflegesätze stehen im Durchschnitt aller Einrichtungen in den für den Stichtag ermittelten Relationen zueinander. Im Einzelfall können sich dazu Abweichungen ergeben.[239]

VII. Das Verfahren zur Umrechnung der Pflegesätze, § 92 e SGB XI

358 Das **Verfahren zur Umrechnung** der einem Pflegeheim am 30.9.2016 zustehenden Pflegesätze in die ab dem 1.1.2017 geltenden Pflegesätze ist in § 92 e SGB XI geregelt und bildet nur die **Auffanglösung**, wenn eine Vergütungsvereinbarung mit Pflegesätzen ab dem 1.1.2017 nicht vorgenommen wurde oder nicht gelungen ist.

359 Im ersten Schritt (§ 92 e Abs. 1 SGB XI) ermittelt das Pflegeheim, bezogen auf den Stichtag am 30.9.2016, ausgehend von seiner aktuellen **Belegungszusammensetzung** den Gesamtbetrag der Pflegesätze in den Pflegestufen I bis III nach § 43 SGB XI *2016* einschließlich der Härtefälle sowie Bewohnern ohne Pflegestufe aber mit erheblich eingeschränkter Alltagskompetenz. Die Hochrechnung aus dem Stichtag auf den Kalendermonat hat mit dem **Faktor 30,42** zu erfolgen.[240]

360 Im anschließenden **zweiten Berechnungsschritt** (§ 92 e Abs. 2 SGB XI) ist zur Aufschlüsselung des Gesamtbetrags der Pflegesätze zwecks Ermittlung des Zahlbetrages und damit des Eigenanteils für die Pflegegrade 2 bis 5 vorzunehmen: Zur Ermittlung der Höhe des einrichtungseinheitlichen Eigenanteils (**Zuschlags auf die Leistungsbeträge der Pflegeversicherung**) sind zunächst die Bewohner des Pflegeheims **am 30.9.2016** entsprechend der am 1.1.2017 in Kraft tretenden Überleitungsregelung des § 140 SGB XI *2017* (fiktiv) den neuen Pflegegraden zuzuordnen. Multipliziert man diese mit den **neuen Leistungsbeträgen** nach § 43 SGB XI *2017*, so ergeben sich

238 BT-Drucks. 18/5926, 95.
239 BT-Drucks. 18/5926, 96.
240 BT-Drucks. 18/5926, 97.

die dem Pflegeheim auf dieser Basis zufließenden Leistungsausgaben der Pflegeversicherung. Teilt man die Differenz zur Summe der zum Stichtag für alle Pflegebedürftigen gezahlten Pflegesätze durch die Zahl der Pflegebedürftigen der Pflegegrade 2 bis 5, so ergibt sich der einheitliche Zuschlagsbetrag (**einrichtungseinheitliche Eigenanteil**), der dafür sorgt, dass die Pflegesatzsumme die gleiche Höhe hat wie vor der Umstellung auf den neuen Pflegebedürftigkeitsbegriff und die neuen Pflegegrade. Die automatische Umrechnung geht davon aus, dass sich zum 31.12.2016 die voraussichtliche Zusammensetzung der zu versorgenden Pflegebedürftigen nicht ändert und die Personalausstattung gleichfalls unverändert bleibt. Die **Berechnung** des **einrichtungseinheitlichen Eigenanteils** ist nach folgender Formel vorzunehmen:

$$EA = \frac{(\sum PS - PBPG2 \times LBPG2 - PBPG3 \times LBPG3 - PBPG4 \times LBPG4 - PBPG5 \times LBPG5)}{PB(PG2 - PG5)}$$

Dabei sind: 361

EA =	der ab dem Tag der Umstellung geltende einheitliche Eigenanteil
∑ PS =	Gesamtbetrag der Pflegesätze (PS) nach Absatz 1
PBPG2 =	Zahl der Pflegebedürftigen in Pflegegrad 2 entsprechend der Überleitungsvorschrift des § 140 in der ab dem 1. Januar 2017 geltenden Fassung am 30. September 2016
PBPG3 =	Zahl der Pflegebedürftigen in Pflegegrad 3 entsprechend der Überleitungsvorschrift des § 140 in der ab dem 1. Januar 2017 geltenden Fassung am 30. September 2016
PBPG4 =	Zahl der Pflegebedürftigen in Pflegegrad 4 entsprechend der Überleitungsvorschrift des § 140 in der ab dem 1. Januar 2017 geltenden Fassung am 30. September 2016
PBPG5 =	Zahl der Pflegebedürftigen in Pflegegrad 5 entsprechend der Überleitungsvorschrift des § 140 in der ab dem 1. Januar 2017 geltenden Fassung am 30. September 2016
PB (PG2 – PG5) =	Zahl der Pflegebedürftigen in Pflegegrad 2 bis 5 entsprechend der Überleitungsvorschrift des § 140 in der ab dem 1. Januar 2017 geltenden Fassung am 30. September 2016
LBPG2 =	vollstationärer Leistungsbetrag in Pflegegrad 2
LBPG3 =	vollstationärer Leistungsbetrag in Pflegegrad 3
LBPG4 =	vollstationärer Leistungsbetrag in Pflegegrad 4
LBPG5 =	vollstationärer Leistungsbetrag in Pflegegrad 5

Zum Umstellungszeitpunkt gibt es aufgrund der Überleitungsregelungen keine Pflege- 362
bedürftigen in Pflegegrad 1. Für Neuzugänge in der voll- und teilstationären Pflege ist daher eine Auffangregelung vorgesehen, nach der für neue Bewohner im **Pflegegrad 1** eine Festsetzung in Höhe von **78 % des Pflegesatzes in Pflegegrad 2** vorgesehen ist; § 92 e Abs. 4 SGB XI.

Ebenso wie bei der konkreten Eingruppierung in einen Pflegegrad aufgrund der neu- 363
en sechs Module ist es auch im Hinblick auf die Umstellung des **Gesamtheimentgeltes**

und die Wirkung des **einrichtungseinheitlichen Eigenanteils** wichtig, sich durch verschiedene Berechnungen mit den neuen Regelungen vertraut zu machen. Daher soll ebenso wie beim automatischen Übergang von der Pflegestufe in den Pflegegrad im Vergleich zu einer Neueingruppierung in den Pflegegrad ein Beispiel veranschaulichen, wie der einrichtungseinheitliche Eigenanteil wirkt. Ergebnis wird hier sein, dass jede stationäre Pflegeeinrichtung tunlichst eine Umstellung aufgrund der **Auffanglösung** nach §§ 92 d und 92 e SGB XI vermeiden sollte.

364 **Beispiel:** Sieht man sich auf den Homepages und den Informationsflyern stationärer Einrichtungen um, so ist auffällig, dass über alles gesprochen wird, nur nicht über die Preise. Nur selten findet sich der Einleger in der Imagebroschüre mit dem Thema „**unsere Preise**" oder ein entsprechender Button als Bestandteil der Internetpräsenz. Über Geld, Preise und Kosten scheint man in der Pflege nicht sprechen zu wollen. Dabei sind die Preise der Pflegeeinrichtungen längst öffentlich verfügbar. Man braucht dazu nur die Internetportale der Pflegekassen, also den **Pflegelotsen** oder den **Pflegenavigator** hinzuzuziehen. Eine erste Aufgabe bei der Überlegung, wie zukünftig die Leistungen der vollstationären Pflege angeboten werden, ist es an dieser Stelle Transparenz zu schaffen und offensiv mit den Kosten der Pflege umzugehen. Im Pflegenavigator gibt es für jede Pflegeeinrichtung das folgende Bild:

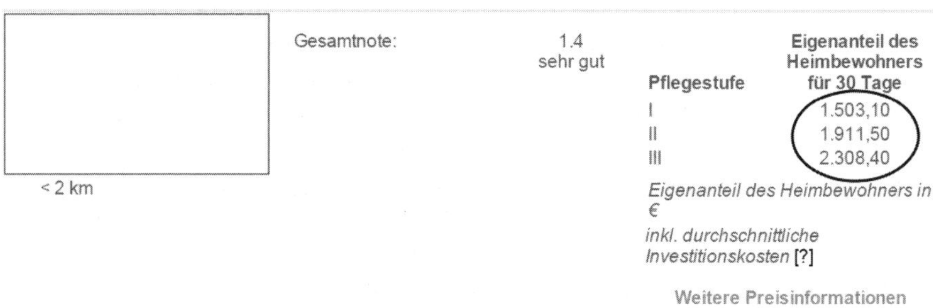

Das Bild zeigt die **Kosten der Pflegeeinrichtung** insgesamt, also für die allgemeine Pflege, die Unterkunft und Verpflegung bereits abzüglich der von den Pflegekassen nach § 43 SGB XI *2016* gezahlten Leistungsbudgets. Wie bei jeder Pflegeeinrichtung ist auch in unserem Beispiel die Zuzahlung für die Bewohnerin oder den Bewohner bzw. die Angehörigen nach den Pflegeklassen unterschiedlich. Die Unterscheidung ist im Hinblick auf den unterschiedlichen Versorgungsaufwand zu begründen. Dieser ist in Pflegestufe 3 höher als in Pflegestufe 2.

365 Für die Errechnung des **einrichtungseinheitlichen Eigenanteils** aufgrund der **Formel** in § 92 e SGB XI ist sicherlich bereits durch die Verbände der Leistungserbringer informiert worden. Diese haben entsprechende Excel-Tabellen mit Formelhinterlegung verschickt. Bevor sich an die Bearbeitung der Tabelle und damit der Errechnung eines möglichst genauen einrichtungseinheitlichen Eigenanteils gemacht wird, kann mittels ganz einfacher Rechnung eine „**Daumenpeilung**" für den einrichtungseinheitlichen Eigenanteil vorgenommen werden. Aufgrund der Datenlage des Pflegenavigators eignet sich die Daumenpeilung auch dafür, den groben einrichtungseinheitlichen Eigenanteil der **Mitkonkurrenten** zu ermitteln. Der so ermittelte einrichtungseinheitliche

Eigenanteil hat darüber hinaus einen Vorteil. Der Verbraucher, also der zukünftige Bewohner oder sein Angehöriger will nicht den einrichtungseinheitlichen Eigenanteil als Zuschlag auf den Entgeltbestandteil der allgemeinen Pflegeleistungen wissen, sondern den **Gesamtbetrag**, den er nach Abzug der Leistungsbudgets der sozialen Pflegeversicherung zahlen muss. Daher sind immer auch die Entgeltbestandteile Unterkunft, Verpflegung und Investitionskosten einzubeziehen. Nur der Gesamtbetrag interessiert den Kunden.

Für eine beispielhafte Errechnung benötigt man lediglich die Angaben im Pflegenavigator sowie die gesetzlichen Budgets für die stationäre Pflege im Rechtszustand bis zum 31.12.2016 sowie ab dem 1.1.2017. Des weiteren wird davon ausgegangen, dass relevant nur die Umstellung aufgrund der Pflegestufe 1 sowie der Pflegestufe 3 sind, da die Bewohner nach Pflegestufe 2 ohnehin in der „Mitte" liegen. Wie gesagt: Die beispielhafte Errechnung gibt nur eine grobe Tendenz an, die allerdings den Charme hat, mit wenigen Schritten zu einem Ergebnis zu kommen. Außerdem wird der Träger der Einrichtung dann animiert, den genauen einrichtungseinheitlichen Eigenanteil zu berechnen.

Für die Pflegestufe 1 erhält unsere Mustereinrichtung das Budget aus der Pflegeversicherung, also derzeit 1.064,00 € und zuzüglich den im Pflegenavigator ausgewiesenen Eigenanteil nach Pflegestufe 1, also 1.503,10 €.

In Pflegestufe 3 beträgt das Budget der sozialen Pflegeversicherung 1.612,00 € und der im Pflegenavigator ausgewiesene Eigenanteil 2.308,40 €.

Mithin entsteht aus diesen beiden Bewohnern ein **Gesamtbudget** von 6.487,50 €.

Von diesem Gesamtbudget sind die Leistungsbeträge nach § 43 SGB XI *2017* nach der automatischen Umstellung der Versicherten nun in Pflegegrad 2 (vorher Pflegestufe 1) sowie Pflegegrad 4 (vorher Pflegestufe 3) abzuziehen, also die gesetzlichen Budgets der Pflegekassen: Im Pflegegrad 2 sind dies 770,00 €, im Pflegegrad 4 1.775,00 €.

Diese Beträge werden vom errechneten Gesamtbudget abgezogen, so dass als Ergebnis 3.942,50 € bleiben. Dieser Betrag ist durch die zwei Bewohner zu teilen, so dass ein **einrichtungseinheitlicher Eigenanteil**, der bereits die Entgeltbestandteile Unterkunft, Verpflegung und Investitionskosten enthält, von 1.971,25 €.

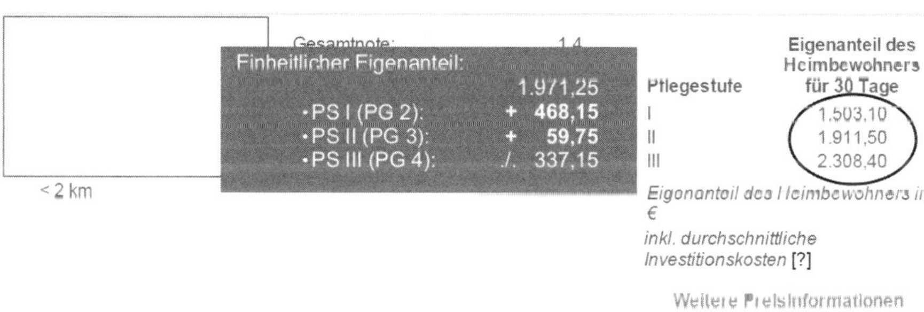

366 Die Abbildung zeigt die Wirkung des einrichtungseinheitlichen Eigenanteils. Bei budgetgleicher Umrechnung steigt zwangsläufig der einrichtungseinheitliche Eigenanteil für Bewohnerinnen und Bewohner in Pflegestufe I. Das Ergebnis konnte nicht anders sein: Schließlich ist der Pflegegrad 2 gegenüber der Pflegestufe I leistungsrechtlich um 28 % zurückgenommen worden.

Im Gegenzug sinkt die Belastung für Bewohnerinnen und Bewohner in den höheren Pflegegraden.

Natürlich sieht das Ergebnis anders aus, wenn nun die exakte Pflegestufenverteilung zugrunde gelegt wird. Ein anderer Faktor ist der im Bespiel völlig unberücksichtigte Doppelsprung, also die Berücksichtigung von Bewohnerinnen und Bewohnern, die zusätzlich zur Pflegestufe auch eine festgestellte **eingeschränkte Alltagskompetenz** haben. Je nach deren Berücksichtigung lässt sich rechnerisch der dann entstehende einrichtungseinheitliche Eigenanteil senken oder steigern. Wohl selten hatten die Träger vollstationärer Pflegeeinrichtungen eine solch große unternehmerische Freiheit. Diese sollte insbesondere in den Neuverhandlungen und -festsetzungen der Vergütungsvereinbarungen nach § 92 c SGB XI ausgeübt werden. Um die Freiheit in Bezug auf den Faktor der eingeschränkten Alltagskompetenz nicht zu groß werden zu lassen, hat der Gesetzgeber durch das Votum des Gesundheitsausschusses in letzter Minute noch einen neuen § 18 Abs. 1 Satz 3 SGB XI eingefügt. Darin wird der MDK verpflichtet, auch bei Versicherten in vollstationären Pflegeeinrichtungen **stets zu prüfen**, ob eine erheblich eingeschränkte Alltagskompetenz nach § 45 a Abs. 2 SGB XI *2016* vorliegt. Nach der Öffnung der Entgeltzuschläge nach § 87 b SGB XI *2016* für alle Bewohnerinnen und Bewohner, auch solche, die lediglich eine Pflegestufe haben, in der Alltagskompetenz aber nicht eingeschränkt sind, bestand für diese Feststellung eigentlich kein Bedarf mehr.

367 **Praxishinweis:** Die große zukünftige Frage insbesondere für die vollstationäre Pflege ist, mit welcher **Konzeption** zukünftig Bewohnerinnen und Bewohner versorgt werden sollen, welcher Personenkreis angesprochen werden soll und kann und ob untere Pflegegrade, also solche des Pflegegrades 2 und des Pflegegrades 3, überhaupt noch vollstationäre Leistungen nachfragen werden. Das Schöne an der Antwort ist, dass es regional sehr unterschiedlich sein dürfte und es immer auf die besondere Situation ankommt. Wichtig ist es gleichwohl, sich entsprechende Gedanken zu machen und dabei auch in den Blick zu nehmen, dass verstärkt Versicherte in den Pflegegraden 4 und 5 stationäre Leistungen nachsuchen werden. Daher stellt sich die Frage nach der Einrichtung von beschützenden (oder gar geschlossenen) Pflegestationen und Lebensbereichen, die Palliativ- und Hospizversorgung und ähnliches.

VIII. Die Pflichten der Beteiligten bei der Umrechnung der Pflegesätze, § 92 f SGB XI

368 Mit der **Auffangregelung** ist **keine Verhandlung** verbunden. Daher sind nach § 92 f SGB XI die wesentlichen Ausgangsdaten für die Ermittlung der Pflegesätze von der voll- bzw. teilstationären Pflegeeinrichtung an die Kostenträger mitzuteilen, die dann

ihrerseits ohne schuldhaftes Zögern über Beanstandungen dieser Ausgangsdaten zu entscheiden und der Pflegeeinrichtung diese ggf. mitzuteilen haben. Soweit es die voll- bzw. teilstationäre Pflegeeinrichtung unterlässt, den Kostenträgern die notwendigen Daten mitzuteilen, sind diese zu einer **Schätzung** berechtigt und haben die Pflegeeinrichtung über die von ihnen vorgenommene Schätzung unverzüglich zu informieren. Dabei sind alle Umstände zu berücksichtigen, die für die Ermittlung der Pflegesätze von Bedeutung sind. So sind den Kostenträgern vorliegende Angaben einzubeziehen. Diese Regelung soll für die beschriebene Ausnahmesituation praktikabel die Überleitung der Pflegesätze gewährleisten.[241]

Die voll- bzw. teilstationären Pflegeeinrichtungen haben die Bewohnerinnen oder Bewohner bzw. die Tagesgäste spätestens bis **30.11.2016, schriftlich** über die neuen Pflegesätze der Pflegegrade 1 bis 5 in der Einrichtung zu informieren. In der vollstationären Pflege ist auch die Höhe des einrichtungseinheitlichen Eigenanteils in Form eines „**Erhöhungsschreibens**" mitzuteilen. Damit wird den **Informationspflichten** und dem Schutzinteresse für die Verbraucher nach § 9 Abs. 2 WBVG hinreichend nachgekommen. Zudem erfolgt ein Hinweis auf den Besitzstandsschutz nach dem am 1.1.2017 in Kraft tretenden § 141 Abs. 1 SGB XI 2017 [→ Rn. 310]. 369

IX. Die Umrechnung der Pflegesätze in teilstationären Pflegeeinrichtungen

Im teilstationären Bereich wird nach § 92 e Abs. 3 SGB XI zur automatischen **Bestimmung der Pflegesätze** in Abweichung zum vollstationären Bereich eine **andere Berechnungsformel** angewendet. Im teilstationären Bereich ist die Spreizung der Aufwände zwischen den Pflegegraden geringer als im vollstationären Bereich. In vielen Bundesländern wurde bereits in der Vergangenheit **Einheitspflegesätze** vereinbart, also nicht nach den Pflegestufen der Tagesgäste bzw. Pflegeklassen unterschieden. Deshalb wird für die **Auffangregelung** die Spannbreite der bisherigen nach Pflegestufen differenzierten durchschnittlichen Vergütungen für die Pflegegrade 2 bis 4 herangezogen. Für Pflegegrad 5 wird wie im vollstationären Bereich von einem etwas höheren Aufwand als im Pflegegrad 4 ausgegangen. Die Ursache der insgesamt geringeren Spreizung im teilstationären Bereich ist einerseits ein höherer Grad an **gemeinschaftlicher Betreuung** im Vergleich zum vollstationären Bereich. Andererseits resultieren die Unterschiede zwischen dem durchschnittlichen Aufwand in den einzelnen Pflegegraden vermutlich aus den körperbezogenen Pflegemaßnahmen, die überwiegend außerhalb der üblichen Zeiträume der Tagespflege morgens und abends stattfinden.[242] 370

Die automatische Umrechnung im teilstationären Bereich findet nach folgender Formel statt: 371

$$PSPG2 = \frac{\sum PS}{(PBPG2 + PBPG3 \times 1{,}2 + PBPG4 \times 1{,}4 + PBPG5 \times 1{,}5)}$$

241 BT-Drucks. 18/5926, 97.
242 BT-Drucks. 18/6688, 134 (Vorabfassung).

372 Dabei ist PSPG 2 = der teilstationäre Pflegesatz in Pflegegrad 2

Es gilt der Pflegesatz ...

1. in Pflegegrad 3 entspricht dem 1,2-fachen des Pflegesatzes in Pflegegrad 2,
2. in Pflegegrad 4 entspricht dem 1,4-fachen des Pflegesatzes in Pflegegrad 2,
3. in Pflegegrad 5 entspricht dem 1,5-fachen des Pflegesatzes in Pflegegrad 2.

X. Das Sonderkündigungsrecht

373 Weicht die **Relation** des in den Vergütungsverhandlungen kalkulatorisch angesetzten Personaleinsatzes **für die einzelnen Pflegegrade** stark von der **Relation der sich bei einrichtungseinheitlichem Eigenanteil** ergebenden von den Pflegebedürftigen zu zahlenden Pflegesätze ab, so kann sich bei deutlichen Änderungen der Zusammensetzung der Bewohner die Summe der gezahlten Pflegesätze stärker oder schwächer ändern als die Kosten des angesetzten Personalaufwands. Bereits nach dem bisherigen § 85 Abs. 7 SGB XI können die Vertragsparteien **bei wesentlichen, unvorhersehbaren Änderungen** in der Geschäftsgrundlage der Pflegesatzvereinbarung ausnahmsweise die Pflegesätze innerhalb der Laufzeit der Vereinbarung neu verhandeln. Im Hinblick auf die Einführung der einrichtungseinheitlichen Eigenanteile nach § 84 Abs. 2 Satz 3 SGB XI wird nach § 85 Abs. 7 Satz 2 SGB XI der Weg zu einer vertraglichen Anpassung bestehender Pflegesatzvereinbarungen ausdrücklich auch bei erheblichen Unterschieden zwischen der zugrunde gelegten, prospektiven Zusammensetzung der Bewohnerinnen und Bewohner und der tatsächlich gegebenen Bewohnerstruktur eröffnet. Hiermit können die Vereinbarungspartner insbesondere auch im Hinblick auf ihre bestehende Personalausstattung nachverhandeln. Gleichzeitig muss damit aber eine erhebliche Auseinanderentwicklung der Summe der gezahlten Pflegesätze und der dafür kalkulierten Personalkosten verbunden sein. Um den Einigungsprozess für diese Neuverhandlung zu beschleunigen, kann in diesem Fall eine Festsetzung der Pflegesätze durch die **Schiedsstelle** zur effektiven Konfliktlösung abweichend von § 85 Abs. 5 Satz 1 SGB XI bereits nach **einem Monat** beantragt werden.

XI. Weitere Änderungen bei Vergütungsverhandlungen

374 Entsprechend der leistungsrechtlichen Integration der bisher in § 87 b SGB XI *2016* geregelten zusätzlichen Betreuung und Aktivierung in stationären Pflegeeinrichtungen in § 43 b SGB XI *2017* [→ Rn. 276ff] erfolgt die Aufnahme der vertrags- und vergütungsrechtlichen Bestimmungen in die **allgemeinen Vorschriften** für die Vergütung der stationären Pflegeleistungen, so dass nun die §§ 84 Abs. 8 und 85 Abs. 8 SGB XI *2017* für die Berechnung einschlägig werden. Dabei bleibt die bisherige Ausgestaltung als zusätzliche, die Pflegebedürftigen finanziell nicht belastende Leistung, die durch zusätzliches Betreuungspersonal in den stationären Pflegeeinrichtungen erbracht wird, erhalten. Eine **Absenkung** der vereinbarten Pflegesätze, beispielsweise im Hinblick auf die soziale Betreuung der Pflegebedürftigen, ist mit der Vereinbarung der Vergütungszuschläge **nicht** verbunden. Die Qualifikationsanforderungen und die Aufgaben der zusätzlichen Betreuungskräfte in stationären Pflegeeinrichtungen erge-

ben sich aus den Betreuungskräfte-Richtlinien nach § 53 c SGB XI [→ Rn. 282]. Das Vereinbarungs- und Abrechnungsverfahren wird ebenfalls im Grundsatz unverändert beibehalten. Von allen voll- und teilstationären Pflegeeinrichtungen ist verpflichtend neben der Pflegesatzvereinbarung für die Finanzierung des zusätzlichen Betreuungspersonales ein separater Vergütungszuschlag zu vereinbaren.[243] Nach § 85 Abs. 8 Satz 1 Nr. 2 SGB XI *2017* wird in der Regel für jeden Pflegebedürftigen **5 % der Personalaufwendungen** für eine zusätzliche Vollzeitkraft finanziert; bisher sollte ein Personalschlüssel von 1 : 20 zugrunde gelegt werden.

Praxishinweis: Bisherige Vereinbarungen nach § 87 b SGB XI *2016* behalten inhaltlich gleichbleibend ihre Gültigkeit, **gelten** also **fort**. 375

Für **teilstationäre Pflegeeinrichtungen** der Tages- und Nachtpflege wird die Möglichkeit beibehalten, auch **geringfügig Beschäftigte** nach § 8 Abs. 1 SGB IV als zusätzliche Betreuungskräfte einzusetzen, um das zusätzliche Leistungsangebot auch in kleinen teilstationären Pflegeeinrichtungen mit der nötigen Flexibilität sicherzustellen. Dies folgt daraus, dass § 85 Abs. 8 Satz 1 Nr. 1 SGB XI *2017* die sozialversicherungspflichtige Beschäftigung nur für *voll*stationäre Pflegeeinrichtungen anordnet; was aber auch weiterhin nicht zu einer Verdrängung sozialversicherungspflichtiger Beschäftigungsverhältnisse führen soll.[244] 376

Praxishinweis: Die **Nachweispflichten** für eine entsprechende **Bezahlung der Beschäftigten** in § 84 Abs. 7 SGB XI wurde nicht ausgeweitet. Auf Verlangen einer Vertragspartei hat der Träger der Pflegeeinrichtung dieses nachzuweisen. Dabei sind **personenbezogene Daten** zu anonymisieren. 377

243 BT-Drucks. 18/5926, 137.
244 BT-Drucks. 18/5926, 138.

K. Die Regelungen zur Qualitätssicherung

I. Die wesentlichen Neuerungen der Qualitätssicherung im Überblick

- Die wesentlichen Neuregelungen im Bereich der Qualitätssicherung und -darstellung zielen auf eine umfassende **Neustrukturierung der Entscheidungsstrukturen** ab. 378
- Die bisherige Bundes-Schiedsstelle wird zu einem entscheidungsfähigen **Qualitätsausschuss**, der von einer auch wissenschaftlich qualifizierten Geschäftsstelle unterstützt wird.
- Die Organisationen für die Wahrnehmung der Interessen und der Selbsthilfe pflegebedürftiger und behinderter Menschen wirken dabei beratend mit, haben aber kein Stimmrecht.
- Durch die Erweiterung des Qualitätsausschusses um einen unparteiischen Vorsitzenden und zwei weitere unparteiische Mitglieder sollen die Voraussetzungen für eine **strukturierte und ergebnisorientierte Handlungsweise in der Selbstverwaltung** geschaffen werden.
- Die Einrichtung der qualifizierten Geschäftsstelle soll zur fachlichen Steigerung bei der Behandlung der Themen Qualitätssicherung, Qualitätsmessung und Qualitätsdarstellung beitragen.
- Die bisherigen PTVA und PTVS (Pflege-Transparenzvereinbarungen ambulant und stationär) sollen durch **Qualitätsdarstellungsvereinbarungen** ersetzt werden.

II. Der Qualitätsausschuss

Mit der Umgestaltung der bisherigen Schiedsstelle zu einem entscheidungsfähigen **Qualitätsausschuss**, also einem Gremium der Selbstverwaltung mit quasi eingebautem Konfliktlösungsmechanismus, werden nach § 113 b SGB XI zügige Entscheidungen der Selbstverwaltungspartner ohne langwierige Schiedsstellenverfahren ermöglicht. Die Entscheidungsabläufe werden dadurch gestrafft und vereinfacht, daneben soll durch die Zusammensetzung des Qualitätsausschusses die Qualitätsorientierung in der ambulanten und stationären Pflege gestärkt werden.[245] 379

Die Zusammensetzung, Funktionsfähigkeit und Entscheidungsfindung der Schiedsstelle einschließlich ihrer Geschäftsstelle in wechselnder Verantwortung der Selbstverwaltungspartner haben sich grundsätzlich bewährt. Mit dem Qualitätsausschuss, der daran anknüpft, wird deshalb keine neue bürokratische Institution geschaffen, sondern konkret und praxisnah nur die Form der Entscheidungsfindung geregelt. Mit dem Qualitätsausschuss und seiner potentiellen Erweiterung als **„erweiterter Qualitätsausschuss“** nach § 113 b Abs. 3 SGB XI finden die wichtigen Entscheidungen, die im Bereich der Qualitätssicherung, Qualitätsmessung und Qualitätsdarstellung in der Pflege von den Vertragsparteien zu treffen sind, einen der Bedeutung des Handlungs- 380

245 BT-Drucks. 18/5926, 66.

feldes Pflege angemessenen und aufgrund der Dringlichkeit der zu regelnden **Aufgaben** auch notwendigen konkreten Rahmen.[246] Die Vertragsparteien entscheiden zukünftig durch den Qualitätsausschuss über

- die Qualität der **Beratungsbesuche** nach § 37 Abs. 3 SGB XI (§ 37 Abs. 5 SGB XI *2017*),
- die **Maßstäbe und Grundsätze** zur Sicherung und Weiterentwicklung der Qualität in der Pflege (§ 113 SGB XI),
- die **Expertenstandards** zur Sicherung und Weiterentwicklung in der Pflege (§ 113 a SGB XI) und
- die **Qualitätsdarstellungsvereinbarungen** (§ 115 SGB XI).

381 **Praxishinweis:** Der Einrichtung des Qualitätsausschusses liegt eine **kritische Bestandsaufnahme** des Gesetzgebers zugrunde, dass die **pflegerische Selbstverwaltung** weitgehend **gescheitert** ist. Keine der notwendigen Entscheidungen, ob zu den Maßstäben und Grundsätzen oder zur PTVA und PTVS, konnte ohne ein anschließendes Schiedsstellenverfahren beschlossen werden. Dann aber können die Verhandlungen der Selbstverwaltungsparteien auch von Anfang an moderiert und mit einem **integrierten Schiedsstellenverfahren** verknüpft werden!

382 Der Qualitätsausschuss besteht nach § 113 b Abs. 2 SGB XI aus Vertretern des Spitzenverbandes Bund der Pflegekassen (**Leistungsträger**) und aus Vertretern der Vereinigungen der Träger der Pflegeeinrichtungen auf Bundesebene (**Leistungserbringer**) in gleicher Zahl; Leistungsträger und Leistungserbringer können **jeweils** höchstens **zehn Mitglieder** entsenden.

Auf der Seite der Sozialleistungsträger gehören auch ein Vertreter der Bundesarbeitsgemeinschaft der **überörtlichen Träger der Sozialhilfe** und ein Vertreter der **kommunalen Spitzenverbände auf Bundesebene** dem Qualitätsausschuss an; sie werden auf die Zahl der Sitze der Leistungsträger angerechnet. Dem Qualitätsausschuss kann auch ein Vertreter des **Verbandes der privaten Krankenversicherung e. V.** angehören; die Entscheidung hierüber obliegt dem Verband der privaten Krankenversicherung e. V. Mit der Entsendung eines Mitgliedes ist für den Verband der privaten Krankenversicherung e. V. eine Finanzierungsbeteiligung nach § 8 Abs. 4 SGB XI verbunden. Sofern der Verband der privaten Krankenversicherung e. V. ein Mitglied entsendet, wird dieses Mitglied auf die Zahl der Leistungsträger angerechnet.

383 Dem Qualitätsausschuss soll auch ein Vertreter der **Verbände der Pflegeberufe** angehören; er wird auf die Zahl der Leistungserbringer angerechnet.

Eine Organisation kann nicht gleichzeitig der Leistungsträgerseite und der Leistungserbringerseite zugerechnet werden. Jedes Mitglied erhält eine Stimme; die Stimmen sind gleich zu gewichten. Der **MDS** wirkt in den Sitzungen und an den Beschlussfassungen im Qualitätsausschuss **beratend** mit. Die auf Bundesebene **maßgeblichen Or-**

246 BT-Drucks. 18/5926, 100.

ganisationen für die Wahrnehmung der Interessen und der Selbsthilfe pflegebedürftiger und behinderter Menschen wirken in den Sitzungen und an den Beschlussfassungen im Qualitätsausschuss nach Maßgabe von § 118 SGB XI **beratend** mit.

Die Vertragsparteien der Selbstverwaltung erhalten durch den Qualitätsausschuss einen neuen Rahmen für die ihnen übertragene Verantwortung. Wenn es in den Beratungen im Qualitätsausschuss **nicht** zu einer **einvernehmlichen Einigung** kommt, so kann der Qualitätsausschuss auf Verlangen mindestens einer Vertragspartei, eines Mitglieds des Qualitätsausschusses, aber auch des Bundesministeriums für Gesundheit nach § 113 b Abs. 3 SGB XI in einen **„erweiterten Qualitätsausschuss"** umgewandelt werden. Zur Verfahrensbeschleunigung und -beendigung tragen bei, dass für den erweiterten Qualitätsausschuss ein **unparteiischer Vorsitzender** und **zwei weitere unparteiische Mitglieder** hinzutreten. Außerdem gilt nunmehr das **Mehrheitsprinzip** für die Beschlussfassungen. Die unabhängigen Mitglieder übernehmen die Aufgaben als Ehrenamt. Der **unparteiische Vorsitzende** des erweiterten Qualitätsausschusses wird durch das Bundesministerium für Gesundheit **ernannt.** Dies entspricht der Bedeutung der Aufgabenstellung und sichert dem unparteiischen Vorsitzenden von Beginn an die größtmögliche Unabhängigkeit von den Mitgliedern des Ausschusses. Das Bundesministerium für Gesundheit kann bei der Benennung des unparteiischen Vorsitzenden einen Zeitraum für dessen **Amtszeit** bestimmen. Der **Stellvertreter des unparteiischen Vorsitzenden** und das weitere unparteiische Mitglied sowie deren Stellvertreter werden von den Vertragsparteien nach § 113 SGB XI **gemeinsam benannt.** Mitglieder des Qualitätsausschusses können nicht als Stellvertreter des unparteiischen Vorsitzenden oder der weiteren unparteiischen Mitglieder benannt werden.[247] **384**

Die durch den erweiterten Qualitätsausschuss getroffenen Festsetzungen haben dabei die **Rechtswirkung einer vertraglichen Vereinbarung** oder Beschlussfassung, wie sie durch die Vertragsparteien ohne Hinzuziehung der Unparteiischen einvernehmlich getroffen wird. Die durch den Qualitätsausschuss getroffenen Entscheidungen sind nach § 113 b Abs. 8 SGB XI dem Bundesministerium für Gesundheit zur **Genehmigung** vorzulegen. Das Bundesministerium für Gesundheit kann im Rahmen einer erforderlichen Prüfung Expertise einholen und im Ergebnis Auflagen erteilen. Bei Nichteinhaltung von Fristen bzw. bei Nicht-Beheben von Beanstandungen durch die Vertragsparteien im Qualitätsausschuss kann das Bundesministerium für Gesundheit den Inhalt der Vereinbarungen und der Beschlüsse selbst festsetzen. Aufgrund einer Festsetzung durch das Bundesministerium für Gesundheit sind die Vertragsparteien nicht gehindert, zukünftige fachlich gebotene Änderungen in den Vereinbarungen und Beschlüssen vorzunehmen. **385**

III. Die Personalbemessung in ambulanten und stationären Pflegeeinrichtungen

Eine **qualitativ und quantitativ belastbare Personalausstattung** ist unbestritten ein wesentlicher Baustein für eine gute Qualität der Pflege. Dies gilt umso mehr als mit dem neuen Pflegebedürftigkeitsbegriff und dem neuen Begutachtungsinstrument die Pfle- **386**

247 BT-Drucks. 18/5926, 100 f.

geversicherung auf eine neue fachliche Grundlage gestellt wird, aber ein wissenschaftlich fundiertes Verfahren, um den Personalbedarf in den Pflegeeinrichtungen nach einheitlichen Grundsätzen qualitativ und quantitativ zu bestimmen, bisher nicht vorliegt; § 113c SGB XI. Daher werden die Vertragsparteien nach § 113 Abs. 1 Satz 1 SGB XI zur **Entwicklung und Erprobung** eines solchen Verfahrens bis zum 30.6.2020 verpflichtet. Dabei sind der neue Pflegebedürftigkeitsbegriff und die neuen Pflegegrade ebenso zu berücksichtigen wie bereits vorliegende Untersuchungen und Erkenntnisse, unter anderem zu Anforderungs- und Qualifikationsprofilen in der Pflege. Die Regelung bezieht sich sowohl auf stationäre als auch auf ambulante Pflegeeinrichtungen. Dabei sind insbesondere die historisch gewachsenen – teilweise sehr unterschiedlichen – Personalrichtwerte auf Landesebene in stationären Pflegeeinrichtungen sowie die Entwicklungen in der ambulanten Pflege zu berücksichtigen.[248]

387 Die in den **Landes-Rahmenverträgen** nach § 75 SGB XI vereinbarten **Personalschlüssel** stammen regelmäßig aus der Anfangszeit der sozialen Pflegeversicherung und sind nur behutsam, meist aufgrund von Entscheidungen der **Schiedsstellen** nach § 76 SGB XI angepasst worden. Ein Überblick, der keinen vollständigen neuesten Stand (Bayern beispielsweise hat die rechtlichen Grundlagen durch die AVPflWoqG geändert) bietet, sondern die Tendenz der gravierenden Unterschiede illustrieren soll. Daher konnte der Bundesgesetzgeber auch nicht einfach – ohne Zustimmung der Bundesländer – über den Bundesrat eine Festsetzung vornehmen:[249]

248 BT-Drucks. 18/5926, 103 f.

249 Die Tabelle entstammt: verdi [Hrsg], Personalbemessung in der stationären Pflege, 2009, 13ff.

Bundesland	Vertrag vom/in Kraft	Personal-Richtwerte
Baden-Württemberg	Zuletzt ergänzt 12. 9. 2002	**Verhältnis Beschäftigte zu Pflegebedürftige** Pflegestufe I **1:3,96** bis **1:3,13** Pflegestufe II **1:2,83** bis **1:2,23** Pflegestufe III **1:2,08** bis **1:1,65** Bei schwer Demenzkranken Pflegestufe I **1:2,38** Pflegestufe II **1:1,70** Pflegestufe III **1:1,25** Beim Pflege- und Betreuungspersonal muss dabei eine **Fachkraftquote von 50 %** eingehalten werden. Der Anteil **geringfügig Beschäftigter** darf **nicht mehr als 20 %** betragen. Hauswirtschaft **1:5,9** Leitung und Verwaltung **1:30**
Bayern	1. 10. 1998	Nur allgemeine Regelung nach SGB XI und HeimPersV. Geringfügig Beschäftigte Anteil bis 20 % möglich. Werte, die bei den Pflegesatzverhandlungen zugrunde gelegt werden: **Verhältnis Beschäftigte zu Pflegebedürftige** Pflegestufe 0 **1:6,70** Pflegestufe I **1:3,00** Pflegestufe II **1:2,25** Pflegestufe III **1:1,90** Für Einrichtungen der Gerontoversorgung auch günstigere Personalrichtwerte möglich. Leitung und Verwaltung **1:30** Küche **1:18** Hausw./Wäsche **1:11,5** Hausmeister **1:80** Den Werten ist eine Arbeitszeit von 38,5 Stunden wöchentlich zugrunde gelegt.
Berlin	Zuletzt geändert 1. 4. 2005	**Verhältnis Beschäftigte zu Pflegebedürftige** Pflegestufe I **1:4,1** Pflegestufe II **1:2,5** Pflegestufe III **1:1,97** Verantwortliche Pflegekraft **1:100** Qualitätsmanagement-Beauftr. **1:200** Sozialarbeiter/-innen **1:200** Beim Pflege- und Betreuungspersonal muss dabei eine **Fachkraftquote von 52 %** eingehalten werden. Der Anteil **geringfügig Beschäftigter** darf **nicht mehr als 5 %** betragen.
Brandenburg	1. 5. 1997	Nur allgemeine Regelung nach SGB XI und HeimPersV. Berechnungsgrundlage für Pflegesatzverhandlung, Beispiel 80-Betten-Haus: **Verhältnis Beschäftigte zu Pflegebedürftige** Pflegestufe I **1:4,28** Pflegestufe II **1:3,04** Pflegestufe III **1:2,08** Härtefälle **1:1,8**
Bremen	Rahmenvereinbarung aus den 90ern	Personalrichtwerte für Pflegesatzverhandlungen, gestaffelt nach Größe der Einrichtung (21 Klassen mit Zugrundelegung einer Modellbelegungsstruktur). **Verhältnis Beschäftigte zu Pflegebedürftige** Pflegestufe 0 **1:6,79** bis **6,28** Pflegestufe I **1:4,08** bis **3,77** Pflegestufe II **1:2,55** bis **2,35** Pflegestufe III **1:2,04** bis **1,88**
Hamburg	Zuletzt geändert 6. 12. 2003	**Verhältnis Beschäftigte zu Pflegebedürftige** Pflegestufe I **1:4,22** bis **1:4,06** Pflegestufe II **1:2,48** bis **1:2,39** Pflegestufe III **1:1,76** bis **1:1,69** Zusätzlich 1 Stelle Pflegedienstleitung pro Einrichtung. Beim Pflege- und Betreuungspersonal muss dabei eine **Fachkraftquote von 50 %** eingehalten werden. Der Anteil **geringfügig Beschäftigter** darf **nicht mehr als 20 %** betragen.

Bundesland	Vertrag vom/in Kraft	Personal-Richtwerte
Hessen	Rahmenvertrag gemäß Beschluss der Schiedsstelle vom 14. 10. 2005	**Verhältnis Beschäftigte zu Pflegebedürftige** Grundlage der Berechnung ist ein Personalanhangswert von 1 : 3,40 bezogen auf die Pflegestufe I. Den übrigen Pflegestufen werden dazu Äquivalenzziffern zu diesem Wert zugeordnet. Pflegestufe 0 Äquivalenzziffer **0,70** Pflegestufe I Äquivalenzziffer **1,00** Pflegestufe II Äquivalenzziffer **1,40** Pflegestufe III Äquivalenzziffer **1,80** Durch einen aus der Belegung und den Äquivalenzziffern errechneten Wert ergibt sich ein Maximalwert für die Vollzeitstellen. Bis zu 10 % der Stellenanteile des Pflegepersonals können der Hauswirtschaft und bis zu 2 % der Leitung und Verwaltung zugeordnet werden. **Hauswirtschaft** Bei Pflegeheimen bis zu 40 Plätzen **1 : 5,3** Bei Pflegeheimen ab 41 Plätzen **1 : 5,9** **Leitung/Verwaltung** Bei Pflegeheimen bis zu 40 Plätzen **1 : 20,0** Bei Pflegeheimen ab 41 Plätzen **1 : 28,0**
Mecklenburg-Vorpommern	Schiedsstelle Spruch 3. 5. 2006	**Verhältnis Beschäftigte zu Pflegebedürftige** Pflegestufe I **1 : 4,71** bis **1 : 4,07** Pflegestufe II **1 : 3,38** bis **1 : 2,64** Pflegestufe III **1 : 2,24** bis **1 : 1,83** Nachtwachen im Verhältnis 1 : 1,9 Vollzeitkräfte (VK) Pflegedienstleitung bis 40 Heimplätze 0,5 VK, ab 40 Plätze 1 : 80 VK. Dabei ist ein Anteil für Qualitätsmanagement enthalten. Beim Pflege- und Betreuungspersonal muss dabei eine **Fachkraftquote von 50 %** eingehalten werden. Der Anteil **geringfügig Beschäftigter** darf **nicht mehr als 20 %** betragen. Hauswirtschaft 1 : 7 Leitung und Verwaltung: bis 15 Plätze 0,5 VK bis 23 Plätze 0,75 VK bis 29 Plätze 1 VK ab 30 Plätze 1 : 30 Auszubildende, Praktikanten, Zivildienstleistende und Teilnehmer am FSJ sind außerhalb dieser Werte zu berücksichtigen.
Nieder-sachsen	1. 1. 2009	**Verhältnis Beschäftigte zu Pflegebedürftige** Pflegestufe I **1 : 4,5** bis **1 : 3,65** Pflegestufe II **1 : 3,0** bis **1 : 2,43** Pflegestufe III **1 : 2,2** bis **1 : 1,82** Pflegestufe G **1 : 14,5** bis **1 : 12,16** Andere Werte für die Pflege von Bewohner/-innen mit dauerhaft eingeschränkter Alltagskompetenz. Zusätzlich 1 Stelle Pflegedienstleitung pro Einrichtung. Qualitätsmanagement **1 : 120** Beim Pflege- und Betreuungspersonal muss dabei eine **Fachkraftquote von 50 %** eingehalten werden.
Nordrhein-Westfalen	1. 10. 1999	Nur allgemeine Regelung nach SGB XI und HeimPersV. Geringfügig Beschäftigte Anteil bis 20 % möglich. Ermittlungsbogen für Versorgungsvertrag enthält Orientierungswerte: **Verhältnis Beschäftigte zu Pflegebedürftige** Pflegestufe 0 **1 : 8** Pflegestufe I **1 : 4** Pflegestufe II **1 : 2,5** Pflegestufe III **1 : 1,8**

Bundesland	Vertrag vom/in Kraft	Personal-Richtwerte
Rheinland-Pfalz	Zuletzt geändert 1.1.2007	**Verhältnis Beschäftigte zu Pflegebedürftige** Pflegestufe 0 **1:8,6** Pflegestufe I **1:4,2** Pflegestufe II **1:2,8** Pflegestufe III **1:1,8** Verantwortliche Pflegekraft **1:50,** soziale Betreuung **1:50** Für Pflegekonzepte zum Aufbau eines ehrenamtlichen Helfernetzes bis 50 Plätze **0,5 VK,** über 50 Plätze **1 VK.** Altenpflegeschüler/-innen Anrechnung auf **VK 1:7.** Beim Pflege- und Betreuungspersonal muss dabei eine **Fachkraftquote von 50 %** eingehalten werden. Der Anteil **geringfügig Beschäftigter** darf **nicht mehr als 20 %** betragen.
Saarland	Zuletzt geändert 1.9.2005	**Verhältnis Beschäftigte zu Pflegebedürftige** Pflegestufe I **1:3,92** Pflegestufe II **1:2,81** Pflegestufe III **1:2,07** Verantwortliche Pflegekraft gesondert berechnet. Bei den Pflegesätzen werden noch unterschiedliche Äquivalenzziffern für die Pflegestufen zugrunde gelegt. Für die Praxisanleitung für ersten Auszubildenden 0,2 je weitere 0,1. Qualitätsmanagementanteil gesondert. Heimleitung **1:60** Verwaltung **1:60** Küchenmeister/HWL **1:70** Küche/Speisesaal **1:19,25** Wäscherei **1:23,85** Raumpflege **1:23,85** Hausmeister **1:80**
Sachsen	1.10.1997	Nur allgemeine Regelung nach SGB XI und HeimPersV. Keine Richtwerte. Personalbemessung der Pflegesatzverhandlung vorbehalten.
Sachsen-Anhalt	Zuletzt geändert 23.4.2004	Nur allgemeine Regelung nach SGB XI und HeimPersV, aber geringfügig Beschäftigte Anteil bis 30 % möglich. Formular für Versorgungsvertrag enthält Richtwerte: **Verhältnis Beschäftigte zu Pflegebedürftige** Pflegestufe I **1:4,5** bis **1:3,65** Pflegestufe II **1:3,0** bis **1:2,43** Pflegestufe III **1:2,2** bis **1:1,82**
Schleswig-Holstein	1.7.1996	Nur allgemeine Regelung nach SGB XI und HeimPersV. Geringfügig Beschäftigte Anteil bis 20 % möglich. Grundlage für die Pflegesatzverhandlungen sind Personalrichtwerte: **Verhältnis Beschäftigte zu Pflegebedürftige** Pflegestufe 0 **1:12** bis **1:9** Pflegestufe I **1:6** bis **1:4,05** Pflegestufe II **1:4** bis **1:3,05** Pflegestufe III **1:2,8** bis **1:2,28** Leitende Pflegekraft **1:100** Qualitätsmanagement **1:200** Nachtwachen für erste 20 Plätze **1:2,29** Nachtwachen für weitere Plätze **1:20** Leitung **1:55,** maximal **1** Verwaltung **1:38** Hauswirts. Leitung **1:60,** maximal **1** Koch/Köchin **1:60** Küche **1:18** Wäsche **1:40,** Reinigung nach Quadratmetern Technischer Dienst **1:80** Für Praxisanleitung von Auszubildenden, Teilnehmern am FSJ, Zivildienstleistenden, Praktikanten ist zusätzliches Budget gesondert zu vereinbaren.
Thüringen	Zuletzt geändert 21.10.1998	Nur allgemeine Regelung nach SGB XI und HeimPersV. Keine Richtwerte. Personalbemessung der Pflegesatzverhandlung vorbehalten.

388 Das schier unglaubliche **Gefälle der Stellenbesetzung** in der stationären Pflege in den einzelnen Bundesländern für an sich sehr vergleichbare Leistungen der Grundpflege, der medizinischen Behandlungspflege, der sozialen Betreuung und der hauswirtschaftlichen Versorgung – also den in § 43 SGB XI normierten Leistungen – wird durch den direkten **Vergleich** von drei Bundesländern deutlich. Als Ausgangsbasis dient eine vollstationäre Pflegeeinrichtung mit 100 Bewohnerinnen und Bewohner. Für die immer gleich angenommene Pflegestufenverteilung werden die Personalschlüssel in Sachsen-Anhalt, Baden-Württemberg und Berlin verglichen.[250]

Bewohnerzahl 100		Sachsen-Anhalt		Baden-Württemberg		Berlin	
		Personalrichtwerte	Berechnung	Personalrichtwerte	Berechnung	Personalrichtwerte	Berechnung
Pflegestufe I	46	3,65	12,60	3,13	14,70	4,1	11,22
Pflegestufe II	40	2,43	16,46	2,23	17,94	1,5	26,67
Pflegestufe III	14	1,82	7,69	1,65	8,48	1,97	7,11
Zwischensumme			36,75		41,12		45,00
Hauswirtschaft				5,9	16,95		
Leitung/Verwaltung				30	3,33		
verantwortliche Pflegekraft						100	1
QM-B						200	0,5
Sozialarb.						200	0,5
Gesamt	**100**		**36,76**		**61,40**		**46,49**

Während in der Pflegeeinrichtung in Sachsen-Anhalt 36,75 Vollzeitstellen die Arbeit in allen Schichten des Tages verrichten, sind es in Baden-Württemberg 41,12 und in Berlin sogar 45,00 Vollzeitkräfte, also 22,4 % Vollzeitstellen mehr – für die mehr oder minder gleiche Arbeit. Dabei hat Baden-Württemberg die weiteren Stellen neben dem Pflegepersonal beschrieben, in den anderen beiden Bundesländern existieren derartige engmaschige Vorgaben nicht.

389 **Praxishinweis:** Letztlich ist die Frage der Personalrichtwerte rein finanziell zu lösen: Von der Personalbemessung hängt **unmittelbar** die **Höhe der Pflegesätze** ab und davon wiederum der Eigenanteil der Bürgerinnen und Bürger beziehungsweise der aufstockenden Leistungen der Sozialhilfe.[251] Daher muss die Frage „**was Pflege wert sein darf?**" an dieser Stelle beantwortet werden. Dabei ist zweifelhaft, ob diese Frage regional so unterschiedlich beantwortet werden kann!

390 Ziel ist es, ein Verfahren der Personalbemessung zu entwickeln und zu erproben, aus dem sich **Maßstäbe für die Personalausstattung** von Pflegeeinrichtungen ableiten lassen. Dieses Verfahren muss empirisch abgesichert und valide sein und eine Aktualisierung in bestimmten zeitlichen Abständen ermöglichen. Die Ermittlung von Maßstäben soll **Anhaltszahlen** für den Personalbedarf in der Unterscheidung nach berufli-

250 verdi [Hrsg], Personalbemessung in der stationären Pflege, 2009, 18.
251 Worauf der Bundesrat in seiner Stellungnahme ausdrücklich hinwies: BT-Drucks. 18/6182, 12.

chen Qualifikationen auch mit Bezug auf Gruppen von Pflegebedürftigen mit vergleichbarem Pflegeaufwand einbeziehen. Dabei sind die **fachlichen Ziele** des neuen Pflegebedürftigkeitsbegriffs (Stärkung der Fähigkeiten und der Selbstständigkeit der Pflegebedürftigen) ebenso wie die fachliche Angemessenheit und die Qualität der Maßnahmen zu berücksichtigen. Dabei ist auch der Zusammenhang zwischen der Qualität der Maßnahmen und der **Gehaltsstruktur der Beschäftigten** in den Blick zu nehmen. Die Ergebnisse hat die Selbstverwaltung auf Bundesebene in den weiteren verbindlichen Vorgaben für die pflegerische Versorgung zu berücksichtigen. Die Vertragsparteien nach § 113 SGB XI erhalten dabei Unterstützung durch die unabhängige qualifizierte Geschäftsstelle nach § 113 b Abs. 6 SGB XI.[252]

IV. Die Änderungen bei den Qualitätsprüfungen der Pflegeeinrichtungen

Der **Grundsatz der unangemeldeten Prüfung** besteht seit 2012 nur noch für stationä- 391
re Pflegeeinrichtungen. Hintergrund der **Ankündigungspflicht für Qualitätsprüfungen in ambulanten Pflegeeinrichtungen** war die Annahme, dass bei der Prüfung von ambulanten Pflegeeinrichtungen in der Praxis ohnehin vielfach eine Prüfankündigung am vorherigen Tag stattfindet, um die Anwesenheit der Pflegedienstleitung und die organisatorische Durchführung der jährlichen Regelprüfung sicherzustellen. Zukünftig wird jedoch durch die Neuregelung in § 114 a Abs. 1 Satz 3 SGB XI nach der Prüfungsart differenziert. **Anlassprüfungen** sollen bei ambulanten Pflegeeinrichtungen im Regelfall unangemeldet durchgeführt werden. Insbesondere wenn konkrete Hinweise auf **Gewalt in der Pflege**, schwere Fehler bei der Medikamentenversorgung, **unkorrekte Abrechnung** der erbrachten Leistungen oder Fehlverhalten im Gesundheitswesen i.S.v. § 47 a SGB XI vorliegen, ist die Durchführung von **unangemeldeten Anlassprüfungen** angezeigt.

Zum Schutz der Pflegebedürftigen muss bei bestimmten konkreten Anhaltspunkten ein unverzügliches Handeln der Landesverbände der Pflegekassen möglich sein. Zukünftig **sollen** daher Anlassprüfungen in ambulanten Pflegeeinrichtungen wieder unangemeldet durchgeführt werden, um Verdachtsfälle schnell und unbürokratisch aufklären zu können.[253]

Praxishinweis: Auch bei der Durchführung **unangemeldeter Anlassprüfungen** 392
steht selbstverständlich die Versorgung der Pflegekunden im Vordergrund. Gleichwohl ist den Prüfern Zugang zu gewähren, wenn konkrete Hinweise auf ein Fehlverhalten behauptet und von den Prüfern dargelegt werden.

Damit **Qualitätsprüfungen** auch während der Vorbereitung auf ein neues, wissen- 393
schaftsbasiertes Qualitätssicherungsverfahren auf einer verbindlichen Rechtsgrundlage stattfinden, wird in § 115 a Abs. 3 SGB XI angeordnet, dass die am 31.12.2015 geltenden **Qualitätsprüfungs-Richtlinien** mit den schrittweisen Anpassungen nach

252 BT-Drucks. 18/6688, 136 (Vorabfassung).
253 Die Gesetzesänderung kam auf Vorschlag des Bundesrates zustande: BT-Drucks. 18/6182, 18, 31; BT-Drucks. 18/6688, 137 (Vorabfassung).

§ 115 a Abs. 4 und 5 SGB XI bis zum Inkrafttreten der mit diesem Gesetz neu zu schaffenden Richtlinien über die Durchführung der Prüfung der in Pflegeeinrichtungen erbrachten Leistungen und deren Qualität nach § 114 a Abs. 7 SGB XI fortgelten und für den MDK und den Prüfdienst des Verbandes der privaten Krankenversicherung e. V verbindlich sind. In § 115 a Abs. 4 SGB XI wird daher festgelegt, dass der Spitzenverband Bund der Pflegekassen die Qualitätsprüfungs-Richtlinien unverzüglich an die sich zum 1.1.2016 unmittelbar aus dem Gesetz für Qualitätsprüfungen ergebenden Änderungen – insbesondere in Bezug auf **Anlassprüfungen** und **Abrechnungen als Bestandteil der Qualitätsprüfung** – in einem ersten Anpassungsschritt anpasst. Die angepassten Richtlinien bedürfen der Genehmigung durch das Bundesministerium für Gesundheit.[254]

394 Nach § 114 Abs. 5 Satz 4 oder 5 SGB XI a.F. durften lediglich tatsächlich angefallene (veranlasste) **Kosten** einer **Wiederholungsprüfung** von den Pflegekassen gegenüber den Pflegeeinrichtungen abgerechnet werden, nicht jedoch Pauschalen oder Durchschnittswerte. Gleichfalls nicht gedeckt von den gesetzlichen Regelungen war die Geltendmachung von Kosten, die auch ohne eine Wiederholungsprüfung anfallen, etwa Verwaltungs- und Vorhaltekosten. Angesichts der **geringen praktischen Relevanz** der Regelungen – im Jahr 2013 waren sowohl im stationären als auch im ambulanten Bereich jeweils nur 1,2 % aller durchgeführten Prüfungen Wiederholungsprüfungen – werden die Regelungen daher aufgehoben. Zukünftig ist gesetzlich nicht mehr ausdrücklich geregelt, dass Pflegeeinrichtungen eine **freiwillige Wiederholungsprüfung** verlangen können, wenn ihnen unverhältnismäßige Schäden durch nicht mehr den tatsächlichen Gegebenheiten entsprechende Transparenzberichte drohen. Nach wie vor kann jedoch gemäß § 114 Abs. 5 Satz 4 SGB XI im Zusammenhang mit einer zuvor durchgeführten Regel- oder Anlassprüfung von den Landesverbänden der Pflegekassen eine Wiederholungsprüfung veranlasst werden, um zu überprüfen, ob die **festgestellten Qualitätsmängel** durch die nach § 115 Abs. 2 SGB XI angeordneten Maßnahmen **beseitigt** worden sind.[255]

V. Die Qualitätsdarstellungsvereinbarungen

395 Die von den Vertragsparteien bisher nach § 115 Abs. 1 a SGB XI getroffenen Pflege-Transparenzvereinbarungen für den ambulanten und für den stationären Bereich sollen auf wissenschaftlicher Grundlage durch einen grundsätzlich neuen Ansatz abgelöst werden. Die Vertragsparteien der Selbstverwaltung nach § 113 SGB XI werden daher verpflichtet, ein **Instrument zur vergleichenden Qualitätsberichterstattung**, das die Qualität in Pflegeeinrichtungen differenziert und nutzergerecht darstellt, auf wissenschaftlicher Basis neu zu entwickeln und umzusetzen. Zur Sicherstellung der Wissenschaftlichkeit beschließen die Vertragsparteien nach § 113 SGB XI unverzüglich die Vergabe der Aufträge nach § 113 b Abs. 4 Satz 2 Nr. 1 bis 4 SGB XI:

254 BT-Drucks. 18/6688, 138 (Vorabfassung).
255 BT-Drucks. 18/5926, 105.

Die ausgewählten wissenschaftlichen Einrichtungen oder Sachverständigen werden beauftragt, insbesondere

1. bis zum 31.3.2017 die Instrumente für die Prüfung der Qualität der Leistungen, die von den stationären Pflegeeinrichtungen erbracht werden, und für die Qualitätsberichterstattung in der stationären Pflege zu entwickeln, wobei
   a) insbesondere die 2011 vorgelegten Ergebnisse des vom Bundesministerium für Gesundheit und vom Bundesministerium für Familie, Senioren, Frauen und Jugend geförderten Projektes Entwicklung und Erprobung von Instrumenten zur Beurteilung der Ergebnisqualität in der stationären Altenhilfe und die Ergebnisse der dazu durchgeführten Umsetzungsprojekte einzubeziehen sind und
   b) Aspekte der Prozess- und Strukturqualität zu berücksichtigen sind;
2. bis zum 31.3.2017 auf der Grundlage der Ergebnisse nach Nr. 1 unter Beachtung des Prinzips der Datensparsamkeit ein bundesweites Datenerhebungsinstrument, bundesweite Verfahren für die Übermittlung und Auswertung der Daten einschließlich einer Bewertungssystematik sowie für die von Externen durchzuführende Prüfung der Daten zu entwickeln;
3. bis zum 30.6.2017 die Instrumente für die Prüfung der Qualität der von den ambulanten Pflegeeinrichtungen erbrachten Leistungen und für die Qualitätsberichterstattung in der ambulanten Pflege zu entwickeln, eine anschließende Pilotierung durchzuführen und einen Abschlussbericht bis zum 31.3.2018 vorzulegen;
4. ergänzende Instrumente für die Ermittlung und Bewertung von Lebensqualität zu ermitteln.

Die Ergebnisse der wissenschaftlichen Untersuchungen bilden die Grundlage für die Vereinbarungen zur Qualitätsdarstellung (**Qualitätsdarstellungsvereinbarungen**). Für den stationären Bereich sind zur Darstellung der Ergebnisqualität insbesondere die nach Maßgabe der Vereinbarung nach § 113 SGB XI ausgewerteten Daten des **Indikatorenmodells** zu berücksichtigen. Als weitere Bestandteile der Qualitätsberichterstattung sind auch ergänzende Daten zur Struktur- und Prozessqualität darzustellen, die aus Qualitätsprüfungen auf der Grundlage der Richtlinien nach § 114a Abs. 7 SGB XI gewonnen werden. Die Vertragsparteien sollen prüfen, inwieweit diese Daten um weitere Informationen zu ergänzen sind. Die Vertragsparteien vereinbaren als weiteren Bestandteil der Qualitätsdarstellungsvereinbarungen die Form der Darstellung und eine Bewertungssystematik, die es den Pflegebedürftigen und ihren Angehörigen ermöglicht, eine vergleichende und übersichtliche Einschätzung der Qualität von Pflegeeinrichtungen zu gewinnen. Die weiteren Regelungen zur Berücksichtigung der Art der Prüfung bei der Darstellung der Qualität sowie zur Gestaltung der Aushänge in den Pflegeeinrichtungen bleiben unverändert.[256] Die Vereinbarungen sind an den medizinisch-pflegefachlichen Fortschritt anzupassen. Das neu entwickelte Instrument für die Qualitätsberichterstattung, das in den Qualitätsdarstellungsvereinbarun-

256 BT-Drucks. 18/5926, 106.

gen zu bestimmen ist, ersetzt den sog. **Pflege-TÜV**, lösen also die bisherigen Pflege-Transparenzvereinbarungen ab, die noch bis zum Inkrafttreten der Qualitätsdarstellungsvereinbarungen weiter gelten, § 115 Abs. 1 a SGB XI.

396 **Praxishinweis:** Die **Qualitätsdarstellungsvereinbarungen** ersetzen die Pflege-Transparenzvereinbarungen (**PTVS**) für den stationären Bereich bis zum 31.12.2017 und für den ambulanten Bereich (**PTVA**) bis zum 31.12.2018.

397 Es steht nicht zu erwarten, dass der Abschluss der Qualitätsdarstellungsvereinbarungen innerhalb des ambitionierten gesetzlichen Zeitrahmens gelingt. Dafür sind zu viele und aufwendige Vorarbeiten notwendig. So werden die bisherigen PTVA und PTVS nach § 115 a Abs. 1 SGB XI auf die neuen Regelungen formal angepasst, aber nicht inhaltlich überarbeitet oder geändert. Für die so **übergeleiteten Pflege-Transparenzvereinbarungen** passen die Vertragsparteien nach § 113 SGB XI die Pflege-Transparenzvereinbarungen an den Gesetzesstand in der am 1.1.2017 geltenden Fassung (SGB XI *2017*) an.

398 Die Regelung in § 115 a SGB XI schafft die notwendige sichere Rechtsgrundlage für Qualitätsprüfungen in dem **Übergangszeitraum** zu einer neuen Form der Qualitätsmessung, Qualitätsprüfung und Qualitätsberichterstattung. Die **Pflege-Transparenzvereinbarungen** und die Richtlinien über die Prüfung der in Pflegeeinrichtungen erbrachten Leistungen und deren Qualität nach § 114 SGB XI (**Qualitätsprüfungs-Richtlinien**) beziehen sich in den am 31.12.2015 bestehenden Fassungen auf die zum 1.1.2017 abzulösenden Pflegestufen; insbesondere liegt den Stichprobenregelungen die Einteilung in Pflegestufen zu Grunde. Mit Ablösung der Pflegestufen durch Pflegegrade zum 1.1.2017 durch die Einführung des neuen Pflegebedürftigkeitsbegriffs und des neuen Begutachtungsinstruments sind die Qualitätsprüfungs-Richtlinien und die Pflege-Transparenzvereinbarungen in den vorliegenden bisherigen Fassungen nicht mehr anwendbar. Mit dieser Übergangsregelung wird sichergestellt, dass die Qualitätsprüfung und Qualitätsdarstellung an diese Veränderungen angepasst werden. Die Vertragsparteien nach § 113 SGB XI sind verpflichtet, die betreffenden Regelungen der PTVA und PTVS an die **Überleitung von Pflegestufen in Pflegegrade** anzupassen. Kommt bis zum 30.4.2016 keine Einigung zustande, entscheidet der Qualitätsausschuss in seiner erweiterten Form nach § 113 b Abs. 3 SGB XI bis zum 30.6.2016.[257]

399 **Praxishinweis:** Die angepassten und so **übergeleiteten PTVA und PTVS** gelten **ab 1.1.2017 bis zum Abschluss** der in § 115 Abs. 1 a SGB XI vorgesehenen Qualitätsdarstellungsvereinbarungen.

257 BT-Drucks. 18/6688, 137 f (Vorabfassung).

VI. Der Erstattungsbetrag bei Rückstufungen

Der **Erstattungsbetrag bei Rückstufung** nach § 87a Abs. 4 SGB XI *2017* wird an die neuen Leistungsbeträge angepasst. Er entspricht mit 2.952,00 € der Differenz aus den Leistungsbeträgen der Pflegegrade 3 und 2 innerhalb eines Halbjahreszeitraumes.[258] Mit dem Erstattungs- oder **Anerkennungsbetrag** soll das überobligatorische Bemühen eines Trägers einer vollstationären Einrichtung belohnt werden, wenn ein Bewohner zurückgestuft wird bzw. eine niedrigere Pflegestufe erhält. Da aber die **aktivierende Pflege** nach §§ 11 Abs. 1 Satz 2, 28 Abs. 4 Satz 1 SGB XI eines Pflegebedürftigen schon zum allgemeinen Pflegestandard gehört, ist die Zahlung des Anerkennungsbetrages nach Sinn und Zweck der Regelung nur dann gerechtfertigt, wenn das Heim ein erkennbares „Mehr" als das gesetzliche Mindestmaß an pflegerischen Maßnahmen erbracht hat. Dass dies so geschehen ist, hat der Träger der Pflegeeinrichtung nachvollziehbar darzulegen und ggf. zu beweisen. Es muss allerdings nicht den Nachweis erbringen, dass dieses überobligatorische Bemühen im Einzelfall auch kausal für die Rückstufung des Versicherten war.[259] 400

258 BT-Drucks. 18/5926, 138.
259 BSG 30.9.2015 – B 3 P 1/14 R.

L. Die Finanzierung der Reform

Zeitgleich mit der Einführung des neuen Pflegebedürftigkeitsbegriffs wird der **Beitragssatz** der sozialen Pflegeversicherung um 0,2 Beitragssatzpunkte auf 2,55 % erhöht, § 55 Abs. 1 Satz 1 SGB XI *2017*.[260] Die Anhebung des Beitragssatzes führt im Jahr 2017 zu **Mehreinnahmen** von rund 2,5 Mrd. €. Bis 2020 sollen die jährlichen Mehreinnahmen auf rund 2,7 Mrd. € steigen. Dem stehen im Jahr 2017 **Mehrausgaben** infolge der Einführung des neuen Pflegebedürftigkeitsbegriffs einschließlich der Neufestsetzung der Leistungsbeträge von ca. 3,7 Mrd. € und 2,4 bis 2,5 Mrd. € jährlich in den Folgejahren gegenüber. Darüber hinaus entstehen durch die Überleitung der pflegebedürftigen Personen von den Pflegestufen auf die Pflegegrade zusätzlich Überleitungskosten von insgesamt etwa 3,6 Mrd. € in einem Zeitraum von vier Jahren. Hinzu kommen zusätzlich Bestandsschutzkosten im vollstationären Bereich von knapp 0,8 Mrd. €. Die Gesamtfinanzierung dieser Maßnahmen wird aus der vorgesehenen Beitragssatzanhebung und dem **Mittelbestand** der Pflegeversicherung sichergestellt, ohne dass die notwendige Mindestreserve dafür verwendet werden muss.[261] Mit anderen Worten für die Finanzierung des Bestandsschutzes werden der **Rucklage** ca. 4 Mrd. € entnommen, während gleichzeitig zur Dämpfung der zu erwartenden demografischen Effekte mit jährlich rund 2,5 Mrd. € (0,2 Beitragssatzpunkte) ein **Pflegevorsorgefonds** (§§ 131 SGB XI) aufgebaut wird. 401

Nach der Planung soll der angehobene Beitragssatz von 2,55 Prozent bis in das Jahr 2022 hinein stabil gehalten werden.

260 Hinzu kommt der sog. Kinderlosen-Zuschlag nach § 55 Abs. 3 und 3 a SGB XI in Höhe von 0,25 Beitragssatzpunkten.
261 BT-Drucks. 18/5926, 70.

Anhang

Der im folgenden abgedruckte Gesetzestext SGB XI ist auf dem Stand 1.1.2016. Die Änderungen werden größtenteils an zwei Stichtagen in Kraft gesetzt. Die Strukturänderungen und die Regelungen für den Übergang sind in Art. 1 PSG II geregelt und treten gem. Art. 8 Abs. 1 PSG II zum 1.1.2016 in Kraft. Um den Zugang zu den Neureglungen innerhalb des SGB XI durch das Pflegestärkungsgesetz II zu erleichtern, sind die Teile, die zum 1.1.2016 in Kraft treten, kursiv gestellt. Die Regelungen des Art. 2 PSG II, insbesondere der neue Pflegebedürftigkeitsbegriff, das Neue Begutachtungsassessment und die Leistungsänderungen, die nach Art. 8 Abs. 2 PSG II am 1.1.2017 in Kraft treten, sind unterstrichen.

Sozialgesetzbuch (SGB) Elftes Buch (XI) – Soziale Pflegeversicherung –[262]

Vom 26. Mai 1994 (BGBl. I S. 1014)
(FNA 860-11)
zuletzt geändert durch Art. 1 und 2 Zweites Pflegestärkungsgesetz vom 21. Dezember 2015 (BGBl. I S. 2424)

Inhaltsübersicht

262 Verkündet als Art. 1 Pflege-VersicherungsG v. 26. 5. 1994 (BGBl. I S. 1014); Inkrafttreten gem. Art. 68 Abs. 1 dieses G am 1. 1. 1995, mit Ausnahme der §§ 36 bis 42, 44 und 45, die gem. Art. 68 Abs. 2 am 1. 4. 1995, des § 43, der gem. Art. 68 Abs. 3 am 1 7. 1996, und des § 46 Abs. 1, 2, 5 und 6 sowie der §§ 47, 52, 53, 93 bis 108, die gem. Art. 68 Abs. 4 Pflege-VersicherungsG am 1. 6. 1994 in Kraft getreten sind.

Dritter Abschnitt

Beziehungen zu sonstigen Leistungserbringern

§ 77 Häusliche Pflege durch Einzelpersonen
§ 78 Verträge über Pflegehilfsmittel

Vierter Abschnitt

Wirtschaftlichkeitsprüfungen

§ 79 Wirtschaftlichkeitsprüfungen
§ 80 (weggefallen)
§ 80a (weggefallen)
§ 81 Verfahrensregelungen

Achtes Kapitel

Pflegevergütung

Erster Abschnitt

Allgemeine Vorschriften

§ 82 Finanzierung der Pflegeeinrichtungen
§ 82a Ausbildungsvergütung
§ 82b Ehrenamtliche Unterstützung
§ 83 Verordnung zur Regelung der Pflegevergütung

Zweiter Abschnitt

Vergütung der stationären Pflegeleistungen

§ 84 Bemessungsgrundsätze
§ 85 Pflegesatzverfahren
§ 86 Pflegesatzkommission
§ 87 Unterkunft und Verpflegung
§ 87a Berechnung und Zahlung des Heimentgelts
§ 87b Vergütungszuschläge für zusätzliche Betreuung und Aktivierung in stationären Pflegeeinrichtungen
§ 87b (weggefallen)
§ 88 Zusatzleistungen

Dritter Abschnitt

Vergütung der ambulanten Pflegeleistungen

§ 89 Grundsätze für die Vergütungsregelung
§ 90 Gebührenordnung für ambulante Pflegeleistungen

Vierter Abschnitt

Kostenerstattung, Pflegeheimvergleich

§ 91 Kostenerstattung
§ 92 Landespflegeausschüsse
§ 92 (weggefallen)
§ 92a Pflegeheimvergleich

Fünfter Abschnitt

Integrierte Versorgung

§ 92b Integrierte Versorgung
§ 92c Pflegestützpunkte

Sechster Abschnitt[263]

Übergangsregelung für die stationäre Pflege

§ 92c Neuverhandlung der Pflegesätze
§ 92d Alternative Überleitung der Pflegesätze
§ 92e Verfahren für die Umrechnung
§ 92f Pflichten der Beteiligten

Neuntes Kapitel

Datenschutz und Statistik

Erster Abschnitt

Informationsgrundlagen

Erster Titel

Grundsätze der Datenverwendung

§ 93 Anzuwendende Vorschriften
§ 94 Personenbezogene Daten bei den Pflegekassen
§ 95 Personenbezogene Daten bei den Verbänden der Pflegekassen
§ 96 Gemeinsame Verarbeitung und Nutzung personenbezogener Daten
§ 97 Personenbezogene Daten beim Medizinischen Dienst
§ 97a Qualitätssicherung durch Sachverständige und Prüfstellen
§ 97b Personenbezogene Daten bei den nach heimrechtlichen Vorschriften zuständigen Aufsichtsbehörden und den Trägern der Sozialhilfe
§ 97c Qualitätssicherung durch den Prüfdienst des Verbandes der privaten Krankenversicherung e.V.
§ 97d Begutachtung durch unabhängige Gutachter
§ 98 Forschungsvorhaben

Zweiter Titel

Informationsgrundlagen der Pflegekassen

§ 99 Versichertenverzeichnis
§ 100 Nachweispflicht bei Familienversicherung
§ 101 Pflegeversichertennummer
§ 102 Angaben über Leistungsvoraussetzungen
§ 103 Kennzeichen für Leistungsträger und Leistungserbringer

Zweiter Abschnitt

Übermittlung von Leistungsdaten

§ 104 Pflichten der Leistungserbringer
§ 105 Abrechnung pflegerischer Leistungen
§ 106 Abweichende Vereinbarungen
§ 106a Mitteilungspflichten

---

263 Der Sechste Abschnitt des Achten Kapitels (§§ 92 c – 92 f) des SGB XI tritt am 30. Juni 2017 wieder außer Kraft, Art. 8 Abs. 4 PSG II.

Erstes Kapitel Allgemeine Vorschriften

§ 1 Soziale Pflegeversicherung

(1) Zur sozialen Absicherung des Risikos der Pflegebedürftigkeit wird als neuer eigenständiger Zweig der Sozialversicherung eine soziale Pflegeversicherung geschaffen.

(2) [1]In den Schutz der sozialen Pflegeversicherung sind kraft Gesetzes alle einbezogen, die in der gesetzlichen Krankenversicherung versichert sind. [2]Wer gegen Krankheit bei einem privaten Krankenversicherungsunternehmen versichert ist, muß eine private Pflegeversicherung abschließen.

(3) Träger der sozialen Pflegeversicherung sind die Pflegekassen; ihre Aufgaben werden von den Krankenkassen (§ 4 des Fünften Buches) wahrgenommen.

(4) Die Pflegeversicherung hat die Aufgabe, Pflegebedürftigen Hilfe zu leisten, die wegen der Schwere der Pflegebedürftigkeit auf solidarische Unterstützung angewiesen sind.

(5) In der Pflegeversicherung sollen geschlechtsspezifische Unterschiede bezüglich der Pflegebedürftigkeit von Männern und Frauen und ihrer Bedarfe an Leistungen berücksichtigt und den Bedürfnissen nach einer kultursensiblen Pflege nach Möglichkeit Rechnung getragen werden.

(6) [1]Die Ausgaben der Pflegeversicherung werden durch Beiträge der Mitglieder und der Arbeitgeber finanziert. [2]Die Beiträge richten sich nach den beitragspflichtigen Einnahmen der Mitglieder. [3]Für versicherte Familienangehörige und eingetragene Lebenspartner (Lebenspartner) werden Beiträge nicht erhoben.

§ 2 Selbstbestimmung

(1) [1]Die Leistungen der Pflegeversicherung sollen den Pflegebedürftigen helfen, trotz ihres Hilfebedarfs ein möglichst selbständiges und selbstbestimmtes Leben zu führen, das der Würde des Menschen entspricht. [2]Die Hilfen sind darauf auszurichten, die körperlichen, geistigen und seelischen Kräfte der Pflegebedürftigen [ab 1.1.2017: , auch in Form der aktivierenden Pflege,] wiederzugewinnen oder zu erhalten.

(2) [1]Die Pflegebedürftigen können zwischen Einrichtungen und Diensten verschiedener Träger wählen. [2]Ihren Wünschen zur Gestaltung der Hilfe soll, soweit sie angemessen sind, im Rahmen des Leistungsrechts entsprochen werden. [3]Wünsche der Pflegebedürftigen nach gleichgeschlechtlicher Pflege haben nach Möglichkeit Berücksichtigung zu finden.

(3) [1]Auf die religiösen Bedürfnisse der Pflegebedürftigen ist Rücksicht zu nehmen. [2]Auf ihren Wunsch hin sollen sie stationäre Leistungen in einer Einrichtung erhalten, in der sie durch Geistliche ihres Bekenntnisses betreut werden können.

(4) Die Pflegebedürftigen sind auf die Rechte nach den Absätzen 2 und 3 hinzuweisen.

§ 3 Vorrang der häuslichen Pflege

[1]Die Pflegeversicherung soll mit ihren Leistungen vorrangig die häusliche Pflege und die Pflegebereitschaft der Angehörigen und Nachbarn unterstützen, damit die Pflegebedürftigen möglichst lange in ihrer häuslichen Umgebung bleiben können. [2]Leistungen der teilstationären Pflege und der Kurzzeitpflege gehen den Leistungen der vollstationären Pflege vor.

§ 4 Art und Umfang der Leistungen

(1) [1]Die Leistungen der Pflegeversicherung sind Dienst-, Sach- und Geldleistungen für den Bedarf an [bis 31.12.2016: Grundpflege und hauswirtschaftlicher Versorgung] [ab 1.1.2017: körperbezogenen Pflegemaßnahmen, pflegerischen Betreuungsmaßnahmen und Hilfen bei der Haushaltsführung] sowie Kostenerstattung, soweit es dieses Buch vorsieht. [2]Art und Umfang der Leistungen richten sich nach der Schwere der Pflegebedürftigkeit und danach, ob häusliche, teilstationäre oder vollstationäre Pflege in Anspruch genommen wird.

(2) [1]Bei häuslicher und teilstationärer Pflege ergänzen die Leistungen der Pflegeversicherung die familiäre, nachbarschaftliche oder sonstige ehrenamtliche Pflege und Betreuung. [2]Bei teil- und vollstationärer Pflege werden die Pflegebedürftigen von Aufwendungen entlastet, die für ihre Versorgung nach Art und Schwere der Pflegebedürftigkeit erforderlich sind (pflegebedingte Aufwendungen), die Aufwendungen für Unterkunft und Verpflegung tragen die Pflegebedürftigen selbst.

(3) Pflegekassen, Pflegeeinrichtungen und Pflegebedürftige haben darauf hinzuwirken, daß die Leistungen wirksam und wirtschaftlich erbracht und nur im notwendigen Umfang in Anspruch genommen werden.

§ 5 Prävention in Pflegeeinrichtungen, Vorrang von Prävention und medizinischer Rehabilitation

(1) [1]Die Pflegekassen sollen Leistungen zur Prävention in stationären Pflegeeinrichtungen nach § 71 Absatz 2 für in der sozialen Pflegeversicherung Versicherte erbringen, indem sie unter Beteiligung der versicherten Pflegebedürftigen und der Pflegeeinrichtung Vorschläge zur Verbesserung der gesundheitlichen Situation und zur Stärkung der gesundheitlichen Ressourcen und Fähigkeiten entwickeln sowie deren Umsetzung unterstützen. [2]Die Pflichten der Pflegeeinrichtungen nach § 11 Absatz 1 bleiben unberührt. [3]Der Spitzenverband Bund der Pflegekassen legt unter Einbeziehung unabhängigen Sachverstandes die Kriterien für die Leistungen nach Satz 1 fest, insbesondere hinsichtlich Inhalt, Methodik, Qualität, wissenschaftlicher Evaluation und der Messung der Erreichung der mit den Leistungen verfolgten Ziele.

(2) [1]Die Ausgaben der Pflegekassen für die Wahrnehmung ihrer Aufgaben nach Absatz 1 sollen insgesamt im Jahr 2016 für jeden ihrer Versicherten einen Betrag von 0,30 Euro umfassen. [2]Die Ausgaben sind in den Folgejahren entsprechend der prozentualen Veränderung der monatlichen Bezugsgröße nach § 18 Absatz 1 des Vierten Buches anzupassen. [3]Sind in einem Jahr die Ausgaben rundungsbedingt nicht anzupassen, ist die unterbliebene Anpassung bei der Berechnung der Anpassung der Ausgaben im Folgejahr zu berücksichtigen.

(3) [1]Bei der Wahrnehmung ihrer Aufgaben nach Absatz 1 sollen die Pflegekassen zusammenarbeiten und kassenübergreifende Leistungen zur Prävention erbringen. [2]Erreicht eine Pflegekasse den in Absatz 2 festgelegten Betrag in einem Jahr nicht, stellt sie die nicht verausgabten Mittel im Folgejahr dem Spitzenverband Bund der Pflegekassen zur Verfügung, der die Mittel nach einem von ihm festzulegenden Schlüssel auf die Pflegekassen zur Wahrnehmung der Aufgaben nach Absatz 1 verteilt, die Kooperationsvereinbarungen zur Durchführung kassenübergreifender Leistungen geschlossen haben. [3]Auf die zum Zwecke der Vorbereitung und Umsetzung der Kooperationsvereinbarungen nach Satz 2 gebildeten Arbeitsgemeinschaften findet § 94 Absatz 1 a Satz 2 und 3 des Zehnten Buches keine Anwendung.

(4) Die Pflegekassen wirken unbeschadet ihrer Aufgaben nach Absatz 1 bei den zuständigen Leistungsträgern darauf hin, dass frühzeitig alle geeigneten Leistungen zur Prävention, zur Krankenbehandlung und zur medizinischen Rehabilitation eingeleitet werden, um den Eintritt von Pflegebedürftigkeit zu vermeiden.

(5) Die Pflegekassen beteiligen sich an der nationalen Präventionsstrategie nach den §§ 20 d bis 20 f des Fünften Buches mit den Aufgaben nach den Absätzen 1 und 2.

(6) Die Leistungsträger haben im Rahmen ihres Leistungsrechts auch nach Eintritt der Pflegebedürftigkeit ihre Leistungen zur medizinischen Rehabilitation und ergänzenden Leistungen in vollem Umfang einzusetzen und darauf hinzuwirken, die Pflegebedürftigkeit zu überwinden, zu mindern sowie eine Verschlimmerung zu verhindern.

§ 6 Eigenverantwortung

(1) Die Versicherten sollen durch gesundheitsbewußte Lebensführung, durch frühzeitige Beteiligung an Vorsorgemaßnahmen und durch aktive Mitwirkung an Krankenbehandlung und Leistungen zur medizinischen Rehabilitation dazu beitragen, Pflegebedürftigkeit zu vermeiden.

(2) Nach Eintritt der Pflegebedürftigkeit haben die Pflegebedürftigen an Leistungen zur medizinischen Rehabilitation und der aktivierenden Pflege mitzuwirken, um die Pflegebedürftigkeit zu überwinden, zu mindern oder eine Verschlimmerung zu verhindern.

§ 7 Aufklärung, *Auskunft*

(1) Die Pflegekassen haben die Eigenverantwortung der Versicherten durch Aufklärung und *Auskunft* über eine gesunde, der Pflegebedürftigkeit vorbeugende Lebensführung zu unterstützen und auf die Teilnahme an gesundheitsfördernden Maßnahmen hinzuwirken.

(2) [1]Die Pflegekassen haben die Versicherten und ihre Angehörigen und Lebenspartner in den mit der Pflegebedürftigkeit zusammenhängenden Fragen, insbesondere über die Leistungen der Pflegekassen sowie über die Leistungen und Hilfen anderer Träger, in für sie verständlicher Weise *zu informieren* und darüber aufzuklären, dass ein Anspruch besteht auf die Übermittlung

1. des Gutachtens des Medizinischen Dienstes der Krankenversicherung oder eines anderen von der Pflegekasse beauftragten Gutachters sowie
2. der gesonderten *Präventions- und* Rehabilitationsempfehlung gemäß § 18 a Absatz 1.

[2]Mit Einwilligung des Versicherten haben der behandelnde Arzt, das Krankenhaus, die Rehabilitations- und Vorsorgeeinrichtungen sowie die Sozialleistungsträger unverzüglich die zuständige Pflegekasse zu benachrichtigen, wenn sich der Eintritt von Pflegebedürftigkeit abzeichnet oder wenn Pflegebedürftigkeit festgestellt wird. [3]Für die Aufklärung und *Auskunft* erforderliche personenbezogene Daten dürfen nur mit Einwilligung des Versicherten erhoben, verarbeitet und genutzt werden. [4]*Die zuständige Pflegekasse informiert die Versicherten unverzüglich nach Eingang eines Antrags auf Leistungen nach diesem Buch insbesondere über ihren Anspruch auf die unentgeltliche Pflegeberatung nach § 7 a, den nächstgelegenen Pflegestützpunkt nach § 7 c sowie die Leistungs- und Preisvergleichsliste nach Absatz 3.* [5]*Ebenso gibt die zuständige Pflegekasse Auskunft über die in ihren Verträgen zur integrierten Versorgung nach § 92 b Absatz 2 getroffenen Festlegungen, insbesondere zu Art, Inhalt und Umfang der zu erbringenden Leistungen und der für die Versicherten entstehenden Kosten, und veröffentlicht diese Angaben auf einer eigenen Internetseite.*

(3) [1]*Zur Unterstützung der pflegebedürftigen Person bei der Ausübung ihres Wahlrechts nach § 2 Absatz 2 sowie zur Förderung des Wettbewerbs und der Überschaubarkeit des vorhandenen Angebotes hat die zuständige Pflegekasse der antragstellenden Person auf Anforderung eine Vergleichsliste über die Leistungen und Vergütungen der zugelassenen Pflegeeinrichtungen sowie der Angebote* [bis 31.12.2016: *für niedrigschwellige Betreuung und Entlastung nach § 45c*] [ab 1.1.2017: zur Unterstützung im Alltag nach § 45 a], *in deren Einzugsbereich die pflegerische Versorgung und Betreuung gewährleistet werden soll (Leistungs- und Preisvergleichsliste), unverzüglich und in geeigneter Form zu übermitteln.* [2]*Die Landesverbände der Pflegekassen erstellen eine Leistungs- und Preisvergleichsliste nach Satz 1, aktualisieren diese einmal im Quartal und veröffentlichen sie auf einer eigenen Internetseite.* [3]*Die Liste hat zumindest die jeweils geltenden Festlegungen der Vergütungsvereinbarungen nach dem Achten Kapitel sowie die im Rahmen der Vereinbarungen nach Absatz 4 übermittelten Angaben zu Art, Inhalt und Umfang der Angebote sowie zu den Kosten in einer Form zu enthalten, die einen regionalen Vergleich von Angeboten und Kosten und der regionalen Verfügbarkeit ermöglicht.* [4]*Auf der Internetseite nach Satz 2 sind auch die nach § 115 Absatz 1 a veröffentlichten Ergebnisse der Qualitätsprüfungen und die nach § 115 Absatz 1 b veröffentlichten Informationen zu berücksichtigen.* [5]*Die Leistungs- und Preisvergleichsliste ist der Pflegekasse sowie dem Verband der privaten Krankenversicherung e. V. für die Wahrnehmung ihrer Aufgaben nach diesem Buch und zur Veröffentlichung nach Absatz 2 Satz 4 und 5 vom Landesverband der Pflegekassen durch elektronische Datenübertragung zur Verfügung zu stellen.*

(4) [1]*Im Einvernehmen mit den zuständigen obersten Landesbehörden vereinbaren die Landesverbände der Pflegekassen gemeinsam mit den nach Landesrecht zuständigen Stellen für die Anerkennung der Angebote* [bis 31.12.2016: *für niedrigschwellige Betreuung und Entlastung*] [ab 1.1.2017: zur Unterstützung im Alltag] *nach den Vorschriften dieses Buches das Nähere zur Übermittlung von Angaben im Wege elektronischer Datenübertragung insbesondere zu Art, Inhalt und Umfang der Angebote,*

Kosten und regionaler Verfügbarkeit dieser Angebote einschließlich der Finanzierung des Verfahrens für die Übermittlung. [2]*Träger weiterer Angebote, in denen Leistungen zur medizinischen Vorsorge und Rehabilitation, zur Teilhabe am Arbeitsleben oder Leben in der Gemeinschaft, zur schulischen Ausbildung oder Erziehung kranker oder behinderter Kinder, zur Alltagsunterstützung und zum Wohnen im Vordergrund stehen, können an Vereinbarungen nach Satz 1 beteiligt werden, falls sie insbesondere die Angaben nach Satz 1 im Wege der von den Parteien nach Satz 1 vorgesehenen Form der elektronischen Datenübertragung unentgeltlich bereitstellen.* [3]*Dazu gehören auch Angebote der Träger von Leistungen der Eingliederungshilfe, soweit diese in der vorgesehenen Form der elektronischen Datenübermittlung kostenfrei bereitgestellt werden.* [4]*Der Spitzenverband Bund der Pflegekassen gibt Empfehlungen für einen bundesweit einheitlichen technischen Standard zur elektronischen Datenübermittlung ab. Die Empfehlungen bedürfen der Zustimmung der Länder.*

§ 7 a Pflegeberatung

(1) [1]Personen, die Leistungen nach diesem Buch erhalten, haben Anspruch auf individuelle Beratung und Hilfestellung durch einen Pflegeberater oder eine Pflegeberaterin bei der Auswahl und Inanspruchnahme von bundes- oder landesrechtlich vorgesehenen Sozialleistungen sowie sonstigen Hilfsangeboten, die auf die Unterstützung von Menschen mit Pflege-, Versorgungs- oder Betreuungsbedarf ausgerichtet sind (Pflegeberatung); *Anspruchsberechtigten soll durch die Pflegekassen vor der erstmaligen Beratung unverzüglich ein zuständiger Pflegeberater, eine zuständige Pflegeberaterin oder eine sonstige Beratungsstelle benannt werden.* [2]*Für das Verfahren, die Durchführung und die Inhalte der Pflegeberatung sind die Richtlinien nach § 17 Absatz 1 a maßgeblich.* [3]Aufgabe der Pflegeberatung ist es insbesondere,

1. den Hilfebedarf unter Berücksichtigung der *Ergebnisse* der Begutachtung durch den Medizinischen Dienst der Krankenversicherung *sowie, wenn die nach Satz 1 anspruchsberechtigte Person zustimmt, die Ergebnisse der Beratung in der eigenen Häuslichkeit nach § 37 Absatz 3* systematisch zu erfassen und zu analysieren,
2. einen individuellen Versorgungsplan mit den im Einzelfall erforderlichen Sozialleistungen und gesundheitsfördernden, präventiven, kurativen, rehabilitativen oder sonstigen medizinischen sowie pflegerischen und sozialen Hilfen zu erstellen,
3. auf die für die Durchführung des Versorgungsplans erforderlichen Maßnahmen einschließlich deren Genehmigung durch den jeweiligen Leistungsträger hinzuwirken,
4. die Durchführung des Versorgungsplans zu überwachen und erforderlichenfalls einer veränderten Bedarfslage anzupassen,
5. bei besonders komplexen Fallgestaltungen den Hilfeprozess auszuwerten und zu dokumentieren *sowie*
6. *über Leistungen zur Entlastung der Pflegeperson zu informieren.*

[4]Der Versorgungsplan *wird nach Maßgabe der Richtlinien nach § 17 Absatz 1 a erstellt und umgesetzt; er* beinhaltet insbesondere Empfehlungen zu den im Einzelfall erforderlichen Maßnahmen nach Satz *3 Nummer 3*, Hinweise zu dem dazu vorhandenen örtlichen Leistungsangebot sowie zur Überprüfung und Anpassung der empfohlenen Maßnahmen. [5]Bei Erstellung und Umsetzung des Versorgungsplans ist Einvernehmen mit dem Hilfesuchenden und allen an der Pflege, Versorgung und Betreuung Beteiligten anzustreben. [6]Soweit Leistungen nach sonstigen bundes- oder landesrechtlichen Vorschriften erforderlich sind, sind die zuständigen Leistungsträger frühzeitig mit dem Ziel der Abstimmung einzubeziehen. [7]Eine enge Zusammenarbeit mit anderen Koordinierungsstellen, insbesondere den gemeinsamen Servicestellen nach § 23 des Neunten Buches, ist sicherzustellen. [8]Ihnen obliegende Aufgaben der Pflegeberatung können die Pflegekassen ganz oder teilweise auf Dritte übertragen; § 80 des Zehnten Buches bleibt unberührt. [9]Ein Anspruch auf Pflegeberatung besteht auch dann, wenn ein Antrag auf Leistungen nach diesem Buch gestellt wurde und erkennbar ein Hilfe- und Beratungsbedarf besteht. [10]Es ist sicherzustellen, dass im jeweiligen Pflegestützpunkt nach *§ 7 c* Pflegeberatung im Sinne dieser Vorschrift in Anspruch genommen werden kann und die Unabhängigkeit der Beratung gewährleistet ist.

(2) [1]*Auf Wunsch einer anspruchsberechtigten Person nach Absatz 1 Satz 1 erfolgt die Pflegeberatung auch gegenüber ihren Angehörigen oder weiteren Personen oder unter deren Einbeziehung.* [2]*Sie erfolgt auf Wunsch einer anspruchsberechtigten Person nach Absatz 1 Satz 1 auch in der häuslichen Umgebung oder in der Einrichtung, in der diese Person lebt.* [3]Ein Versicherter kann einen Leistungsantrag nach diesem oder dem Fünften Buch auch gegenüber dem Pflegeberater oder der Pflegeberaterin stel-

len. [4]Der Antrag ist unverzüglich der zuständigen Pflege- oder Krankenkasse zu übermitteln, die den Leistungsbescheid unverzüglich dem Antragsteller und zeitgleich dem Pflegeberater oder der Pflegeberaterin zuleitet.

(3) [1]Die Anzahl von Pflegeberatern und Pflegeberaterinnen ist so zu bemessen, dass die Aufgaben nach Absatz 1 im Interesse der Hilfesuchenden zeitnah und umfassend wahrgenommen werden können. [2]Die Pflegekassen setzen für die persönliche Beratung und Betreuung durch Pflegeberater und Pflegeberaterinnen entsprechend qualifiziertes Personal ein, insbesondere Pflegefachkräfte, Sozialversicherungsfachangestellte oder Sozialarbeiter mit der jeweils erforderlichen Zusatzqualifikation. [3]*Der Spitzenverband Bund der Pflegekassen gibt unter Beteiligung der in § 17 Absatz 1 a Satz 2 genannten Parteien bis zum 31. Juli 2018 Empfehlungen zur erforderlichen Anzahl, Qualifikation und Fortbildung von Pflegeberaterinnen und Pflegeberatern ab.*

(4) [1]Die Pflegekassen im Land haben Pflegeberater und Pflegeberaterinnen zur Sicherstellung einer wirtschaftlichen Aufgabenwahrnehmung in den Pflegestützpunkten nach Anzahl und örtlicher Zuständigkeit aufeinander abgestimmt bereitzustellen und hierüber einheitlich und gemeinsam Vereinbarungen zu treffen. [2]Die Pflegekassen können diese Aufgabe auf die Landesverbände der Pflegekassen übertragen. [3]Kommt eine Einigung bis zu dem in Satz 1 genannten Zeitpunkt ganz oder teilweise nicht zustande, haben die Landesverbände der Pflegekassen innerhalb eines Monats zu entscheiden; § 81 Abs. 1 Satz 2 gilt entsprechend. [4]Die Pflegekassen und die gesetzlichen Krankenkassen können zur Aufgabenwahrnehmung durch Pflegeberater und Pflegeberaterinnen von der Möglichkeit der Beauftragung nach Maßgabe der §§ 88 bis 92 des Zehnten Buches Gebrauch machen. [5]Die durch die Tätigkeit von Pflegeberatern und Pflegeberaterinnen entstehenden Aufwendungen werden von den Pflegekassen getragen und zur Hälfte auf die Verwaltungskostenpauschale nach § 46 Abs. 3 Satz 1 angerechnet.

(5) [1]Zur Durchführung der Pflegeberatung können die privaten Versicherungsunternehmen, die die private Pflege-Pflichtversicherung durchführen, Pflegeberater und Pflegeberaterinnen der Pflegekassen für die bei ihnen versicherten Personen nutzen. [2]Dies setzt eine vertragliche Vereinbarung mit den Pflegekassen über Art, Inhalt und Umfang der Inanspruchnahme sowie über die Vergütung der hierfür je Fall entstehenden Aufwendungen voraus. [3]Soweit Vereinbarungen mit den Pflegekassen nicht zustande kommen, können die privaten Versicherungsunternehmen, die die private Pflege-Pflichtversicherung durchführen, untereinander Vereinbarungen über eine abgestimmte Bereitstellung von Pflegeberatern und Pflegeberaterinnen treffen.

(6) Pflegeberater und Pflegeberaterinnen sowie sonstige mit der Wahrnehmung von Aufgaben nach Absatz 1 befasste Stellen, insbesondere

1. nach Landesrecht für die wohnortnahe Betreuung im Rahmen der örtlichen Altenhilfe und für die Gewährung der Hilfe zur Pflege nach dem Zwölften Buch zu bestimmende Stellen,
2. Unternehmen der privaten Kranken- und Pflegeversicherung,
3. Pflegeeinrichtungen und Einzelpersonen nach § 77,
4. Mitglieder von Selbsthilfegruppen, ehrenamtliche und sonstige zum bürgerschaftlichen Engagement bereite Personen und Organisationen sowie
5. Agenturen für Arbeit und Träger der Grundsicherung für Arbeitsuchende,

dürfen Sozialdaten für Zwecke der Pflegeberatung nur erheben, verarbeiten und nutzen, soweit dies zur Erfüllung der Aufgaben nach diesem Buch erforderlich oder durch Rechtsvorschriften des Sozialgesetzbuches oder Regelungen des Versicherungsvertrags- oder des Versicherungsaufsichtsgesetzes angeordnet oder erlaubt ist.

(7) [1]Die Landesverbände der Pflegekassen vereinbaren gemeinsam und einheitlich mit dem Verband der privaten Krankenversicherung e. V., den nach Landesrecht bestimmten Stellen für die wohnortnahe Betreuung im Rahmen der Altenhilfe und den zuständigen Trägern der Sozialhilfe sowie mit den kommunalen Spitzenverbänden auf Landesebene Rahmenverträge über die Zusammenarbeit in der Beratung. [2]Zu den Verträgen nach Satz 1 sind die Verbände der Träger weiterer nicht gewerblicher Beratungsstellen auf Landesebene anzuhören, die für die Beratung Pflegebedürftiger und ihrer Angehörigen von Bedeutung sind.

(8) Die Pflegekassen können sich zur Wahrnehmung ihrer Beratungsaufgaben nach diesem Buch aus ihren Verwaltungsmitteln an der Finanzierung und arbeitsteiligen Organisation von Beratungsaufgaben anderer Träger beteiligen; die Neutralität und Unabhängigkeit der Beratung sind zu gewährleisten.

(9) [1]Der Spitzenverband Bund der Pflegekassen legt dem Bundesministerium für Gesundheit alle drei Jahre, erstmals zum 30. Juni 2020, einen unter wissenschaftlicher Begleitung zu erstellenden Bericht vor über

1. *die Erfahrungen und Weiterentwicklung der Pflegeberatung und Pflegeberatungsstrukturen nach den Absätzen 1 bis 4, 7 und 8, § 7b Absatz 1 und 2 und § 7c und*
2. *die Durchführung, Ergebnisse und Wirkungen der Beratung in der eigenen Häuslichkeit sowie die Fortentwicklung der Beratungsstrukturen nach § 37 Absatz 3 bis 8.*

[2]Er kann hierfür Mittel nach § 8 Absatz 3 einsetzen.

§ 7b Beratungsgutscheine

(1) [1]Die Pflegekasse hat dem Antragsteller unmittelbar nach Eingang eines erstmaligen Antrags auf Leistungen nach diesem Buch *sowie weiterer Anträge auf Leistungen nach § 18 Absatz 3, den §§ 36 bis 38, 41 bis 43, 44a, 45, 87a Absatz 2 Satz 1 und § 115 Absatz 4* entweder

1. unter Angabe einer Kontaktperson einen konkreten Beratungstermin anzubieten, der spätestens innerhalb von zwei Wochen nach Antragseingang durchzuführen ist, oder
2. einen Beratungsgutschein auszustellen, in dem Beratungsstellen benannt sind, bei denen er zu Lasten der Pflegekasse innerhalb von zwei Wochen nach Antragseingang eingelöst werden kann; § 7a Absatz 4 Satz 5 ist entsprechend anzuwenden.

[2]Die Beratung richtet sich nach den *§ 7a*. [3]Auf Wunsch des Versicherten hat die Beratung in der häuslichen Umgebung stattzufinden und kann auch nach Ablauf der in Satz 1 genannten Frist durchgeführt werden; über diese Möglichkeiten hat ihn die Pflegekasse aufzuklären.

(2) [1]Die Pflegekasse hat sicherzustellen, dass die Beratungsstellen die Anforderungen an die Beratung nach den *§ 7a* einhalten. [2]Die Pflegekasse schließt hierzu allein oder gemeinsam mit anderen Pflegekassen vertragliche Vereinbarungen mit unabhängigen und neutralen Beratungsstellen, die insbesondere Regelungen treffen für

1. die Anforderungen an die Beratungsleistung und die Beratungspersonen,
2. die Haftung für Schäden, die der Pflegekasse durch fehlerhafte Beratung entstehen, und
3. die Vergütung.

(3) [1]Stellen nach Absatz 1 Satz 1 Nummer 2 dürfen personenbezogene Daten nur erheben, verarbeiten und nutzen, soweit dies für Zwecke der Beratung nach den *§ 7a* erforderlich ist und der Versicherte oder sein gesetzlicher Vertreter eingewilligt hat. [2]Zudem ist der Versicherte oder sein gesetzlicher Vertreter zu Beginn der Beratung darauf hinzuweisen, dass die Einwilligung jederzeit widerrufen werden kann.

(4) Die Absätze 1 bis 3 gelten für private Versicherungsunternehmen, die die private Pflege-Pflichtversicherung durchführen, entsprechend.

§ 7c Pflegestützpunkte

(1) [1]Zur wohnortnahen Beratung, Versorgung und Betreuung der Versicherten richten die Pflegekassen und Krankenkassen Pflegestützpunkte ein, sofern die zuständige oberste Landesbehörde dies bestimmt. [2]Die Einrichtung muss innerhalb von sechs Monaten nach der Bestimmung durch die oberste Landesbehörde erfolgen. [3]Kommen die hierfür erforderlichen Verträge nicht innerhalb von drei Monaten nach der Bestimmung durch die oberste Landesbehörde zustande, haben die Landesverbände der Pflegekassen innerhalb eines weiteren Monats den Inhalt der Verträge festzulegen; hierbei haben sie auch die Interessen der Ersatzkassen und der Landesverbände der Krankenkassen wahrzunehmen. [4]Hinsichtlich der Mehrheitsverhältnisse bei der Beschlussfassung ist § 81 Absatz 1 Satz 2 entsprechend anzuwenden. [5]Widerspruch und Anfechtungsklage gegen Maßnahmen der Aufsichtsbehörden zur Einrichtung von Pflegestützpunkten haben keine aufschiebende Wirkung.

(2) [1]Aufgaben der Pflegestützpunkte sind

1. *umfassende sowie unabhängige Auskunft und Beratung zu den Rechten und Pflichten nach dem Sozialgesetzbuch und zur Auswahl und Inanspruchnahme der bundes- oder landesrechtlich vorgesehenen Sozialleistungen und sonstigen Hilfsangebote,*

2. *Koordinierung aller für die wohnortnahe Versorgung und Betreuung in Betracht kommenden gesundheitsfördernden, präventiven, kurativen, rehabilitativen und sonstigen medizinischen sowie pflegerischen und sozialen Hilfs- und Unterstützungsangebote einschließlich der Hilfestellung bei der Inanspruchnahme der Leistungen,*
3. *Vernetzung aufeinander abgestimmter pflegerischer und sozialer Versorgungs- und Betreuungsangebote.*

[2]Auf vorhandene vernetzte Beratungsstrukturen ist zurückzugreifen. [3]Die Pflegekassen haben jederzeit darauf hinzuwirken, dass sich insbesondere die

1. *nach Landesrecht zu bestimmenden Stellen für die wohnortnahe Betreuung im Rahmen der örtlichen Altenhilfe und für die Gewährung der Hilfe zur Pflege nach dem Zwölften Buch,*
2. *im Land zugelassenen und tätigen Pflegeeinrichtungen,*
3. *im Land tätigen Unternehmen der privaten Kranken- und Pflegeversicherung*

an den Pflegestützpunkten beteiligen. [4]Die Krankenkassen haben sich an den Pflegestützpunkten zu beteiligen. [5]Träger der Pflegestützpunkte sind die beteiligten Kosten- und Leistungsträger. [6]Die Träger

1. *sollen Pflegefachkräfte in die Tätigkeit der Pflegestützpunkte einbinden,*
2. *haben nach Möglichkeit Mitglieder von Selbsthilfegruppen sowie ehrenamtliche und sonstige zum bürgerschaftlichen Engagement bereite Personen und Organisationen in die Tätigkeit der Pflegestützpunkte einzubinden,*
3. *sollen interessierten kirchlichen sowie sonstigen religiösen und gesellschaftlichen Trägern und Organisationen die Beteiligung an den Pflegestützpunkten ermöglichen,*
4. *können sich zur Erfüllung ihrer Aufgaben dritter Stellen bedienen,*
5. *sollen im Hinblick auf die Vermittlung und Qualifizierung von für die Pflege und Betreuung geeigneten Kräften eng mit dem Träger der Arbeitsförderung nach dem Dritten Buch und den Trägern der Grundsicherung für Arbeitsuchende nach dem Zweiten Buch zusammenarbeiten.*

(3) Die an den Pflegestützpunkten beteiligten Kostenträger und Leistungserbringer können für das Einzugsgebiet der Pflegestützpunkte Verträge zur wohnortnahen integrierten Versorgung schließen; insoweit ist § 92 b mit der Maßgabe entsprechend anzuwenden, dass die Pflege- und Krankenkassen gemeinsam und einheitlich handeln.

(4) [1]Der Pflegestützpunkt kann bei einer im Land zugelassenen und tätigen Pflegeeinrichtung errichtet werden, wenn dies nicht zu einer unzulässigen Beeinträchtigung des Wettbewerbs zwischen den Pflegeeinrichtungen führt. [2]Die für den Betrieb des Pflegestützpunktes erforderlichen Aufwendungen werden von den Trägern der Pflegestützpunkte unter Berücksichtigung der anrechnungsfähigen Aufwendungen für das eingesetzte Personal auf der Grundlage einer vertraglichen Vereinbarung anteilig getragen. [3]Die Verteilung der für den Betrieb des Pflegestützpunktes erforderlichen Aufwendungen wird mit der Maßgabe vereinbart, dass der auf eine einzelne Pflegekasse entfallende Anteil nicht höher sein darf als der von der Krankenkasse, bei der sie errichtet ist, zu tragende Anteil. [4]Soweit sich private Versicherungsunternehmen, die die private Pflege-Pflichtversicherung durchführen, nicht an der Finanzierung der Pflegestützpunkte beteiligen, haben sie mit den Trägern der Pflegestützpunkte über Art, Inhalt und Umfang der Inanspruchnahme der Pflegestützpunkte durch privat Pflege-Pflichtversicherte sowie über die Vergütung der hierfür je Fall entstehenden Aufwendungen Vereinbarungen zu treffen; dies gilt für private Versicherungsunternehmen, die die private Krankenversicherung durchführen, entsprechend.

(5) Im Pflegestützpunkt tätige Personen sowie sonstige mit der Wahrnehmung von Aufgaben nach Absatz 1 befasste Stellen, insbesondere

1. *nach Landesrecht für die wohnortnahe Betreuung im Rahmen der örtlichen Altenhilfe und für die Gewährung der Hilfe zur Pflege nach dem Zwölften Buch zu bestimmende Stellen,*
2. *Unternehmen der privaten Kranken- und Pflegeversicherung,*
3. *Pflegeeinrichtungen und Einzelpersonen nach § 77,*
4. *Mitglieder von Selbsthilfegruppen, ehrenamtliche und sonstige zum bürgerschaftlichen Engagement bereite Personen und Organisationen sowie*
5. *Agenturen für Arbeit und Träger der Grundsicherung für Arbeitsuchende,*

dürfen Sozialdaten nur erheben, verarbeiten und nutzen, soweit dies zur Erfüllung der Aufgaben nach diesem Buch erforderlich oder durch Rechtsvorschriften des Sozialgesetzbuches oder Regelungen des Versicherungsvertrags- oder des Versicherungsaufsichtsgesetzes angeordnet oder erlaubt ist.

(6) [1]Die Landesverbände der Pflegekassen können mit den Landesverbänden der Krankenkassen sowie den Ersatzkassen und den nach Landesrecht zu bestimmenden Stellen der Altenhilfe und der Hilfe zur Pflege nach dem Zwölften Buch Rahmenverträge zur Arbeit und zur Finanzierung der Pflegestützpunkte vereinbaren. [2]Die von der zuständigen obersten Landesbehörde getroffene Bestimmung zur Einrichtung von Pflegestützpunkten sowie die Empfehlungen nach Absatz 7 sind hierbei zu berücksichtigen. [3]Die Rahmenverträge sind bei der Arbeit und der Finanzierung von Pflegestützpunkten in der gemeinsamen Trägerschaft der gesetzlichen Kranken- und Pflegekassen und der nach Landesrecht zu bestimmenden Stellen für die Altenhilfe und für die Hilfe zur Pflege nach dem Zwölften Buch zu beachten.

(7) Der Spitzenverband Bund der Pflegekassen, der Spitzenverband Bund der Krankenkassen, die Bundesarbeitsgemeinschaft der überörtlichen Träger der Sozialhilfe und die Bundesvereinigung der kommunalen Spitzenverbände können gemeinsam und einheitlich Empfehlungen zur Arbeit und zur Finanzierung von Pflegestützpunkten in der gemeinsamen Trägerschaft der gesetzlichen Kranken- und Pflegekassen sowie der nach Landesrecht zu bestimmenden Stellen der Alten- und Sozialhilfe vereinbaren.

§ 8 Gemeinsame Verantwortung

(1) Die pflegerische Versorgung der Bevölkerung ist eine gesamtgesellschaftliche Aufgabe.

(2) [1]Die Länder, die Kommunen, die Pflegeeinrichtungen und die Pflegekassen wirken unter Beteiligung des Medizinischen Dienstes eng zusammen, um eine leistungsfähige, regional gegliederte, ortsnahe und aufeinander abgestimmte ambulante und stationäre pflegerische Versorgung der Bevölkerung zu gewährleisten. [2]Sie tragen zum Ausbau und zur Weiterentwicklung der notwendigen pflegerischen Versorgungsstrukturen bei; das gilt insbesondere für die Ergänzung des Angebots an häuslicher und stationärer Pflege durch neue Formen der teilstationären Pflege und Kurzzeitpflege sowie für die Vorhaltung eines Angebots von die Pflege ergänzenden Leistungen zur medizinischen Rehabilitation. [3]Sie unterstützen und fördern darüber hinaus die Bereitschaft zu einer humanen Pflege und Betreuung durch hauptberufliche und ehrenamtliche Pflegekräfte sowie durch Angehörige, Nachbarn und Selbsthilfegruppen und wirken so auf eine neue Kultur des Helfens und der mitmenschlichen Zuwendung hin.

(3) [1]Der Spitzenverband Bund der Pflegekassen kann aus Mitteln des Ausgleichsfonds der Pflegeversicherung mit 5 Millionen Euro im Kalenderjahr Maßnahmen wie Modellvorhaben, Studien, wissenschaftliche Expertisen und Fachtagungen zur Weiterentwicklung der Pflegeversicherung, insbesondere zur Entwicklung neuer qualitätsgesicherter Versorgungsformen für Pflegebedürftige, durchführen und mit Leistungserbringern vereinbaren. [2]Dabei sind vorrangig modellhaft in einer Region Möglichkeiten eines personenbezogenen Budgets sowie neue Wohnkonzepte für Pflegebedürftige zu erproben. [3]Bei der Vereinbarung und Durchführung von Modellvorhaben kann im Einzelfall von den Regelungen des Siebten Kapitels sowie von § 36 und zur Entwicklung besonders pauschalierter Pflegesätze von § 84 Abs. 2 Satz 2 abgewichen werden. [4]Mehrbelastungen der Pflegeversicherung, die dadurch entstehen, dass Pflegebedürftige, die Pflegegeld beziehen, durch Einbeziehung in ein Modellvorhaben höhere Leistungen als das Pflegegeld erhalten, sind in das nach Satz 1 vorgesehene Fördervolumen einzubeziehen. [5]Soweit die in Satz 1 genannten Mittel im jeweiligen Haushaltsjahr nicht verbraucht wurden, können sie in das Folgejahr übertragen werden. [6]Die Modellvorhaben sind auf längstens fünf Jahre zu befristen. [7]Der Spitzenverband Bund der Pflegekassen bestimmt Ziele, Dauer, Inhalte und Durchführung der Maßnahmen; dabei sind auch regionale Modellvorhaben einzelner Länder zu berücksichtigen. [8]Die Maßnahmen sind mit dem Bundesministerium für Gesundheit abzustimmen. [9]Soweit finanzielle Interessen einzelner Länder berührt werden, sind diese zu beteiligen. [10]Näheres über das Verfahren zur Auszahlung der aus dem Ausgleichsfonds zu finanzierenden Fördermittel regeln der Spitzenverband Bund der Pflegekassen und das Bundesversicherungsamt durch Vereinbarung. [11]Für die Modellvorhaben ist eine wissenschaftliche Begleitung und Auswertung vorzusehen. [12][bis 31.12.2016: § 45 c Abs. 4 Satz 6] [ab 1.1.2017: § 45 c Absatz 5 Satz 6] gilt entsprechend.

(4) [1]Aus den Mitteln nach Absatz 3 ist ebenfalls die Finanzierung der qualifizierten Geschäftsstelle nach § 113 b Absatz 6 und der wissenschaftlichen Aufträge nach § 113 b Absatz 4 sicherzustellen. [2]Sofern der Verband der privaten Krankenversicherung e. V. als Mitglied im Qualitätsausschuss nach § 113 b vertreten ist, beteiligen sich die privaten Versicherungsunternehmen, die die private Pflege-

Pflichtversicherung durchführen, mit einem Anteil von 10 Prozent an den Aufwendungen nach Satz 1. [3]Aus den Mitteln nach Absatz 3 ist zudem die Finanzierung der Aufgaben nach § 113 c sicherzustellen. [4]Die privaten Versicherungsunternehmen, die die private Pflege-Pflichtversicherung durchführen, beteiligen sich mit einem Anteil von 10 Prozent an diesen Aufwendungen. [5]Der Finanzierungsanteil nach den Sätzen 2 und 4, der auf die privaten Versicherungsunternehmen entfällt, kann von dem Verband der privaten Krankenversicherung e. V. unmittelbar an das Bundesversicherungsamt zugunsten des Ausgleichsfonds der Pflegeversicherung nach § 65 geleistet werden.

§ 8 a Landespflegeausschüsse

[1]Für jedes Land oder für Teile des Landes wird zur Beratung über Fragen der Pflegeversicherung ein Landespflegeausschuss gebildet. [2]Der Ausschuss kann zur Umsetzung der Pflegeversicherung einvernehmlich Empfehlungen abgeben. [3]Die Landesregierungen werden ermächtigt, durch Rechtsverordnung das Nähere zu den Landespflegeausschüssen zu bestimmen; insbesondere können sie die den Landespflegeausschüssen angehörenden Organisationen unter Berücksichtigung der Interessen aller an der Pflege im Land Beteiligten berufen.

§ 9 Aufgaben der Länder

[1]Die Länder sind verantwortlich für die Vorhaltung einer leistungsfähigen, zahlenmäßig ausreichenden und wirtschaftlichen pflegerischen Versorgungsstruktur. [2]Das Nähere zur Planung und zur Förderung der Pflegeeinrichtungen wird durch Landesrecht bestimmt; durch Landesrecht kann auch bestimmt werden, ob und in welchem Umfang eine im Landesrecht vorgesehene und an der wirtschaftlichen Leistungsfähigkeit der Pflegebedürftigen orientierte finanzielle Unterstützung

1. der Pflegebedürftigen bei der Tragung der ihnen von den Pflegeeinrichtungen berechneten betriebsnotwendigen Investitionsaufwendungen oder
2. der Pflegeeinrichtungen bei der Tragung ihrer betriebsnotwendigen Investitionsaufwendungen

als Förderung der Pflegeeinrichtungen gilt. [3]Zur finanziellen Förderung der Investitionskosten der Pflegeeinrichtungen sollen Einsparungen eingesetzt werden, die den Trägern der Sozialhilfe durch die Einführung der Pflegeversicherung entstehen.

§ 10 Pflegebericht der Bundesregierung

Die Bundesregierung berichtet den gesetzgebenden Körperschaften des Bundes ab 2016 im Abstand von vier Jahren über die Entwicklung der Pflegeversicherung und den Stand der pflegerischen Versorgung in der Bundesrepublik Deutschland.

§ 11 Rechte und Pflichten der Pflegeeinrichtungen

(1) [1]Die Pflegeeinrichtungen pflegen, versorgen und betreuen die Pflegebedürftigen, die ihre Leistungen in Anspruch nehmen, entsprechend dem allgemein anerkannten Stand medizinisch-pflegerischer Erkenntnisse. [2]Inhalt und Organisation der Leistungen haben eine humane und aktivierende Pflege unter Achtung der Menschenwürde zu gewährleisten.

(2) [1]Bei der Durchführung dieses Buches sind die Vielfalt der Träger von Pflegeeinrichtungen zu wahren sowie deren Selbständigkeit, Selbstverständnis und Unabhängigkeit zu achten. [2]Dem Auftrag kirchlicher und sonstiger Träger der freien Wohlfahrtspflege, kranke, gebrechliche und pflegebedürftige Menschen zu pflegen, zu betreuen, zu trösten und sie im Sterben zu begleiten, ist Rechnung zu tragen. [3]Freigemeinnützige und private Träger haben Vorrang gegenüber öffentlichen Trägern.

(3) Die Bestimmungen des Wohn- und Betreuungsvertragsgesetzes bleiben unberührt.

§ 12 Aufgaben der Pflegekassen

(1) [1]Die Pflegekassen sind für die Sicherstellung der pflegerischen Versorgung ihrer Versicherten verantwortlich. [2]Sie arbeiten dabei mit allen an der pflegerischen, gesundheitlichen und sozialen Versorgung Beteiligten eng zusammen und wirken, insbesondere durch Pflegestützpunkte nach *§ 7 c*, auf eine

Vernetzung der regionalen und kommunalen Versorgungsstrukturen hin, um eine Verbesserung der wohnortnahen Versorgung pflege- und betreuungsbedürftiger Menschen zu ermöglichen. [3]Die Pflegekassen sollen zur Durchführung der ihnen gesetzlich übertragenen Aufgaben örtliche und regionale Arbeitsgemeinschaften bilden. [4]§ 94 Abs. 2 bis 4 des Zehnten Buches gilt entsprechend.

(2) [1]Die Pflegekassen wirken mit den Trägern der ambulanten und der stationären gesundheitlichen und sozialen Versorgung partnerschaftlich zusammen, um die für den Pflegebedürftigen zur Verfügung stehenden Hilfen zu koordinieren. [2]Sie stellen insbesondere über die Pflegeberatung nach § 7a sicher, dass im Einzelfall [bis 31.12.2016: Grundpflege] [ab 1.1.2017: häusliche Pflegehilfe], Behandlungspflege, ärztliche Behandlung, spezialisierte Palliativversorgung, Leistungen zur Prävention, zur medizinischen Rehabilitation und zur Teilhabe [bis 31.12.2016: sowie hauswirtschaftliche Versorgung] nahtlos und störungsfrei ineinander greifen. [3]Die Pflegekassen nutzen darüber hinaus das Instrument der integrierten Versorgung nach § 92b und wirken zur Sicherstellung der haus-, fach- und zahnärztlichen Versorgung der Pflegebedürftigen darauf hin, dass die stationären Pflegeeinrichtungen Kooperationen mit niedergelassenen Ärzten eingehen oder § 119b des Fünften Buches anwenden.

§ 13 Verhältnis der Leistungen der Pflegeversicherung zu anderen Sozialleistungen

(1) Den Leistungen der Pflegeversicherung gehen die Entschädigungsleistungen wegen Pflegebedürftigkeit

1. nach dem Bundesversorgungsgesetz und nach den Gesetzen, die eine entsprechende Anwendung des Bundesversorgungsgesetzes vorsehen,
2. aus der gesetzlichen Unfallversicherung und
3. aus öffentlichen Kassen auf Grund gesetzlich geregelter Unfallversorgung oder Unfallfürsorge

vor.

[Bis 31.12.2016:

(2) Die Leistungen der häuslichen Krankenpflege nach § 37 des Fünften Buches bleiben unberührt.]

[Ab 1.1.2017:

(2) [1]Die Leistungen nach dem Fünften Buch einschließlich der Leistungen der häuslichen Krankenpflege nach § 37 des Fünften Buches bleiben unberührt. [2]Dies gilt auch für krankheitsspezifische Pflegemaßnahmen, soweit diese im Rahmen der häuslichen Krankenpflege nach § 37 des Fünften Buches zu leisten sind.]

(3) [1]Die Leistungen der Pflegeversicherung gehen den Fürsorgeleistungen zur Pflege

1. nach dem Zwölften Buch,
2. nach dem Lastenausgleichsgesetz, dem Reparationsschädengesetz und dem Flüchtlingshilfegesetz,
3. nach dem Bundesversorgungsgesetz (Kriegsopferfürsorge) und nach den Gesetzen, die eine entsprechende Anwendung des Bundesversorgungsgesetzes vorsehen,

vor. [2]Leistungen zur Pflege nach diesen Gesetzen sind zu gewähren, wenn und soweit Leistungen der Pflegeversicherung nicht erbracht werden oder diese Gesetze dem Grunde oder der Höhe nach weitergehende Leistungen als die Pflegeversicherung vorsehen. [3]Die Leistungen der Eingliederungshilfe für behinderte Menschen nach dem Zwölften Buch, dem Bundesversorgungsgesetz und dem Achten Buch bleiben unberührt, sie sind im Verhältnis zur Pflegeversicherung nicht nachrangig; die notwendige Hilfe in den Einrichtungen nach § 71 Abs. 4 ist einschließlich der Pflegeleistungen zu gewähren.

(3a) Die Leistungen nach § 45b finden bei den Fürsorgeleistungen zur Pflege nach Absatz 3 Satz 1 keine Berücksichtigung.

(4) Treffen Pflegeleistungen mit Leistungen der Eingliederungshilfe oder mit weitergehenden Pflegeleistungen nach dem Zwölften Buch zusammen, sollen die Pflegekassen und der Träger der Sozialhilfe vereinbaren, daß im Verhältnis zum Pflegebedürftigen nur eine Stelle die Leistungen übernimmt und die andere Stelle die Kosten der von ihr zu tragenden Leistungen erstattet.

(5) [1]Die Leistungen der Pflegeversicherung bleiben als Einkommen bei Sozialleistungen und bei Leistungen nach dem Asylbewerberleistungsgesetz, deren Gewährung von anderen Einkommen abhängig ist, unberücksichtigt; *dies gilt nicht für das Pflegeunterstützungsgeld gemäß § 44a Absatz 3.* [2]Satz 1 gilt entsprechend bei Vertragsleistungen aus privaten Pflegeversicherungen, die der Art und dem Umfang nach den Leistungen der sozialen Pflegeversicherung gleichwertig sind. [3]Rechtsvorschriften, die

weitergehende oder ergänzende Leistungen aus einer privaten Pflegeversicherung von der Einkommensermittlung ausschließen, bleiben unberührt.

(6) [1]Wird Pflegegeld nach § 37 oder eine vergleichbare Geldleistung an eine Pflegeperson (§ 19) weitergeleitet, bleibt dies bei der Ermittlung von Unterhaltsansprüchen und Unterhaltsverpflichtungen der Pflegeperson unberücksichtigt. [2]Dies gilt nicht

1. in den Fällen des § 1361 Abs. 3, der §§ 1579, 1603 Abs. 2 und des § 1611 Abs. 1 des Bürgerlichen Gesetzbuchs,
2. für Unterhaltsansprüche der Pflegeperson, wenn von dieser erwartet werden kann, ihren Unterhaltsbedarf ganz oder teilweise durch eigene Einkünfte zu decken und der Pflegebedürftige mit dem Unterhaltspflichtigen nicht in gerader Linie verwandt ist.

Zweites Kapitel Leistungsberechtigter Personenkreis

[Fassung bis 31.12.2016:]

§ 14 Begriff der Pflegebedürftigkeit

(1) [1]Pflegebedürftig im Sinne dieses Buches sind Personen, die wegen einer körperlichen, geistigen oder seelischen Krankheit oder Behinderung für die gewöhnlichen und regelmäßig wiederkehrenden Verrichtungen im Ablauf des täglichen Lebens auf Dauer, voraussichtlich für mindestens sechs Monate, in erheblichem oder höherem Maße (§ 15) der Hilfe bedürfen.

(2) Krankheiten oder Behinderungen im Sinne des Absatzes 1 sind:

1. Verluste, Lähmungen oder andere Funktionsstörungen am Stütz- und Bewegungsapparat,
2. Funktionsstörungen der inneren Organe oder der Sinnesorgane,
3. Störungen des Zentralnervensystems wie Antriebs-, Gedächtnis- oder Orientierungsstörungen sowie endogene Psychosen, Neurosen oder geistige Behinderungen.

(3) Die Hilfe im Sinne des Absatzes 1 besteht in der Unterstützung, in der teilweisen oder vollständigen Übernahme der Verrichtungen im Ablauf des täglichen Lebens oder in Beaufsichtigung oder Anleitung mit dem Ziel der eigenständigen Übernahme dieser Verrichtungen.

(4) Gewöhnliche und regelmäßig wiederkehrende Verrichtungen im Sinne des Absatzes 1 sind:

[Fassung ab 1.1.2017:]

§ 14 Begriff der Pflegebedürftigkeit

(1) [1]Pflegebedürftig im Sinne dieses Buches sind Personen, die gesundheitlich bedingte Beeinträchtigungen der Selbständigkeit oder der Fähigkeiten aufweisen und deshalb der Hilfe durch andere bedürfen. [2]Es muss sich um Personen handeln, die körperliche, kognitive oder psychische Beeinträchtigungen oder gesundheitlich bedingte Belastungen oder Anforderungen nicht selbständig kompensieren oder bewältigen können. [3]Die Pflegebedürftigkeit muss auf Dauer, voraussichtlich für mindestens sechs Monate, und mit mindestens der in § 15 festgelegten Schwere bestehen.

(2) Maßgeblich für das Vorliegen von gesundheitlich bedingten Beeinträchtigungen der Selbständigkeit oder der Fähigkeiten sind die in den folgenden sechs Bereichen genannten pflegefachlich begründeten Kriterien:

1. Mobilität: Positionswechsel im Bett, Halten einer stabilen Sitzposition, Umsetzen, Fortbewegen innerhalb des Wohnbereichs, Treppensteigen;

1. im Bereich der Körperpflege das Waschen, Duschen, Baden, die Zahnpflege, das Kämmen, Rasieren, die Darm- oder Blasenentleerung
2. im Bereich der Ernährung das mundgerechte Zubereiten oder die Aufnahme der Nahrung
3. im Bereich der Mobilität das selbständige Aufstehen und Zu-Bett-Gehen, An- und Auskleiden, Gehen, Stehen, Treppensteigen oder das Verlassen und Wiederaufsuchen der Wohnung.

2. kognitive und kommunikative Fähigkeiten: Erkennen von Personen aus dem näheren Umfeld, örtliche Orientierung, zeitliche Orientierung, Erinnern an wesentliche Ereignisse oder Beobachtungen, Steuern von mehrschrittigen Alltagshandlungen, Treffen von Entscheidungen im Alltagsleben, Verstehen von Sachverhalten und Informationen, Erkennen von Risiken und Gefahren, Mitteilen von elementaren Bedürfnissen, Verstehen von Aufforderungen, Beteiligen an einem Gespräch;
3. Verhaltensweisen und psychische Problemlagen: motorisch geprägte Verhaltensauffälligkeiten, nächtliche Unruhe, selbstschädigendes und autoaggressives Verhalten, Beschädigen von Gegenständen, physisch aggressives Verhalten gegenüber anderen Personen, verbale Aggression, andere pflegerelevante vokale Auffälligkeiten, Abwehr pflegerischer und anderer unterstützender Maßnahmen, Wahnvorstellungen, Ängste, Antriebslosigkeit bei depressiver Stimmungslage, sozial inadäquate Verhaltensweisen, sonstige pflegerelevante inadäquate Handlungen;
4. Selbstversorgung: Waschen des vorderen Oberkörpers, Körperpflege im Bereich des Kopfes, Waschen des Intimbereichs, Duschen und Baden einschließlich Waschen der Haare, An- und Auskleiden des Oberkörpers, An- und Auskleiden des Unterkörpers, mundgerechtes Zubereiten der Nahrung und Eingießen von Getränken, Essen, Trinken, Benutzen einer Toilette oder eines Toilettenstuhls, Bewältigen der Folgen einer Harninkontinenz und Umgang mit Dauerkatheter und Urostoma, Bewältigen der Folgen einer Stuhlinkontinenz und Umgang mit Stoma, Ernährung parenteral oder über Sonde, Bestehen gravierender Probleme bei der Nahrungsaufnahme bei Kindern bis zu 18 Monaten, die einen außergewöhnlich pflegeintensiven Hilfebedarf auslösen;
5. Bewältigung von und selbständiger Umgang mit krankheits- oder therapiebedingten Anforderungen und Belastungen:

a) in Bezug auf Medikation, Injektionen, Versorgung intravenöser Zugänge, Absaugen und Sauerstoffgabe, Einreibungen sowie Kälte- und Wärmeanwendungen, Messung und Deutung von Körperzuständen, körpernahe Hilfsmittel,

b) in Bezug auf Verbandswechsel und Wundversorgung, Versorgung mit Stoma, regelmäßige Einmalkatheterisierung und Nutzung von Abführmethoden, Therapiemaßnahmen in häuslicher Umgebung,

c) in Bezug auf zeit- und technikintensive Maßnahmen in häuslicher Umgebung, Arztbesuche, Besuche anderer medizinischer oder therapeutischer Einrichtungen, zeitlich ausgedehnte Besuche medizinischer oder therapeutischer Einrichtungen, Besuch von Einrichtungen zur Frühförderung bei Kindern sowie

d) in Bezug auf das Einhalten einer Diät oder anderer krankheits- oder therapiebedingter Verhaltensvorschriften;

6. Gestaltung des Alltagslebens und sozialer Kontakte: Gestaltung des Tagesablaufs und Anpassung an Veränderungen, Ruhen und Schlafen, Sichbeschäftigen, Vornehmen von in die Zukunft gerichteten Planungen, Interaktion mit Personen im direkten Kontakt, Kontaktpflege zu Personen außerhalb des direkten Umfelds.

4. im Bereich der hauswirtschaftlichen Versorgung das Einkaufen, Kochen, Reinigen der Wohnung, Spülen, Wechseln und Waschen der Wäsche und Kleidung oder das Beheizen.

(3) Beeinträchtigungen der Selbständigkeit oder der Fähigkeiten, die dazu führen, dass die Haushaltsführung nicht mehr ohne Hilfe bewältigt werden kann, werden bei den Kriterien der in Absatz 2 genannten Bereiche berücksichtigt.

§ 15 Stufen der Pflegebedürftigkeit

§ 15 Ermittlung des Grades der Pflegebedürftigkeit, Begutachtungsinstrument

(1) [1]Für die Gewährung von Leistungen nach diesem Gesetz sind pflegebedürftige Personen (§ 14) einer der folgenden drei Pflegestufen zuzuordnen:

(1) [1]Pflegebedürftige erhalten nach der Schwere der Beeinträchtigungen der Selbständigkeit oder der Fähigkeiten einen Grad der Pflegebedürftigkeit (Pflegegrad). [2]Der Pflegegrad wird mit Hilfe eines pflegefachlich begründeten Begutachtungsinstruments ermittelt.

(2) [1]Das Begutachtungsinstrument ist in sechs Module gegliedert, die den sechs Bereichen in § 14 Absatz 2 entsprechen. [2]In jedem Modul sind für die in den Bereichen genannten Kriterien die in Anlage 1 dargestellten Kategorien vorgesehen. [3]Die Kategorien stellen die in ihnen zum Ausdruck kommenden verschiedenen Schweregrade der Beeinträchtigungen der Selbständigkeit oder der Fähigkeiten dar. [4]Den Kategorien werden in Bezug auf die einzelnen Kriterien pflegefachlich fundierte Einzelpunkte zugeordnet, die aus Anlage 1 ersichtlich sind. [5]In jedem Modul werden die jeweils erreichbaren Summen aus Einzelpunkten nach den in Anlage 2 festgelegten Punktbereichen gegliedert. [6]Die Summen der Punkte werden nach den in ihnen zum Ausdruck kommenden Schweregraden der Beeinträchtigungen der Selbständigkeit oder der Fähigkeiten wie folgt bezeichnet:

1. Pflegebedürftige der Pflegestufe I (erheblich Pflegebedürftige) sind Personen, die bei der Körperpflege, der Ernährung oder der Mobilität für wenigstens zwei Verrichtungen aus einem oder mehreren Bereichen mindestens

1. Punktbereich 0: keine Beeinträchtigungen der Selbständigkeit oder der Fähigkeiten,

einmal täglich der Hilfe bedürfen und zusätzlich mehrfach in der Woche Hilfen bei der hauswirtschaftlichen Versorgung benötigen.

2. Pflegebedürftige der Pflegestufe II (Schwerpflegebedürftige) sind Personen, die bei der Körperpflege, der Ernährung oder der Mobilität mindestens dreimal täglich zu verschiedenen Tageszeiten der Hilfe bedürfen und zusätzlich mehrfach in der Woche Hilfen bei der hauswirtschaftlichen Versorgung benötigen.

3. Pflegebedürftige der Pflegestufe III (Schwerstpflegebedürftige) sind Personen, die bei der Körperpflege, der Ernährung oder der Mobilität täglich rund um die Uhr, auch nachts, der Hilfe bedürfen und zusätzlich mehrfach in der Woche Hilfen bei der hauswirtschaftlichen Versorgung benötigen.

[2]Für die Gewährung von Leistungen nach § 43 a reicht die Feststellung, daß die Voraussetzungen der Pflegestufe I erfüllt sind.

2. Punktbereich 1: geringe Beeinträchtigungen der Selbständigkeit oder der Fähigkeiten,

3. Punktbereich 2: erhebliche Beeinträchtigungen der Selbständigkeit oder der Fähigkeiten,

4. Punktbereich 3: schwere Beeinträchtigungen der Selbständigkeit oder der Fähigkeiten und

5. Punktbereich 4: schwerste Beeinträchtigungen der Selbständigkeit oder der Fähigkeiten.

[7]Jedem Punktbereich in einem Modul werden unter Berücksichtigung der in ihm zum Ausdruck kommenden Schwere der Beeinträchtigungen der Selbständigkeit oder der Fähigkeiten sowie der folgenden Gewichtung der Module die in Anlage 2 festgelegten, gewichteten Punkte zugeordnet. [8]Die Module des Begutachtungsinstruments werden wie folgt gewichtet:

1. Mobilität mit 10 Prozent,
2. kognitive und kommunikative Fähigkeiten sowie Verhaltensweisen und psychische Problemlagen zusammen mit 15 Prozent,
3. Selbstversorgung mit 40 Prozent,
4. Bewältigung von und selbständiger Umgang mit krankheits- oder therapiebedingten Anforderungen und Belastungen mit 20 Prozent,
5. Gestaltung des Alltagslebens und sozialer Kontakte mit 15 Prozent.

(3) [1]Zur Ermittlung des Pflegegrades sind die bei der Begutachtung festgestellten Einzelpunkte in jedem Modul zu addieren und dem in Anlage 1 festgelegten Punktbereich sowie den sich daraus ergebenden gewichteten Punkten zuzuordnen. [2]Den Modulen 2 und 3 ist ein gemeinsamer gewichteter Punkt zuzuordnen, der aus den höchsten gewichteten Punkten entweder des Moduls 2 oder des Moduls 3 besteht. [3]Aus den gewichteten Punkten aller Module sind durch Addition die Gesamtpunkte zu bilden. [4]Auf der Basis der erreichten Gesamtpunkte sind pflegebedürftige Personen in einen der nachfolgenden Pflegegrade einzuordnen:

1. ab 12,5 bis unter 27 Gesamtpunkten in den Pflegegrad 1: geringe Beeinträchtigungen der Selbständigkeit oder der Fähigkeiten,
2. ab 27 bis unter 47,5 Gesamtpunkten in den Pflegegrad 2: erhebliche Beeinträchtigungen der Selbständigkeit oder der Fähigkeiten,
3. ab 47,5 bis unter 70 Gesamtpunkten in den Pflegegrad 3: schwere Beeinträchtigungen der Selbständigkeit oder der Fähigkeiten,
4. ab 70 bis unter 90 Gesamtpunkten in den Pflegegrad 4: schwerste Beeinträchtigungen der Selbständigkeit oder der Fähigkeiten,
5. ab 90 bis 100 Gesamtpunkten in den Pflegegrad 5: schwerste Beeinträchtigungen der Selbständigkeit oder der Fähigkeiten mit besonderen Anforderungen an die pflegerische Versorgung.

(4) [1]Pflegebedürftige mit besonderen Bedarfskonstellationen, die einen spezifischen, außergewöhnlich hohen Hilfebedarf mit besonderen Anforderungen an die pflegerische Versorgung aufweisen, können aus pflegefachlichen Gründen dem Pflegegrad 5 zugeordnet werden, auch wenn ihre Gesamtpunkte unter 90 liegen. [2]Der Spitzenverband Bund der Pflegekassen konkretisiert in den Richtlinien nach § 17 Absatz 1 die pflegefachlich begründeten Voraussetzungen für solche besonderen Bedarfskonstellationen.

(5) [1]Bei der Begutachtung sind auch solche Kriterien zu berücksichtigen, die zu einem Hilfebedarf führen, für den Leistungen des Fünften Buches vorgesehen sind. [2]Dies gilt auch für krankheitsspezifische Pflegemaßnahmen. [3]Krankheitsspezifische Pflegemaßnahmen sind Maßnahmen der Behandlungspflege, bei denen der behandlungspflegerische Hilfebedarf aus medizinisch-pflegerischen Gründen regelmäßig und auf Dauer untrennbarer Bestandteil einer pflegerischen Maßnahme in den in § 14 Absatz 2 genannten sechs Bereichen ist oder mit einer solchen notwendig in einem unmittelbaren zeitlichen und sachlichen Zusammenhang steht.

(2) Bei Kindern ist für die Zuordnung der zusätzliche Hilfebedarf gegenüber einem gesunden gleichaltrigen Kind maßgebend.

(6) [1]Bei pflegebedürftigen Kindern wird der Pflegegrad durch einen Vergleich der Beeinträchtigungen ihrer Selbständigkeit und ihrer Fähigkeiten mit altersentsprechend entwickelten Kindern ermittelt. [2]Im Übrigen gelten die Absätze 1 bis 5 entsprechend.

(7) Pflegebedürftige Kinder im Alter bis zu 18 Monaten werden abweichend von den Absätzen 3, 4 und 6 Satz 2 wie folgt eingestuft:

1. ab 12,5 bis unter 27 Gesamtpunkten in den Pflegegrad 2,
2. ab 27 bis unter 47,5 Gesamtpunkten in den Pflegegrad 3,

(3) [1]Der Zeitaufwand, den ein Familienangehöriger oder eine andere nicht als Pflegekraft ausgebildete Pflegeperson für die erforderlichen Leistungen der Grundpflege und hauswirtschaftlichen Versorgung benötigt, muß wöchentlich im Tagesdurchschnitt

1. in der Pflegestufe I mindestens 90 Minuten betragen; hierbei müssen auf die Grundpflege mehr als 45 Minuten entfallen,
2. in der Pflegestufe II mindestens drei Stunden betragen; hierbei müssen auf die Grundpflege mindestens zwei Stunden entfallen,
3. in der Pflegestufe III mindestens fünf Stunden betragen; hierbei müssen auf die Grundpflege mindestens vier Stunden entfallen.

[2]Bei der Feststellung des Zeitaufwandes ist ein Zeitaufwand für erforderliche verrichtungsbezogene krankheitsspezifische Pflegemaßnahmen zu berücksichtigen; dies gilt auch dann, wenn der Hilfebedarf zu Leistungen nach dem Fünften Buch führt. [3]Verrichtungsbezogene krankheitsspezifische Pflegemaßnahmen sind Maßnahmen der Behandlungspflege, bei denen der behandlungspflegerische Hilfebedarf untrennbarer Bestandteil einer Verrichtung nach § 14 Abs. 4 ist oder mit einer solchen Verrichtung notwendig in einem unmittelbaren zeitlichen und sachlichen Zusammenhang steht.

3. ab 47,5 bis unter 70 Gesamtpunkten in den Pflegegrad 4,
4. ab 70 bis 100 Gesamtpunkten in den Pflegegrad 5.

§ 16 Verordnungsermächtigung

Das Bundesministerium für Gesundheit wird ermächtigt, im Einvernehmen mit dem Bundesministerium für Familie, Senioren, Frauen und Jugend und dem Bundesministerium für Arbeit und Soziales durch Rechtsverordnung mit Zustimmung des Bundesrates Vorschriften zur näheren Abgrenzung der in § 14 genannten Merkmale der Pflegebedürftigkeit, der Pflegestufen nach § 15 sowie zur Anwendung der Härtefallregelung des § 36 Abs. 4 und des § 43 Abs. 3 zu erlassen.

§ 16 Verordnungsermächtigung

[1]Das Bundesministerium für Gesundheit wird ermächtigt, im Einvernehmen mit dem Bundesministerium für Familien, Senioren, Frauen und Jugend und dem Bundesministerium für Arbeit und Soziales durch Rechtsverordnung mit Zustimmung des Bundesrates Vorschriften zur pflegefachlichen Konkretisierung der Inhalte des Begutachtungsinstruments nach § 15 sowie zum Verfahren der Feststellung der Pflegebedürftigkeit nach § 18 zu erlassen. [2]Es kann sich dabei von unabhängigen Sachverständigen beraten lassen.

§ 17 Richtlinien der Pflegekassen

(1) [1]Der Spitzenverband Bund der Pflegekassen erlässt mit dem Ziel, eine einheitliche Rechtsanwendung zu fördern, unter Beteiligung des Medizinischen Dienstes des Spitzenverbandes Bund der Krankenkassen Richtlinien zur näheren Abgrenzung der in § 14 genannten Merkmale der Pflegebedürftigkeit, der Pflegestufen nach § 15 und zum

§ 17 Richtlinien der Pflegekassen

(1) [1]Der Spitzenverband Bund der Pflegekassen erlässt mit dem Ziel, eine einheitliche Rechtsanwendung zu fördern, unter Beteiligung des Medizinischen Dienstes des Spitzenverbandes Bund der Krankenkassen Richtlinien zur pflegefachlichen Konkretisierung der Inhalte des Begutachtungsinstruments nach § 15 sowie zum Verfahren der

Verfahren der Feststellung der Pflegebedürftigkeit. [2]Er hat die Kassenärztliche Bundesvereinigung, die Bundesverbände der Pflegeberufe und der behinderten Menschen, die Bundesarbeitsgemeinschaft der Freien Wohlfahrtspflege, die Bundesarbeitsgemeinschaft der überörtlichen Träger der Sozialhilfe, die kommunalen Spitzenverbände auf Bundesebene, die Bundesverbände privater Alten- und Pflegeheime sowie die Verbände der privaten ambulanten Dienste zu beteiligen. [3]Der Spitzenverband Bund der Pflegekassen erlässt unter Beteiligung des Medizinischen Dienstes des Spitzenverbandes Bund der Krankenkassen Richtlinien zur Anwendung der Härtefallregelungen des § 36 Abs. 4 und des § 43 Abs. 3.

Feststellung der Pflegebedürftigkeit nach § 18 (Begutachtungs-Richtlinien). [2]Er hat dabei die Vereinigungen der Träger der Pflegeeinrichtungen auf Bundesebene, den Verband der privaten Krankenversicherung e. V., die Bundesarbeitsgemeinschaft der überörtlichen Träger der Sozialhilfe, die kommunalen Spitzenverbände auf Bundesebene und die Verbände der Pflegeberufe auf Bundesebene zu beteiligen. [3]Ihnen ist unter Übermittlung der hierfür erforderlichen Informationen innerhalb einer angemessenen Frist vor der Entscheidung Gelegenheit zur Stellungnahme zu geben. [4]Die Stellungnahmen sind in die Entscheidung einzubeziehen. [5]Die maßgeblichen Organisationen für die Wahrnehmung der Interessen und der Selbsthilfe der pflegebedürftigen und behinderten Menschen wirken nach Maßgabe der nach § 118 Absatz 2 erlassenen Verordnung beratend mit. [6]§ 118 Absatz 1 Satz 2 und 3 gilt entsprechend.

(2) [1]Die Richtlinien nach *den Absätzen 1 und 1 a* werden erst wirksam, wenn das Bundesministerium für Gesundheit sie genehmigt. [2]Die Genehmigung gilt als erteilt, wenn die Richtlinien nicht innerhalb eines Monats, nachdem sie dem Bundesministerium für Gesundheit vorgelegt worden sind, beanstandet werden. [3]Beanstandungen des Bundesministeriums für Gesundheit sind innerhalb der von ihm gesetzten Frist zu beheben.

§ 17 a Vorbereitung der Einführung eines neuen Pflegebedürftigkeitsbegriffs[264]

(1) [1]Um die Einführung eines neuen Pflegebedürftigkeitsbegriffs sicherzustellen, hat der Spitzenverband Bund der Pflegekassen unter Beteiligung des Medizinischen Dienstes des Spitzenverbandes Bund der Krankenkassen die Richtlinien zum Verfahren der Feststellung der Pflegebedürftigkeit (Begutachtungsverfahren) nach § 17 in Verbindung mit § 53 a Satz 1 Nummer 2 entsprechend den Maßgaben des Absatzes 2 zu ändern. [2]Er hat die Kassenärztliche Bundesvereinigung, die Bundesverbände der Pflegeberufe, die Bundesarbeitsgemeinschaft der Freien Wohlfahrtspflege, die Bundesarbeitsgemeinschaft der überörtlichen Träger der Sozialhilfe, die kommunalen Spitzenverbände auf Bundesebene, die Bundesverbände privater Alten- und Pflegeheime sowie die Verbände der privaten ambulanten Dienste zu beteiligen. [3]Die auf Bundesebene maßgeblichen Organisationen für die Wahrnehmung der Interessen und der Selbsthilfe der pflegebedürftigen und behinderten Menschen wirken nach Maßgabe der nach § 118 Absatz 2 erlassenen Verordnung beratend mit. [4]§ 118 Absatz 1 Satz 2 und 3 gilt entsprechend. [5]Die geänderten Richtlinien sind dem Bundesministerium für Gesundheit innerhalb von neun Monaten ab dem 25. Juli 2015 zur Genehmigung vorzulegen.

(2) [1]Mit dem Begutachtungsverfahren ist festzustellen, ob die Voraussetzungen der Pflegebedürftigkeit nach dem neuen Pflegebedürftigkeitsbegriff erfüllt sind und welcher Pflegegrad vorliegt. [2]Bei der Abstufung der Pflegegrade sind Beeinträchtigungen und Fähigkeitsstörungen in den Bereichen Mobilität, kognitive und kommunikative Fähigkeiten, Verhaltensweisen und psychische Problemlagen, Selbstversorgung, Umgang mit krankheits- und therapiebedingten Anforderungen und Belastungen, Gestaltung des Alltagslebens und sozialer Kontakte zu berücksichtigen. [3]Das Begutachtungsverfahren muss die Zuordnung der Pflegebedürftigen zu einem der folgenden fünf Pflegegrade ermöglichen:

1. geringe Beeinträchtigung der Selbständigkeit,
2. erhebliche Beeinträchtigung der Selbständigkeit,
3. schwere Beeinträchtigung der Selbständigkeit,
4. schwerste Beeinträchtigung der Selbständigkeit oder
5. schwerste Beeinträchtigung der Selbständigkeit mit besonderen Anforderungen an die pflegerische Versorgung.

264 § 17 a wird mit Wirkung vom 1.1.2017 aufgehoben, Art. 2 Nr. 1 b PSG II.

[4]Im Begutachtungsverfahren sind darüber hinaus die Beeinträchtigungen der Selbständigkeit in den Bereichen außerhäusliche Aktivitäten und Haushaltsführung festzustellen, um eine umfassende Beratung und Pflege- und Hilfeplanung zu ermöglichen.

(3) [1]Das Bundesministerium für Gesundheit legt im Einvernehmen mit dem Bundesministerium für Arbeit und Soziales und dem Bundesministerium für Familie, Senioren, Frauen und Jugend unter Beteiligung des Spitzenverbandes Bund der Pflegekassen unverzüglich in einem Zeitplan Zielvorgaben für die Änderung der Richtlinien zum Begutachtungsverfahren fest. [2]Der Zeitplan kann vom Bundesministerium für Gesundheit nur im Einvernehmen mit dem Bundesministerium für Arbeit und Soziales und dem Bundesministerium für Familie, Senioren, Frauen und Jugend unter Beteiligung des Spitzenverbandes Bund der Pflegekassen geändert werden. [3]Der Spitzenverband Bund der Pflegekassen ist verpflichtet, dem Bundesministerium für Gesundheit auf Verlangen unverzüglich Auskunft insbesondere über den Bearbeitungsstand der Richtlinien zum Begutachtungsverfahren sowie über Problembereiche und mögliche Lösungen zu erteilen.

(4) [1]*Eine Genehmigung des Bundesministeriums für Gesundheit nach Absatz 1 wird frühestens am 1. Januar 2017 wirksam.* [2]*Die Genehmigung gilt als erteilt, wenn die Richtlinien nicht innerhalb von zwei Monaten, nachdem sie dem Bundesministerium für Gesundheit vorgelegt worden sind, beanstandet werden.* [3]§ 17 Absatz 2 Satz 3 gilt entsprechend. [4]Die Nichtbeanstandung der Richtlinien zum Begutachtungsverfahren kann vom Bundesministerium für Gesundheit mit Auflagen verbunden werden. [5]Das Bundesministerium für Gesundheit kann zur Erfüllung dieser Auflagen eine angemessene Frist setzen.

(5) [1]Wird eine Zielvorgabe des Zeitplanes nach Absatz 3 Satz 1 nicht fristgerecht erreicht und ist deshalb die fristgerechte Änderung der Richtlinien zum Begutachtungsverfahren gefährdet oder werden Beanstandungen des Bundesministeriums für Gesundheit nicht innerhalb der von ihm gesetzten Frist behoben, kann das Bundesministerium für Gesundheit die Richtlinien zum Begutachtungsverfahren selbst erlassen. [2]Das Bundesministerium für Gesundheit kann sich bei der Erarbeitung der Richtlinien zum Begutachtungsverfahren von unabhängigen Sachverständigen beraten lassen. [3]Die vom Bundesministerium für Gesundheit erlassenen Richtlinien zum Begutachtungsverfahren sind im Bundesanzeiger und die tragenden Gründe im Internet bekanntzumachen. [4]Die Bekanntmachung der Richtlinien muss auch einen Hinweis auf die Fundstelle der Veröffentlichung der tragenden Gründe im Internet enthalten.

(6) Die Richtlinien zum Begutachtungsverfahren sind für die Medizinischen Dienste der Krankenversicherung verbindlich.

[Ab 1.1.2017: § 17 a (aufgehoben)]

§ 18 Verfahren zur Feststellung der Pflegebedürftigkeit

(1) [1]Die Pflegekassen beauftragen den Medizinischen Dienst der Krankenversicherung oder andere unabhängige Gutachter mit der Prüfung, ob die Voraussetzungen der Pflegebedürftigkeit erfüllt sind und [bis 31.12.2016: welche Stufe der Pflegebedürftigkeit] [ab 1.1.2017: welcher Pflegegrad] vorliegt. [Bis 31.12.2016: [2]Im Rahmen dieser Prüfungen haben der Medizinische Dienst oder die von der Pflegekasse beauftragten Gutachter durch eine Untersuchung des Antragstellers die Einschränkungen bei den Verrichtungen im Sinne des § 14 Abs. 4 festzustellen sowie Art, Umfang und voraussichtliche Dauer der Hilfebedürftigkeit und das Vorliegen einer erheblich eingeschränkten Alltagskompetenz nach § 45 a zu ermitteln. [3]*Eine Prüfung, ob eine erheblich eingeschränkte Alltagskompetenz nach § 45 a vorliegt, erfolgt auch bei Versicherten, die in stationären Pflegeeinrichtungen versorgt werden.*] [Ab 1.1.2017: [2]Im Rahmen dieser Prüfungen haben der Medizinische Dienst oder die von der Pflegekasse beauftragten Gutachter durch eine Untersuchung des Antragstellers die Beeinträchtigungen der Selbständigkeit oder der Fähigkeiten bei den in § 14 Absatz 2 genannten Kriterien nach Maßgabe des § 15 sowie die voraussichtliche Dauer der Pflegebedürftigkeit zu ermitteln.] [4[3]]Darüber hinaus sind auch Feststellungen darüber zu treffen, ob und in welchem Umfang Maßnahmen zur Beseitigung, Minderung oder Verhütung einer Verschlimmerung der Pflegebedürftigkeit einschließlich der Leistungen zur medizinischen Rehabilitation geeignet, notwendig und zumutbar sind; insoweit haben Versicherte einen Anspruch gegen den zuständigen Träger auf Leistungen zur medizinischen Rehabilitation. [5[4]]Jede Feststellung hat zudem eine Aussage darüber zu treffen, ob Beratungsbedarf insbesondere in der häuslichen Umgebung oder in der Einrichtung, in der der Anspruchsberechtigte lebt, hinsichtlich Leistungen zur verhaltensbezogenen Prävention nach § 20 Absatz 5 des Fünften Buches besteht.

(2) [1]Der Medizinische Dienst oder die von der Pflegekasse beauftragten Gutachter haben den Versicherten in seinem Wohnbereich zu untersuchen. [2]Erteilt der Versicherte dazu nicht sein Einverständnis, kann die Pflegekasse die beantragten Leistungen verweigern. [3]Die §§ 65, 66 des Ersten Buches bleiben unberührt. [4]Die Untersuchung im Wohnbereich des Pflegebedürftigen kann ausnahmsweise unterbleiben, wenn auf Grund einer eindeutigen Aktenlage das Ergebnis der medizinischen Untersuchung bereits feststeht. [5]Die Untersuchung ist in angemessenen Zeitabständen zu wiederholen.

(2 a) [1]Bei pflegebedürftigen Versicherten werden vom 1. Juli 2016 bis zum 31. Dezember 2016 keine Wiederholungsbegutachtungen nach Absatz 2 Satz 5 durchgeführt, auch dann nicht, wenn die Wiederholungsbegutachtung vor diesem Zeitpunkt vom Medizinischen Dienst der Krankenversicherung oder anderen unabhängigen Gutachtern empfohlen wurde. [2]Abweichend von Satz 1 können Wiederholungsbegutachtungen durchgeführt werden, wenn eine Verringerung des Hilfebedarfs, insbesondere aufgrund von durchgeführten Operationen oder Rehabilitationsmaßnahmen, zu erwarten ist.

(2 b) [1]Die Frist nach Absatz 3 Satz 2 ist vom 1. November 2016 bis zum 31. Dezember 2016 unbeachtlich. [2]Abweichend davon ist einem Antragsteller, der ab dem 1. November 2016 einen Antrag auf Leistungen der Pflegeversicherung stellt und bei dem ein besonders dringlicher Entscheidungsbedarf vorliegt, spätestens 25 Arbeitstage nach Eingang des Antrags bei der zuständigen Pflegekasse die Entscheidung der Pflegekasse schriftlich mitzuteilen. [3]Der Spitzenverband Bund der Pflegekassen entwickelt bundesweit einheitliche Kriterien für das [4]Vorliegen, die Gewichtung und die Feststellung eines besonders dringlichen Entscheidungsbedarfs. [5]Die Pflegekassen und die privaten Versicherungsunternehmen berichten in der nach Absatz 3 b Satz 4 zu veröffentlichenden Statistik auch über die Anwendung der Kriterien zum Vorliegen und zur Feststellung eines besonders dringlichen Entscheidungsbedarfs.

(2 c) Abweichend von Absatz 3 a Satz 1 Nummer 2 ist die Pflegekasse vom 1. November 2016 bis zum 31. Dezember 2016 nur bei Vorliegen eines besonders dringlichen Entscheidungsbedarfs gemäß Absatz 2 b dazu verpflichtet, dem Antragsteller mindestens drei unabhängige Gutachter zur Auswahl zu benennen, wenn innerhalb von 20 Arbeitstagen nach Antragstellung keine Begutachtung erfolgt ist.

(3) [1]Die Pflegekasse leitet die Anträge zur Feststellung von Pflegebedürftigkeit unverzüglich an den Medizinischen Dienst der Krankenversicherung oder die von der Pflegekasse beauftragten Gutachter weiter. [2]Dem Antragsteller ist spätestens 25 *Arbeitstage* nach Eingang des Antrags bei der zuständigen Pflegekasse die Entscheidung der Pflegekasse schriftlich mitzuteilen. [3]Befindet sich der Antragsteller im Krankenhaus oder in einer stationären Rehabilitationseinrichtung und

1. liegen Hinweise vor, dass zur Sicherstellung der ambulanten oder stationären Weiterversorgung und Betreuung eine Begutachtung in der Einrichtung erforderlich ist, oder
2. wurde die Inanspruchnahme von Pflegezeit nach dem Pflegezeitgesetz gegenüber dem Arbeitgeber der pflegenden Person angekündigt oder
3. wurde mit dem Arbeitgeber der pflegenden Person eine Familienpflegezeit nach § 2 Absatz 1 des Familienpflegezeitgesetzes vereinbart,

ist die Begutachtung dort unverzüglich, spätestens innerhalb einer Woche nach Eingang des Antrags bei der zuständigen Pflegekasse durchzuführen; die Frist kann durch regionale Vereinbarungen verkürzt werden. [4]Die verkürzte Begutachtungsfrist gilt auch dann, wenn der Antragsteller sich in einem Hospiz befindet oder ambulant palliativ versorgt wird. [5]Befindet sich der Antragsteller in häuslicher Umgebung, ohne palliativ versorgt zu werden, und wurde die Inanspruchnahme von Pflegezeit nach dem Pflegezeitgesetz gegenüber dem Arbeitgeber der pflegenden Person angekündigt oder mit dem Arbeitgeber der pflegenden Person eine Familienpflegezeit nach § 2 Absatz 1 des Familienpflegezeitgesetzes vereinbart, ist eine Begutachtung durch den Medizinischen Dienst der Krankenversicherung oder die von der Pflegekasse beauftragten Gutachter spätestens innerhalb von zwei Wochen nach Eingang des Antrags bei der zuständigen Pflegekasse durchzuführen und der Antragsteller seitens des Medizinischen Dienstes oder der von der Pflegekasse beauftragten Gutachter unverzüglich schriftlich darüber zu informieren, welche Empfehlung der Medizinische Dienst oder die von der Pflegekasse beauftragten Gutachter an die Pflegekasse weiterleiten. [6]In den Fällen der Sätze 3 bis 5 muss die Empfehlung nur die Feststellung beinhalten, ob Pflegebedürftigkeit im Sinne der §§ 14 und 15 vorliegt. [7]Die Entscheidung der Pflegekasse ist dem Antragsteller unverzüglich nach Eingang der Empfehlung des Medizinischen Dienstes oder der beauftragten Gutachter bei der Pflegekasse schriftlich mitzuteilen. [Bis 31.12.2016: [8]Der Antragsteller hat ein Recht darauf, dass mit dem Bescheid das Gutachten übermittelt wird. [9]Bei der Begutachtung ist zu erfassen, ob der Antragsteller von diesem Recht Gebrauch machen will.] [Ab 1.1.2017: [8]Der Antragsteller ist bei der Begutachtung auf die maßgebliche Bedeutung des Gutachtens insbesondere für eine umfassende Beratung, das Erstellen eines individuellen Versorgungsplans nach § 7 a, das Versorgungsmanagement nach § 11 Absatz 4 des Fünften Buches und für die Pflegeplanung hinzuweisen. [9]Das Gutachten wird dem Antragsteller durch die Pflegekasse übersandt, sofern er der Übersendung nicht widerspricht. [10]Das Ergebnis des Gutachtens ist transparent darzustellen und dem Antragsteller verständlich zu erläutern. [11]Der Spitzenverband Bund der Pflegekassen konkretisiert in den Richtlinien nach § 17 Absatz 1 die Anforderungen an eine transparente Darstellungsweise und verständliche Erläuterung des Gutachtens.] [10[12]]Der Antragsteller kann die Übermittlung des Gutachtens auch zu einem späteren Zeitpunkt verlangen.

(3 a) [1]Die Pflegekasse ist verpflichtet, dem Antragsteller mindestens drei unabhängige Gutachter zur Auswahl zu benennen,

1. soweit nach Absatz 1 unabhängige Gutachter mit der Prüfung beauftragt werden sollen oder
2. wenn innerhalb von *20 Arbeitstagen* ab Antragstellung keine Begutachtung erfolgt ist.

[2]Auf die Qualifikation und Unabhängigkeit des Gutachters ist der Versicherte hinzuweisen. [3]Hat sich der Antragsteller für einen benannten Gutachter entschieden, wird dem Wunsch Rechnung getragen. [4]Der Antragsteller hat der Pflegekasse seine Entscheidung innerhalb einer Woche ab Kenntnis der Namen der Gutachter mitzuteilen, ansonsten kann die Pflegekasse einen Gutachter aus der übersandten Liste beauftragen. [5]Die Gutachter sind bei der Wahrnehmung ihrer Aufgaben nur ihrem Gewissen unterworfen. [6]Satz 1 Nummer 2 gilt nicht, wenn die Pflegekasse die Verzögerung nicht zu vertreten hat.

(3 b) [1]Erteilt die Pflegekasse den schriftlichen Bescheid über den Antrag nicht innerhalb von *25 Arbeitstagen* nach Eingang des Antrags oder wird eine der in Absatz 3 genannten verkürzten Begutachtungsfristen nicht eingehalten, hat die Pflegekasse nach Fristablauf für jede begonnene Woche der Fristüberschreitung unverzüglich 70 Euro an den Antragsteller zu zahlen. [2]Dies gilt nicht, wenn die Pflegekasse die Verzögerung nicht zu vertreten hat oder wenn sich der Antragsteller in [bis 31.12.2016: stationärer] [ab 1.1.2017: vollstationärer] Pflege befindet und bereits [bis 31.12.2016: als mindestens erheblich pflegebedürftig (mindestens Pflegestufe I) anerkannt] [ab 1.1.2017: bei ihm mindestens erhebliche Beeinträchtigungen der Selbständigkeit oder der Fähigkeiten (mindestens Pflegegrad 2) festgestellt] ist. [3]Entsprechendes gilt für die privaten Versicherungsunternehmen, die die private Pflege-Pflichtversicherung durchführen. [4]Die Träger der Pflegeversicherung und die privaten Versicherungsunternehmen veröffentlichen jährlich jeweils bis zum 31. März des dem Berichtsjahr folgenden Jahres eine Statistik über die Einhaltung der Fristen nach Absatz 3. [5]Die Sätze 1 bis 3 finden vom 1. Januar 2017 bis 31. Dezember 2017 keine Anwendung.

(4) [1]Der Medizinische Dienst oder die von der Pflegekasse beauftragten Gutachter sollen, soweit der Versicherte einwilligt, die behandelnden Ärzte des Versicherten, insbesondere die Hausärzte, in die Begutachtung einbeziehen und ärztliche Auskünfte und Unterlagen über die für die Begutachtung der Pflegebedürftigkeit wichtigen Vorerkrankungen sowie Art, Umfang und Dauer der Hilfebedürftigkeit einholen. [2]Mit Einverständnis des Versicherten sollen auch pflegende Angehörige oder sonstige Personen oder Dienste, die an der Pflege des Versicherten beteiligt sind, befragt werden.

(5) [1]Die Pflege- und Krankenkassen sowie die Leistungserbringer sind verpflichtet, dem Medizinischen Dienst oder den von der Pflegekasse beauftragten Gutachtern die für die Begutachtung erforderlichen Unterlagen vorzulegen und Auskünfte zu erteilen. [2]§ 276 Abs. 1 Satz 2 und 3 des Fünften Buches gilt entsprechend.

(5 a) [1]Bei der Begutachtung sind darüber hinaus die Beeinträchtigungen der Selbständigkeit oder der Fähigkeiten in den Bereichen außerhäusliche Aktivitäten und Haushaltsführung festzustellen. [2]Mit diesen Informationen sollen eine umfassende Beratung und das Erstellen eines individuellen Versorgungsplans nach § 7 a, das Versorgungsmanagement nach § 11 Absatz 4 des Fünften Buches und eine individuelle Pflegeplanung sowie eine sachgerechte Erbringung von Hilfen bei der Haushaltsführung ermöglicht werden. [3]Hierbei ist im Einzelnen auf die nachfolgenden Kriterien abzustellen:

1. außerhäusliche Aktivitäten: Verlassen des Bereichs der Wohnung oder der Einrichtung, Fortbewegen außerhalb der Wohnung oder der Einrichtung, Nutzung öffentlicher Verkehrsmittel im Nahverkehr, Mitfahren in einem Kraftfahrzeug, Teilnahme an kulturellen, religiösen oder sportlichen Veranstaltungen, Besuch von Schule, Kindergarten, Arbeitsplatz, einer Werkstatt für behinderte Menschen oder Besuch einer Einrichtung der Tages- oder Nachtpflege oder eines Tagesbetreuungsangebotes, Teilnahme an sonstigen Aktivitäten mit anderen Menschen;
2. Haushaltsführung: Einkaufen für den täglichen Bedarf, Zubereitung einfacher Mahlzeiten, einfache Aufräum- und Reinigungsarbeiten, aufwändige Aufräum- und Reinigungsarbeiten einschließlich Wäschepflege, Nutzung von Dienstleistungen, Umgang mit finanziellen Angelegenheiten, Umgang mit Behördenangelegenheiten.

[4]Der Spitzenverband Bund der Pflegekassen wird ermächtigt, in den Richtlinien nach § 17 Absatz 1 die in Satz 3 genannten Kriterien pflegefachlich unter Berücksichtigung der Ziele nach Satz 2 zu konkretisieren.

(6) [1]Der Medizinische Dienst der Krankenversicherung oder die von der Pflegekasse beauftragten Gutachter haben der Pflegekasse das Ergebnis seiner oder ihrer Prüfung zur Feststellung der Pflegebedürftigkeit unverzüglich zu übermitteln. [2]In seiner oder ihrer Stellungnahme haben der Medizinische Dienst oder die von der Pflegekasse beauftragten Gutachter auch das Ergebnis der Prüfung, ob und gegebenenfalls welche Maßnahmen der Prävention und der medizinischen Rehabilitation geeignet, notwendig und zumutbar sind, mitzuteilen und Art und Umfang von Pflegeleistungen sowie einen individuellen Pflegeplan zu empfehlen. [3]Die Feststellungen zur Prävention und zur medizinischen Rehabilitation sind durch den Medizinischen Dienst oder die von der Pflegekasse beauftragten Gutachter *auf der Grundlage eines bundeseinheitlichen, strukturierten Verfahrens zu treffen und* in einer gesonderten Präventions- und Rehabilitationsempfehlung zu dokumentieren. [4]Beantragt der Pflegebedürftige Pflegegeld, hat sich die Stellungnahme auch darauf zu erstrecken, ob die häusliche Pflege in geeigneter Weise sichergestellt ist.

(6 a) [1]Der Medizinische Dienst der Krankenversicherung oder die von der Pflegekasse beauftragten Gutachter haben gegenüber der Pflegekasse in ihrem Gutachten zur Feststellung der Pflegebedürftigkeit konkrete Empfehlungen zur Hilfsmittel- und Pflegehilfsmittelversorgung abzugeben. [2]Die Empfehlungen gelten hinsichtlich Hilfsmitteln und Pflegehilfsmitteln, die den Zielen von § 40 dienen, jeweils als Antrag auf Leistungsgewährung, sofern der Versicherte zustimmt. [3]Die Zustimmung erfolgt gegenüber dem Gutachter im Rahmen der Begutachtung und wird im Begutachtungsformular schriftlich dokumentiert. [4]Bezüglich der empfohlenen Pflegehilfsmittel wird die Notwendigkeit der Versorgung nach § 40 Absatz 1 Satz 2 vermutet. [5]Bis zum 31. Dezember 2020 wird auch die Erforderlichkeit der empfohlenen Hilfsmittel, die den Zielen von § 40 dienen, nach § 33 Absatz 1 des Fünften Buches vermutet; insofern bedarf es keiner ärztlichen Verordnung gemäß § 33 Absatz 5 a des Fünften Buches. [6]Welche Hilfsmittel und Pflegehilfsmittel im Sinne von Satz 2 den Zielen von § 40 dienen, wird in den Begutachtungs-Richtlinien nach § 17 konkretisiert. [7]Dabei ist auch die Richtlinie des Gemeinsamen Bundesausschusses nach § 92 Absatz 1 des Fünften Buches über die Verordnung von Hilfsmitteln zu berücksichtigen. [8]Die Pflegekasse übermittelt dem Antragsteller unverzüglich die Entscheidung über die empfohlenen Hilfsmittel und Pflegehilfsmittel.

(7) [1]Die Aufgaben des Medizinischen Dienstes werden durch Ärzte in enger Zusammenarbeit mit Pflegefachkräften und anderen geeigneten Fachkräften wahrgenommen. [2]Die Prüfung der Pflegebedürftigkeit von Kindern ist in der Regel durch besonders geschulte Gutachter mit einer Qualifikation als Gesundheits- und Kinderkrankenpflegerin oder Gesundheits- und Kinderkrankenpfleger oder als Kinderärztin oder Kinderarzt vorzunehmen. [3]Der Medizinische Dienst ist befugt, den Pflegefachkräften oder sonstigen geeigneten Fachkräften, die nicht dem Medizinischen Dienst angehören, die für deren jeweilige Beteiligung erforderlichen personenbezogenen Daten zu übermitteln. [4]Für andere unabhängige Gutachter gelten die Sätze 1 bis 3 entsprechend.

§ 18 a Weiterleitung der Rehabilitationsempfehlung, Berichtspflichten

(1) [1]Spätestens mit der Mitteilung der Entscheidung über die Pflegebedürftigkeit leitet die Pflegekasse dem Antragsteller die gesonderte Präventions- und Rehabilitationsempfehlung des Medizinischen Dienstes oder der von der Pflegekasse beauftragten Gutachter zu und nimmt umfassend und begründet dazu Stellung, inwieweit auf der Grundlage der Empfehlung die Durchführung einer Maßnahme zur Prävention oder zur medizinischen Rehabilitation angezeigt ist. [2]Die Pflegekasse hat den Antragsteller zusätzlich darüber zu informieren, dass mit der Zuleitung einer Mitteilung über den Rehabilitationsbedarf an den zuständigen Rehabilitationsträger ein Antragsverfahren auf Leistungen zur medizinischen Rehabilitation entsprechend den Vorschriften des Neunten Buches ausgelöst wird, sofern der Antragsteller in dieses Verfahren einwilligt.

(2) [1]Die Pflegekassen berichten für die Geschäftsjahre 2013 bis *2018* jährlich über *die Anwendung eines bundeseinheitlichen, strukturierten Verfahrens zur Erkennung rehabilitativer Bedarfe in der Pflegebegutachtung und* die Erfahrungen mit der Umsetzung der Empfehlungen der Medizinischen Dienste der Krankenversicherung oder der beauftragten Gutachter zur medizinischen Rehabilitation. [2]Hierzu wird insbesondere Folgendes gemeldet:

1. die Anzahl der Empfehlungen der Medizinischen Dienste der Krankenversicherung und der beauftragten Gutachter für Leistungen der medizinischen Rehabilitation im Rahmen der Begutachtung zur Feststellung der Pflegebedürftigkeit,
2. die Anzahl der Anträge an den zuständigen Rehabilitationsträger gemäß § 31 Absatz 3 in Verbindung mit § 14 des Neunten Buches,
3. die Anzahl der genehmigten und die Anzahl der abgelehnten Leistungsentscheidungen der zuständigen Rehabilitationsträger einschließlich der Gründe für Ablehnungen sowie die Anzahl der Widersprüche und
4. die Anzahl der durchgeführten medizinischen Rehabilitationsmaßnahmen.

[3]Die Meldung durch die Pflegekassen erfolgt bis zum 31. März des dem Berichtsjahr folgenden Jahres an den Spitzenverband Bund der Pflegekassen. [4]Näheres über das Meldeverfahren und die Inhalte entwickelt der Spitzenverband Bund der Pflegekassen im Einvernehmen mit dem Bundesministerium für Gesundheit.

(3) [1]Der Spitzenverband Bund der Pflegekassen bereitet die Daten auf und leitet die aufbereiteten und auf Plausibilität geprüften Daten bis zum 30. Juni des dem Berichtsjahr folgenden Jahres dem Bundesministerium für Gesundheit zu. [2]Der Verband hat die aufbereiteten Daten der landesunmittelbaren Versicherungsträger auch den für die Sozialversicherung zuständigen obersten Verwaltungsbehörden der Länder oder den von diesen bestimmten Stellen auf Verlangen zuzuleiten. [3]Der Spitzenverband Bund der Pflegekassen veröffentlicht auf Basis der gemeldeten Daten sowie sonstiger Erkenntnisse jährlich einen Bericht bis zum 1. September des dem Berichtsjahr folgenden Jahres.

§ 18 b Dienstleistungsorientierung im Begutachtungsverfahren

(1) [1]Der Spitzenverband Bund der Pflegekassen erlässt mit dem Ziel, die Dienstleistungsorientierung für die Versicherten im Begutachtungsverfahren zu stärken, bis zum 31. März 2013 für alle Medizinischen Dienste verbindliche Richtlinien. [2]Der Medizinische Dienst des Spitzenverbandes Bund der Krankenkassen und die für die Wahrnehmung der Interessen und der Selbsthilfe der pflegebedürftigen und behinderten Menschen auf Bundesebene maßgeblichen Organisationen sind zu beteiligen.

(2) Die Richtlinien regeln insbesondere

1. allgemeine Verhaltensgrundsätze für alle unter der Verantwortung der Medizinischen Dienste am Begutachtungsverfahren Beteiligten,
2. die Pflicht der Medizinischen Dienste zur individuellen und umfassenden Information des Versicherten über das Begutachtungsverfahren, insbesondere über den Ablauf, die Rechtsgrundlagen und Beschwerdemöglichkeiten,
3. die regelhafte Durchführung von Versichertenbefragungen und
4. ein einheitliches Verfahren zum Umgang mit Beschwerden, die das Verhalten der Mitarbeiter der Medizinischen Dienste oder das Verfahren bei der Begutachtung betreffen.

(3) [1]Die Richtlinien werden erst wirksam, wenn das Bundesministerium für Gesundheit sie genehmigt. [2]Die Genehmigung gilt als erteilt, wenn die Richtlinien nicht innerhalb eines Monats, nachdem sie dem Bundesministerium für Gesundheit vorgelegt worden sind, beanstandet werden. [3]Beanstandungen des Bundesministeriums für Gesundheit sind innerhalb der von ihm gesetzten Frist zu beheben.

§ 18 c Fachliche und wissenschaftliche Begleitung der Umstellung des Verfahrens zur Feststellung der Pflegebedürftigkeit

(1) [1]Das Bundesministerium für Gesundheit richtet im Benehmen mit dem Bundesministerium für Arbeit und Soziales und dem Bundesministerium für Familie, Senioren, Frauen und Jugend ein Begleitgremium ein, das die Vorbereitung der Umstellung des Verfahrens zur Feststellung der Pflegebedürftigkeit nach den §§ 14, 15 und 18 Absatz 5 a in der ab dem 1. Januar 2017 geltenden Fassung mit pflegefachlicher und wissenschaftlicher Kompetenz unterstützt. [2]Aufgabe des Begleitgremiums ist, das Bundesministerium für Gesundheit bei der Klärung fachlicher Fragen zu beraten und den Spitzenverband Bund der Pflegekassen, den Medizinischen Dienst des Spitzenverbandes Bund der Krankenkassen sowie die Vereinigungen der Träger der Pflegeeinrichtungen auf Bundesebene bei der Vorbereitung der Umstellung zu unterstützen. [3]Dem Begleitgremium wird ab dem 1. Januar 2017 zusätzlich die Aufga-

be übertragen, das Bundesministerium für Gesundheit bei der Klärung fachlicher Fragen zu beraten, die nach der Umstellung im Zuge der Umsetzung auftreten.

(2) [1]Das Bundesministerium für Gesundheit beauftragt eine begleitende wissenschaftliche Evaluation insbesondere zu Maßnahmen und Ergebnissen der Vorbereitung und der Umsetzung der Umstellung des Verfahrens zur Feststellung der Pflegebedürftigkeit nach den §§ 14, 15 und 18 Absatz 5 a in der ab dem 1. Januar 2017 geltenden Fassung. [2]Die Auftragserteilung erfolgt im Benehmen mit dem Bundesministerium für Arbeit und Soziales, soweit Auswirkungen auf andere Sozialleistungssysteme aus dem Zuständigkeitsbereich des Bundesministeriums für Arbeit und Soziales untersucht werden. Im Rahmen der Evaluation sind insbesondere Erfahrungen und Auswirkungen hinsichtlich der folgenden Aspekte zu untersuchen:

1. *Leistungsentscheidungsverfahren und Leistungsentscheidungen bei Pflegekassen und Medizinischen Diensten, beispielsweise Bearbeitungsfristen und Übermittlung von Ergebnissen;*
2. *Umsetzung der Übergangsregelungen im Begutachtungsverfahren;*
3. *Leistungsentscheidungsverfahren und Leistungsentscheidungen anderer Sozialleistungsträger, soweit diese pflegebedürftige Personen betreffen;*
4. *Umgang mit dem neuen Begutachtungsinstrument bei pflegebedürftigen Antragstellern, beispielsweise Antragsverhalten und Informationsstand;*
5. *Entwicklung der ambulanten Pflegevergütungen und der stationären Pflegesätze einschließlich der einrichtungseinheitlichen Eigenanteile;*
6. *Entwicklungen in den vertraglichen Grundlagen, in der Pflegeplanung, den pflegefachlichen Konzeptionen und in der konkreten Versorgungssituation in der ambulanten und in der stationären Pflege unter Berücksichtigung unterschiedlicher Gruppen von Pflegebedürftigen und Versorgungskonstellationen einschließlich derjenigen von pflegebedürftigen Personen, die im Rahmen der Eingliederungshilfe für behinderte Menschen versorgt werden.*

[3]Ein Bericht über die Ergebnisse der Evaluation ist bis zum 1. Januar 2020 zu veröffentlichen. [4]Dem Bundesministerium für Gesundheit sind auf Verlangen Zwischenberichte vorzulegen.

§ 19 Begriff der Pflegepersonen

[1]Pflegepersonen im Sinne dieses Buches sind Personen, die nicht erwerbsmäßig einen Pflegebedürftigen im Sinne des § 14 in seiner häuslichen Umgebung pflegen. [2]Leistungen zur sozialen Sicherung nach § 44 erhält eine Pflegeperson nur dann, wenn sie eine oder mehrere pflegebedürftige Personen wenigstens [bis 31.12.2016: 14 Stunden wöchentlich] [ab 1.1.2017: zehn Stunden wöchentlich, verteilt auf regelmäßig mindestens zwei Tage in der Woche,] pflegt.

Drittes Kapitel Versicherungspflichtiger Personenkreis

§ 20 Versicherungspflicht in der sozialen Pflegeversicherung für Mitglieder der gesetzlichen Krankenversicherung

(1) [1]Versicherungspflichtig in der sozialen Pflegeversicherung sind die versicherungspflichtigen Mitglieder der gesetzlichen Krankenversicherung. [2]Dies sind:

1. Arbeiter, Angestellte und zu ihrer Berufsausbildung Beschäftigte, die gegen Arbeitsentgelt beschäftigt sind; für die Zeit des Bezugs von Kurzarbeitergeld nach dem Dritten Buch bleibt die Versicherungspflicht unberührt,
2. Personen in der Zeit, für die sie Arbeitslosengeld nach dem Dritten Buch beziehen, auch wenn die Entscheidung, die zum Bezug der Leistung geführt hat, rückwirkend aufgehoben oder die Leistung zurückgefordert oder zurückgezahlt worden ist; ab Beginn des zweiten Monats bis zur zwölften Woche einer Sperrzeit (§ 159 des Dritten Buches) oder ab Beginn des zweiten Monats der Ruhenszeit wegen einer Urlaubsabgeltung (§ 157 Absatz 2 des Dritten Buches) gelten die Leistungen als bezogen,

2a. Personen in der Zeit, für die sie Arbeitslosengeld II nach dem Zweiten Buch beziehen, auch wenn die Entscheidung, die zum Bezug der Leistung geführt hat, rückwirkend aufgehoben oder die Leistung zurückgefordert oder zurückgezahlt worden ist, es sei denn, dass diese Leistung nur darlehensweise gewährt wird oder nur Leistungen nach § 24 Absatz 3 Satz 1 des Zweiten Buches bezogen werden,

3. Landwirte, ihre mitarbeitenden Familienangehörigen und Altenteiler, die nach § 2 des Zweiten Gesetzes über die Krankenversicherung der Landwirte versicherungspflichtig sind,
4. selbständige Künstler und Publizisten nach näherer Bestimmung des Künstlersozialversicherungsgesetzes,
5. Personen, die in Einrichtungen der Jugendhilfe, in Berufsbildungswerken oder in ähnlichen Einrichtungen für behinderte Menschen für eine Erwerbstätigkeit befähigt werden sollen,
6. Teilnehmer an Leistungen zur Teilhabe am Arbeitsleben sowie an Berufsfindung oder Arbeitserprobung, es sei denn, die Leistungen werden nach den Vorschriften des Bundesversorgungsgesetzes erbracht,
7. Behinderte Menschen, die in anerkannten Werkstätten für Behinderte Menschen oder in Blindenwerkstätten im Sinne des § 143 des Neunten Buches oder für diese Einrichtungen in Heimarbeit tätig sind,
8. Behinderte Menschen, die in Anstalten, Heimen oder gleichartigen Einrichtungen in gewisser Regelmäßigkeit eine Leistung erbringen, die einem Fünftel der Leistung eines voll erwerbsfähigen Beschäftigten in gleichartiger Beschäftigung entspricht; hierzu zählen auch Dienstleistungen für den Träger der Einrichtung,
9. Studenten, die an staatlichen oder staatlich anerkannten Hochschulen eingeschrieben sind, soweit sie nach § 5 Abs. 1 Nr. 9 des Fünften Buches der Krankenversicherungspflicht unterliegen,
10. Personen, die zu ihrer Berufsausbildung ohne Arbeitsentgelt beschäftigt sind oder die eine Fachschule oder Berufsfachschule besuchen oder eine in Studien- oder Prüfungsordnungen vorgeschriebene berufspraktische Tätigkeit ohne Arbeitsentgelt verrichten (Praktikanten); Auszubildende des Zweiten Bildungsweges, die sich in einem nach dem Bundesausbildungsförderungsgesetz förderungsfähigen Teil eines Ausbildungsabschnittes befinden, sind Praktikanten gleichgestellt,
11. Personen, die die Voraussetzungen für den Anspruch auf eine Rente aus der gesetzlichen Rentenversicherung erfüllen und diese Rente beantragt haben, soweit sie nach § 5 Abs. 1 Nr. 11, 11 a oder 12 des Fünften Buches der Krankenversicherungspflicht unterliegen,
12. Personen, die, weil sie bisher keinen Anspruch auf Absicherung im Krankheitsfall hatten, nach § 5 Abs. 1 Nr. 13 des Fünften Buches oder nach § 2 Abs. 1 Nr. 7 des Zweiten Gesetzes über die Krankenversicherung der Landwirte der Krankenversicherungspflicht unterliegen.

(2) [1]Als gegen Arbeitsentgelt beschäftigte Arbeiter und Angestellte im Sinne des Absatzes 1 Nr. 1 gelten Bezieher von Vorruhestandsgeld, wenn sie unmittelbar vor Bezug des Vorruhestandsgeldes versicherungspflichtig waren und das Vorruhestandsgeld mindestens in Höhe von 65 vom Hundert des Bruttoarbeitsentgelts im Sinne des § 3 Abs. 2 des Vorruhestandsgesetzes gezahlt wird. [2]Satz 1 gilt nicht für Personen, die im Ausland ihren Wohnsitz oder gewöhnlichen Aufenthalt in einem Staat haben, mit dem für Arbeitnehmer mit Wohnsitz oder gewöhnlichem Aufenthalt in diesem Staat keine über- oder zwischenstaatlichen Regelungen über Sachleistungen bei Krankheit bestehen.

(2 a) Als zu ihrer Berufsausbildung Beschäftigte im Sinne des Absatzes 1 Satz 2 Nr. 1 gelten Personen, die als nicht satzungsmäßige Mitglieder geistlicher Genossenschaften oder ähnlicher religiöser Gemeinschaften für den Dienst in einer solchen Genossenschaft oder ähnlichen religiösen Gemeinschaft außerschulisch ausgebildet werden.

(3) Freiwillige Mitglieder der gesetzlichen Krankenversicherung sind versicherungspflichtig in der sozialen Pflegeversicherung.

(4) [1]Nehmen Personen, die mindestens zehn Jahre nicht in der sozialen Pflegeversicherung oder der gesetzlichen Krankenversicherung versicherungspflichtig waren, eine dem äußeren Anschein nach versicherungspflichtige Beschäftigung oder selbständige Tätigkeit von untergeordneter wirtschaftlicher Bedeutung auf, besteht die widerlegbare Vermutung, daß eine die Versicherungspflicht begründende Beschäftigung nach Absatz 1 Nr. 1 oder eine versicherungspflichtige selbständige Tätigkeit nach Absatz 1 Nr. 3 oder 4 tatsächlich nicht ausgeübt wird. [2]Dies gilt insbesondere für eine Beschäftigung bei Familienangehörigen oder Lebenspartnern.

§ 21 Versicherungspflicht in der sozialen Pflegeversicherung für sonstige Personen

Versicherungspflicht in der sozialen Pflegeversicherung besteht auch für Personen mit Wohnsitz oder gewöhnlichem Aufenthalt im Inland, die

1. nach dem Bundesversorgungsgesetz oder nach Gesetzen, die eine entsprechende Anwendung des Bundesversorgungsgesetzes vorsehen, einen Anspruch auf Heilbehandlung oder Krankenbehandlung haben,
2. Kriegsschadenrente oder vergleichbare Leistungen nach dem Lastenausgleichsgesetz oder dem Reparationsschädengesetz oder laufende Beihilfe nach dem Flüchtlingshilfegesetz beziehen,
3. ergänzende Hilfe zum Lebensunterhalt im Rahmen der Kriegsopferfürsorge nach dem Bundesversorgungsgesetz oder nach Gesetzen beziehen, die eine entsprechende Anwendung des Bundesversorgungsgesetzes vorsehen,
4. laufende Leistungen zum Unterhalt und Leistungen der Krankenhilfe nach dem Achten Buch beziehen,
5. krankenversorgungsberechtigt nach dem Bundesentschädigungsgesetz sind,
6. in das Dienstverhältnis eines Soldaten auf Zeit berufen worden sind,

wenn sie gegen das Risiko Krankheit weder in der gesetzlichen Krankenversicherung noch bei einem privaten Krankenversicherungsunternehmen versichert sind.

§ 22 Befreiung von der Versicherungspflicht

(1) [1]Personen, die nach § 20 Abs. 3 in der sozialen Pflegeversicherung versicherungspflichtig sind, können auf Antrag von der Versicherungspflicht befreit werden, wenn sie nachweisen, daß sie bei einem privaten Versicherungsunternehmen gegen Pflegebedürftigkeit versichert sind und für sich und ihre Angehörigen oder Lebenspartner, die bei Versicherungspflicht nach § 25 versichert wären, Leistungen beanspruchen können, die nach Art und Umfang den Leistungen des Vierten Kapitels gleichwertig sind. [2]Die befreiten Personen sind verpflichtet, den Versicherungsvertrag aufrechtzuerhalten, solange sie krankenversichert sind. [3]Personen, die bei Pflegebedürftigkeit Beihilfeleistungen erhalten, sind zum Abschluß einer entsprechenden anteiligen Versicherung im Sinne des Satzes 1 verpflichtet.

(2) [1]Der Antrag kann nur innerhalb von drei Monaten nach Beginn der Versicherungspflicht bei der Pflegekasse gestellt werden. [2]Die Befreiung wirkt vom Beginn der Versicherungspflicht an, wenn seit diesem Zeitpunkt noch keine Leistungen in Anspruch genommen wurden, sonst vom Beginn des Kalendermonats an, der auf die Antragstellung folgt. [3]Die Befreiung kann nicht widerrufen werden.

§ 23 Versicherungspflicht für Versicherte der privaten Krankenversicherungsunternehmen

(1) [1]Personen, die gegen das Risiko Krankheit bei einem privaten Krankenversicherungsunternehmen mit Anspruch auf allgemeine Krankenhausleistungen oder im Rahmen von Versicherungsverträgen, die der Versicherungspflicht nach § 193 Abs. 3 des Versicherungsvertragsgesetzes genügen, versichert sind, sind vorbehaltlich des Absatzes 2 verpflichtet, bei diesem Unternehmen zur Absicherung des Risikos der Pflegebedürftigkeit einen Versicherungsvertrag abzuschließen und aufrechtzuerhalten. [2]Der Vertrag muß ab dem Zeitpunkt des Eintritts der Versicherungspflicht für sie selbst und ihre Angehörigen oder Lebenspartner, für die in der sozialen Pflegeversicherung nach § 25 eine Familienversicherung bestünde, Vertragsleistungen vorsehen, die nach Art und Umfang den Leistungen des Vierten Kapitels gleichwertig sind. [3]Dabei tritt an die Stelle der Sachleistungen eine der Höhe nach gleiche Kostenerstattung.

(2) [1]Der Vertrag nach Absatz 1 kann auch bei einem anderen privaten Versicherungsunternehmen abgeschlossen werden. [2]Das Wahlrecht ist innerhalb von sechs Monaten auszuüben. [3]Die Frist beginnt mit dem Eintritt der individuellen Versicherungspflicht. [4]Das Recht zur Kündigung des Vertrages wird durch den Ablauf der Frist nicht berührt; bei fortbestehender Versicherungspflicht nach Absatz 1 wird eine Kündigung des Vertrages jedoch erst wirksam, wenn der Versicherungsnehmer nachweist, dass die versicherte Person bei einem neuen Versicherer ohne Unterbrechung versichert ist.

(3) [1]Personen, die nach beamtenrechtlichen Vorschriften oder Grundsätzen bei Pflegebedürftigkeit Anspruch auf Beihilfe haben, sind zum Abschluß einer entsprechenden anteiligen beihilfekonformen Ver-

sicherung im Sinne des Absatzes 1 verpflichtet, sofern sie nicht nach § 20 Abs. 3 versicherungspflichtig sind. ²Die beihilfekonforme Versicherung ist so auszugestalten, daß ihre Vertragsleistungen zusammen mit den Beihilfeleistungen, die sich bei Anwendung der in § 46 Absatz 2 und 3 der Bundesbeihilfeverordnung festgelegten Bemessungssätze ergeben, den in Absatz 1 Satz 2 vorgeschriebenen Versicherungsschutz gewährleisten.

(4) Die Absätze 1 bis 3 gelten entsprechend für

1. Heilfürsorgeberechtigte, die nicht in der sozialen Pflegeversicherung versicherungspflichtig sind,
2. Mitglieder der Postbeamtenkrankenkasse und
3. Mitglieder der Krankenversorgung der Bundesbahnbeamten.

(5) Die Absätze 1, 3 und 4 gelten nicht für Personen, die sich auf nicht absehbare Dauer in stationärer Pflege befinden und bereits Pflegeleistungen nach § 35 Abs. 6 des Bundesversorgungsgesetzes, nach § 44 des Siebten Buches, nach § 34 des Beamtenversorgungsgesetzes oder nach den Gesetzen erhalten, die eine entsprechende Anwendung des Bundesversorgungsgesetzes vorsehen, sofern sie keine Familienangehörigen oder Lebenspartner haben, für die in der sozialen Pflegeversicherung nach § 25 eine Familienversicherung bestünde.

(6) Das private Krankenversicherungsunternehmen oder ein anderes die Pflegeversicherung betreibendes Versicherungsunternehmen sind verpflichtet,

1. für die Feststellung der Pflegebedürftigkeit sowie für die Zuordnung zu [bis 31.12.2016: einer Pflegestufe] [ab 1.1.2017: einem Pflegegrad] dieselben Maßstäbe wie in der sozialen Pflegeversicherung anzulegen und
2. die in der sozialen Pflegeversicherung zurückgelegte Versicherungszeit des Mitglieds und seiner nach § 25 familienversicherten Angehörigen oder Lebenspartner auf die Wartezeit anzurechnen.

§ 24 Versicherungspflicht der Abgeordneten

¹Mitglieder des Bundestages, des Europäischen Parlaments und der Parlamente der Länder (Abgeordnete) sind unbeschadet einer bereits nach § 20 Abs. 3 oder § 23 Abs. 1 bestehenden Versicherungspflicht verpflichtet, gegenüber dem jeweiligen Parlamentspräsidenten nachzuweisen, daß sie sich gegen das Risiko der Pflegebedürftigkeit versichert haben. ²Das gleiche gilt für die Bezieher von Versorgungsleistungen nach den jeweiligen Abgeordnetengesetzen des Bundes und der Länder.

§ 25 Familienversicherung

(1) ¹Versichert sind der Ehegatte, der Lebenspartner und die Kinder von Mitgliedern sowie die Kinder von familienversicherten Kindern, wenn diese Familienangehörigen

1. ihren Wohnsitz oder gewöhnlichen Aufenthalt im Inland haben,
2. nicht nach § 20 Abs. 1 Nr. 1 bis 8 oder 11 oder nach § 20 Abs. 3 versicherungspflichtig sind,
3. nicht nach § 22 von der Versicherungspflicht befreit oder nach § 23 in der privaten Pflegeversicherung pflichtversichert sind,
4. nicht hauptberuflich selbständig erwerbstätig sind und
5. kein Gesamteinkommen haben, das regelmäßig im Monat ein Siebtel der monatlichen Bezugsgröße nach § 18 des Vierten Buches,[265] überschreitet; bei Renten wird der Zahlbetrag ohne den auf Entgeltpunkte für Kindererziehungszeiten entfallenden Teil berücksichtigt; für geringfügig Beschäftigte nach § 8 Abs. 1 Nr. 1, § 8 a des Vierten Buches beträgt das zulässige Gesamteinkommen 450 Euro.

²§ 7 Abs. 1 Satz 3 und 4 und Abs. 2 des Zweiten Gesetzes über die Krankenversicherung der Landwirte sowie § 10 Abs. 1 Satz 2 bis 4 des Fünften Buches gelten entsprechend.

(2) ¹Kinder sind versichert:

1. bis zur Vollendung des 18. Lebensjahres,
2. bis zur Vollendung des 23. Lebensjahres, wenn sie nicht erwerbstätig sind,

265 Zeichensetzung amtlich.

3. bis zur Vollendung des 25. Lebensjahres, wenn sie sich in Schul- oder Berufsausbildung befinden oder ein freiwilliges soziales Jahr oder ein freiwilliges ökologisches Jahr im Sinne des Jugendfreiwilligendienstegesetzes oder Bundesfreiwilligendienst leisten; wird die Schul- oder Berufsausbildung durch Erfüllung einer gesetzlichen Dienstpflicht des Kindes unterbrochen oder verzögert, besteht die Versicherung auch für einen der Dauer dieses Dienstes entsprechenden Zeitraum über das 25. Lebensjahr hinaus; dies gilt ab dem 1. Juli 2011 auch bei einer Unterbrechung durch den freiwilligen Wehrdienst nach § 58 b des Soldatengesetzes, einen Freiwilligendienst nach dem Bundesfreiwilligendienstgesetz, dem Jugendfreiwilligendienstegesetz oder einen vergleichbaren anerkannten Freiwilligendienst oder durch eine Tätigkeit als Entwicklungshelfer im Sinne des § 1 Absatz 1 des Entwicklungshelfer-Gesetzes für die Dauer von höchstens zwölf Monaten,
4. ohne Altersgrenze, wenn sie wegen körperlicher, geistiger oder seelischer Behinderung (§ 2 Abs. 1 des Neunten Buches) außerstande sind, sich selbst zu unterhalten; Voraussetzung ist, daß die Behinderung (§ 2 Abs. 1 des Neunten Buches) zu einem Zeitpunkt vorlag, in dem das Kind nach Nummer 1, 2 oder 3 versichert war.

[2]§ 10 Abs. 4 und 5 des Fünften Buches gilt entsprechend.

(3) Kinder sind nicht versichert, wenn der mit den Kindern verwandte Ehegatte oder Lebenspartner des Mitglieds nach § 22 von der Versicherungspflicht befreit oder nach § 23 in der privaten Pflegeversicherung pflichtversichert ist und sein Gesamteinkommen regelmäßig im Monat ein Zwölftel der Jahresarbeitsentgeltgrenze nach dem Fünften Buch übersteigt und regelmäßig höher als das Gesamteinkommen des Mitglieds ist; bei Renten wird der Zahlbetrag berücksichtigt.

(4) [1]Die Versicherung nach Absatz 2 Nr. 1, 2 und 3 bleibt bei Personen, die auf Grund gesetzlicher Pflicht Wehrdienst oder Zivildienst oder die Dienstleistungen oder Übungen nach dem Vierten Abschnitt des Soldatengesetzes leisten, für die Dauer des Dienstes bestehen. [2]Dies gilt auch für Personen in einem Wehrdienstverhältnis besonderer Art nach § 6 des Einsatz-Weiterverwendungsgesetzes.

§ 26 Weiterversicherung

(1) [1]Personen, die aus der Versicherungspflicht nach § 20 oder § 21 ausgeschieden sind und in den letzten fünf Jahren vor dem Ausscheiden mindestens 24 Monate oder unmittelbar vor dem Ausscheiden mindestens zwölf Monate versichert waren, können sich auf Antrag in der sozialen Pflegeversicherung weiterversichern, sofern für sie keine Versicherungspflicht nach § 23 Abs. 1 eintritt. [2]Dies gilt auch für Personen, deren Familienversicherung nach § 25 erlischt oder nur deswegen nicht besteht, weil die Voraussetzungen des § 25 Abs. 3 vorliegen. [3]Der Antrag ist in den Fällen des Satzes 1 innerhalb von drei Monaten nach Beendigung der Mitgliedschaft, in den Fällen des Satzes 2 nach Beendigung der Familienversicherung oder nach Geburt des Kindes bei der zuständigen Pflegekasse zu stellen.

(2) [1]Personen, die wegen der Verlegung ihres Wohnsitzes oder gewöhnlichen Aufenthaltes ins Ausland aus der Versicherungspflicht ausscheiden, können sich auf Antrag weiterversichern. [2]Der Antrag ist bis spätestens einen Monat nach Ausscheiden aus der Versicherungspflicht bei der Pflegekasse zu stellen, bei der die Versicherung zuletzt bestand. [3]Die Weiterversicherung erstreckt sich auch auf die nach § 25 versicherten Familienangehörigen oder Lebenspartner, die gemeinsam mit dem Mitglied ihren Wohnsitz oder gewöhnlichen Aufenthalt in das Ausland verlegen. [4]Für Familienangehörige oder Lebenspartner, die im Inland verbleiben, endet die Familienversicherung nach § 25 mit dem Tag, an dem das Mitglied seinen Wohnsitz oder gewöhnlichen Aufenthalt ins Ausland verlegt.

§ 26 a Beitrittsrecht

(1) [1]Personen mit Wohnsitz im Inland, die nicht pflegeversichert sind, weil sie zum Zeitpunkt der Einführung der Pflegeversicherung am 1. Januar 1995 trotz Wohnsitz im Inland keinen Tatbestand der Versicherungspflicht oder der Mitversicherung in der sozialen oder privaten Pflegeversicherung erfüllten, sind berechtigt, die freiwillige Mitgliedschaft bei einer der nach § 48 Abs. 2 wählbaren sozialen Pflegekassen zu beantragen oder einen Pflegeversicherungsvertrag mit einem privaten Versicherungsunternehmen abzuschließen. [2]Ausgenommen sind Personen, die laufende Hilfe zum Lebensunterhalt nach dem Zwölften Buch beziehen sowie Personen, die nicht selbst in der Lage sind, einen Beitrag zu zahlen. [3]Der Beitritt ist gegenüber der gewählten Pflegekasse oder dem gewählten privaten Versicherungsunternehmen bis zum 30. Juni 2002 schriftlich zu erklären; er bewirkt einen Versicherungsbe-

ginn rückwirkend zum 1. April 2001. [4]Die Vorversicherungszeiten nach § 33 Abs. 2 gelten als erfüllt. [5]Auf den privaten Versicherungsvertrag findet § 110 Abs. 1 Anwendung.

(2) [1]Personen mit Wohnsitz im Inland, die erst ab einem Zeitpunkt nach dem 1. Januar 1995 bis zum Inkrafttreten dieses Gesetzes nicht pflegeversichert sind und keinen Tatbestand der Versicherungspflicht nach diesem Buch erfüllen, sind berechtigt, die freiwillige Mitgliedschaft bei einer der nach § 48 Abs. 2 wählbaren sozialen Pflegekassen zu beantragen oder einen Pflegeversicherungsvertrag mit einem privaten Versicherungsunternehmen abzuschließen. [2]Vom Beitrittsrecht ausgenommen sind die in Absatz 1 Satz 2 genannten Personen sowie Personen, die nur deswegen nicht pflegeversichert sind, weil sie nach dem 1. Januar 1995 ohne zwingenden Grund eine private Kranken- und Pflegeversicherung aufgegeben oder von einer möglichen Weiterversicherung in der gesetzlichen Krankenversicherung oder in der sozialen Pflegeversicherung keinen Gebrauch gemacht haben. [3]Der Beitritt ist gegenüber der gewählten Pflegekasse oder dem gewählten privaten Versicherungsunternehmen bis zum 30. Juni 2002 schriftlich zu erklären. [4]Er bewirkt einen Versicherungsbeginn zum 1. Januar 2002. [5]Auf den privaten Versicherungsvertrag findet § 110 Abs. 3 Anwendung.

(3) [1]Ab dem 1. Juli 2002 besteht ein Beitrittsrecht zur sozialen oder privaten Pflegeversicherung nur für nicht pflegeversicherte Personen, die als Zuwanderer oder Auslandsrückkehrer bei Wohnsitznahme im Inland keinen Tatbestand der Versicherungspflicht nach diesem Buch erfüllen und das 65. Lebensjahr noch nicht vollendet haben, sowie für nicht versicherungspflichtige Personen mit Wohnsitz im Inland, bei denen die Ausschlussgründe nach Absatz 1 Satz 2 entfallen sind. [2]Der Beitritt ist gegenüber der nach § 48 Abs. 2 gewählten Pflegekasse oder dem gewählten privaten Versicherungsunternehmen schriftlich innerhalb von drei Monaten nach Wohnsitznahme im Inland oder nach Wegfall der Ausschlussgründe nach Absatz 1 Satz 2 mit Wirkung vom 1. des Monats zu erklären, der auf die Beitrittserklärung folgt. [3]Auf den privaten Versicherungsvertrag findet § 110 Abs. 3 Anwendung. [4]Das Beitrittsrecht nach Satz 1 ist nicht gegeben in Fällen, in denen ohne zwingenden Grund von den in den Absätzen 1 und 2 geregelten Beitrittsrechten kein Gebrauch gemacht worden ist oder in denen die in Absatz 2 Satz 2 aufgeführten Ausschlussgründe vorliegen.

§ 27 Kündigung eines privaten Pflegeversicherungsvertrages

[1]Personen, die nach den §§ 20 oder 21 versicherungspflichtig werden und bei einem privaten Krankenversicherungsunternehmen gegen Pflegebedürftigkeit versichert sind, können ihren Versicherungsvertrag mit Wirkung vom Eintritt der Versicherungspflicht an kündigen. [2]Das Kündigungsrecht gilt auch für Familienangehörige oder Lebenspartner, wenn für sie eine Familienversicherung nach § 25 eintritt. [3]§ 5 Absatz 9 des Fünften Buches gilt entsprechend.

Viertes Kapitel Leistungen der Pflegeversicherung

Erster Abschnitt Übersicht über die Leistungen

§ 28 Leistungsarten, Grundsätze

(1) Die Pflegeversicherung gewährt folgende Leistungen:

1. Pflegesachleistung (§ 36),
2. Pflegegeld für selbst beschaffte Pflegehilfen (§ 37),
3. Kombination von Geldleistung und Sachleistung (§ 38),
4. häusliche Pflege bei Verhinderung der Pflegeperson (§ 39),
5. Pflegehilfsmittel und wohnumfeldverbessernde Maßnahmen (§ 40),
6. Tagespflege und Nachtpflege (§ 41),
7. Kurzzeitpflege (§ 42),
8. vollstationäre Pflege (§ 43),
9. Pflege in vollstationären Einrichtungen der Hilfe für behinderte Menschen (§ 43 a),
   [ab 1.1.2017:

9a. Zusätzliche Betreuung und Aktivierung in stationären Pflegeeinrichtungen (§ 43 b),

10. Leistungen zur sozialen Sicherung der Pflegepersonen (§ 44),

11. zusätzliche Leistungen bei Pflegezeit und kurzzeitiger Arbeitsverhinderung (§ 44 a),
12. Pflegekurse für Angehörige und ehrenamtliche Pflegepersonen (§ 45),
[ab 1.1.2017:
12a. Umwandlung des ambulanten Sachleistungsbetrags (§ 45 a),
[bis 31.12.2016:
13. zusätzliche Betreuungs- und Entlastungsleistungen (§ 45 b),]
[ab 1.1.2017:
13. Entlastungsbetrag (§ 45 b),]
14. Leistungen des Persönlichen Budgets nach § 17 Abs. 2 bis 4 des Neunten Buches,
15. zusätzliche Leistungen für Pflegebedürftige in ambulant betreuten Wohngruppen (§ 38 a).

(1 a) Versicherte haben gegenüber ihrer Pflegekasse oder ihrem Versicherungsunternehmen Anspruch auf Pflegeberatung (§ 7 a).

(1 b) [1]Bis zum Erreichen des in § 45 e Absatz 2 Satz 2 genannten Zeitpunkts haben Pflegebedürftige unter den Voraussetzungen des § 45 e Absatz 1 Anspruch auf Anschubfinanzierung bei Gründung von ambulant betreuten Wohngruppen. [2]Versicherte mit erheblich eingeschränkter Alltagskompetenz haben bis zum Inkrafttreten eines Gesetzes, das die Leistungsgewährung aufgrund eines neuen Pflegebedürftigkeitsbegriffs und eines entsprechenden Begutachtungsverfahrens regelt, Anspruch auf verbesserte Pflegeleistungen (§ 123).[266]

(2) Personen, die nach beamtenrechtlichen Vorschriften oder Grundsätzen bei Krankheit und Pflege Anspruch auf Beihilfe oder Heilfürsorge haben, erhalten die jeweils zustehenden Leistungen zur Hälfte; dies gilt auch für den Wert von Sachleistungen.

(3) Die Pflegekassen und die Leistungserbringer haben sicherzustellen, daß die Leistungen nach Absatz 1 nach allgemein anerkanntem Stand medizinisch-pflegerischer Erkenntnisse erbracht werden.

(4)[267] [1]Die Pflege soll auch die Aktivierung des Pflegebedürftigen zum Ziel haben, um vorhandene Fähigkeiten zu erhalten und, soweit dies möglich ist, verlorene Fähigkeiten zurückzugewinnen. [2]Um der Gefahr einer Vereinsamung des Pflegebedürftigen entgegenzuwirken, sollen bei der Leistungserbringung auch die Bedürfnisse des Pflegebedürftigen nach Kommunikation berücksichtigt werden.

(5)[268] Pflege schließt Sterbebegleitung mit ein; Leistungen anderer Sozialleistungsträger bleiben unberührt.

§ 28 a Leistungen bei Pflegegrad 1

(1) Abweichend von § 28 Absatz 1 und 1 a gewährt die Pflegeversicherung bei Pflegegrad 1 folgende Leistungen:

1. Pflegeberatung gemäß den §§ 7 a und 7 b,
2. Beratung in der eigenen Häuslichkeit gemäß § 37 Absatz 3,
3. zusätzliche Leistungen für Pflegebedürftige in ambulant betreuten Wohngruppen gemäß § 38 a,
4. Versorgung mit Pflegehilfsmitteln gemäß § 40 Absatz 1 bis 3 und 5,
5. finanzielle Zuschüsse für Maßnahmen zur Verbesserung des individuellen oder gemeinsamen Wohnumfeldes gemäß § 40 Absatz 4,
6. zusätzliche Betreuung und Aktivierung in stationären Pflegeeinrichtungen gemäß § 43 b,
7. Pflegekurse für Angehörige und ehrenamtliche Pflegepersonen gemäß § 45.

(2) [1]Zudem gewährt die Pflegeversicherung den Entlastungsbetrag gemäß § 45 b Absatz 1 Satz 1 in Höhe von 125 Euro monatlich. [2]Dieser kann gemäß § 45 b im Wege der Erstattung von Kosten eingesetzt werden, die dem Versicherten im Zusammenhang mit der Inanspruchnahme von Leistungen der Tages- und Nachtpflege sowie der Kurzzeitpflege, von Leistungen der ambulanten Pflegedienste im

266 Satz 2 wird **mWv 1.1.2017** aufgehoben.
267 Absatz 4 wird **mWv 1.1.2017** aufgehoben.
268 Absatz 5 wird **mWv 1.1.2017** Absatz 4.

Sinne des § 36 sowie von Leistungen der nach Landesrecht anerkannten Angebote zur Unterstützung im Alltag im Sinne des § 45 a Absatz 1 und 2 entstehen.

(3) Wählen Pflegebedürftige des Pflegegrades 1 vollstationäre Pflege, gewährt die Pflegeversicherung gemäß § 43 Absatz 3 einen Zuschuss in Höhe von 125 Euro monatlich.

Zweiter Abschnitt Gemeinsame Vorschriften

§ 29 Wirtschaftlichkeitsgebot

(1) [1]Die Leistungen müssen wirksam und wirtschaftlich sein; sie dürfen das Maß des Notwendigen nicht übersteigen. [2]Leistungen, die diese Voraussetzungen nicht erfüllen, können Pflegebedürftige nicht beanspruchen, dürfen die Pflegekassen nicht bewilligen und dürfen die Leistungserbringer nicht zu Lasten der sozialen Pflegeversicherung bewirken.

(2) Leistungen dürfen nur bei Leistungserbringern in Anspruch genommen werden, mit denen die Pflegekassen oder die für sie tätigen Verbände Verträge abgeschlossen haben.

§ 30 Dynamisierung, Verordnungsermächtigung

(1) [1]Die Bundesregierung prüft alle drei Jahre, erneut im Jahre *2020*, Notwendigkeit und Höhe einer Anpassung der Leistungen der Pflegeversicherung. [2]Als ein Orientierungswert für die Anpassungsnotwendigkeit dient die kumulierte Preisentwicklung in den letzten drei abgeschlossenen Kalenderjahren; dabei ist sicherzustellen, dass der Anstieg der Leistungsbeträge nicht höher ausfällt als die Bruttolohnentwicklung im gleichen Zeitraum. [3]Bei der Prüfung können die gesamtwirtschaftlichen Rahmenbedingungen mit berücksichtigt werden. [4]Die Bundesregierung legt den gesetzgebenden Körperschaften des Bundes einen Bericht über das Ergebnis der Prüfung und die tragenden Gründe vor.

(2) [1]Die Bundesregierung wird ermächtigt, nach Vorlage des Berichts unter Berücksichtigung etwaiger Stellungnahmen der gesetzgebenden Körperschaften des Bundes die Höhe der Leistungen der Pflegeversicherung sowie die in § 37 Abs. 3 festgelegten Vergütungen durch Rechtsverordnung mit Zustimmung des Bundesrates zum 1. Januar des Folgejahres anzupassen. [2]Die Rechtsverordnung soll frühestens zwei Monate nach Vorlage des Berichts erlassen werden, um den gesetzgebenden Körperschaften des Bundes Gelegenheit zur Stellungnahme zu geben.

§ 31 Vorrang der Rehabilitation vor Pflege

(1) [1]Die Pflegekassen prüfen im Einzelfall, welche Leistungen zur medizinischen Rehabilitation und ergänzenden Leistungen geeignet und zumutbar sind, Pflegebedürftigkeit zu überwinden, zu mindern oder ihre Verschlimmerung zu verhüten. [2]Werden Leistungen nach diesem Buch gewährt, ist bei Nachuntersuchungen die Frage geeigneter und zumutbarer Leistungen zur medizinischen Rehabilitation mit zu prüfen.

(2) Die Pflegekassen haben bei der Einleitung und Ausführung der Leistungen zur Pflege sowie bei Beratung, Auskunft und Aufklärung mit den Trägern der Rehabilitation eng zusammenzuarbeiten, um Pflegebedürftigkeit zu vermeiden, zu überwinden, zu mindern oder ihre Verschlimmerung zu verhüten.

(3) [1]Wenn eine Pflegekasse durch die gutachterlichen Feststellungen des Medizinischen Dienstes der Krankenversicherung (§ 18 Abs. 6) oder auf sonstige Weise feststellt, dass im Einzelfall Leistungen zur medizinischen Rehabilitation angezeigt sind, informiert sie unverzüglich den Versicherten sowie mit dessen Einwilligung den behandelnden Arzt und leitet mit Einwilligung des Versicherten eine entsprechende Mitteilung dem zuständigen Rehabilitationsträger zu. [2]Die Pflegekasse weist den Versicherten gleichzeitig auf seine Eigenverantwortung und Mitwirkungspflicht hin. [3]Soweit der Versicherte eingewilligt hat, gilt die Mitteilung an den Rehabilitationsträger als Antragstellung für das Verfahren nach § 14 des Neunten Buches. [4]Die Pflegekasse ist über die Leistungsentscheidung des zuständigen Rehabilitationsträgers unverzüglich zu informieren. [5]Sie prüft in einem angemessenen zeitlichen Abstand, ob entsprechende Maßnahmen durchgeführt worden sind; soweit erforderlich, hat sie vorläufige Leistungen zur medizinischen Rehabilitation nach § 32 Abs. 1 zu erbringen.

§ 32 Vorläufige Leistungen zur medizinischen Rehabilitation

(1) Die Pflegekasse erbringt vorläufige Leistungen zur medizinischen Rehabilitation, wenn eine sofortige Leistungserbringung erforderlich ist, um eine unmittelbar drohende Pflegebedürftigkeit zu vermeiden, eine bestehende Pflegebedürftigkeit zu überwinden, zu mindern oder eine Verschlimmerung der Pflegebedürftigkeit zu verhüten, und sonst die sofortige Einleitung der Leistungen gefährdet wäre.

(2) Die Pflegekasse hat zuvor den zuständigen Träger zu unterrichten und auf die Eilbedürftigkeit der Leistungsgewährung hinzuweisen; wird dieser nicht rechtzeitig, spätestens jedoch vier Wochen nach Antragstellung, tätig, erbringt die Pflegekasse die Leistungen vorläufig.

§ 33 Leistungsvoraussetzungen

(1) [1]Versicherte erhalten die Leistungen der Pflegeversicherung auf Antrag. [2]Die Leistungen werden ab Antragstellung gewährt, frühestens jedoch von dem Zeitpunkt an, in dem die Anspruchsvoraussetzungen vorliegen. [3]Wird der Antrag später als einen Monat nach Eintritt der Pflegebedürftigkeit gestellt, werden die Leistungen vom Beginn des Monats der Antragstellung an gewährt. [4]Die Zuordnung zu [bis 31.12.2016: einer Pflegestufe, die Anerkennung als Härtefall sowie] [ab 1.1.2017: einem Pflegegrad und] die Bewilligung von Leistungen können befristet werden und enden mit Ablauf der Frist. [5]Die Befristung erfolgt, wenn und soweit eine Verringerung [bis 31.12.2016: des Hilfebedarfs] [ab 1.1.2017: der Beeinträchtigungen der Selbständigkeit oder der Fähigkeiten] nach der Einschätzung des Medizinischen Dienstes der Krankenversicherung zu erwarten ist. [6]Die Befristung kann wiederholt werden und schließt Änderungen bei der Zuordnung zu [bis 31.12.2016: einer Pflegestufe, bei der Anerkennung als Härtefall sowie] [ab 1.1.2017: einem Pflegegrad und] bei bewilligten Leistungen im Befristungszeitraum nicht aus, soweit dies durch Rechtsvorschriften des Sozialgesetzbuches angeordnet oder erlaubt ist. [7]Der Befristungszeitraum darf insgesamt die Dauer von drei Jahren nicht überschreiten. [8]Um eine nahtlose Leistungsgewährung sicherzustellen, hat die Pflegekasse vor Ablauf einer Befristung rechtzeitig zu prüfen und dem Pflegebedürftigen sowie der ihn betreuenden Pflegeeinrichtung mitzuteilen, ob Pflegeleistungen weiterhin bewilligt werden und [bis 31.12.2016: welcher Pflegestufe] [ab 1.1.2017: welchem Pflegegrad] der Pflegebedürftige zuzuordnen ist.

(2) [1]*Anspruch auf Leistungen besteht, wenn der Versicherte in den letzten zehn Jahren vor der Antragstellung mindestens zwei Jahre als Mitglied versichert oder nach § 25 familienversichert war.* [2]Zeiten der Weiterversicherung nach § 26 Abs. 2 werden bei der Ermittlung der nach Satz 1 erforderlichen Vorversicherungszeit mitberücksichtigt. [3]Für versicherte Kinder gilt die Vorversicherungszeit nach Satz 1 als erfüllt, wenn ein Elternteil sie erfüllt.

(3) Personen, die wegen des Eintritts von Versicherungspflicht in der sozialen Pflegeversicherung aus der privaten Pflegeversicherung ausscheiden, ist die dort ununterbrochen zurückgelegte Versicherungszeit auf die Vorversicherungszeit nach Absatz 2 anzurechnen.

§ 33 a Leistungsausschluss

[1]Auf Leistungen besteht kein Anspruch, wenn sich Personen in den Geltungsbereich dieses Gesetzbuchs begeben, um in einer Versicherung nach § 20 Abs. 1 Satz 2 Nr. 12 oder auf Grund dieser Versicherung in einer Versicherung nach § 25 missbräuchlich Leistungen in Anspruch zu nehmen. [2]Das Nähere zur Durchführung regelt die Pflegekasse in ihrer Satzung.

§ 34 Ruhen der Leistungsansprüche

(1) Der Anspruch auf Leistungen ruht:

1. solange sich der Versicherte im Ausland aufhält. Bei vorübergehendem Auslandsaufenthalt von bis zu sechs Wochen im Kalenderjahr ist das Pflegegeld nach § 37 oder anteiliges Pflegegeld nach § 38 weiter zu gewähren. Für die Pflegesachleistung gilt dies nur, soweit die Pflegekraft, die ansonsten die Pflegesachleistung erbringt, den Pflegebedürftigen während des Auslandsaufenthaltes begleitet,
2. soweit Versicherte Entschädigungsleistungen wegen Pflegebedürftigkeit unmittelbar nach § 35 des Bundesversorgungsgesetzes oder nach den Gesetzen, die eine entsprechende Anwendung des Bundesversorgungsgesetzes vorsehen, aus der gesetzlichen Unfallversicherung oder aus öffentlichen Kassen auf Grund gesetzlich geregelter Unfallversorgung oder Unfallfürsorge erhalten. Dies gilt

auch, wenn vergleichbare Leistungen aus dem Ausland oder von einer zwischenstaatlichen oder überstaatlichen Einrichtung bezogen werden.

(1 a) Der Anspruch auf Pflegegeld nach § 37 oder anteiliges Pflegegeld nach § 38 ruht nicht bei pflegebedürftigen Versicherten, die sich in einem Mitgliedstaat der Europäischen Union, einem Vertragsstaat des Abkommens über den Europäischen Wirtschaftsraum oder der Schweiz aufhalten.

(2) [1]Der Anspruch auf Leistungen bei häuslicher Pflege ruht darüber hinaus, soweit im Rahmen des Anspruchs auf häusliche Krankenpflege (§ 37 des Fünften Buches) auch Anspruch auf [bis 31.12.2016: Grundpflege und hauswirtschaftliche Versorgung besteht] [ab 1.1.2017: Leistungen besteht, deren Inhalt den Leistungen nach § 36 entspricht], sowie für die Dauer des stationären Aufenthalts in einer Einrichtung im Sinne des § 71 Abs. 4, soweit § 39 nichts Abweichendes bestimmt. [2]Pflegegeld nach § 37 oder anteiliges Pflegegeld nach § 38 ist in den ersten vier Wochen einer vollstationären Krankenhausbehandlung, einer häuslichen Krankenpflege mit Anspruch auf [bis 31.12.2016: Grundpflege und hauswirtschaftliche Versorgung] [ab 1.1.2017: Leistungen, deren Inhalt den Leistungen nach § 36 entspricht,] oder einer Aufnahme in Vorsorge- oder Rehabilitationseinrichtungen nach § 107 Absatz 2 des Fünften Buches weiter zu zahlen; bei Pflegebedürftigen, die ihre Pflege durch von ihnen beschäftigte besondere Pflegekräfte sicherstellen und bei denen § 66 Absatz 4 Satz 2 des Zwölften Buches Anwendung findet, wird das Pflegegeld nach § 37 oder anteiliges Pflegegeld nach § 38 auch über die ersten vier Wochen hinaus weiter gezahlt.

(3) Die Leistungen zur sozialen Sicherung nach den §§ 44 und 44 a ruhen nicht für die Dauer der häuslichen Krankenpflege, bei vorübergehendem Auslandsaufenthalt des Versicherten oder Erholungsurlaub der Pflegeperson von bis zu sechs Wochen im Kalenderjahr sowie in den ersten vier Wochen einer vollstationären Krankenhausbehandlung oder einer stationären Leistung zur medizinischen Rehabilitation.

§ 35 Erlöschen der Leistungsansprüche

[1]Der Anspruch auf Leistungen erlischt mit dem Ende der Mitgliedschaft, soweit in diesem Buch nichts Abweichendes bestimmt ist. [2]§ 19 Absatz 1 a des Fünften Buches gilt entsprechend.

§ 35 a Teilnahme an einem trägerübergreifenden Persönlichen Budget nach § 17 Abs. 2 bis 4 des Neunten Buches

[1]Pflegebedürftige können auf Antrag die Leistungen nach den §§ 36, 37 Abs. 1, §§ 38, 40 Abs. 2 und § 41 auch als Teil eines trägerübergreifenden Budgets nach § 17 Abs. 2 bis 4 des Neunten Buches in Verbindung mit der Budgetverordnung und § 159 des Neunten Buches erhalten; bei der Kombinationsleistung nach § 38 ist nur das anteilige und im Voraus bestimmte Pflegegeld als Geldleistung budgetfähig, die Sachleistungen nach den §§ 36, 38 und 41 dürfen nur in Form von Gutscheinen zur Verfügung gestellt werden, die zur Inanspruchnahme von zugelassenen Pflegeeinrichtungen nach diesem Buch berechtigen. [2]Der beauftragte Leistungsträger nach § 17 Abs. 4 des Neunten Buches hat sicherzustellen, dass eine den Vorschriften dieses Buches entsprechende Leistungsbewilligung und Verwendung der Leistungen durch den Pflegebedürftigen gewährleistet ist. [3]Andere als die in Satz 1 genannten Leistungsansprüche bleiben ebenso wie die sonstigen Vorschriften dieses Buches unberührt.

Dritter Abschnitt Leistungen

Erster Titel Leistungen bei häuslicher Pflege

[Bis 31.12.2016:

§ 36 Pflegesachleistung

(1) [1]Pflegebedürftige haben bei häuslicher Pflege Anspruch auf Grundpflege und hauswirtschaftliche Versorgung als Sachleistung (häusliche Pflegehilfe). [2]Leistungen der häuslichen Pflege sind auch zulässig, wenn Pflegebedürftige nicht in ihrem eigenen Haushalt gepflegt werden; sie sind nicht zu-

[Ab 1.1.2017:

§ 36 Pflegesachleistung

(1) [1]Pflegebedürftige der Pflegegrade 2 bis 5 haben bei häuslicher Pflege Anspruch auf körperbezogene Pflegemaßnahmen und pflegerische Betreuungsmaßnahmen sowie auf Hilfen bei der Haushaltsführung als Sachleistung (häusliche Pflegehilfe). [2]Der Anspruch umfasst pflegerische

lässig, wenn Pflegebedürftige in einer stationären Pflegeeinrichtung oder in einer Einrichtung im Sinne des § 71 Abs. 4 gepflegt werden. [3]Häusliche Pflegehilfe wird durch geeignete Pflegekräfte erbracht, die entweder von der Pflegekasse oder bei ambulanten Pflegeeinrichtungen, mit denen die Pflegekasse einen Versorgungsvertrag abgeschlossen hat, angestellt sind. [4]Auch durch Einzelpersonen, mit denen die Pflegekasse einen Vertrag nach § 77 Abs. 1 abgeschlossen hat, kann häusliche Pflegehilfe als Sachleistung erbracht werden. [5]Mehrere Pflegebedürftige können Pflege- und Betreuungsleistungen sowie hauswirtschaftliche Versorgung gemeinsam als Sachleistung in Anspruch nehmen. [6]Der Anspruch auf Betreuungsleistungen als Sachleistung setzt voraus, dass die Grundpflege und die hauswirtschaftliche Versorgung im Einzelfall sichergestellt sind. [7]Betreuungsleistungen als Sachleistungen nach Satz 5 dürfen nicht zulasten der Pflegekassen in Anspruch genommen werden, wenn diese Leistungen im Rahmen der Eingliederungshilfe für behinderte Menschen nach dem Zwölften Buch, durch den zuständigen Träger der Eingliederungshilfe nach dem Achten Buch oder nach dem Bundesversorgungsgesetz finanziert werden.

Maßnahmen in den in § 14 Absatz 2 genannten Bereichen Mobilität, kognitive und kommunikative Fähigkeiten, Verhaltensweisen und psychische Problemlagen, Selbstversorgung, Bewältigung von und selbständiger Umgang mit krankheits- oder therapiebedingten Anforderungen und Belastungen sowie Gestaltung des Alltagslebens und sozialer Kontakte.

(2) Grundpflege und hauswirtschaftliche Versorgung umfassen Hilfeleistungen bei den in § 14 genannten Verrichtungen; die verrichtungsbezogenen krankheitsspezifischen Pflegemaßnahmen gehören nicht dazu, soweit diese im Rahmen der häuslichen Krankenpflege nach § 37 des Fünften Buches zu leisten sind.

(2) Häusliche Pflegehilfe wird erbracht, um Beeinträchtigungen der Selbständigkeit oder der Fähigkeiten des Pflegebedürftigen so weit wie möglich durch pflegerische Maßnahmen zu beseitigen oder zu mindern und eine Verschlimmerung der Pflegebedürftigkeit zu verhindern. Bestandteil der häuslichen Pflegehilfe ist auch die pflegefachliche Anleitung von Pflegebedürftigen und Pflegepersonen. Pflegerische Betreuungsmaßnahmen umfassen Unterstützungsleistungen zur Bewältigung und Gestaltung des alltäglichen Lebens im häuslichen Umfeld, insbesondere

1. bei der Bewältigung psychosozialer Problemlagen oder von Gefährdungen,
2. bei der Orientierung, bei der Tagesstrukturierung, bei der Kommunikation, bei der Aufrechterhaltung sozialer Kontakte und bei bedürfnisgerechten Beschäftigungen im Alltag sowie
3. durch Maßnahmen zur kognitiven Aktivierung.

(3) Der Anspruch auf häusliche Pflegehilfe umfasst je Kalendermonat

1. für Pflegebedürftige der Pflegestufe I Pflegeeinsätze bis zu einem Gesamtwert von

a) 420 Euro ab 1. Juli 2008,

b) 440 Euro ab 1. Januar 2010,

c) 450 Euro ab 1. Januar 2012,

d) 468 Euro ab 1. Januar 2015,

(3) Der Anspruch auf häusliche Pflegehilfe umfasst je Kalendermonat

1. für Pflegebedürftige des Pflegegrades 2 Leistungen bis zu einem Gesamtwert von 689 Euro,

2. für Pflegebedürftige der Pflegestufe II Pflegeeinsätze bis zu einem Gesamtwert von
   a) 980 Euro ab 1. Juli 2008,
   b) 1 040 Euro ab 1. Januar 2010,
   c) 1 100 Euro ab 1. Januar 2012,
   d) 1 144 Euro ab 1. Januar 2015,
3. für Pflegebedürftige der Pflegestufe III Pflegeeinsätze bis zu einem Gesamtwert von
   a) 1 470 Euro ab 1. Juli 2008,
   b) 1 510 Euro ab 1. Januar 2010,
   c) 1 550 Euro ab 1. Januar 2012,
   d) 1 612 Euro ab 1. Januar 2015.

(4) [1]Die Pflegekassen können in besonders gelagerten Einzelfällen zur Vermeidung von Härten Pflegebedürftigen der Pflegestufe III weitere Pflegeeinsätze bis zu einem Gesamtwert von 1 995 monatlich gewähren, wenn ein außergewöhnlich hoher Pflegeaufwand vorliegt, der das übliche Maß der Pflegestufe III weit übersteigt, beispielsweise wenn im Endstadium von Krebserkrankungen regelmäßig mehrfach auch in der Nacht Hilfe geleistet werden muß. [2]Die Ausnahmeregelung des Satzes 1 darf für nicht mehr als drei vom Hundert aller versicherten Pflegebedürftigen der Pflegestufe III, die häuslich gepflegt werden, Anwendung finden. [3]Der Spitzenverband Bund der Pflegekassen überwacht die Einhaltung dieses Höchstsatzes und hat erforderlichenfalls geeignete Maßnahmen zur Einhaltung zu ergreifen.

2. für Pflegebedürftige des Pflegegrades 3 Leistungen bis zu einem Gesamtwert von 1 298 Euro,
3. für Pflegebedürftige des Pflegegrades 4 Leistungen bis zu einem Gesamtwert von 1 612 Euro,
4. für Pflegebedürftige des Pflegegrades 5 Leistungen bis zu einem Gesamtwert von 1 995 Euro.

(4) [1]Häusliche Pflegehilfe ist auch zulässig, wenn Pflegebedürftige nicht in ihrem eigenen Haushalt gepflegt werden; sie ist nicht zulässig, wenn Pflegebedürftige in einer stationären Pflegeeinrichtung oder in einer Einrichtung im Sinne des § 71 Absatz 4 gepflegt werden. [2]Häusliche Pflegehilfe wird durch geeignete Pflegekräfte erbracht, die entweder von der Pflegekasse oder bei ambulanten Pflegeeinrichtungen, mit denen die Pflegekasse einen Versorgungsvertrag abgeschlossen hat, angestellt sind. [3]Auch durch Einzelpersonen, mit denen die Pflegekasse einen Vertrag nach § 77 Absatz 1 abgeschlossen hat, kann häusliche Pflegehilfe als Sachleistung erbracht werden. Mehrere Pflegebedürftige können häusliche Pflegehilfe gemeinsam in Anspruch nehmen.

§ 37 Pflegegeld für selbst beschaffte Pflegehilfen

(1) [1]Pflegebedürftige können anstelle der häuslichen Pflegehilfe ein Pflegegeld beantragen. [2]Der Anspruch setzt voraus, daß der Pflegebedürftige mit dem Pflegegeld dessen Umfang entsprechend die erforderliche Grundpflege und hauswirtschaftliche Versorgung in geeigneter Weise selbst sicherstellt. [3]Das Pflegegeld beträgt je Kalendermonat

1. für Pflegebedürftige der Pflegestufe I
   a) 215 Euro ab 1. Juli 2008,
   b) 225 Euro ab 1. Januar 2010,
   c) 235 Euro ab 1. Januar 2012,

§ 37 Pflegegeld für selbst beschaffte Pflegehilfen

(1) [1]Pflegebedürftige der Pflegegrade 2 bis 5 können anstelle der häuslichen Pflegehilfe ein Pflegegeld beantragen. [2]Der Anspruch setzt voraus, dass der Pflegebedürftige mit dem Pflegegeld dessen Umfang entsprechend die erforderlichen körperbezogenen Pflegemaßnahmen und pflegerischen Betreuungsmaßnahmen sowie Hilfen bei der Haushaltsführung in geeigneter Weise selbst sicherstellt. [3]Das Pflegegeld beträgt je Kalendermonat

1. 316 Euro für Pflegebedürftige des Pflegegrades 2,

d) 244 Euro ab 1. Januar 2015,	
2. für Pflegebedürftige der Pflegestufe II	2. 545 Euro für Pflegebedürftige des Pflegegrades 3,
a) 420 Euro ab 1. Juli 2008,	
b) 430 Euro ab 1. Januar 2010,	
c) 440 Euro ab 1. Januar 2012,	
d) 458 Euro ab 1. Januar 2015,	
3. für Pflegebedürftige der Pflegestufe III	3. 728 Euro für Pflegebedürftige des Pflegegrades 4,
a) 675 Euro ab 1. Juli 2008,	
b) 685 Euro ab 1. Januar 2010,	
c) 700 Euro ab 1. Januar 2012,	
d) 728 Euro ab 1. Januar 2015.	
	4. 901 Euro für Pflegebedürftige des Pflegegrades 5.

(2) [1]Besteht der Anspruch nach Absatz 1 nicht für den vollen Kalendermonat, ist der Geldbetrag entsprechend zu kürzen; dabei ist der Kalendermonat mit 30 Tagen anzusetzen. [2]*Die Hälfte des bisher bezogenen Pflegegeldes wird während einer Kurzzeitpflege nach § 42 für bis zu acht Wochen und während einer Verhinderungspflege nach § 39 für bis zu sechs Wochen je Kalenderjahr fortgewährt.* [3]Das Pflegegeld wird bis zum Ende des Kalendermonats geleistet, in dem der Pflegebedürftige gestorben ist. [4]§ 118 Abs. 3 und 4 des Sechsten Buches gilt entsprechend, wenn für die Zeit nach dem Monat, in dem der Pflegebedürftige verstorben ist, Pflegegeld überwiesen wurde.

(3) [1]Pflegebedürftige, die Pflegegeld nach Absatz 1 beziehen, haben

1. bei [bis 31.12.2016: Pflegestufe I und II] [ab 1.1.2017: Pflegegrad 2 und 3] halbjährlich einmal,
2. bei [bis 31.12.2016: Pflegestufe III] [ab 1.1.2017: Pflegegrad 4 und 5] vierteljährlich einmal

eine Beratung in der eigenen Häuslichkeit durch eine zugelassene Pflegeeinrichtung, durch eine von den Landesverbänden der Pflegekassen nach Absatz 7 anerkannte Beratungsstelle mit nachgewiesener pflegefachlicher Kompetenz oder, sofern dies durch eine zugelassene Pflegeeinrichtung vor Ort oder eine von den Landesverbänden der Pflegekassen anerkannte Beratungsstelle mit nachgewiesener pflegefachlicher Kompetenz nicht gewährleistet werden kann, durch eine von der Pflegekasse beauftragte, jedoch von ihr nicht beschäftigte Pflegefachkraft abzurufen. [2]Die Beratung dient der Sicherung der Qualität der häuslichen Pflege und der regelmäßigen Hilfestellung und praktischen pflegefachlichen Unterstützung der häuslich Pflegenden. [3]Die Vergütung für die Beratung ist von der zuständigen Pflegekasse, bei privat Pflegeversicherten von dem zuständigen privaten Versicherungsunternehmen zu tragen, im Fall der Beihilfeberechtigung anteilig von den Beihilfefestsetzungsstellen. [Bis 31.12.2016: [4]Sie beträgt in den Pflegestufen I und II bis zu 22 Euro und in der Pflegestufe III bis zu 32 Euro. [5]Pflegebedürftige, bei denen ein erheblicher Bedarf an allgemeiner Beaufsichtigung und Betreuung nach § 45 a festgestellt ist, sind berechtigt, den Beratungseinsatz innerhalb der in Satz 1 genannten Zeiträume zweimal in Anspruch zu nehmen. [6]Personen, bei denen ein erheblicher Bedarf an allgemeiner Beaufsichtigung und Betreuung nach § 45 a festgestellt ist und die noch nicht die Voraussetzungen der Pflegestufe I erfüllen, können halbjährlich einmal einen Beratungsbesuch in Anspruch nehmen; die Vergütung für die Beratung entspricht der für die Pflegestufen I und II nach Satz 4.] [Ab 1.1.2017: [4]Sie beträgt in den Pflegegraden 2 und 3 bis zu 23 Euro und in den Pflegegraden 4 und 5 bis zu 33 Euro. [5]Pflegebedürftige des Pflegegrades 1 haben Anspruch, halbjährlich einmal einen Beratungsbesuch abzurufen; die Vergütung für die Beratung entspricht der für die Pflegegrade 2 und 3 nach Satz 4. [6]Beziehen Pflegebedürftige von einem ambulanten Pflegedienst Pflegesachleistungen, können sie ebenfalls halbjährlich einmal einen Beratungsbesuch in Anspruch nehmen; für die Vergütung der Beratung gelten die Sätze 3 bis 5.] [Bis 31.12.2016: [7]In diesen Fällen kann die Beratung auch durch von den Landesverbänden der Pflegekassen anerkannte Beratungsstellen wahrgenommen werden, ohne dass für die Anerkennung eine pflegefachliche Kompetenz nachgewiesen werden muss.]

(4) [1]Die Pflegedienste und die anerkannten Beratungsstellen sowie die beauftragten Pflegefachkräfte haben die Durchführung der Beratungseinsätze gegenüber der Pflegekasse oder dem privaten Versicherungsunternehmen zu bestätigen sowie die bei dem Beratungsbesuch gewonnenen Erkenntnisse über

die Möglichkeiten der Verbesserung der häuslichen Pflegesituation dem Pflegebedürftigen und mit dessen Einwilligung der Pflegekasse oder dem privaten Versicherungsunternehmen mitzuteilen, im Fall der Beihilfeberechtigung auch der zuständigen Beihilfefestsetzungsstelle. [2]Der Spitzenverband Bund der Pflegekassen und die privaten Versicherungsunternehmen stellen ihnen für diese Mitteilung ein einheitliches Formular zur Verfügung. [3]Der beauftragte Pflegedienst und die anerkannte Beratungsstelle haben dafür Sorge zu tragen, dass für einen Beratungsbesuch im häuslichen Bereich Pflegekräfte eingesetzt werden, die spezifisches Wissen zu dem Krankheits- und Behinderungsbild sowie des sich daraus ergebenden Hilfebedarfs des Pflegebedürftigen mitbringen und über besondere Beratungskompetenz verfügen. [4]Zudem soll bei der Planung für die Beratungsbesuche weitestgehend sichergestellt werden, dass der Beratungsbesuch bei einem Pflegebedürftigen möglichst auf Dauer von derselben Pflegekraft durchgeführt wird.

(5) [Bis 31.12.2016: [1]Der Spitzenverband Bund der Pflegekassen und der Verband der privaten Krankenversicherung e.V. beschließen gemeinsam mit den Vereinigungen der Träger der ambulanten Pflegeeinrichtungen auf Bundesebene unter Beteiligung des Medizinischen Dienstes des Spitzenverbandes Bund der Krankenkassen Empfehlungen zur Qualitätssicherung der Beratungsbesuche nach Absatz 3.] [Ab 1.1.2017: [1]Die Vertragsparteien nach § 113 beschließen gemäß § 113 b bis zum 1. Januar 2018 unter Beachtung der in Absatz 4 festgelegten Anforderungen Empfehlungen zur Qualitätssicherung der Beratungsbesuche nach Absatz 3. [2]Fordert das Bundesministerium für Gesundheit oder eine Vertragspartei nach § 113 im Einvernehmen mit dem Bundesministerium für Gesundheit die Vertragsparteien schriftlich zum Beschluss neuer Empfehlungen nach Satz 1 auf, sind diese innerhalb von sechs Monaten nach Eingang der Aufforderung neu zu beschließen.] [2[3]]Die Empfehlungen gelten für die anerkannten Beratungsstellen entsprechend.

(6) Rufen Pflegebedürftige die Beratung nach Absatz 3 Satz 1 nicht ab, hat die Pflegekasse oder das private Versicherungsunternehmen das Pflegegeld angemessen zu kürzen und im Wiederholungsfall zu entziehen.

(7) [1]Die Landesverbände der Pflegekassen haben neutrale und unabhängige Beratungsstellen zur Durchführung der Beratung nach den Absätzen 3 und 4 anzuerkennen. [2]Dem Antrag auf Anerkennung ist ein Nachweis über die erforderliche pflegefachliche Kompetenz der Beratungsstelle und ein Konzept zur Qualitätssicherung des Beratungsangebotes beizufügen. [3]Die Landesverbände der Pflegekassen regeln das Nähere zur Anerkennung der Beratungsstellen. [Bis 31.12.2016: [4]Für die Durchführung von Beratungen nach Absatz 3 Satz 6 können die Landesverbände der Pflegekassen geeignete Beratungsstellen anerkennen, ohne dass ein Nachweis über die pflegefachliche Kompetenz erforderlich ist.]

(8) Der Pflegeberater oder die Pflegeberaterin (§ 7 a) kann die vorgeschriebenen Beratungseinsätze durchführen und diese bescheinigen.

§ 38 Kombination von Geldleistung und Sachleistung (Kombinationsleistung)

[1]Nimmt der Pflegebedürftige die ihm nach § 36 [bis 31.12.2016: Abs. 3 und 4] [ab 1.1.2017: Absatz 3] zustehende Sachleistung nur teilweise in Anspruch, erhält er daneben ein anteiliges Pflegegeld im Sinne des § 37. [2]Das Pflegegeld wird um den Vomhundertsatz vermindert, in dem der Pflegebedürftige Sachleistungen in Anspruch genommen hat. [3]An die Entscheidung, in welchem Verhältnis er Geld- und Sachleistung in Anspruch nehmen will, ist der Pflegebedürftige für die Dauer von sechs Monaten gebunden. [4]*Anteiliges Pflegegeld wird während einer Kurzzeitpflege nach § 42 für bis zu acht Wochen und während einer Verhinderungspflege nach § 39 für bis zu sechs Wochen je Kalenderjahr in Höhe der Hälfte der vor Beginn der Kurzzeit- oder Verhinderungspflege geleisteten Höhe fortgewährt.* [5]Pflegebedürftige in vollstationären Einrichtungen der Hilfe für behinderte Menschen (§ 43 a) haben Anspruch auf ungekürztes Pflegegeld anteilig für die Tage, an denen sie sich in häuslicher Pflege befinden.

§ 38 a Zusätzliche Leistungen für Pflegebedürftige in ambulant betreuten Wohngruppen

(1) [1]Pflegebedürftige haben Anspruch auf einen pauschalen Zuschlag in Höhe von [bis 31.12.2016: 205 Euro] [ab 1.1.2017: 214 Euro] monatlich, wenn

1. sie mit mindestens zwei und höchstens elf weiteren Personen in einer ambulant betreuten Wohngruppe in einer gemeinsamen Wohnung zum Zweck der gemeinschaftlich organisierten pflegerischen Versorgung leben und davon mindestens zwei weitere Personen pflegebedürftig im Sinne der

§§ 14, 15 sind [oder eine erhebliche Einschränkung der Alltagskompetenz nach § 45 a bei ihnen festgestellt wurde – ab 1.1.2017 gestrichen],

2. sie Leistungen nach den §§ 36, 37, 38, [bis 31.12.2016: 45 b oder § 123] [ab 1.1.2017: 45 a oder § 45 b] beziehen,
3. eine Person [bis 31.12.2016: von den Mitgliedern] [ab 1.1.2017: durch die Mitglieder] der Wohngruppe gemeinschaftlich beauftragt ist, unabhängig von der individuellen pflegerischen Versorgung allgemeine organisatorische, verwaltende, betreuende oder das Gemeinschaftsleben fördernde Tätigkeiten zu verrichten oder hauswirtschaftliche Unterstützung zu leisten, und

[bis 31.12.2016:

4. keine Versorgungsform vorliegt, in der der Anbieter der Wohngruppe oder ein Dritter den Pflegebedürftigen Leistungen anbietet oder gewährleistet, die dem im jeweiligen Rahmenvertrag nach § 75 Absatz 1 für vollstationäre Pflege vereinbarten Leistungsumfang weitgehend entsprechen; der Anbieter einer ambulant betreuten Wohngruppe hat die Pflegebedürftigen vor deren Einzug in die Wohngruppe in geeigneter Weise darauf hinzuweisen, dass dieser Leistungsumfang von ihm oder einem Dritten in der Wohngruppe nicht erbracht wird, sondern die Versorgung auch durch die aktive Einbindung ihrer eigenen Ressourcen und ihres sozialen Umfeldes sichergestellt werden kann.]

[ab 1.1.2017:

4. keine Versorgungsform einschließlich teilstationärer Pflege vorliegt, in der ein Anbieter der Wohngruppe oder ein Dritter den Pflegebedürftigen Leistungen anbietet oder gewährleistet, die dem im jeweiligen Rahmenvertrag nach § 75 Absatz 1 für vollstationäre Pflege vereinbarten Leistungsumfang weitgehend entsprechen; der Anbieter einer ambulant betreuten Wohngruppe hat die Pflegebedürftigen vor deren Einzug in die Wohngruppe in geeigneter Weise darauf hinzuweisen, dass dieser Leistungsumfang von ihm oder einem Dritten nicht erbracht wird, sondern die Versorgung in der Wohngruppe auch durch die aktive Einbindung ihrer eigenen Ressourcen und ihres sozialen Umfeldes sichergestellt werden kann.]

[2]Leistungen der Tages- und Nachtpflege gemäß § 41 können neben den Leistungen nach dieser Vorschrift nur in Anspruch genommen werden, wenn gegenüber der zuständigen Pflegekasse durch eine Prüfung des Medizinischen Dienstes der Krankenversicherung nachgewiesen ist, dass die Pflege in der ambulant betreuten Wohngruppe ohne teilstationäre Pflege nicht in ausreichendem Umfang sichergestellt ist; dies gilt entsprechend für die Versicherten der privaten Pflege-Pflichtversicherung.

(2) Die Pflegekassen sind berechtigt, zur Feststellung der Anspruchsvoraussetzungen bei dem Antragsteller folgende Daten zu erheben, zu verarbeiten und zu nutzen und folgende Unterlagen anzufordern:

1. eine formlose Bestätigung des Antragstellers, dass die Voraussetzungen nach Absatz 1 Nummer 1 erfüllt sind,
2. die Adresse und das Gründungsdatum der Wohngruppe,
3. den Mietvertrag einschließlich eines Grundrisses der Wohnung und den Pflegevertrag nach § 120,
4. Vorname, Name, Anschrift und Telefonnummer sowie Unterschrift der Person nach Absatz 1 Nummer 3 und
5. die vereinbarten Aufgaben der Person nach Absatz 1 Nummer 3.

§ 39 Häusliche Pflege bei Verhinderung der Pflegeperson

(1) [1]Ist eine Pflegeperson wegen Erholungsurlaubs, Krankheit oder aus anderen Gründen an der Pflege gehindert, übernimmt die Pflegekasse die nachgewiesenen Kosten einer notwendigen Ersatzpflege für längstens sechs Wochen je Kalenderjahr; § 34 Absatz 2 Satz 1 gilt nicht. [2]Voraussetzung ist, dass die Pflegeperson den Pflegebedürftigen vor der erstmaligen Verhinderung mindestens sechs Monate in seiner häuslichen Umgebung gepflegt hat [ab 1.1.2017: und der Pflegebedürftige zum Zeitpunkt der Verhinderung mindestens in Pflegegrad 2 eingestuft ist]. [3]*Die Aufwendungen der Pflegekasse können sich im Kalenderjahr auf bis zu 1 612 Euro belaufen, wenn die Ersatzpflege durch andere Pflegepersonen sichergestellt wird als solche, die mit dem Pflegebedürftigen bis zum zweiten Grade verwandt oder verschwägert sind oder die mit ihm in häuslicher Gemeinschaft leben.*

(2) [1]Der Leistungsbetrag nach Absatz 1 Satz 3 kann um bis zu 806 Euro aus noch nicht in Anspruch genommenen Mitteln der Kurzzeitpflege nach § 42 Absatz 2 Satz 2 auf insgesamt bis zu 2 418 Euro im

Kalenderjahr erhöht werden. [2]Der für die Verhinderungspflege in Anspruch genommene Erhöhungsbetrag wird auf den Leistungsbetrag für eine Kurzzeitpflege nach § 42 Absatz 2 Satz 2 angerechnet.

(3) [1]Bei einer Ersatzpflege durch Pflegepersonen, die mit dem Pflegebedürftigen bis zum zweiten Grade verwandt oder verschwägert sind oder mit ihm in häuslicher Gemeinschaft leben, dürfen die Aufwendungen der Pflegekasse regelmäßig den Betrag des Pflegegeldes nach § 37 Absatz 1 Satz 3 für bis zu sechs Wochen nicht überschreiten. [2]Wird die Ersatzpflege von den in Satz 1 genannten Personen erwerbsmäßig ausgeübt, können sich die Aufwendungen der Pflegekasse abweichend von Satz 1 auf den Leistungsbetrag nach Absatz 1 Satz 3 belaufen; Absatz 2 findet Anwendung. [3]Bei Bezug der Leistung in Höhe des Pflegegeldes für eine Ersatzpflege durch Pflegepersonen, die mit dem Pflegebedürftigen bis zum zweiten Grade verwandt oder verschwägert sind oder mit ihm in häuslicher Gemeinschaft leben, können von der Pflegekasse auf Nachweis notwendige Aufwendungen, die der Pflegeperson im Zusammenhang mit der Ersatzpflege entstanden sind, übernommen werden. *[4]Die Aufwendungen der Pflegekasse nach den Sätzen 1 und 3 dürfen zusammen den Leistungsbetrag nach Absatz 1 Satz 3 nicht übersteigen; Absatz 2 findet Anwendung.*

§ 40 Pflegehilfsmittel und wohnumfeldverbessernde Maßnahmen

(1) [1]Pflegebedürftige haben Anspruch auf Versorgung mit Pflegehilfsmitteln, die zur Erleichterung der Pflege oder zur Linderung der Beschwerden des Pflegebedürftigen beitragen oder ihm eine selbständigere Lebensführung ermöglichen, soweit die Hilfsmittel nicht wegen Krankheit oder Behinderung von der Krankenversicherung oder anderen zuständigen Leistungsträgern zu leisten sind. [2]Die Pflegekasse überprüft die Notwendigkeit der Versorgung mit den beantragten Pflegehilfsmitteln unter Beteiligung einer Pflegefachkraft oder des Medizinischen Dienstes. [3]Entscheiden sich Versicherte für eine Ausstattung des Pflegehilfsmittels, die über das Maß des Notwendigen hinausgeht, haben sie die Mehrkosten und die dadurch bedingten Folgekosten selbst zu tragen. [4]§ 33 Abs. 6 und 7 des Fünften Buches gilt entsprechend.

(2) [1]Die Aufwendungen der Pflegekassen für zum Verbrauch bestimmte Pflegehilfsmittel dürfen monatlich den Betrag von 40 Euro nicht übersteigen. [2]Die Leistung kann auch in Form einer Kostenerstattung erbracht werden.

(3) [1]Die Pflegekassen sollen technische Pflegehilfsmittel in allen geeigneten Fällen vorrangig leihweise überlassen. [2]Sie können die Bewilligung davon abhängig machen, daß die Pflegebedürftigen sich das Pflegehilfsmittel anpassen oder sich selbst oder die Pflegeperson in seinem Gebrauch ausbilden lassen. [3]Der Anspruch umfaßt auch die notwendige Änderung, Instandsetzung und Ersatzbeschaffung von Pflegehilfsmitteln sowie die Ausbildung in ihrem Gebrauch. [4]Versicherte, die das 18. Lebensjahr vollendet haben, haben zu den Kosten der Pflegehilfsmittel mit Ausnahme der Pflegehilfsmittel nach Absatz 2 eine Zuzahlung von zehn vom Hundert, höchstens jedoch 25 Euro je Pflegehilfsmittel an die abgebende Stelle zu leisten. [5]Zur Vermeidung von Härten kann die Pflegekasse den Versicherten in entsprechender Anwendung des § 62 Abs. 1 Satz 1, 2 und 6 sowie Abs. 2 und 3 des Fünften Buches ganz oder teilweise von der Zuzahlung befreien. [6]Versicherte, die die für sie geltende Belastungsgrenze nach § 62 des Fünften Buches erreicht haben oder unter Berücksichtigung der Zuzahlung nach Satz 4 erreichen, sind hinsichtlich des die Belastungsgrenze überschreitenden Betrags von der Zuzahlung nach diesem Buch befreit. [7]Lehnen Versicherte die leihweise Überlassung eines Pflegehilfsmittels ohne zwingenden Grund ab, haben sie die Kosten des Pflegehilfsmittels in vollem Umfang selbst zu tragen.

(4) [1]Die Pflegekassen können subsidiär finanzielle Zuschüsse für Maßnahmen zur Verbesserung des individuellen Wohnumfeldes des Pflegebedürftigen gewähren, beispielsweise für technische Hilfen im Haushalt, wenn dadurch im Einzelfall die häusliche Pflege ermöglicht oder erheblich erleichtert oder eine möglichst selbständige Lebensführung des Pflegebedürftigen wiederhergestellt wird. [2]Die Zuschüsse dürfen einen Betrag in Höhe von 4 000 Euro je Maßnahme nicht übersteigen. [3]Leben mehrere Pflegebedürftige in einer gemeinsamen Wohnung, dürfen die Zuschüsse für Maßnahmen zur Verbesserung des gemeinsamen Wohnumfeldes einen Betrag in Höhe von 4 000 Euro je Pflegebedürftigem nicht übersteigen. [4]Der Gesamtbetrag je Maßnahme nach Satz 3 ist auf 16 000 Euro begrenzt und wird bei mehr als vier Anspruchsberechtigten anteilig auf die Versicherungsträger der Anspruchsberechtigten aufgeteilt.

(5) [1]Für Hilfsmittel und Pflegehilfsmittel, die sowohl den in § 23 und § 33 des Fünften Buches als auch den in Absatz 1 genannten Zwecken dienen können, prüft der Leistungsträger, bei dem die Leistung beantragt wird, ob ein Anspruch gegenüber der Krankenkasse oder der Pflegekasse besteht und entscheidet über die Bewilligung der Hilfsmittel und Pflegehilfsmittel. [2]Zur Gewährleistung einer Absatz

1 Satz 1 entsprechenden Abgrenzung der Leistungsverpflichtungen der gesetzlichen Krankenversicherung und der sozialen Pflegeversicherung werden die Ausgaben für Hilfsmittel und Pflegehilfsmittel zwischen der jeweiligen Krankenkasse und der bei ihr errichteten Pflegekasse in einem bestimmten Verhältnis pauschal aufgeteilt. [3]Der Spitzenverband Bund der Krankenkassen bestimmt in Richtlinien, die erstmals bis zum 30. April 2012 zu beschließen sind, die Hilfsmittel und Pflegehilfsmittel nach Satz 1, das Verhältnis, in dem die Ausgaben aufzuteilen sind, sowie die Einzelheiten zur Umsetzung der Pauschalierung. [4]Er berücksichtigt dabei die bisherigen Ausgaben der Kranken- und Pflegekassen und stellt sicher, dass bei der Aufteilung die Zielsetzung der Vorschriften des Fünften Buches und dieses Buches zur Hilfsmittelversorgung sowie die Belange der Versicherten gewahrt bleiben. [5]Die Richtlinien bedürfen der Genehmigung des Bundesministeriums für Gesundheit und treten am ersten Tag des auf die Genehmigung folgenden Monats in Kraft; die Genehmigung kann mit Auflagen verbunden werden. [6]Die Richtlinien sind für die Kranken- und Pflegekassen verbindlich. [7]Für die nach Satz 3 bestimmten Hilfsmittel und Pflegehilfsmittel richtet sich die Zuzahlung nach den §§ 33, 61 und 62 des Fünften Buches; für die Prüfung des Leistungsanspruchs gilt § 275 Absatz 3 des Fünften Buches. [8]Die Regelungen dieses Absatzes gelten nicht für Ansprüche auf Hilfsmittel oder Pflegehilfsmittel von Pflegebedürftigen, die sich in vollstationärer Pflege befinden, sowie von Pflegebedürftigen nach § 28 Absatz 2.

Zweiter Titel Teilstationäre Pflege und Kurzzeitpflege

§ 41 Tagespflege und Nachtpflege

(1) [1]Pflegebedürftige [ab 1.1.2017: <u>der Pflegegrade 2 bis 5</u>] haben Anspruch auf teilstationäre Pflege in Einrichtungen der Tages- oder Nachtpflege, wenn häusliche Pflege nicht in ausreichendem Umfang sichergestellt werden kann oder wenn dies zur Ergänzung oder Stärkung der häuslichen Pflege erforderlich ist. [2]Die teilstationäre Pflege umfaßt auch die notwendige Beförderung des Pflegebedürftigen von der Wohnung zur Einrichtung der Tagespflege oder der Nachtpflege und zurück.

[Bis 31.12.2016:

(2) [1]Die Pflegekasse übernimmt im Rahmen der Leistungsbeträge nach Satz 2 die pflegebedingten Aufwendungen der teilstationären Pflege, die Aufwendungen der sozialen Betreuung und die Aufwendungen für die in der Einrichtung notwendigen Leistungen der medizinischen Behandlungspflege. [2]Der Anspruch auf teilstationäre Pflege umfasst je Kalendermonat

1. für Pflegebedürftige der Pflegestufe I einen Gesamtwert bis zu
   a) 420 Euro ab 1. Juli 2008,
   b) 440 Euro ab 1. Januar 2010,
   c) 450 Euro ab 1. Januar 2012,
   d) 468 Euro ab 1. Januar 2015,
2. für Pflegebedürftige der Pflegestufe II einen Gesamtwert bis zu
   a) 980 Euro ab 1. Juli 2008,
   b) 1 040 Euro ab 1. Januar 2010,
   c) 1 100 Euro ab 1. Januar 2012,
   d) 1 144 Euro ab 1. Januar 2015,
3. für Pflegebedürftige der Pflegestufe III einen Gesamtwert bis zu
   a) 1 470 Euro ab 1. Juli 2008,
   b) 1 510 Euro ab 1. Januar 2010,
   c) 1 550 Euro ab 1. Januar 2012,
   d) 1 612 Euro ab 1. Januar 2015.]

[Ab 1.1.2017:

<u>(2) [1]Die Pflegekasse übernimmt im Rahmen der Leistungsbeträge nach Satz 2 die pflegebedingten Aufwendungen der teilstationären Pflege einschließlich der Aufwendungen für Betreuung und die Aufwendungen für die in der Einrichtung notwendigen Leistungen der medizinischen Behandlungspflege. [2]Der Anspruch auf teilstationäre Pflege umfasst je Kalendermonat</u>

1. für Pflegebedürftige des Pflegegrades 2 einen Gesamtwert bis zu 689 Euro,
2. für Pflegebedürftige des Pflegegrades 3 einen Gesamtwert bis zu 1 298 Euro,
3. für Pflegebedürftige des Pflegegrades 4 einen Gesamtwert bis zu 1 612 Euro,
4. für Pflegebedürftige des Pflegegrades 5 einen Gesamtwert bis zu 1 995 Euro.]

(3) Pflegebedürftige [ab 1.1.2017: der Pflegegrade 2 bis 5] können teilstationäre Tages- und Nachtpflege zusätzlich zu ambulanten Pflegesachleistungen, Pflegegeld oder der Kombinationsleistung nach § 38 in Anspruch nehmen, ohne dass eine Anrechnung auf diese Ansprüche erfolgt.

§ 42 Kurzzeitpflege

(1) [1]Kann die häusliche Pflege zeitweise nicht, noch nicht oder nicht im erforderlichen Umfang erbracht werden und reicht auch teilstationäre Pflege nicht aus, besteht [ab 1.1.2017: für Pflegebedürftige der Pflegegrade 2 bis 5] Anspruch auf Pflege in einer vollstationären Einrichtung. [2]Dies gilt:

1. für eine Übergangszeit im Anschluß an eine stationäre Behandlung des Pflegebedürftigen oder
2. in sonstigen Krisensituationen, in denen vorübergehend häusliche oder teilstationäre Pflege nicht möglich oder nicht ausreichend ist.

(2) [1]Der Anspruch auf Kurzzeitpflege ist auf *acht* Wochen pro Kalenderjahr beschränkt. [Bis 31.12.2016: [2]Die Pflegekasse übernimmt die pflegebedingten Aufwendungen, die Aufwendungen der sozialen Betreuung sowie die Aufwendungen für Leistungen der medizinischen Behandlungspflege bis zu dem Gesamtbetrag von 1 470 Euro ab 1. Juli 2008, 1 510 Euro ab 1. Januar 2010, 1 550 Euro ab 1. Januar 2012 und 1 612 Euro ab 1. Januar 2015 im Kalenderjahr.] [Ab 1.1.2017: [2]Die Pflegekasse übernimmt die pflegebedingten Aufwendungen einschließlich der Aufwendungen für Betreuung sowie die Aufwendungen für Leistungen der medizinischen Behandlungspflege bis zu dem Gesamtbetrag von 1 612 Euro im Kalenderjahr.] [3]Der Leistungsbetrag nach Satz 2 kann um bis zu 1 612 Euro aus noch nicht in Anspruch genommenen Mitteln der Verhinderungspflege nach § 39 Absatz 1 Satz 3 auf insgesamt bis zu 3 224 Euro im Kalenderjahr erhöht werden. [4]Der für die Kurzzeitpflege in Anspruch genommene Erhöhungsbetrag wird auf den Leistungsbetrag für eine Verhinderungspflege nach § 39 Absatz 1 Satz 3 angerechnet.

(3) [1]Abweichend von den Absätzen 1 und 2 besteht der Anspruch auf Kurzzeitpflege in begründeten Einzelfällen bei zu Hause gepflegten Pflegebedürftigen auch in geeigneten Einrichtungen der Hilfe für behinderte Menschen und anderen geeigneten Einrichtungen, wenn die Pflege in einer von den Pflegekassen zur Kurzzeitpflege zugelassenen Pflegeeinrichtung nicht möglich ist oder nicht zumutbar erscheint. [2]§ 34 Abs. 2 Satz 1 findet keine Anwendung. [3]Sind in dem Entgelt für die Einrichtung Kosten für Unterkunft und Verpflegung sowie Aufwendungen für Investitionen enthalten, ohne gesondert ausgewiesen zu sein, so sind 60 vom Hundert des Entgelts zuschussfähig. [4]In begründeten Einzelfällen kann die Pflegekasse in Ansehung der Kosten für Unterkunft und Verpflegung sowie der Aufwendungen für Investitionen davon abweichende pauschale Abschläge vornehmen.

(4) Abweichend von den Absätzen 1 und 2 besteht der Anspruch auf Kurzzeitpflege auch in Einrichtungen, die stationäre Leistungen zur medizinischen Vorsorge oder Rehabilitation erbringen, wenn während einer Maßnahme der medizinischen Vorsorge oder Rehabilitation für eine Pflegeperson eine gleichzeitige Unterbringung und Pflege des Pflegebedürftigen erforderlich ist.

Dritter Titel Vollstationäre Pflege

§ 43 Inhalt der Leistung

(1) Pflegebedürftige [ab 1.1.2017: der Pflegegrade 2 bis 5] haben Anspruch auf Pflege in vollstationären Einrichtungen, wenn häusliche oder teilstationäre Pflege nicht möglich ist oder wegen der Besonderheit des einzelnen Falles nicht in Betracht kommt.

(2) [Bis 31.12.2016: [1]Für Pflegebedürftige in vollstationären Einrichtungen übernimmt die Pflegekasse im Rahmen der pauschalen Leistungsbeträge nach Satz 2 die pflegebedingten Aufwendungen, die Aufwendungen der sozialen Betreuung und die Aufwendungen für Leistungen der medizinischen Behandlungspflege. [2]Der Anspruch beträgt je Kalendermonat

1. für Pflegebedürftige der Pflegestufe I 1 064 Euro,
2. für Pflegebedürftige der Pflegestufe II 1 330 Euro,
3. für Pflegebedürftige der Pflegestufe III
   a) 1 470 Euro ab 1. Juli 2008,
   b) 1 510 Euro ab 1. Januar 2010,
   c) 1 550 Euro ab 1. Januar 2012,
   d) 1 612 Euro ab 1. Januar 2015,
4. für Pflegebedürftige, die nach Absatz 3 als Härtefall anerkannt sind,
   a) 1 750 Euro ab 1. Juli 2008,
   b) 1 825 Euro ab 1. Januar 2010,
   c) 1 918 Euro ab 1. Januar 2012,
   d) 1 995 Euro ab 1. Januar 2015.

[3]Der von der Pflegekasse einschließlich einer Dynamisierung nach § 30 zu übernehmende Betrag darf 75 vom Hundert des Gesamtbetrages aus Pflegesatz, Entgelt für Unterkunft und Verpflegung und gesondert berechenbaren Investitionskosten nach § 82 Abs. 3 und 4 nicht übersteigen.]

[Ab 1.1.2017: [1]Für Pflegebedürftige in vollstationären Einrichtungen übernimmt die Pflegekasse im Rahmen der pauschalen Leistungsbeträge nach Satz 2 die pflegebedingten Aufwendungen einschließlich der Aufwendungen für Betreuung und die Aufwendungen für Leistungen der medizinischen Behandlungspflege. [2]Der Anspruch beträgt je Kalendermonat

1. 770 Euro für Pflegebedürftige des Pflegegrades 2,
2. 1 262 Euro für Pflegebedürftige des Pflegegrades 3,
3. 1 775 Euro für Pflegebedürftige des Pflegegrades 4,
4. 2 005 Euro für Pflegebedürftige des Pflegegrades 5.]

[Bis 31.12.2016:

(3) [1]Die Pflegekassen können in besonderen Ausnahmefällen zur Vermeidung von Härten die pflegebedingten Aufwendungen, die Aufwendungen der sozialen Betreuung und die Aufwendungen für Leistungen der medizinischen Behandlungspflege pauschal in Höhe des nach Absatz 2 Satz 2 Nr. 4 geltenden Betrages übernehmen, wenn ein außergewöhnlich hoher und intensiver Pflegeaufwand erforderlich ist, der das übliche Maß der Pflegestufe III weit übersteigt, beispielsweise bei Apallikern, schwerer Demenz oder im Endstadium von Krebserkrankungen. [2]Die Ausnahmeregelung des Satzes 1 darf für nicht mehr als fünf vom Hundert aller versicherten Pflegebedürftigen der Pflegestufe III, die stationäre Pflegeleistungen erhalten, Anwendung finden. [3]Der Spitzenverband Bund der Pflegekassen überwacht die Einhaltung dieses Höchstsatzes und hat erforderlichenfalls geeignete Maßnahmen zur Einhaltung zu ergreifen.

(4) Wählen Pflegebedürftige vollstationäre Pflege, obwohl diese nach Feststellung der Pflegekasse nicht erforderlich ist, erhalten sie zu den pflegebedingten Aufwendungen einen Zuschuß in Höhe des in § 36 Abs. 3 für die jeweilige Pflegestufe vorgesehenen Gesamtwertes.]

[Ab 1.1.2017:

(3) Wählen Pflegebedürftige des Pflegegrades 1 vollstationäre Pflege, erhalten sie für die in Absatz 2 Satz 1 genannten Aufwendungen einen Zuschuss in Höhe von 125 Euro monatlich.]

(5) [Ab 1.1.2017: (4)] Bei vorübergehender Abwesenheit von Pflegebedürftigen aus dem Pflegeheim werden die Leistungen für vollstationäre Pflege erbracht, solange die Voraussetzungen des § 87a Abs. 1 Satz 5 und 6 vorliegen.

Vierter Titel Pflege in vollstationären Einrichtungen der Hilfe für behinderte Menschen

§ 43 a Inhalt der Leistung

[1]Für Pflegebedürftige [ab 1.1.2017: der Pflegegrade 2 bis 5] in einer vollstationären Einrichtung der Hilfe für behinderte Menschen, in der die Teilhabe am Arbeitsleben und am Leben in der Gemeinschaft, die schulische Ausbildung oder die Erziehung behinderter Menschen im Vordergrund des Einrichtungszwecks stehen (§ 71 Abs. 4), übernimmt die Pflegekasse zur Abgeltung der in § 43 Abs. 2 genannten Aufwendungen zehn vom Hundert des nach § 75 Abs. 3 des Zwölften Buches vereinbarten Heimentgelts. [2]Die Aufwendungen der Pflegekasse dürfen im Einzelfall je Kalendermonat 266 Euro nicht überschreiten. [3]Wird für die Tage, an denen die pflegebedürftigen Behinderten zu Hause gepflegt und betreut werden, anteiliges Pflegegeld beansprucht, gelten die Tage der An- und Abreise als volle Tage der häuslichen Pflege.

[Ab 1.1.2017:

Fünfter Titel Zusätzliche Betreuung und Aktivierung in stationären Pflegeeinrichtungen

§ 43 b Inhalt der Leistung

Pflegebedürftige in stationären Pflegeeinrichtungen haben nach Maßgabe von § 84 Absatz 8 und § 85 Absatz 8 Anspruch auf zusätzliche Betreuung und Aktivierung, die über die nach Art und Schwere der Pflegebedürftigkeit notwendige Versorgung hinausgeht.]

Vierter Abschnitt Leistungen für Pflegepersonen

§ 44 Leistungen zur sozialen Sicherung der Pflegepersonen

[Bis 31.12.2016:

(1) [1]Zur Verbesserung der sozialen Sicherung der Pflegepersonen im Sinne des § 19 entrichten die Pflegekassen und die privaten Versicherungsunternehmen, bei denen eine private Pflege-Pflichtversicherung durchgeführt wird, sowie die sonstigen in § 170 Abs. 1 Nr. 6 des Sechsten Buches genannten Stellen Beiträge an den zuständigen Träger der gesetzlichen Rentenversicherung, wenn die Pflegeperson regelmäßig nicht mehr als dreißig Stunden wöchentlich erwerbstätig ist. [2]Näheres regeln die §§ 3, 137, 166 und 170 des Sechsten Buches. [3]Der Medizinische Dienst der Krankenversicherung stellt im Einzelfall fest, ob und in welchem zeitlichen Umfang häusliche Pflege durch eine Pflegeperson erforderlich ist, und erfragt in den Fällen, in denen die Pflege des Pflegebedürftigen die Dauer von 14 Stunden unterschreitet, ob die Pflegeperson weitere Pflegebedürftige pflegt. [4]Der Pflegebedürftige oder die Pflegeperson haben darzulegen und auf Verlangen glaubhaft zu machen, daß Pflegeleistungen in diesem zeitlichen Umfang auch tatsächlich erbracht werden. [5]Dies gilt insbesondere, wenn Pflegesachleistungen (§ 36) in Anspruch genommen werden. [6]Während der pflegerischen Tätigkeit sind die Pflegepersonen nach Maßgabe der §§ 2, 4, 105, 106, 129, 185 des Siebten Buches in den Versicherungsschutz der gesetzlichen Unfallversicherung einbezogen. [7]Pflegepersonen, die nach der Pflegetätigkeit in das Erwerbsleben zurückkehren wollen, können bei beruflicher Weiterbildung nach Maßgabe des Dritten Buches bei Vorliegen der dort genannten Voraussetzungen gefördert werden.]

[Ab 1.1.2017:

(1) [1]Zur Verbesserung der sozialen Sicherung der Pflegepersonen im Sinne des § 19, die einen Pflegebedürftigen mit mindestens Pflegegrad 2 pflegen, entrichten die Pflegekassen und die privaten Versicherungsunternehmen, bei denen eine private Pflege-Pflichtversicherung durchgeführt wird, sowie die sonstigen in § 170 Absatz 1 Nummer 6 des Sechsten Buches genannten Stellen Beiträge nach Maßgabe des § 166 Absatz 2 des Sechsten Buches an den zuständigen Träger der gesetzlichen Rentenversicherung, wenn die Pflegeperson regelmäßig nicht mehr als 30 Stunden wöchentlich erwerbstätig ist. [2]Der Medizinische Dienst der Krankenversicherung oder ein anderer von der Pflegekasse beauftragter unabhängiger Gutachter ermittelt im Einzelfall, ob die Pflegeperson eine oder mehrere pflegebedürftige Personen wenigstens zehn Stunden wöchentlich, verteilt auf regelmäßig mindestens zwei Tage in der Woche, pflegt. [3]Wird die Pflege eines Pflegebedürftigen von mehreren Pflegepersonen erbracht (Mehrfach-

pflege), wird zudem der Umfang der jeweiligen Pflegetätigkeit je Pflegeperson im Verhältnis zum Umfang der von den Pflegepersonen zu leistenden Pflegetätigkeit insgesamt (Gesamtpflegeaufwand) ermittelt. [4]Dabei werden die Angaben der beteiligten Pflegepersonen zugrunde gelegt. [5]Werden keine oder keine übereinstimmenden Angaben gemacht, erfolgt eine Aufteilung zu gleichen Teilen. [6]Die Feststellungen zu den Pflegezeiten und zum Pflegeaufwand der Pflegeperson sowie bei Mehrfachpflege zum Einzel- und Gesamtpflegeaufwand trifft die für die Pflegeleistungen nach diesem Buch zuständige Stelle. [7]Diese Feststellungen sind der Pflegeperson auf Wunsch zu übermitteln.]

(2) Für Pflegepersonen, die wegen einer Pflichtmitgliedschaft in einer berufsständischen Versorgungseinrichtung auch in ihrer Pflegetätigkeit von der Versicherungspflicht in der gesetzlichen Rentenversicherung befreit sind oder befreit wären, wenn sie in der gesetzlichen Rentenversicherung versicherungspflichtig wären und einen Befreiungsantrag gestellt hätten, werden die nach Absatz 1 [Satz 1 und 2 – ab 1.1.2017 gestrichen] zu entrichtenden Beiträge auf Antrag an die berufsständische Versorgungseinrichtung gezahlt.

[Ab 1.1.2017:

(2 a) Während der pflegerischen Tätigkeit sind Pflegepersonen im Sinne des § 19, die einen Pflegebedürftigen mit mindestens Pflegegrad 2 pflegen, nach Maßgabe des § 2 Absatz 1 Nummer 17 des Siebten Buches in den Versicherungsschutz der gesetzlichen Unfallversicherung einbezogen.

(2 b) [1]Während der pflegerischen Tätigkeit sind Pflegepersonen im Sinne des § 19, die einen Pflegebedürftigen mit mindestens Pflegegrad 2 pflegen, nach Maßgabe des § 26 Absatz 2 b des Dritten Buches nach dem Recht der Arbeitsförderung versichert. [2]Die Pflegekassen und die privaten Versicherungsunternehmen, bei denen eine private Pflege-Pflichtversicherung durchgeführt wird, sowie die sonstigen in § 347 Nummer 10 Buchstabe c des Dritten Buches genannten Stellen entrichten für die Pflegepersonen Beiträge an die Bundesagentur für Arbeit. [3]Näheres zu den Beiträgen und zum Verfahren regeln die §§ 345, 347 und 349 des Dritten Buches.]

(3) [1]Die Pflegekasse und das private Versicherungsunternehmen haben die in der Renten- und Unfallversicherung [ab 1.1.2017: sowie nach dem Dritten Buch] zu versichernde Pflegeperson den zuständigen Renten- und Unfallversicherungsträgern [ab 1.1.2017: sowie der Bundesagentur für Arbeit] zu melden. [2]Die Meldung für die Pflegeperson enthält:

1. ihre Versicherungsnummer, soweit bekannt,
2. ihren Familien- und Vornamen,
3. ihr Geburtsdatum,
4. ihre Staatsangehörigkeit,
5. ihre Anschrift,
6. Beginn und Ende der Pflegetätigkeit,
7. [bis 31.12.2016: die Pflegestufe] [ab 1.1.2017: den Pflegegrad] des Pflegebedürftigen und
8. die [unter Berücksichtigung des Umfangs der Pflegetätigkeit – ab 1.1.2017 gestrichen] nach § 166 [ab 1.1.2017: Absatz 2] des Sechsten Buches maßgeblichen beitragspflichtigen Einnahmen.

[3]Der Spitzenverband Bund der Pflegekassen sowie der Verband der privaten Krankenversicherung e.V. können mit der Deutschen Rentenversicherung Bund und mit den Trägern der Unfallversicherung [ab 1.1.2017: sowie mit der Bundesagentur für Arbeit] Näheres über das Meldeverfahren vereinbaren.

(4) Der Inhalt der Meldung nach Absatz 3 Satz 2 Nr. 1 bis 6 und 8 ist der Pflegeperson, der Inhalt der Meldung nach Absatz 3 Satz 2 Nr. 7 dem Pflegebedürftigen schriftlich mitzuteilen.

(5) [Bis 31.12.2016: [1]Die Pflegekasse und das private Versicherungsunternehmen haben in den Fällen, in denen eine nicht erwerbsmäßig tätige Pflegeperson einen Pflegebedürftigen pflegt, der Anspruch auf Beihilfeleistungen oder Leistungen der Heilfürsorge hat und für die die Beiträge an die gesetzliche Rentenversicherung nach § 170 Abs. 1 Nr. 6 Buchstabe c des Sechsten Buches anteilig getragen werden, im Antragsverfahren auf Leistungen der Pflegeversicherung von dem Pflegebedürftigen ab dem 1. Juni 2005 die zuständige Festsetzungsstelle für die Beihilfe oder den Dienstherrn unter Hinweis auf die beabsichtigte Weiterleitung der in Satz 2 genannten Angaben an diese Stelle zu erfragen. [2]Der angegebenen Festsetzungsstelle für die Beihilfe oder dem Dienstherrn sind bei Feststellung der Beitragspflicht die in Absatz 3 Satz 2 Nr. 1 bis 5 und 8 genannten Angaben sowie der Beginn der Beitragspflicht mitzuteilen.] [Ab 1.1.2017: [1]Die Pflegekasse und das private Versicherungsunternehmen haben in den Fällen, in denen eine nicht erwerbsmäßig tätige Pflegeperson einen Pflegebedürftigen mit mindestens Pfle-

gegrad 2 pflegt, der Anspruch auf Beihilfeleistungen oder Leistungen der Heilfürsorge hat, und für die die Beiträge an die gesetzliche Rentenversicherung nach § 170 Absatz 1 Nummer 6 Buchstabe c des Sechsten Buches oder an die Bundesagentur für Arbeit nach § 347 Nummer 10 Buchstabe c des Dritten Buches anteilig getragen werden, im Antragsverfahren auf Leistungen der Pflegeversicherung von dem Pflegebedürftigen die zuständige Festsetzungsstelle für die Beihilfe oder den Dienstherrn unter Hinweis auf die beabsichtigte Weiterleitung der in Satz 2 genannten Angaben an diese Stelle zu erfragen. [2]Der angegebenen Festsetzungsstelle für die Beihilfe oder dem Dienstherrn sind bei Feststellung der Beitragspflicht sowie bei Änderungen in den Verhältnissen des Pflegebedürftigen oder der Pflegeperson, insbesondere bei einer Änderung des Pflegegrades, einer Unterbrechung der Pflegetätigkeit oder einem Wechsel der Pflegeperson, die in Absatz 3 Satz 2 genannten Angaben mitzuteilen.] [3]Absatz 4 findet auf Satz 2 entsprechende Anwendung.

[Bis 31.12.2016:

(6) [1]Für die Fälle, in denen die Mindeststundenzahl von 14 Stunden wöchentlicher Pflege für die Rentenversicherungspflicht einer Pflegeperson nur durch die Pflege mehrerer Pflegebedürftiger erreicht wird, haben der Spitzenverband Bund der Pflegekassen, der Verband der privaten Krankenversicherung e.V. und die Deutsche Rentenversicherung Bund das Verfahren und die Mitteilungspflichten zwischen den an einer Addition von Pflegezeiten beteiligten Pflegekassen und Versicherungsunternehmen durch Vereinbarung zu regeln. [2]Die Pflegekassen und Versicherungsunternehmen dürfen die in Absatz 3 Satz 2 Nummer 1 bis 3 und 6 und, soweit dies für eine sichere Identifikation der Pflegeperson erforderlich ist, die in den Nummern 4 und 5 genannten Daten sowie die Angabe des zeitlichen Umfangs der Pflegetätigkeit der Pflegeperson an andere Pflegekassen und Versicherungsunternehmen, die an einer Addition von Pflegezeiten beteiligt sind, zur Überprüfung der Voraussetzungen der Rentenversicherungspflicht der Pflegeperson übermitteln und ihnen übermittelte Daten verarbeiten und nutzen.]

[Ab 1.1.2017:

(6) [1]Für Pflegepersonen, bei denen die Mindeststundenzahl von zehn Stunden wöchentlicher Pflege, verteilt auf regelmäßig mindestens zwei Tage in der Woche, nur durch die Pflege mehrerer Pflegebedürftiger erreicht wird, haben der Spitzenverband Bund der Pflegekassen, der Verband der privaten Krankenversicherung e. V., die Deutsche Rentenversicherung Bund und die Bundesagentur für Arbeit das Verfahren und die Mitteilungspflichten zwischen den an einer Addition von Pflegezeiten und Pflegeaufwänden beteiligten Pflegekassen und Versicherungsunternehmen durch Vereinbarung zu regeln. [2]Die Pflegekassen und Versicherungsunternehmen dürfen die in Absatz 3 Satz 2 Nummer 1 bis 3 und 6 und, soweit dies für eine sichere Identifikation der Pflegeperson erforderlich ist, die in den Nummern 4 und 5 genannten Daten sowie die Angabe des zeitlichen Umfangs der Pflegetätigkeit der Pflegeperson an andere Pflegekassen und Versicherungsunternehmen, die an einer Addition von Pflegezeiten und Pflegeaufwänden beteiligt sind, zur Überprüfung der Voraussetzungen der Rentenversicherungspflicht oder der Versicherungspflicht nach dem Dritten Buch der Pflegeperson übermitteln und ihnen übermittelte Daten verarbeiten und nutzen.

§ 44 a Zusätzliche Leistungen bei Pflegezeit und kurzzeitiger Arbeitsverhinderung

(1) [1]Beschäftigte, die nach § 3 des Pflegezeitgesetzes von der Arbeitsleistung vollständig freigestellt wurden oder deren Beschäftigung durch Reduzierung der Arbeitszeit zu einer geringfügigen Beschäftigung im Sinne des § 8 Abs. 1 Nr. 1 des Vierten Buches wird, erhalten auf Antrag Zuschüsse zur Kranken- und Pflegeversicherung. [2]Zuschüsse werden gewährt für eine freiwillige Versicherung in der gesetzlichen Krankenversicherung, eine Pflichtversicherung nach § 5 Abs. 1 Nr. 13 des Fünften Buches oder nach § 2 Abs. 1 Nr. 7 des Zweiten Gesetzes über die Krankenversicherung der Landwirte, eine Versicherung bei einem privaten Krankenversicherungsunternehmen, eine Versicherung bei der Postbeamtenkrankenkasse oder der Krankenversorgung der Bundesbahnbeamten, soweit im Einzelfall keine beitragsfreie Familienversicherung möglich ist, sowie für eine damit in Zusammenhang stehende Pflege-Pflichtversicherung. [3]Die Zuschüsse belaufen sich auf die Höhe der Mindestbeiträge, die von freiwillig in der gesetzlichen Krankenversicherung versicherten Personen zur gesetzlichen Krankenversicherung (§ 240 Abs. 4 Satz 1 des Fünften Buches) und zur sozialen Pflegeversicherung (§ 57 Abs. 4) zu entrichten sind und dürfen die tatsächliche Höhe der Beiträge nicht übersteigen. [4]Für die Berechnung der Mindestbeiträge zur gesetzlichen Krankenversicherung werden bei Mitgliedern der gesetzlichen Krankenversicherung der allgemeine Beitragssatz nach § 241 des Fünften Buches sowie der kassenindividuelle Zusatzbeitragssatz nach § 242 Absatz 1 des Fünften Buches zugrunde gelegt. [5]Bei Mitgliedern der landwirtschaftlichen Krankenversicherung sowie bei Personen, die nicht in der gesetzlichen Kran-

kenversicherung versichert sind, werden der allgemeine Beitragssatz nach § 241 des Fünften Buches sowie der durchschnittliche Zusatzbeitragssatz nach § 242 a des Fünften Buches zugrunde gelegt. [6]Beschäftigte haben Änderungen in den Verhältnissen, die sich auf die Zuschussgewährung auswirken können, unverzüglich der Pflegekasse oder dem privaten Versicherungsunternehmen, bei dem der Pflegebedürftige versichert ist, mitzuteilen.

[Bis 31.12.2016:

(2) Pflegende Personen sind während der Inanspruchnahme einer Pflegezeit im Sinne des Pflegezeitgesetzes nach Maßgabe des Dritten Buches nach dem Recht der Arbeitsförderung versichert.]

[Ab 1.1.2017: (2) (aufgehoben)]

(3) [1]Für kurzzeitige Arbeitsverhinderung nach § 2 des Pflegezeitgesetzes hat eine Beschäftigte oder ein Beschäftigter im Sinne des § 7 Absatz 1 des Pflegezeitgesetzes, die oder der für diesen Zeitraum keine Entgeltfortzahlung vom Arbeitgeber und kein Kranken- oder Verletztengeld bei Erkrankung oder Unfall eines Kindes nach § 45 des Fünften Buches oder nach § 45 Absatz 4 des Siebten Buches beanspruchen kann, Anspruch auf einen Ausgleich für entgangenes Arbeitsentgelt (Pflegeunterstützungsgeld) für bis zu insgesamt zehn Arbeitstage. [2]Wenn mehrere Beschäftigte den Anspruch nach § 2 Absatz 1 des Pflegezeitgesetzes für einen pflegebedürftigen nahen Angehörigen geltend machen, ist deren Anspruch auf Pflegeunterstützungsgeld auf insgesamt bis zu zehn Arbeitstage begrenzt. [3]Das Pflegeunterstützungsgeld wird auf Antrag, der unverzüglich zu stellen ist, unter Vorlage der ärztlichen Bescheinigung nach § 2 Absatz 2 Satz 2 des Pflegezeitgesetzes von der Pflegekasse oder dem Versicherungsunternehmen des pflegebedürftigen nahen Angehörigen gewährt. [4]Für die Höhe des Pflegeunterstützungsgeldes gilt § 45 Absatz 2 Satz 3 bis 5 des Fünften Buches entsprechend.

(4) [1]Beschäftigte, die Pflegeunterstützungsgeld nach Absatz 3 beziehen, erhalten für die Dauer des Leistungsbezuges von den in Absatz 3 bezeichneten Organisationen auf Antrag Zuschüsse zur Krankenversicherung. [2]Zuschüsse werden gewährt für eine Versicherung bei einem privaten Krankenversicherungsunternehmen, eine Versicherung bei der Postbeamtenkrankenkasse oder der Krankenversorgung der Bundesbahnbeamten. [3]Die Zuschüsse belaufen sich auf den Betrag, der bei Versicherungspflicht in der gesetzlichen Krankenversicherung als Leistungsträgeranteil nach § 249 c des Fünften Buches aufzubringen wäre, und dürfen die tatsächliche Höhe der Beiträge nicht übersteigen. [4]Für die Berechnung nach Satz 3 werden der allgemeine Beitragssatz nach § 241 des Fünften Buches sowie der durchschnittliche Zusatzbeitragssatz nach § 242 a Absatz 2 des Fünften Buches zugrunde gelegt. [5]Für Beschäftigte, die Pflegeunterstützungsgeld nach Absatz 3 beziehen und wegen einer Pflichtmitgliedschaft in einer berufsständischen Versorgungseinrichtung von der Versicherungspflicht in der gesetzlichen Rentenversicherung befreit sind, zahlen die in § 170 Absatz 1 Nummer 2 Buchstabe e des Sechsten Buches genannten Stellen auf Antrag Beiträge an die zuständige berufsständische Versorgungseinrichtung in der Höhe, wie sie bei Eintritt von Versicherungspflicht nach § 3 Satz 1 Nummer 3 des Sechsten Buches an die gesetzliche Rentenversicherung zu entrichten wären.

(5) [1]Die Pflegekasse oder das private Pflegeversicherungsunternehmen des pflegebedürftigen nahen Angehörigen stellt dem Leistungsbezieher nach Absatz 3 mit der Leistungsbewilligung eine Bescheinigung über den Zeitraum des Bezugs und die Höhe des gewährten Pflegeunterstützungsgeldes aus. [2]Der Leistungsbezieher hat diese Bescheinigung unverzüglich seinem Arbeitgeber vorzulegen. [3]In den Fällen des § 170 Absatz 1 Nummer 2 Buchstabe e Doppelbuchstabe cc des Sechsten Buches bescheinigt die Pflegekasse oder das private Versicherungsunternehmen die gesamte Höhe der Leistung.

(6) [1]Landwirtschaftlichen Unternehmern im Sinne des § 2 Absatz 1 Nummer 1 und 2 des Zweiten Gesetzes über die Krankenversicherung der Landwirte, die an der Führung des Unternehmens gehindert sind, weil sie für einen pflegebedürftigen nahen Angehörigen in einer akut aufgetretenen Pflegesituation eine bedarfsgerechte Pflege organisieren oder eine pflegerische Versorgung in dieser Zeit sicherstellen müssen, wird anstelle des Pflegeunterstützungsgeldes für bis zu zehn Arbeitstage Betriebshilfe entsprechend § 9 des Zweiten Gesetzes über die Krankenversicherung der Landwirte gewährt. [2]Diese Kosten der Leistungen für die Betriebshilfe werden der landwirtschaftlichen Pflegekasse von der Pflegeversicherung des pflegebedürftigen nahen Angehörigen erstattet; innerhalb der sozialen Pflegeversicherung wird von einer Erstattung abgesehen. [3]Privat pflegeversicherte landwirtschaftliche Unternehmer, die an der Führung des Unternehmens gehindert sind, weil dies erforderlich ist, um für einen pflegebedürftigen nahen Angehörigen in einer akut aufgetretenen Pflegesituation eine bedarfsgerechte Pflege zu organisieren oder eine pflegerische Versorgung in dieser Zeit sicherzustellen, erhalten von der Pflegekasse des Pflegebedürftigen oder in Höhe des tariflichen Erstattungssatzes von dem privaten Versicherungsunternehmen des Pflegebedürftigen eine Kostenerstattung für bis zu zehn Arbeitstage Be-

triebshilfe; dabei werden nicht die tatsächlichen Kosten, sondern ein pauschaler Betrag in Höhe von 200 Euro je Tag Betriebshilfe zugrunde gelegt.

(7) [1]Die Pflegekasse und das private Versicherungsunternehmen haben in den Fällen, in denen ein Leistungsbezieher nach Absatz 3 einen pflegebedürftigen nahen Angehörigen pflegt, der Anspruch auf Beihilfeleistungen oder Leistungen der Heilfürsorge hat, und für den Beiträge anteilig getragen werden, im Antragsverfahren auf Pflegeunterstützungsgeld von dem Pflegebedürftigen die zuständige Festsetzungsstelle für die Beihilfe oder den Dienstherrn unter Hinweis auf die beabsichtigte Information dieser Stelle über den beitragspflichtigen Bezug von Pflegeunterstützungsgeld zu erfragen. [2]Der angegebenen Festsetzungsstelle für die Beihilfe oder dem angegebenen Dienstherrn sind bei Feststellung der Beitragspflicht folgende Angaben zum Leistungsbezieher mitzuteilen

1. die Versicherungsnummer, soweit bekannt,
2. der Familien- und der Vorname,
3. das Geburtsdatum,
4. die Staatsangehörigkeit,
5. die Anschrift,
6. der Beginn des Bezugs von Pflegeunterstützungsgeld,
7. die Höhe des dem Pflegeunterstützungsgeld zugrunde liegenden ausgefallenen Arbeitsentgelts und
8. *Name und Anschrift der Krankenkasse oder des privaten Krankenversicherungsunternehmen.*

§ 45 Pflegekurse für Angehörige und ehrenamtliche Pflegepersonen

(1) [1]*Die Pflegekassen haben für Angehörige und sonstige an einer ehrenamtlichen Pflegetätigkeit interessierte Personen unentgeltlich Schulungskurse durchzuführen*, um soziales Engagement im Bereich der Pflege zu fördern und zu stärken, Pflege und Betreuung zu erleichtern und zu verbessern sowie pflegebedingte körperliche und seelische Belastungen zu mindern und ihrer Entstehung vorzubeugen. [2]Die Kurse sollen Fertigkeiten für eine eigenständige Durchführung der Pflege vermitteln. [3]*Auf Wunsch der Pflegeperson und der pflegebedürftigen Person findet die Schulung auch in der häuslichen Umgebung des Pflegebedürftigen statt.* [4]*§ 114 a Absatz 3 a gilt entsprechend.*

(2) Die Pflegekasse kann die Kurse entweder selbst oder gemeinsam mit anderen Pflegekassen durchführen oder geeignete andere Einrichtungen mit der Durchführung beauftragen.

(3) Über die einheitliche Durchführung sowie über die inhaltliche Ausgestaltung der Kurse können die Landesverbände der Pflegekassen Rahmenvereinbarungen mit den Trägern der Einrichtungen schließen, die die Pflegekurse durchführen.

[Bis 31.12.2016:

Fünfter Abschnitt Leistungen für Versicherte mit erheblichem allgemeinem Betreuungsbedarf, zusätzliche Betreuungs- und Entlastungsleistungen und Weiterentwicklung der Versorgungsstrukturen

§ 45 a Berechtigter Personenkreis[269]

(1) [1]Soweit nichts anderes bestimmt ist, betreffen die Leistungen in diesem Abschnitt Pflegebedürftige in häuslicher Pflege, bei denen neben dem Hilfebedarf im Bereich der Grundpflege und der hauswirtschaftlichen Versorgung (§§ 14 und 15)

[Ab 1.1.2017:

Fünfter Abschnitt Angebote zur Unterstützung im Alltag, Entlastungsbetrag, Förderung der Weiterentwicklung der Versorgungsstrukturen und des Ehrenamts sowie der Selbsthilfcundelineund des Ehrenamts sowie der Selbsthilfeundeline

269 Siehe hierzu ua das Rdschr. Aufwendungen in Pflegefällen.

ein erheblicher Bedarf an allgemeiner Beaufsichtigung und Betreuung gegeben ist. [2]Dies sind

1. Pflegebedürftige der Pflegestufen I, II und III sowie
2. Personen, die einen Hilfebedarf im Bereich der Grundpflege und hauswirtschaftlichen Versorgung haben, der nicht das Ausmaß der Pflegestufe I erreicht,

mit demenzbedingten Fähigkeitsstörungen, geistigen Behinderungen oder psychischen Erkrankungen, bei denen der Medizinische Dienst der Krankenversicherung oder die von der Pflegekasse beauftragten Gutachter im Rahmen der Begutachtung nach § 18 als Folge der Krankheit oder Behinderung Auswirkungen auf die Aktivitäten des täglichen Lebens festgestellt haben, die dauerhaft zu einer erheblichen Einschränkung der Alltagskompetenz geführt haben.

(2) [1]Für die Bewertung, ob die Einschränkung der Alltagskompetenz auf Dauer erheblich ist, sind folgende Schädigungen und Fähigkeitsstörungen maßgebend:

[vgl. hierzu § 14 Abs. 2 Nr. 2 und 3 SGB XI *2017* – Modulbeschreibungen 2 und 3]

1. unkontrolliertes Verlassen des Wohnbereiches (Weglauftendenz);
2. Verkennen oder Verursachen gefährdender Situationen;
3. unsachgemäßer Umgang mit gefährlichen Gegenständen oder potenziell gefährdenden Substanzen;
4. tätlich oder verbal aggressives Verhalten in Verkennung der Situation;
5. im situativen Kontext inadäquates Verhalten;
6. Unfähigkeit, die eigenen körperlichen und seelischen Gefühle oder Bedürfnisse wahrzunehmen;
7. Unfähigkeit zu einer erforderlichen Kooperation bei therapeutischen oder schützenden Maßnahmen als Folge einer therapieresistenten Depression oder Angststörung;
8. Störungen der höheren Hirnfunktionen (Beeinträchtigungen des Gedächtnisses, herabgesetztes Urteilsvermögen), die zu Problemen bei der Bewältigung von sozialen Alltagsleistungen geführt haben;
9. Störung des Tag-/Nacht-Rhythmus;
10. Unfähigkeit, eigenständig den Tagesablauf zu planen und zu strukturieren;
11. Verkennen von Alltagssituationen und inadäquates Reagieren in Alltagssituationen;
12. ausgeprägtes labiles oder unkontrolliert emotionales Verhalten;

13. zeitlich überwiegend Niedergeschlagenheit, Verzagtheit, Hilflosigkeit oder Hoffnungslosigkeit aufgrund einer therapieresistenten Depression.

[2]Die Alltagskompetenz ist erheblich eingeschränkt, wenn der Gutachter des Medizinischen Dienstes oder die von der Pflegekasse beauftragten Gutachter bei dem Pflegebedürftigen wenigstens in zwei Bereichen, davon mindestens einmal aus einem der Bereiche 1 bis 9, dauerhafte und regelmäßige Schädigungen oder Fähigkeitsstörungen feststellen. [3]Der Spitzenverband Bund der Pflegekassen beschließt mit dem Verband der privaten Krankenversicherung e.V. unter Beteiligung der kommunalen Spitzenverbände auf Bundesebene, der maßgeblichen Organisationen für die Wahrnehmung der Interessen und der Selbsthilfe der pflegebedürftigen und behinderten Menschen auf Bundesebene und des Medizinischen Dienstes des Spitzenverbandes Bund der Krankenkassen in Ergänzung der Richtlinien nach § 17 das Nähere zur einheitlichen Begutachtung und Feststellung des erheblichen und dauerhaften Bedarfs an allgemeiner Beaufsichtigung und Betreuung.

§ 45 a Angebote zur Unterstützung im Alltag, Umwandlung des ambulanten Sachleistungsbetrags (Umwandlungsanspruch), Verordnungsermächtigung

[vgl. § 45 c Abs. 3 und 3 a SGB XI *2016*]

(1) [1]Angebote zur Unterstützung im Alltag tragen dazu bei, Pflegepersonen zu entlasten, und helfen Pflegebedürftigen, möglichst lange in ihrer häuslichen Umgebung zu bleiben, soziale Kontakte aufrechtzuerhalten und ihren Alltag weiterhin möglichst selbständig bewältigen zu können. [2]Angebote zur Unterstützung im Alltag sind

1. Angebote, in denen insbesondere ehrenamtliche Helferinnen und Helfer unter pflegefachlicher Anleitung die Betreuung von Pflegebedürftigen mit allgemeinem oder mit besonderem Betreuungsbedarf in Gruppen oder im häuslichen Bereich übernehmen (Betreuungsangebote),
2. Angebote, die der gezielten Entlastung und beratenden Unterstützung von pflegenden Angehörigen und vergleichbar nahestehenden Pflegepersonen in ihrer Eigenschaft als Pflegende dienen (Angebote zur Entlastung von Pflegenden),
3. Angebote, die dazu dienen, die Pflegebedürftigen bei der Bewältigung von allgemeinen oder pflegebedingten Anforderungen des Alltags oder im Haushalt, insbesondere bei der Haushaltsführung, oder bei der eigenverantwortlichen Organisation individuell benötig-

ter Hilfeleistungen zu unterstützen (Angebote zur Entlastung im Alltag).

[3]Die Angebote benötigen eine Anerkennung durch die zuständige Behörde nach Maßgabe des gemäß Absatz 3 erlassenen Landesrechts. [4]Durch ein Angebot zur Unterstützung im Alltag können auch mehrere der in Satz 2 Nummer 1 bis 3 genannten Bereiche abgedeckt werden. [5]In Betracht kommen als Angebote zur Unterstützung im Alltag insbesondere Betreuungsgruppen für an Demenz erkrankte Menschen, Helferinnen- und Helferkreise zur stundenweisen Entlastung pflegender Angehöriger im häuslichen Bereich, die Tagesbetreuung in Kleingruppen oder Einzelbetreuung durch anerkannte Helferinnen oder Helfer, Agenturen zur Vermittlung von Betreuungs- und Entlastungsleistungen für Pflegebedürftige und pflegende Angehörige sowie vergleichbar nahestehende Pflegepersonen, Familienentlastende Dienste, Alltagsbegleiter, Pflegebegleiter und Serviceangebote für haushaltsnahe Dienstleistungen.

(2) [1]Angebote zur Unterstützung im Alltag beinhalten die Übernahme von Betreuung und allgemeiner Beaufsichtigung, eine die vorhandenen Ressourcen und Fähigkeiten stärkende oder stabilisierende Alltagsbegleitung, Unterstützungsleistungen für Angehörige und vergleichbar Nahestehende in ihrer Eigenschaft als Pflegende zur besseren Bewältigung des Pflegealltags, die Erbringung von Dienstleistungen, organisatorische Hilfestellungen oder andere geeignete Maßnahmen. [2]Die Angebote verfügen über ein Konzept, das Angaben zur Qualitätssicherung des Angebots sowie eine Übersicht über die Leistungen, die angeboten werden sollen, und die Höhe der den Pflegebedürftigen hierfür in Rechnung gestellten Kosten enthält. [3]Das Konzept umfasst ferner Angaben zur zielgruppen- und tätigkeitsgerechten Qualifikation der Helfenden und zu dem Vorhandensein von Grund- und Notfallwissen im Umgang mit Pflegebedürftigen sowie dazu, wie eine angemessene Schulung und Fortbildung der Helfenden sowie eine kontinuierliche fachliche Begleitung und Unterstützung insbesondere von ehrenamtlich Helfenden in ihrer Arbeit gesichert werden. [4]Bei wesentlichen Änderungen hinsichtlich der angebotenen Leistungen ist das Konzept entsprechend fortzuschreiben; bei Änderung der hierfür in Rechnung gestellten Kosten sind die entsprechenden Angaben zu aktualisieren.

[vgl. bisher § 45 b Abs. 4 SGB XI *2016*]

(3) [1]Die Landesregierungen werden ermächtigt, durch Rechtsverordnung das Nähere über die Anerkennung der Angebote zur Unterstützung im Alltag im Sinne der Absätze 1 und 2 einschließlich der Vorgaben zur regelmäßigen Qualitätssicherung der Angebote und zur regelmäßigen Übermittlung einer Übersicht über die aktuell angebotenen Leistungen und die Höhe der hierfür erho-

benen Kosten zu bestimmen. [2]Beim Erlass der Rechtsverordnung sollen sie die gemäß § 45 c Absatz 7 beschlossenen Empfehlungen berücksichtigen.

[vgl. bisher § 45 b Abs. 3 SGB XI *2016*]

(4) [1]Pflegebedürftige in häuslicher Pflege mit mindestens Pflegegrad 2 können eine Kostenerstattung zum Ersatz von Aufwendungen für Leistungen der nach Landesrecht anerkannten Angebote zur Unterstützung im Alltag unter Anrechnung auf ihren Anspruch auf ambulante Pflegesachleistungen nach § 36 erhalten, soweit für den entsprechenden Leistungsbetrag nach § 36 in dem jeweiligen Kalendermonat keine ambulanten Pflegesachleistungen bezogen wurden. [2]Der hierfür verwendete Betrag darf je Kalendermonat 40 Prozent des nach § 36 für den jeweiligen Pflegegrad vorgesehenen Höchstleistungsbetrags nicht überschreiten. [3]Die Anspruchsberechtigten erhalten die Kostenerstattung nach Satz 1 auf Antrag von der zuständigen Pflegekasse oder dem zuständigen privaten Versicherungsunternehmen sowie im Fall der Beihilfeberechtigung anteilig von der Beihilfefestsetzungsstelle gegen Vorlage entsprechender Belege über Eigenbelastungen, die ihnen im Zusammenhang mit der Inanspruchnahme der in Satz 1 genannten Leistungen entstanden sind. [4]Die Vergütungen für ambulante Pflegesachleistungen nach § 36 sind vorrangig abzurechnen. [5]Im Rahmen der Kombinationsleistung nach § 38 gilt die Erstattung der Aufwendungen nach Satz 1 als Inanspruchnahme der dem Anspruchsberechtigten nach § 36 Absatz 3 zustehenden Sachleistung. [6]Beziehen Anspruchsberechtigte die Leistung nach Satz 1, findet § 37 Absatz 3 bis 5, 7 und 8 Anwendung; § 37 Absatz 6 findet mit der Maßgabe entsprechende Anwendung, dass eine Kürzung oder Entziehung in Bezug auf die Kostenerstattung nach Satz 1 erfolgt. [7]Das Bundesministerium für Gesundheit evaluiert die Möglichkeit zur anteiligen Verwendung der in § 36 für den Bezug ambulanter Pflegesachleistungen vorgesehenen Leistungsbeträge auch für Leistungen nach Landesrecht anerkannter Angebote zur Unterstützung im Alltag nach den Sätzen 1 bis 6 spätestens bis zum 31. Dezember 2018. [8]*Die Inanspruchnahme der Umwandlung des ambulanten Sachleistungsbetrags nach Satz 1 und die Inanspruchnahme des Entlastungsbetrags nach § 45 b erfolgen unabhängig voneinander.*

§ 45 b Zusätzliche Betreuungs- und Entlastungsleistungen, Verordnungsermächtigung

(1) [1]Versicherte, die die Voraussetzungen des § 45 a erfüllen, können je nach Umfang des erheblichen allgemeinen Betreuungsbedarfs zusätzliche Betreuungs- und Entlastungsleistungen in An-

§ 45 b Entlastungsbetrag

(1) [1]Pflegebedürftige in häuslicher Pflege haben Anspruch auf einen Entlastungsbetrag in Höhe von bis zu 125 Euro monatlich. [2]Der Betrag ist zweckgebunden einzusetzen für qualitätsgesicher-

spruch nehmen. [2]Die Kosten hierfür werden ersetzt, höchstens jedoch 104 Euro monatlich (Grundbetrag) oder 208 Euro monatlich (erhöhter Betrag). [3]Die Höhe des jeweiligen Anspruchs nach Satz 2 wird von der Pflegekasse auf Empfehlung des Medizinischen Dienstes der Krankenversicherung im Einzelfall festgelegt und dem Versicherten mitgeteilt. [4]Der Spitzenverband Bund der Pflegekassen beschließt unter Beteiligung des Medizinischen Dienstes des Spitzenverbandes Bund der Krankenkassen, des Verbandes der privaten Krankenversicherung e.V., der kommunalen Spitzenverbände auf Bundesebene und der maßgeblichen Organisationen für die Wahrnehmung der Interessen und der Selbsthilfe der pflegebedürftigen und behinderten Menschen auf Bundesebene Richtlinien über einheitliche Maßstäbe zur Bewertung des Hilfebedarfs auf Grund der Schädigungen und Fähigkeitsstörungen in den in § 45 a Abs. 2 Nr. 1 bis 13 aufgeführten Bereichen für die Empfehlung des Medizinischen Dienstes der Krankenversicherung zur Bemessung der jeweiligen Höhe des Betreuungs- und Entlastungsbetrages; § 17 Abs. 2 gilt entsprechend. [5]Der Betrag ist zweckgebunden einzusetzen für qualitätsgesicherte Leistungen der Betreuung oder Entlastung. [6]Er dient der Erstattung von Aufwendungen, die den Versicherten entstehen im Zusammenhang mit der Inanspruchnahme von Leistungen	te Leistungen zur Entlastung pflegender Angehöriger und vergleichbar Nahestehender in ihrer Eigenschaft als Pflegende sowie zur Förderung der Selbständigkeit und Selbstbestimmtheit der Pflegebedürftigen bei der Gestaltung ihres Alltags. [3]Er dient der Erstattung von Aufwendungen, die den Versicherten entstehen im Zusammenhang mit der Inanspruchnahme von
1. der Tages- oder Nachtpflege,	1. Leistungen der Tages- oder Nachtpflege,
2. der Kurzzeitpflege,	2. Leistungen der Kurzzeitpflege,
3. der zugelassenen Pflegedienste, sofern es sich um besondere Angebote der allgemeinen Anleitung und Betreuung oder Angebote der hauswirtschaftlichen Versorgung und nicht um Leistungen der Grundpflege handelt, oder	3. Leistungen der ambulanten Pflegedienste im Sinne des § 36, in den Pflegegraden 2 bis 5 jedoch nicht von Leistungen im Bereich der Selbstversorgung,
4. der nach Landesrecht anerkannten niedrigschwelligen Betreuungs- und Entlastungsangebote, die nach § 45 c gefördert oder förderungsfähig sind.	4. Leistungen der nach Landesrecht anerkannten Angebote zur Unterstützung im Alltag im Sinne des § 45 a.
[7]Die Erstattung der Aufwendungen erfolgt auch, wenn für die Finanzierung der in Satz 6 genannten Betreuungs- und Entlastungsleistungen Mittel der Verhinderungspflege gemäß § 39 eingesetzt werden.	[4]Die Erstattung der Aufwendungen erfolgt auch, wenn für die Finanzierung der in Satz 3 genannten Leistungen Mittel der Verhinderungspflege gemäß § 39 eingesetzt werden.
(1 a) [1]Pflegebedürftige, die nicht die Voraussetzungen des § 45 a erfüllen, können ebenfalls zusätzliche Betreuungs- und Entlastungsleistungen nach Absatz 1 in Anspruch nehmen. [2]Die Kosten hierfür werden bis zu einem Betrag in Höhe von 104 Euro monatlich ersetzt.	
(2) [1]Die Anspruchsberechtigten erhalten die zusätzlichen finanziellen Mittel auf Antrag von der zuständigen Pflegekasse oder dem zuständigen privaten Versicherungsunternehmen sowie im Fall der Beihilfeberechtigung anteilig von der Beihilfefestsetzungsstelle gegen Vorlage entsprechender	(2) [1]Die Pflegebedürftigen erhalten die Kostenerstattung in Höhe des Entlastungsbetrags nach Absatz 1 auf Antrag von der zuständigen Pflegekasse oder dem zuständigen privaten Versicherungsunternehmen sowie im Fall der Beihilfeberechtigung anteilig von der Beihilfefestsetzungsstelle gegen

Belege über entstandene Eigenbelastungen im Zusammenhang mit der Inanspruchnahme der in Absatz 1 genannten Leistungen. [2]Die Leistung nach den Absätzen 1 und 1 a kann innerhalb des jeweiligen Kalenderjahres in Anspruch genommen werden; wird die Leistung in einem Kalenderjahr nicht ausgeschöpft, kann der nicht verbrauchte Betrag in das folgende Kalenderhalbjahr übertragen werden. [3]Ist der Betrag für zusätzliche Betreuungsleistungen nach dem bis zum 30. Juni 2008 geltenden Recht nicht ausgeschöpft worden, kann der nicht verbrauchte kalenderjährliche Betrag in das zweite Halbjahr 2008 und in das Jahr 2009 übertragen werden.

Vorlage entsprechender Belege über entstandene Eigenbelastungen im Zusammenhang mit der Inanspruchnahme der in Absatz 1Satz 3 genannten Leistungen. [2]Die Leistung nach Absatz 1 Satz 1 kann innerhalb des jeweiligen Kalenderjahres in Anspruch genommen werden; wird die Leistung in einem Kalenderjahr nicht ausgeschöpft, kann der nicht verbrauchte Betrag in das folgende Kalenderhalbjahr übertragen werden.

(3) [1]Soweit für die entsprechenden Leistungsbeträge nach den §§ 36 und 123 in dem jeweiligen Kalendermonat keine ambulanten Pflegesachleistungen bezogen wurden, können die nach Absatz 1 oder Absatz 1 a anspruchsberechtigten Versicherten unter Anrechnung auf ihren Anspruch auf ambulante Pflegesachleistungen Leistungen niedrigschwelliger Betreuungs- und Entlastungsangebote zusätzlich zu den in den Absätzen 1 und 1 a genannten Beträgen in Anspruch nehmen. [2]Der nach Satz 1 für niedrigschwellige Betreuungs- und Entlastungsleistungen verwendete Betrag darf je Kalendermonat 40 Prozent des für die jeweilige Pflegestufe vorgesehenen Höchstbetrags für ambulante Pflegesachleistungen nicht überschreiten. [3]Die Grundpflege und die hauswirtschaftliche Versorgung im Einzelfall sind sicherzustellen. [4]Die Aufwendungen, die den Anspruchsberechtigten im Zusammenhang mit der Inanspruchnahme der niedrigschwelligen Betreuungs- und Entlastungsleistungen nach Satz 1 entstehen, werden erstattet; Absatz 2 Satz 1 gilt entsprechend. [5]Die Vergütungen für ambulante Pflegesachleistungen sind vorrangig abzurechnen. [6]Im Rahmen der Kombinationsleistung nach § 38 gilt die Erstattung der Aufwendungen als Inanspruchnahme der dem Anspruchsberechtigten nach § 36 Absatz 3 und 4 sowie § 123 zustehenden Sachleistung. [7]Beziehen Anspruchsberechtigte die Leistung nach Satz 1, findet § 37 Absatz 3 bis 5, 7 und 8 Anwendung; § 37 Absatz 6 findet mit der Maßgabe entsprechende Anwendung, dass eine Kürzung oder Entziehung in Bezug auf die Kostenerstattung nach Satz 1 erfolgt. [8]§ 13 Absatz 3 a findet auf die Inanspruchnahme der Leistung nach Satz 1 keine Anwendung. [9]Das Bundesministerium für Gesundheit evaluiert die Möglichkeit zur anteiligen Verwendung der in den §§ 36 und 123 für den Bezug ambulanter Pflegesachleistungen vorgesehenen Leistungsbeträge auch für Leistungen niedrigschwelliger Betreuungs- und Entlastungsangebote nach den Sätzen 1 bis 8 spätestens innerhalb von vier Jahren nach Inkrafttreten.

[vgl. jetzt § 45 a Abs. 4 SGB XI *2017*]

(4) [1]Die Landesregierungen werden ermächtigt, durch Rechtsverordnung das Nähere über die An-

[vgl. jetzt § 45 a Abs. 3 SGB XI *2017*]

erkennung der niedrigschwelligen Betreuungs- und Entlastungsangebote einschließlich der Vorgaben zur regelmäßigen Qualitätssicherung der Angebote zu bestimmen. [2]Niedrigschwellige Angebote, die sowohl die Voraussetzungen des § 45 c Absatz 3 als auch des § 45 c Absatz 3 a erfüllen, können unter Beachtung der jeweiligen Anerkennungsbedingungen eine gemeinsame Anerkennung als Betreuungs- und Entlastungsangebot erhalten.	
§ 45 c Weiterentwicklung der Versorgungsstrukturen, Verordnungsermächtigung	**§ 45 c Förderung der Weiterentwicklung der Versorgungsstrukturen und des Ehrenamts, Verordnungsermächtigung**
(1) [1]Zur Weiterentwicklung der Versorgungsstrukturen und Versorgungskonzepte insbesondere für demenzkranke Pflegebedürftige fördert der Spitzenverband Bund der Pflegekassen im Wege der Anteilsfinanzierung aus Mitteln des Ausgleichsfonds mit 25 Millionen Euro je Kalenderjahr den Auf- und Ausbau von niedrigschwelligen Betreuungsangeboten sowie Modellvorhaben zur Erprobung neuer Versorgungskonzepte und Versorgungsstrukturen insbesondere für demenzkranke Pflegebedürftige. [2]Ebenso gefördert werden können aus den in Satz 1 genannten Mitteln niedrigschwellige Entlastungsangebote für Pflegebedürftige mit mindestens Pflegestufe I sowie für Versicherte ohne Pflegestufe, die wegen erheblich eingeschränkter Alltagskompetenz die Voraussetzungen des § 45 a erfüllen.	(1) [1]Zur Weiterentwicklung der Versorgungsstrukturen und Versorgungskonzepte und zur Förderung ehrenamtlicher Strukturen fördert der Spitzenverband Bund der Pflegekassen im Wege der Anteilsfinanzierung aus Mitteln des Ausgleichsfonds mit 25 Millionen Euro je Kalenderjahr
	1. den Auf- und Ausbau von Angeboten zur Unterstützung im Alltag im Sinne des § 45 a, 2. den Auf- und Ausbau und die Unterstützung von Gruppen ehrenamtlich tätiger sowie sonstiger zum bürgerschaftlichen Engagement bereiter Personen und entsprechender ehrenamtlicher Strukturen sowie 3. Modellvorhaben zur Erprobung neuer Versorgungskonzepte und Versorgungsstrukturen insbesondere für an Demenz erkrankte Pflegebedürftige sowie andere Gruppen von Pflegebedürftigen, deren Versorgung in besonderem Maße der strukturellen Weiterentwicklung bedarf.
[3]Die privaten Versicherungsunternehmen, die die private Pflegepflichtversicherung durchführen, beteiligen sich an dieser Förderung mit insgesamt 10 vom Hundert des in Satz 1 genannten Fördervolumens.	[2]Die privaten Versicherungsunternehmen, die die private Pflege-Pflichtversicherung durchführen, beteiligen sich an dieser Förderung mit insgesamt 10 Prozent des in Satz 1 genannten Fördervolumens.
(2) [1]Der Zuschuss aus Mitteln der sozialen und privaten Pflegeversicherung ergänzt eine Förderung der niedrigschwelligen Betreuungs- und Entlastungsangebote und der Modellvorhaben zur Weiterentwicklung der Versorgungsstrukturen für	(2) [1]Der Zuschuss aus Mitteln der sozialen und privaten Pflegeversicherung ergänzt eine Förderung der in Absatz 1 genannten Zwecke durch das jeweilige Land oder die jeweilige kommunale Gebietskörperschaft. [2]Der Zuschuss wird jeweils

Pflegebedürftige mit mindestens Pflegestufe I sowie für Versicherte ohne Pflegestufe, die wegen erheblich eingeschränkter Alltagskompetenz die Voraussetzungen des § 45 a erfüllen, durch das jeweilige Land oder die jeweilige kommunale Gebietskörperschaft. [2]Der Zuschuss wird jeweils in gleicher Höhe gewährt wie der Zuschuss, der vom Land oder von der kommunalen Gebietskörperschaft für die einzelne Fördermaßnahme geleistet wird, so dass insgesamt ein Fördervolumen von 50 Millionen Euro im Kalenderjahr erreicht wird. [3]Soweit Mittel der Arbeitsförderung bei einem Projekt eingesetzt werden, sind diese einem vom Land oder von der Kommune geleisteten Zuschuss gleichgestellt.

(3) [1]Niedrigschwellige Betreuungsangebote im Sinne des Absatzes 1 Satz 1 sind Betreuungsangebote, in denen Helfer und Helferinnen unter pflegefachlicher Anleitung die Betreuung von Pflegebedürftigen mit mindestens Pflegestufe I sowie von Versicherten ohne Pflegestufe, die wegen erheblich eingeschränkter Alltagskompetenz die Voraussetzungen des § 45 a erfüllen, in Gruppen oder im häuslichen Bereich übernehmen sowie pflegende Angehörige und vergleichbar nahestehende Pflegepersonen entlasten und beratend unterstützen. [2]Die Förderung dieser niedrigschwelligen Betreuungsangebote erfolgt als Projektförderung und dient insbesondere dazu, Aufwandsentschädigungen für die ehrenamtlichen Betreuungspersonen zu finanzieren, sowie notwendige Personal- und Sachkosten, die mit der Koordination und Organisation der Hilfen und der fachlichen Anleitung und Schulung der Betreuenden durch Fachkräfte verbunden sind. [3]Dem Antrag auf Förderung ist ein Konzept zur Qualitätssicherung des Betreuungsangebotes beizufügen. [4]Aus dem Konzept muss sich ergeben, dass eine angemessene Schulung und Fortbildung der Helfenden sowie eine kontinuierliche fachliche Begleitung und Unterstützung der ehrenamtlich Helfenden in ihrer Arbeit gesichert ist. [5]Als grundsätzlich förderungsfähige niedrigschwellige Betreuungsangebote kommen insbesondere in Betracht Betreuungsgruppen für Demenzkranke, Helferinnenkreise zur stundenweisen Entlastung pflegender Angehöriger im häuslichen Bereich, die Tagesbetreuung in Kleingruppen oder Einzelbetreuung durch anerkannte Helfer, Agenturen zur Vermittlung von Betreuungsleistungen für Pflegebedürftige mit mindestens Pflegestufe I sowie für Versicherte ohne Pflegestufe, die wegen erheblich eingeschränkter Alltagskompetenz die Voraussetzungen des § 45 a erfüllen, sowie Familienentlastende Dienste.

(3 a) [1]Niedrigschwellige Entlastungsangebote im Sinne des Absatzes 1 Satz 2 sind Angebote für Pflegebedürftige mit mindestens Pflegestufe I sowie für Versicherte ohne Pflegestufe, die wegen erheblich eingeschränkter Alltagskompetenz die

in gleicher Höhe gewährt wie der Zuschuss, der vom Land oder von der kommunalen Gebietskörperschaft für die einzelne Fördermaßnahme geleistet wird, so dass insgesamt ein Fördervolumen von 50 Millionen Euro im Kalenderjahr erreicht wird. [3]Soweit Mittel der Arbeitsförderung bei einem Projekt eingesetzt werden, sind diese einem vom Land oder von der Kommune geleisteten Zuschuss gleichgestellt.

Voraussetzungen des § 45 a erfüllen, die der Deckung des Bedarfs der Anspruchsberechtigten an Unterstützung im Haushalt, insbesondere bei der hauswirtschaftlichen Versorgung, bei der Bewältigung von allgemeinen oder pflegebedingten Anforderungen des Alltags oder bei der eigenverantwortlichen Organisation individuell benötigter Hilfeleistungen dienen oder die dazu beitragen, Angehörige oder vergleichbar Nahestehende in ihrer Eigenschaft als Pflegende zu entlasten. [2]Niedrigschwellige Entlastungsangebote beinhalten die Erbringung von Dienstleistungen, eine die vorhandenen Ressourcen und Fähigkeiten stärkende oder stabilisierende Alltagsbegleitung, organisatorische Hilfestellungen, Unterstützungsleistungen für Angehörige und vergleichbar Nahestehende in ihrer Eigenschaft als Pflegende zur Bewältigung des Pflegealltags oder andere geeignete Maßnahmen. [3]Absatz 3 Satz 2 bis 4 gilt entsprechend. [4]Als grundsätzlich förderungsfähige niedrigschwellige Entlastungsangebote kommen insbesondere in Betracht Serviceangebote für haushaltsnahe Dienstleistungen, Alltagsbegleiter sowie Pflegebegleiter.

(4) [1]Im Rahmen der Modellförderung nach Absatz 1 Satz 1 sollen insbesondere modellhaft Möglichkeiten einer wirksamen Vernetzung der erforderlichen Hilfen für demenzkranke Pflegebedürftige und die Voraussetzungen des § 45 a erfüllende Versicherte ohne Pflegestufe in einzelnen Regionen erprobt werden. [2]Dabei können auch stationäre Versorgungsangebote berücksichtigt werden. [3]Die Modellvorhaben sind auf längstens fünf Jahre zu befristen. [4]Bei der Vereinbarung und Durchführung von Modellvorhaben kann im Einzelfall von den Regelungen des Siebten Kapitels abgewichen werden. [5]Für die Modellvorhaben ist eine wissenschaftliche Begleitung und Auswertung vorzusehen. [6]Soweit im Rahmen der Modellvorhaben personenbezogene Daten benötigt werden, können diese nur mit Einwilligung des Pflegebedürftigen oder die Voraussetzungen des § 45 a erfüllenden Versicherten ohne Pflegestufe erhoben, verarbeitet und genutzt werden.

(3) [1]Die Förderung des Auf- und Ausbaus von Angeboten zur Unterstützung im Alltag im Sinne des § 45 a nach Absatz 1 Satz 1 Nummer 1 erfolgt als Projektförderung und dient insbesondere dazu, Aufwandsentschädigungen für die ehrenamtlich tätigen Helfenden zu finanzieren sowie notwendige Personal- und Sachkosten, die mit der Koordination und Organisation der Hilfen und der fachlichen Anleitung und Schulung der Helfenden durch Fachkräfte verbunden sind. [2]Dem Antrag auf Förderung ist ein Konzept zur Qualitätssicherung des Angebots beizufügen. Aus dem Konzept muss sich ergeben, dass eine angemessene Schulung und Fortbildung der Helfenden sowie eine kontinuierliche fachliche Begleitung und Unterstützung der ehrenamtlich Helfenden in ihrer Arbeit gesichert sind.

(4) Die Förderung des Auf- und Ausbaus und der Unterstützung von Gruppen ehrenamtlich tätiger sowie sonstiger zum bürgerschaftlichen Engagement bereiter Personen und entsprechender ehrenamtlicher Strukturen nach Absatz 1 Satz 1 Nummer 2 erfolgt zur Förderung von Initiativen, die sich die Unterstützung, allgemeine Betreuung und Entlastung von Pflegebedürftigen und deren Angehörigen sowie vergleichbar nahestehenden Pflegepersonen zum Ziel gesetzt haben.

(5) [1]Im Rahmen der Modellförderung nach Absatz 1 Satz 1 Nummer 3 sollen insbesondere modellhaft Möglichkeiten einer wirksamen Vernetzung der erforderlichen Hilfen für an Demenz er-

krankte Pflegebedürftige und andere Gruppen von Pflegebedürftigen, deren Versorgung in besonderem Maße der strukturellen Weiterentwicklung bedarf, in einzelnen Regionen erprobt werden. [2]Dabei können auch stationäre Versorgungsangebote berücksichtigt werden. [3]Die Modellvorhaben sind auf längstens fünf Jahre zu befristen. [4]Bei der Vereinbarung und Durchführung von Modellvorhaben kann im Einzelfall von den Regelungen des Siebten Kapitels abgewichen werden. [5]Für die Modellvorhaben sind eine wissenschaftliche Begleitung und Auswertung vorzusehen. [6]Soweit im Rahmen der Modellvorhaben personenbezogene Daten benötigt werden, können diese nur mit Einwilligung des Pflegebedürftigen erhoben, verarbeitet und genutzt werden.

(5) [1]Um eine gerechte Verteilung der Fördermittel der Pflegeversicherung auf die Länder zu gewährleisten, werden die Fördermittel der sozialen und privaten Pflegeversicherung nach dem Königsteiner Schlüssel aufgeteilt. [2]Mittel, die in einem Land im jeweiligen Haushaltsjahr nicht in Anspruch genommen werden, können in das Folgejahr übertragen werden.

(6) [1]Um eine gerechte Verteilung der Fördermittel der Pflegeversicherung auf die Länder zu gewährleisten, werden die Fördermittel der sozialen und privaten Pflegeversicherung nach dem Königsteiner Schlüssel aufgeteilt. [2]Mittel, die in einem Land im jeweiligen Haushaltsjahr nicht in Anspruch genommen werden, können in das Folgejahr übertragen werden.

(6) [1]Der Spitzenverband Bund der Pflegekassen beschließt mit dem Verband der privaten Krankenversicherung e.V. nach Anhörung der Verbände der Behinderten und Pflegebedürftigen auf Bundesebene Empfehlungen über die Voraussetzungen, Ziele, Dauer, Inhalte und Durchführung der Förderung sowie zu dem Verfahren zur Vergabe der Fördermittel für die niedrigschwelligen Betreuungs- und Entlastungsangebote und die Modellprojekte. [2]In den Empfehlungen ist unter anderem auch festzulegen, dass jeweils im Einzelfall zu prüfen ist, ob im Rahmen der neuen Betreuungs- und Entlastungsangebote und Versorgungskonzepte Mittel und Möglichkeiten der Arbeitsförderung genutzt werden können. [3]Die Empfehlungen bedürfen der Zustimmung des Bundesministeriums für Gesundheit und der Länder. [4]Die Landesregierungen werden ermächtigt, durch Rechtsverordnung das Nähere über die Umsetzung der Empfehlungen zu bestimmen.

(7) [1]Der Spitzenverband Bund der Pflegekassen beschließt mit dem Verband der privaten Krankenversicherung e. V. nach Anhörung der Verbände der Behinderten und Pflegebedürftigen auf Bundesebene Empfehlungen über die Voraussetzungen, Ziele, Dauer, Inhalte und Durchführung der Förderung sowie zu dem Verfahren zur Vergabe der Fördermittel für die in Absatz 1 genannten Zwecke. [2]In den Empfehlungen ist unter anderem auch festzulegen, dass jeweils im Einzelfall zu prüfen ist, ob im Rahmen der in Absatz 1 Satz 1 genannten Zwecke Mittel und Möglichkeiten der Arbeitsförderung genutzt werden können. [3]Die Empfehlungen bedürfen der Zustimmung des Bundesministeriums für Gesundheit und der Länder. [4]Soweit Belange des Ehrenamts betroffen sind, erteilt das Bundesministerium für Gesundheit seine Zustimmung im Benehmen mit dem Bundesministerium für Familie, Senioren, Frauen und Jugend. [5]Die Landesregierungen werden ermächtigt, durch Rechtsverordnung das Nähere über die Umsetzung der Empfehlungen zu bestimmen.

(7) [1]Der Finanzierungsanteil, der auf die privaten Versicherungsunternehmen entfällt, kann von dem Verband der privaten Krankenversicherung e.V. unmittelbar an das Bundesversicherungsamt zugunsten des Ausgleichsfonds der Pflegeversicherung (§ 65) überwiesen werden. [2]Näheres über das Verfahren der Auszahlung der Fördermittel, die aus dem Ausgleichsfonds zu finanzieren sind, sowie über die Zahlung und Abrechnung des Finanzierungsanteils der privaten Versicherungsunternehmen regeln das Bundesversicherungsamt,

(8) [1]Der Finanzierungsanteil, der auf die privaten Versicherungsunternehmen entfällt, kann von dem Verband der privaten Krankenversicherung e. V. unmittelbar an das Bundesversicherungsamt zugunsten des Ausgleichsfonds der Pflegeversicherung (§ 65) überwiesen werden. [2]Näheres über das Verfahren der Auszahlung der Fördermittel, die aus dem Ausgleichsfonds zu finanzieren sind, sowie über die Zahlung und Abrechnung des Finanzierungsanteils der privaten Versicherungsunternehmen regeln das Bundesversicherungsamt,

der Spitzenverband Bund der Pflegekassen und der Verband der privaten Krankenversicherung e.V. durch Vereinbarung.

der Spitzenverband Bund der Pflegekassen und der Verband der privaten Krankenversicherung e. V. durch Vereinbarung.

(9) [1]Zur Verbesserung der Versorgung und Unterstützung von Pflegebedürftigen und deren Angehörigen sowie vergleichbar nahestehenden Pflegepersonen können die in Absatz 1 genannten Mittel auch für die Beteiligung von Pflegekassen an regionalen Netzwerken verwendet werden, die der strukturierten Zusammenarbeit von Akteuren dienen, die an der Versorgung Pflegebedürftiger beteiligt sind und die sich im Rahmen einer freiwilligen Vereinbarung vernetzen. [2]Die Förderung der strukturierten regionalen Zusammenarbeit erfolgt, indem sich die Pflegekassen einzeln oder gemeinsam im Wege einer Anteilsfinanzierung an den netzwerkbedingten Kosten beteiligen. [3]Je Kreis oder kreisfreier Stadt darf der Förderbetrag dabei 20 000 Euro je Kalenderjahr nicht überschreiten. [4]Den Kreisen und kreisfreien Städten, Selbsthilfegruppen, -organisationen und -kontaktstellen im Sinne des § 45 d sowie organisierten Gruppen ehrenamtlich tätiger sowie sonstiger zum bürgerschaftlichen Engagement bereiter Personen im Sinne des Absatzes 4 ist in ihrem jeweiligen Einzugsgebiet die Teilnahme an der geförderten strukturierten regionalen Zusammenarbeit zu ermöglichen. [5]Für private Versicherungsunternehmen, die die private Pflege-Pflichtversicherung durchführen, gelten die Sätze 1 bis 4 entsprechend. [6]Absatz 7 Satz 1 bis 4 und Absatz 8 finden entsprechende Anwendung. [7]Die Absätze 2 und 6 finden keine Anwendung.

§ 45 d Förderung ehrenamtlicher Strukturen sowie der Selbsthilfe

(1) In entsprechender Anwendung des § 45 c können die dort vorgesehenen Mittel des Ausgleichsfonds, die dem Spitzenverband Bund der Pflegekassen zur Förderung der Weiterentwicklung der Versorgungsstrukturen und Versorgungskonzepte insbesondere für demenziell Erkrankte zur Verfügung stehen, auch verwendet werden zur Förderung und zum Auf- und Ausbau von Gruppen ehrenamtlich tätiger sowie sonstiger zum bürgerschaftlichen Engagement bereiter Personen, die sich die Unterstützung, allgemeine Betreuung und Entlastung von Pflegebedürftigen, von Personen mit erheblichem allgemeinem Betreuungsbedarf sowie deren Angehörigen zum Ziel gesetzt haben.

(2) [1]Je Versicherten werden 0,10 Euro je Kalenderjahr verwendet zur Förderung und zum Auf- und Ausbau von Selbsthilfegruppen, -organisationen und -kontaktstellen, die sich die Unterstützung von Pflegebedürftigen, von Personen mit erheblichem allgemeinem Betreuungsbedarf sowie deren Angehörigen zum Ziel gesetzt haben. [2]Da-

§ 45 d Förderung der Selbsthilfe, Verordnungsermächtigung

[1]Je Versichertem werden 0,10 Euro je Kalenderjahr verwendet zur Förderung und zum Auf- und Ausbau von Selbsthilfegruppen, -organisationen und -kontaktstellen, die sich die Unterstützung von Pflegebedürftigen sowie von deren Angehörigen und vergleichbar Nahestehenden zum Ziel gesetzt haben. [2]Dabei werden die Vorgaben des

bei werden die Vorgaben des § 45 c und das dortige Verfahren entsprechend angewendet. [3]Selbsthilfegruppen sind freiwillige, neutrale, unabhängige und nicht gewinnorientierte Zusammenschlüsse von Personen, die entweder aufgrund eigener Betroffenheit oder als Angehörige das Ziel verfolgen, durch persönliche, wechselseitige Unterstützung, auch unter Zuhilfenahme von Angeboten ehrenamtlicher und sonstiger zum bürgerschaftlichen Engagement bereiter Personen, die Lebenssituation von Pflegebedürftigen, von Personen mit erheblichem allgemeinem Betreuungsbedarf sowie deren Angehörigen zu verbessern. [4]Selbsthilfeorganisationen sind die Zusammenschlüsse von Selbsthilfegruppen in Verbänden. [5]Selbsthilfekontaktstellen sind örtlich oder regional arbeitende professionelle Beratungseinrichtungen mit hauptamtlichem Personal, die das Ziel verfolgen, die Lebenssituation von Pflegebedürftigen, von Personen mit erheblichem allgemeinem Betreuungsbedarf sowie deren Angehörigen zu verbessern. [6]Eine Förderung der Selbsthilfe nach dieser Vorschrift ist ausgeschlossen, soweit für dieselbe Zweckbestimmung eine Förderung nach § 20 h des Fünften Buches erfolgt.

(3) § 45 c Abs. 6 Satz 4 gilt entsprechend.

§ 45 c und das dortige Verfahren entsprechend angewendet. [3]Selbsthilfegruppen sind freiwillige, neutrale, unabhängige und nicht gewinnorientierte Zusammenschlüsse von Personen, die entweder auf Grund eigener Betroffenheit oder als Angehörige das Ziel verfolgen, durch persönliche, wechselseitige Unterstützung, auch unter Zuhilfenahme von Angeboten ehrenamtlicher und sonstiger zum bürgerschaftlichen Engagement bereiter Personen, die Lebenssituation von Pflegebedürftigen sowie von deren Angehörigen und vergleichbar Nahestehenden zu verbessern. [4]Selbsthilfeorganisationen sind die Zusammenschlüsse von Selbsthilfegruppen in Verbänden. [5]Selbsthilfekontaktstellen sind örtlich oder regional arbeitende professionelle Beratungseinrichtungen mit hauptamtlichem Personal, die das Ziel verfolgen, die Lebenssituation von Pflegebedürftigen sowie von deren Angehörigen und vergleichbar Nahestehenden zu verbessern. [6]Eine Förderung der Selbsthilfe nach dieser Vorschrift ist ausgeschlossen, soweit für dieselbe Zweckbestimmung eine Förderung nach § 20 h des Fünften Buches erfolgt. [7]§ 45 c Absatz 7 Satz 5 gilt entsprechend.

Sechster Abschnitt Initiativprogramm zur Förderung neuer Wohnformen

§ 45 e Anschubfinanzierung zur Gründung von ambulant betreuten Wohngruppen

(1) [1]Zur Förderung der Gründung von ambulant betreuten Wohngruppen wird Pflegebedürftigen, die Anspruch auf Leistungen nach § 38 a haben und die an der gemeinsamen Gründung beteiligt sind, für die altersgerechte oder barrierearme Umgestaltung der gemeinsamen Wohnung zusätzlich zu dem Betrag nach § 40 Absatz 4 einmalig ein Betrag von bis zu 2 500 Euro gewährt. [2]Der Gesamtbetrag ist je Wohngruppe auf 10 000 Euro begrenzt und wird bei mehr als vier Anspruchsberechtigten anteilig auf die Versicherungsträger der Anspruchsberechtigten aufgeteilt. [3]Der Antrag ist innerhalb eines Jahres nach Vorliegen der Anspruchsvoraussetzungen zu stellen. [4]Dabei kann die Umgestaltungsmaßnahme auch vor der Gründung und dem Einzug erfolgen. [5]Die Sätze 1 bis 4 gelten für die Versicherten der privaten Pflege-Pflichtversicherung entsprechend.

(2) [1]Die Pflegekassen zahlen den Förderbetrag aus, wenn die Gründung einer ambulant betreuten Wohngruppe nachgewiesen wird. [2]Der Anspruch endet mit Ablauf des Monats, in dem das Bundesversicherungsamt den Pflegekassen und dem Verband der privaten Krankenversicherung e.V. mitteilt, dass mit der Förderung eine Gesamthöhe von 30 Millionen Euro erreicht worden ist. [3]Einzelheiten zu den Voraussetzungen und dem Verfahren der Förderung regelt der Spitzenverband Bund der Pflegekassen im Einvernehmen mit dem Verband der privaten Krankenversicherung e.V.

§ 45 f Weiterentwicklung neuer Wohnformen

(1) [1]Zur wissenschaftlich gestützten Weiterentwicklung und Förderung neuer Wohnformen werden zusätzlich 10 Millionen Euro zur Verfügung gestellt. [2]Dabei sind insbesondere solche Konzepte einzubeziehen, die es alternativ zu stationären Einrichtungen ermöglichen, außerhalb der vollstationären Betreuung bewohnerorientiert individuelle Versorgung anzubieten.

(2) [1]Einrichtungen, die aus diesem Grund bereits eine Modellförderung, insbesondere nach § 8 Absatz 3, erfahren haben, sind von der Förderung nach Absatz 1 Satz 1 ausgenommen. [2]Für die Förderung gilt § 8 Absatz 3 entsprechend.

Fünftes Kapitel Organisation

Erster Abschnitt Träger der Pflegeversicherung

§ 46 Pflegekassen

(1) [1]Träger der Pflegeversicherung sind die Pflegekassen. [2]Bei jeder Krankenkasse (§ 4 Abs. 2 des Fünften Buches) wird eine Pflegekasse errichtet. [3]Die Deutsche Rentenversicherung Knappschaft-Bahn-See als Träger der Krankenversicherung führt die Pflegeversicherung für die Versicherten durch.

(2) [1]Die Pflegekassen sind rechtsfähige Körperschaften des öffentlichen Rechts mit Selbstverwaltung. [2]Organe der Pflegekassen sind die Organe der Krankenkassen, bei denen sie errichtet sind. [3]Arbeitgeber (Dienstherr) der für die Pflegekasse tätigen Beschäftigten ist die Krankenkasse, bei der die Pflegekasse errichtet ist. [4]Krankenkassen und Pflegekassen können für Mitglieder, die ihre Kranken- und Pflegeversicherungsbeiträge selbst zu zahlen haben, die Höhe der Beiträge zur Kranken- und Pflegeversicherung in einem gemeinsamen Beitragsbescheid festsetzen. [5]Das Mitglied ist darauf hinzuweisen, dass der Bescheid über den Beitrag zur Pflegeversicherung im Namen der Pflegekasse ergeht. [6]*In den Fällen des Satzes 4 kann auch ein gemeinsamer Widerspruchsbescheid erlassen werden; Satz 5 gilt entsprechend.* [7]Bei der Ausführung dieses Buches ist das Erste Kapitel des Zehnten Buches anzuwenden.

(3) [1]Die Verwaltungskosten einschließlich der Personalkosten, die den Krankenkassen auf Grund dieses Buches entstehen, werden von den Pflegekassen in Höhe von 3,5 vom Hundert [ab 1.1.2018: 3,2 Prozent] des Mittelwertes von Leistungsaufwendungen und Beitragseinnahmen erstattet; dabei ist der Erstattungsbetrag für die einzelne Krankenkasse um die Hälfte der Aufwendungen der jeweiligen Pflegekasse für Pflegeberatung nach § 7 a Abs. 4 Satz 5 und um die Aufwendungen für Zahlungen nach § 18 Absatz 3 b zu vermindern. [2]Bei der Berechnung der Erstattung sind die Beitragseinnahmen um die Beitragseinnahmen zu vermindern, die dazu bestimmt sind, nach § 135 dem Vorsorgefonds der sozialen Pflegeversicherung zugeführt zu werden. [3]Der Gesamtbetrag der nach Satz 1 zu erstattenden Verwaltungskosten aller Krankenkassen ist nach dem tatsächlich entstehenden Aufwand (Beitragseinzug/Leistungsgewährung) auf die Krankenkassen zu verteilen. [4]Der Spitzenverband Bund der Pflegekassen bestimmt das Nähere über die Verteilung. [5]Außerdem übernehmen die Pflegekassen 50 vom Hundert der umlagefinanzierten Kosten des Medizinischen Dienstes der Krankenversicherung. [6]Personelle Verwaltungskosten, die einer Betriebskrankenkasse von der Pflegekasse erstattet werden, sind an den Arbeitgeber weiterzuleiten, wenn er die Personalkosten der Betriebskrankenkasse nach § 147 Abs. 2 des Fünften Buches trägt. [7]Der Verwaltungsaufwand in der sozialen Pflegeversicherung ist nach Ablauf von einem Jahr nach Inkrafttreten dieses Gesetzes zu überprüfen.

(4) Das Bundesministerium für Gesundheit wird ermächtigt, durch Rechtsverordnung mit Zustimmung des Bundesrates Näheres über die Erstattung der Verwaltungskosten zu regeln sowie die Höhe der Verwaltungskostenerstattung neu festzusetzen, wenn die Überprüfung des Verwaltungsaufwandes nach Absatz 3 Satz 6 dies rechtfertigt.

(5) Bei Vereinigung, Auflösung und Schließung einer Krankenkasse gelten die §§ 143 bis 172 des Fünften Buches für die bei ihr errichteten Pflegekasse entsprechend.

(6) [1]Die Aufsicht über die Pflegekassen führen die für die Aufsicht über die Krankenkassen zuständigen Stellen. [2]Das Bundesversicherungsamt und die für die Sozialversicherung zuständigen obersten Verwaltungsbehörden der Länder haben mindestens alle fünf Jahre die Geschäfts-, Rechnungs- und Betriebsführung der ihrer Aufsicht unterstehenden Pflegekassen und deren Arbeitsgemeinschaften zu prüfen. [3]Das Bundesministerium für Gesundheit kann die Prüfung der bundesunmittelbaren Pflegekassen und deren Arbeitsgemeinschaften, die für die Sozialversicherung zuständigen obersten Verwaltungsbehörden der Länder können die Prüfung der landesunmittelbaren Pflegekassen und deren Arbeitsgemeinschaften auf eine öffentlich-rechtliche Prüfungseinrichtung übertragen, die bei der Durchführung der Prüfung unabhängig ist. [4]Die Prüfung hat sich auf den gesamten Geschäftsbetrieb zu erstrecken; sie umfaßt die Prüfung seiner Gesetzmäßigkeit und Wirtschaftlichkeit. [5]Die Pflegekassen und deren Arbeitsgemeinschaften haben auf Verlangen alle Unterlagen vorzulegen und alle Auskünfte zu erteilen, die zur Durchführung der Prüfung erforderlich sind. [6]§ 274 Abs. 2 und 3 des Fünften Buches gilt entsprechend.

§ 47 Satzung

(1) Die Satzung muß Bestimmungen enthalten über:

1. Name und Sitz der Pflegekasse,
2. Bezirk der Pflegekasse und Kreis der Mitglieder,
3. Rechte und Pflichten der Organe,
4. Art der Beschlußfassung der Vertreterversammlung,
5. Bemessung der Entschädigungen für Organmitglieder, soweit sie Aufgaben der Pflegeversicherung wahrnehmen,
6. jährliche Prüfung der Betriebs- und Rechnungsführung und Abnahme der Jahresrechnung,
7. Zusammensetzung und Sitz der Widerspruchsstelle und
8. Art der Bekanntmachungen.

(2) Die Satzung kann eine Bestimmung enthalten, nach der die Pflegekasse den Abschluss privater Pflege-Zusatzversicherungen zwischen ihren Versicherten und privaten Krankenversicherungsunternehmen vermitteln kann.

(3) Die Satzung und ihre Änderungen bedürfen der Genehmigung der Behörde, die für die Genehmigung der Satzung der Krankenkasse, bei der die Pflegekasse errichtet ist, zuständig ist.

§ 47 a Stellen zur Bekämpfung von Fehlverhalten im Gesundheitswesen

(1) [1]§ 197 a des Fünften Buches gilt entsprechend; § 197 a Absatz 3 des Fünften Buches gilt mit der Maßgabe, auch mit den nach Landesrecht bestimmten Trägern der Sozialhilfe, die für die Hilfe zur Pflege im Sinne des Siebten Kapitels des Zwölften Buches zuständig sind, zusammenzuarbeiten. [2]Die organisatorischen Einheiten nach § 197 a Abs. 1 des Fünften Buches sind die Stellen zur Bekämpfung von Fehlverhalten im Gesundheitswesen bei den Pflegekassen, ihren Landesverbänden und dem Spitzenverband Bund der Pflegekassen.

(2) [1]Die Einrichtungen nach Absatz 1 Satz 2 dürfen personenbezogene Daten, die von ihnen zur Erfüllung ihrer Aufgaben nach Absatz 1 erhoben oder an sie weitergegeben oder übermittelt wurden, untereinander übermitteln, soweit dies für die Feststellung und Bekämpfung von Fehlverhalten im Gesundheitswesen beim Empfänger erforderlich ist. [2]An die nach Landesrecht bestimmten Träger der Sozialhilfe, die für die Hilfe zur Pflege im Sinne des Siebten Kapitels des Zwölften Buches zuständig sind, dürfen die Einrichtungen nach Absatz 1 Satz 2 personenbezogene Daten nur übermitteln, soweit dies für die Feststellung und Bekämpfung von Fehlverhalten im Zusammenhang mit den Regelungen des Siebten Kapitels des Zwölften Buches erforderlich ist und im Einzelfall konkrete Anhaltspunkte dafür vorliegen. [3]Der Empfänger darf diese Daten nur zu dem Zweck verarbeiten und nutzen, zu dem sie ihm übermittelt worden sind. [4]Ebenso dürfen die nach Landesrecht bestimmten Träger der Sozialhilfe, die für die Hilfe zur Pflege im Sinne des Siebten Kapitels des Zwölften Buches zuständig sind, personenbezogene Daten, die von ihnen zur Erfüllung ihrer Aufgaben erhoben oder an sie weitergegeben oder übermittelt wurden, an die in Absatz 1 Satz 2 genannten Einrichtungen übermitteln, soweit dies für die Feststellung und Bekämpfung von Fehlverhalten im Gesundheitswesen beim Empfänger erforderlich ist. [5]Die in Absatz 1 Satz 2 genannten Einrichtungen dürfen diese nur zu dem Zweck verarbeiten und nutzen, zu dem sie ihnen übermittelt worden sind. [6]Die Einrichtungen nach Absatz 1 Satz 2 sowie die nach Landesrecht bestimmten Träger der Sozialhilfe, die für die Hilfe zur Pflege im Sinne des Siebten Kapitels des Zwölften Buches zuständig sind, haben sicherzustellen, dass die personenbezogenen Daten nur Befugten zugänglich sind oder nur an diese weitergegeben werden.

Zweiter Abschnitt Zuständigkeit, Mitgliedschaft

§ 48 Zuständigkeit für Versicherte einer Krankenkasse und sonstige Versicherte

(1) [1]Für die Durchführung der Pflegeversicherung ist jeweils die Pflegekasse zuständig, die bei der Krankenkasse errichtet ist, bei der eine Pflichtmitgliedschaft oder freiwillige Mitgliedschaft besteht. [2]Für Familienversicherte nach § 25 ist die Pflegekasse des Mitglieds zuständig.

(2) [1]Für Personen, die nach § 21 Nr. 1 bis 5 versichert sind, ist die Pflegekasse zuständig, die bei der Krankenkasse errichtet ist, die mit der Leistungserbringung im Krankheitsfalle beauftragt ist. [2]Ist keine Krankenkasse mit der Leistungserbringung im Krankheitsfall beauftragt, kann der Versicherte die Pflegekasse nach Maßgabe des Absatzes 3 wählen.

(3) [1]Personen, die nach § 21 Nr. 6 versichert sind, können die Mitgliedschaft wählen bei der Pflegekasse, die bei

1. der Krankenkasse errichtet ist, der sie angehören würden, wenn sie in der gesetzlichen Krankenversicherung versicherungspflichtig wären,
2. der Allgemeinen Ortskrankenkasse ihres Wohnsitzes oder gewöhnlichen Aufenthaltes errichtet ist,
3. einer Ersatzkasse errichtet ist, wenn sie zu dem Mitgliederkreis gehören, den die gewählte Ersatzkasse aufnehmen darf.

[2]Ab 1. Januar 1996 können sie die Mitgliedschaft bei der Pflegekasse wählen, die bei der Krankenkasse errichtet ist, die sie nach § 173 Abs. 2 des Fünften Buches wählen könnten, wenn sie in der gesetzlichen Krankenversicherung versicherungspflichtig wären.

§ 49 Mitgliedschaft

(1) [1]Die Mitgliedschaft bei einer Pflegekasse beginnt mit dem Tag, an dem die Voraussetzungen des § 20 oder des § 21 vorliegen. [2]Sie endet mit dem Tod des Mitglieds oder mit Ablauf des Tages, an dem die Voraussetzungen des § 20 oder des § 21 entfallen, sofern nicht das Recht zur Weiterversicherung nach § 26 ausgeübt wird. [3]Für die nach § 20 Abs. 1 Satz 2 Nr. 12 Versicherten gelten § 186 Abs. 11 und § 190 Abs. 13 des Fünften Buches entsprechend.

(2) Für das Fortbestehen der Mitgliedschaft gelten die §§ 189, 192 des Fünften Buches sowie § 25 des Zweiten Gesetzes über die Krankenversicherung der Landwirte entsprechend.

(3) Die Mitgliedschaft freiwillig Versicherter nach den §§ 26 und 26 a endet:

1. mit dem Tod des Mitglieds oder
2. mit Ablauf des übernächsten Kalendermonats, gerechnet von dem Monat, in dem das Mitglied den Austritt erklärt, wenn die Satzung nicht einen früheren Zeitpunkt bestimmt.

Dritter Abschnitt Meldungen

§ 50 Melde- und Auskunftspflichten bei Mitgliedern der sozialen Pflegeversicherung

(1) [1]Alle nach § 20 versicherungspflichtigen Mitglieder haben sich selbst unverzüglich bei der für sie zuständigen Pflegekasse anzumelden. [2]Dies gilt nicht, wenn ein Dritter bereits eine Meldung nach den §§ 28 a bis 28 c des Vierten Buches, §§ 199 bis 205 des Fünften Buches oder §§ 27 bis 29 des Zweiten Gesetzes über die Krankenversicherung der Landwirte zur gesetzlichen Krankenversicherung abgegeben hat; die Meldung zur gesetzlichen Krankenversicherung schließt die Meldung zur sozialen Pflegeversicherung ein. [3]Bei freiwillig versicherten Mitgliedern der gesetzlichen Krankenversicherung gilt die Beitrittserklärung zur gesetzlichen Krankenversicherung als Meldung zur sozialen Pflegeversicherung.

(2) Für die nach § 21 versicherungspflichtigen Mitglieder haben eine Meldung an die zuständige Pflegekasse zu erstatten:

1. das Versorgungsamt für Leistungsempfänger nach dem Bundesversorgungsgesetz oder nach den Gesetzen, die eine entsprechende Anwendung des Bundesversorgungsgesetzes vorsehen,
2. das Ausgleichsamt für Leistungsempfänger von Kriegsschadenrente oder vergleichbaren Leistungen nach dem Lastenausgleichsgesetz oder dem Reparationsschädengesetz oder von laufender Beihilfe nach dem Flüchtlingshilfegesetz,
3. der Träger der Kriegsopferfürsorge für Empfänger von laufenden Leistungen der ergänzenden Hilfe zum Lebensunterhalt nach dem Bundesversorgungsgesetz oder nach den Gesetzen, die eine entsprechende Anwendung des Bundesversorgungsgesetzes vorsehen,
4. der Leistungsträger der Jugendhilfe für Empfänger von laufenden Leistungen zum Unterhalt nach dem Achten Buch,

5. der Leistungsträger für Krankenversorgungsberechtigte nach dem Bundesentschädigungsgesetz,
6. der Dienstherr für Soldaten auf Zeit.

(3) [1]Personen, die versichert sind oder als Versicherte in Betracht kommen, haben der Pflegekasse, soweit sie nicht nach § 28 o des Vierten Buches auskunftspflichtig sind,

1. auf Verlangen über alle für die Feststellung der Versicherungs- und Beitragspflicht und für die Durchführung der der Pflegekasse übertragenen Aufgaben erforderlichen Tatsachen unverzüglich Auskunft zu erteilen,
2. Änderungen in den Verhältnissen, die für die Feststellung der Versicherungs- und Beitragspflicht erheblich sind und nicht durch Dritte gemeldet werden, unverzüglich mitzuteilen.

[2]Sie haben auf Verlangen die Unterlagen, aus denen die Tatsachen oder die Änderung der Verhältnisse hervorgehen, der Pflegekasse in deren Geschäftsräumen unverzüglich vorzulegen.

(4) Entstehen der Pflegekasse durch eine Verletzung der Pflichten nach Absatz 3 zusätzliche Aufwendungen, kann sie von dem Verpflichteten die Erstattung verlangen.

(5) Die Krankenkassen übermitteln den Pflegekassen die zur Erfüllung ihrer Aufgaben erforderlichen personenbezogenen Daten.

(6) Für die Meldungen der Pflegekassen an die Rentenversicherungsträger gilt § 201 des Fünften Buches entsprechend.

§ 51 Meldungen bei Mitgliedern der privaten Pflegeversicherung

(1) [1]Das private Versicherungsunternehmen hat Personen, die bei ihm gegen Krankheit versichert sind und trotz Aufforderung innerhalb von sechs Monaten nach Inkrafttreten des Pflege-Versicherungsgesetzes, bei Neuabschlüssen von Krankenversicherungsverträgen innerhalb von drei Monaten nach Abschluß des Vertrages, keinen privaten Pflegeversicherungsvertrag abgeschlossen haben, unverzüglich dem Bundesversicherungsamt zu melden. [2]Das Versicherungsunternehmen hat auch Versicherungsnehmer zu melden, die mit der Entrichtung von sechs Monatsprämien in Verzug geraten sind. [3]Das Bundesversicherungsamt kann mit dem Verband der privaten Krankenversicherung e.V. Näheres über das Meldeverfahren vereinbaren.

(2) [1]Der Dienstherr hat für Heilfürsorgeberechtigte, die weder privat krankenversichert noch Mitglied in der gesetzlichen Krankenversicherung sind, eine Meldung an das Bundesversicherungsamt zu erstatten. [2]Die Postbeamtenkrankenkasse und die Krankenversorgung der Bundesbahnbeamten melden die im Zeitpunkt des Inkrafttretens des Gesetzes bei diesen Einrichtungen versicherten Mitglieder und mitversicherten Familienangehörigen an das Bundesversicherungsamt.

(3) Die Meldepflichten bestehen auch für die Fälle, in denen eine bestehende private Pflegeversicherung gekündigt und der Abschluß eines neuen Vertrages bei einem anderen Versicherungsunternehmen nicht nachgewiesen wird.

Vierter Abschnitt Wahrnehmung der Verbandsaufgaben

§ 52 Aufgaben auf Landesebene

(1) [1]Die Landesverbände der Ortskrankenkassen, der Betriebskrankenkassen und der Innungskrankenkassen, die Deutsche Rentenversicherung Knappschaft-Bahn-See, die nach § 36 des Zweiten Gesetzes über die Krankenversicherung der Landwirte als Landesverband tätige landwirtschaftliche Krankenkasse sowie die Ersatzkassen nehmen die Aufgaben der Landesverbände der Pflegekassen wahr. [2]§ 211 a und § 212 Abs. 5 Satz 4 bis 10 des Fünften Buches gelten entsprechend.

(2) [1]Für die Aufgaben der Landesverbände nach Absatz 1 gilt § 211 des Fünften Buches entsprechend. [2]Die Landesverbände haben insbesondere den Spitzenverband Bund der Pflegekassen bei der Erfüllung seiner Aufgaben zu unterstützen.

(3) Für die Aufsicht über die Landesverbände im Bereich der Aufgaben nach Absatz 1 gilt § 208 des Fünften Buches entsprechend.

(4) Soweit in diesem Buch die Landesverbände der Pflegekassen Aufgaben wahrnehmen, handeln die in Absatz 1 aufgeführten Stellen.

§ 53 Aufgaben auf Bundesebene

[1]Der Spitzenverband Bund der Krankenkassen nimmt die Aufgaben des Spitzenverbandes Bund der Pflegekassen wahr. [2]Die §§ 217 b, 217 d und 217 f des Fünften Buches gelten entsprechend.

§ 53 a Zusammenarbeit der Medizinischen Dienste

[1]Der Spitzenverband Bund der Pflegekassen erlässt für den Bereich der sozialen Pflegeversicherung Richtlinien

1. über die Zusammenarbeit der Pflegekassen mit den Medizinischen Diensten,
2. zur Durchführung und Sicherstellung einer einheitlichen Begutachtung,
3. über die von den Medizinischen Diensten zu übermittelnden Berichte und Statistiken,
4. zur Qualitätssicherung der Begutachtung und Beratung sowie über das Verfahren zur Durchführung von Qualitätsprüfungen und zur Qualitätssicherung der Qualitätsprüfungen,
5. über Grundsätze zur Fort- und Weiterbildung.

[2]Die Richtlinien bedürfen der Zustimmung des Bundesministeriums für Gesundheit. [3]Sie sind für die Medizinischen Dienste verbindlich.

§ 53 b Beauftragung von anderen unabhängigen Gutachtern durch die Pflegekassen im Verfahren zur Feststellung der Pflegebedürftigkeit

(1) [1]Der Spitzenverband Bund der Pflegekassen erlässt bis zum 31. März 2013 mit dem Ziel einer einheitlichen Rechtsanwendung Richtlinien zur Zusammenarbeit der Pflegekassen mit anderen unabhängigen Gutachtern im Verfahren zur Feststellung der Pflegebedürftigkeit. [2]Die Richtlinien sind für die Pflegekassen verbindlich.

(2) Die Richtlinien regeln insbesondere Folgendes:

1. die Anforderungen an die Qualifikation und die Unabhängigkeit der Gutachter,
2. das Verfahren, mit dem sichergestellt wird, dass die von den Pflegekassen beauftragten unabhängigen Gutachter bei der Feststellung der Pflegebedürftigkeit und bei der Zuordnung zu einer Pflegestufe dieselben Maßstäbe wie der Medizinische Dienst der Krankenversicherung anlegen,
3. die Sicherstellung der Dienstleistungsorientierung im Begutachtungsverfahren und
4. die Einbeziehung der Gutachten der von den Pflegekassen beauftragten Gutachter in das Qualitätssicherungsverfahren der Medizinischen Dienste.

(3) Die Richtlinien bedürfen der Zustimmung des Bundesministeriums für Gesundheit.

§ 53 c Richtlinien zur Qualifikation und zu den Aufgaben zusätzlicher Betreuungskräfte

[1]Der Spitzenverband Bund der Pflegekassen hat für die zusätzlich einzusetzenden Betreuungskräfte für die Leistungen nach § 43 b Richtlinien zur Qualifikation und zu den Aufgaben in stationären Pflegeeinrichtungen zu beschließen. [2]Er hat hierzu die Bundesvereinigungen der Träger stationärer Pflegeeinrichtungen und die Verbände der Pflegeberufe auf Bundesebene anzuhören und den allgemein anerkannten Stand medizinisch-pflegerischer Erkenntnisse zu beachten. [3]Die Richtlinien werden für alle Pflegekassen und deren Verbände sowie für die stationären Pflegeeinrichtungen erst nach Genehmigung durch das Bundesministerium für Gesundheit wirksam. [4]§ 17 Absatz 2 Satz 2 und 3 gilt entsprechend.

Sechstes Kapitel Finanzierung

Erster Abschnitt Beiträge

§ 54 Grundsatz

(1) Die Mittel für die Pflegeversicherung werden durch Beiträge sowie sonstige Einnahmen gedeckt.

(2) [1]Die Beiträge werden nach einem Vomhundertsatz (Beitragssatz) von den beitragspflichtigen Einnahmen der Mitglieder bis zur Beitragsbemessungsgrenze (§ 55) erhoben. [2]Die Beiträge sind für jeden Kalendertag der Mitgliedschaft zu zahlen, soweit dieses Buch nichts Abweichendes bestimmt. [3]Für die Berechnung der Beiträge ist die Woche zu sieben, der Monat zu 30 und das Jahr zu 360 Tagen anzusetzen.

(3) Die Vorschriften des Zwölften Kapitels des Fünften Buches gelten entsprechend.

§ 55 Beitragssatz, Beitragsbemessungsgrenze

(1) [1]Der Beitragssatz beträgt bundeseinheitlich [bis 31.12.2016: 2,35 Prozent] [ab 1.1.2017: 2,55 Prozent] der beitragspflichtigen Einnahmen der Mitglieder; er wird durch Gesetz festgesetzt. [2]Für Personen, bei denen § 28 Abs. 2 Anwendung findet, beträgt der Beitragssatz die Hälfte des Beitragssatzes nach Satz 1.

(2) Beitragspflichtige Einnahmen sind bis zu einem Betrag von 1/360 der in § 6 Abs. 7 des Fünften Buches festgelegten Jahresarbeitsentgeltgrenze für den Kalendertag zu berücksichtigen (Beitragsbemessungsgrenze).

(3) [270][1]Der Beitragssatz nach Absatz 1 Satz 1 und 2 erhöht sich für Mitglieder nach Ablauf des Monats, in dem sie das 23. Lebensjahr vollendet haben, um einen Beitragszuschlag in Höhe von 0,25 Beitragssatzpunkten (Beitragszuschlag für Kinderlose). [2]Satz 1 gilt nicht für Eltern im Sinne des § 56 Abs. 1 Satz 1 Nr. 3 und Abs. 3 Nr. 2 und 3 des Ersten Buches. [3]Die Elterneigenschaft ist in geeigneter Form gegenüber der beitragsabführenden Stelle, von Selbstzahlern gegenüber der Pflegekasse, nachzuweisen, sofern diesen die Elterneigenschaft nicht bereits aus anderen Gründen bekannt ist. [4]Der Spitzenverband Bund der Pflegekassen gibt Empfehlungen darüber, welche Nachweise geeignet sind. [5]Erfolgt die Vorlage des Nachweises innerhalb von drei Monaten nach der Geburt des Kindes, gilt der Nachweis mit Beginn des Monats der Geburt als erbracht, ansonsten wirkt der Nachweis ab Beginn des Monats, der dem Monat folgt, in dem der Nachweis erbracht wird. [6]Nachweise für vor dem 1. Januar 2005 geborene Kinder, die bis zum 30. Juni 2005 erbracht werden, wirken vom 1. Januar 2005 an. [7]Satz 1 gilt nicht für Mitglieder, die vor dem 1. Januar 1940 geboren wurden, für Wehr- und Zivildienstleistende sowie für Bezieher von Arbeitslosengeld II.

(3 a) Zu den Eltern im Sinne des Absatzes 3 Satz 2 gehören nicht

1. Adoptiveltern, wenn das Kind zum Zeitpunkt des Wirksamwerdens der Adoption bereits die in § 25 Abs. 2 vorgesehenen Altersgrenzen erreicht hat,
2. Stiefeltern, wenn das Kind zum Zeitpunkt der Eheschließung mit dem Elternteil des Kindes bereits die in § 25 Abs. 2 vorgesehenen Altersgrenzen erreicht hat oder wenn das Kind vor Erreichen dieser Altersgrenzen nicht in den gemeinsamen Haushalt mit dem Mitglied aufgenommen worden ist.

(4) [1]Der Beitragszuschlag für die Monate Januar bis März 2005 auf Renten der gesetzlichen Rentenversicherung wird für Rentenbezieher, die nach dem 31. Dezember 1939 geboren wurden, in der Weise abgegolten, dass der Beitragszuschlag im Monat April 2005 1 vom Hundert der im April 2005 beitragspflichtigen Rente beträgt. [2]Für die Rentenbezieher, die in den Monaten Januar bis April 2005 zeitweise nicht beitrags- oder zuschlagspflichtig sind, wird der Beitragszuschlag des Monats April 2005 entsprechend der Dauer dieser Zeit reduziert.

(5) [1]Sind landwirtschaftliche Unternehmer, die nicht zugleich Arbeitslosengeld II beziehen, sowie mitarbeitende Familienangehörige Mitglied der landwirtschaftlichen Krankenkasse, wird der Beitrag abweichend von den Absätzen 1 bis 3 in Form eines Zuschlags auf den Krankenversicherungsbeitrag, den sie nach den Vorschriften des Zweiten Gesetzes über die Krankenversicherung der Landwirte aus

270 Siehe die Bek. des für die Pflegeversicherung nach § 57 Absatz 3 SGB XI zu erhebenden Zuschlags sowie des in Verbindung mit § 55 Absatz 3 SGB XI zu erhebenden erhöhten Zuschlags für Kinderlose zum Krankenversicherungsbeitrag ab 1. Januar 2013.

dem Arbeitseinkommen aus Land- und Forstwirtschaft zu zahlen haben, erhoben. [2]Die Höhe des Zuschlags ergibt sich aus dem Verhältnis des Beitragssatzes nach Absatz 1 Satz 1 zu dem um den durchschnittlichen Zusatzbeitragssatz erhöhten allgemeinen Beitragssatz nach § 241 des Fünften Buches. [3]Sind die Voraussetzungen für einen Beitragszuschlag für Kinderlose nach Absatz 3 erfüllt, erhöht sich der Zuschlag nach Satz 2 um das Verhältnis des Beitragszuschlags für Kinderlose nach Absatz 3 Satz 1 zu dem Beitragssatz nach Absatz 1 Satz 1.

§ 56 Beitragsfreiheit

(1) Familienangehörige und Lebenspartner sind für die Dauer der Familienversicherung nach § 25 beitragsfrei.

(2) [1]Beitragsfreiheit besteht vom Zeitpunkt der Rentenantragstellung bis zum Beginn der Rente einschließlich einer Rente nach dem Gesetz über die Alterssicherung der Landwirte für:

1. den hinterbliebenen Ehegatten eines Rentners, der bereits Rente bezogen hat, wenn Hinterbliebenenrente beantragt wird,
2. die Waise eines Rentners, der bereits Rente bezogen hat, vor Vollendung des 18. Lebensjahres; dies gilt auch für Waisen, deren verstorbener Elternteil eine Rente nach dem Gesetz über die Alterssicherung der Landwirte bezogen hat,
3. den hinterbliebenen Ehegatten eines Beziehers einer Rente nach dem Gesetz über die Alterssicherung der Landwirte, wenn die Ehe vor Vollendung des 65. Lebensjahres des Verstorbenen geschlossen wurde,
4. den hinterbliebenen Ehegatten eines Beziehers von Landabgaberente.

[2]Satz 1 gilt nicht, wenn der Rentenantragsteller eine eigene Rente, Arbeitsentgelt, Arbeitseinkommen oder Versorgungsbezüge erhält.

(3) [1]Beitragsfrei sind Mitglieder für die Dauer des Bezuges von Mutterschafts-, Eltern- oder Betreuungsgeld. [2]Die Beitragsfreiheit erstreckt sich nur auf die in Satz 1 genannten Leistungen.

(4) Beitragsfrei sind auf Antrag Mitglieder, die sich auf nicht absehbare Dauer in stationärer Pflege befinden und bereits Leistungen nach § 35 Abs. 6 des Bundesversorgungsgesetzes, nach § 44 des Siebten Buches, nach § 34 des Beamtenversorgungsgesetzes oder nach den Gesetzen erhalten, die eine entsprechende Anwendung des Bundesversorgungsgesetzes vorsehen, wenn sie keine Familienangehörigen haben, für die eine Versicherung nach § 25 besteht.

(5) [1]Beitragsfrei sind Mitglieder für die Dauer des Bezuges von Pflegeunterstützungsgeld. [2]Die Beitragsfreiheit erstreckt sich nur auf die in Satz 1 genannten Leistungen.

§ 57 Beitragspflichtige Einnahmen

(1) [1]Bei Mitgliedern der Pflegekasse, die in der gesetzlichen Krankenversicherung pflichtversichert sind, gelten für die Beitragsbemessung die §§ 226 bis 232 a, 233 bis 238 und § 244 des Fünften Buches sowie die §§ 23 a und 23 b Abs. 2 bis 4 des Vierten Buches. [2]Bei Personen, die Arbeitslosengeld II beziehen, ist abweichend von § 232 a Abs. 1 Satz 1 Nr. 2 des Fünften Buches das 0,2172fache der monatlichen Bezugsgröße zugrunde zu legen und sind abweichend von § 54 Absatz 2 Satz 2 die Beiträge für jeden Kalendermonat, in dem mindestens für einen Tag eine Mitgliedschaft besteht, zu zahlen; § 232 a Absatz 1 a des Fünften Buches gilt entsprechend.

(2) [1]Bei Beziehern von Krankengeld gilt als beitragspflichtige Einnahmen 80 vom Hundert des Arbeitsentgelts, das der Bemessung des Krankengeldes zugrundeliegt. [2]Dies gilt auch für den Krankengeldbezug eines rentenversicherungspflichtigen mitarbeitenden Familienangehörigen eines landwirtschaftlichen Unternehmers. [3]Beim Krankengeldbezug eines nicht rentenversicherungspflichtigen mitarbeitenden Familienangehörigen ist der Zahlbetrag der Leistung der Beitragsbemessung zugrunde zu legen. [4]Bei Personen, die Krankengeld nach § 44 a des Fünften Buches beziehen, wird das der Leistung zugrunde liegende Arbeitsentgelt oder Arbeitseinkommen zugrunde gelegt; wird dieses Krankengeld nach § 47 b des Fünften Buches gezahlt, gelten die Sätze 1 bis 3. [5]Bei Personen, die Leistungen für den Ausfall von Arbeitseinkünften von einem privaten Krankenversicherungsunternehmen, von einem Beihilfeträger des Bundes, von einem sonstigen öffentlich-rechtlichen Träger von Kosten in Krankheitsfällen auf Bundesebene, von dem Träger der Heilfürsorge im Bereich des Bundes, von dem Träger der truppenärztlichen Versorgung oder von einem öffentlich-rechtlichen Träger von Kosten in Krankheits-

fällen auf Landesebene, soweit Landesrecht dies vorsieht, im Zusammenhang mit einer nach den §§ 8 und 8 a des Transplantationsgesetzes erfolgenden Spende von Organen oder Geweben oder im Zusammenhang mit einer im Sinne von § 9 des Transfusionsgesetzes erfolgenden Spende von Blut zur Separation von Blutstammzellen oder anderen Blutbestandteilen erhalten, wird das diesen Leistungen zugrunde liegende Arbeitsentgelt oder Arbeitseinkommen zugrunde gelegt. [6]Bei Personen, die Krankengeld nach § 45 Absatz 1 des Fünften Buches beziehen, gelten als beitragspflichtige Einnahmen 80 Prozent des während der Freistellung ausgefallenen, laufenden Arbeitsentgelts oder des der Leistung zugrunde liegenden Arbeitseinkommens.

(3) Für die Beitragsbemessung der in § 20 Absatz 1 Satz 2 Nummer 3 genannten Altenteiler gilt § 45 des Zweiten Gesetzes über die Krankenversicherung der Landwirte.

(4) [1]Bei freiwilligen Mitgliedern der gesetzlichen Krankenversicherung und bei Mitgliedern der sozialen Pflegeversicherung, die nicht in der gesetzlichen Krankenversicherung versichert sind, ist für die Beitragsbemessung § 240 des Fünften Buches entsprechend anzuwenden. [2]Für die Beitragsbemessung der in der gesetzlichen Krankenversicherung versicherten Rentenantragsteller und freiwillig versicherten Rentner finden darüber hinaus die §§ 238 a und 239 des Fünften Buches entsprechende Anwendung. [3]Abweichend von Satz 1 ist bei Mitgliedern nach § 20 Abs. 1 Nr. 10, die in der gesetzlichen Krankenversicherung freiwillig versichert sind, § 236 des Fünften Buches entsprechend anzuwenden; als beitragspflichtige Einnahmen der satzungsmäßigen Mitglieder geistlicher Genossenschaften, Diakonissen und ähnlicher Personen, die freiwillig in der gesetzlichen Krankenversicherung versichert sind, sind der Wert für gewährte Sachbezüge oder das ihnen zur Beschaffung der unmittelbaren Lebensbedürfnisse an Wohnung, Verpflegung, Kleidung und dergleichen gezahlte Entgelt zugrunde zu legen. [4]Bei freiwilligen Mitgliedern der gesetzlichen Krankenversicherung, die von einem Rehabilitationsträger Verletztengeld, Versorgungskrankengeld oder Übergangsgeld erhalten, gilt für die Beitragsbemessung § 235 Abs. 2 des Fünften Buches entsprechend; für die in der landwirtschaftlichen Krankenversicherung freiwillig Versicherten gilt § 46 des Zweiten Gesetzes über die Krankenversicherung der Landwirte.

(5) Der Beitragsberechnung von Personen, die nach § 26 Abs. 2 weiterversichert sind, werden für den Kalendertag der 180. Teil der monatlichen Bezugsgröße nach § 18 des Vierten Buches zugrunde gelegt.

§ 58 Tragung der Beiträge bei versicherungspflichtig Beschäftigten

(1) [1]Die nach § 20 Abs. 1 Satz 2 Nr. 1 und 12 versicherungspflichtig Beschäftigten, die in der gesetzlichen Krankenversicherung pflichtversichert sind, und ihre Arbeitgeber tragen die nach dem Arbeitsentgelt zu bemessenden Beiträge jeweils zur Hälfte. [2]Soweit für Beschäftigte Beiträge für Kurzarbeitergeld zu zahlen sind, trägt der Arbeitgeber den Beitrag allein. [3]Den Beitragszuschlag für Kinderlose nach § 55 Abs. 3 tragen die Beschäftigten.

(2) Zum Ausgleich der mit den Arbeitgeberbeiträgen verbundenen Belastungen der Wirtschaft werden die Länder einen gesetzlichen landesweiten Feiertag, der stets auf einen Werktag fällt, aufheben.

(3) [1]Die in Absatz 1 genannten Beschäftigten tragen die Beiträge in Höhe von 1 vom Hundert allein, wenn der Beschäftigungsort in einem Land liegt, in dem die am 31. Dezember 1993 bestehende Anzahl der gesetzlichen landesweiten Feiertage nicht um einen Feiertag, der stets auf einen Werktag fiel, vermindert worden ist. [2]In Fällen des § 55 Abs. 1 Satz 2 werden die Beiträge in Höhe von 0,5 vom Hundert allein getragen. [3]Im Übrigen findet Absatz 1 Anwendung, soweit es sich nicht um eine versicherungspflichtige Beschäftigung mit einem monatlichen Arbeitsentgelt innerhalb der Gleitzone nach § 20 Abs. 2 des Vierten Buches handelt, für die Absatz 5 Satz 2 Anwendung findet. [4]Die Beiträge der Beschäftigten erhöhen sich nicht, wenn Länder im Jahr 2017 den Reformationstag einmalig zu einem gesetzlichen Feiertag erheben.

(4) [1]Die Aufhebung eines Feiertages wirkt für das gesamte Kalenderjahr. [2]Handelt es sich um einen Feiertag, der im laufenden Kalenderjahr vor dem Zeitpunkt des Inkrafttretens der Regelung über die Streichung liegt, wirkt die Aufhebung erst im folgenden Kalenderjahr.

(5) [1]§ 249 Abs. 2 des Fünften Buches gilt entsprechend. [2]§ 249 Abs. 4 des Fünften Buches gilt mit der Maßgabe, dass statt des Beitragssatzes der Krankenkasse der Beitragssatz der Pflegeversicherung und bei den in Absatz 3 Satz 1 genannten Beschäftigten für die Berechnung des Beitragsanteils des Arbeitgebers ein Beitragssatz in Höhe von 0,7 vom Hundert Anwendung findet.

§ 59 Beitragstragung bei anderen Mitgliedern

(1) [1]Für die nach § 20 Abs. 1 Satz 2 Nr. 2 bis 12 versicherten Mitglieder der sozialen Pflegeversicherung, die in der gesetzlichen Krankenversicherung pflichtversichert sind, gelten für die Tragung der Beiträge die § 250 Abs. 1 und 3 und § 251 des Fünften Buches sowie § 48 des Zweiten Gesetzes über die Krankenversicherung der Landwirte entsprechend; die Beiträge aus der Rente der gesetzlichen Rentenversicherung sind von dem Mitglied allein zu tragen. [2]Bei Beziehern einer Rente nach dem Gesetz über die Alterssicherung der Landwirte, die nach § 20 Abs. 1 Satz 2 Nr. 3 versichert sind, und bei Beziehern von Produktionsaufgaberente oder Ausgleichsgeld, die nach § 14 Abs. 4 des Gesetzes zur Förderung der Einstellung der landwirtschaftlichen Erwerbstätigkeit versichert sind, werden die Beiträge aus diesen Leistungen von den Beziehern der Leistung allein getragen.

(2) [1]Die Beiträge für Bezieher von Krankengeld werden von den Leistungsbeziehern und den Krankenkassen je zur Hälfte getragen, soweit sie auf das Krankengeld entfallen und dieses nicht in Höhe der Leistungen der Bundesagentur für Arbeit zu zahlen ist, im übrigen von den Krankenkassen; die Beiträge werden auch dann von den Krankenkassen getragen, wenn das dem Krankengeld zugrunde liegende monatliche Arbeitsentgelt 450 Euro nicht übersteigt. [2]Die Beiträge für Bezieher von Krankengeld nach § 44 a des Fünften Buches oder für den Ausfall von Arbeitseinkünften im Zusammenhang mit einer nach den §§ 8 und 8 a des Transplantationsgesetzes erfolgenden Spende von Organen oder Geweben oder im Zusammenhang mit einer im Sinne von § 9 des Transfusionsgesetzes erfolgenden Spende von Blut zur Separation von Blutstammzellen oder anderen Blutbestandteilen sind von der Stelle zu tragen, die die Leistung erbringt; wird die Leistung von mehreren Stellen erbracht, sind die Beiträge entsprechend anteilig zu tragen.

(3) [1]Die Beiträge für die nach § 21 Nr. 1 bis 5 versicherten Leistungsempfänger werden vom jeweiligen Leistungsträger getragen. [2]Beiträge auf Grund des Leistungsbezugs im Rahmen der Kriegsopferfürsorge gelten als Aufwendungen für die Kriegsopferfürsorge.

(4) [1]Mitglieder der sozialen Pflegeversicherung, die in der gesetzlichen Krankenversicherung freiwillig versichert sind, sowie Mitglieder, deren Mitgliedschaft nach § 49 Abs. 2 Satz 1 erhalten bleibt oder nach den §§ 26 und 26 a freiwillig versichert sind, und die nach § 21 Nr. 6 versicherten Soldaten auf Zeit tragen den Beitrag allein. [2]Abweichend von Satz 1 werden

1. die auf Grund des Bezuges von Verletztengeld, Versorgungskrankengeld oder Übergangsgeld zu zahlenden Beiträge von dem zuständigen Rehabilitationsträger,
2. die Beiträge für satzungsmäßige Mitglieder geistlicher Genossenschaften, Diakonissen und ähnliche Personen einschließlich der Beiträge bei einer Weiterversicherung nach § 26 von der Gemeinschaft

allein getragen.

(5) Den Beitragszuschlag für Kinderlose nach § 55 Abs. 3 trägt das Mitglied.

§ 60 Beitragszahlung

(1) [1]Soweit gesetzlich nichts Abweichendes bestimmt ist, sind die Beiträge von demjenigen zu zahlen, der sie zu tragen hat. [2]§ 252 Abs. 1 Satz 2, die §§ 253 bis 256 a des Fünften Buches und § 49 Satz 2, die §§ 50 und 50 a des Zweiten Gesetzes über die Krankenversicherung der Landwirte gelten entsprechend. [3]Die aus einer Rente nach dem Gesetz über die Alterssicherung der Landwirte und einer laufenden Geldleistung nach dem Gesetz zur Förderung der Einstellung der landwirtschaftlichen Erwerbstätigkeit zu entrichtenden Beiträge werden von der Alterskasse gezahlt; § 28 g Satz 1 des Vierten Buches gilt entsprechend.

(2) [1]Für Bezieher von Krankengeld zahlen die Krankenkassen die Beiträge; für den Beitragsabzug gilt § 28 g Satz 1 des Vierten Buches entsprechend. [2]Die zur Tragung der Beiträge für die in § 21 Nr. 1 bis 5 genannten Mitglieder Verpflichteten können einen Dritten mit der Zahlung der Beiträge beauftragen und mit den Pflegekassen Näheres über die Zahlung und Abrechnung der Beiträge vereinbaren.

(3) [1]Die Beiträge sind an die Krankenkassen zu zahlen; in den in § 252 Abs. 2 Satz 1 des Fünften Buches geregelten Fällen sind sie an den Gesundheitsfonds zu zahlen, der sie unverzüglich an den Ausgleichsfonds weiterzuleiten hat. [2]Die nach Satz 1 eingegangenen Beiträge zur Pflegeversicherung sind von der Krankenkasse unverzüglich an die Pflegekasse weiterzuleiten. [3]In den Fällen des § 252 Absatz 2 Satz 1 des Fünften Buches ist das Bundesversicherungsamt als Verwalter des Gesundheitsfonds, im Übrigen sind die Pflegekassen zur Prüfung der ordnungsgemäßen Beitragszahlung berechtigt; § 251

Absatz 5 Satz 3 bis 7 des Fünften Buches gilt entsprechend. [4]§ 24 Abs. 1 des Vierten Buches gilt. [5]§ 252 Abs. 3 des Fünften Buches gilt mit der Maßgabe, dass die Beiträge zur Pflegeversicherung den Beiträgen zur Krankenversicherung gleichstehen.

(4) [1]Die Deutsche Rentenversicherung Bund leitet alle Pflegeversicherungsbeiträge aus Rentenleistungen der allgemeinen Rentenversicherung am fünften Arbeitstag des Monats, der dem Monat folgt, in dem die Rente fällig war, an den Ausgleichsfonds der Pflegeversicherung (§ 65) weiter. [2]Werden Rentenleistungen am letzten Bankarbeitstag des Monats ausgezahlt, der dem Monat vorausgeht, in dem sie fällig werden (§ 272 a des Sechsten Buches), leitet die Deutsche Rentenversicherung Bund die darauf entfallenden Pflegeversicherungsbeiträge am fünften Arbeitstag des laufenden Monats an den Ausgleichfonds der Pflegeversicherung weiter.

(5) [1]Der Beitragszuschlag nach § 55 Abs. 3 ist von demjenigen zu zahlen, der die Beiträge zu zahlen hat. [2]Wird der Pflegeversicherungsbeitrag von einem Dritten gezahlt, hat dieser einen Anspruch gegen das Mitglied auf den von dem Mitglied zu tragenden Beitragszuschlag. [3]Dieser Anspruch kann von dem Dritten durch Abzug von der an das Mitglied zu erbringenden Geldleistung geltend gemacht werden.

(6) Wenn kein Abzug nach Absatz 5 möglich ist, weil der Dritte keine laufende Geldleistung an das Mitglied erbringen muss, hat das Mitglied den sich aus dem Beitragszuschlag ergebenden Betrag an die Pflegekasse zu zahlen.

(7) [1]Die Beitragszuschläge für die Bezieher von Arbeitslosengeld, Unterhaltsgeld und Kurzarbeitergeld, Ausbildungsgeld, Übergangsgeld und, soweit die Bundesagentur beitragszahlungspflichtig ist, für Bezieher von Berufsausbildungsbeihilfe nach dem Dritten Buch werden von der Bundesagentur für Arbeit pauschal in Höhe von 20 Millionen Euro pro Jahr an den Ausgleichsfonds der Pflegeversicherung (§ 66) überwiesen. [2]Die Bundesagentur für Arbeit kann mit Zustimmung des Bundesministeriums für Arbeit und Soziales hinsichtlich der übernommenen Beträge Rückgriff bei den genannten Leistungsbeziehern nach dem Dritten Buch nehmen. [3]Die Bundesagentur für Arbeit kann mit dem Bundesversicherungsamt Näheres zur Zahlung der Pauschale vereinbaren.

Zweiter Abschnitt Beitragszuschüsse

§ 61 Beitragszuschüsse für freiwillige Mitglieder der gesetzlichen Krankenversicherung und Privatversicherte

(1) [1]Beschäftigte, die in der gesetzlichen Krankenversicherung freiwillig versichert sind, erhalten unter den Voraussetzungen des § 58 von ihrem Arbeitgeber einen Beitragszuschuß, der in der Höhe begrenzt ist, auf den Betrag, der als Arbeitgeberanteil nach § 58 zu zahlen wäre. [2]Bestehen innerhalb desselben Zeitraums mehrere Beschäftigungsverhältnisse, sind die beteiligten Arbeitgeber anteilmäßig nach dem Verhältnis der Höhe der jeweiligen Arbeitsentgelte zur Zahlung des Beitragszuschusses verpflichtet. [3]Für Beschäftigte, die Kurzarbeitergeld nach dem Dritten Buch beziehen, ist zusätzlich zu dem Zuschuß nach Satz 1 die Hälfte des Betrages zu zahlen, den der Arbeitgeber bei Versicherungspflicht des Beschäftigten nach § 58 Abs. 1 Satz 2 als Beitrag zu tragen hätte.

(2) [1]Beschäftigte, die in Erfüllung ihrer Versicherungspflicht nach den §§ 22 und 23 bei einem privaten Krankenversicherungsunternehmen versichert sind und für sich und ihre Angehörigen oder Lebenspartner, die bei Versicherungspflicht des Beschäftigten in der sozialen Pflegeversicherung nach § 25 versichert wären, Vertragsleistungen beanspruchen können, die nach Art und Umfang den Leistungen dieses Buches gleichwertig sind, erhalten unter den Voraussetzungen des § 58 von ihrem Arbeitgeber einen Beitragszuschuß. [2]Der Zuschuß ist in der Höhe begrenzt auf den Betrag, der als Arbeitgeberanteil bei Versicherungspflicht in der sozialen Pflegeversicherung als Beitragsanteil zu zahlen wäre, höchstens jedoch auf die Hälfte des Betrages, den der Beschäftigte für seine private Pflegeversicherung zu zahlen hat. [3]Für Beschäftigte, die Kurzarbeitergeld nach dem Dritten Buch beziehen, gilt Absatz 1 Satz 3 mit der Maßgabe, daß sie höchstens den Betrag erhalten, den sie tatsächlich zu zahlen haben. [4]Bestehen innerhalb desselben Zeitraumes mehrere Beschäftigungsverhältnisse, sind die beteiligten Arbeitgeber anteilig nach dem Verhältnis der Höhe der jeweiligen Arbeitsentgelte zur Zahlung des Beitragszuschusses verpflichtet.

(3) [1]Für Bezieher von Vorruhestandsgeld, die als Beschäftigte bis unmittelbar vor Beginn der Vorruhestandsleistungen Anspruch auf den vollen oder anteiligen Beitragszuschuß nach Absatz 1 oder 2 hatten, sowie für Bezieher von Leistungen nach § 9 Abs. 1 Nr. 1 und 2 des Anspruchs- und Anwartschaftsüberführungsgesetzes und Bezieher einer Übergangsversorgung nach § 7 des Tarifvertrages über

einen sozialverträglichen Personalabbau im Bereich des Bundesministeriums der Verteidigung vom 30. November 1991 bleibt der Anspruch für die Dauer der Vorruhestandsleistungen gegen den zur Zahlung des Vorruhestandsgeldes Verpflichteten erhalten. [2]Der Zuschuss beträgt die Hälfte des Beitrages, den Bezieher von Vorruhestandsgeld als versicherungspflichtig Beschäftigte ohne den Beitragszuschlag nach § 55 Abs. 3 zu zahlen hätten, höchstens jedoch die Hälfte des Betrages, den sie ohne den Beitragszuschlag nach § 55 Abs. 3 zu zahlen haben. [3]Absatz 1 Satz 2 gilt entsprechend.

(4) [1]Die in § 20 Abs. 1 Satz 2 Nr. 6, 7 oder 8 genannten Personen, für die nach § 23 Versicherungspflicht in der privaten Pflegeversicherung besteht, erhalten vom zuständigen Leistungsträger einen Zuschuß zu ihrem privaten Pflegeversicherungsbeitrag. [2]Als Zuschuß ist der Betrag zu zahlen, der von dem Leistungsträger als Beitrag bei Versicherungspflicht in der sozialen Pflegeversicherung zu zahlen wäre, höchstens jedoch der Betrag, der an das private Versicherungsunternehmen zu zahlen ist.

(5) Der Zuschuß nach den Absätzen 2, 3 und 4 wird für eine private Pflegeversicherung nur gezahlt, wenn das Versicherungsunternehmen:

1. die Pflegeversicherung nach Art der Lebensversicherung betreibt,
2. sich verpflichtet, den überwiegenden Teil der Überschüsse, die sich aus dem selbst abgeschlossenen Versicherungsgeschäft ergeben, zugunsten der Versicherten zu verwenden,
3. die Pflegeversicherung nur zusammen mit der Krankenversicherung, nicht zusammen mit anderen Versicherungssparten betreibt oder, wenn das Versicherungsunternehmen seinen Sitz in einem anderen Mitgliedstaat der Europäischen Union hat, den Teil der Prämien, für den Berechtigte den Zuschuss erhalten, nur für die Kranken- und Pflegeversicherung verwendet.

(6) [1]Das Krankenversicherungsunternehmen hat dem Versicherungsnehmer eine Bescheinigung darüber auszuhändigen, daß ihm die Aufsichtsbehörde bestätigt hat, daß es die Versicherung, die Grundlage des Versicherungsvertrages ist, nach den in Absatz 5 genannten Voraussetzungen betreibt. [2]Der Versicherungsnehmer hat diese Bescheinigung dem zur Zahlung des Beitragszuschusses Verpflichteten jeweils nach Ablauf von drei Jahren vorzulegen.

(7) [1]Personen, die nach beamtenrechtlichen Vorschriften oder Grundsätzen bei Krankheit und Pflege Anspruch auf Beihilfe oder Heilfürsorge haben und bei einem privaten Versicherungsunternehmen pflegeversichert sind, sowie Personen, für die der halbe Beitragssatz nach § 55 Abs. 1 Satz 2 gilt, haben gegenüber dem Arbeitgeber oder Dienstherrn, der die Beihilfe und Heilfürsorge zu Aufwendungen aus Anlaß der Pflege gewährt, keinen Anspruch auf einen Beitragszuschuß. [2]Hinsichtlich der Beitragszuschüsse für Abgeordnete, ehemalige Abgeordnete und deren Hinterbliebene wird auf die Bestimmungen in den jeweiligen Abgeordnetengesetzen verwiesen.

Dritter Abschnitt Verwendung und Verwaltung der Mittel

§ 62 Mittel der Pflegekasse

Die Mittel der Pflegekasse umfassen die Betriebsmittel und die Rücklage.

§ 63 Betriebsmittel

(1) Die Betriebsmittel dürfen nur verwendet werden:

1. für die gesetzlich oder durch die Satzung vorgesehenen Aufgaben sowie für die Verwaltungskosten,
2. zur Auffüllung der Rücklage und zur Finanzierung des Ausgleichsfonds.

(2) [1]Die Betriebsmittel dürfen im Durchschnitt des Haushaltsjahres monatlich das Einfache des nach dem Haushaltsplan der Pflegekasse auf einen Monat entfallenden Betrages der in Absatz 1 Nr. 1 genannten Aufwendungen nicht übersteigen. [2]Bei der Feststellung der vorhandenen Betriebsmittel sind die Forderungen und Verpflichtungen der Pflegekasse zu berücksichtigen, soweit sie nicht der Rücklage zuzuordnen sind. [3]Durchlaufende Gelder bleiben außer Betracht.

(3) Die Betriebsmittel sind im erforderlichen Umfang bereitzuhalten und im übrigen so anzulegen, daß sie für den in Absatz 1 bestimmten Zweck verfügbar sind.

§ 64 Rücklage

(1) Die Pflegekasse hat zur Sicherstellung ihrer Leistungsfähigkeit eine Rücklage zu bilden.

(2) Die Rücklage beträgt 50 vom Hundert des nach dem Haushaltsplan durchschnittlich auf den Monat entfallenden Betrages der Ausgaben (Rücklagesoll).

(3) Die Pflegekasse hat Mittel aus der Rücklage den Betriebsmitteln zuzuführen, wenn Einnahme- und Ausgabeschwankungen innerhalb eines Haushaltsjahres nicht durch die Betriebsmittel ausgeglichen werden können.

(4) [1]Übersteigt die Rücklage das Rücklagesoll, so ist der übersteigende Betrag den Betriebsmitteln bis zu der in § 63 Abs. 2 genannten Höhe zuzuführen. [2]Darüber hinaus verbleibende Überschüsse sind bis zum 15. des Monats an den Ausgleichsfonds nach § 65 zu überweisen.

(5) [1]Die Rücklage ist getrennt von den sonstigen Mitteln so anzulegen, daß sie für den nach Absatz 1 bestimmten Zweck verfügbar ist. [2]Sie wird von der Pflegekasse verwaltet.

Vierter Abschnitt Ausgleichsfonds, Finanzausgleich

§ 65 Ausgleichsfonds

(1) Das Bundesversicherungsamt verwaltet als Sondervermögen (Ausgleichsfonds) die eingehenden Beträge aus:

1. den Beiträgen aus den Rentenzahlungen,
2. den von den Pflegekassen überwiesenen Überschüssen aus Betriebsmitteln und Rücklage (§ 64 Abs. 4),
3. den vom Gesundheitsfonds überwiesenen Beiträgen der Versicherten.

(2) Die im Laufe eines Jahres entstehenden Kapitalerträge werden dem Sondervermögen gutgeschrieben.

(3) Die Mittel des Ausgleichsfonds sind so anzulegen, daß sie für den in den §§ 67, 68 genannten Zweck verfügbar sind.

(4) [1]Die dem Bundesversicherungsamt bei der Verwaltung des Ausgleichsfonds entstehenden Kosten werden durch die Mittel des Ausgleichsfonds gedeckt. [2]Das Bundesministerium für Gesundheit wird ermächtigt, im Einvernehmen mit dem Bundesministerium der Finanzen und dem Bundesministerium für Arbeit und Soziales durch Rechtsverordnung ohne Zustimmung des Bundesrates Vorschriften zu erlassen, die Näheres zu der Erstattung der Verwaltungskosten regeln.

§ 66 Finanzausgleich

(1) [1]Die Leistungsaufwendungen sowie die Verwaltungskosten der Pflegekassen werden von allen Pflegekassen nach dem Verhältnis ihrer Beitragseinnahmen gemeinsam getragen. [2]Zu diesem Zweck findet zwischen allen Pflegekassen ein Finanzausgleich statt. [3]Das Bundesversicherungsamt führt den Finanzausgleich zwischen den Pflegekassen durch. [4]Es hat Näheres zur Durchführung des Finanzausgleichs mit dem Spitzenverband Bund der Pflegekassen zu vereinbaren. [5]Die Vereinbarung ist für die Pflegekasse verbindlich.

(2) Das Bundesversicherungsamt kann zur Durchführung des Zahlungsverkehrs nähere Regelungen mit der Deutschen Rentenversicherung Bund treffen.

§ 67 Monatlicher Ausgleich

(1) Jede Pflegekasse ermittelt bis zum 10. des Monats

1. die bis zum Ende des Vormonats gebuchten Ausgaben,
2. die bis zum Ende des Vormonats gebuchten Einnahmen (Beitragsist),
3. das Betriebsmittel- und Rücklagesoll,
4. den am Ersten des laufenden Monats vorhandenen Betriebsmittelbestand (Betriebsmittelist) und die Höhe der Rücklage.

(2) [1]Sind die Ausgaben zuzüglich des Betriebsmittel- und Rücklagensolls höher als die Einnahmen zuzüglich des vorhandenen Betriebsmittelbestands und der Rücklage am Ersten des laufenden Monats, erhält die Pflegekasse bis zum Monatsende den Unterschiedsbetrag aus dem Ausgleichsfonds. [2]Sind die Einnahmen zuzüglich des am Ersten des laufenden Monats vorhandenen Betriebsmittelbestands und der Rücklage höher als die Ausgaben zuzüglich des Betriebsmittel- und Rücklagesolls, überweist die Pflegekasse den Unterschiedsbetrag an den Ausgleichsfonds.

(3) Die Pflegekasse hat dem Bundesversicherungsamt die notwendigen Berechnungsgrundlagen mitzuteilen.

§ 68 Jahresausgleich

(1) [1]Nach Ablauf des Kalenderjahres wird zwischen den Pflegekassen ein Jahresausgleich durchgeführt. [2]Nach Vorliegen der Geschäfts- und Rechnungsergebnisse aller Pflegekassen und der Jahresrechnung der Deutschen Rentenversicherung Knappschaft-Bahn-See als Träger der knappschaftlichen Pflegeversicherung für das abgelaufene Kalenderjahr werden die Ergebnisse nach § 67 bereinigt.

(2) Werden nach Abschluß des Jahresausgleichs sachliche oder rechnerische Fehler in den Berechnungsgrundlagen festgestellt, hat das Bundesversicherungsamt diese bei der Ermittlung des nächsten Jahresausgleichs nach den zu diesem Zeitpunkt geltenden Vorschriften zu berücksichtigen.

(3) Das Bundesministerium für Gesundheit kann durch Rechtsverordnung mit Zustimmung des Bundesrates das Nähere über:

1. die inhaltliche und zeitliche Abgrenzung und Ermittlung der Beträge nach den §§ 66 bis 68,
2. die Fälligkeit der Beträge und Verzinsung bei Verzug,
3. das Verfahren bei der Durchführung des Finanzausgleichs sowie die hierfür von den Pflegekassen mitzuteilenden Angaben

regeln.

Siebtes Kapitel Beziehungen der Pflegekassen zu den Leistungserbringern

Erster Abschnitt Allgemeine Grundsätze

§ 69 Sicherstellungsauftrag

[1]Die Pflegekassen haben im Rahmen ihrer Leistungsverpflichtung eine bedarfsgerechte und gleichmäßige, dem allgemein anerkannten Stand medizinisch-pflegerischer Erkenntnisse entsprechende pflegerische Versorgung der Versicherten zu gewährleisten (Sicherstellungsauftrag). [2]Sie schließen hierzu Versorgungsverträge sowie Vergütungsvereinbarungen mit den Trägern von Pflegeeinrichtungen (§ 71) und sonstigen Leistungserbringern. [3]Dabei sind die Vielfalt, die Unabhängigkeit und Selbständigkeit sowie das Selbstverständnis der Träger von Pflegeeinrichtungen in Zielsetzung und Durchführung ihrer Aufgaben zu achten.

§ 70 Beitragssatzstabilität

(1) Die Pflegekassen stellen in den Verträgen mit den Leistungserbringern über Art, Umfang und Vergütung der Leistungen sicher, daß ihre Leistungsausgaben die Beitragseinnahmen nicht überschreiten (Grundsatz der Beitragssatzstabilität).

(2) Vereinbarungen über die Höhe der Vergütungen, die dem Grundsatz der Beitragssatzstabilität widersprechen, sind unwirksam.

Zweiter Abschnitt Beziehungen zu den Pflegeeinrichtungen

§ 71 Pflegeeinrichtungen

(1) Ambulante Pflegeeinrichtungen (Pflegedienste) im Sinne dieses Buches sind selbständig wirtschaftende Einrichtungen, die unter ständiger Verantwortung einer ausgebildeten Pflegefachkraft Pflegebedürftige in ihrer Wohnung [bis 31.12.2016: pflegen und hauswirtschaftlich] [ab 1.1.2017: <u>mit Leistungen der häuslichen Pflegehilfe im Sinne des § 36</u>] versorgen.

(2) Stationäre Pflegeeinrichtungen (Pflegeheime) im Sinne dieses Buches sind selbständig wirtschaftende Einrichtungen, in denen Pflegebedürftige:

1. unter ständiger Verantwortung einer ausgebildeten Pflegefachkraft gepflegt werden,
2. ganztägig (vollstationär) oder tagsüber oder nachts (teilstationär) untergebracht und verpflegt werden können.

(3) [1]Für die Anerkennung als verantwortliche Pflegefachkraft im Sinne von Absatz 1 und 2 ist neben dem Abschluss einer Ausbildung als

1. Gesundheits- und Krankenpflegerin oder Gesundheits- und Krankenpfleger,
2. Gesundheits- und Kinderkrankenpflegerin oder Gesundheits- und Kinderkrankenpfleger oder
3. Altenpflegerin oder Altenpfleger

eine praktische Berufserfahrung in dem erlernten Ausbildungsberuf von zwei Jahren innerhalb der letzten acht Jahre erforderlich. [2]Bei ambulanten Pflegeeinrichtungen, die überwiegend behinderte Menschen pflegen und betreuen, gelten auch nach Landesrecht ausgebildete Heilerziehungspflegerinnen und Heilerziehungspfleger sowie Heilerzieherinnen und Heilerzieher mit einer praktischen Berufserfahrung von zwei Jahren innerhalb der letzten acht Jahre als ausgebildete Pflegefachkraft. [3]Die Rahmenfrist nach Satz 1 oder 2 beginnt acht Jahre vor dem Tag, zu dem die verantwortliche Pflegefachkraft im Sinne des Absatzes 1 oder 2 bestellt werden soll. [4]Für die Anerkennung als verantwortliche Pflegefachkraft ist ferner Voraussetzung, dass eine Weiterbildungsmaßnahme für leitende Funktionen mit einer Mindeststundenzahl, die 460 Stunden nicht unterschreiten soll, erfolgreich durchgeführt wurde.

(4) Stationäre Einrichtungen, in denen die Leistungen zur medizinischen Vorsorge, zur medizinischen Rehabilitation, zur Teilhabe am Arbeitsleben oder am Leben in der Gemeinschaft, die schulische Ausbildung oder die Erziehung kranker oder behinderter Menschen im Vordergrund des Zweckes der Einrichtung stehen, sowie Krankenhäuser sind keine Pflegeeinrichtungen im Sinne des Absatzes 2.

§ 72 Zulassung zur Pflege durch Versorgungsvertrag

(1) [1]Die Pflegekassen dürfen ambulante und stationäre Pflege nur durch Pflegeeinrichtungen gewähren, mit denen ein Versorgungsvertrag besteht (zugelassene Pflegeeinrichtungen). [2]In dem Versorgungsvertrag sind Art, Inhalt und Umfang der allgemeinen Pflegeleistungen (§ 84 Abs. 4) festzulegen, die von der Pflegeeinrichtung während der Dauer des Vertrages für die Versicherten zu erbringen sind (Versorgungsauftrag).

(2) [1]Der Versorgungsvertrag wird zwischen dem Träger der Pflegeeinrichtung oder einer vertretungsberechtigten Vereinigung gleicher Träger und den Landesverbänden der Pflegekassen im Einvernehmen mit den überörtlichen Trägern der Sozialhilfe im Land abgeschlossen, soweit nicht nach Landesrecht der örtliche Träger für die Pflegeeinrichtung zuständig ist; für mehrere oder alle selbständig wirtschaftenden Einrichtungen (§ 71 Abs. 1 und 2) eines Pflegeeinrichtungsträgers, die vor Ort organisatorisch miteinander verbunden sind, kann ein einheitlicher Versorgungsvertrag (Gesamtversorgungsvertrag) geschlossen werden. [2]Er ist für die Pflegeeinrichtung und für alle Pflegekassen im Inland unmittelbar verbindlich.

(3) [1]Versorgungsverträge dürfen nur mit Pflegeeinrichtungen abgeschlossen werden, die

1. den Anforderungen des § 71 genügen,
2. die Gewähr für eine leistungsfähige und wirtschaftliche pflegerische Versorgung bieten sowie eine in Pflegeeinrichtungen ortsübliche Arbeitsvergütung an ihre Beschäftigten zahlen, soweit diese nicht von einer Verordnung über Mindestentgeltsätze aufgrund des Gesetzes über zwingende Arbeitsbedingungen für grenzüberschreitend entsandte und für regelmäßig im Inland beschäftigte Arbeitnehmer und Arbeitnehmerinnen (Arbeitnehmer-Entsendegesetz) erfasst sind,
3. sich verpflichten, nach Maßgabe der Vereinbarungen nach § 113 einrichtungsintern ein Qualitätsmanagement einzuführen und weiterzuentwickeln,
4. sich verpflichten, alle Expertenstandards nach § 113 a anzuwenden,

ein Anspruch auf Abschluß eines Versorgungsvertrages besteht, soweit und solange die Pflegeeinrichtung diese Voraussetzungen erfüllt. [2]Bei notwendiger Auswahl zwischen mehreren geeigneten Pflegeeinrichtungen sollen die Versorgungsverträge vorrangig mit freigemeinnützigen und privaten Trägern abgeschlossen werden. [3]Bei ambulanten Pflegediensten ist in den Versorgungsverträgen der Einzugsbereich festzulegen, in dem die Leistungen zu erbringen sind.

(4) [1]Mit Abschluß des Versorgungsvertrages wird die Pflegeeinrichtung für die Dauer des Vertrages zur pflegerischen Versorgung der Versicherten zugelassen. [2]Die zugelassene Pflegeeinrichtung ist im Rahmen ihres Versorgungsauftrages zur pflegerischen Versorgung der Versicherten verpflichtet; dazu gehört bei ambulanten Pflegediensten auch die Durchführung von Pflegeeinsätzen nach § 37 Abs. 3 auf Anforderung des Pflegebedürftigen. [3]Die Pflegekassen sind verpflichtet, die Leistungen der Pflegeeinrichtung nach Maßgabe des Achten Kapitels zu vergüten.

§ 73 Abschluß von Versorgungsverträgen

(1) Der Versorgungsvertrag ist schriftlich abzuschließen.

(2) [1]Gegen die Ablehnung eines Versorgungsvertrages durch die Landesverbände der Pflegekassen ist der Rechtsweg zu den Sozialgerichten gegeben. [2]Ein Vorverfahren findet nicht statt; die Klage hat keine aufschiebende Wirkung.

(3) [1]Mit Pflegeeinrichtungen, die vor dem 1. Januar 1995 ambulante Pflege, teilstationäre Pflege oder Kurzzeitpflege auf Grund von Vereinbarungen mit Sozialleistungsträgern erbracht haben, gilt ein Versorgungsvertrag als abgeschlossen. [2]Satz 1 gilt nicht, wenn die Pflegeeinrichtung die Anforderungen nach § 72 Abs. 3 Satz 1 nicht erfüllt und die zuständigen Landesverbände der Pflegekassen dies im Einvernehmen mit dem zuständigen Träger der Sozialhilfe (§ 72 Abs. 2 Satz 1) bis zum 30. Juni 1995 gegenüber dem Träger der Einrichtung schriftlich geltend machen. [3]Satz 1 gilt auch dann nicht, wenn die Pflegeeinrichtung die Anforderungen nach § 72 Abs. 3 Satz 1 offensichtlich nicht erfüllt. [4]Die Pflegeeinrichtung hat bis spätestens zum 31. März 1995 die Voraussetzungen für den Bestandschutz nach den Sätzen 1 und 2 durch Vorlage von Vereinbarungen mit Sozialleistungsträgern sowie geeigneter Unterlagen zur Prüfung und Beurteilung der Leistungsfähigkeit und Wirtschaftlichkeit gegenüber einem Landesverband der Pflegekassen nachzuweisen. [5]Der Versorgungsvertrag bleibt wirksam, bis er durch einen neuen Versorgungsvertrag abgelöst oder gemäß § 74 gekündigt wird.

(4) Für vollstationäre Pflegeeinrichtungen gilt Absatz 3 entsprechend mit der Maßgabe, daß der für die Vorlage der Unterlagen nach Satz 3 maßgebliche Zeitpunkt der 30. September 1995 und der Stichtag nach Satz 2 der 30. Juni 1996 ist.

§ 74 Kündigung von Versorgungsverträgen

(1) [1]Der Versorgungsvertrag kann von jeder Vertragspartei mit einer Frist von einem Jahr ganz oder teilweise gekündigt werden, von den Landesverbänden der Pflegekassen jedoch nur, wenn die zugelassene Pflegeeinrichtung nicht nur vorübergehend eine der Voraussetzungen des § 72 Abs. 3 Satz 1 nicht oder nicht mehr erfüllt; dies gilt auch, wenn die Pflegeeinrichtung ihre Pflicht wiederholt gröblich verletzt, Pflegebedürftigen ein möglichst selbständiges und selbstbestimmtes Leben zu bieten, die Hilfen darauf auszurichten, die körperlichen, geistigen und seelischen Kräfte der Pflegebedürftigen wiederzugewinnen oder zu erhalten und angemessenen Wünschen der Pflegebedürftigen zur Gestaltung der Hilfe zu entsprechen. [2]Vor Kündigung durch die Landesverbände der Pflegekassen ist das Einvernehmen mit dem zuständigen Träger der Sozialhilfe (§ 72 Abs. 2 Satz 1) herzustellen. [3]Die Landesverbände der Pflegekassen können im Einvernehmen mit den zuständigen Trägern der Sozialhilfe zur Vermeidung der Kündigung des Versorgungsvertrages mit dem Träger der Pflegeeinrichtung insbesondere vereinbaren, dass

1. die verantwortliche Pflegefachkraft sowie weitere Leitungskräfte zeitnah erfolgreich geeignete Fort- und Weiterbildungsmaßnahmen absolvieren,
2. die Pflege, Versorgung und Betreuung weiterer Pflegebedürftiger bis zur Beseitigung der Kündigungsgründe ganz oder teilweise vorläufig ausgeschlossen ist.

(2) [1]Der Versorgungsvertrag kann von den Landesverbänden der Pflegekassen auch ohne Einhaltung einer Kündigungsfrist gekündigt werden, wenn die Einrichtung ihre gesetzlichen oder vertraglichen Verpflichtungen gegenüber den Pflegebedürftigen oder deren Kostenträgern derart gröblich verletzt, daß ein Festhalten an dem Vertrag nicht zumutbar ist. [2]Das gilt insbesondere dann, wenn Pflegebedürftige infolge der Pflichtverletzung zu Schaden kommen oder die Einrichtung nicht erbrachte Leistungen gegenüber den Kostenträgern abrechnet. [3]Das gleiche gilt, wenn dem Träger eines Pflegeheimes

nach den heimrechtlichen Vorschriften die Betriebserlaubnis entzogen oder der Betrieb des Heimes untersagt wird. [4]Absatz 1 Satz 2 gilt entsprechend.

(3) [1]Die Kündigung bedarf der Schriftform. [2]Für Klagen gegen die Kündigung gilt § 73 Abs. 2 entsprechend.

§ 75 Rahmenverträge, Bundesempfehlungen und -vereinbarungen über die pflegerische Versorgung

(1) [1]Die Landesverbände der Pflegekassen schließen unter Beteiligung des Medizinischen Dienstes der Krankenversicherung sowie des Verbandes der privaten Krankenversicherung e.V. im Land mit den Vereinigungen der Träger der ambulanten oder stationären Pflegeeinrichtungen im Land gemeinsam und einheitlich Rahmenverträge mit dem Ziel, eine wirksame und wirtschaftliche pflegerische Versorgung der Versicherten sicherzustellen. [2]Für Pflegeeinrichtungen, die einer Kirche oder Religionsgemeinschaft des öffentlichen Rechts oder einem sonstigen freigemeinnützigen Träger zuzuordnen sind, können die Rahmenverträge auch von der Kirche oder Religionsgemeinschaft oder von dem Wohlfahrtsverband abgeschlossen werden, dem die Pflegeeinrichtung angehört. [3]Bei Rahmenverträgen über ambulante Pflege sind die Arbeitsgemeinschaften der örtlichen Träger der Sozialhilfe, bei Rahmenverträgen über stationäre Pflege die überörtlichen Träger der Sozialhilfe und die Arbeitsgemeinschaften der örtlichen Träger der Sozialhilfe als Vertragspartei am Vertragsschluß zu beteiligen. [4]Die Rahmenverträge sind für die Pflegekassen und die zugelassenen Pflegeeinrichtungen im Inland unmittelbar verbindlich.

(2) [1]Die Verträge regeln insbesondere:

1. den Inhalt der Pflegeleistungen einschließlich der Sterbebegleitung sowie bei stationärer Pflege die Abgrenzung zwischen den allgemeinen Pflegeleistungen, den Leistungen bei Unterkunft und Verpflegung und den Zusatzleistungen,
2. die allgemeinen Bedingungen der Pflege einschließlich der Kostenübernahme, der Abrechnung der Entgelte und der hierzu erforderlichen Bescheinigungen und Berichte,
3. Maßstäbe und Grundsätze für eine wirtschaftliche und leistungsbezogene, am Versorgungsauftrag orientierte personelle und sächliche Ausstattung der Pflegeeinrichtungen,
4. die Überprüfung der Notwendigkeit und Dauer der Pflege,
5. Abschläge von der Pflegevergütung bei vorübergehender Abwesenheit (Krankenhausaufenthalt, Beurlaubung) des Pflegebedürftigen aus dem Pflegeheim,
6. den Zugang des Medizinischen Dienstes und sonstiger von den Pflegekassen beauftragter Prüfer zu den Pflegeeinrichtungen,
7. die Verfahrens- und Prüfungsgrundsätze für Wirtschaftlichkeitsprüfungen,
8. die Grundsätze zur Festlegung der örtlichen oder regionalen Einzugsbereiche der Pflegeeinrichtungen, um Pflegeleistungen ohne lange Wege möglichst orts- und bürgernah anzubieten,
9. die Möglichkeiten, unter denen sich Mitglieder von Selbsthilfegruppen, ehrenamtliche Pflegepersonen und sonstige zum bürgerschaftlichen Engagement bereite Personen und Organisationen in der häuslichen Pflege sowie in ambulanten und stationären Pflegeeinrichtungen an der Betreuung Pflegebedürftiger beteiligen können.

[2]Durch die Regelung der sächlichen Ausstattung in Satz 1 Nr. 3 werden Ansprüche der Pflegeheimbewohner nach § 33 des Fünften Buches auf Versorgung mit Hilfsmitteln weder aufgehoben noch eingeschränkt.

(3) [1]Als Teil der Verträge nach Absatz 2 Nr. 3 sind entweder

1. landesweite Verfahren zur Ermittlung des Personalbedarfs oder zur Bemessung der Pflegezeiten oder
2. landesweite Personalrichtwerte

zu vereinbaren. [2]Dabei ist jeweils der besondere Pflege- und Betreuungsbedarf Pflegebedürftiger mit geistigen Behinderungen, psychischen Erkrankungen, demenzbedingten Fähigkeitsstörungen und anderen Leiden des Nervensystems zu beachten. [3]Bei der Vereinbarung der Verfahren nach Satz 1 Nr. 1 sind auch in Deutschland erprobte und bewährte internationale Erfahrungen zu berücksichtigen. [4]Die Personalrichtwerte nach Satz 1 Nr. 2 können als Bandbreiten vereinbart werden und umfassen bei teil- oder vollstationärer Pflege wenigstens

1. das Verhältnis zwischen der Zahl der Heimbewohner und der Zahl der Pflege- und Betreuungskräfte (in Vollzeitkräfte umgerechnet), unterteilt nach [bis 31.12.2016: Pflegestufen] [ab 1.1.2017: Pflegegrad] (Personalanhaltszahlen), sowie
2. im Bereich der Pflege, der sozialen Betreuung und der medizinischen Behandlungspflege zusätzlich den Anteil der ausgebildeten Fachkräfte am Pflege- und Betreuungspersonal.

[5Die Heimpersonalverordnung bleibt in allen Fällen unberührt. — ab 1.1.2017 aufgehoben]

(4) 1Kommt ein Vertrag nach Absatz 1 innerhalb von sechs Monaten ganz oder teilweise nicht zustande, nachdem eine Vertragspartei schriftlich zu Vertragsverhandlungen aufgefordert hat, wird sein Inhalt auf Antrag einer Vertragspartei durch die Schiedsstelle nach § 76 festgesetzt. 2Satz 1 gilt auch für Verträge, mit denen bestehende Rahmenverträge geändert oder durch neue Verträge abgelöst werden sollen.

(5) 1Die Verträge nach Absatz 1 können von jeder Vertragspartei mit einer Frist von einem Jahr ganz oder teilweise gekündigt werden. 2Satz 1 gilt entsprechend für die von der Schiedsstelle nach Absatz 4 getroffenen Regelungen. 3Diese können auch ohne Kündigung jederzeit durch einen Vertrag nach Absatz 1 ersetzt werden.

(6) 1Der Spitzenverband Bund der Pflegekassen und die Vereinigungen der Träger der Pflegeeinrichtungen auf Bundesebene sollen unter Beteiligung des Medizinischen Dienstes des Spitzenverbandes Bund der Krankenkassen, des Verbandes der privaten Krankenversicherung e.V. sowie unabhängiger Sachverständiger gemeinsam mit der Bundesvereinigung der kommunalen Spitzenverbände und der Bundesarbeitsgemeinschaft der überörtlichen Träger der Sozialhilfe Empfehlungen zum Inhalt der Verträge nach Absatz 1 abgeben. 2Sie arbeiten dabei mit den Verbänden der Pflegeberufe sowie den Verbänden der Behinderten und der Pflegebedürftigen eng zusammen.

(7) 1Der Spitzenverband Bund der Pflegekassen, die Bundesarbeitsgemeinschaft der überörtlichen Träger der Sozialhilfe, die Bundesvereinigung der kommunalen Spitzenverbände und die Vereinigungen der Träger der Pflegeeinrichtungen auf Bundesebene vereinbaren gemeinsam und einheitlich Grundsätze ordnungsgemäßer Pflegebuchführung für die ambulanten und stationären Pflegeeinrichtungen. 2Die Vereinbarung nach Satz 1 tritt unmittelbar nach Aufhebung der gemäß § 83 Abs. 1 Satz 1 Nr. 3 erlassenen Rechtsverordnung in Kraft und ist den im Land tätigen zugelassenen Pflegeeinrichtungen von den Landesverbänden der Pflegekassen unverzüglich bekannt zu geben. 3Sie ist für alle Pflegekassen und deren Verbände sowie für die zugelassenen Pflegeeinrichtungen unmittelbar verbindlich.

§ 76 Schiedsstelle

(1) 1Die Landesverbände der Pflegekassen und die Vereinigungen der Träger der Pflegeeinrichtungen im Land bilden gemeinsam für jedes Land eine Schiedsstelle. 2Diese entscheidet in den ihr nach diesem Buch zugewiesenen Angelegenheiten.

(2) 1Die Schiedsstelle besteht aus Vertretern der Pflegekassen und Pflegeeinrichtungen in gleicher Zahl sowie einem unparteiischen Vorsitzenden und zwei weiteren unparteiischen Mitgliedern; für den Vorsitzenden und die unparteiischen Mitglieder können Stellvertreter bestellt werden. 2Der Schiedsstelle gehört auch ein Vertreter des Verbandes der privaten Krankenversicherung e.V. sowie der überörtlichen oder, sofern Landesrecht dies bestimmt, ein örtlicher Träger der Sozialhilfe im Land an, die auf die Zahl der Vertreter der Pflegekassen angerechnet werden. 3Die Vertreter der Pflegekassen und deren Stellvertreter werden von den Landesverbänden der Pflegekassen, die Vertreter der Pflegeeinrichtungen und deren Stellvertreter von den Vereinigungen der Träger der Pflegedienste und Pflegeheime im Land bestellt; bei der Bestellung der Vertreter der Pflegeeinrichtungen ist die Trägervielfalt zu beachten. 4Der Vorsitzende und die weiteren unparteiischen Mitglieder werden von den beteiligten Organisationen gemeinsam bestellt. 5Kommt eine Einigung nicht zustande, werden sie durch Los bestimmt. 6Soweit beteiligte Organisationen keinen Vertreter bestellen oder im Verfahren nach Satz 4 keine Kandidaten für das Amt des Vorsitzenden oder der weiteren unparteiischen Mitglieder benennen, bestellt die zuständige Landesbehörde auf Antrag einer der beteiligten Organisationen die Vertreter und benennt die Kandidaten.

(3) 1Die Mitglieder der Schiedsstelle führen ihr Amt als Ehrenamt. 2Sie sind an Weisungen nicht gebunden. 3Jedes Mitglied hat eine Stimme. 4Die Entscheidungen werden mit der Mehrheit der Mitglieder getroffen. 5Ergibt sich keine Mehrheit, gibt die Stimme des Vorsitzenden den Ausschlag.

(4) Die Rechtsaufsicht über die Schiedsstelle führt die zuständige Landesbehörde.

(5) Die Landesregierungen werden ermächtigt, durch Rechtsverordnung das Nähere über die Zahl, die Bestellung, die Amtsdauer und die Amtsführung, die Erstattung der baren Auslagen und die Entschädigung für Zeitaufwand der Mitglieder der Schiedsstelle, die Geschäftsführung, das Verfahren, die Erhebung und die Höhe der Gebühren sowie über die Verteilung der Kosten zu bestimmen.

(6) [1]Abweichend von § 85 Abs. 5 können die Parteien der Pflegesatzvereinbarung (§ 85 Abs. 2) gemeinsam eine unabhängige Schiedsperson bestellen. [2]Diese setzt spätestens bis zum Ablauf von 28 Kalendertagen nach ihrer Bestellung die Pflegesätze und den Zeitpunkt ihres Inkrafttretens fest. [3]Gegen die Festsetzungsentscheidung kann ein Antrag auf gerichtliche Aufhebung nur gestellt werden, wenn die Festsetzung der öffentlichen Ordnung widerspricht. [4]Die Kosten des Schiedsverfahrens tragen die Vertragspartner zu gleichen Teilen. [5]§ 85 Abs. 6 gilt entsprechend.

Dritter Abschnitt Beziehungen zu sonstigen Leistungserbringern

§ 77 Häusliche Pflege durch Einzelpersonen

(1) [1]Zur Sicherstellung der [bis 31.12.2016: häuslichen Pflege und Betreuung sowie der hauswirtschaftlichen Versorgung] [ab 1.1.2017: körperbezogenen Pflege, der pflegerischen Betreuung sowie der Haushaltsführung im Sinne des § 36] soll die Pflegekasse Verträge mit einzelnen geeigneten Pflegekräften schließen, um dem Pflegebedürftigen zu helfen, ein möglichst selbständiges und selbstbestimmtes Leben zu führen oder dem besonderen Wunsch des Pflegebedürftigen zur Gestaltung der Hilfe zu entsprechen; Verträge mit Verwandten oder Verschwägerten des Pflegebedürftigen bis zum dritten Grad sowie mit Personen, die mit dem Pflegebedürftigen in häuslicher Gemeinschaft leben, sind unzulässig. [2]In dem Vertrag sind Inhalt, Umfang, Qualität, Qualitätssicherung, Vergütung sowie Prüfung der Qualität und Wirtschaftlichkeit der vereinbarten Leistungen zu regeln; § 112 ist entsprechend anzuwenden. [3]Die Vergütungen sind für Leistungen der [bis 31.12.2016: Grundpflege und der hauswirtschaftlichen Versorgung sowie für Betreuungsleistungen] [ab 1.1.2017: häuslichen Pflegehilfe] nach § 36 Absatz 1 zu vereinbaren. [4]In dem Vertrag ist weiter zu regeln, dass die Pflegekräfte mit dem Pflegebedürftigen, dem sie Leistungen der häuslichen [bis 31.12.2016: Pflege und der hauswirtschaftlichen Versorgung] [ab 1.1.2017: Pflegehilfe] erbringen, kein Beschäftigungsverhältnis eingehen dürfen. [5]Soweit davon abweichend Verträge geschlossen sind, sind sie zu kündigen. [6]Die Sätze 4 und 5 gelten nicht, wenn

1. das Beschäftigungsverhältnis vor dem 1. Mai 1996 bestanden hat und
2. die vor dem 1. Mai 1996 erbrachten Pflegeleistungen von der zuständigen Pflegekasse aufgrund eines von ihr mit der Pflegekraft abgeschlossenen Vertrages vergütet worden sind.

[7]In den Pflegeverträgen zwischen den Pflegebedürftigen und den Pflegekräften sind mindestens Art, Inhalt und Umfang der Leistungen einschließlich der dafür mit den Kostenträgern vereinbarten Vergütungen zu beschreiben. [8]§ 120 Absatz 1 Satz 2 gilt entsprechend.

(2) Die Pflegekassen können bei Bedarf einzelne Pflegekräfte zur Sicherstellung der [bis 31.12.2016: häuslichen Pflege] [ab 1.1.2017: körperbezogenen Pflege, der pflegerischen Betreuung sowie der Haushaltsführung im Sinne des § 36] anstellen, für die hinsichtlich der Wirtschaftlichkeit und Qualität ihrer Leistungen die gleichen Anforderungen wie für die zugelassenen Pflegedienste nach diesem Buch gelten.

§ 78 Verträge über Pflegehilfsmittel

(1) [1]Der Spitzenverband Bund der Pflegekassen schließt mit den Leistungserbringern oder deren Verbänden Verträge über die Versorgung der Versicherten mit Pflegehilfsmitteln, soweit diese nicht nach den Vorschriften des Fünften Buches über die Hilfsmittel zu vergüten sind. [2]Abweichend von Satz 1 können die Pflegekassen Verträge über die Versorgung der Versicherten mit Pflegehilfsmitteln schließen, um dem Wirtschaftlichkeitsgebot verstärkt Rechnung zu tragen. [3]Die §§ 36, 126 und 127 des Fünften Buches gelten entsprechend.

(2) [1]Der Spitzenverband Bund der Pflegekassen erstellt als Anlage zu dem Hilfsmittelverzeichnis nach § 139 des Fünften Buches ein systematisch strukturiertes Pflegehilfsmittelverzeichnis. [2]Darin sind die von der Leistungspflicht der Pflegeversicherung umfassten Pflegehilfsmittel aufzuführen, soweit diese nicht bereits im Hilfsmittelverzeichnis enthalten sind. [3]Pflegehilfsmittel, die für eine leihweise Überlas-

sung an die Versicherten geeignet sind, sind gesondert auszuweisen. [4]Im Übrigen gilt § 139 des Fünften Buches entsprechend mit der Maßgabe, dass die Verbände der Pflegeberufe und der behinderten Menschen vor Erstellung und Fortschreibung des Pflegehilfsmittelverzeichnisses ebenfalls anzuhören sind.

(3) [1]Die Landesverbände der Pflegekassen vereinbaren untereinander oder mit geeigneten Pflegeeinrichtungen das Nähere zur Ausleihe der hierfür nach Absatz 2 Satz 4 geeigneten Pflegehilfsmittel einschließlich ihrer Beschaffung, Lagerung, Wartung und Kontrolle. [2]Die Pflegebedürftigen und die zugelassenen Pflegeeinrichtungen sind von den Pflegekassen oder deren Verbänden in geeigneter Form über die Möglichkeit der Ausleihe zu unterrichten.

(4) Das Bundesministerium für Gesundheit wird ermächtigt, das Pflegehilfsmittelverzeichnis nach Absatz 2 und die Festbeträge nach Absatz 3 durch Rechtsverordnung im Einvernehmen mit dem Bundesministerium für Arbeit und Soziales und dem Bundesministerium für Familie, Senioren, Frauen und Jugend und mit Zustimmung des Bundesrates zu bestimmen; § 40 Abs. 5 bleibt unberührt.

Vierter Abschnitt Wirtschaftlichkeitsprüfungen

§ 79 Wirtschaftlichkeitsprüfungen

(1) [1]Die Landesverbände der Pflegekassen können die Wirtschaftlichkeit und Wirksamkeit der ambulanten, teilstationären und vollstationären Pflegeleistungen durch von ihnen bestellte Sachverständige prüfen lassen; vor Bestellung der Sachverständigen ist der Träger der Pflegeeinrichtung zu hören. [2]Eine Prüfung ist nur zulässig, wenn tatsächliche Anhaltspunkte dafür bestehen, dass die Pflegeeinrichtung die Anforderungen des § 72 Abs. 3 Satz 1 ganz oder teilweise nicht oder nicht mehr erfüllt. [3]Die Anhaltspunkte sind der Pflegeeinrichtung rechtzeitig vor der Anhörung mitzuteilen. [4]Personenbezogene Daten sind zu anonymisieren.

(2) Die Träger der Pflegeeinrichtungen sind verpflichtet, dem Sachverständigen auf Verlangen die für die Wahrnehmung seiner Aufgaben notwendigen Unterlagen vorzulegen und Auskünfte zu erteilen.

(3) Das Prüfungsergebnis ist, unabhängig von den sich daraus ergebenden Folgerungen für eine Kündigung des Versorgungsvertrags nach § 74, in der nächstmöglichen Vergütungsvereinbarung mit Wirkung für die Zukunft zu berücksichtigen.

§§ 80 und 80 a (aufgehoben)

§ 81 Verfahrensregelungen

(1) [1]Die Landesverbände der Pflegekassen (§ 52) erfüllen die ihnen nach dem Siebten und Achten Kapitel zugewiesenen Aufgaben gemeinsam. [2]Kommt eine Einigung ganz oder teilweise nicht zustande, erfolgt die Beschlussfassung durch die Mehrheit der in § 52 Abs. 1 Satz 1 genannten Stellen mit der Maßgabe, dass die Beschlüsse durch drei Vertreter der Ortskrankenkassen und durch zwei Vertreter der Ersatzkassen sowie durch je einen Vertreter der weiteren Stellen gefasst werden.

(2) [1]Bei Entscheidungen, die von den Landesverbänden der Pflegekassen mit den Arbeitsgemeinschaften der örtlichen Träger der Sozialhilfe oder den überörtlichen Trägern der Sozialhilfe gemeinsam zu treffen sind, werden die Arbeitsgemeinschaften oder die überörtlichen Träger mit zwei Vertretern an der Beschlussfassung nach Absatz 1 Satz 2 beteiligt. [2]Kommt bei zwei Beschlussfassungen nacheinander eine Einigung mit den Vertretern der Träger der Sozialhilfe nicht zustande, kann jeder Beteiligte nach Satz 1 die Entscheidung des Vorsitzenden und der weiteren unparteiischen Mitglieder der Schiedsstelle nach § 76 verlangen. [3]Sie entscheiden für alle Beteiligten verbindlich über die streitbefangenen Punkte unter Ausschluss des Rechtswegs. [4]Die Kosten des Verfahrens nach Satz 2 und das Honorar des Vorsitzenden sind von allen Beteiligten anteilig zu tragen.

(3) [1]Bei Entscheidungen nach dem Siebten Kapitel, die der Spitzenverband Bund der Pflegekassen mit den Vertretern der Träger der Sozialhilfe gemeinsam zu treffen hat, stehen dem Spitzenverband Bund der Pflegekassen in entsprechender Anwendung von Absatz 2 Satz 1 in Verbindung mit Absatz 1 Satz 2 neun und den Vertretern der Träger der Sozialhilfe zwei Stimmen zu. [2]Absatz 2 Satz 2 bis 4 gilt mit der Maßgabe entsprechend, dass bei Nichteinigung ein Schiedsstellenvorsitzender zur Entscheidung von den Beteiligten einvernehmlich auszuwählen ist.

Achtes Kapitel Pflegevergütung

Erster Abschnitt Allgemeine Vorschriften

§ 82 Finanzierung der Pflegeeinrichtungen

(1) [1]Zugelassene Pflegeheime und Pflegedienste erhalten nach Maßgabe dieses Kapitels

1. eine leistungsgerechte Vergütung für die allgemeinen Pflegeleistungen (Pflegevergütung) sowie
2. bei stationärer Pflege ein angemessenes Entgelt für Unterkunft und Verpflegung.

[2]Die Pflegevergütung ist von den Pflegebedürftigen oder deren Kostenträgern zu tragen. [Bis 31.12.2016: [3]Sie umfasst bei stationärer Pflege auch die soziale Betreuung und, soweit kein Anspruch auf Krankenpflege nach § 37 des Fünften Buches besteht, die medizinische Behandlungspflege.] [Ab 1.1.2017: [3]Sie umfasst auch die Betreuung und, soweit bei stationärer Pflege kein Anspruch auf Krankenpflege nach § 37 des Fünften Buches besteht, die medizinische Behandlungspflege.] [4]Für Unterkunft und Verpflegung bei stationärer Pflege hat der Pflegebedürftige selbst aufzukommen.

(2) In der Pflegevergütung und in den Entgelten für Unterkunft und Verpflegung dürfen keine Aufwendungen berücksichtigt werden für

1. Maßnahmen einschließlich Kapitalkosten, die dazu bestimmt sind, die für den Betrieb der Pflegeeinrichtung notwendigen Gebäude und sonstigen abschreibungsfähigen Anlagegüter herzustellen, anzuschaffen, wiederzubeschaffen, zu ergänzen, instandzuhalten oder instandzusetzen; ausgenommen sind die zum Verbrauch bestimmten Güter (Verbrauchsgüter), die der Pflegevergütung nach Absatz 1 Satz 1 Nr. 1 zuzuordnen sind,
2. den Erwerb und die Erschließung von Grundstücken,
3. Miete, Pacht, Erbbauzins, Nutzung oder Mitbenutzung von Grundstücken, Gebäuden oder sonstigen Anlagegütern,
4. den Anlauf oder die innerbetriebliche Umstellung von Pflegeeinrichtungen,
5. die Schließung von Pflegeeinrichtungen oder ihre Umstellung auf andere Aufgaben.

(3) [1]Soweit betriebsnotwendige Investitionsaufwendungen nach Absatz 2 Nr. 1 oder Aufwendungen für Miete, Pacht, Erbbauzins, Nutzung oder Mitbenutzung von Gebäuden oder sonstige abschreibungsfähige Anlagegüter nach Absatz 2 Nr. 3 durch öffentliche Förderung gemäß § 9 nicht vollständig gedeckt sind, kann die Pflegeeinrichtung diesen Teil der Aufwendungen den Pflegebedürftigen gesondert berechnen. [2]Gleiches gilt, soweit die Aufwendungen nach Satz 1 vom Land durch Darlehen oder sonstige rückzahlbare Zuschüsse gefördert werden. [3]Die gesonderte Berechnung bedarf der Zustimmung der zuständigen Landesbehörde; das Nähere hierzu, insbesondere auch zu Art, Höhe und Laufzeit sowie die Verteilung der gesondert berechenbaren Aufwendungen auf die Pflegebedürftigen einschließlich der Berücksichtigung pauschalierter Instandhaltungs- und Instandsetzungsaufwendungen sowie der zugrunde zu legenden Belegungsquote, wird durch Landesrecht bestimmt. [4]Die Pauschalen müssen in einem angemessenen Verhältnis zur tatsächlichen Höhe der Instandhaltungs- und Instandsetzungsaufwendungen stehen.

(4) [1]Pflegeeinrichtungen, die nicht nach Landesrecht gefördert werden, können ihre betriebsnotwendigen Investitionsaufwendungen den Pflegebedürftigen ohne Zustimmung der zuständigen Landesbehörde gesondert berechnen. [2]Die gesonderte Berechnung ist der zuständigen Landesbehörde mitzuteilen.

(5) Öffentliche Zuschüsse zu den laufenden Aufwendungen einer Pflegeeinrichtung (Betriebskostenzuschüsse) sind von der Pflegevergütung abzuziehen.

§ 82 a Ausbildungsvergütung

(1) Die Ausbildungsvergütung im Sinne dieser Vorschrift umfasst die Vergütung, die aufgrund von Rechtsvorschriften, Tarifverträgen, entsprechenden allgemeinen Vergütungsregelungen oder aufgrund vertraglicher Vereinbarungen an Personen, die nach Bundesrecht in der Altenpflege oder nach Landesrecht in der Altenpflegehilfe ausgebildet werden, während der Dauer ihrer praktischen oder theoretischen Ausbildung zu zahlen ist, sowie die nach § 17 Abs. 1 a des Altenpflegegesetzes zu erstattenden Weiterbildungskosten.

(2) [1]Soweit eine nach diesem Gesetz zugelassene Pflegeeinrichtung nach Bundesrecht zur Ausbildung in der Altenpflege oder nach Landesrecht zur Ausbildung in der Altenpflegehilfe berechtigt oder ver-

pflichtet ist, ist die Ausbildungsvergütung der Personen, die aufgrund eines entsprechenden Ausbildungsvertrages mit der Einrichtung oder ihrem Träger zum Zwecke der Ausbildung in der Einrichtung tätig sind, während der Dauer des Ausbildungsverhältnisses in der Vergütung der allgemeinen Pflegeleistungen (§ 84 Abs. 1, § 89) berücksichtigungsfähig. [2]Betreut die Einrichtung auch Personen, die nicht pflegebedürftig im Sinne dieses Buches sind, so ist in der Pflegevergütung nach Satz 1 nur der Anteil an der Gesamtsumme der Ausbildungsvergütungen berücksichtigungsfähig, der bei einer gleichmäßigen Verteilung der Gesamtsumme auf alle betreuten Personen auf die Pflegebedürftigen im Sinne dieses Buches entfällt. [3]Soweit die Ausbildungsvergütung im Pflegesatz eines zugelassenen Pflegeheimes zu berücksichtigen ist, ist der Anteil, der auf die Pflegebedürftigen im Sinne dieses Buches entfällt, gleichmäßig auf alle pflegebedürftigen Heimbewohner zu verteilen. [4]Satz 1 gilt nicht, soweit

1. die Ausbildungsvergütung oder eine entsprechende Vergütung nach anderen Vorschriften aufgebracht wird oder
2. die Ausbildungsvergütung durch ein landesrechtliches Umlageverfahren nach Absatz 3 finanziert wird.

[5]Die Ausbildungsvergütung ist in der Vergütungsvereinbarung über die allgemeinen Pflegeleistungen gesondert auszuweisen; die §§ 84 bis 86 und 89 gelten entsprechend.

(3) Wird die Ausbildungsvergütung ganz oder teilweise durch ein landesrechtliches Umlageverfahren finanziert, so ist die Umlage in der Vergütung der allgemeinen Pflegeleistungen nur insoweit berücksichtigungsfähig, als sie auf der Grundlage nachfolgender Berechnungsgrundsätze ermittelt wird:

1. Die Kosten der Ausbildungsvergütung werden nach einheitlichen Grundsätzen gleichmäßig auf alle zugelassenen ambulanten, teilstationären und stationären Pflegeeinrichtungen und die Altenheime im Land verteilt. Bei der Bemessung und Verteilung der Umlage ist sicherzustellen, daß der Verteilungsmaßstab nicht einseitig zu Lasten der zugelassenen Pflegeeinrichtungen gewichtet ist. Im übrigen gilt Absatz 2 Satz 2 und 3 entsprechend.
2. Die Gesamthöhe der Umlage darf den voraussichtlichen Mittelbedarf zur Finanzierung eines angemessenen Angebots an Ausbildungsplätzen nicht überschreiten.
3. Aufwendungen für die Vorhaltung, Instandsetzung oder Instandhaltung von Ausbildungsstätten (§§ 9, 82 Abs. 2 bis 4), für deren laufende Betriebskosten (Personal- und Sachkosten) sowie für die Verwaltungskosten der nach Landesrecht für das Umlageverfahren zuständigen Stelle bleiben unberücksichtigt.

(4) [1]Die Höhe der Umlage nach Absatz 3 sowie ihre Berechnungsfaktoren sind von der dafür nach Landesrecht zuständigen Stelle den Landesverbänden der Pflegekassen rechtzeitig vor Beginn der Pflegesatzverhandlungen mitzuteilen. [2]Es genügt die Mitteilung an einen Landesverband; dieser leitet die Mitteilung unverzüglich an die übrigen Landesverbände und an die zuständigen Träger der Sozialhilfe weiter. [3]Bei Meinungsverschiedenheiten zwischen den nach Satz 1 Beteiligten über die ordnungsgemäße Bemessung und die Höhe des von den zugelassenen Pflegeeinrichtungen zu zahlenden Anteils an der Umlage entscheidet die Schiedsstelle nach § 76 unter Ausschluß des Rechtsweges. [4]Die Entscheidung ist für alle Beteiligten nach Satz 1 sowie für die Parteien der Vergütungsvereinbarungen nach dem Achten Kapitel verbindlich; § 85 Abs. 5 Satz 1 und 2, erster Halbsatz, sowie Abs. 6 gilt entsprechend.

§ 82 b Ehrenamtliche Unterstützung

(1) [1]Soweit und solange einer nach diesem Gesetz zugelassenen Pflegeeinrichtung, insbesondere

1. für die vorbereitende und begleitende Schulung,
2. für die Planung und Organisation des Einsatzes oder
3. für den Ersatz des angemessenen Aufwands

der Mitglieder von Selbsthilfegruppen sowie der ehrenamtlichen und sonstigen zum bürgerschaftlichen Engagement bereiten Personen und Organisationen, für von der Pflegeversicherung versorgte Leistungsempfänger nicht anderweitig gedeckte Aufwendungen entstehen, sind diese bei stationären Pflegeeinrichtungen in den Pflegesätzen (§ 84 Abs. 1) und bei ambulanten Pflegeeinrichtungen in den Vergütungen (§ 89) berücksichtigungsfähig. [2]Die Aufwendungen können in der Vergütungsvereinbarung über die allgemeinen Pflegeleistungen gesondert ausgewiesen werden.

(2) [1]Stationäre Pflegeeinrichtungen können für ehrenamtliche Unterstützung als ergänzendes Engagement bei allgemeinen Pflegeleistungen Aufwandsentschädigungen zahlen. [2]Absatz 1 gilt entsprechend.

§ 83 Verordnung zur Regelung der Pflegevergütung

(1) [1]Die Bundesregierung wird ermächtigt, durch Rechtsverordnung mit Zustimmung des Bundesrates Vorschriften zu erlassen über

1. die Pflegevergütung der Pflegeeinrichtungen einschließlich der Verfahrensregelungen zu ihrer Vereinbarung nach diesem Kapitel,
2. den Inhalt der Pflegeleistungen sowie bei stationärer Pflege die Abgrenzung zwischen den allgemeinen Pflegeleistungen (§ 84 Abs. 4), den Leistungen bei Unterkunft und Verpflegung (§ 87) und den Zusatzleistungen (§ 88),
3. die Rechnungs- und Buchführungsvorschriften der Pflegeeinrichtungen einschließlich einer Kosten- und Leistungsrechnung; bei zugelassenen Pflegeeinrichtungen, die neben den Leistungen nach diesem Buch auch andere Sozialleistungen im Sinne des Ersten Buches (gemischte Einrichtung) erbringen, kann der Anwendungsbereich der Verordnung auf den Gesamtbetrieb erstreckt werden,
4. Maßstäbe und Grundsätze für eine wirtschaftliche und leistungsbezogene, am Versorgungsauftrag (§ 72 Abs. 1) orientierte personelle Ausstattung der Pflegeeinrichtungen,
5. die nähere Abgrenzung der Leistungsaufwendungen nach Nummer 2 von den Investitionsaufwendungen und sonstigen Aufwendungen nach § 82 Abs. 2.

[2]§ 90 bleibt unberührt.

(2) Nach Erlass der Rechtsverordnung sind Rahmenverträge und Schiedsstellenregelungen nach § 75 zu den von der Verordnung erfassten Regelungsbereichen nicht mehr zulässig.

Zweiter Abschnitt Vergütung der stationären Pflegeleistungen

§ 84 Bemessungsgrundsätze

(1) [1]Pflegesätze sind die Entgelte der Heimbewohner oder ihrer Kostenträger für die teil- oder vollstationären Pflegeleistungen des Pflegeheims sowie für die [soziale — ab 1.1.2017 gestrichen] Betreuung und, soweit kein Anspruch auf Krankenpflege nach § 37 des Fünften Buches besteht, für die medizinische Behandlungspflege. [2]In den Pflegesätzen dürfen keine Aufwendungen berücksichtigt werden, die nicht der Finanzierungszuständigkeit der sozialen Pflegeversicherung unterliegen.

(2) [1]Die Pflegesätze müssen leistungsgerecht sein. [Bis 31.12.2016: [2]Sie sind nach dem Versorgungsaufwand, den der Pflegebedürftige nach Art und Schwere seiner Pflegebedürftigkeit benötigt, in drei Pflegeklassen einzuteilen; für Pflegebedürftige, die als Härtefall anerkannt sind, können Zuschläge zum Pflegesatz der Pflegeklasse 3 bis zur Höhe des kalendertäglichen Unterschiedsbetrages vereinbart werden, der sich aus § 43 Abs. 2 Satz 2 Nr. 3 und 4 ergibt. [3]Bei der Zuordnung der Pflegebedürftigen zu den Pflegeklassen sind die Pflegestufen gemäß § 15 zugrunde zu legen, soweit nicht nach der gemeinsamen Beurteilung des Medizinischen Dienstes und der Pflegeleitung des Pflegeheimes die Zuordnung zu einer anderen Pflegeklasse notwendig oder ausreichend ist.] [Ab 1.1.2017: [2]Sie sind nach dem Versorgungsaufwand, den der Pflegebedürftige nach Art und Schwere seiner Pflegebedürftigkeit benötigt, entsprechend den fünf Pflegegraden einzuteilen. [3]Davon ausgehend sind in der vollstationären Pflege für die Pflegegrade 2 bis 5 einrichtungseinheitliche Eigenanteile zu ermitteln; dieses gilt auch bei Änderungen der Leistungsbeträge nach § 43 Absatz 2.] [4]Die Pflegesätze müssen einem Pflegeheim bei wirtschaftlicher Betriebsführung ermöglichen, seine Aufwendungen zu finanzieren und seinen Versorgungsauftrag zu erfüllen. [5]Die Bezahlung tarifvertraglich vereinbarter Vergütungen sowie entsprechender Vergütungen nach kirchlichen Arbeitsrechtsregelungen kann dabei nicht als unwirtschaftlich abgelehnt werden. [6]Überschüsse verbleiben dem Pflegeheim; Verluste sind von ihm zu tragen. [7]Der Grundsatz der Beitragssatzstabilität ist zu beachten. [8]Bei der Bemessung der Pflegesätze einer Pflegeeinrichtung können die Pflegesätze derjenigen Pflegeeinrichtungen, die nach Art und Größe sowie hinsichtlich der in Absatz 5 genannten Leistungs- und Qualitätsmerkmale im Wesentlichen gleichartig sind, angemessen berücksichtigt werden.

(3) Die Pflegesätze sind für alle Heimbewohner des Pflegeheimes nach einheitlichen Grundsätzen zu bemessen; eine Differenzierung nach Kostenträgern ist unzulässig.

(4) [1]Mit den Pflegesätzen sind alle für die Versorgung der Pflegebedürftigen nach Art und Schwere ihrer Pflegebedürftigkeit erforderlichen Pflegeleistungen der Pflegeeinrichtung (Allgemeine Pflegeleistungen) abgegolten. [2]Für die allgemeinen Pflegeleistungen dürfen, soweit nichts anderes bestimmt ist, ausschließlich die nach § 85 oder § 86 vereinbarten oder nach § 85 Abs. 5 festgesetzten Pflegesätze berechnet werden, ohne Rücksicht darauf, wer zu ihrer Zahlung verpflichtet ist.

(5) [1]In der Pflegesatzvereinbarung sind die wesentlichen Leistungs- und Qualitätsmerkmale der Einrichtung festzulegen. [2]Hierzu gehören insbesondere

1. die Zuordnung des voraussichtlich zu versorgenden Personenkreises sowie Art, Inhalt und Umfang der Leistungen, die von der Einrichtung während des nächsten Pflegesatzzeitraums erwartet werden,
2. die von der Einrichtung für den voraussichtlich zu versorgenden Personenkreis individuell vorzuhaltende personelle Ausstattung, gegliedert nach Berufsgruppen, sowie
3. Art und Umfang der Ausstattung der Einrichtung mit Verbrauchsgütern (§ 82 Abs. 2 Nr. 1).

(6) [1]Der Träger der Einrichtung ist verpflichtet, mit der vereinbarten personellen Ausstattung die Versorgung der Pflegebedürftigen jederzeit sicherzustellen. [2]Er hat bei Personalengpässen oder -ausfällen durch geeignete Maßnahmen sicherzustellen, dass die Versorgung der Pflegebedürftigen nicht beeinträchtigt wird. [3]Auf Verlangen einer Vertragspartei hat der Träger der Einrichtung in einem Personalabgleich nachzuweisen, dass die vereinbarte Personalausstattung tatsächlich bereitgestellt und bestimmungsgemäß eingesetzt wird. [4]Das Nähere zur Durchführung des Personalabgleichs wird in den Verträgen nach § 75 Abs. 1 und 2 geregelt.

(7) [1]Der Träger der Einrichtung ist verpflichtet, im Falle einer Vereinbarung der Pflegesätze auf Grundlage der Bezahlung der Beschäftigten nach tarifvertraglich vereinbarten Vergütungen sowie entsprechenden Vergütungen nach kirchlichen Arbeitsrechtsregelungen, die entsprechende Bezahlung der Beschäftigten jederzeit einzuhalten. [2]Auf Verlangen einer Vertragspartei hat der Träger der Einrichtung dieses nachzuweisen. [3]Personenbezogene Daten sind zu anonymisieren. [4]Das Nähere zur Durchführung des Nachweises wird in den Verträgen nach § 75 Absatz 1 und 2 geregelt.

[Ab 1.1.2017:

(8) [1]Vergütungszuschläge sind abweichend von Absatz 2 Satz 2 und Absatz 4 Satz 1 sowie unter entsprechender Anwendung des Absatzes 2 Satz 1 und 5, des Absatzes 7 und des § 87 a zusätzliche Entgelte zur Pflegevergütung für die Leistungen nach § 43 b. [2]Der Vergütungszuschlag ist von der Pflegekasse zu tragen und von dem privaten Versicherungsunternehmen im Rahmen des vereinbarten Versicherungsschutzes zu erstatten; § 28 Absatz 2 ist entsprechend anzuwenden. [3]Mit den Vergütungszuschlägen sind alle zusätzlichen Leistungen der Betreuung und Aktivierung in stationären Pflegeeinrichtungen abgegolten. [4]Pflegebedürftige dürfen mit den Vergütungszuschlägen weder ganz noch teilweise belastet werden.]

§ 85 Pflegesatzverfahren

(1) Art, Höhe und Laufzeit der Pflegesätze werden zwischen dem Träger des Pflegeheimes und den Leistungsträgern nach Absatz 2 vereinbart.

(2) [1]Parteien der Pflegesatzvereinbarung (Vertragsparteien) sind der Träger des einzelnen zugelassenen Pflegeheimes sowie

1. die Pflegekassen oder sonstige Sozialversicherungsträger,
2. die für die Bewohner des Pflegeheimes zuständigen Träger der Sozialhilfe sowie
3. die Arbeitsgemeinschaften der unter Nummer 1 und 2 genannten Träger,

soweit auf den jeweiligen Kostenträger oder die Arbeitsgemeinschaft im Jahr vor Beginn der Pflegesatzverhandlungen jeweils mehr als fünf vom Hundert der Berechnungstage des Pflegeheimes entfallen. [2]Die Pflegesatzvereinbarung ist für jedes zugelassene Pflegeheim gesondert abzuschließen; § 86 Abs. 2 bleibt unberührt. [3]Die Vereinigungen der Pflegeheime im Land, die Landesverbände der Pflegekassen sowie der Verband der privaten Krankenversicherung e.V. im Land können sich am Pflegesatzverfahren beteiligen.

(3) [1]Die Pflegesatzvereinbarung ist im voraus, vor Beginn der jeweiligen Wirtschaftsperiode des Pflegeheimes, für einen zukünftigen Zeitraum (Pflegesatzzeitraum) zu treffen. [2]Das Pflegeheim hat Art, Inhalt, Umfang und Kosten der Leistungen, für die es eine Vergütung beansprucht, durch Pflegedoku-

mentationen und andere geeignete Nachweise rechtzeitig vor Beginn der Pflegesatzverhandlungen darzulegen; es hat außerdem die schriftliche Stellungnahme der nach heimrechtlichen Vorschriften vorgesehenen Interessenvertretung der Bewohnerinnen und Bewohner beizufügen. [3]Soweit dies zur Beurteilung seiner Wirtschaftlichkeit und Leistungsfähigkeit im Einzelfall erforderlich ist, hat das Pflegeheim auf Verlangen einer Vertragspartei zusätzliche Unterlagen vorzulegen und Auskünfte zu erteilen. [4]Hierzu gehören auch pflegesatzerhebliche Angaben zum Jahresabschluß entsprechend den Grundsätzen ordnungsgemäßer Pflegebuchführung, zur personellen und sachlichen Ausstattung des Pflegeheims einschließlich der Kosten sowie zur tatsächlichen Stellenbesetzung und Eingruppierung. [5]Personenbezogene Daten sind zu anonymisieren.

(4) [1]Die Pflegesatzvereinbarung kommt durch Einigung zwischen dem Träger des Pflegeheimes und der Mehrheit der Kostenträger nach Absatz 2 Satz 1 zustande, die an der Pflegesatzverhandlung teilgenommen haben. [2]Sie ist schriftlich abzuschließen. [3]Soweit Vertragsparteien sich bei den Pflegesatzverhandlungen durch Dritte vertreten lassen, haben diese vor Verhandlungsbeginn den übrigen Vertragsparteien eine schriftliche Verhandlungs- und Abschlußvollmacht vorzulegen.

(5) [1]Kommt eine Pflegesatzvereinbarung innerhalb von sechs Wochen nicht zustande, nachdem eine Vertragspartei schriftlich zu Pflegesatzverhandlungen aufgefordert hat, setzt die Schiedsstelle nach § 76 auf Antrag einer Vertragspartei die Pflegesätze unverzüglich fest. [2]Satz 1 gilt auch, soweit der nach Absatz 2 Satz 1 Nr. 2 zuständige Träger der Sozialhilfe der Pflegesatzvereinbarung innerhalb von zwei Wochen nach Vertragsschluß widerspricht; der Träger der Sozialhilfe kann im voraus verlangen, daß an Stelle der gesamten Schiedsstelle nur der Vorsitzende und die beiden weiteren unparteiischen Mitglieder oder nur der Vorsitzende allein entscheiden. [3]Gegen die Festsetzung ist der Rechtsweg zu den Sozialgerichten gegeben. [4]Ein Vorverfahren findet nicht statt; die Klage hat keine aufschiebende Wirkung.

(6) [1]Pflegesatzvereinbarungen sowie Schiedsstellenentscheidungen nach Absatz 5 Satz 1 oder 2 treten zu dem darin unter angemessener Berücksichtigung der Interessen der Pflegeheimbewohner bestimmten Zeitpunkt in Kraft; sie sind für das Pflegeheim sowie für die in dem Heim versorgten Pflegebedürftigen und deren Kostenträger unmittelbar verbindlich. [2]Ein rückwirkendes Inkrafttreten von Pflegesätzen ist nicht zulässig. [3]Nach Ablauf des Pflegesatzzeitraums gelten die vereinbarten oder festgesetzten Pflegesätze bis zum Inkrafttreten neuer Pflegesätze weiter.

[Bis 31.12.2016:

(7) Bei unvorhersehbaren wesentlichen Veränderungen der Annahmen, die der Vereinbarung oder Festsetzung der Pflegesätze zugrunde lagen, sind die Pflegesätze auf Verlangen einer Vertragspartei für den laufenden Pflegesatzzeitraum neu zu verhandeln; die Absätze 3 bis 6 gelten entsprechend.]

[Ab 1.1.2017:

(7) [1]Bei unvorhersehbaren wesentlichen Veränderungen der Annahmen, die der Vereinbarung oder Festsetzung der Pflegesätze zugrunde lagen, sind die Pflegesätze auf Verlangen einer Vertragspartei für den laufenden Pflegesatzzeitraum neu zu verhandeln. [2]Dies gilt insbesondere bei einer erheblichen Abweichung der tatsächlichen Bewohnerstruktur. [3]Die Absätze 3 bis 6 gelten entsprechend. [4]Im Fall von Satz 2 kann eine Festsetzung der Pflegesätze durch die Schiedsstelle abweichend von Satz 3 in Verbindung mit Absatz 5 Satz 1 bereits nach einem Monat beantragt werden.

(8) [1]Die Vereinbarung des Vergütungszuschlages nach § 84 Absatz 8 erfolgt auf der Grundlage, dass

1. die stationäre Pflegeeinrichtung für die zusätzliche Betreuung und Aktivierung der Pflegebedürftigen über zusätzliches Betreuungspersonal, in vollstationären Pflegeeinrichtungen in sozialversicherungspflichtiger Beschäftigung verfügt und die Aufwendungen für dieses Personal weder bei der Bemessung der Pflegesätze noch bei den Zusatzleistungen nach § 88 berücksichtigt werden,

2. in der Regel für jeden Pflegebedürftigen 5 Prozent der Personalaufwendungen für eine zusätzliche Vollzeitkraft finanziert wird und

3. die Vertragsparteien Einvernehmen erzielt haben, dass der vereinbarte Vergütungszuschlag nicht berechnet werden darf, soweit die zusätzliche Betreuung und Aktivierung für Pflegebedürftige nicht erbracht wird.

[2]Pflegebedürftige und ihre Angehörigen sind von der stationären Pflegeeinrichtung im Rahmen der Verhandlung und des Abschlusses des stationären Pflegevertrages nachprüfbar und deutlich darauf hinzuweisen, dass ein zusätzliches Betreuungsangebot besteht. [3]Im Übrigen gelten die Absätze 1 bis 7 entsprechend.]

§ 86 Pflegesatzkommission

(1) [1]Die Landesverbände der Pflegekassen, der Verband der privaten Krankenversicherung e.V., die überörtlichen oder ein nach Landesrecht bestimmter Träger der Sozialhilfe und die Vereinigungen der Pflegeheimträger im Land bilden regional oder landesweit tätige Pflegesatzkommissionen, die anstelle der Vertragsparteien nach § 85 Abs. 2 die Pflegesätze mit Zustimmung der betroffenen Pflegeheimträger vereinbaren können. [2]§ 85 Abs. 3 bis 7 gilt entsprechend.

(2) [1]Für Pflegeheime, die in derselben kreisfreien Gemeinde oder in demselben Landkreis liegen, kann die Pflegesatzkommission mit Zustimmung der betroffenen Pflegeheimträger für die gleichen Leistungen einheitliche Pflegesätze vereinbaren. [2]Die beteiligten Pflegeheime sind befugt, ihre Leistungen unterhalb der nach Satz 1 vereinbarten Pflegesätze anzubieten.

(3) [1]Die Pflegesatzkommission oder die Vertragsparteien nach § 85 Abs. 2 können auch Rahmenvereinbarungen abschließen, die insbesondere ihre Rechte und Pflichten, die Vorbereitung, den Beginn und das Verfahren der Pflegesatzverhandlungen sowie Art, Umfang und Zeitpunkt der vom Pflegeheim vorzulegenden Leistungsnachweise und sonstigen Verhandlungsunterlagen näher bestimmen. [2]Satz 1 gilt nicht, soweit für das Pflegeheim verbindliche Regelungen nach § 75 getroffen worden sind.

§ 87 Unterkunft und Verpflegung

[1]Die als Pflegesatzparteien betroffenen Leistungsträger (§ 85 Abs. 2) vereinbaren mit dem Träger des Pflegeheimes die von den Pflegebedürftigen zu tragenden Entgelte für die Unterkunft und für die Verpflegung jeweils getrennt. [2]Die Entgelte müssen in einem angemessenen Verhältnis zu den Leistungen stehen. [3]§ 84 Abs. 3 und 4 und die §§ 85 und 86 gelten entsprechend; § 88 bleibt unberührt.

§ 87 a Berechnung und Zahlung des Heimentgelts

(1) [1]Die Pflegesätze, die Entgelte für Unterkunft und Verpflegung sowie die gesondert berechenbaren Investitionskosten (Gesamtheimentgelt) werden für den Tag der Aufnahme des Pflegebedürftigen in das Pflegeheim sowie für jeden weiteren Tag des Heimaufenthalts berechnet (Berechnungstag). [2]Die Zahlungspflicht der Heimbewohner oder ihrer Kostenträger endet mit dem Tag, an dem der Heimbewohner aus dem Heim entlassen wird oder verstirbt. [3]Zieht ein Pflegebedürftiger in ein anderes Heim um, darf nur das aufnehmende Pflegeheim ein Gesamtheimentgelt für den Verlegungstag berechnen. [4]Von den Sätzen 1 bis 3 abweichende Vereinbarungen zwischen dem Pflegeheim und dem Heimbewohner oder dessen Kostenträger sind nichtig. [5]Der Pflegeplatz ist im Fall vorübergehender Abwesenheit vom Pflegeheim für einen Abwesenheitszeitraum von bis zu 42 Tagen im Kalenderjahr für den Pflegebedürftigen freizuhalten. [6]Abweichend hiervon verlängert sich der Abwesenheitszeitraum bei Krankenhausaufenthalten und bei Aufenthalten in Rehabilitationseinrichtungen für die Dauer dieser Aufenthalte. [7]In den Rahmenverträgen nach § 75 sind für die nach den Sätzen 5 und 6 bestimmten Abwesenheitszeiträume, soweit drei Kalendertage überschritten werden, Abschläge von mindestens 25 vom Hundert der Pflegevergütung, der Entgelte für Unterkunft und Verpflegung und der Zuschläge nach § 92 b vorzusehen.

(2) [1]Bestehen Anhaltspunkte dafür, dass der pflegebedürftige Heimbewohner auf Grund der Entwicklung seines Zustands [bis 31.12.2016: einer höheren Pflegestufe] [ab 1.1.2017: einem höheren Pflegegrad] zuzuordnen ist, so ist er auf schriftliche Aufforderung des Heimträgers verpflichtet, bei seiner Pflegekasse die Zuordnung zu einer höheren Pflegestufe zu beantragen. [2]Die Aufforderung ist zu begründen und auch der Pflegekasse sowie bei Sozialhilfeempfängern dem zuständigen Träger der Sozialhilfe zuzuleiten. [3]Weigert sich der Heimbewohner, den Antrag zu stellen, kann der Heimträger ihm oder seinem Kostenträger ab dem ersten Tag des zweiten Monats nach der Aufforderung vorläufig den Pflegesatz nach [bis 31.12.2016: der nächsthöheren Pflegeklasse] [ab 1.1.2017: dem nächsthöheren Pflegegrad] berechnen. [4]Werden die Voraussetzungen für [bis 31.12.2016: eine höhere Pflegestufe] [ab 1.1.2017: einen höheren Pflegegrad] vom Medizinischen Dienst nicht bestätigt und lehnt die Pflegekasse eine Höherstufung deswegen ab, hat das Pflegeheim dem Pflegebedürftigen den überzahlten Betrag unverzüglich zurückzuzahlen; der Rückzahlungsbetrag ist rückwirkend ab dem in Satz 3 genannten Zeitpunkt mit wenigstens 5 vom Hundert zu verzinsen.

(3) [1]Die dem pflegebedürftigen Heimbewohner nach den §§ 41 bis 43 zustehenden Leistungsbeträge sind von seiner Pflegekasse mit befreiender Wirkung unmittelbar an das Pflegeheim zu zahlen. [2]Maßgebend für die Höhe des zu zahlenden Leistungsbetrags ist der Leistungsbescheid der Pflegekasse, un-

abhängig davon, ob der Bescheid bestandskräftig ist oder nicht. [3]Die von den Pflegekassen zu zahlenden Leistungsbeträge werden bei vollstationärer Pflege (§ 43) zum 15. eines jeden Monats fällig.

(4) [Bis 31.12.2016: [1]Pflegeeinrichtungen, die Leistungen im Sinne des § 43 erbringen, erhalten von der Pflegekasse zusätzlich den Betrag von 1 597 Euro, wenn der Pflegebedürftige nach der Durchführung aktivierender oder rehabilitativer Maßnahmen in eine niedrigere Pflegestufe oder von erheblicher zu nicht erheblicher Pflegebedürftigkeit zurückgestuft wurde.] [Ab 1.1.2017: [1]Pflegeeinrichtungen, die Leistungen im Sinne des § 43 erbringen, erhalten von der Pflegekasse zusätzlich den Betrag von 2 952 Euro, wenn der Pflegebedürftige nach der Durchführung aktivierender oder rehabilitativer Maßnahmen in einen niedrigeren Pflegegrad zurückgestuft wurde oder festgestellt wurde, dass er nicht mehr pflegebedürftig im Sinne der §§ 14 und 15 ist.] [2]Der Betrag wird entsprechend § 30 angepasst. [3]Der von der Pflegekasse gezahlte Betrag ist von der Pflegeeinrichtung zurückzuzahlen, wenn der Pflegebedürftige innerhalb von sechs Monaten in [bis 31.12.2016: eine höhere Pflegestufe oder von nicht erheblicher zu erheblicher Pflegebedürftigkeit] [ab 1.1.2017: einen höheren Pflegegrad oder wieder als pflegebedürftig im Sinne der §§ 14 und 15] eingestuft wird.

[Bis 31.12.2016:

§ 87 b Vergütungszuschläge für zusätzliche Betreuung und Aktivierung in stationären Pflegeeinrichtungen

(1) [1]Stationäre Pflegeeinrichtungen haben abweichend von § 84 Abs. 2 Satz 2 und Abs. 4 Satz 1 sowie unter entsprechender Anwendung der §§ 45 a, 85 und 87 a für die zusätzliche Betreuung und Aktivierung der pflegebedürftigen Heimbewohner sowie der Versicherten, die einen Hilfebedarf im Bereich der Grundpflege und hauswirtschaftlichen Versorgung haben, der nicht das Ausmaß der Pflegestufe I erreicht, (anspruchsberechtigten Personen) Anspruch auf Vereinbarung leistungsgerechter Zuschläge zur Pflegevergütung. [2]Die Vereinbarung der Vergütungszuschläge setzt voraus, dass

1. die anspruchsberechtigten Personen über die nach Art und Schwere der Pflegebedürftigkeit notwendige Versorgung hinaus zusätzlich betreut und aktiviert werden,
2. die stationäre Pflegeeinrichtung für die zusätzliche Betreuung und Aktivierung der anspruchsberechtigten Personen über zusätzliches Betreuungspersonal, in vollstationären Pflegeeinrichtungen in sozialversicherungspflichtiger Beschäftigung verfügt und die Aufwendungen für dieses Personal weder bei der Bemessung der Pflegesätze noch bei den Zusatzleistungen nach § 88 berücksichtigt werden,
3. die Vergütungszuschläge auf der Grundlage vereinbart werden, dass in der Regel für jede anspruchsberechtigte Person der zwanzigste Teil der Personalaufwendungen für eine zusätzliche Vollzeitkraft finanziert wird und
4. die Vertragsparteien Einvernehmen erzielt haben, dass der vereinbarte Vergütungszuschlag nicht berechnet werden darf, soweit die zusätzliche Betreuung und Aktivierung für anspruchsberechtigte Personen nicht erbracht wird.

[3]Eine Vereinbarung darf darüber hinaus nur mit stationären Pflegeeinrichtungen getroffen werden, die anspruchsberechtigte Personen und ihre Angehörigen im Rahmen der Verhandlung und des Abschlusses des Heimvertrages nachprüfbar und deutlich darauf hinweisen, dass ein zusätzliches Betreuungsangebot, für das ein Vergütungszuschlag nach Absatz 1 gezahlt wird, besteht. [4]Die Leistungs- und Preisvergleichsliste nach § 7 Abs. 3 ist entsprechend zu ergänzen.

(2) [1]Der Vergütungszuschlag ist von der Pflegekasse zu tragen und von dem privaten Versicherungsunternehmen im Rahmen des vereinbarten Versicherungsschutzes zu erstatten; § 28 Absatz 2 ist entsprechend anzuwenden. [2]Mit den Vergütungszuschlägen sind alle zusätzlichen Leistungen der Betreuung und Aktivierung für anspruchsberechtigte Personen im Sinne von Absatz 1 abgegolten. [3]Die anspruchsberechtigten Personen und die Träger der Sozialhilfe dürfen mit den Vergütungszuschlägen weder ganz noch teilweise belastet werden. [4]Mit der Zahlung des Vergütungszuschlags von der Pflegekasse an die Pflegeeinrichtung hat die anspruchsberechtigte Person Anspruch auf Erbringung der zusätzlichen Betreuung und Aktivierung gegenüber der Pflegeeinrichtung.

(3) [1]Der Spitzenverband Bund der Pflegekassen hat für die zusätzlich einzusetzenden Betreuungskräfte auf der Grundlage des § 45 c Abs. 3 Richtlinien zur Qualifikation und zu den Aufgaben in stationären Pflegeeinrichtungen zu beschließen; er hat hierzu die Bundesvereinigungen der Träger stationärer Pflegeeinrichtungen anzuhören und den allgemein anerkannten Stand medizinisch-pflegerischer Erkennt-

nisse zu beachten. [2]Die Richtlinien werden für alle Pflegekassen und deren Verbände sowie für die stationären Pflegeeinrichtungen erst nach Genehmigung durch das Bundesministerium für Gesundheit wirksam; § 17 Abs. 2 gilt entsprechend.]

[Ab 1.1.2017: § 87 b (aufgehoben)][271]

§ 88 Zusatzleistungen

(1) [1]Neben den Pflegesätzen nach § 85 und den Entgelten nach § 87 darf das Pflegeheim mit den Pflegebedürftigen über die im Versorgungsvertrag vereinbarten notwendigen Leistungen hinaus (§ 72 Abs. 1 Satz 2) gesondert ausgewiesene Zuschläge für

1. besondere Komfortleistungen bei Unterkunft und Verpflegung sowie
2. zusätzliche pflegerisch-betreuende Leistungen

vereinbaren (Zusatzleistungen). [2]Der Inhalt der notwendigen Leistungen und deren Abgrenzung von den Zusatzleistungen werden in den Rahmenverträgen nach § 75 festgelegt.

(2) Die Gewährung und Berechnung von Zusatzleistungen ist nur zulässig, wenn:

1. dadurch die notwendigen stationären oder teilstationären Leistungen des Pflegeheimes (§ 84 Abs. 4 und § 87) nicht beeinträchtigt werden,
2. die angebotenen Zusatzleistungen nach Art, Umfang, Dauer und Zeitabfolge sowie die Höhe der Zuschläge und die Zahlungsbedingungen vorher schriftlich zwischen dem Pflegeheim und dem Pflegebedürftigen vereinbart worden sind,
3. das Leistungsangebot und die Leistungsbedingungen den Landesverbänden der Pflegekassen und den überörtlichen Trägern der Sozialhilfe im Land vor Leistungsbeginn schriftlich mitgeteilt worden sind.

Dritter Abschnitt Vergütung der ambulanten Pflegeleistungen

§ 89 Grundsätze für die Vergütungsregelung

(1) [1]Die Vergütung der ambulanten [bis 31.12.2016: Pflegeleistungen und der hauswirtschaftlichen Versorgung] [ab 1.1.2017: Leistungen der häuslichen Pflegehilfe] wird, soweit nicht die Gebührenordnung nach § 90 Anwendung findet, zwischen dem Träger des Pflegedienstes und den Leistungsträgern nach Absatz 2 für alle Pflegebedürftigen nach einheitlichen Grundsätzen vereinbart. [2]Sie muß leistungsgerecht sein. [3]Die Vergütung muss einem Pflegedienst bei wirtschaftlicher Betriebsführung ermöglichen, seine Aufwendungen zu finanzieren und seinen Versorgungsauftrag zu erfüllen. [4]Die Bezahlung tarifvertraglich vereinbarter Vergütungen sowie entsprechender Vergütungen nach kirchlichen Arbeitsrechtsregelungen kann dabei nicht als unwirtschaftlich abgelehnt werden. [5]Eine Differenzierung in der Vergütung nach Kostenträgern ist unzulässig.

(2) [1]Vertragsparteien der Vergütungsvereinbarung sind die Träger des Pflegedienstes sowie

1. die Pflegekassen oder sonstige Sozialversicherungsträger,
2. die Träger der Sozialhilfe, die für die durch den Pflegedienst versorgten Pflegebedürftigen zuständig sind, sowie
3. die Arbeitsgemeinschaften der unter Nummer 1 und 2 genannten Träger,

soweit auf den jeweiligen Kostenträger oder die Arbeitsgemeinschaft im Jahr vor Beginn der Vergütungsverhandlungen jeweils mehr als 5 vom Hundert der vom Pflegedienst betreuten Pflegebedürftigen entfallen. [2]Die Vergütungsvereinbarung ist für jeden Pflegedienst gesondert abzuschließen und gilt für den nach § 72 Abs. 3 Satz 3 vereinbarten Einzugsbereich, soweit nicht ausdrücklich etwas Abweichendes vereinbart wird.

(3) [1]Die Vergütungen können, je nach Art und Umfang der Pflegeleistung, nach dem dafür erforderlichen Zeitaufwand oder unabhängig vom Zeitaufwand nach dem Leistungsinhalt des jeweiligen Pflegeeinsatzes, nach Komplexleistungen oder in Ausnahmefällen auch nach Einzelleistungen bemessen werden; sonstige Leistungen wie hauswirtschaftliche Versorgung, Behördengänge oder Fahrkosten können

271 siehe dafür § 43 b SGB XI *2017*.

auch mit Pauschalen vergütet werden. [2]Die Vergütungen haben zu berücksichtigen, dass Leistungen von mehreren Pflegebedürftigen gemeinsam abgerufen und in Anspruch genommen werden können; die sich aus einer gemeinsamen Leistungsinanspruchnahme ergebenden Zeit- und Kostenersparnisse kommen den Pflegebedürftigen zugute. [[3]Darüber hinaus sind auch Vergütungen für Betreuungsleistungen nach § 36 Abs. 1 zu vereinbaren. – ab 1.1.2017 aufgehoben] [4]§ 84 Absatz 4 Satz 2 und Absatz 7, § 85 Absatz 3 bis 7 und § 86 gelten entsprechend.

§ 90 Gebührenordnung für ambulante Pflegeleistungen

(1) [1]Das Bundesministerium für Gesundheit wird ermächtigt, im Einvernehmen mit dem Bundesministerium für Familie, Senioren, Frauen und Jugend und dem Bundesministerium für Arbeit und Soziales durch Rechtsverordnung mit Zustimmung des Bundesrates eine Gebührenordnung für die Vergütung der ambulanten [bis 31.12.2016: Pflegeleistungen und der hauswirtschaftlichen Versorgung der Pflegebedürftigen] [ab 1.1.2017: Leistungen der häuslichen Pflegehilfe] zu erlassen, soweit die Versorgung von der Leistungspflicht der Pflegeversicherung umfaßt ist. [2]Die Vergütung muß leistungsgerecht sein, den Bemessungsgrundsätzen nach § 89 entsprechen und hinsichtlich ihrer Höhe regionale Unterschiede berücksichtigen. [3]§ 82 Abs. 2 gilt entsprechend. [4]In der Verordnung ist auch das Nähere zur Abrechnung der Vergütung zwischen den Pflegekassen und den Pflegediensten zu regeln.

(2) [1]Die Gebührenordnung gilt nicht für die Vergütung von ambulanten [bis 31.12.2016: Pflegeleistungen und der hauswirtschaftlichen Versorgung] [ab 1.1.2017: Leistungen der häuslichen Pflegehilfe] durch Familienangehörige und sonstige Personen, die mit dem Pflegebedürftigen in häuslicher Gemeinschaft leben. [2]Soweit die Gebührenordnung Anwendung findet, sind die davon betroffenen Pflegeeinrichtungen und Pflegepersonen nicht berechtigt, über die Berechnung der Gebühren hinaus weitergehende Ansprüche an die Pflegebedürftigen oder deren Kostenträger zu stellen.

Vierter Abschnitt Kostenerstattung, Pflegeheimvergleich

§ 91 Kostenerstattung

(1) Zugelassene Pflegeeinrichtungen, die auf eine vertragliche Regelung der Pflegevergütung nach den §§ 85 und 89 verzichten oder mit denen eine solche Regelung nicht zustande kommt, können den Preis für ihre ambulanten oder stationären Leistungen unmittelbar mit den Pflegebedürftigen vereinbaren.

(2) [1]Den Pflegebedürftigen werden die ihnen von den Einrichtungen nach Absatz 1 berechneten Kosten für die pflegebedingten Aufwendungen erstattet. [2]Die Erstattung darf jedoch 80 vom Hundert des Betrages nicht überschreiten, den die Pflegekasse für den einzelnen Pflegebedürftigen nach Art und Schwere seiner Pflegebedürftigkeit nach dem Dritten Abschnitt des Vierten Kapitels zu leisten hat. [3]Eine weitergehende Kostenerstattung durch einen Träger der Sozialhilfe ist unzulässig.

(3) Die Absätze 1 und 2 gelten entsprechend für Pflegebedürftige, die nach Maßgabe dieses Buches bei einem privaten Versicherungsunternehmen versichert sind.

(4) Die Pflegebedürftigen und ihre Angehörigen sind von der Pflegekasse und der Pflegeeinrichtung rechtzeitig auf die Rechtsfolgen der Absätze 2 und 3 hinzuweisen.

§ 92 (aufgehoben)

§ 92 a Pflegeheimvergleich

(1) [1]Die Bundesregierung wird ermächtigt, durch Rechtsverordnung mit Zustimmung des Bundesrates einen Pflegeheimvergleich anzuordnen, insbesondere mit dem Ziel,

1. die Landesverbände der Pflegekassen bei der Durchführung von Wirtschaftlichkeits- und Qualitätsprüfungen (§ 79, Elftes Kapitel),
2. die Vertragsparteien nach § 85 Abs. 2 bei der Bemessung der Vergütungen und Entgelte sowie
3. die Pflegekassen bei der Erstellung der Leistungs- und Preisvergleichslisten (§ 7 Abs. 3)

zu unterstützen. [2]Die Pflegeheime sind länderbezogen, Einrichtung für Einrichtung, insbesondere hinsichtlich ihrer Leistungs- und Belegungsstrukturen, ihrer Pflegesätze und Entgelte sowie ihrer gesondert berechenbaren Investitionskosten miteinander zu vergleichen.

(2) In der Verordnung nach Absatz 1 sind insbesondere zu regeln:

1. die Organisation und Durchführung des Pflegeheimvergleichs durch eine oder mehrere von dem Spitzenverband Bund der Pflegekassen oder den Landesverbänden der Pflegekassen gemeinsam beauftragte Stellen,
2. die Finanzierung des Pflegeheimvergleichs aus Verwaltungsmitteln der Pflegekassen,
3. die Erhebung der vergleichsnotwendigen Daten einschließlich ihrer Verarbeitung.

(3) [1]Zur Ermittlung der Vergleichsdaten ist vorrangig auf die verfügbaren Daten aus den Versorgungsverträgen sowie den Pflegesatz- und Entgeltvereinbarungen über

1. die Versorgungsstrukturen einschließlich der personellen und sächlichen Ausstattung,
2. die Leistungen, Pflegesätze und sonstigen Entgelte der Pflegeheime

und auf die Daten aus den Vereinbarungen über Zusatzleistungen zurückzugreifen. [2]Soweit dies für die Zwecke des Pflegeheimvergleichs erforderlich ist, haben die Pflegeheime der mit der Durchführung des Pflegeheimvergleichs beauftragten Stelle auf Verlangen zusätzliche Unterlagen vorzulegen und Auskünfte zu erteilen, insbesondere auch über die von ihnen gesondert berechneten Investitionskosten (§ 82 Abs. 3 und 4).

(4) [1]Durch die Verordnung nach Absatz 1 ist sicherzustellen, dass die Vergleichsdaten

1. den zuständigen Landesbehörden,
2. den Vereinigungen der Pflegeheimträger im Land,
3. den Landesverbänden der Pflegekassen,
4. dem Medizinischen Dienst der Krankenversicherung,
5. dem Verband der privaten Krankenversicherung e.V. im Land sowie
6. den nach Landesrecht zuständigen Trägern der Sozialhilfe

zugänglich gemacht werden. [2]Die Beteiligten nach Satz 1 sind befugt, die Vergleichsdaten ihren Verbänden oder Vereinigungen auf Bundesebene zu übermitteln; die Landesverbände der Pflegekassen sind verpflichtet, die für Prüfzwecke erforderlichen Vergleichsdaten den von ihnen zur Durchführung von Wirtschaftlichkeits- und Qualitätsprüfungen bestellten Sachverständigen zugänglich zu machen.

(5) [1]Vor Erlass der Rechtsverordnung nach Absatz 1 sind der Spitzenverband Bund der Pflegekassen, der Verband der privaten Krankenversicherung e.V., die Bundesarbeitsgemeinschaft der überörtlichen Träger der Sozialhilfe, die Bundesvereinigung der kommunalen Spitzenverbände und die Vereinigungen der Träger der Pflegeheime auf Bundesebene anzuhören. [2]Im Rahmen der Anhörung können diese auch Vorschläge für eine Rechtsverordnung nach Absatz 1 oder für einzelne Regelungen einer solchen Rechtsverordnung vorlegen.

(6) Der Spitzenverband Bund der Pflegekassen oder die Landesverbände der Pflegekassen sind berechtigt, jährlich Verzeichnisse der Pflegeheime mit den im Pflegeheimvergleich ermittelten Leistungs-, Belegungs- und Vergütungsdaten zu veröffentlichen.

(7) Personenbezogene Daten sind vor der Datenübermittlung oder der Erteilung von Auskünften zu anonymisieren.

(8) Die Bundesregierung wird ermächtigt, durch Rechtsverordnung mit Zustimmung des Bundesrates einen länderbezogenen Vergleich über die zugelassenen Pflegedienste (Pflegedienstvergleich) in entsprechender Anwendung der vorstehenden Absätze anzuordnen.

Fünfter Abschnitt *Integrierte Versorgung*

§ 92 b Integrierte Versorgung

(1) Die Pflegekassen können mit zugelassenen Pflegeeinrichtungen und den weiteren Vertragspartnern nach § 140 a Absatz 3 Satz 1 des Fünften Buches Verträge zur integrierten Versorgung schließen oder derartigen Verträgen mit Zustimmung der Vertragspartner beitreten.

(2) [1]In den Verträgen nach Absatz 1 ist das Nähere über Art, Inhalt und Umfang der zu erbringenden Leistungen der integrierten Versorgung sowie deren Vergütung zu regeln. [2]Diese Verträge können von den Vorschriften der §§ 75, 85 und 89 abweichende Regelungen treffen, wenn sie dem Sinn und der Eigenart der integrierten Versorgung entsprechen, die Qualität, die Wirksamkeit und die Wirtschaft-

lichkeit der Versorgung durch die Pflegeeinrichtungen verbessern oder aus sonstigen Gründen zur Durchführung der integrierten Versorgung erforderlich sind. [3]In den Pflegevergütungen dürfen keine Aufwendungen berücksichtigt werden, die nicht der Finanzierungszuständigkeit der sozialen Pflegeversicherung unterliegen. [4]Soweit Pflegeeinrichtungen durch die integrierte Versorgung Mehraufwendungen für Pflegeleistungen entstehen, vereinbaren die Beteiligten leistungsgerechte Zuschläge zu den Pflegevergütungen (§§ 85 und 89). [5]§ 140 a Absatz 2 Satz 1 bis 3 des Fünften Buches gilt für Leistungsansprüche der Pflegeversicherten gegenüber ihrer Pflegekasse entsprechend.

(3) § 140 a Absatz 4 des Fünften Buches gilt für die Teilnahme der Pflegeversicherten an den integrierten Versorgungsformen entsprechend.

Sechster Abschnitt Übergangsregelung für die stationäre Pflege[272]

§ 92 c Neuverhandlung der Pflegesätze

[1]Die ab dem 1. Januar 2016 geltenden Pflegesatzvereinbarungen der zugelassenen Pflegeheime gelten bis zum 31. Dezember 2016 weiter. [2]Gleiches gilt für Pflegesatzvereinbarungen, die neu auf Grundlage des § 84 Absatz 2 in der am 1. Januar 2016 geltenden Fassung abgeschlossen werden. [3]Für den vorgesehenen Übergang ab dem 1. Januar 2017 sind von den Vereinbarungspartnern nach § 85 für die Pflegeheime neue Pflegesätze im Hinblick auf die neuen fünf Pflegegrade zu vereinbaren. [4]Davon ausgehend sind in der vollstationären Pflege für die Pflegegrade 2 bis 5 einrichtungseinheitliche Eigenanteile zu ermitteln. [5]Dabei kann insbesondere die Pflegesatzkommission nach § 86 das Nähere für ein vereinfachtes Verfahren unter Einbezug eines angemessenen Zuschlags für die voraussichtlichen Kostensteigerungsraten bestimmen. [6]§ 85 Absatz 3 bis 7 gilt entsprechend.

§ 92 d Alternative Überleitung der Pflegesätze

Sofern bis zu drei Monate vor dem 1. Januar 2017 für das Pflegeheim keine neue Vereinbarung nach § 92 c geschlossen wurde, werden die vereinbarten Pflegesätze durch übergeleitete Pflegesätze abgelöst, die nach § 92 e zu ermitteln sind.

§ 92 e Verfahren für die Umrechnung

(1) Grundlage für die Ermittlung der ab dem 1. Januar 2017 zu zahlenden Pflegesätze nach § 92 d ist der Gesamtbetrag der Pflegesätze, die dem Pflegeheim am 30. September 2016 zustehen, hochgerechnet auf einen Kalendermonat für Pflegebedürftige der Pflegestufen I bis III sowie Bewohner ohne Pflegestufe, aber mit erheblich eingeschränkter Alltagskompetenz.

(2) [1]Der Gesamtbetrag nach Absatz 1 ist in die Pflegegrade 2 bis 5 umzurechnen. [2]Die übergeleiteten Pflegesätze ergeben sich als Summe aus dem Leistungsbetrag nach § 43 und dem in allen Pflegegraden gleich hohen Eigenanteil (Zuzahlungsbetrag). [3]Der einheitliche Eigenanteil ermittelt sich dann wie folgt:

$$EA = (\Sigma\, PS - PBPG2 \times LBPG2 - PBPG3 \times LBPG3 - PBPG4 \times LBPG4 - PBPG5 \times LBPG5)$$

dividiert durch PB (PG2 – PG5).

[4]Dabei sind:

1. *EA = der ab dem Tag der Umstellung geltende einheitliche Eigenanteil,*
2. *Σ PS = Gesamtbetrag der Pflegesätze (PS) nach Absatz 1,*
3. *PBPG2 = Zahl der Pflegebedürftigen in Pflegegrad 2 entsprechend der Überleitungsvorschrift des § 140 in der ab dem 1. Januar 2017 geltenden Fassung am 30. September 2016,*
4. *PBPG3 = Zahl der Pflegebedürftigen in Pflegegrad 3 entsprechend der Überleitungsvorschrift des § 140 in der ab dem 1. Januar 2017 geltenden Fassung am 30. September 2016,*
5. *PBPG4 = Zahl der Pflegebedürftigen in Pflegegrad 4 entsprechend der Überleitungsvorschrift des § 140 in der ab dem 1. Januar 2017 geltenden Fassung am 30. September 2016,*

272 MWv 30.6.2017 tritt Abschnitt 6 (§§ 92 c bis 92 f) außer Kraft.

6. *PBPG5 = Zahl der Pflegebedürftigen in Pflegegrad 5 entsprechend der Überleitungsvorschrift des § 140 in der ab dem 1. Januar 2017 geltenden Fassung am 30. September 2016,*
7. *PB (PG2 – PG5) = Zahl der Pflegebedürftigen in Pflegegrad 2 bis 5 entsprechend der Überleitungsvorschrift des § 140 in der ab dem 1. Januar 2017 geltenden Fassung am 30. September 2016,*
8. *LBPG2 = vollstationärer Leistungsbetrag in Pflegegrad 2,*
9. *LBPG3 = vollstationärer Leistungsbetrag in Pflegegrad 3,*
10. *LBPG4 = vollstationärer Leistungsbetrag in Pflegegrad 4 sowie*
11. *LBPG5 = vollstationärer Leistungsbetrag in Pflegegrad 5.*

(3) [1]Für den teilstationären Bereich ergeben sich abweichend von Absatz 2 die übergeleiteten Pflegesätze wie folgt:

PSPG2 = Σ PS dividiert durch (PBPG2 + PBPG3 x 1,2 + PBPG4 x 1,4 + PBPG5 x 1,5).

[2]Dabei ist

PSPG2 = der teilstationäre Pflegesatz in Pflegegrad 2.

[3]Es gilt

1. *der Pflegesatz in Pflegegrad 3 entspricht dem 1,2-Fachen des Pflegesatzes in Pflegegrad 2,*
2. *der Pflegesatz in Pflegegrad 4 entspricht dem 1,4-Fachen des Pflegesatzes in Pflegegrad 2,*
3. *der Pflegesatz in Pflegegrad 5 entspricht dem 1,5-Fachen des Pflegesatzes in Pflegegrad 2.*

(4) Der Pflegesatz für den Pflegegrad 1 beträgt bis zur Ablösung durch eine neue Pflegesatzvereinbarung 78 Prozent des Pflegesatzes für den Pflegegrad 2.

§ 92f Pflichten der Beteiligten

(1) [1]Das Pflegeheim teilt den nach § 85 Absatz 2 als Parteien der Pflegesatzvereinbarung beteiligten Kostenträgern bis spätestens zum 31. Oktober 2016 die von ihm nach § 92e Absatz 2 bis 4 ermittelten Pflegesätze in den Pflegegraden 1 bis 5 zusammen mit folgenden Angaben mit:

1. *die bisherigen Pflegesätze,*
2. *die Aufteilung der maßgeblichen Heimbewohnerzahl entsprechend ihrer bisherigen Einstufung und der Angabe zum Vorliegen einer erheblich eingeschränkten Alltagskompetenz sowie*
3. *den Stichtagsbetrag nach § 92e Absatz 1.*

[2]Diese Angaben sind durch geeignete Unterlagen zu belegen. [3]Es genügt die Mitteilung an eine als Vertragspartei beteiligte Pflegekasse; diese stellt die unverzügliche Weiterleitung der Mitteilung an die übrigen als Vertragsparteien beteiligten Kostenträger sowie an die Landesverbände der Pflegekassen sicher.

(2) [1]Über Beanstandungen der von dem Pflegeheim nach Absatz 1 übermittelten Angaben befinden die Parteien nach § 85 Absatz 2 unverzüglich mit Mehrheit. [2]Sofern an die Pflegekassen als Vertragspartei keine Mitteilung innerhalb der Frist erfolgt, sind diese zu einer Schätzung berechtigt und informieren darüber unverzüglich das Pflegeheim.

(3) [1]Abweichend von § 9 Absatz 2 des Wohn- und Betreuungsvertragsgesetzes sind die Heimbewohner vom Pflegeheim spätestens bis zum 30. November 2016 über die danach geltenden Pflegesätze nach § 92e, bei vollstationärer Pflege einschließlich des einrichtungseinheitlichen Eigenanteiles, schriftlich zu informieren. [2]Auf den Besitzstandsschutz nach § 141 in der ab dem 1. Januar 2017 geltenden Fassung ist hinzuweisen.]

Neuntes Kapitel Datenschutz und Statistik

Erster Abschnitt Informationsgrundlagen

Erster Titel Grundsätze der Datenverwendung

§ 93 Anzuwendende Vorschriften

Für den Schutz personenbezogener Daten bei der Erhebung, Verarbeitung und Nutzung in der Pflegeversicherung gelten der § 35 des Ersten Buches, die §§ 67 bis 85 des Zehnten Buches sowie die Vorschriften dieses Buches.

§ 94 Personenbezogene Daten bei den Pflegekassen

(1) Die Pflegekassen dürfen personenbezogene Daten für Zwecke der Pflegeversicherung nur erheben, verarbeiten und nutzen, soweit dies für:

1. die Feststellung des Versicherungsverhältnisses (§§ 20 bis 26) und der Mitgliedschaft (§ 49),
2. die Feststellung der Beitragspflicht und der Beiträge, deren Tragung und Zahlung (§§ 54 bis 61),
3. die Prüfung der Leistungspflicht und die Gewährung von Leistungen an Versicherte [bis 31.12.2016: (§§ 4 und 28)] [ab 1.1.2017: (§§ 4, 28 und 28 a)] sowie die Durchführung von Erstattungs- und Ersatzansprüchen,
4. die Beteiligung des Medizinischen Dienstes (§§ 18 und 40),
5. die Abrechnung mit den Leistungserbringern und die Kostenerstattung (§§ 84 bis 91 und 105),
6. die Überwachung der Wirtschaftlichkeit und der Qualität der Leistungserbringung (§§ 79, 112, 113, 114, 114 a, 115 und 117),

6a. den Abschluss und die Durchführung von Pflegesatzvereinbarungen (§§ 85, 86), Vergütungsvereinbarungen (§ 89) sowie Verträgen zur integrierten Versorgung (§ 92 b),

7. die [bis 31.12.2015: Beratung] [ab 1.1.2016: *Aufklärung und Auskunft*] über Leistungen der Prävention und Teilhabe sowie über die Leistungen und Hilfen zur Pflege [ab 1.1.2016: *sowie deren Erbringer*] (§ 7),
8. die Koordinierung pflegerischer Hilfen (§ 12), die Pflegeberatung (§ 7 a), das Ausstellen von Beratungsgutscheinen (§ 7 b) sowie die Wahrnehmung der Aufgaben in den Pflegestützpunkten (§ 92 c [ab 1.1.2016: *7 c*]),
9. die Abrechnung mit anderen Leistungsträgern,
10. statistische Zwecke (§ 109),
11. die Unterstützung der Versicherten bei der Verfolgung von Schadensersatzansprüchen (§ 115 Abs. 3 Satz 7).[273]

erforderlich ist.

(2) [1]Die nach Absatz 1 erhobenen und gespeicherten personenbezogenen Daten dürfen für andere Zwecke nur verarbeitet oder genutzt werden, soweit dies durch Rechtsvorschriften des Sozialgesetzbuches angeordnet oder erlaubt ist. [2]Auf Ersuchen des Betreuungsgerichts hat die Pflegekasse diesem zu dem in § 282 Abs. 1 des Gesetzes über das Verfahren in Familiensachen und in den Angelegenheiten der freiwilligen Gerichtsbarkeit genannten Zweck das nach § 18 zur Feststellung der Pflegebedürftigkeit erstellte Gutachten einschließlich der Befunde des Medizinischen Dienstes der Krankenversicherung zu übermitteln.

(3) Versicherungs- und Leistungsdaten der für Aufgaben der Pflegekasse eingesetzten Beschäftigten einschließlich der Daten ihrer mitversicherten Angehörigen dürfen Personen, die kasseninterne Personalentscheidungen treffen oder daran mitwirken können, weder zugänglich sein noch diesen Personen von Zugriffsberechtigten offenbart werden.

273 Zeichensetzung amtlich.

§ 95 Personenbezogene Daten bei den Verbänden der Pflegekassen

(1) Die Verbände der Pflegekassen dürfen personenbezogene Daten für Zwecke der Pflegeversicherung nur erheben, verarbeiten und nutzen, soweit diese für:

1. die Überwachung der Wirtschaftlichkeit und der Qualitätssicherung der Leistungserbringung (§§ 79, 112, 113, 114, 114 a, 115 und 117),

   1 a. die Information über die Erbringer von Leistungen der Prävention, Teilhabe sowie von Leistungen und Hilfen zur Pflege (§ 7),

2. den Abschluss und die Durchführung von Versorgungsverträgen (§§ 72 bis 74), Pflegesatzvereinbarungen (§§ 85, 86), Vergütungsvereinbarungen (§ 89) sowie Verträgen zur integrierten Versorgung (§ 92 b),
3. die Wahrnehmung der ihnen nach §§ 52 und 53 zugewiesenen Aufgaben,
4. die Unterstützung der Versicherten bei der Verfolgung von Schadensersatzansprüchen (§ 115 Abs. 3 Satz 7).[274]

erforderlich sind.

(2) § 94 Abs. 2 und 3 gilt entsprechend.

§ 96 Gemeinsame Verarbeitung und Nutzung personenbezogener Daten

(1) [1]Die Pflegekassen und die Krankenkassen dürfen personenbezogene Daten, die zur Erfüllung gesetzlicher Aufgaben jeder Stelle erforderlich sind, gemeinsam verarbeiten und nutzen. [2]Insoweit findet § 76 des Zehnten Buches im Verhältnis zwischen der Pflegekasse und der Krankenkasse, bei der sie errichtet ist (§ 46), keine Anwendung.

(2) § 286 des Fünften Buches gilt für die Pflegekassen entsprechend.

(3) Die Absätze 1 und 2 gelten entsprechend für die Verbände der Pflege- und Krankenkassen.

§ 97 Personenbezogene Daten beim Medizinischen Dienst

(1) [1]Der Medizinische Dienst darf personenbezogene Daten für Zwecke der Pflegeversicherung nur erheben, verarbeiten und nutzen, soweit dies für die Prüfungen, Beratungen und gutachtlichen Stellungnahmen nach den §§ 18, *38 a,* 40, 112, 113, 114, 114 a, 115 und 117 erforderlich ist. [2]Die Daten dürfen für andere Zwecke nur verarbeitet und genutzt werden, soweit dies durch Rechtsvorschriften des Sozialgesetzbuches angeordnet oder erlaubt ist.

(2) Der Medizinische Dienst darf personenbezogene Daten, die er für die Aufgabenerfüllung nach dem Fünften oder Elften Buch erhebt, verarbeitet oder nutzt, auch für die Aufgaben des jeweils anderen Buches verarbeiten oder nutzen, wenn ohne die vorhandenen Daten diese Aufgaben nicht ordnungsgemäß erfüllt werden können.

(3) [1]Die personenbezogenen Daten sind nach fünf Jahren zu löschen. [2]§ 96 Abs. 2, § 98 und § 107 Abs. 1 Satz 2 und 3 und Abs. 2 gelten für den Medizinischen Dienst entsprechend. [3]Der Medizinische Dienst hat Sozialdaten zur Identifikation des Versicherten getrennt von den medizinischen Sozialdaten des Versicherten zu speichern. [4]Durch technische und organisatorische Maßnahmen ist sicherzustellen, dass die Sozialdaten nur den Personen zugänglich sind, die sie zur Erfüllung ihrer Aufgaben benötigen. [5]Der Schlüssel für die Zusammenführung der Daten ist vom Beauftragten für den Datenschutz des Medizinischen Dienstes aufzubewahren und darf anderen Personen nicht zugänglich gemacht werden. [6]Jede Zusammenführung ist zu protokollieren.

(4) Für das Akteneinsichtsrecht des Versicherten gilt § 25 des Zehnten Buches entsprechend.

§ 97 a Qualitätssicherung durch Sachverständige und Prüfstellen

(1) [1]Von den Landesverbänden der Pflegekassen bestellte sonstige Sachverständige (§ 114 Abs. 1 Satz 1) sowie Sachverständige und Prüfinstitutionen im Sinne des § 114 Abs. 4 Satz 2 sind berechtigt,

274 Zeichensetzung amtlich.

für Zwecke der Qualitätssicherung und -prüfung Daten nach den §§ 112, 113, 114, 114 a, 115 und 117 zu erheben, zu verarbeiten und zu nutzen; sie dürfen die Daten an die Pflegekassen und deren Verbände sowie an die in den §§ 112, 114, 114 a, 115 und 117 genannten Stellen übermitteln, soweit dies zur Erfüllung der gesetzlichen Aufgaben auf dem Gebiet der Qualitätssicherung und Qualitätsprüfung dieser Stellen erforderlich ist. [2]Die Daten sind vertraulich zu behandeln.

(2) § 107 gilt entsprechend.

§ 97 b Personenbezogene Daten bei den nach heimrechtlichen Vorschriften zuständigen Aufsichtsbehörden und den Trägern der Sozialhilfe

Die nach heimrechtlichen Vorschriften zuständigen Aufsichtsbehörden und die zuständigen Träger der Sozialhilfe sind berechtigt, die für Zwecke der Pflegeversicherung nach den §§ 112, 113, 114, 114 a, 115 und 117 erhobenen personenbezogenen Daten zu verarbeiten und zu nutzen, soweit dies zur Erfüllung ihrer gesetzlichen Aufgaben erforderlich ist; § 107 findet entsprechende Anwendung.

§ 97 c Qualitätssicherung durch den Prüfdienst des Verbandes der privaten Krankenversicherung e.V.

[1]Bei Wahrnehmung der Aufgaben auf dem Gebiet der Qualitätssicherung und Qualitätsprüfung im Sinne dieses Buches durch den Prüfdienst des Verbandes der privaten Krankenversicherung e.V. gilt der Prüfdienst als Stelle im Sinne des § 35 Absatz 1 Satz 1 des Ersten Buches. [2]Die §§ 97 und 97 a gelten entsprechend.

§ 97 d Begutachtung durch unabhängige Gutachter

(1) [1]Von den Pflegekassen gemäß § 18 Absatz 1 Satz 1 beauftragte unabhängige Gutachter sind berechtigt, personenbezogene Daten des Antragstellers zu erheben, zu verarbeiten und zu nutzen, soweit dies für die Zwecke der Begutachtung gemäß § 18 erforderlich ist. [2]Die Daten sind vertraulich zu behandeln. [3]Durch technische und organisatorische Maßnahmen ist sicherzustellen, dass die Daten nur den Personen zugänglich sind, die sie zur Erfüllung des dem Gutachter von den Pflegekassen nach § 18 Absatz 1 Satz 1 erteilten Auftrags benötigen.

(2) [1]Die unabhängigen Gutachter dürfen das Ergebnis der Prüfung zur Feststellung der Pflegebedürftigkeit sowie die Rehabilitationsempfehlung gemäß § 18 an die sie beauftragende Pflegekasse übermitteln, soweit dies zur Erfüllung der gesetzlichen Aufgaben der Pflegekasse erforderlich ist; § 35 des Ersten Buches gilt entsprechend. [2]Dabei ist sicherzustellen, dass das Ergebnis der Prüfung zur Feststellung der Pflegebedürftigkeit sowie die Rehabilitationsempfehlung nur den Personen zugänglich gemacht werden, die sie zur Erfüllung ihrer Aufgaben benötigen.

(3) [1]Die personenbezogenen Daten sind nach fünf Jahren zu löschen. [2]§ 107 Absatz 1 Satz 2 gilt entsprechend.

§ 98 Forschungsvorhaben

(1) Die Pflegekassen dürfen mit der Erlaubnis der Aufsichtsbehörde die Datenbestände leistungserbringer- und fallbeziehbar für zeitlich befristete und im Umfang begrenzte Forschungsvorhaben selbst auswerten und zur Durchführung eines Forschungsvorhabens über die sich aus § 107 ergebenden Fristen hinaus aufbewahren.

(2) Personenbezogene Daten sind zu anonymisieren.

Zweiter Titel Informationsgrundlagen der Pflegekassen

§ 99 Versichertenverzeichnis

[1]Die Pflegekasse hat ein Versichertenverzeichnis zu führen. [2]Sie hat in das Versichertenverzeichnis alle Angaben einzutragen, die zur Feststellung der Versicherungspflicht oder -berechtigung und des An-

spruchs auf Familienversicherung, zur Bemessung und Einziehung der Beiträge sowie zur Feststellung des Leistungsanspruchs erforderlich sind.

§ 100 Nachweispflicht bei Familienversicherung

Die Pflegekasse kann die für den Nachweis einer Familienversicherung (§ 25) erforderlichen Daten vom Angehörigen oder mit dessen Zustimmung vom Mitglied erheben.

§ 101 Pflegeversichertennummer

[1]Die Pflegekasse verwendet für jeden Versicherten eine Versichertennummer, die mit der Krankenversichertennummer ganz oder teilweise übereinstimmen darf. [2]Bei der Vergabe der Nummer für Versicherte nach § 25 ist sicherzustellen, daß der Bezug zu dem Angehörigen, der Mitglied ist, hergestellt werden kann.

§ 102 Angaben über Leistungsvoraussetzungen

[1]Die Pflegekasse hat Angaben über Leistungen, die zur Prüfung der Voraussetzungen späterer Leistungsgewährung erforderlich sind, aufzuzeichnen. [2]Hierzu gehören insbesondere Angaben zur Feststellung der Voraussetzungen von Leistungsansprüchen und zur Leistung von Zuschüssen.

§ 103 Kennzeichen für Leistungsträger und Leistungserbringer

(1) Die Pflegekassen, die anderen Träger der Sozialversicherung und die Vertragspartner der Pflegekassen einschließlich deren Mitglieder verwenden im Schriftverkehr und für Abrechnungszwecke untereinander bundeseinheitliche Kennzeichen.

(2) § 293 Abs. 2 und 3 des Fünften Buches gilt entsprechend.

Zweiter Abschnitt Übermittlung von Leistungsdaten

§ 104 Pflichten der Leistungserbringer

(1) Die Leistungserbringer sind berechtigt und verpflichtet:

1. im Falle der Überprüfung der Notwendigkeit von Pflegehilfsmitteln (§ 40 Abs. 1),
2. im Falle eines Prüfverfahrens, soweit die Wirtschaftlichkeit oder die Qualität der Leistungen im Einzelfall zu beurteilen sind (§§ 79, 112, 113, 114, 114 a, 115 und 117),

2a. im Falle des Abschlusses und der Durchführung von Versorgungsverträgen (§§ 72 bis 74), Pflegesatzvereinbarungen (§§ 85, 86), Vergütungsvereinbarungen (§ 89) sowie Verträgen zur integrierten Versorgung (§ 92 b),

3. im Falle der Abrechnung pflegerischer Leistungen (§ 105)

die für die Erfüllung der Aufgaben der Pflegekassen und ihrer Verbände erforderlichen Angaben aufzuzeichnen und den Pflegekassen sowie den Verbänden oder den mit der Datenverarbeitung beauftragten Stellen zu übermitteln.

(2) Soweit dies für die in Absatz 1 Nr. 2 und 2 a genannten Zwecke erforderlich ist, sind die Leistungserbringer berechtigt, die personenbezogenen Daten auch an die Medizinischen Dienste und die in den §§ 112, 113, 114, 114 a, 115 und 117 genannten Stellen zu übermitteln.

(3) Trägervereinigungen dürfen personenbezogene Daten verarbeiten und nutzen, soweit dies für ihre Beteiligung an Qualitätsprüfungen oder Maßnahmen der Qualitätssicherung nach diesem Buch erforderlich ist.

§ 105 Abrechnung pflegerischer Leistungen

(1) [1]Die an der Pflegeversorgung teilnehmenden Leistungserbringer sind verpflichtet,

1. in den Abrechnungsunterlagen die von ihnen erbrachten Leistungen nach Art, Menge und Preis einschließlich des Tages und der Zeit der Leistungserbringung aufzuzeichnen,
2. in den Abrechnungsunterlagen ihr Kennzeichen (§ 103) sowie die Versichertennummer des Pflegebedürftigen anzugeben,
3. bei der Abrechnung über die Abgabe von Hilfsmitteln die Bezeichnungen des Hilfsmittelverzeichnisses nach § 78 zu verwenden.

[2]Vom 1. Januar 1996 an sind maschinenlesbare Abrechnungsunterlagen zu verwenden.

(2) [1]Das Nähere über Form und Inhalt der Abrechnungsunterlagen sowie Einzelheiten des Datenträgeraustausches werden vom Spitzenverband Bund der Pflegekassen im Einvernehmen mit den Verbänden der Leistungserbringer festgelegt. [2]§ 302 Absatz 2 Satz 2 und 3 des Fünften Buches gilt entsprechend.

§ 106 Abweichende Vereinbarungen

Die Landesverbände der Pflegekassen (§ 52) können mit den Leistungserbringern oder ihren Verbänden vereinbaren, daß

1. der Umfang der zu übermittelnden Abrechnungsbelege eingeschränkt,
2. bei der Abrechnung von Leistungen von einzelnen Angaben ganz oder teilweise abgesehen

wird, wenn dadurch eine ordnungsgemäße Abrechnung und die Erfüllung der gesetzlichen Aufgaben der Pflegekassen nicht gefährdet werden.

§ 106 a Mitteilungspflichten

[1]Zugelassene Pflegeeinrichtungen, anerkannte Beratungsstellen sowie beauftragte Pflegefachkräfte, die Pflegeeinsätze nach § 37 Abs. 3 durchführen, sind mit Einverständnis des Versicherten berechtigt und verpflichtet, die für die Erfüllung der Aufgaben der Pflegekassen und der privaten Versicherungsunternehmen erforderlichen Angaben zur Qualität der Pflegesituation und zur Notwendigkeit einer Verbesserung den Pflegekassen und den privaten Versicherungsunternehmen zu übermitteln. [2]Das Formular nach § 37 Abs. 4 Satz 2 wird unter Beteiligung des Bundesbeauftragten für den Datenschutz und die Informationsfreiheit und des Bundesministeriums für Gesundheit erstellt.

Dritter Abschnitt Datenlöschung, Auskunftspflicht

§ 107 Löschen von Daten

(1) [1]Für das Löschen der für Aufgaben der Pflegekassen und ihrer Verbände gespeicherten personenbezogenen Daten gilt § 84 des Zehnten Buches entsprechend mit der Maßgabe, daß

1. die Daten nach § 102 spätestens nach Ablauf von zehn Jahren,
2. sonstige Daten aus der Abrechnung pflegerischer Leistungen (§ 105), aus Wirtschaftlichkeitsprüfungen (§ 79), aus Prüfungen zur Qualitätssicherung (§§ 112, 113, 114, 114 a, 115 und 117) und aus dem Abschluss oder der Durchführung von Verträgen (§§ 72 bis 74, 85, 86 oder 89) spätestens nach zwei Jahren

zu löschen sind. [2]Die Fristen beginnen mit dem Ende des Geschäftsjahres, in dem die Leistungen gewährt oder abgerechnet wurden. [3]Die Pflegekassen können für Zwecke der Pflegeversicherung Leistungsdaten länger aufbewahren, wenn sichergestellt ist, daß ein Bezug zu natürlichen Personen nicht mehr herstellbar ist.

(2) Im Falle des Wechsels der Pflegekasse ist die bisher zuständige Pflegekasse verpflichtet, auf Verlangen die für die Fortführung der Versicherung erforderlichen Angaben nach den §§ 99 und 102 der neuen Pflegekasse mitzuteilen.

§ 108 Auskünfte an Versicherte

[1]Die Pflegekassen unterrichten die Versicherten auf deren Antrag über die *in einem Zeitraum von mindestens 18 Monaten vor Antragstellung* in Anspruch genommenen Leistungen und deren Kosten. [2]Eine Mitteilung an die Leistungserbringer über die Unterrichtung des Versicherten ist nicht zulässig. [3]Die Pflegekassen können in ihren Satzungen das Nähere über das Verfahren der Unterrichtung regeln.

Vierter Abschnitt Statistik

§ 109 Pflegestatistiken

(1) [1]Die Bundesregierung wird ermächtigt, für Zwecke dieses Buches durch Rechtsverordnung mit Zustimmung des Bundesrates jährliche Erhebungen über ambulante und stationäre Pflegeeinrichtungen sowie über die häusliche Pflege als Bundesstatistik anzuordnen. [2]Die Bundesstatistik kann folgende Sachverhalte umfassen:

1. Art der Pflegeeinrichtung und der Trägerschaft,
2. Art des Leistungsträgers und des privaten Versicherungsunternehmens,
3. in der ambulanten und stationären Pflege tätige Personen nach Geschlecht, Geburtsjahr, Beschäftigungsverhältnis, Tätigkeitsbereich, Dienststellung, Berufsabschluß auf Grund einer Ausbildung, Weiterbildung oder Umschulung, zusätzlich bei Auszubildenden und Umschülern Art der Ausbildung und Ausbildungsjahr, Beginn und Ende der Pflegetätigkeit,
4. sachliche Ausstattung und organisatorische Einheiten der Pflegeeinrichtung, Ausbildungsstätten an Pflegeeinrichtungen,
5. betreute Pflegebedürftige [und Personen mit erheblich eingeschränkter Alltagskompetenz — ab 1.1.2017 gestrichen] nach Geschlecht, Geburtsjahr, Wohnort, Art, Ursache, Grad und Dauer der Pflegebedürftigkeit, Art des Versicherungsverhältnisses,
6. in Anspruch genommene Pflegeleistungen nach Art, Dauer und Häufigkeit sowie nach Art des Kostenträgers,
7. Kosten der Pflegeeinrichtungen nach Kostenarten sowie Erlöse nach Art, Höhe und Kostenträgern.

[3]Auskunftspflichtig sind die Träger der Pflegeeinrichtungen, die Träger der Pflegeversicherung sowie die privaten Versicherungsunternehmen gegenüber den statistischen Ämtern der Länder; die Rechtsverordnung kann Ausnahmen von der Auskunftspflicht vorsehen.

(2) [1]Die Bundesregierung wird ermächtigt, für Zwecke dieses Buches durch Rechtsverordnung mit Zustimmung des Bundesrates jährliche Erhebungen über die Situation Pflegebedürftiger und ehrenamtlich Pflegender als Bundesstatistik anzuordnen. [2]Die Bundesstatistik kann folgende Sachverhalte umfassen:

1. Ursachen von Pflegebedürftigkeit,
2. Pflege- und Betreuungsbedarf der Pflegebedürftigen,
3. Pflege- und Betreuungsleistungen durch Pflegefachkräfte, Angehörige und ehrenamtliche Helfer [ab 1.1.2017: sowie Angebote zur Unterstützung im Alltag],
4. Leistungen zur Prävention und Teilhabe,
5. Maßnahmen zur Erhaltung und Verbesserung der Pflegequalität,
6. Bedarf an Pflegehilfsmitteln und technischen Hilfen,
7. Maßnahmen zur Verbesserung des Wohnumfeldes.

[3]Auskunftspflichtig ist der Medizinische Dienst gegenüber den statistischen Ämtern der Länder; Absatz 1 Satz 3 zweiter Halbsatz gilt entsprechend.

(3) [1]Die nach Absatz 1 Satz 3 und Absatz 2 Satz 3 Auskunftspflichtigen teilen die von der jeweiligen Statistik umfaßten Sachverhalte gleichzeitig den für die Planung und Investitionsfinanzierung der Pflegeeinrichtungen zuständigen Landesbehörden mit. [2]Die Befugnis der Länder, zusätzliche, von den Absätzen 1 und 2 nicht erfaßte Erhebungen über Sachverhalte des Pflegewesens als Landesstatistik anzuordnen, bleibt unberührt.

(4) Daten der Pflegebedürftigen, der in der Pflege tätigen Personen, der Angehörigen und ehrenamtlichen Helfer dürfen für Zwecke der Bundesstatistik nur in anonymisierter Form an die statistischen Ämter der Länder übermittelt werden.

(5) Die Statistiken nach den Absätzen 1 und 2 sind für die Bereiche der ambulanten Pflege und der Kurzzeitpflege erstmals im Jahr 1996 für das Jahr 1995 vorzulegen, für den Bereich der stationären Pflege im Jahr 1998 für das Jahr 1997.

Zehntes Kapitel Private Pflegeversicherung

§ 110 Regelungen für die private Pflegeversicherung

(1) Um sicherzustellen, daß die Belange der Personen, die nach § 23 zum Abschluß eines Pflegeversicherungsvertrages bei einem privaten Krankenversicherungsunternehmen verpflichtet sind, ausreichend gewahrt werden und daß die Verträge auf Dauer erfüllbar bleiben, ohne die Interessen der Versicherten anderer Tarife zu vernachlässigen, werden die im Geltungsbereich dieses Gesetzes zum Betrieb der Pflegeversicherung befugten privaten Krankenversicherungsunternehmen verpflichtet,

1. mit allen in § 22 und § 23 Abs. 1, 3 und 4 genannten versicherungspflichtigen Personen auf Antrag einen Versicherungsvertrag abzuschließen, der einen Versicherungsschutz in dem in § 23 Abs. 1 und 3 festgelegten Umfang vorsieht (Kontrahierungszwang); dies gilt auch für das nach § 23 Abs. 2 gewählte Versicherungsunternehmen,
2. in den Verträgen, die Versicherungspflichtige in dem nach § 23 Abs. 1 und 3 vorgeschriebenen Umfang abschließen,
   a) keinen Ausschluß von Vorerkrankungen der Versicherten,
   b) keinen Ausschluß bereits pflegebedürftiger Personen,
   c) keine längeren Wartezeiten als in der sozialen Pflegeversicherung (§ 33 Abs. 2),
   d) keine Staffelung der Prämien nach Geschlecht und Gesundheitszustand der Versicherten,
   e) keine Prämienhöhe, die den Höchstbeitrag der sozialen Pflegeversicherung übersteigt, bei Personen, die nach § 23 Abs. 3 einen Teilkostentarif abgeschlossen haben, keine Prämienhöhe, die 50 vom Hundert des Höchstbeitrages der sozialen Pflegeversicherung übersteigt,
   f) die beitragsfreie Mitversicherung der Kinder des Versicherungsnehmers unter denselben Voraussetzungen, wie in § 25 festgelegt,
   g) für Ehegatten oder Lebenspartner ab dem Zeitpunkt des Nachweises der zur Inanspruchnahme der Beitragsermäßigung berechtigenden Umstände keine Prämie in Höhe von mehr als 150 vom Hundert des Höchstbeitrages der sozialen Pflegeversicherung, wenn ein Ehegatte oder ein Lebenspartner kein Gesamteinkommen hat, das die in § 25 Abs. 1 Satz 1 Nr. 5 genannten Einkommensgrenzen überschreitet,

   vorzusehen.

(2) [1]Die in Absatz 1 genannten Bedingungen gelten für Versicherungsverträge, die mit Personen abgeschlossen werden, die zum Zeitpunkt des Inkrafttretens dieses Gesetzes Mitglied bei einem privaten Krankenversicherungsunternehmen mit Anspruch auf allgemeine Krankenhausleistungen sind oder sich nach Artikel 41 des Pflege-Versicherungsgesetzes innerhalb von sechs Monaten nach Inkrafttreten dieses Gesetzes von der Versicherungspflicht in der sozialen Pflegeversicherung befreien lassen. [2]Die in Absatz 1 Nr. 1 und 2 Buchstabe a bis f genannten Bedingungen gelten auch für Verträge mit Personen, die im Basistarif nach § 152 des Versicherungsaufsichtsgesetzes versichert sind. [3]Für Personen, die im Basistarif nach § 152 des Versicherungsaufsichtsgesetzes versichert sind und deren Beitrag zur Krankenversicherung sich nach § 152 Absatz 4 Satz 1 oder 3 des Versicherungsaufsichtsgesetzes vermindert, darf der Beitrag 50 vom Hundert des sich nach Absatz 1 Nr. 2 Buchstabe e ergebenden Beitrags nicht übersteigen; die Beitragsbegrenzung für Ehegatten oder Lebenspartner nach Absatz 1 Nr. 2 Buchstabe g gilt für diese Versicherten nicht. [4]Für die Aufbringung der nach Satz 3 verminderten Beiträge gilt § 152 Absatz 4 Satz 2 oder 3 des Versicherungsaufsichtsgesetzes entsprechend; dabei gilt Satz 3 mit der Maßgabe, dass der zuständige Träger den Betrag zahlt, der auch für einen Bezieher von Arbeitslosengeld II in der sozialen Pflegeversicherung zu tragen ist. [5]Entsteht allein durch die Zahlung des Beitrags zur Pflegeversicherung nach Satz 2 Hilfebedürftigkeit im Sinne des Zweiten oder Zwölften Buches, gelten die Sätze 3 und 4 entsprechend; die Hilfebedürftigkeit ist vom zuständigen Träger nach dem Zweiten oder Zwölften Buch auf Antrag des Versicherten zu prüfen und zu bescheinigen.

(3) Für Versicherungsverträge, die mit Personen abgeschlossen werden, die erst nach Inkrafttreten dieses Gesetzes Mitglied eines privaten Krankenversicherungsunternehmens mit Anspruch auf allgemeine Krankenhausleistungen werden oder die der Versicherungspflicht nach § 193 Abs. 3 des Versicherungsvertragsgesetzes genügen, gelten, sofern sie in Erfüllung der Vorsorgepflicht nach § 22 Abs. 1 und § 23 Abs. 1, 3 und 4 geschlossen werden und Vertragsleistungen in dem in § 23 Abs. 1 und 3 festgelegten Umfang vorsehen, folgende Bedingungen:

1. Kontrahierungszwang,
2. kein Ausschluß von Vorerkrankungen der Versicherten,
3. keine Staffelung der Prämien nach Geschlecht,
4. keine längeren Wartezeiten als in der sozialen Pflegeversicherung,
5. für Versicherungsnehmer, die über eine Vorversicherungszeit von mindestens fünf Jahren in ihrer privaten Pflegeversicherung oder privaten Krankenversicherung verfügen, keine Prämienhöhe, die den Höchstbeitrag der sozialen Pflegeversicherung übersteigt; Absatz 1 Nr. 2 Buchstabe e gilt,
6. beitragsfreie Mitversicherung der Kinder des Versicherungsnehmers unter denselben Voraussetzungen, wie in § 25 festgelegt.

(4) Rücktritts- und Kündigungsrechte der Versicherungsunternehmen sind ausgeschlossen, solange der Kontrahierungszwang besteht.

(5) [1]Die Versicherungsunternehmen haben den Versicherten Akteneinsicht zu gewähren. [2]Sie haben die Berechtigten über das Recht auf Akteneinsicht zu informieren, wenn sie das Ergebnis einer Prüfung auf Pflegebedürftigkeit mitteilen. [3]§ 25 des Zehnten Buches gilt entsprechend.

§ 111 Risikoausgleich

(1) [1]Die Versicherungsunternehmen, die eine private Pflegeversicherung im Sinne dieses Buches betreiben, müssen sich zur dauerhaften Gewährleistung der Regelungen für die private Pflegeversicherung nach § 110 sowie zur Aufbringung der Fördermittel nach § 45 c am Ausgleich der Versicherungsrisiken beteiligen und dazu ein Ausgleichssystem schaffen und erhalten, dem sie angehören. [2]Das Ausgleichssystem muß einen dauerhaften, wirksamen Ausgleich der unterschiedlichen Belastungen gewährleisten; es darf den Marktzugang neuer Anbieter der privaten Pflegeversicherung nicht erschweren und muß diesen eine Beteiligung an dem Ausgleichssystem zu gleichen Bedingungen ermöglichen. [3]In diesem System werden die Beiträge ohne die Kosten auf der Basis gemeinsamer Kalkulationsgrundlagen einheitlich für alle Unternehmen, die eine private Pflegeversicherung betreiben, ermittelt.

(2) Die Errichtung, die Ausgestaltung, die Änderung und die Durchführung des Ausgleichs unterliegen der Aufsicht der Bundesanstalt für Finanzdienstleistungsaufsicht.

Elftes Kapitel Qualitätssicherung, Sonstige Regelungen zum Schutz der Pflegebedürftigen

§ 112 Qualitätsverantwortung

(1) [1]Die Träger der Pflegeeinrichtungen bleiben, unbeschadet des Sicherstellungsauftrags der Pflegekassen (§ 69), für die Qualität der Leistungen ihrer Einrichtungen einschließlich der Sicherung und Weiterentwicklung der Pflegequalität verantwortlich. [2]Maßstäbe für die Beurteilung der Leistungsfähigkeit einer Pflegeeinrichtung und die Qualität ihrer Leistungen sind die für sie verbindlichen Anforderungen in den Vereinbarungen nach § 113 sowie die vereinbarten Leistungs- und Qualitätsmerkmale (§ 84 Abs. 5).

(2) [1]Die zugelassenen Pflegeeinrichtungen sind verpflichtet, Maßnahmen der Qualitätssicherung sowie ein Qualitätsmanagement nach Maßgabe der Vereinbarungen nach § 113 durchzuführen, Expertenstandards nach § 113 a anzuwenden sowie bei Qualitätsprüfungen nach § 114 mitzuwirken. [2]Bei stationärer Pflege erstreckt sich die Qualitätssicherung neben den allgemeinen Pflegeleistungen auch auf die medizinische Behandlungspflege, die [soziale – ab 1.1.2017 gestrichen] Betreuung, die Leistungen bei Unterkunft und Verpflegung (§ 87) sowie auf die Zusatzleistungen (§ 88).

(3) Der Medizinische Dienst der Krankenversicherung und der Prüfdienst des Verbandes der privaten Krankenversicherung e.V. beraten die Pflegeeinrichtungen in Fragen der Qualitätssicherung mit dem

Ziel, Qualitätsmängeln rechtzeitig vorzubeugen und die Eigenverantwortung der Pflegeeinrichtungen und ihrer Träger für die Sicherung und Weiterentwicklung der Pflegequalität zu stärken.

§ 113 Maßstäbe und Grundsätze zur Sicherung und Weiterentwicklung der Pflegequalität

(1) [1]Der Spitzenverband Bund der Pflegekassen, die Bundesarbeitsgemeinschaft der überörtlichen Träger der Sozialhilfe, die kommunalen Spitzenverbände *auf Bundesebene* und die Vereinigungen der Träger der Pflegeeinrichtungen auf Bundesebene vereinbaren unter Beteiligung des Medizinischen Dienstes des Spitzenverbandes Bund der Krankenkassen, des Verbandes der privaten Krankenversicherung e.V., der Verbände der Pflegeberufe auf Bundesebene, der maßgeblichen Organisationen für die Wahrnehmung der Interessen und der Selbsthilfe der pflegebedürftigen und behinderten Menschen *nach Maßgabe von § 118* sowie unabhängiger Sachverständiger Maßstäbe und Grundsätze für die *Qualität, Qualitätssicherung und Qualitätsdarstellung* in der ambulanten und stationären Pflege sowie für die Entwicklung eines einrichtungsinternen Qualitätsmanagements, das auf eine stetige Sicherung und Weiterentwicklung der Pflegequalität ausgerichtet ist. [2]*In den Vereinbarungen sind insbesondere auch Anforderungen an eine praxistaugliche, den Pflegeprozess unterstützende und die Pflegequalität fördernde Pflegedokumentation zu regeln.* [3]*Die Anforderungen dürfen über ein für die Pflegeeinrichtungen vertretbares und wirtschaftliches Maß nicht hinausgehen und sollen den Aufwand für Pflegedokumentation in ein angemessenes Verhältnis zu den Aufgaben der pflegerischen Versorgung setzen.* [4]*Die Maßstäbe und Grundsätze für die stationäre Pflege sind bis zum 30. Juni 2017, die Maßstäbe und Grundsätze für die ambulante Pflege bis zum 30. Juni 2018 zu vereinbaren.* [5]*Soweit sich in den Pflegeeinrichtungen zeitliche Einsparungen ergeben, die Ergebnis der Weiterentwicklung der Pflegedokumentation auf Grundlage des pflegefachlichen Fortschritts durch neue, den Anforderungen nach Satz 2 entsprechende Pflegedokumentationsmodelle sind, führen diese nicht zu einer Absenkung der Pflegevergütung, sondern wirken der Arbeitsverdichtung entgegen.* [6]*Sie sind in regelmäßigen Abständen an den medizinisch-pflegefachlichen Fortschritt anzupassen.* [7]Die Vereinbarungen sind im Bundesanzeiger zu veröffentlichen und gelten vom ersten Tag des auf die Veröffentlichung folgenden Monats. [8]Sie sind für alle Pflegekassen und deren Verbände sowie für die zugelassenen Pflegeeinrichtungen unmittelbar verbindlich.

(1 a) [1]*In den Maßstäben und Grundsätzen für die stationäre Pflege nach Absatz 1 ist insbesondere das indikatorengestützte Verfahren zur vergleichenden Messung und Darstellung von Ergebnisqualität im stationären Bereich, das auf der Grundlage einer strukturierten Datenerhebung im Rahmen des internen Qualitätsmanagements eine Qualitätsberichterstattung und die externe Qualitätsprüfung ermöglicht, zu beschreiben.* [2]*Insbesondere sind die Indikatoren, das Datenerhebungsinstrument sowie die bundesweiten Verfahren für die Übermittlung, Auswertung und Bewertung der Daten sowie die von Externen durchzuführende Prüfung der Daten festzulegen.* [3]*Die datenschutzrechtlichen Bestimmungen sind zu beachten, insbesondere sind personenbezogene Daten von Versicherten vor der Übermittlung an die fachlich unabhängige Institution nach Absatz 1 b zu pseudonymisieren.* [4]*Eine Wiederherstellung des Personenbezugs durch die fachlich unabhängige Institution nach Absatz 1 b ist ausgeschlossen.* [5]*Ein Datenschutzkonzept ist mit den zuständigen Datenschutzaufsichtsbehörden abzustimmen.* [6]*Zur Sicherstellung der Wissenschaftlichkeit beschließen die Vertragsparteien nach Absatz 1 Satz 1 unverzüglich die Vergabe der Aufträge nach § 113 b Absatz 4 Satz 2 Nummer 1 und 2.*

(1 b) [1]*Die Vertragsparteien nach Absatz 1 Satz 1 beauftragen im Rahmen eines Vergabeverfahrens eine fachlich unabhängige Institution, die entsprechend den Festlegungen nach Absatz 1 a erhobenen Daten zusammenzuführen sowie leistungserbringerbeziehbar und fallbeziehbar nach Maßgabe von Absatz 1 a auszuwerten.* [2]*Zum Zweck der Prüfung der von den Pflegeeinrichtungen erbrachten Leistungen und deren Qualität nach den §§ 114 und 114 a sowie zum Zweck der Qualitätsdarstellung nach § 115 Absatz 1 a leitet die beauftragte Institution die Ergebnisse der nach Absatz 1 a ausgewerteten Daten an die Landesverbände der Pflegekassen und die von ihnen beauftragten Prüfinstitutionen und Sachverständigen weiter; diese dürfen die übermittelten Daten zu den genannten Zwecken verarbeiten und nutzen.* [3]*Die Vertragsparteien nach Absatz 1 Satz 1 vereinbaren diesbezüglich entsprechende Verfahren zur Weiterleitung der Daten.* [4]*Die datenschutzrechtlichen Bestimmungen sind jeweils zu beachten.*

(2) [1]Die Vereinbarungen nach Absatz 1 können von jeder Partei mit einer Frist von einem Jahr ganz oder teilweise gekündigt werden. [2]Nach Ablauf des Vereinbarungszeitraums oder der Kündigungsfrist gilt die Vereinbarung bis zum Abschluss einer neuen Vereinbarung weiter. [3]*Die am 1. Januar 2016 bestehenden Maßstäbe und Grundsätze zur Sicherung und Weiterentwicklung der Pflege gelten bis zum Abschluss der Vereinbarungen nach Absatz 1 fort.*

§ 113 a Expertenstandards zur Sicherung und Weiterentwicklung der Qualität in der Pflege

(1) [1]Die Vertragsparteien nach § 113 stellen die Entwicklung und Aktualisierung wissenschaftlich fundierter und fachlich abgestimmter Expertenstandards zur Sicherung und Weiterentwicklung der Qualität in der Pflege sicher. [2]Expertenstandards tragen für ihren Themenbereich zur Konkretisierung des allgemein anerkannten Standes der medizinisch-pflegerischen Erkenntnisse bei. [3]Dabei ist das Ziel, auch nach Eintritt der Pflegebedürftigkeit Leistungen zur Prävention und zur medizinischen Rehabilitation einzusetzen, zu berücksichtigen. [4]Der Medizinische Dienst des Spitzenverbandes Bund der Krankenkassen, der Verband der privaten Krankenversicherung e.V., die Verbände der Pflegeberufe auf Bundesebene sowie unabhängige Sachverständige sind zu beteiligen. [5]Sie *und die nach § 118 zu beteiligenden Organisationen für die Wahrnehmung der Interessen und der Selbsthilfe der pflegebedürftigen und behinderten Menschen* können vorschlagen, zu welchen Themen Expertenstandards entwickelt werden sollen. [6]Der Auftrag zur Entwicklung oder Aktualisierung und die Einführung von Expertenstandards erfolgen jeweils durch einen Beschluss der Vertragsparteien.

(2) [1]Die Vertragsparteien stellen die methodische und pflegefachliche Qualität des Verfahrens der Entwicklung und Aktualisierung von Expertenstandards und die Transparenz des Verfahrens sicher. [2]Die Anforderungen an die Entwicklung von Expertenstandards sind in einer Verfahrensordnung zu regeln. [3]In der Verfahrensordnung ist das Vorgehen auf anerkannter methodischer Grundlage, insbesondere die wissenschaftliche Fundierung und Unabhängigkeit, die Schrittfolge der Entwicklung, der fachlichen Abstimmung, der Praxiserprobung und der modellhaften Umsetzung eines Expertenstandards sowie die Transparenz des Verfahrens festzulegen. [4]Die Verfahrensordnung ist durch das Bundesministerium für Gesundheit im Benehmen mit dem Bundesministerium für Familie, Senioren, Frauen und Jugend zu genehmigen.

(3) [1]Die Expertenstandards sind im Bundesanzeiger zu veröffentlichen. [2]Sie sind für alle Pflegekassen und deren Verbände sowie für die zugelassenen Pflegeeinrichtungen unmittelbar verbindlich. [3]Die Vertragsparteien unterstützen die Einführung der Expertenstandards in die Praxis.

(4) [1]Die Kosten für die Entwicklung und Aktualisierung von Expertenstandards sind Verwaltungskosten, die vom Spitzenverband Bund der Pflegekassen getragen werden. [2]Die privaten Versicherungsunternehmen, die die private Pflege-Pflichtversicherung durchführen, beteiligen sich mit einem Anteil von 10 vom Hundert an den Aufwendungen nach Satz 1. [3]Der Finanzierungsanteil, der auf die privaten Versicherungsunternehmen entfällt, kann von dem Verband der privaten Krankenversicherung e.V. unmittelbar an den Spitzenverband Bund der Pflegekassen geleistet werden.

§ 113 b Qualitätsausschuss

(1) [1]Die von den Vertragsparteien nach § 113 im Jahr 2008 eingerichtete Schiedsstelle Qualitätssicherung entscheidet als Qualitätsausschuss nach Maßgabe der Absätze 2 bis 8. [2]Die Vertragsparteien nach § 113 treffen die Vereinbarungen und erlassen die Beschlüsse nach § 37 Absatz 5 in der ab dem 1. Januar 2017 geltenden Fassung, den §§ 113, 113 a, 115 Absatz 1 a und § 115 a Absatz 1 und 2 durch diesen Qualitätsausschuss.

(2) [1]Der Qualitätsausschuss besteht aus Vertretern des Spitzenverbandes Bund der Pflegekassen (Leistungsträger) und aus Vertretern der Vereinigungen der Träger der Pflegeeinrichtungen auf Bundesebene (Leistungserbringer) in gleicher Zahl; Leistungsträger und Leistungserbringer können jeweils höchstens zehn Mitglieder entsenden. [2]Dem Qualitätsausschuss gehören auch ein Vertreter der Bundesarbeitsgemeinschaft der überörtlichen Träger der Sozialhilfe und ein Vertreter der kommunalen Spitzenverbände auf Bundesebene an; sie werden auf die Zahl der Leistungsträger angerechnet. [3]Dem Qualitätsausschuss kann auch ein Vertreter des Verbandes der privaten Krankenversicherung e. V. angehören; die Entscheidung hierüber obliegt dem Verband der privaten Krankenversicherung e. V. [4]Sofern der Verband der privaten Krankenversicherung e. V. ein Mitglied entsendet, wird dieses Mitglied auf die Zahl der Leistungsträger angerechnet. [5]Dem Qualitätsausschuss soll auch ein Vertreter der Verbände der Pflegeberufe angehören; er wird auf die Zahl der Leistungserbringer angerechnet. [6]Eine Organisation kann nicht gleichzeitig der Leistungsträgerseite und der Leistungserbringerseite zugerechnet werden. [7]Jedes Mitglied erhält eine Stimme; die Stimmen sind gleich zu gewichten. [8]Der Medizinische Dienst des Spitzenverbandes Bund der Krankenkassen wirkt in den Sitzungen und an den Beschlussfassungen im Qualitätsausschuss, auch in seiner erweiterten Form nach Absatz 3, beratend mit. [9]Die auf Bundesebene maßgeblichen Organisationen für die Wahrnehmung der Interessen und der

Selbsthilfe pflegebedürftiger und behinderter Menschen wirken in den Sitzungen und an den Beschlussfassungen im Qualitätsausschuss, auch in seiner erweiterten Form nach Absatz 3, nach Maßgabe von § 118 beratend mit.

(3) [1]Kommt im Qualitätsausschuss eine Vereinbarung oder ein Beschluss nach Absatz 1 Satz 2 ganz oder teilweise nicht durch einvernehmliche Einigung zustande, so wird der Qualitätsausschuss auf Verlangen von mindestens einer Vertragspartei nach § 113, eines Mitglieds des Qualitätsausschusses oder des Bundesministeriums für Gesundheit um einen unparteiischen Vorsitzenden und zwei weitere unparteiische Mitglieder erweitert (erweiterter Qualitätsausschuss). [2]Sofern die Organisationen, die Mitglieder in den Qualitätsausschuss entsenden, nicht bis zum 31. März 2016 die Mitglieder nach Maßgabe von Absatz 2 Satz 1 benannt haben, wird der Qualitätsausschuss durch die drei unparteiischen Mitglieder gebildet. [3]Der unparteiische Vorsitzende und die weiteren unparteiischen Mitglieder sowie deren Stellvertreter führen ihr Amt als Ehrenamt. [4]Der unparteiische Vorsitzende wird vom Bundesministerium für Gesundheit benannt; der Stellvertreter des unparteiischen Vorsitzenden und die weiteren unparteiischen Mitglieder sowie deren Stellvertreter werden von den Vertragsparteien nach § 113 gemeinsam benannt. [5]Mitglieder des Qualitätsausschusses können nicht als Stellvertreter des unparteiischen Vorsitzenden oder der weiteren unparteiischen Mitglieder benannt werden. [6]Kommt eine Einigung über die Benennung der unparteiischen Mitglieder nicht innerhalb einer vom Bundesministerium für Gesundheit gesetzten Frist zustande, erfolgt die Benennung durch das Bundesministerium für Gesundheit. [7]Der erweiterte Qualitätsausschuss setzt mit der Mehrheit seiner Mitglieder den Inhalt der Vereinbarungen oder der Beschlüsse der Vertragsparteien nach § 113 fest. [8]Die Festsetzungen des erweiterten Qualitätsausschusses haben die Rechtswirkung einer vertraglichen Vereinbarung oder Beschlussfassung im Sinne von § 37 Absatz 5 in der ab dem 1. Januar 2017 geltenden Fassung, von den §§ 113, 113 a und 115 Absatz 1 a.

(4) [1]Die Vertragsparteien nach § 113 beauftragen zur Sicherstellung der Wissenschaftlichkeit bei der Wahrnehmung ihrer Aufgaben durch den Qualitätsausschuss mit Unterstützung der qualifizierten Geschäftsstelle nach Absatz 6 fachlich unabhängige wissenschaftliche Einrichtungen oder Sachverständige. [2]Diese wissenschaftlichen Einrichtungen oder Sachverständigen werden beauftragt, insbesondere

1. *bis zum 31. März 2017 die Instrumente für die Prüfung der Qualität der Leistungen, die von den stationären Pflegeeinrichtungen erbracht werden, und für die Qualitätsberichterstattung in der stationären Pflege zu entwickeln, wobei*
   - *a) insbesondere die 2011 vorgelegten Ergebnisse des vom Bundesministerium für Gesundheit und vom Bundesministerium für Familie, Senioren, Frauen und Jugend geförderten Projektes „Entwicklung und Erprobung von Instrumenten zur Beurteilung der Ergebnisqualität in der stationären Altenhilfe" und die Ergebnisse der dazu durchgeführten Umsetzungsprojekte einzubeziehen sind und*
   - *b) Aspekte der Prozess- und Strukturqualität zu berücksichtigen sind;*
2. *bis zum 31. März 2017 auf der Grundlage der Ergebnisse nach Nummer 1 unter Beachtung des Prinzips der Datensparsamkeit ein bundesweites Datenerhebungsinstrument, bundesweite Verfahren für die Übermittlung und Auswertung der Daten einschließlich einer Bewertungssystematik sowie für die von Externen durchzuführende Prüfung der Daten zu entwickeln;*
3. *bis zum 30. Juni 2017 die Instrumente für die Prüfung der Qualität der von den ambulanten Pflegeeinrichtungen erbrachten Leistungen und für die Qualitätsberichterstattung in der ambulanten Pflege zu entwickeln, eine anschließende Pilotierung durchzuführen und einen Abschlussbericht bis zum 31. März 2018 vorzulegen;*
4. *ergänzende Instrumente für die Ermittlung und Bewertung von Lebensqualität zu entwickeln;*
5. *die Umsetzung der nach den Nummern 1 bis 3 entwickelten Verfahren zur Qualitätsmessung und Qualitätsdarstellung wissenschaftlich zu evaluieren und den Vertragsparteien nach § 113 Vorschläge zur Anpassung der Verfahren an den neuesten Stand der wissenschaftlichen Erkenntnisse zu unterbreiten sowie*
6. *ein Konzept für eine Qualitätssicherung in neuen Wohnformen zu entwickeln.*

[3]Das Bundesministerium für Gesundheit sowie das Bundesministerium für Familie, Senioren, Frauen und Jugend in Abstimmung mit dem Bundesministerium für Gesundheit können den Vertragsparteien nach § 113 weitere Themen zur wissenschaftlichen Bearbeitung vorschlagen.

(5) [1]Die Finanzierung der Aufträge nach Absatz 4 erfolgt aus Mitteln des Ausgleichsfonds der Pflegeversicherung nach § 8 Absatz 4. Bei der Bearbeitung der Aufträge nach Absatz 4 Satz 2 ist zu gewähr-

leisten, dass die Arbeitsergebnisse umsetzbar sind. [2]Der jeweilige Auftragnehmer hat darzulegen, zu welchen finanziellen Auswirkungen die Umsetzung der Arbeitsergebnisse führen wird. [3]Den Arbeitsergebnissen ist diesbezüglich eine Praktikabilitäts- und Kostenanalyse beizufügen. [4]Die Ergebnisse der Arbeiten nach Absatz 4 Satz 2 sind dem Bundesministerium für Gesundheit zur Kenntnisnahme vor der Veröffentlichung vorzulegen.

(6) [1]Die Vertragsparteien nach § 113 richten gemeinsam bis zum 31. März 2016 eine unabhängige qualifizierte Geschäftsstelle des Qualitätsausschusses für die Dauer von fünf Jahren ein. [2]Die Geschäftsstelle nimmt auch die Aufgaben einer wissenschaftlichen Beratungs- und Koordinierungsstelle wahr. [3]Sie soll insbesondere den Qualitätsausschuss und seine Mitglieder fachwissenschaftlich beraten, die Auftragsverfahren nach Absatz 4 koordinieren und die wissenschaftlichen Arbeitsergebnisse für die Entscheidungen im Qualitätsausschuss aufbereiten. [4]Näheres zur Zusammensetzung und Arbeitsweise der qualifizierten Geschäftsstelle regeln die Vertragsparteien nach § 113 in der Geschäftsordnung nach Absatz 7.

(7) [1]Die Vertragsparteien nach § 113 vereinbaren in einer Geschäftsordnung mit dem Verband der privaten Krankenversicherung e. V., mit den Verbänden der Pflegeberufe auf Bundesebene und mit den auf Bundesebene maßgeblichen Organisationen für die Wahrnehmung der Interessen und der Selbsthilfe pflegebedürftiger und behinderter Menschen das Nähere zur Arbeitsweise des Qualitätsausschusses, insbesondere

1. zur Benennung der Mitglieder und der unparteiischen Mitglieder,
2. zur Amtsdauer, Amtsführung und Entschädigung für den Zeitaufwand der unparteiischen Mitglieder,
3. zum Vorsitz,
4. zu den Beschlussverfahren,
5. zur Errichtung einer qualifizierten Geschäftsstelle auch mit der Aufgabe als wissenschaftliche Beratungs- und Koordinierungsstelle nach Absatz 6,
6. zur Sicherstellung der jeweiligen Auftragserteilung nach Absatz 4,
7. zur Einbeziehung weiterer Sachverständiger oder Gutachter,
8. zur Bildung von Arbeitsgruppen,
9. zur Gewährleistung der Beteiligungs- und Mitberatungsrechte nach diesem Gesetz sowie
10. zur Verteilung der Kosten für die Entschädigung der unparteiischen Mitglieder und der einbezogenen weiteren Sachverständigen und Gutachter.

[2]Die Geschäftsordnung und die Änderung der Geschäftsordnung sind durch das Bundesministerium für Gesundheit im Benehmen mit dem Bundesministerium für Familie, Senioren, Frauen und Jugend zu genehmigen. [3]Kommt die Geschäftsordnung nicht bis zum 29. Februar 2016 zustande, wird ihr Inhalt durch das Bundesministerium für Gesundheit im Benehmen mit dem Bundesministerium für Familie, Senioren, Frauen und Jugend bestimmt.

(8) [1]Die durch den Qualitätsausschuss getroffenen Entscheidungen sind dem Bundesministerium für Gesundheit vorzulegen. [2]Es kann die Entscheidungen innerhalb von zwei Monaten beanstanden. [3]Das Bundesministerium für Gesundheit kann im Rahmen der Prüfung vom Qualitätsausschuss zusätzliche Informationen und ergänzende Stellungnahmen anfordern; bis zu deren Eingang ist der Lauf der Frist nach Satz 2 unterbrochen. [4]Beanstandungen des Bundesministeriums für Gesundheit sind innerhalb der von ihm gesetzten Frist zu beheben. [5]Die Nichtbeanstandung von Entscheidungen kann vom Bundesministerium für Gesundheit mit Auflagen verbunden werden. [6]Kommen Entscheidungen des Qualitätsausschusses ganz oder teilweise nicht fristgerecht zustande oder werden die Beanstandungen des Bundesministeriums für Gesundheit nicht innerhalb der von ihm gesetzten Frist behoben, kann das Bundesministerium für Gesundheit den Inhalt der Vereinbarungen und der Beschlüsse nach Absatz 1 Satz 2 festsetzen. [7]Bei den Verfahren nach den Sätzen 1 bis 6 setzt sich das Bundesministerium für Gesundheit mit dem Bundesministerium für Familie, Senioren, Frauen und Jugend ins Benehmen.

§ 113 c Personalbemessung in Pflegeeinrichtungen

(1) [1]Die Vertragsparteien nach § 113 stellen im Einvernehmen mit dem Bundesministerium für Gesundheit und dem Bundesministerium für Familie, Senioren, Frauen und Jugend die Entwicklung und Erprobung eines wissenschaftlich fundierten Verfahrens zur einheitlichen Bemessung des Personalbe-

darfs in Pflegeeinrichtungen nach qualitativen und quantitativen Maßstäben sicher. [2]Die Entwicklung und Erprobung ist bis zum 30. Juni 2020 abzuschließen. [3]Es ist ein strukturiertes, empirisch abgesichertes und valides Verfahren für die Personalbemessung in Pflegeeinrichtungen auf der Basis des durchschnittlichen Versorgungsaufwands für direkte und indirekte pflegerische Maßnahmen sowie für Hilfen bei der Haushaltsführung unter Berücksichtigung der fachlichen Ziele und Konzeption des neuen Pflegebedürftigkeitsbegriffs zu erstellen. [4]Hierzu sind einheitliche Maßstäbe zu ermitteln, die insbesondere Qualifikationsanforderungen, quantitative Bedarfe und die fachliche Angemessenheit der Maßnahmen berücksichtigen. [5]Die Vertragsparteien beauftragen zur Sicherstellung der Wissenschaftlichkeit des Verfahrens fachlich unabhängige wissenschaftliche Einrichtungen oder Sachverständige. [6]Hierbei sollen die Vertragsparteien von der unabhängigen qualifizierten Geschäftsstelle nach § 113 b Absatz 6

(2) [1]Der Medizinische Dienst des Spitzenverbandes Bund der Krankenkassen, der Verband der privaten Krankenversicherung e. V., die Verbände der Pflegeberufe auf Bundesebene sind zu beteiligen und die auf Bundesebene maßgeblichen Organisationen für die Wahrnehmung der Interessen und der Selbsthilfe pflegebedürftiger und behinderter Menschen sind zu beteiligen. [2]Für die Arbeitsweise der Vertragsparteien soll im Übrigen die Geschäftsordnung nach § 113 b Absatz 7 entsprechende Anwendung finden.

(3) [1]Das Bundesministerium für Gesundheit legt im Einvernehmen mit dem Bundesministerium für Familie, Senioren, Frauen und Jugend unter Beteiligung der Vertragsparteien nach § 113 unverzüglich in einem Zeitplan konkrete Zeitziele für die Entwicklung, Erprobung und die Auftragsvergabe fest. [2]Die Vertragsparteien nach § 113 sind verpflichtet, dem Bundesministerium für Gesundheit auf Verlangen unverzüglich Auskunft über den Bearbeitungsstand der Entwicklung, Erprobung und der Auftragsvergabe sowie über Problembereiche und mögliche Lösungen zu geben.

(4) [1]Wird ein Zeitziel nach Absatz 3 nicht fristgerecht erreicht und ist deshalb die fristgerechte Entwicklung, Erprobung oder Auftragsvergabe gefährdet, kann das Bundesministerium für Gesundheit im Einvernehmen mit dem Bundesministerium für Familie, Senioren, Frauen und Jugend einzelne Verfahrensschritte im Wege der Ersatzvornahme selbst durchführen. [2]Haben die Vertragsparteien nach § 113 sich bis zum 31. Dezember 2016 nicht über die Beauftragung gemäß Absatz 1 Satz 2 geeinigt, bestimmen das Bundesministerium für Gesundheit und das Bundesministerium für Familie, Senioren, Frauen und Jugend innerhalb von vier Monaten das Verfahren und die Inhalte der Beauftragung.

§ 114 Qualitätsprüfungen

(1) [1]Zur Durchführung einer Qualitätsprüfung erteilen die Landesverbände der Pflegekassen dem Medizinischen Dienst der Krankenversicherung, dem Prüfdienst des Verbandes der privaten Krankenversicherung e.V. im Umfang von 10 Prozent der in einem Jahr anfallenden Prüfaufträge oder den von ihnen bestellten Sachverständigen einen Prüfauftrag. [2]Der Prüfauftrag enthält Angaben zur Prüfart, zum Prüfgegenstand und zum Prüfumfang. [3]Die Prüfung erfolgt als Regelprüfung, Anlassprüfung oder Wiederholungsprüfung. [4]Die Pflegeeinrichtungen haben die ordnungsgemäße Durchführung der Prüfungen zu ermöglichen. [5]Vollstationäre Pflegeeinrichtungen sind ab dem 1. Januar 2014 verpflichtet, die Landesverbände der Pflegekassen unmittelbar nach einer Regelprüfung darüber zu informieren, wie die ärztliche, fachärztliche und zahnärztliche Versorgung sowie die Arzneimittelversorgung in den Einrichtungen geregelt sind. [6]Sie sollen insbesondere auf Folgendes hinweisen:

1. auf den Abschluss und den Inhalt von Kooperationsverträgen oder die Einbindung der Einrichtung in Ärztenetze,
2. auf den Abschluss von Vereinbarungen mit Apotheken sowie
3. ab dem 1. Juli 2016 auf die Zusammenarbeit mit einem Hospiz- und Palliativnetz.

[7]Wesentliche Änderungen hinsichtlich der ärztlichen, fachärztlichen und zahnärztlichen Versorgung, der Arzneimittelversorgung sowie der Zusammenarbeit mit einem Hospiz- und Palliativnetz sind den Landesverbänden der Pflegekassen innerhalb von vier Wochen zu melden.

(2) [1]Die Landesverbände der Pflegekassen veranlassen in zugelassenen Pflegeeinrichtungen bis zum 31. Dezember 2010 mindestens einmal und ab dem Jahre 2011 regelmäßig im Abstand von höchstens einem Jahr eine Prüfung durch den Medizinischen Dienst der Krankenversicherung, den Prüfdienst des Verbandes der privaten Krankenversicherung e.V. oder durch von ihnen bestellte Sachverständige (Regelprüfung). [2]Zu prüfen ist, ob die Qualitätsanforderungen nach diesem Buch und nach den auf dieser Grundlage abgeschlossenen vertraglichen Vereinbarungen erfüllt sind. [3]Die Regelprüfung erfasst insbe-

sondere wesentliche Aspekte des Pflegezustandes und die Wirksamkeit der Pflege- und Betreuungsmaßnahmen (Ergebnisqualität). [4]Sie kann auch auf den Ablauf, die Durchführung und die Evaluation der Leistungserbringung (Prozessqualität) sowie die unmittelbaren Rahmenbedingungen der Leistungserbringung (Strukturqualität) erstreckt werden. [5]Die Regelprüfung bezieht sich auf die Qualität der allgemeinen Pflegeleistungen, der medizinischen Behandlungspflege, der [sozialen – ab 1.1.2017 gestrichen] Betreuung einschließlich der zusätzlichen Betreuung und Aktivierung im Sinne des [bis 31.12.2016: § 87b] [ab 1.1.2017: § 43 b], der Leistungen bei Unterkunft und Verpflegung (§ 87), der Zusatzleistungen (§ 88) und der nach § 37 des Fünften Buches erbrachten Leistungen der häuslichen Krankenpflege. [6]*Sie umfasst auch die Abrechnung der genannten Leistungen.* [7]Zu prüfen ist auch, ob die Versorgung der Pflegebedürftigen den Empfehlungen der Kommission für Krankenhaushygiene und Infektionsprävention nach § 23 Absatz 1 des Infektionsschutzgesetzes entspricht.

(3) [1]Die Landesverbände der Pflegekassen haben im Rahmen der Zusammenarbeit mit den nach heimrechtlichen Vorschriften zuständigen Aufsichtsbehörden (§ 117) vor einer Regelprüfung insbesondere zu erfragen, ob Qualitätsanforderungen nach diesem Buch und den auf seiner Grundlage abgeschlossenen vertraglichen Vereinbarungen in einer Prüfung der nach heimrechtlichen Vorschriften zuständigen Aufsichtsbehörde oder in einem nach Landesrecht durchgeführten Prüfverfahren berücksichtigt worden sind. [2]Hierzu können auch Vereinbarungen auf Landesebene zwischen den Landesverbänden der Pflegekassen und den nach heimrechtlichen Vorschriften zuständigen Aufsichtsbehörden sowie den für weitere Prüfverfahren zuständigen Aufsichtsbehörden getroffen werden. [3]Um Doppelprüfungen zu vermeiden, haben die Landesverbände der Pflegekassen den Prüfumfang der Regelprüfung in angemessener Weise zu verringern, wenn

1. die Prüfungen nicht länger als neun Monate zurückliegen,
2. die Prüfergebnisse nach pflegefachlichen Kriterien den Ergebnissen einer Regelprüfung gleichwertig sind und
3. die Veröffentlichung der von den Pflegeeinrichtungen erbrachten Leistungen und deren Qualität, [insbesondere hinsichtlich der Ergebnis- und Lebensqualität, – ab 1.1.2016 gestrichen] gemäß § 115 Absatz 1 a gewährleistet ist.

[4]Die Pflegeeinrichtung kann verlangen, dass von einer Verringerung der Prüfpflicht abgesehen wird.

(4) [1]Bei Anlassprüfungen geht der Prüfauftrag in der Regel über den jeweiligen Prüfanlass hinaus; er umfasst eine vollständige Prüfung mit dem Schwerpunkt der Ergebnisqualität. [2]Gibt es im Rahmen einer Anlass-, Regel- oder Wiederholungsprüfung sachlich begründete Hinweise auf eine nicht fachgerechte Pflege bei Pflegebedürftigen, auf die sich die Prüfung nicht erstreckt, sind die betroffenen Pflegebedürftigen unter Beachtung der datenschutzrechtlichen Bestimmungen in die Prüfung einzubeziehen. [3]Die Prüfung ist insgesamt als Anlassprüfung durchzuführen. [4]Im Zusammenhang mit einer zuvor durchgeführten Regel- oder Anlassprüfung kann von den Landesverbänden der Pflegekassen eine Wiederholungsprüfung veranlasst werden, um zu überprüfen, ob die festgestellten Qualitätsmängel durch die nach § 115 Abs. 2 angeordneten Maßnahmen beseitigt worden sind.

§ 114 a Durchführung der Qualitätsprüfungen

(1) [1]Der Medizinische Dienst der Krankenversicherung, der Prüfdienst des Verbandes der privaten Krankenversicherung e.V. und die von den Landesverbänden der Pflegekassen bestellten Sachverständigen sind im Rahmen ihres Prüfauftrags nach § 114 jeweils berechtigt und verpflichtet, an Ort und Stelle zu überprüfen, ob die zugelassenen Pflegeeinrichtungen die Leistungs- und Qualitätsanforderungen nach diesem Buch erfüllen. [2]Prüfungen in stationären Pflegeeinrichtungen sind grundsätzlich unangemeldet durchzuführen. [3]Qualitätsprüfungen in ambulanten Pflegeeinrichtungen sind *grundsätzlich* am Tag zuvor anzukündigen*; Anlassprüfungen sollen unangemeldet erfolgen.* [4]Der Medizinische Dienst der Krankenversicherung, der Prüfdienst des Verbandes der privaten Krankenversicherung e.V. und die von den Landesverbänden der Pflegekassen bestellten Sachverständigen beraten im Rahmen der Qualitätsprüfungen die Pflegeeinrichtungen in Fragen der Qualitätssicherung. [5]§ 112 Abs. 3 gilt entsprechend.

(2) [1]Sowohl bei teil- als auch bei vollstationärer Pflege sind der Medizinische Dienst der Krankenversicherung, der Prüfdienst des Verbandes der privaten Krankenversicherung e.V. und die von den Landesverbänden der Pflegekassen bestellten Sachverständigen jeweils berechtigt, zum Zwecke der Qualitätssicherung die für das Pflegeheim benutzten Grundstücke und Räume jederzeit zu betreten, dort Prüfungen und Besichtigungen vorzunehmen, sich mit den Pflegebedürftigen, ihren Angehörigen, vertre-

tungsberechtigten Personen und Betreuern in Verbindung zu setzen sowie die Beschäftigten und die Interessenvertretung der Bewohnerinnen und Bewohner zu befragen. [2]Prüfungen und Besichtigungen zur Nachtzeit sind nur zulässig, wenn und soweit das Ziel der Qualitätssicherung zu anderen Tageszeiten nicht erreicht werden kann. [3]Soweit Räume einem Wohnrecht der Heimbewohner unterliegen, dürfen sie ohne deren Einwilligung nur betreten werden, soweit dies zur Verhütung drohender Gefahren für die öffentliche Sicherheit und Ordnung erforderlich ist; das Grundrecht der Unverletzlichkeit der Wohnung (Artikel 13 Abs. 1 des Grundgesetzes) wird insoweit eingeschränkt. [4]Bei der ambulanten Pflege sind der Medizinische Dienst der Krankenversicherung, der Prüfdienst des Verbandes der privaten Krankenversicherung e.V. und die von den Landesverbänden der Pflegekassen bestellten Sachverständigen berechtigt, die Qualität der Leistungen des Pflegedienstes mit Einwilligung des Pflegebedürftigen auch in dessen Wohnung zu überprüfen. [5]Der Medizinische Dienst der Krankenversicherung und der Prüfdienst des Verbandes der privaten Krankenversicherung e.V. sollen die nach heimrechtlichen Vorschriften zuständige Aufsichtsbehörde an Prüfungen beteiligen, soweit dadurch die Prüfung nicht verzögert wird.

(3) [1]Die Prüfungen beinhalten auch Inaugenscheinnahmen des gesundheitlichen und pflegerischen Zustands von Pflegebedürftigen. [2]Sowohl Pflegebedürftige als auch Beschäftigte der Pflegeeinrichtungen, Betreuer und Angehörige sowie Mitglieder der heimrechtlichen Interessenvertretungen der Bewohnerinnen und Bewohner können dazu befragt werden. [3]Bei der Beurteilung der Pflegequalität sind die Pflegedokumentation, die Inaugenscheinnahme der Pflegebedürftigen und Befragungen der Beschäftigten der Pflegeeinrichtungen sowie der Pflegebedürftigen, ihrer Angehörigen und der vertretungsberechtigten Personen angemessen zu berücksichtigen. [4]Die Teilnahme an Inaugenscheinnahmen und Befragungen ist freiwillig; durch die Ablehnung dürfen keine Nachteile entstehen. [5]Einsichtnahmen in Pflegedokumentationen, Inaugenscheinnahmen von Pflegebedürftigen und Befragungen von Personen nach Satz 2 sowie die damit jeweils zusammenhängende Erhebung, Verarbeitung und Nutzung personenbezogener Daten von Pflegebedürftigen zum Zwecke der Erstellung eines Prüfberichts bedürfen der Einwilligung der betroffenen Pflegebedürftigen.

(3 a) [1]Die Einwilligung nach Absatz 2 oder 3 muss in einer Urkunde oder auf andere zur dauerhaften Wiedergabe in Schriftzeichen geeignete Weise abgegeben werden, die Person des Erklärenden benennen und den Abschluss der Erklärung durch Nachbildung der Namensunterschrift oder anders erkennbar machen (Textform). [2]Ist der Pflegebedürftige einwilligungsunfähig, ist die Einwilligung eines hierzu Berechtigten einzuholen. [3]*Ist ein Berechtigter nicht am Ort einer unangemeldeten Prüfung anwesend und ist eine rechtzeitige Einholung der Einwilligung in Textform nicht möglich, so genügt ausnahmsweise eine mündliche Einwilligung, wenn andernfalls die Durchführung der Prüfung erschwert würde.* [4]*Die mündliche Einwilligung des Berechtigten sowie die Gründe für ein ausnahmsweises Abweichen von der erforderlichen Textform sind schriftlich zu dokumentieren.*

(4) [1]Auf Verlangen sind Vertreter der betroffenen Pflegekassen oder ihrer Verbände, des zuständigen Sozialhilfeträgers sowie des Verbandes der privaten Krankenversicherung e.V. an den Prüfungen nach den Absätzen 1 bis 3 zu beteiligen. [2]Der Träger der Pflegeeinrichtung kann verlangen, dass eine Vereinigung, deren Mitglied er ist (Trägervereinigung), an der Prüfung nach den Absätzen 1 bis 3 beteiligt wird. [3]Ausgenommen ist eine Beteiligung nach Satz 1 oder nach Satz 2, soweit dadurch die Durchführung einer Prüfung voraussichtlich verzögert wird. [4]Unabhängig von ihren eigenen Prüfungsbefugnissen nach den Absätzen 1 bis 3 sind der Medizinische Dienst der Krankenversicherung, der Prüfdienst des Verbandes der privaten Krankenversicherung e.V. und die von den Landesverbänden der Pflegekassen bestellten Sachverständigen jeweils befugt, sich an Überprüfungen von zugelassenen Pflegeeinrichtungen zu beteiligen, soweit sie von der nach heimrechtlichen Vorschriften zuständigen Aufsichtsbehörde nach Maßgabe heimrechtlicher Vorschriften durchgeführt werden. [5]Sie haben in diesem Fall ihre Mitwirkung an der Überprüfung der Pflegeeinrichtung auf den Bereich der Qualitätssicherung nach diesem Buch zu beschränken.

(5) [1]Unterschreitet der Prüfdienst des Verbandes der privaten Krankenversicherung e.V. die in § 114 Absatz 1 Satz 1 genannte, auf das Bundesgebiet bezogene Prüfquote, beteiligen sich die privaten Versicherungsunternehmen, die die private Pflege-Pflichtversicherung durchführen, anteilig bis zu einem Betrag von 10 Prozent an den Kosten der Qualitätsprüfungen der ambulanten und stationären Pflegeeinrichtungen. [2]Das Bundesversicherungsamt stellt jeweils am Ende eines Jahres die Einhaltung der Prüfquote oder die Höhe der Unter- oder Überschreitung sowie die Höhe der durchschnittlichen Kosten von Prüfungen im Wege einer Schätzung nach Anhörung des Verbandes der privaten Krankenversicherung e.V. und des Spitzenverbandes Bund der Pflegekassen fest und teilt diesen jährlich die Anzahl der durchgeführten Prüfungen und bei Unterschreitung der Prüfquote den Finanzierungsanteil der privaten Versicherungsunternehmen mit; der Finanzierungsanteil ergibt sich aus der Multiplikation der

Durchschnittskosten mit der Differenz zwischen der Anzahl der vom Prüfdienst des Verbandes der privaten Krankenversicherung e.V. durchgeführten Prüfungen und der in § 114 Absatz 1 Satz 1 genannten Prüfquote. [3]Der Finanzierungsanteil, der auf die privaten Versicherungsunternehmen entfällt, ist vom Verband der privaten Krankenversicherung e.V. jährlich unmittelbar an das Bundesversicherungsamt zugunsten des Ausgleichsfonds der Pflegeversicherung (§ 65) zu überweisen. [4]Der Verband der privaten Krankenversicherung e.V. muss der Zahlungsaufforderung durch das Bundesversicherungsamt keine Folge leisten, wenn er innerhalb von vier Wochen nach der Zahlungsaufforderung nachweist, dass die Unterschreitung der Prüfquote nicht von ihm oder seinem Prüfdienst zu vertreten ist.

(5 a) Der Spitzenverband Bund der Pflegekassen vereinbart bis zum 31. Oktober 2011 mit dem Verband der privaten Krankenversicherung e.V. das Nähere über die Zusammenarbeit bei der Durchführung von Qualitätsprüfungen durch den Prüfdienst des Verbandes der privaten Krankenversicherung e.V., insbesondere über Maßgaben zur Prüfquote, Auswahlverfahren der zu prüfenden Pflegeeinrichtungen und Maßnahmen der Qualitätssicherung, sowie zur einheitlichen Veröffentlichung von Ergebnissen der Qualitätsprüfungen durch den Verband der privaten Krankenversicherung e.V.

(6) [1]Die Medizinischen Dienste der Krankenversicherung und der Prüfdienst des Verbandes der privaten Krankenversicherung e.V. berichten dem Medizinischen Dienst des Spitzenverbandes Bund der Krankenkassen zum 30. Juni 2011, danach in Abständen von drei Jahren, über ihre Erfahrungen mit der Anwendung der Beratungs- und Prüfvorschriften nach diesem Buch, über die Ergebnisse ihrer Qualitätsprüfungen sowie über ihre Erkenntnisse zum Stand und zur Entwicklung der Pflegequalität und der Qualitätssicherung. [2]Sie stellen unter Beteiligung des Medizinischen Dienstes des Spitzenverbandes Bund der Krankenkassen die Vergleichbarkeit der gewonnenen Daten sicher. [3]Der Medizinische Dienst des Spitzenverbandes Bund der Krankenkassen führt die Berichte der Medizinischen Dienste der Krankenversicherung, des Prüfdienstes des Verbandes der privaten Krankenversicherung e.V. und seine eigenen Erkenntnisse und Erfahrungen zur Entwicklung der Pflegequalität und der Qualitätssicherung zu einem Bericht zusammen und legt diesen innerhalb eines halben Jahres dem Spitzenverband Bund der Pflegekassen, dem Bundesministerium für Gesundheit, dem Bundesministerium für Familie, Senioren, Frauen und Jugend sowie dem Bundesministerium für Arbeit und Soziales und den zuständigen Länderministerien vor.

(7) [1]Der Spitzenverband Bund der Pflegekassen beschließt unter Beteiligung des Medizinischen Dienstes des Spitzenverbandes Bund der Krankenkassen und des Prüfdienstes des Verbandes der privaten Krankenversicherung e. V. zur verfahrensrechtlichen Konkretisierung Richtlinien über die Durchführung der Prüfung der in Pflegeeinrichtungen erbrachten Leistungen und deren Qualität nach § 114 sowohl für den ambulanten als auch für den stationären Bereich. [2]In den Richtlinien sind die Maßstäbe und Grundsätze zur Sicherung und Weiterentwicklung der Pflegequalität nach § 113 zu berücksichtigen. [3]Die Richtlinien für den stationären Bereich sind bis zum 31. Oktober 2017, die Richtlinien für den ambulanten Bereich bis zum 31. Oktober 2018 zu beschließen. [4]Sie treten jeweils gleichzeitig mit der entsprechenden Qualitätsdarstellungsvereinbarung nach § 115 Absatz 1 a in Kraft. [5]Die maßgeblichen Organisationen für die Wahrnehmung der Interessen und der Selbsthilfe der pflegebedürftigen und behinderten Menschen wirken nach Maßgabe von § 118 mit. [6]Der Spitzenverband Bund der Pflegekassen hat die Vereinigungen der Träger der Pflegeeinrichtungen auf Bundesebene, die Verbände der Pflegeberufe auf Bundesebene, den Verband der privaten Krankenversicherung e. V. sowie die Bundesarbeitsgemeinschaft der überörtlichen Träger der Sozialhilfe und die kommunalen Spitzenverbände auf Bundesebene zu beteiligen. [7]Ihnen ist unter Übermittlung der hierfür erforderlichen Informationen innerhalb einer angemessenen Frist vor der Entscheidung Gelegenheit zur Stellungnahme zu geben; die Stellungnahmen sind in die Entscheidung einzubeziehen. [8]Die Richtlinien sind in regelmäßigen Abständen an den medizinisch-pflegefachlichen Fortschritt anzupassen. [9]Sie sind durch das Bundesministerium für Gesundheit im Benehmen mit dem Bundesministerium für Familie, Senioren, Frauen und Jugend zu genehmigen. [10]Beanstandungen des Bundesministeriums für Gesundheit sind innerhalb der von ihm gesetzten Frist zu beheben. [11]Die Richtlinien über die Durchführung der Qualitätsprüfung sind für den Medizinischen Dienst der Krankenversicherung und den Prüfdienst des Verbandes der privaten Krankenversicherung e. V. verbindlich.

§ 115 Ergebnisse von Qualitätsprüfungen, *Qualitätsdarstellung*

(1) [1]Die Medizinischen Dienste der Krankenversicherung, der Prüfdienst des Verbandes der privaten Krankenversicherung e.V. sowie die von den Landesverbänden der Pflegekassen für Qualitätsprüfungen bestellten Sachverständigen haben das Ergebnis einer jeden Qualitätsprüfung sowie die dabei gewonnenen Daten und Informationen den Landesverbänden der Pflegekassen und den zuständigen Trä-

gern der Sozialhilfe sowie den nach heimrechtlichen Vorschriften zuständigen Aufsichtsbehörden im Rahmen ihrer Zuständigkeit und bei häuslicher Pflege den zuständigen Pflegekassen zum Zwecke der Erfüllung ihrer gesetzlichen Aufgaben sowie der betroffenen Pflegeeinrichtung mitzuteilen. [2]Die Landesverbände der Pflegekassen sind befugt und auf Anforderung verpflichtet, die ihnen nach Satz 1 bekannt gewordenen Daten und Informationen mit Zustimmung des Trägers der Pflegeeinrichtung auch seiner Trägervereinigung zu übermitteln, soweit deren Kenntnis für die Anhörung oder eine Stellungnahme der Pflegeeinrichtung zu einem Bescheid nach Absatz 2 erforderlich ist. [3]Gegenüber Dritten sind die Prüfer und die Empfänger der Daten zur Verschwiegenheit verpflichtet; dies gilt nicht für die zur Veröffentlichung der Ergebnisse von Qualitätsprüfungen nach Absatz 1 a erforderlichen Daten und Informationen.

(1 a) [1]Die Landesverbände der Pflegekassen stellen sicher, dass die von Pflegeeinrichtungen erbrachten Leistungen und deren Qualität für die Pflegebedürftigen und ihre Angehörigen verständlich, übersichtlich und vergleichbar sowohl im Internet als auch in anderer geeigneter Form kostenfrei veröffentlicht werden. [2]Die Vertragsparteien nach § 113 vereinbaren insbesondere auf der Grundlage der Maßstäbe und Grundsätze nach § 113 und der Richtlinien zur Durchführung der Prüfung der in Pflegeeinrichtungen erbrachten Leistungen und deren Qualität nach § 114 a Absatz 7, welche Ergebnisse bei der Darstellung der Qualität für den ambulanten und den stationären Bereich zugrunde zu legen sind und inwieweit die Ergebnisse durch weitere Informationen ergänzt werden. [3]In den Vereinbarungen sind die Ergebnisse der nach § 113 b Absatz 4 Satz 2 Nummer 1 bis 4 vergebenen Aufträge zu berücksichtigen. [4]Die Vereinbarungen umfassen auch die Form der Darstellung einschließlich einer Bewertungssystematik (Qualitätsdarstellungsvereinbarungen). [5]Bei Anlassprüfungen nach § 114 Absatz 5 bilden die Prüfergebnisse aller in die Prüfung einbezogenen Pflegebedürftigen die Grundlage für die Bewertung und Darstellung der Qualität. [6]Personenbezogene Daten sind zu anonymisieren. Ergebnisse von Wiederholungsprüfungen sind zeitnah zu berücksichtigen. [7]Bei der Darstellung der Qualität ist die Art der Prüfung als Anlass-, Regel- oder Wiederholungsprüfung kenntlich zu machen. [8]Das Datum der letzten Prüfung durch den Medizinischen Dienst der Krankenversicherung oder durch den Prüfdienst des Verbandes der privaten Krankenversicherung e. V., eine Einordnung des Prüfergebnisses nach einer Bewertungssystematik sowie eine Zusammenfassung der Prüfergebnisse sind an gut sichtbarer Stelle in jeder Pflegeeinrichtung auszuhängen. [9]Die Qualitätsdarstellungsvereinbarungen für den stationären Bereich sind bis zum 31. Dezember 2017 und für den ambulanten Bereich bis zum 31. Dezember 2018 jeweils unter Beteiligung des Medizinischen Dienstes des Spitzenverbandes Bund der Krankenkassen, des Verbandes der privaten Krankenversicherung e. V. und der Verbände der Pflegeberufe auf Bundesebene zu schließen. Die auf Bundesebene maßgeblichen Organisationen für die Wahrnehmung der Interessen und der Selbsthilfe der pflegebedürftigen und behinderten Menschen wirken nach Maßgabe von § 118 mit. [10]Die Qualitätsdarstellungsvereinbarungen sind an den medizinisch-pflegefachlichen Fortschritt anzupassen. [11]Bestehende Vereinbarungen gelten bis zum Abschluss einer neuen Vereinbarung fort; dies gilt entsprechend auch für die bestehenden Vereinbarungen über die Kriterien der Veröffentlichung einschließlich der Bewertungssystematik (Pflege-Transparenzvereinbarungen).

(1 b) [1]Die Landesverbände der Pflegekassen stellen sicher, dass ab dem 1. Januar 2014 die Informationen gemäß § 114 Absatz 1 über die Regelungen zur ärztlichen, fachärztlichen und zahnärztlichen Versorgung sowie zur Arzneimittelversorgung und ab dem 1. Juli 2016 die Informationen gemäß § 114 Absatz 1 zur Zusammenarbeit mit einem Hospiz- und Palliativnetz in vollstationären Einrichtungen für die Pflegebedürftigen und ihre Angehörigen verständlich, übersichtlich und vergleichbar sowohl im Internet als auch in anderer geeigneter Form kostenfrei zur Verfügung gestellt werden. [2]Die Pflegeeinrichtungen sind verpflichtet, die Informationen nach Satz 1 an gut sichtbarer Stelle in der Pflegeeinrichtung auszuhängen. *[3]Die Landesverbände der Pflegekassen übermitteln die Informationen nach Satz 1 an den Verband der privaten Krankenversicherung e. V. zum Zwecke der einheitlichen Veröffentlichung.*

(2) [1]Soweit bei einer Prüfung nach diesem Buch Qualitätsmängel festgestellt werden, entscheiden die Landesverbände der Pflegekassen nach Anhörung des Trägers der Pflegeeinrichtung und der beteiligten Trägervereinigung unter Beteiligung des zuständigen Trägers der Sozialhilfe, welche Maßnahmen zu treffen sind, erteilen dem Träger der Einrichtung hierüber einen Bescheid und setzen ihm darin zugleich eine angemessene Frist zur Beseitigung der festgestellten Mängel. [2]Werden nach Satz 1 festgestellte Mängel nicht fristgerecht beseitigt, können die Landesverbände der Pflegekassen gemeinsam den Versorgungsvertrag gemäß § 74 Abs. 1, in schwerwiegenden Fällen nach § 74 Abs. 2, kündigen. [3]§ 73 Abs. 2 gilt entsprechend.

(3) [1]Hält die Pflegeeinrichtung ihre gesetzlichen oder vertraglichen Verpflichtungen, insbesondere ihre Verpflichtungen zu einer qualitätsgerechten Leistungserbringung aus dem Versorgungsvertrag (§ 72)

ganz oder teilweise nicht ein, sind die nach dem Achten Kapitel vereinbarten Pflegevergütungen für die Dauer der Pflichtverletzung entsprechend zu kürzen. [2]Über die Höhe des Kürzungsbetrags ist zwischen den Vertragsparteien nach § 85 Abs. 2 Einvernehmen anzustreben. [3]Kommt eine Einigung nicht zustande, entscheidet auf Antrag einer Vertragspartei die Schiedsstelle nach § 76 in der Besetzung des Vorsitzenden und der beiden weiteren unparteiischen Mitglieder. [4]Gegen die Entscheidung nach Satz 3 ist der Rechtsweg zu den Sozialgerichten gegeben; ein Vorverfahren findet nicht statt, die Klage hat aufschiebende Wirkung. [5]Der vereinbarte oder festgesetzte Kürzungsbetrag ist von der Pflegeeinrichtung bis zur Höhe ihres Eigenanteils an die betroffenen Pflegebedürftigen und im Weiteren an die Pflegekassen zurückzuzahlen; soweit die Pflegevergütung als nachrangige Sachleistung von einem anderen Leistungsträger übernommen wurde, ist der Kürzungsbetrag an diesen zurückzuzahlen. [6]Der Kürzungsbetrag kann nicht über die Vergütungen oder Entgelte nach dem Achten Kapitel refinanziert werden. [7]Schadensersatzansprüche der betroffenen Pflegebedürftigen nach anderen Vorschriften bleiben unberührt; § 66 des Fünften Buches gilt entsprechend.

(4) [1]Bei Feststellung schwerwiegender, kurzfristig nicht behebbarer Mängel in der stationären Pflege sind die Pflegekassen verpflichtet, den betroffenen Heimbewohnern auf deren Antrag eine andere geeignete Pflegeeinrichtung zu vermitteln, welche die Pflege, Versorgung und Betreuung nahtlos übernimmt. [2]Bei Sozialhilfeempfängern ist der zuständige Träger der Sozialhilfe zu beteiligen.

(5) [1]Stellen der Medizinische Dienst der Krankenversicherung oder der Prüfdienst des Verbandes der privaten Krankenversicherung e.V. schwerwiegende Mängel in der ambulanten Pflege fest, kann die zuständige Pflegekasse dem Pflegedienst auf Empfehlung des Medizinischen Dienstes der Krankenversicherung oder des Prüfdienstes des Verbandes der privaten Krankenversicherung e.V. die weitere *Versorgung* des Pflegebedürftigen vorläufig untersagen; § 73 Absatz 2 gilt entsprechend. [2]Die Pflegekasse hat dem Pflegebedürftigen in diesem Fall einen anderen geeigneten Pflegedienst zu vermitteln, der die Pflege nahtlos übernimmt; dabei ist so weit wie möglich das Wahlrecht des Pflegebedürftigen nach § 2 Abs. 2 zu beachten. [3]Absatz 4 Satz 2 gilt entsprechend.

(6) [1]In den Fällen der Absätze 4 und 5 haftet der Träger der Pflegeeinrichtung gegenüber den betroffenen Pflegebedürftigen und deren Kostenträgern für die Kosten der Vermittlung einer anderen ambulanten oder stationären Pflegeeinrichtung, soweit er die Mängel in entsprechender Anwendung des § 276 des Bürgerlichen Gesetzbuches zu vertreten hat. [2]Absatz 3 Satz 7 bleibt unberührt.

§ 115 a Übergangsregelung für Pflege-Transparenzvereinbarungen und Qualitätsprüfungs-Richtlinien

(1) [1]Die Vertragsparteien nach § 113 passen unter Beteiligung des Medizinischen Dienstes des Spitzenverbandes Bund der Krankenkassen, des Verbandes der privaten Krankenversicherung e. V. und der Verbände der Pflegeberufe auf Bundesebene die Pflege-Transparenzvereinbarungen an dieses Gesetz in der am 1. Januar 2017 geltenden Fassung an (übergeleitete Pflege-Transparenzvereinbarungen). [2]Die auf Bundesebene maßgeblichen Organisationen für die Wahrnehmung der Interessen und der Selbsthilfe der pflegebedürftigen und behinderten Menschen wirken nach Maßgabe von § 118 mit. [3]Kommt bis zum 30. April 2016 keine einvernehmliche Einigung zustande, entscheidet der erweiterte Qualitätsausschuss nach § 113 b Absatz 3 bis zum 30. Juni 2016. Die übergeleiteten Pflege-Transparenzvereinbarungen gelten ab 1. Januar 2017 bis zum Inkrafttreten der in § 115 Absatz 1 a vorgesehenen Qualitätsdarstellungsvereinbarungen.

(2) Schiedsstellenverfahren zu den Pflege-Transparenzvereinbarungen, die am 1. Januar 2016 anhängig sind, werden nach Maßgabe des § 113 b Absatz 2, 3 und 8 durch den Qualitätsausschuss entschieden; die Verfahren sind bis zum 30. Juni 2016 abzuschließen.

(3) Die Richtlinien über die Prüfung der in Pflegeeinrichtungen erbrachten Leistungen und deren Qualität nach § 114 (Qualitätsprüfungs-Richtlinien) in der am 31. Dezember 2015 geltenden Fassung gelten nach Maßgabe der Absätze 4 und 5 bis zum Inkrafttreten der Richtlinien über die Durchführung der Prüfung der in Pflegeeinrichtungen erbrachten Leistungen und deren Qualität nach § 114 a Absatz 7 fort und sind für den Medizinischen Dienst der Krankenversicherung und den Prüfdienst des Verbandes der privaten Krankenversicherung e. V. verbindlich.

(4) [1]Der Spitzenverband Bund der Pflegekassen passt unter Beteiligung des Medizinischen Dienstes des Spitzenverbandes Bund der Krankenkassen und des Prüfdienstes des Verbandes der privaten Krankenversicherung e. V. die Qualitätsprüfungs-Richtlinien unverzüglich an dieses Gesetz in der am 1. Januar 2016 geltenden Fassung an. [2]Die auf Bundesebene maßgeblichen Organisationen für die

Wahrnehmung der Interessen und der Selbsthilfe der pflegebedürftigen und behinderten Menschen wirken nach Maßgabe von § 118 mit. [3]Der Spitzenverband Bund der Pflegekassen hat die Vereinigungen der Träger der Pflegeeinrichtungen auf Bundesebene, die Verbände der Pflegeberufe auf Bundesebene, den Verband der privaten Krankenversicherung e. V. sowie die Bundesarbeitsgemeinschaft der überörtlichen Träger der Sozialhilfe und die kommunalen Spitzenverbände auf Bundesebene zu beteiligen. [4]Ihnen ist unter Übermittlung der hierfür erforderlichen Informationen innerhalb einer angemessenen Frist vor der Entscheidung Gelegenheit zur Stellungnahme zu geben; die Stellungnahmen sind in die Entscheidung einzubeziehen. [5]Die angepassten Qualitätsprüfungs-Richtlinien bedürfen der Genehmigung des Bundesministeriums für Gesundheit.

(5) [1]Der Spitzenverband Bund der Pflegekassen passt unter Beteiligung des Medizinischen Dienstes des Spitzenverbandes Bund der Krankenkassen und des Prüfdienstes des Verbandes der privaten Krankenversicherung e.V. die nach Absatz 4 angepassten Qualitätsprüfungs- Richtlinien bis zum 30. September 2016 an die nach Absatz 1 übergeleiteten und gegebenenfalls nach Absatz 2 geänderten Pflege-Transparenzvereinbarungen an. [2]Die auf Bundesebene maßgeblichen Organisationen für die Wahrnehmung der Interessen und der Selbsthilfe der pflegebedürftigen und behinderten Menschen wirken nach Maßgabe von § 118 mit. [3]Der Spitzenverband Bund der Pflegekassen hat die Vereinigungen der Träger der Pflegeeinrichtungen auf Bundesebene, die Verbände der Pflegeberufe auf Bundesebene, den Verband der privaten Krankenversicherung e. V. sowie die Bundesarbeitsgemeinschaft der überörtlichen Träger der Sozialhilfe und die kommunalen Spitzenverbände auf Bundesebene zu beteiligen. [4]Ihnen ist unter Übermittlung der hierfür erforderlichen Informationen innerhalb einer angemessenen Frist vor der Entscheidung Gelegenheit zur Stellungnahme zu geben; die Stellungnahmen sind in die Entscheidung einzubeziehen. [5]Die angepassten Qualitätsprüfungs-Richtlinien bedürfen der Genehmigung des Bundesministeriums für Gesundheit und treten zum 1. Januar 2017 in Kraft.

§ 116 Kostenregelungen

(1) Die Prüfkosten bei Wirksamkeits- und Wirtschaftlichkeitsprüfungen nach § 79 sind als Aufwand in der nächstmöglichen Vergütungsvereinbarung nach dem Achten Kapitel zu berücksichtigen; sie können auch auf mehrere Vergütungszeiträume verteilt werden.

(2) [1]Die Kosten der Schiedsstellenentscheidung nach § 115 Abs. 3 Satz 3 trägt der Träger der Pflegeeinrichtung, soweit die Schiedsstelle eine Vergütungskürzung anordnet; andernfalls sind sie von den als Kostenträgern betroffenen Vertragsparteien gemeinsam zu tragen. [2]Setzt die Schiedsstelle einen niedrigeren Kürzungsbetrag fest als von den Kostenträgern gefordert, haben die Beteiligten die Verfahrenskosten anteilig zu zahlen.

(3) [1]Die Bundesregierung wird ermächtigt, durch Rechtsverordnung mit Zustimmung des Bundesrates die Entgelte für die Durchführung von Wirtschaftlichkeitsprüfungen zu regeln. [2]In der Rechtsverordnung können auch Mindest- und Höchstsätze festgelegt werden; dabei ist den berechtigten Interessen der Wirtschaftlichkeitsprüfer (§ 79) sowie der zur Zahlung der Entgelte verpflichteten Pflegeeinrichtungen Rechnung zu tragen.

§ 117 Zusammenarbeit mit den nach heimrechtlichen Vorschriften zuständigen Aufsichtsbehörden

(1) [1]Die Landesverbände der Pflegekassen sowie der Medizinische Dienst der Krankenversicherung und der Prüfdienst des Verbandes der privaten Krankenversicherung e.V. arbeiten mit den nach heimrechtlichen Vorschriften zuständigen Aufsichtsbehörden bei der Zulassung und der Überprüfung der Pflegeeinrichtungen eng zusammen, um ihre wechselseitigen Aufgaben nach diesem Buch und nach den heimrechtlichen Vorschriften insbesondere durch

1. regelmäßige gegenseitige Information und Beratung,
2. Terminabsprachen für eine gemeinsame oder arbeitsteilige Überprüfung von Pflegeeinrichtungen und
3. Verständigung über die im Einzelfall notwendigen Maßnahmen

wirksam aufeinander abzustimmen. [2]Dabei ist sicherzustellen, dass Doppelprüfungen nach Möglichkeit vermieden werden. [3]Zur Erfüllung dieser Aufgaben sind die Landesverbände der Pflegekassen sowie der Medizinische Dienst und der Prüfdienst des Verbandes der privaten Krankenversicherung e.V.

verpflichtet, in den Arbeitsgemeinschaften nach den heimrechtlichen Vorschriften mitzuwirken und sich an entsprechenden Vereinbarungen zu beteiligen.

(2) [1]Die Landesverbände der Pflegekassen sowie der Medizinische Dienst und der Prüfdienst des Verbandes der privaten Krankenversicherung e.V. können mit den nach heimrechtlichen Vorschriften zuständigen Aufsichtsbehörden oder den obersten Landesbehörden ein Modellvorhaben vereinbaren, das darauf zielt, eine abgestimmte Vorgehensweise bei der Prüfung der Qualität von Pflegeeinrichtungen nach diesem Buch und nach heimrechtlichen Vorschriften zu erarbeiten. [2]Von den Richtlinien nach § 114 a Absatz 7 und den nach § 115 Absatz 1 a bundesweit getroffenen Vereinbarungen kann dabei für die Zwecke und die Dauer des Modellvorhabens abgewichen werden. [3]Die Verantwortung der Pflegekassen und ihrer Verbände für die inhaltliche Bestimmung, Sicherung und Prüfung der Pflege-, Versorgungs- und Betreuungsqualität nach diesem Buch kann durch eine Zusammenarbeit mit den nach heimrechtlichen Vorschriften zuständigen Aufsichtsbehörden oder den obersten Landesbehörden weder eingeschränkt noch erweitert werden.

(3) [1]Zur Verwirklichung der engen Zusammenarbeit sind die Landesverbände der Pflegekassen sowie der Medizinische Dienst der Krankenversicherung und der Prüfdienst des Verbandes der privaten Krankenversicherung e.V. berechtigt und auf Anforderung verpflichtet, der nach heimrechtlichen Vorschriften zuständigen Aufsichtsbehörde die ihnen nach diesem Buch zugänglichen Daten über die Pflegeeinrichtungen, insbesondere über die Zahl und Art der Pflegeplätze und der betreuten Personen (Belegung), über die personelle und sächliche Ausstattung sowie über die Leistungen und Vergütungen der Pflegeeinrichtungen, mitzuteilen. [2]Personenbezogene Daten sind vor der Datenübermittlung zu anonymisieren.

(4) [1]Erkenntnisse aus der Prüfung von Pflegeeinrichtungen sind vom Medizinischen Dienst der Krankenversicherung, dem Prüfdienst des Verbandes der privaten Krankenversicherung e.V. oder von den sonstigen Sachverständigen oder Stellen, die Qualitätsprüfungen nach diesem Buch durchführen, unverzüglich der nach heimrechtlichen Vorschriften zuständigen Aufsichtsbehörde mitzuteilen, soweit sie zur Vorbereitung und Durchführung von aufsichtsrechtlichen Maßnahmen nach den heimrechtlichen Vorschriften erforderlich sind. [2]§ 115 Abs. 1 Satz 1 bleibt hiervon unberührt.

(5) [1]Die Pflegekassen und ihre Verbände sowie der Medizinische Dienst der Krankenversicherung und der Prüfdienst des Verbandes der privaten Krankenversicherung e.V. tragen die ihnen durch die Zusammenarbeit mit den nach heimrechtlichen Vorschriften zuständigen Aufsichtsbehörden entstehenden Kosten. [2]Eine Beteiligung an den Kosten der nach heimrechtlichen Vorschriften zuständigen Aufsichtsbehörden oder anderer von nach heimrechtlichen Vorschriften zuständigen Aufsichtsbehörde beteiligter Stellen oder Gremien ist unzulässig.

(6) [1]Durch Anordnungen der nach heimrechtlichen Vorschriften zuständigen Aufsichtsbehörde bedingte Mehr- oder Minderkosten sind, soweit sie dem Grunde nach vergütungsfähig im Sinne des § 82 Abs. 1 sind, in der nächstmöglichen Pflegesatzvereinbarung zu berücksichtigen. [2]Der Widerspruch oder die Klage einer Vertragspartei oder eines Beteiligten nach § 85 Abs. 2 gegen die Anordnung hat keine aufschiebende Wirkung.

§ 118 Beteiligung von Interessenvertretungen, Verordnungsermächtigung

(1) [1]Bei Erarbeitung oder Änderung

1. *der in § 17 Absatz 1, den §§ 18 b, 114 a Absatz 7 und § 115 a Absatz 3 bis 5 vorgesehenen Richtlinien des Spitzenverbandes Bund der Pflegekassen sowie*
2. *der Vereinbarungen und Beschlüsse nach § 37 Absatz 5 in der ab dem 1. Januar 2017 geltenden Fassung, den §§ 113, 113 a, 115 Absatz 1 a sowie § 115 a Absatz 1 Satz 3 und Absatz 2 durch den Qualitätsausschuss nach § 113 b sowie der Vereinbarungen nach § 115 a Absatz 1 Satz 1*

wirken die auf Bundesebene maßgeblichen Organisationen für die Wahrnehmung der Interessen und der Selbsthilfe pflegebedürftiger und behinderter Menschen nach Maßgabe der Verordnung nach Absatz 2 beratend mit. [2]Das Mitberatungsrecht beinhaltet auch das Recht zur Anwesenheit bei Beschlussfassungen. [3]Wird den schriftlichen Anliegen dieser Organisationen nicht gefolgt, sind ihnen auf Verlangen die Gründe dafür schriftlich mitzuteilen.

(2) Das Bundesministerium für Gesundheit wird ermächtigt, durch Rechtsverordnung mit Zustimmung des Bundesrates Einzelheiten festzulegen für

1. die Voraussetzungen der Anerkennung der für die Wahrnehmung der Interessen und der Selbsthilfe der pflegebedürftigen und behinderten Menschen maßgeblichen Organisationen auf Bundesebene, insbesondere zu den Erfordernissen an die Organisationsform und die Offenlegung der Finanzierung, sowie
2. das Verfahren der Beteiligung.

§ 119 Verträge mit Pflegeheimen außerhalb des Anwendungsbereichs des Wohn- und Betreuungsvertragsgesetzes

Für den Vertrag zwischen dem Träger einer zugelassenen stationären Pflegeeinrichtung, auf die das Wohn- und Betreuungsvertragsgesetz keine Anwendung findet, und dem pflegebedürftigen Bewohner gelten die Vorschriften über die Verträge nach dem Wohn- und Betreuungsvertragsgesetz entsprechend.

§ 120 Pflegevertrag bei häuslicher Pflege

(1) [1]Bei häuslicher Pflege übernimmt der zugelassene Pflegedienst spätestens mit Beginn des ersten Pflegeeinsatzes auch gegenüber dem Pflegebedürftigen die Verpflichtung, diesen nach Art und Schwere seiner Pflegebedürftigkeit, entsprechend den von ihm in Anspruch genommenen [Bis 31.12.2016: Leistungen, zu pflegen und hauswirtschaftlich] [ab 1.1.2017: Leistungen der häuslichen Pflegehilfe im Sinne des § 36] zu versorgen (Pflegevertrag). [2]Bei jeder wesentlichen Veränderung des Zustandes des Pflegebedürftigen hat der Pflegedienst dies der zuständigen Pflegekasse unverzüglich mitzuteilen.

(2) [1]Der Pflegedienst hat nach Aufforderung der zuständigen Pflegekasse unverzüglich eine Ausfertigung des Pflegevertrages auszuhändigen. [2]Der Pflegevertrag kann von dem Pflegebedürftigen jederzeit ohne Einhaltung einer Frist gekündigt werden.

(3) [1]In dem Pflegevertrag sind mindestens Art, Inhalt und Umfang der Leistungen einschließlich der dafür mit den Kostenträgern nach § 89 vereinbarten Vergütungen für jede Leistung oder jeden Leistungskomplex gesondert zu beschreiben. [2]Der Pflegedienst hat den Pflegebedürftigen vor Vertragsschluss und bei jeder wesentlichen Veränderung in der Regel schriftlich über die voraussichtlichen Kosten zu unterrichten.

(4) [1]Der Anspruch des Pflegedienstes auf Vergütung seiner [Bis 31.12.2016: pflegerischen und hauswirtschaftlichen Leistungen] [ab 1.1.2017: Leistungen der häuslichen Pflegehilfe im Sinne des § 36] ist unmittelbar gegen die zuständige Pflegekasse zu richten. [2]Soweit die von dem Pflegebedürftigen abgerufenen Leistungen nach Satz 1 den von der Pflegekasse mit Bescheid festgelegten und von ihr zu zahlenden leistungsrechtlichen Höchstbetrag überschreiten, darf der Pflegedienst dem Pflegebedürftigen für die zusätzlich abgerufenen Leistungen keine höhere als die nach § 89 vereinbarte Vergütung berechnen.

Zwölftes Kapitel Bußgeldvorschrift

§ 121 Bußgeldvorschrift

(1) Ordnungswidrig handelt, wer vorsätzlich oder leichtfertig

1. der Verpflichtung zum Abschluß oder zur Aufrechterhaltung des privaten Pflegeversicherungsvertrages nach § 23 Abs. 1 Satz 1 und 2 oder § 23 Abs. 4 oder der Verpflichtung zur Aufrechterhaltung des privaten Pflegeversicherungsvertrages nach § 22 Abs. 1 Satz 2 nicht nachkommt,
2. entgegen § 50 Abs. 1 Satz 1, § 51 Abs. 1 Satz 1 und 2, § 51 Abs. 3 oder entgegen Artikel 42 Abs. 4 Satz 1 oder 2 des Pflege-Versicherungsgesetzes eine Meldung nicht, nicht richtig, nicht vollständig oder nicht rechtzeitig erstattet,
3. entgegen § 50 Abs. 3 Satz 1 Nr. 1 eine Auskunft nicht, nicht richtig, nicht vollständig oder nicht rechtzeitig erteilt oder entgegen § 50 Abs. 3 Satz 1 Nr. 2 eine Änderung nicht, nicht richtig, nicht vollständig oder nicht rechtzeitig mitteilt,
4. entgegen § 50 Abs. 3 Satz 2 die erforderlichen Unterlagen nicht, nicht vollständig oder nicht rechtzeitig vorlegt,

5. entgegen Artikel 42 Abs. 1 Satz 3 des Pflege-Versicherungsgesetzes den Leistungsumfang seines privaten Versicherungsvertrages nicht oder nicht rechtzeitig anpaßt,
6. mit der Entrichtung von sechs Monatsprämien zur privaten Pflegeversicherung in Verzug gerät,
7. entgegen § 128 Absatz 1 Satz 4 die dort genannten Daten nicht, nicht richtig, nicht vollständig oder nicht rechtzeitig übermittelt.

(2) Die Ordnungswidrigkeit kann mit einer Geldbuße bis zu 2 500 Euro geahndet werden.

(3) Für die von privaten Versicherungsunternehmen begangenen Ordnungswidrigkeiten nach Absatz 1 Nummer 2 und 7 ist das Bundesversicherungsamt die Verwaltungsbehörde im Sinne des § 36 Abs. 1 Nr. 1 des Gesetzes über Ordnungswidrigkeiten.

[Bis 31.12.2016:

§ 122 Übergangsregelung

(1) § 45 b ist mit Ausnahme des Absatzes 2 Satz 3 erst ab 1. April 2002 anzuwenden; Absatz 2 Satz 3 ist ab 1. Januar 2003 anzuwenden.

(2) [1]Die Spitzenverbände der Pflegekassen haben die nach § 45 b Abs. 1 Satz 4 in der ab dem 1. Juli 2008 geltenden Fassung vorgesehenen Richtlinien unter Beteiligung des Medizinischen Dienstes der Spitzenverbände der Krankenkassen, des Verbandes der privaten Krankenversicherung e.V., der kommunalen Spitzenverbände auf Bundesebene und der maßgeblichen Organisationen für die Wahrnehmung der Interessen und der Selbsthilfe der pflegebedürftigen und behinderten Menschen auf Bundesebene zu beschließen und dem Bundesministerium für Gesundheit bis zum 31. Mai 2008 zur Genehmigung vorzulegen. [2]§ 17 Abs. 2 gilt entsprechend.

(3) Für Personen, die am 31. Dezember 2014 einen Anspruch auf einen Wohngruppenzuschlag nach § 38 a in der bis zum 31. Dezember 2014 geltenden Fassung haben, wird diese Leistung weiter erbracht, wenn sich an den tatsächlichen Verhältnissen nichts geändert hat.

§ 123 Übergangsregelung: Verbesserte Pflegeleistungen für Personen mit erheblich eingeschränkter Alltagskompetenz

(1) Versicherte, die wegen erheblich eingeschränkter Alltagskompetenz die Voraussetzungen des § 45 a erfüllen, haben neben den Leistungen nach § 45 b bis zum Inkrafttreten eines Gesetzes, das die Leistungsgewährung aufgrund eines neuen Pflegebedürftigkeitsbegriffs und eines entsprechenden Begutachtungsverfahrens regelt, Ansprüche auf Pflegeleistungen nach Maßgabe der folgenden Absätze.

(2) [1]Versicherte ohne Pflegestufe haben je Kalendermonat Anspruch auf

1. Pflegegeld nach § 37 in Höhe von 123 Euro oder
2. Pflegesachleistungen nach § 36 in Höhe von bis zu 231 Euro oder
3. Kombinationsleistungen aus den Nummern 1 und 2 (§ 38)

sowie Ansprüche nach den §§ 38 a, 39, 40, 41, 42 und 45 e. [2]Der Anspruch auf teilstationäre Pflege für Versicherte ohne Pflegestufe umfasst einen Gesamtwert von bis zu 231 Euro je Kalendermonat.

(3) Für Pflegebedürftige der Pflegestufe I erhöhen sich das Pflegegeld nach § 37 um 72 Euro auf 316 Euro und die Pflegesachleistungen nach § 36 sowie § 41 um 221 Euro auf bis zu 689 Euro.

(4) Für Pflegebedürftige der Pflegestufe II erhöhen sich das Pflegegeld nach § 37 um 87 Euro auf 545 Euro und die Pflegesachleistungen nach § 36 sowie § 41 um 154 Euro auf bis zu 1 298 Euro.

§ 124 Übergangsregelung: Häusliche Betreuung

(1) Pflegebedürftige der Pflegestufen I bis III sowie Versicherte, die wegen erheblich eingeschränkter Alltagskompetenz die Voraussetzungen des § 45 a erfüllen, haben bis zum Inkrafttreten eines Gesetzes, das die Leistungsgewährung aufgrund eines neuen Pflegebedürftigkeitsbegriffs und eines entsprechenden Begutachtungsverfahrens regelt, nach den §§ 36 und 123 einen Anspruch auf häusliche Betreuung.

(2) [1]Leistungen der häuslichen Betreuung werden neben Grundpflege und hauswirtschaftlicher Versorgung als pflegerische Betreuungsmaßnahmen erbracht. [2]Sie umfassen Unterstützung und sonstige Hil-

fen im häuslichen Umfeld des Pflegebedürftigen oder seiner Familie und schließen insbesondere das Folgende mit ein:

1. Unterstützung von Aktivitäten im häuslichen Umfeld, die dem Zweck der Kommunikation und der Aufrechterhaltung sozialer Kontakte dienen,
2. Unterstützung bei der Gestaltung des häuslichen Alltags, insbesondere Hilfen zur Entwicklung und Aufrechterhaltung einer Tagesstruktur, zur Durchführung bedürfnisgerechter Beschäftigungen und zur Einhaltung eines bedürfnisgerechten Tag-/Nacht-Rhythmus.

[3]Häusliche Betreuung kann von mehreren Pflegebedürftigen oder Versicherten mit erheblich eingeschränkter Alltagskompetenz auch als gemeinschaftliche häusliche Betreuung im häuslichen Umfeld einer oder eines Beteiligten oder seiner Familie als Sachleistung in Anspruch genommen werden.

(3) Der Anspruch auf häusliche Betreuung setzt voraus, dass die Grundpflege und die hauswirtschaftliche Versorgung im Einzelfall sichergestellt sind.

(4) Das Siebte, das Achte und das Elfte Kapitel sind entsprechend anzuwenden.]

[Ab 1.1.2017: §§ 122 bis 124 (aufgehoben)]

§ 125 Modellvorhaben zur Erprobung von Leistungen der häuslichen Betreuung durch Betreuungsdienste

(1) [1]Der Spitzenverband Bund der Pflegekassen kann in den Jahren 2013 und 2014 aus Mitteln des Ausgleichsfonds der Pflegeversicherung mit bis zu 5 Millionen Euro Modellvorhaben zur Erprobung von Leistungen der häuslichen Betreuung [nach § 124 – ab 1.1.2017 gestrichen] durch Betreuungsdienste vereinbaren. [2]Dienste können als Betreuungsdienste Vereinbarungspartner werden, die insbesondere für demenziell erkrankte Pflegebedürftige dauerhaft häusliche Betreuung und hauswirtschaftliche Versorgung erbringen.

(2) [1]Die Modellvorhaben sind darauf auszurichten, die Wirkungen des Einsatzes von Betreuungsdiensten auf die pflegerische Versorgung umfassend bezüglich Qualität, Wirtschaftlichkeit, Inhalt der erbrachten Leistungen und Akzeptanz bei den Pflegebedürftigen zu untersuchen und sind auf längstens drei Jahre zu befristen. [2]Für die Modellvorhaben ist eine wissenschaftliche Begleitung und Auswertung vorzusehen. [3]Soweit im Rahmen der Modellvorhaben personenbezogene Daten benötigt werden, können diese mit Einwilligung des Pflegebedürftigen erhoben, verarbeitet und genutzt werden. [4]Der Spitzenverband Bund der Pflegekassen bestimmt Ziele, Dauer, Inhalte und Durchführung der Modellvorhaben. [5]Die Modellvorhaben sind mit dem Bundesministerium für Gesundheit abzustimmen.

(3) [1]Auf die am Modell teilnehmenden Dienste sind die Vorschriften dieses Buches für Pflegedienste entsprechend anzuwenden. [2]Anstelle der verantwortlichen Pflegefachkraft können sie eine entsprechend qualifizierte, fachlich geeignete und zuverlässige Kraft mit praktischer Berufserfahrung im erlernten Beruf von zwei Jahren innerhalb der letzten acht Jahre als verantwortliche Kraft einsetzen; § 71 Absatz 3 Satz 4 ist entsprechend anzuwenden. [3]Die Zulassung der teilnehmenden Betreuungsdienste zur Versorgung bleibt bis zu zwei Jahre nach dem Ende des Modellprogramms gültig.

Dreizehntes Kapitel Zulagenförderung der privaten Pflegevorsorge

§ 126 Zulageberechtigte

[1]Personen, die nach dem Dritten Kapitel in der sozialen oder privaten Pflegeversicherung versichert sind (zulageberechtigte Personen), haben bei Vorliegen einer auf ihren Namen lautenden privaten Pflege-Zusatzversicherung unter den in § 127 Absatz 2 genannten Voraussetzungen Anspruch auf eine Pflegevorsorgezulage. [2]Davon ausgenommen sind Personen, die das 18. Lebensjahr noch nicht vollendet haben, sowie Personen, die vor Abschluss der privaten Pflege-Zusatzversicherung bereits [Leistungen nach § 123 oder – ab 1.1.2017 gestrichen] als Pflegebedürftige Leistungen nach dem Vierten Kapitel oder gleichwertige Vertragsleistungen der privaten Pflege-Pflichtversicherung beziehen oder bezogen haben.

§ 127 Pflegevorsorgezulage; Fördervoraussetzungen

(1) [1]Leistet die zulageberechtigte Person mindestens einen Beitrag von monatlich 10 Euro im jeweiligen Beitragsjahr zugunsten einer auf ihren Namen lautenden, gemäß Absatz 2 förderfähigen privaten Pflege-Zusatzversicherung, hat sie Anspruch auf eine Zulage in Höhe von monatlich 5 Euro. [2]Die Zulage wird bei dem Mindestbeitrag nach Satz 1 nicht berücksichtigt. [3]Die Zulage wird je zulageberechtigter Person für jeden Monat nur für einen Versicherungsvertrag gewährt. [4]Der Mindestbeitrag und die Zulage sind für den förderfähigen Tarif zu verwenden.

(2) [1]Eine nach diesem Kapitel förderfähige private Pflege-Zusatzversicherung liegt vor, wenn das Versicherungsunternehmen hierfür

1. die Kalkulation nach Art der Lebensversicherung gemäß § 146 Absatz 1 Nummer 1 und 2 des Versicherungsaufsichtsgesetzes vorsieht,
2. allen in § 126 genannten Personen einen Anspruch auf Versicherung gewährt,
3. auf das ordentliche Kündigungsrecht sowie auf eine Risikoprüfung und die Vereinbarung von Risikozuschlägen und Leistungsausschlüssen verzichtet,
4. bei Vorliegen von Pflegebedürftigkeit im Sinne des § 14 einen vertraglichen Anspruch auf Auszahlung von Geldleistungen [bis 31.12.2016: für jede der in § 15 aufgeführten Pflegestufen, dabei in Höhe von mindestens 600 Euro für die in § 15 Absatz 1 Satz 1 Nummer 3 aufgeführte Pflegestufe III, sowie bei Vorliegen von erheblich eingeschränkter Alltagskompetenz im Sinne des § 45 a einen Anspruch auf Auszahlung von Geldleistungen vorsieht] [ab 1.1.2017: für jeden der in § 15 Absatz 3 und 7 aufgeführten Pflegegrade, dabei in Höhe von mindestens 600 Euro für Pflegegrad 5, vorsieht]; die tariflich vorgesehenen Geldleistungen dürfen dabei die zum Zeitpunkt des Vertragsabschlusses jeweils geltende Höhe der Leistungen dieses Buches nicht überschreiten, eine Dynamisierung bis zur Höhe der allgemeinen Inflationsrate ist jedoch zulässig; weitere Leistungen darf der förderfähige Tarif nicht vorsehen,
5. bei der Feststellung des Versicherungsfalles sowie der Festsetzung [bis 31.12.2016: der Pflegestufe] [ab 1.1.2017: des Pflegegrades] dem Ergebnis des Verfahrens zur Feststellung der Pflegebedürftigkeit gemäß § 18 [sowie den Feststellungen über das Vorliegen von erheblich eingeschränkter Alltagskompetenz nach § 45 a – ab 1.1.2017 gestrichen] folgt; bei Versicherten der privaten Pflege-Pflichtversicherung sind die entsprechenden Feststellungen des privaten Versicherungsunternehmens zugrunde zu legen,
6. die Wartezeit auf höchstens fünf Jahre beschränkt,
7. einem Versicherungsnehmer, der hilfebedürftig im Sinne des Zweiten oder Zwölften Buches ist oder allein durch Zahlung des Beitrags hilfebedürftig würde, einen Anspruch gewährt, den Vertrag ohne Aufrechterhaltung des Versicherungsschutzes für eine Dauer von mindestens drei Jahren ruhen zu lassen oder den Vertrag binnen einer Frist von drei Monaten nach Eintritt der Hilfebedürftigkeit rückwirkend zum Zeitpunkt des Eintritts zu kündigen; für den Fall der Ruhendstellung beginnt diese Frist mit dem Ende der Ruhendstellung, wenn Hilfebedürftigkeit weiterhin vorliegt,
8. die Höhe der in Ansatz gebrachten Verwaltungs- und Abschlusskosten begrenzt; das Nähere dazu wird in der Rechtsverordnung nach § 130 geregelt.

[2]Der Verband der privaten Krankenversicherung e.V. wird damit beliehen, hierfür brancheneinheitliche Vertragsmuster festzulegen, die von den Versicherungsunternehmen als Teil der Allgemeinen Versicherungsbedingungen förderfähiger Pflege-Zusatzversicherungen zu verwenden sind. [3]Die Beleihung nach Satz 2 umfasst die Befugnis, für Versicherungsunternehmen, die förderfähige private Pflege-Zusatzversicherungen anbieten, einen Ausgleich für Überschäden einzurichten; § 111 Absatz 1 Satz 1 und 2 und Absatz 2 gilt entsprechend. [4]Die Fachaufsicht über den Verband der privaten Krankenversicherung e.V. zu den in den Sätzen 2 und 3 genannten Aufgaben übt das Bundesministerium für Gesundheit aus.

(3) Der Anspruch auf die Zulage entsteht mit Ablauf des Kalenderjahres, für das die Beiträge zu einer privaten Pflege-Zusatzversicherung gemäß § 127 Absatz 1 geleistet worden sind (Beitragsjahr).

§ 128 Verfahren; Haftung des Versicherungsunternehmens

(1) [1]Die Zulage gemäß § 127 Absatz 1 wird auf Antrag gewährt. [2]Die zulageberechtigte Person bevollmächtigt das Versicherungsunternehmen mit dem Abschluss des Vertrags über eine förderfähige private Pflege-Zusatzversicherung, die Zulage für jedes Beitragsjahr zu beantragen. [3]Sofern eine Zulagenummer oder eine Versicherungsnummer nach § 147 des Sechsten Buches für die zulageberechtigte Person noch nicht vergeben ist, bevollmächtigt sie zugleich ihr Versicherungsunternehmen, eine Zulagenummer bei der zentralen Stelle zu beantragen. [4]Das Versicherungsunternehmen ist verpflichtet, der zentralen Stelle nach amtlich vorgeschriebenem Datensatz durch amtlich bestimmte Datenfernübertragung zur Feststellung der Anspruchsberechtigung auf Auszahlung der Zulage zugleich mit dem Antrag in dem Zeitraum vom 1. Januar bis zum 31. März des Kalenderjahres, das auf das Beitragsjahr folgt, Folgendes zu übermitteln:

1. die Antragsdaten,
2. die Höhe der für die zulagefähige private Pflege-Zusatzversicherung geleisteten Beiträge,
3. die Vertragsdaten,
4. die Versicherungsnummer nach § 147 des Sechsten Buches, die Zulagenummer der zulageberechtigten Person oder einen Antrag auf Vergabe einer Zulagenummer,
5. weitere zur Auszahlung der Zulage erforderliche Angaben,
6. die Bestätigung, dass der Antragsteller eine zulageberechtigte Person im Sinne des § 126 ist, sowie
7. die Bestätigung, dass der jeweilige Versicherungsvertrag die Voraussetzungen des § 127 Absatz 2 erfüllt.

[5]Die zulageberechtigte Person ist verpflichtet, dem Versicherungsunternehmen unverzüglich eine Änderung der Verhältnisse mitzuteilen, die zu einem Wegfall des Zulageanspruchs führt. [6]Hat für das Beitragsjahr, für das das Versicherungsunternehmen bereits eine Zulage beantragt hat, kein Zulageanspruch bestanden, hat das Versicherungsunternehmen diesen Antragsdatensatz zu stornieren.

(2) [1]Die Auszahlung der Zulage erfolgt durch eine zentrale Stelle bei der Deutschen Rentenversicherung Bund; das Nähere, insbesondere die Höhe der Verwaltungskostenerstattung, wird durch Verwaltungsvereinbarung zwischen dem Bundesministerium für Gesundheit und der Deutschen Rentenversicherung Bund geregelt. [2]Die Zulage wird bei Vorliegen der Voraussetzungen an das Versicherungsunternehmen gezahlt, bei dem der Vertrag über die private Pflege-Zusatzversicherung besteht, für den die Zulage beantragt wurde. [3]Wird für eine zulageberechtigte Person die Zulage für mehr als einen privaten Pflege-Zusatzversicherungsvertrag beantragt, so wird die Zulage für den jeweiligen Monat nur für den Vertrag gewährt, für den der Antrag zuerst bei der zentralen Stelle eingegangen ist. [4]Soweit der zuständige Träger der Rentenversicherung keine Versicherungsnummer vergeben hat, vergibt die zentrale Stelle zur Erfüllung der ihr zugewiesenen Aufgaben eine Zulagenummer. [5]Im Fall eines Antrags nach Absatz 1 Satz 3 teilt die zentrale Stelle dem Versicherungsunternehmen die Zulagenummer mit; von dort wird sie an den Antragsteller weitergeleitet. [6]Die zentrale Stelle stellt aufgrund der ihr vorliegenden Informationen fest, ob ein Anspruch auf Zulage besteht, und veranlasst die Auszahlung an das Versicherungsunternehmen zugunsten der zulageberechtigten Person. [7]Ein gesonderter Zulagebescheid ergeht vorbehaltlich des Satzes 9 nicht. [8]Das Versicherungsunternehmen hat die erhaltenen Zulagen unverzüglich dem begünstigten Vertrag gutzuschreiben. [9]Eine Festsetzung der Zulage erfolgt nur auf besonderen Antrag der zulageberechtigten Person. [10]Der Antrag ist schriftlich innerhalb eines Jahres nach Übersendung der Information nach Absatz 3 durch das Versicherungsunternehmen vom Antragsteller an das Versicherungsunternehmen zu richten. [11]Das Versicherungsunternehmen leitet den Antrag der zentralen Stelle zur Festsetzung zu. [12]Es hat dem Antrag eine Stellungnahme und die zur Festsetzung erforderlichen Unterlagen beizufügen. [13]Die zentrale Stelle teilt die Festsetzung auch dem Versicherungsunternehmen mit. [14]Erkennt die zentrale Stelle nachträglich, dass der Zulageanspruch nicht bestanden hat oder weggefallen ist, so hat sie zu Unrecht gutgeschriebene oder ausgezahlte Zulagen zurückzufordern und dies dem Versicherungsunternehmen durch Datensatz mitzuteilen.

(3) [1]Kommt die zentrale Stelle zu dem Ergebnis, dass kein Anspruch auf Zulage besteht oder bestanden hat, teilt sie dies dem Versicherungsunternehmen mit. [2]Dieses hat die versicherte Person innerhalb eines Monats nach Eingang des entsprechenden Datensatzes darüber zu informieren.

(4) Das Versicherungsunternehmen haftet im Fall der Auszahlung einer Zulage gegenüber dem Zulageempfänger dafür, dass die in § 127 Absatz 2 genannten Voraussetzungen erfüllt sind.

(5) [1]Die von der zentralen Stelle veranlassten Auszahlungen von Pflegevorsorgezulagen sowie die entstehenden Verwaltungskosten werden vom Bundesministerium für Gesundheit getragen. [2]Zu den Verwaltungskosten gehören auch die entsprechenden Kosten für den Aufbau der technischen und organisatorischen Infrastruktur. [3]Die gesamten Verwaltungskosten werden nach Ablauf eines jeden Beitragsjahres erstattet; dabei sind die Personal- und Sachkostensätze des Bundes entsprechend anzuwenden. [4]Ab dem Jahr 2014 werden monatliche Abschläge gezahlt. [5]Soweit das Bundesversicherungsamt die Aufsicht über die zentrale Stelle ausübt, untersteht es abweichend von § 94 Absatz 2 Satz 2 des Vierten Buches dem Bundesministerium für Gesundheit.

§ 129 Wartezeit bei förderfähigen Pflege-Zusatzversicherungen

Soweit im Vertrag über eine gemäß § 127 Absatz 2 förderfähige private Pflege-Zusatzversicherung eine Wartezeit vereinbart wird, darf diese abweichend von § 197 Absatz 1 des Versicherungsvertragsgesetzes fünf Jahre nicht überschreiten.

§ 130 Verordnungsermächtigung

Das Bundesministerium für Gesundheit wird ermächtigt, im Einvernehmen mit dem Bundesministerium der Finanzen und dem Bundesministerium für Arbeit und Soziales durch Rechtsverordnung ohne Zustimmung des Bundesrates Vorschriften zu erlassen, die Näheres regeln über

1. die zentrale Stelle gemäß § 128 Absatz 2 und ihre Aufgaben,
2. das Verfahren für die Ermittlung, Festsetzung, Auszahlung, Rückzahlung und Rückforderung der Zulage,
3. den Datenaustausch zwischen Versicherungsunternehmen und zentraler Stelle nach § 128 Absatz 1 und 2,
4. die Begrenzung der Höhe der bei förderfähigen Pflege-Zusatzversicherungen in Ansatz gebrachten Verwaltungs- und Abschlusskosten.

Vierzehntes Kapitel Bildung eines Pflegevorsorgefonds

§ 131 Pflegevorsorgefonds

In der sozialen Pflegeversicherung wird ein Sondervermögen unter dem Namen „Vorsorgefonds der sozialen Pflegeversicherung" errichtet.

§ 132 Zweck des Vorsorgefonds

[1]Das Sondervermögen dient der langfristigen Stabilisierung der Beitragsentwicklung in der sozialen Pflegeversicherung. [2]Es darf nach Maßgabe des § 136 nur zur Finanzierung der Leistungsaufwendungen der sozialen Pflegeversicherung verwendet werden.

§ 133 Rechtsform

[1]Das Sondervermögen ist nicht rechtsfähig. [2]Es kann unter seinem Namen im rechtsgeschäftlichen Verkehr handeln, klagen und verklagt werden. [3]Der allgemeine Gerichtsstand des Sondervermögens ist Frankfurt am Main.

§ 134 Verwaltung und Anlage der Mittel

(1) [1]Die Verwaltung und die Anlage der Mittel des Sondervermögens werden der Deutschen Bundesbank übertragen. [2]Für die Verwaltung des Sondervermögens und seiner Mittel werden der Bundesbank entsprechend § 20 Satz 2 des Gesetzes über die Deutsche Bundesbank keine Kosten erstattet.

(2) [1]Die dem Sondervermögen zufließenden Mittel einschließlich der Erträge sind unter sinngemäßer Anwendung der Anlagerichtlinien des Versorgungsfonds des Bundes zu marktüblichen Bedingungen anzulegen. [2]Dabei ist der in Aktien oder Aktienfonds angelegte Anteil des Sondervermögens ab dem

Jahr 2035 über einen Zeitraum von höchstens zehn Jahren abzubauen. [3]Das Bundesministerium für Gesundheit ist im Anlageausschuss nach § 4 a der Anlagerichtlinien des Versorgungsfonds des Bundes vertreten.

§ 135 Zuführung der Mittel

(1) [1]Das Bundesversicherungsamt führt dem Sondervermögen monatlich zum 20. des Monats zu Lasten des Ausgleichsfonds einen Betrag zu, der einem Zwölftel von 0,1 Prozent der beitragspflichtigen Einnahmen der sozialen Pflegeversicherung des Vorjahres entspricht. [2]*Für die Berechnung des Abführungsbetrages wird der Beitragssatz gemäß § 55 Absatz 1 zugrunde gelegt.*

(2) Die Zuführung nach Absatz 1 erfolgt erstmals zum 20. Februar 2015 und endet mit der Zahlung für Dezember 2033.

§ 136 Verwendung des Sondervermögens

[1]Ab dem Jahr 2035 kann das Sondervermögen zur Sicherung der Beitragssatzstabilität der sozialen Pflegeversicherung verwendet werden, wenn ohne eine Zuführung von Mitteln an den Ausgleichsfonds eine Beitragssatzanhebung erforderlich würde, die nicht auf über eine allgemeine Dynamisierung der Leistungen hinausgehenden Leistungsverbesserungen beruht. [2]Die Obergrenze der jährlich auf Anforderung des Bundesversicherungsamtes an den Ausgleichsfonds abführbaren Mittel ist der 20. Teil des Realwertes des zum 31. Dezember 2034 vorhandenen Mittelbestandes des Sondervermögens. [3]Erfolgt in einem Jahr kein Abruf, so können die für dieses Jahr vorgesehenen Mittel in den Folgejahren mit abgerufen werden, wenn ohne eine entsprechende Zuführung von Mitteln an den Ausgleichsfonds eine Beitragssatzanhebung erforderlich würde, die nicht auf über eine allgemeine Dynamisierung der Leistungen hinausgehenden Leistungsverbesserungen beruht.

§ 137 Vermögenstrennung

Das Vermögen ist von dem übrigen Vermögen der sozialen Pflegeversicherung sowie von seinen Rechten und Verbindlichkeiten getrennt zu halten.

§ 138 Jahresrechnung

[1]Die Deutsche Bundesbank legt dem Bundesministerium für Gesundheit jährlich einen Bericht über die Verwaltung der Mittel des Sondervermögens vor. [2]Darin sind der Bestand des Sondervermögens einschließlich der Forderungen und Verbindlichkeiten sowie die Einnahmen und Ausgaben auszuweisen.

§ 139 Auflösung

Das Sondervermögen gilt nach Auszahlung seines Vermögens als aufgelöst.

Fünfzehntes Kapitel Überleitungs- und Übergangsrecht

Erster Abschnitt Regelungen zur Rechtsanwendung im Übergangszeitraum, zur Überleitung in die Pflegegrade, zum Besitzstandsschutz für Leistungen der Pflegeversicherung sowie Übergangsregelungen im Begutachtungsverfahren im Rahmen der Einführung des neuen Pflegebedürftigkeitsbegriffs

§ 140 Anzuwendendes Recht und Überleitung in die Pflegegrade

(1) [1]Die Feststellung des Vorliegens von Pflegebedürftigkeit oder einer erheblich eingeschränkten Alltagskompetenz nach § 45 a in der am 31. Dezember 2016 geltenden Fassung erfolgt jeweils auf der Grundlage des zum Zeitpunkt der Antragstellung geltenden Rechts. [2]Der Erwerb einer Anspruchsberechtigung auf Leistungen der Pflegeversicherung richtet sich ebenfalls nach dem zum Zeitpunkt der Antragstellung geltenden Recht.

(2) [1]Versicherte der sozialen Pflegeversicherung und der privaten Pflege-Pflichtversicherung,

1. bei denen das Vorliegen einer Pflegestufe im Sinne der §§ 14 und 15 in der am 31. Dezember 2016 geltenden Fassung oder einer erheblich eingeschränkten Alltagskompetenz nach § 45 a in der am 31. Dezember 2016 geltenden Fassung festgestellt worden ist und
2. bei denen spätestens am 31. Dezember 2016 alle Voraussetzungen für einen Anspruch auf eine regelmäßig wiederkehrende Leistung der Pflegeversicherung vorliegen,

werden mit Wirkung ab dem 1. Januar 2017 ohne erneute Antragstellung und ohne erneute Begutachtung nach Maßgabe von Satz 3 einem Pflegegrad zugeordnet. [2]Die Zuordnung ist dem Versicherten schriftlich mitzuteilen. [3]Für die Zuordnung gelten die folgenden Kriterien:

1. Versicherte, bei denen eine Pflegestufe nach den §§ 14 und 15 in der am 31. Dezember 2016 geltenden Fassung, aber nicht zusätzlich eine erheblich eingeschränkte Alltagskompetenz nach § 45 a in der am 31. Dezember 2016 geltenden Fassung festgestellt wurde, werden übergeleitet
   a) von Pflegestufe I in den Pflegegrad 2,
   b) von Pflegestufe II in den Pflegegrad 3,
   c) von Pflegestufe III in den Pflegegrad 4 oder
   d) von Pflegestufe III in den Pflegegrad 5, soweit die Voraussetzungen für Leistungen nach § 36 Absatz 4 oder § 43 Absatz 3 in der am 31. Dezember 2016 geltenden Fassung festgestellt wurden;
2. Versicherte, bei denen eine erheblich eingeschränkte Alltagskompetenz nach § 45 a in der am 31. Dezember 2016 geltenden Fassung festgestellt wurde, werden übergeleitet
   a) bei nicht gleichzeitigem Vorliegen einer Pflegestufe nach den §§ 14 und 15 in der am 31. Dezember 2016 geltenden Fassung in den Pflegegrad 2,
   b) bei gleichzeitigem Vorliegen der Pflegestufe I nach den §§ 14 und 15 in der am 31. Dezember 2016 geltenden Fassung in den Pflegegrad 3,
   c) bei gleichzeitigem Vorliegen der Pflegestufe II nach den §§ 14 und 15 in der am 31. Dezember 2016 geltenden Fassung in den Pflegegrad 4,
   d) bei gleichzeitigem Vorliegen der Pflegestufe III nach den §§ 14 und 15 in der am 31. Dezember 2016 geltenden Fassung, auch soweit zusätzlich die Voraussetzungen für Leistungen nach § 36 Absatz 4 oder § 43 Absatz 3 in der am 31. Dezember 2016 geltenden Fassung festgestellt wurden, in den Pflegegrad 5.

(3) [1]Die Zuordnung zu dem Pflegegrad, in den der Versicherte gemäß Absatz 2 übergeleitet worden ist, bleibt auch bei einer Begutachtung nach dem ab dem 1. Januar 2017 geltenden Recht erhalten, es sei denn, die Begutachtung führt zu einer Anhebung des Pflegegrades oder zu der Feststellung, dass keine Pflegebedürftigkeit im Sinne der §§ 14 und 15 in der ab dem 1. Januar 2017 geltenden Fassung mehr vorliegt. [2]Satz 1 gilt auch bei einem Erlöschen der Mitgliedschaft im Sinne von § 35 ab dem 1. Januar 2017, wenn die neue Mitgliedschaft unmittelbar im Anschluss begründet wird. [3]Die Pflegekasse, bei der die Mitgliedschaft beendet wird, ist verpflichtet, der Pflegekasse, bei der die neue Mitgliedschaft begründet wird, die bisherige Einstufung des Versicherten rechtzeitig schriftlich mitzuteilen. [4]Entsprechendes gilt bei einem Wechsel zwischen privaten Krankenversicherungsunternehmen und einem Wechsel von sozialer zu privater sowie von privater zu sozialer Pflegeversicherung.

(4) [1]Stellt ein Versicherter, bei dem das Vorliegen einer Pflegebedürftigkeit oder einer erheblich eingeschränkten Alltagskompetenz nach § 45 a in der am 31. Dezember 2016 geltenden Fassung festgestellt wurde, ab dem 1. Januar 2017 einen erneuten Antrag auf Feststellung von Pflegebedürftigkeit und lagen die tatsächlichen Voraussetzungen für einen höheren als durch die Überleitung erreichten Pflegegrad bereits vor dem 1. Januar 2017 vor, richten sich die ab dem Zeitpunkt der Änderung der tatsächlichen Verhältnisse zu erbringenden Leistungen im Zeitraum vom 1. November 2016 bis 31. Dezember 2016 nach dem ab 1. Januar 2017 geltenden Recht. [2]Entsprechendes gilt für Versicherte bei einem privaten Pflegeversicherungsunternehmen.

§ 141 Besitzstandsschutz und Übergangsrecht zur sozialen Sicherung von Pflegepersonen

(1) [1]Versicherte der sozialen Pflegeversicherung und der privaten Pflege-Pflichtversicherung sowie Pflegepersonen, die am 31. Dezember 2016 Anspruch auf Leistungen der Pflegeversicherung haben, erhalten Besitzstandsschutz auf die ihnen unmittelbar vor dem 1. Januar 2017 zustehenden, regelmäßig wiederkehrenden Leistungen nach den §§ 36, 37, 38, 38 a, 40 Absatz 2, den §§ 41, 44 a, 45 b, 123 und 124 in der am 31. Dezember 2016 geltenden Fassung. [2]Hinsichtlich eines Anspruchs auf den erhöhten Betrag nach § 45 b in der am 31. Dezember 2016 geltenden Fassung richtet sich die Gewährung von Besitzstandsschutz abweichend von Satz 1 nach Absatz 2. [3]Für Versicherte, die am 31. Dezember 2016 Leistungen nach § 43 bezogen haben, richtet sich der Besitzstandsschutz nach Absatz 3. [4]Kurzfristige Unterbrechungen im Leistungsbezug lassen den Besitzstandsschutz jeweils unberührt.

(2) [1]Versicherte,

1. die am 31. Dezember 2016 einen Anspruch auf den erhöhten Betrag nach § 45 b Absatz 1 in der am 31. Dezember 2016 geltenden Fassung haben und
2. deren Höchstleistungsansprüche, die ihnen nach den §§ 36, 37 und 41 unter Berücksichtigung des § 140 Absatz 2 und 3 ab dem 1. Januar 2017 zustehen, nicht um jeweils mindestens 83 Euro monatlich höher sind als die entsprechenden Höchstleistungsansprüche, die ihnen nach den §§ 36, 37 und 41 unter Berücksichtigung des § 123 in der am 31. Dezember 2016 geltenden Fassung am 31. Dezember 2016 zustanden,

haben ab dem 1. Januar 2017 Anspruch auf einen Zuschlag auf den Entlastungsbetrag nach § 45 b in der ab dem 1. Januar 2017 jeweils geltenden Fassung. [2]Die Höhe des monatlichen Zuschlags ergibt sich aus der Differenz zwischen 208 Euro und dem Leistungsbetrag, der in § 45 b Absatz 1 Satz 1 in der ab dem 1. Januar 2017 jeweils geltenden Fassung festgelegt ist. [3]Das Bestehen eines Anspruchs auf diesen Zuschlag ist den Versicherten schriftlich mitzuteilen und zu erläutern.

(3) [1]Ist bei Pflegebedürftigen der Pflegegrade 2 bis 5 in der vollstationären Pflege der einrichtungseinheitliche Eigenanteil nach § 92 e oder nach § 84 Absatz 2 Satz 3 im ersten Monat nach der Einführung des neuen Pflegebedürftigkeitsbegriffs höher als der jeweilige individuelle Eigenanteil im Vormonat, so ist zum Leistungsbetrag nach § 43 von Amts wegen ein Zuschlag in Höhe der Differenz von der Pflegekasse an die Pflegeeinrichtung zu zahlen. [2]In der Vergleichsberechnung nach Satz 1 sind für beide Monate jeweils die vollen Pflegesätze und Leistungsbeträge zugrunde zu legen. [3]Verringert sich die Differenz zwischen Pflegesatz und Leistungsbetrag in der Folgezeit, ist der Zuschlag entsprechend zu kürzen. [4]Dies gilt entsprechend für Versicherte der privaten Pflege-Pflichtversicherung.

(4) [1]Für Personen, die am 31. Dezember 2016 wegen nicht erwerbsmäßiger Pflege rentenversicherungspflichtig waren und Anspruch auf die Zahlung von Beiträgen zur gesetzlichen Rentenversicherung nach § 44 in der am 31. Dezember 2016 geltenden Fassung hatten, besteht die Versicherungspflicht für die Dauer dieser Pflegetätigkeit fort. [2]Die beitragspflichtigen Einnahmen ab dem 1. Januar 2017 bestimmen sich in den Fällen des Satzes 1 nach Maßgabe des § 166 Absatz 2 und 3 des Sechsten Buches in der am 31. Dezember 2016 geltenden Fassung, wenn sie höher sind als die beitragspflichtigen Einnahmen, die sich aus dem ab dem 1. Januar 2017 geltenden Recht ergeben.

(4 a) [1]In den Fällen des § 140 Absatz 4 richtet sich die Versicherungspflicht als Pflegeperson in der Rentenversicherung und die Bestimmung der beitragspflichtigen Einnahmen für Zeiten vor dem 1. Januar 2017 nach §§ 3 und 166 des Sechsten Buches in der bis zum 31. Dezember 2016 geltenden Fassung. [2]Die dabei anzusetzende Pflegestufe erhöht sich entsprechend dem Anstieg des Pflegegrades gegenüber dem durch die Überleitung erreichten Pflegegrad.

(5) [1]Absatz 4 ist ab dem Zeitpunkt nicht mehr anwendbar, zu dem nach dem ab dem 1. Januar 2017 geltenden Recht festgestellt wird, dass

1. bei der versorgten Person keine Pflegebedürftigkeit im Sinne der §§ 14 und 15 in der ab dem 1. Januar 2017 geltenden Fassung vorliegt oder
2. die pflegende Person keine Pflegeperson im Sinne des § 19 in der ab dem 1. Januar 2017 geltenden Fassung ist.

[2]Absatz 4 ist auch nicht mehr anwendbar, wenn sich nach dem 31. Dezember 2016 eine Änderung in den Pflegeverhältnissen ergibt, die zu einer Änderung der beitragspflichtigen Einnahmen nach § 166 Absatz 2 des Sechsten Buches in der ab dem 1. Januar 2017 geltenden Fassung führt oder ein Ausschlussgrund nach § 3 Satz 2 oder 3 des Sechsten Buches eintritt.

(6) Für Pflegepersonen im Sinne des § 44 Absatz 2 gelten die Absätze 4, 4 a und 5 entsprechend.

(7) [1]Für Personen, die am 31. Dezember 2016 wegen nicht erwerbsmäßiger Pflege in der gesetzlichen Unfallversicherung versicherungspflichtig waren, besteht die Versicherungspflicht für die Dauer dieser Pflegetätigkeit fort. [2]Satz 1 gilt, soweit und solange sich aus dem ab dem 1. Januar 2017 geltenden Recht keine günstigeren Ansprüche ergeben. [3]Satz 1 ist ab dem Zeitpunkt nicht mehr anwendbar, zu dem nach dem ab dem 1. Januar 2017 geltenden Recht festgestellt wird, dass bei der versorgten Person keine Pflegebedürftigkeit im Sinne der §§ 14 und 15 in der ab dem 1. Januar 2017 geltenden Fassung vorliegt.

§ 142 Übergangsregelungen im Begutachtungsverfahren

(1) [1]Bei Versicherten, die nach § 140 von einer Pflegestufe in einen Pflegegrad übergeleitet wurden, werden bis zum 1. Januar 2019 keine Wiederholungsbegutachtungen nach § 18 Absatz 2 Satz 5 durchgeführt; auch dann nicht, wenn die Wiederholungsbegutachtung vor diesem Zeitpunkt vom Medizinischen Dienst der Krankenversicherung oder anderen unabhängigen Gutachtern empfohlen wurde. [2]Abweichend von Satz 1 können Wiederholungsbegutachtungen durchgeführt werden, wenn eine Verbesserung der gesundheitlich bedingten Beeinträchtigungen der Selbständigkeit oder der Fähigkeiten, insbesondere aufgrund von durchgeführten Operationen oder Rehabilitationsmaßnahmen, zu erwarten ist.

(2) [1]Die Frist nach § 18 Absatz 3 Satz 2 ist vom 1. Januar 2017 bis zum 31. Dezember 2017 unbeachtlich. [2]Abweichend davon ist denjenigen, die ab dem 1. Januar 2017 einen Antrag auf Leistungen der Pflegeversicherung stellen und bei denen ein besonders dringlicher Entscheidungsbedarf vorliegt, spätestens 25 Arbeitstage nach Eingang des Antrags bei der zuständigen Pflegekasse die Entscheidung der Pflegekasse schriftlich mitzuteilen. [3]Der Spitzenverband Bund der Pflegekassen entwickelt bundesweit einheitliche Kriterien für das Vorliegen, die Gewichtung und die Feststellung eines besonders dringlichen Entscheidungsbedarfs. [4]Die Pflegekassen und die privaten Versicherungsunternehmen berichten in der nach § 18 Absatz 3 b Satz 4 zu veröffentlichenden Statistik auch über die Anwendung der Kriterien zum Vorliegen und zur Feststellung eines besonders dringlichen Entscheidungsbedarfs.

(3) Abweichend von § 18 Absatz 3 a Satz 1 Nummer 2 ist die Pflegekasse vom 1. Januar 2017 bis zum 31. Dezember 2017 nur bei Vorliegen eines besonders dringlichem Entscheidungsbedarfs gemäß Absatz 2 dazu verpflichtet, dem Antragsteller mindestens drei unabhängige Gutachter zur Auswahl zu benennen, wenn innerhalb von 20 Arbeitstagen nach Antragstellung keine Begutachtung erfolgt ist.

§ 143 Sonderanpassungsrecht für die Allgemeinen Versicherungsbedingungen und die technischen Berechnungsgrundlagen privater Pflegeversicherungsverträge

(1) Bei einer Pflegeversicherung, bei der die Prämie nach Art der Lebensversicherung berechnet wird und bei der das ordentliche Kündigungsrecht des Versicherers gesetzlich oder vertraglich ausgeschlossen ist, kann der Versicherer seine Allgemeinen Versicherungsbedingungen auch für bestehende Versicherungsverhältnisse entsprechend den Vorgaben nach § 140 ändern, soweit der Versicherungsfall durch den Pflegebedürftigkeitsbegriff nach den §§ 14 und 15 bestimmt wird.

(2) [1]Der Versicherer ist zudem berechtigt, auch für bestehende Versicherungsverhältnisse die technischen Berechnungsgrundlagen insoweit zu ändern, als die Leistungen an die Pflegegrade nach § 140 Absatz 2 und die Prämien daran angepasst werden. [2]§ 12 b Absatz 1 und 1 a des Versicherungsaufsichtsgesetzes findet Anwendung.

(3) [1]Dem Versicherungsnehmer sind die geänderten Versicherungsbedingungen nach Absatz 1 und die Neufestsetzung der Prämie nach Absatz 2 unter Kenntlichmachung der Unterschiede sowie unter Hinweis auf die hierfür maßgeblichen Gründe in Textform mitzuteilen. [2]Anpassungen nach den Absätzen 1 und 2 werden zu Beginn des zweiten Monats wirksam, der auf die Benachrichtigung des Versicherungsnehmers folgt.

(4) Gesetzlich oder vertraglich vorgesehene Sonderkündigungsrechte des Versicherungsnehmers bleiben hiervon unberührt.

Zweiter Abschnitt Sonstige Überleitungs- und Übergangsregelungen

§ 144 Überleitungs- und Übergangsregelungen, Verordnungsermächtigung

(1) Für Personen, die am 31. Dezember 2014 einen Anspruch auf einen Wohngruppenzuschlag nach § 38 a in der am 31. Dezember 2014 geltenden Fassung haben, wird diese Leistung weiter erbracht, wenn sich an den tatsächlichen Verhältnissen nichts geändert hat.

(2) [1]Am 31. Dezember 2016 nach Landesrecht anerkannte niedrigschwellige Betreuungsangebote und niedrigschwellige Entlastungsangebote im Sinne der §§ 45 b und 45 c in der zu diesem Zeitpunkt geltenden Fassung gelten auch ohne neues Anerkennungsverfahren als nach Landesrecht anerkannte Angebote zur Unterstützung im Alltag im Sinne des § 45 a in der ab dem 1. Januar 2017 geltenden Fassung. [2]Die Landesregierungen werden ermächtigt, durch Rechtsverordnung hiervon abweichende Regelungen zu treffen.

[Ab 1.1.2017 werden folgende Anlagen 1 und 2 angefügt:

Anlage 1
(zu § 15)

Einzelpunkte der Module 1 bis 6;
Bildung der Summe der Einzelpunkte in jedem Modul

Modul 1: Einzelpunkte im Bereich der Mobilität

Das Modul umfasst fünf Kriterien, deren Ausprägungen in den folgenden Kategorien mit den nachstehenden Einzelpunkten gewertet werden:

Ziffer	Kriterien	selbständig	überwiegend selbständig	überwiegend unselbständig	unselbständig
1.1	Positionswechsel im Bett	0	1	2	3
1.2	Halten einer stabilen Sitzposition	0	1	2	3
1.3	Umsetzen	0	1	2	3
1.4	Fortbewegen innerhalb des Wohnbereichs	0	1	2	3
1.5	Treppensteigen	0	1	2	3

Modul 2: Einzelpunkte im Bereich der kognitiven und kommunikativen Fähigkeiten

Das Modul umfasst elf Kriterien, deren Ausprägungen in den folgenden Kategorien mit den nachstehenden Einzelpunkten gewertet werden:

Ziffer	Kriterien	Fähigkeit vorhanden/ unbeein-trächtigt	Fähigkeit größtenteils vorhanden	Fähigkeit in geringem Maße vorhanden	Fähigkeit nicht vorhanden
2.1	Erkennen von Personen aus dem näheren Umfeld	0	1	2	3
2.2	Örtliche Orientierung	0	1	2	3
2.3	Zeitliche Orientierung	0	1	2	3
2.4	Erinnern an wesentliche Ereignisse oder Beobachtungen	0	1	2	3
2.5	Steuern von mehrschrittigen Alltagshandlungen	0	1	2	3
2.6	Treffen von Entscheidungen im Alltag	0	1	2	3
2.7	Verstehen von Sachverhalten und Informationen	0	1	2	3
2.8	Erkennen von Risiken und Gefahren	0	1	2	3
2.9	Mitteilen von elementaren Bedürfnissen	0	1	2	3
2.10	Verstehen von Aufforderungen	0	1	2	3
2.11	Beteiligen an einem Gespräch	0	1	2	3

Modul 3: Einzelpunkte im Bereich der Verhaltensweisen und psychische Problemlagen

Das Modul umfasst dreizehn Kriterien, deren Häufigkeit des Auftretens in den folgenden Kategorien mit den nachstehenden Einzelpunkten gewertet wird:

Ziffer	Kriterien	nie oder sehr selten	selten (ein- bis dreimal innerhalb von zwei Wochen)	häufig (zweimal bis mehrmals wöchentlich, aber nicht täglich)	täglich
3.1	Motorisch geprägte Verhaltensauffälligkeiten	0	1	3	5
3.2	Nächtliche Unruhe	0	1	3	5
3.3	Selbstschädigendes und autoaggressives Verhalten	0	1	3	5

Ziffer	Kriterien	nie oder sehr selten	selten (ein- bis dreimal innerhalb von zwei Wochen)	häufig (zweimal bis mehrmals wöchentlich, aber nicht täglich)	täglich
3.4	Beschädigen von Gegenständen	0	1	3	5
3.5	Physisch aggressives Verhalten gegenüber anderen Personen	0	1	3	5
3.6	Verbale Aggression	0	1	3	5
3.7	Andere pflegerelevante vokale Auffälligkeiten	0	1	3	5
3.8	Abwehr pflegerischer und anderer unterstützender Maßnahmen	0	1	3	5
3.9	Wahnvorstellungen	0	1	3	5
3.10	Ängste	0	1	3	5
3.11	Antriebslosigkeit bei depressiver Stimmungslage	0	1	3	5
3.12	Sozial inadäquate Verhaltensweisen	0	1	3	5
3.13	Sonstige pflegerelevante inadäquate Handlungen	0	1	3	5

Modul 4: Einzelpunkte im Bereich der Selbstversorgung

Das Modul umfasst dreizehn Kriterien:

Einzelpunkte für die Kriterien der Ziffern 4.1 bis 4.12

Die Ausprägungen der Kriterien 4.1 bis 4.12 werden in den folgenden Kategorien mit den nachstehenden Punkten gewertet:

Ziffer	Kriterien	selbständig	überwiegend selbständig	überwiegend unselbständig	unselbständig
4.1	Waschen des vorderen Oberkörpers	0	1	2	3
4.2	Körperpflege im Bereich des Kopfes (Kämmen, Zahnpflege/Prothesen-reinigung, Rasieren)	0	1	2	3
4.3	Waschen des Intimbereichs	0	1	2	3
4.4	Duschen und Baden einschließlich Waschen der Haare	0	1	2	3
4.5	An- und Auskleiden des Oberkörpers	0	1	2	3
4.6	An- und Auskleiden des Unterkörpers	0	1	2	3
4.7	Mundgerechtes Zubereiten der Nahrung und Eingießen von Getränken	0	1	2	3
4.8	Essen	0	3	6	9
4.9	Trinken	0	2	4	6
4.10	Benutzen einer Toilette oder eines Toilettenstuhls	0	2	4	6
4.11	Bewältigen der Folgen einer Harninkontinenz und Umgang mit Dauerkatheter und Urostoma	0	1	2	3
4.12	Bewältigen der Folgen einer Stuhlinkontinenz und Umgang mit Stoma	0	1	2	3

Die Ausprägungen des Kriteriums der Ziffer 4.8 sowie die Ausprägung der Kriterien der Ziffern 4.9 und 4.10 werden wegen ihrer besonderen Bedeutung für die pflegerische Versorgung stärker gewichtet.

Die Einzelpunkte für die Kriterien der Ziffern 4.11 und 4.12 gehen in die Berechnung nur ein, wenn bei der Begutachtung beim Versicherten darüber hinaus die Feststellung „überwiegend inkontinent" oder „vollständig inkontinent" getroffen wird oder eine künstliche Ableitung von Stuhl oder Harn erfolgt.

Einzelpunkte für das Kriterium der Ziffer 4.13

Die Ausprägungen des Kriteriums der Ziffer 4.13 werden in den folgenden Kategorien mit den nachstehenden Einzelpunkten gewertet:

Ziffer	Kriterium	entfällt	teilweise	vollständig
4.13	Ernährung parental oder über Sonde	0	6	3

Das Kriterium ist mit „entfällt" (0 Punkte) zu bewerten, wenn eine regelmäßige und tägliche parenterale Ernährung oder Sondenernährung auf Dauer, voraussichtlich für mindestens sechs Monate, nicht erforderlich ist. Kann die parenterale Ernährung oder Sondenernährung ohne Hilfe durch andere selbständig durchgeführt werden, werden ebenfalls keine Punkte vergeben.

Das Kriterium ist mit „teilweise" (6 Punkte) zu bewerten, wenn eine parenterale Ernährung oder Sondenernährung zur Vermeidung von Mangelernährung mit Hilfe täglich und zusätzlich zur oralen Aufnahme von Nahrung oder Flüssigkeit erfolgt.

Das Kriterium ist mit „vollständig" (3 Punkte) zu bewerten, wenn die Aufnahme von Nahrung oder Flüssigkeit ausschließlich oder nahezu ausschließlich parenteral oder über eine Sonde erfolgt.

Bei einer vollständigen parenteralen Ernährung oder Sondenernährung werden weniger Punkte vergeben als bei einer teilweisen parenteralen Ernährung oder Sondenernährung, da der oft hohe Aufwand zur Unterstützung bei der oralen Nahrungsaufnahme im Fall ausschließlich parenteraler oder Sondenernährung weitgehend entfällt.

Einzelpunkte für das Kriterium der Ziffer 4.K

Bei Kindern im Alter bis 18 Monate werden die Kriterien der Ziffern 4.1 bis 4.13 durch das Kriterium 4.K ersetzt und wie folgt gewertet:

Ziffer	Kriterium	Einzelpunkte
4.K	Bestehen gravierender Probleme bei der Nahrungsaufnahme bei Kindern bis zu 18 Monaten, die einen außergewöhnlich pflegeintensiven Hilfebedarf auslösen	20

Modul 5: Einzelpunkte im Bereich der Bewältigung von und des selbständigen Umgangs mit krankheits- oder therapiebedingten Anforderungen und Belastungen

Das Modul umfasst sechzehn Kriterien.

Einzelpunkte für die Kriterien der Ziffern 5.1 bis 5.7

Die durchschnittliche Häufigkeit der Maßnahmen pro Tag bei den Kriterien der Ziffern 5.1 bis 5.7 wird in den folgenden Kategorien mit den nachstehenden Einzelpunkten gewertet:

Ziffer	Kriterien in Bezug auf	entfällt oder selbständig	Anzahl der Maßnahmen		
			pro Tag	pro Woche	pro Monat
5.1	Medikation	0			
5.2	Injektionen (subcutan oder intramuskulär)	0			
5.3	Versorgung intravenöser Zugänge (Port)	0			
5.4	Absaugen und Sauerstoffgabe	0			
5.5	Einreibungen oder Kälte- und Wärmeanwendungen	0			
5.6	Messung und Deutung von Körperzuständen	0			
5.7	Körpernahe Hilfsmittel	0			
Summe der Maßnahmen aus 5.1 bis 5.7		0			
Umrechnung in Maßnahmen pro Tag		0			

Einzelpunkte für die Kriterien der Ziffern 5.1 bis 5.7				
Maßnahme pro Tag	keine oder seltener als einmal täglich	mindestens einmal bis maximal dreimal täglich	mehr als dreimal bis maximal achtmal täglich	mehr als achtmal täglich
Einzelpunkte	0	1	2	3

Für jedes der Kriterien 5.1 bis 5.7 wird zunächst die Anzahl der durchschnittlich durchgeführten Maßnahmen, die täglich und auf Dauer, voraussichtlich für mindestens sechs Monate, vorkommen, in der Spalte pro Tag, die Maßnahmen, die wöchentlich und auf Dauer, voraussichtlich für mindestens sechs Monate, vorkommen, in der Spalte pro Woche und die Maßnahmen, die monatlich und auf Dauer, voraussichtlich für mindestens sechs Monate, vorkommen, in der Spalte pro Monat erfasst. Berücksichtigt werden nur Maßnahmen, die vom Versicherten nicht selbständig durchgeführt werden können.

Die Zahl der durchschnittlich durchgeführten täglichen, wöchentlichen und monatlichen Maßnahmen wird für die Kriterien 5.1 bis 5.7 summiert (erfolgt zum Beispiel täglich dreimal eine Medikamentengabe – Kriterium 5.1 – und einmal Blutzuckermessen – Kriterium 5.6 –, entspricht dies vier Maßnahmen pro Tag). Diese Häufigkeit wird umgerechnet in einen Durchschnittswert pro Tag. Für die Umrechnung der Maßnahmen pro Monat in Maßnahmen pro Tag wird die Summe der Maßnahmen pro Monat durch 30 geteilt. Für die Umrechnung der Maßnahmen pro Woche in Maßnahmen pro Tag wird die Summe der Maßnahmen pro Woche durch 7 geteilt.

Einzelpunkte für die Kriterien der Ziffern 5.8 bis 5.11

Die durchschnittliche Häufigkeit der Maßnahmen pro Tag bei den Kriterien der Ziffern 5.8 bis 5.11 wird in den folgenden Kategorien mit den nachstehenden Einzelpunkten gewertet:

Ziffer	Kriterien in Bezug auf	entfällt oder selbständig	Anzahl der Maßnahmen		
			pro Tag	pro Woche	pro Monat
5.8	Verbandswechsel und Wundversorgung	0			
5.9	Versorgung mit Stoma	0			
5.10	Regelmäßige Einmalkatheterisierung und Nutzung von Abführmethoden	0			
5.11	Therapiemaßnahmen in häuslicher Umgebung	0			
Summe der Maßnahmen aus 5.8 bis 5.11		0			
Umrechnung in Maßnahmen pro Tag		0			

Einzelpunkte für die Kriterien der Ziffern 5.8 bis 5.11				
Maßnahme pro Tag	keine oder seltener als einmal wöchentlich	ein- bis mehrmals wöchentlich	ein- bis zweimal täglich	mindestens dreimal täglich
Einzelpunkte	0	1	2	3

Für jedes der Kriterien 5.8 bis 5.11 wird zunächst die Anzahl der durchschnittlich durchgeführten Maßnahmen, die täglich und auf Dauer, voraussichtlich für mindestens sechs Monate, vorkommen, in der Spalte pro Tag, die Maßnahmen, die wöchentlich und auf Dauer, voraussichtlich für mindestens sechs Monate, vorkommen, in der Spalte pro Woche und die Maßnahmen, die monatlich und auf Dauer, voraussichtlich für mindestens sechs Monate, vorkommen, in der Spalte pro Monat erfasst. Berücksichtigt werden nur Maßnahmen, die vom Versicherten nicht selbständig durchgeführt werden können.

Die Zahl der durchschnittlich durchgeführten täglichen, wöchentlichen und monatlichen Maßnahmen wird für die Kriterien 5.8 bis 5.11 summiert. Diese Häufigkeit wird umgerechnet in einen Durchschnittswert pro Tag. Für die Umrechnung der Maßnahmen pro Monat in Maßnahmen pro Tag wird die Summe der Maßnahmen pro Monat durch 30 geteilt. Für die Umrechnung der Maßnahmen pro Woche in Maßnahmen pro Tag wird die Summe der Maßnahmen pro Woche durch 7 geteilt.

Einzelpunkte für die Kriterien der Ziffern 5.12 bis 5.K

Die durchschnittliche wöchentliche oder monatliche Häufigkeit von zeit- und technikintensiven Maßnahmen in häuslicher Umgebung, die auf Dauer, voraussichtlich für mindestens sechs Monate, vorkommen, wird in den folgenden Kategorien mit den nachstehenden Einzelpunkten gewertet:

Ziffer	Kriterium in Bezug auf	entfällt oder selbständig	täglich	wöchentliche Häufigkeit multipliziert mit	monatliche Häufigkeit multipliziert mit
5.12	Zeit- und technikintensive Maßnahmen in häuslicher Umgebung	0	60	8,6	2

Für das Kriterium der Ziffer 5.12 wird zunächst die Anzahl der regelmäßig und mit durchschnittlicher Häufigkeit durchgeführten Maßnahmen, die wöchentlich vorkommen, und die Anzahl der regelmäßig und mit durchschnittlicher Häufigkeit durchgeführten Maßnahmen, die monatlich vorkommen, erfasst. Kommen Maßnahmen regelmäßig täglich vor, werden 60 Punkte vergeben.

Jede regelmäßige wöchentliche Maßnahme wird mit 8,6 Punkten gewertet. Jede regelmäßige monatliche Maßnahme wird mit zwei Punkten gewertet.

Die durchschnittliche wöchentliche oder monatliche Häufigkeit der Kriterien der Ziffern 5.13 bis 5.K wird wie folgt erhoben und mit den nachstehenden Punkten gewertet:

Ziffer	Kriterien	entfällt oder selbständig	wöchentliche Häufigkeit multipliziert mit	monatliche Häufigkeit multipliziert mit
5.13	Arztbesuche	0	4,3	1
5.14	Besuch anderer medizinischer oder therapeutischer Einrichtungen (bis zu drei Stunden)	0	4,3	1
5.15	Zeitlich ausgedehnte Besuche anderer medizinischer oder therapeutischer Einrichtungen (länger als drei Stunden)	0	8,6	2
5.K	Besuche von Einrichtungen zur Frühförderung bei Kindern	0	4,3	1

Für jedes der Kriterien der Ziffern 5.13 bis 5.K wird zunächst die Anzahl der regelmäßig und mit durchschnittlicher Häufigkeit durchgeführten Besuche, die wöchentlich und auf Dauer, voraussichtlich für mindestens sechs Monate, vorkommen, und die Anzahl der regelmäßig und mit durchschnittlicher Häufigkeit durchgeführten Besuche, die monatlich und auf Dauer, voraussichtlich für mindestens sechs Monate, vorkommen, erfasst. Jeder regelmäßige monatliche Besuch wird mit einem Punkt gewertet. Jeder regelmäßige wöchentliche Besuch wird mit 4,3 Punkten gewertet. Handelt es sich um zeitlich ausgedehnte Arztbesuche oder Besuche von anderen medizinischen oder therapeutischen Einrichtungen, werden sie doppelt gewertet.

Die Punkte der Kriterien 5.12 bis 5.15 – bei Kindern bis 5.K – werden addiert. Die Kriterien der Ziffern 5.12 bis 5.15 – bei Kindern bis 5.K – werden anhand der Summe der so erreichten Punkte mit den nachstehenden Einzelpunkten gewertet:

Summe			Einzelpunkte
0	bis unter	4,3	0
4,3	bis unter	8,6	1
8,6	bis unter	12,9	2
12,9	bis unter	60	3
60 und	mehr		6

Einzelpunkte für das Kriterium der Ziffer 5.16

Die Ausprägungen des Kriteriums der Ziffer 5.16 werden in den folgenden Kategorien mit den nachstehenden Einzelpunkten gewertet:

Ziffer	Kriterien	entfällt oder selbständig	überwiegend selbständig	überwiegend unselbständig	unselbständig
5.16	Einhaltung einer Diät und anderer krankheits- oder therapiebedingter Verhaltensvorschriften	0	1	2	3

Modul 6: Einzelpunkte im Bereich der Gestaltung des Alltagslebens und sozialer Kontakte

Das Modul umfasst sechs Kriterien, deren Ausprägungen in den folgenden Kategorien mit den nachstehenden Punkten gewertet werden:

Ziffer	Kriterien	selbständig	überwiegend selbständig	überwiegend unselbständig	unselbständig
6.1	Gestaltung des Tagesablaufs und Anpassung an Veränderungen	0	1	2	3
6.2	Ruhen und Schlafen	0	1	2	3
6.3	Sichbeschäftigen	0	1	2	3
6.4	Vornehmen von in die Zukunft gerichteten Planungen	0	1	2	3
6.5	Interaktion mit Personen im direkten Kontakt	0	1	2	3
6.6	Kontaktpflege zu Personen außerhalb des direkten Umfelds	0	1	2	3

Anlage 2
(zu § 15)

Bewertungssystematik (Summe der Punkte und gewichtete Punkte)

Schweregrad der Beeinträchtigungen der Selbständigkeit oder der Fähigkeiten im Modul

Module	Gewichtung	0 Keine	1 Geringe	2 Erhebliche	3 Schwere	4 Schwerste	
1 Mobilität	10 %	0 – 1	2 – 3	4 – 5	6 – 9	10 – 15	Summe der Einzelpunkte im Modul 1
		0	**2,5**	**5**	**7,5**	**10**	**Gewichtete Punkte im Modul 1**
2 Kognitive und kommunikative Fähigkeiten	15 %	0 – 1	2 – 5	6 – 10	11 – 16	17 – 33	Summe der Einzelpunkte im Modul 2
3 Verhaltensweisen und psychische Problemlagen		0	1 – 2	3 – 4	5 – 6	7 – 65	Summe der Einzelpunkte im Modul 3
Höchster Wert aus Modul 2 oder Modul 3		**0**	**3,75**	**7,5**	**11,25**	**15**	**Gewichtete Punkte für die Module 2 und 3**
4 Selbstversorgung	40 %	0 – 2	3 – 7	8 – 18	19 – 36	37 – 54	Summe der Einzelpunkte im Modul 4
		0	**10**	**20**	**30**	**40**	**Gewichtete Punkte im Modul 4**
5 Bewältigung von und selbständiger Umgang mit krankheits- oder therapiebedingten Anforderungen und Belastungen	20 %	0	1	2 – 3	4 – 5	6 – 15	Summe der Einzelpunkte im Modul 5
		0	**5**	**10**	**15**	**20**	**Gewichtete Punkte im Modul 5**
6 Gestaltung des Alltagslebens und sozialer Kontakte	15 %	0	1 – 3	4 – 6	7 – 11	12 – 18	Summe der Einzelpunkte im Modul 6
		0	**3,75**	**7,5**	**11,25**	**15**	**Gewichtete Punkte im Modul 6**
7 Außerhäusliche Aktivitäten		Die Berechnung einer Modulbewertung ist entbehrlich, da die Darstellung der qualitativen Ausprägungen bei den einzelnen Kriterien ausreichend ist, um Anhaltspunkte für eine Versorgungs- und Pflegeplanung ableiten zu können.					
8 Haushaltsführung							

Stichwortverzeichnis

Die Angaben verweisen auf die Randnummern.